LAPSVS HVMA:
NI GENERIS :.
HGB
1511

Stephen Greenblatt

Die Geschichte von Adam und Eva

Der mächtigste Mythos der Menschheit

Aus dem Englischen
von Klaus Binder

Pantheon

Die Originalausgabe erschien 2017 unter dem Titel
»The Rise and Fall of Adam and Eve«
bei W. W. Norton & Company, New York.

FSC
www.fsc.org
MIX
Papier aus verantwortungsvollen Quellen
FSC® C083411

Verlagsgruppe Random House FSC® N001967

1. Auflage 2019

in der Verlagsgruppe Random House GmbH,
Neumarkter Straße 28, 81673 München
Umschlaggestaltung: Büro Jorge Schmidt, München
Umschlagabbildung: Getty Images/Tony Latham
Satz: Uhl + Massopust, Aalen
Druck und Bindung: CPI books GmbH, Leck
Printed in Germany
ISBN 978-3-570-55398-5

www.pantheon-verlag.de

Für Eden und Isaiah

INHALT

PROLOG: IM GOTTESHAUS

Damals, ich war noch ein Kind, erklärten mir meine Eltern, wir alle müssten während der Segenswünsche, mit denen der Sabbatgottesdienst seinen Abschluss findet, unseren Kopf neigen und den Blick so lange zu Boden richten, bis die feierlichen Worte des Rabbi gesprochen seien. Unbedingt, so sagten sie, müssten wir uns daran halten, denn in diesen Augenblicken schwebe Gott über unseren Köpfen, und niemand, der in Gottes Angesicht geschaut habe, werde dies überleben.

Ein Verbot, das mir nicht aus dem Kopf ging. In Gottes Angesicht schauen – müsste das, so fragte ich mich, nicht vielmehr das Herrlichste sein, was ein Mensch erleben konnte? Nichts von all dem, was ich in all den Jahren, die noch vor mir lagen, jemals sehen oder tun würde, könnte doch an diese erhabene Vision heranreichen. Ich kam zu einer folgenreichen Entscheidung: Ich würde meinen Blick heben und ich würde Gott sehen. Ja, das konnte verhängnisvoll werden, so viel hatte ich verstanden, aber der Preis war wohl nicht zu hoch. Meinen Eltern erzählte ich nichts von meinem Vorhaben, das wagte ich nicht, denn ich wusste, sie würden verzweifelt versuchen, mich davon abzubringen. Nicht einmal meinen älteren Bruder Marty weihte ich ein, er würde mein Geheimnis bestimmt verraten. So etwas konnte ich, das war klar, nur auf eigene Faust tun.

Einige Samstage verstrichen, bis ich meinen Mut zusammenhatte. Und so, eines Samstagmorgens, als ich so dastand mit gesenktem Haupt, überwand ich meine Todesangst. Langsam, ganz langsam, während der Rabbi die uralten Segnungen intonierte, hob ich den Blick. Leer, die Luft über meinem Kopf war völlig leer. Auch war ich, wie ich sah, keineswegs der Einzige, der seinen Blick durchs Gotteshaus schweifen ließ. Viele der

Betenden schauten umher, blickten aus dem Fenster, machten Freunden sogar Zeichen, bewegten die Lippen zum lautlosen Gruß. Wut stieg auf in mir: »Sie haben mich belogen!«

Seither sind viele Jahre vergangen, und den naiven Glauben, der mich dazu brachte, mein Leben zu opfern für einen Blick auf Gott, habe ich nie zurückgewonnen. Etwas anderes allerdings lebte weiter in mir, quasi auf der anderen Seite der verlorenen Illusionen. Denn mein Leben lang blieb ich fasziniert von den Geschichten, die wir Menschen erfinden im Versuch, unserer Existenz einen Sinn zu verleihen, und mir wurde klar, dass es jämmerlich unpassend ist, von »Lüge« zu sprechen, wenn es um solche Erzählungen geht, um ihr Motiv wie um ihren Inhalt, mögen sie noch so phantastisch sein.

Wir Menschen können nicht leben ohne Erzählungen. Wir umgeben uns damit, erfinden sie im Schlaf, erzählen sie unseren Kindern, zahlen sogar dafür, dass uns Geschichten erzählt werden. Manche von uns haben aus dem Geschichtenerfinden einen Beruf gemacht. Und dann sind da noch einige wenige, mich eingeschlossen, die ihr ganzes Erwachsenenleben damit verbringen, Erzählungen zu ergründen, ihre Schönheit, ihre Macht, ihren Einfluss.

Dieses Buch ist die Lebensgeschichte einer der außergewöhnlichsten Erzählungen, die je erzählt wurden. Gott schuf Adam und Eva, den ersten Mann, die erste Frau, und er setzte sie, wie sie waren, nackt und ohne Scham, in einen Garten der Lüste. Und Gott sagte ihnen, von den Früchten aller Bäume dort dürften sie essen, nur eine Ausnahme gebe es. Auf keinen Fall dürften sie vom Baum der Erkenntnis des Guten und des Bösen essen; würden sie dies Gebot übertreten, so wären sie des Todes, noch am nämlichen Tag. Eine Schlange, das listigste unter den Tieren, verwickelte die Frau in ein Gespräch. Nein, erklärte sie der Frau, die Verletzung des göttlichen Gebots werde nicht zu ihrem Tod führen, werde ihnen vielmehr die Augen öffnen, sie zu Göttern machen, die wüssten, was gut ist und was böse. Eva glaubte der Schlange, sie aß von der verbotenen Frucht, gab auch Adam davon, der aß ebenfalls. Tatsächlich wurden ihnen die Augen geöffnet: Sie sahen, dass sie nackt waren, flochten also Feigenblätter zusammen und bedeckten ihre Blöße. Gott rief sie vor sich, fragte, was sie getan hätten. Und als sie ihre Tat gestanden, verkündete er verschiedene Strafen: Alle Schlangen sollten fortan auf dem Bauch kriechen müssen, alle Staub fressen ihr Leben lang; alle Frauen sollten hinfort ihre Kinder unter Schmerzen gebären und Verlangen spüren nach dem Mann, der aber ihr Herr sei; alle Männer schließlich sollten gezwungen sein, sich unter Schweiß und Mühen zu nähren, ihr Leben lang, bis sie wieder zur Erde würden, von der sie genommen seien. »Denn Staub bist du und zum Staub kehrst du zurück.« (Gen 2,19) Damit sie nicht auch von jenem anderen der besonderen Bäume aßen – dem Baum des Lebens – und somit unsterblich wurden, wurden die Menschen auf Gottes Geheiß aus dem Garten vertrieben. Bewaffnete Cherubim besetzten fortan dessen Pforte, um jeden Versuch zurückzukehren abzuwehren.

Die Geschichte von Adam und Eva, so wie sie zu Beginn des Buchs Genesis erzählt wird, hat über Jahrhunderte die Vorstellungen vom Ursprung und Schicksal der Menschen geprägt. Auf den ersten Blick würde man dieser Geschichte kaum zutrauen, dass sie solche Bedeutung gewinnen konnte. Die Vorstellungskraft eines leicht zu beeindruckenden Kindes, wie ich eines war, mochte sie beflügeln, Erwachsene dagegen würden, in der Vergangenheit wie in der Zukunft, die Kennzeichen ausufernder Imagination sofort erkennen: ein magischer Garten; ein nackter Mann und eine Frau, die auf eine Weise auf die Welt kamen, in der kein anderer Mensch je geboren wurde; Menschen, die in der Lage waren, zu sprechen und sich zu verhalten, ohne die verlängerte Kindheit, die doch ein Merkmal unserer Spezies ist; eine geheimnisvolle Todesdrohung, die ein gerade geschaffenes Wesen vermutlich gar nicht verstehen konnte; eine sprechende Schlange; ein Baum, der das Wissen von Gut und Böse zu bringen vermag; ein anderer, der ewiges Leben verleiht; übernatürliche Wächter mit flammenden Schwertern. Alles Fiktion, sie könnte fiktiver nicht sein, die Erzählung schwelgt in den Freuden der Illusion.

Und doch haben Millionen Menschen, darunter einige der feinsinnigsten, brillantesten Geister, die je gelebt haben, die biblische Erzählung von Adam und Eva als unverfälschte Wahrheit genommen. Und ungezählte unserer Zeitgenossen tun dies noch immer, allen gewichtigen Beweisen zum Trotz, die Geologie, Paläontologie, Anthropologie und Evolutionsbiologie beigebracht haben; sie akzeptieren diese Erzählung als historisch zutreffenden Bericht vom Ursprung unseres Universums, sehen sich selbst tatsächlich als Nachkommen der ersten Menschen im Garten Eden. Nur wenige Erzählungen waren derart weit verbreitet, nur wenige haben sich im Lauf der Weltgeschichte als derart haltbar erwiesen, als derart beharrlich, als derart betörend real.

KAPITEL EINS

WORAUF ES ANKOMMT

Gerade einmal anderthalb von 1078 Seiten der modernen Ausgabe der King-James-Bibel, die auf meinem Schreibtisch steht, nimmt sie ein, doch die Erzählung von Adam und Eva funktioniert großartig, wie von selbst. Wie geht das zu? Hat man sie mit fünf oder sechs Jahren gehört, vergisst man sie nie wieder. Noch die gröbste, die schematischste Karikatur macht sie augenblicklich präsent, vielleicht nicht in allen Einzelheiten, aber in den wesentlichen Konturen. Irgendetwas in den erzählerischen Aufbau Verwobenes bleibt hängen; sie ist im buchstäblichen Sinn unvergesslich.

Seitdem sie erzählt wird, in vielen langen Jahrhunderten, lagerte sich ein enormer Apparat an, Hilfsmittel aller Art; Lehrer wiederholten sie ohne Ende; Institutionen belohnten die Gläubigen und straften die Skeptiker; Intellektuelle trieben die Nuancen hervor und lieferten konkurrierende Deutungen, Lösungen für die Rätsel dieser Erzählung; Maler ließen sie lebendig werden. Die Erzählung selbst blieb ziemlich unberührt von diesen vielschichtigen Elaborationen. Oder anders gesagt: So ziemlich alles, was später auf die Erzählung folgte, scheint von ihrer schier unerschöpflichen Energie gezehrt zu haben, so als sei ihr Kern radioaktiv. Adam und Eva sind Sinnbild der sonderbaren, der unerschöpflichen Kraft, die dem innewohnt, was Menschen erzählen.

Aus Gründen, die verlockend und zugleich verdammt schwer zu fassen sind, dienten diese wenigen Verse aus einem uralten Buch als Spiegel, in dem wir offenbar die ganze lange Geschichte unserer Ängste und Sehnsüchte wahrnehmen. Sie waren beides, befreiend und zerstörerisch zugleich, ein Hymnus auf menschliche Selbstverantwortung und eine dunkle Fabel menschlicher Verworfenheit, eine Feier des Mutes und Anstiftung zu brachialer Misogynie. Das Spektrum der Reaktionen, die sie im Lauf einiger tausend Jahre bei unzähligen Individuen und Gemeinschaften hervorgerufen haben, ist frappierend.

Rabbinen aus alten Zeiten blickten in diesen Spiegel und versuchten, Gottes Absichten zu ergründen: Was waren die Menschen, dass der Schöpfer des Universums sich Gedanken machte um sie? Warum überhaupt wurden sie geschaffen? Über die Worte des heiligen Textes grübelnd,[1] kamen sie zu dem Schluss, dass sich die ursprüngliche Weisung, »die Erde zu bebauen« (Gen 3,23), nicht auf landwirtschaftliche Arbeit beziehe; gemeint sei vielmehr das Studium, genauer: das Studium der Tora, mit dem die Rabbinen den Tag zubrachten und das sie als den erhabensten Zweck ihres Lebens ansahen.

Die frühen Christen hielten sich nicht weiter auf mit Adams ursprünglichen Studiengepflogenheiten, sie hielten sich an den niederschmetternden Verlust des Paradieses, den Adam mit seinem Ungehorsam verschuldet hatte. Was sich ihnen an tiefen Bedeutungen in der Erzählung spiegelte, hatte mit Sündhaftigkeit zu tun und mit deren Konsequenzen. Darin folgten sie Paulus, der die quälende, universelle und unausweichliche Tatsache des Todes zurückverfolgt hatte bis zu den Taten der ersten, vom Teufel zum Bösen verführten Menschen. Trost aber fanden die Christen in ihrem Glauben, dass ein neuer Adam – Jesus Christus – durch sein Leiden und Sterben den Schaden, den der alte Adam verursacht hatte, ungeschehen gemacht habe. Das höchste Opfer des Messias werde ihnen, so hofften sie inbrünstig, ermöglichen, die Unschuld, die sie verloren hatten, wiederzuerlangen und das Paradies zurückzugewinnen.

Die *mufassireen* des Islam (die Exegeten des Koran) wiederum beschäftigten sich weniger mit Adams Sündhaftigkeit als mit seiner Rolle als Gottes erstem Propheten. Der Koran, entstanden im 7. Jahrhundert u. Z., erinnert insofern an frühchristliche Texte, als er Satan (*iblis*) mit dem hochmütigen, hinterlistigen Engel gleichsetzt, der die ersten Menschen zum Ungehorsam verführt hat. Spätere Kommentatoren malten das aus: Nicht in Gestalt der Schlange sei der arglistige Versucher gekommen, sondern in der eines ungewöhnlich schönen Kamels:

> Es hatte einen vielfarbigen Schwanz, rot, gelb, grün, weiß, schwarz, eine Mähne von Perlen, Haar aus Topas, Augen wie die Planeten Venus und Jupiter, und einen Duft nach mit Ambra gemischtem Most/Moder.[2]

Wegen ihrer Unzuverlässigkeit seien Adam und Eva aus dem Paradies vertrieben worden, darum müssten ihre Nachkommen stets auf der Hut sein: »O Kinder Adams, lasset Satan euch nicht verführen, (so) wie er eure Eltern aus dem Garten vertrieb …« (Sure 7, Vers 27) Gleichwohl wird die Verfehlung, die zur Vertreibung führte, in der islamischen Tradition als Irrtum verstanden und nicht als abscheulicher Frevel, der sich auf alle Nachgeborenen überträgt. Nach der Vertreibung übernimmt Adam die Rolle als Verwalter der Erde und als religiöser Lehrer. Er gilt in der islamischen Überlieferung als Mensch prophetischer Erleuchtung, der erste in einer Linie, die bis zu Mohammed führt, dem erhabensten der Propheten, der die Menschheit zurückgeleitet ins Licht Allahs.

Es war ein breites Aufgebot von Spezialisten, das in Spätantike, Mittelalter und Renaissance aus der Erzählung von Adam und Eva noch die letzten Bedeutungsschichten herauskitzelte. Sie ließen nicht locker, gaben dem Antrieb nach, sich in endlose Studien zu vertiefen, jeder Spielart des Bösen zu folgen, das sie in ihrer eigenen Brust verspürten; jedem reumütigen Impuls, ihr Fleisch abzutöten und ihren rebellischen Stolz zu bezähmen. Sie folgten aber auch ihrer Sehnsucht nach prophetischer Erleuchtung; gingen jedem Traum nach, träumten von völliger Reinwaschung am Ende aller Tage, von einer Rückkehr in ozeanische Glückseligkeit. In ihre Grübeleien über die Versuchungen des Fleisches verstrickt, durchkämmten Asketen die Verse nach Hinweisen, ob den ersten Menschen und ihrem Wunsch, sich fortzupflanzen, nicht doch andere Wege offengestanden hätten. Mediziner sannen nach über die gesundheitlichen Vorteile jener vegetarischen Kost, die die ersten Menschen im Paradiesgarten zu sich nahmen. Sprachforscher suchten zu ergründen, in welcher Sprache sich Adam und Eva unterhielten, stöberten nach Spuren, die diese Sprache hinterlassen haben könnte. Naturforscher fragten nach dem ökologischen Sinn einer verlorenen Welt, in der die Beziehungen zwischen Mensch und Tier so ganz andere waren als in unserer, in der sich die Umwelt in unwandelbar freundlicher Fülle zeigte. Jüdische und muslimische Rechtsgelehrte untersuchten die Erzählung auf religiöse Lehrinhalte und Rechtsvorstellungen. Philosophen aller drei monotheistischen Glaubensgemeinschaften erörterten die moralischen Lehren aus der Erzählung. Und in der christlichen Welt fühlten sich bildende Künstler aufgefordert, den menschlichen Körper darzustellen, in all seiner Glorie und all seiner Schande.

Vor allem aber kamen die einfachen Menschen – sie, die unter der Kanzel der Erzählung gelauscht hatten, die sie von Darstellungen an Kirchenwänden und Türen kannten, die sie von Eltern oder Freunden gehört hatten – wieder und wieder auf diese Erzählung zurück: wenn sie nämlich Antworten suchten auf die Rätsel und Fragen, die sie beschäftigten und verwirrten. Die Erzählung half zu erklären, spiegelte zumindest, was so beunruhigend war am Geschlechtsverkehr, an den Spannungen in der Ehe, an physischem Leiden und erschöpfender Arbeit, an niederschmetterndem Verlust und Trauer. Sie schauten auf Adam und Eva, und wie die Rabbinen, Priester und muslimischen Exegeten begriffen auch sie etwas ganz Entscheidendes über sich selbst.

Die Erzählung von Adam und Eva spricht uns alle an, sie handelt davon, wer wir sind, woher wir kommen, warum wir lieben, warum wir leiden. Ihr weiter Horizont scheint Teil ihrer Gestaltung. Drei großen Glaubenswelten dient sie als einer ihrer Grundsteine, geht zugleich aber jeder Religion voraus, zumindest behauptet sie das. Sie stellt dar, auf welch seltsame Weise sich unsere Gattung zu Arbeit, Sex und Tod verhält – zu Grundtatsachen des Daseins, die wir mit allen anderen Tieren gemeinsam haben; sie macht diese zum Gegenstand der Spekulation, so als wären sie miteinander verbunden, bedingt durch etwas, was wir getan haben; so als könnte andernfalls alles auch ganz anders gekommen sein.

Wir Menschen, so wird uns erzählt, sind einzigartig, geschaffen nach dem Bild Gottes, dem ähnlich, der unser Schöpfer ist. Gott hat uns damit zum Herrscher über alle anderen Arten eingesetzt, aber er gab uns auch etwas anderes: das Verbot, das gesetzt wurde, ohne Erklärung, ohne Rechtfertigung. Im Anbeginn der Zeiten war es nicht notwendig, dass unsere ersten Vorfahren dies Verbot verstanden; notwendig war allein, dass sie es befolgten, notwendig war ihr Gehorsam. Dass Adam und Eva nicht gehorchten, dass sie Gottes ausdrückliches Gebot verletzten, war Grund

und Ursache all dessen, was im weiteren Leben unserer ganzen Gattung folgte, vom universellen Phänomen der Scham bis zum universellen Faktum unserer Sterblichkeit.

Ein Beharren auf der buchstäblichen Wahrheit der Erzählung – es soll real gewesen sein, dieses Paar Adam und Eva in einem realen Garten – wurde zu einem der Eckpfeiler christlicher Orthodoxie. Dies Beharren steht im Mittelpunkt auch meiner Begeisterung für die Erzählung von Adam und Eva. Auf welche Weise, welchen Wegen wird Erfundenes zu etwas derart zwingend Realem? Wie kann ein Standbild aus Stein zu atmen beginnen, wie eine hölzerne Puppe lernen, sich selbstständig zu bewegen, aufzustehen, zu tanzen, ohne dass irgendwer die Fäden zieht? Und was ist geschehen, wenn sich erfundene Figuren verhalten, als seien sie lebendig? Drohen ihnen, allein aus diesem Grund, Sterblichkeit und Tod?

Über Generationen mühten sich fromme Männer und Frauen ab, die Wahrheit eines theologischen Lehrsatzes zu erweisen, sie versuchten, die Erzählung vom nackten Paar und der sprechenden Schlange als durchweg wahre Darstellung der Ereignisse zu verstehen, die am Beginn des Lebens standen, wie wir es kennen. Zu dieser gewichtigen kollektiven Anstrengung beigetragen haben Philosophen, Theologen, Priester, Mönche und Visionäre, beteiligt waren auch Dichter und Künstler. Doch erst in der Renaissance – im Zeitalter Dürers, Michelangelos und Miltons –, mit den brillanten neuen Darstellungstechniken, gelang es, die ersten Menschen überzeugend real, ihre Geschichte tatsächlich lebendig erscheinen zu lassen.

Das war eine großartige Errungenschaft, einer der großen Triumphe der bildenden Kunst und Literatur, doch sie hatte, wie sich bald herausstellte, unerwartete Konsequenzen. Adam und Eva wurden zusammengebracht mit den umwerfend lebensechten Statuen, die Antiquitätenjäger in den Ruinen Griechenlands und Roms ausgruben. Sie wurden untersucht und bewertet nach moralischen Standards, die sich nicht nur auf längst Vergangenes bezogen, sondern auch auf die lebendige Gegenwart. Man verglich sie mit den Horden der gerade in beiden Amerika entdeckten nackten Männer und Frauen – mit Menschen, die erstaunlich immun schienen gegen die körperliche Scham, die nach dem Sündenfall doch alle Menschen verspüren sollten. Nun erschienen Adam und Eva real, und aus ebendiesem Grund ergaben sich schwierige Fragen: Wie hatten sie Sprache erworben am Anfang der Zeiten; wie waren ihre sexuellen Beziehungen, wie ihre Rasse, wie war das mit ihrer Sterblichkeit?

Dass man sie für so real hielt, ließ die Fragen, die sich immer schon um die uralte Schöpfungsgeschichte wanden, erneut aufkommen, drängender nun: Welcher Gott würde seinen Geschöpfen tatsächlich verbieten, den Unterschied von Gut und Böse zu erkennen? Wie hätten diese Geschöpfe das Gebot überhaupt befolgen können, wenn sie ebendas nicht wussten? Und was sollte die Androhung des Todes Menschen bedeuten, die doch den Tod noch nie erfahren hatten, also gar nicht wissen konnten, was in dieser Drohung steckte? Zweifler, die nicht aufhörten, solche Fragen zu stellen, bekamen die scharfen Reaktionen kirchlicher wie staatlicher Autoritäten zu spüren, doch wie sich zeigte, war es unmöglich, die Unruhe zu unterdrücken, die ihre Wurzeln genau darin hatte, dass es gelungen war, die mythischen ersten Menschen derart real erscheinen zu lassen. Mit Beginn der Aufklärung vervielfältigten sich die Zweifel noch und ließen sich gar nicht mehr unterdrücken. Denn nun, nach und nach, meldeten sich der klarsichtige Skeptizismus eines Spinoza, der durchdringende Blick eines Darwin, das spöttische Gelächter eines Mark Twain.

NATURHISTORISCHE SAMMLUNGEN in aller Welt präsentieren stolz Objekte, die Holotypus genannt werden (das Wort setzt sich zusammen aus dem griechischen Wort *holos* für »ganz« und dem lateinischen *typus* für »Grundform«). Gemeint ist das Einzelexemplar, das zur Bestimmung einer ganzen biologischen Art gedient hat und das als solches auch allgemein anerkannt ist. *Dies* Einzelwesen, das man im Museum for Vertebrate Zoology der University of California in Berkeley vor sich hat, ist der für die gesamte wissenschaftliche Welt verbindliche Repräsentant der Molchart *Triturus similans Twitty*; *dieser* Schädel im Centre National d'Appui à la Recherche in N'Djamena, Tschad, ist der Holotypus für die ausgestorbene Hominidenart *Sahelanthropus tchadensis.* Das Bestimmen und Sammeln solcher Exemplare begann bereits im 18. Jahrhundert. Der Holotypus des Wolfs (*Canis lupus*), vom großen Zoologen und Botaniker Carl Linné 1758 beschrieben, befindet sich im Naturhistorischen Reichsmuseum (*Natur-*

historiska riksmuseet) in Stockholm, zusammen mit einer großen Zahl anderer Holotypen, die von Linné und seinen Schülern zum ersten Mal bestimmt worden waren. (Weil er seine Beschreibung unserer eigenen Spezies auf Selbstbeobachtung gründete, ist der Holotypus für *Homo sapiens* niemand anderer als Linné selbst, der darum auch der »zweite Adam« genannt wurde.) Das United States National Herbarium in Washington beherbergt rund 110 000 Holotypen von Pflanzen. Das Museum of Vertebrate Zoology in Berkeley besitzt Holotypen für 364 Säugetiere, 174 Vögel sowie 123 Reptilien und Amphibien. In den Forschungs-Nass-Sammlungen des Berliner Museums für Naturkunde findet man unzählige Gläser, in denen Seetiere in Alkohol schwimmen. Einige der Gefäße sind mit roten Punkten markiert: Sie enthalten Holotypen.[3]

Jeder Holotypus wird von der Person als solcher bezeichnet, die eine neue Art entdeckt, diese dann nach festgelegten Regeln benannt und in einem wissenschaftlichen Aufsatz beschrieben hat. Ist dieser erfolgreich publiziert und das zugehörige Musterexemplar in einer passsenden Sammlung untergebracht, gilt der Entdecker, so die Formulierung, als der »Autor« dieser Art.* So wird der Holotypus zum offiziellen, von der Wissenschaftlergemeinschaft anerkannten Musterexemplar; es ist der Prüfstein, aus dem die Haupteigenschaften einer bestimmten Spezies abgeleitet werden können. Bis heute sind fast zwei Millionen Arten spezifiziert worden; man schätzt, dass es auf der Erde nahezu neun Millionen Arten gibt.

Doch zurück zur biblischen Schöpfungsgeschichte. Ihr zufolge hat Gott jedes Tier auf dem Feld und alle Vögel unter dem Himmel, eines nach dem anderen, vor Adam gebracht, damit dieser jedem einen Namen gebe – etwa so wie Biologen ihre Holotypen mit Namen belegen. Der Text sagt nichts über die Sprache, in der Adam dies tat, auch nichts dazu, wie lange all das dauerte und wann es geschah. Traditionell gehen Bibelkommentare[4] davon aus, dass dies am gleichen Tag passierte, an dem auch der erste Mensch geschaffen wurde, denn erst nach der Namensgebung schuf Gott die Frau. (Die meisten Kommentatoren scheuten den Gedanken,

* Im Englischen wird das Verb »to author« für den nomenklatorischen Akt verwendet, womit der Vorgang noch näher an die Vorstellung des »Schaffens« einer Art herangerückt wird (A. d. Ü.).

dass Adam eine sehr lange Zeit allein, ohne Gefährtin lebte.) Manche fragten sich, ob die übleren Insekten irgendwie entkommen seien und ihren Namen erst *nach* den sechs Schöpfungstagen erhielten, als eine Folge des Sündenfalls und nicht als Teil des ursprünglichen Schöpfungsplans. Andere waren irritiert, dass nichts zu den Fischen gesagt wird, der Bibeltext spricht nur von Landtieren und Vögeln. So fragte der Kirchenmann und Amateurnaturforscher Alexander Ross 1622: »Warum wurden die Fische nicht vor Adam gebracht?« – eine rhetorische Frage, die er gleich selbst beantwortet: »Erstens erinnern sie nicht so sehr an den Menschen wie die wilden Tiere; zweitens konnten sie dem Menschen keine so große Hilfe sein wie diese; drittens konnten sie außerhalb des Wassers nicht leben.«[5]

Es gibt mehr Tiere zwischen Himmel und Erde, als in der Bibel vorgestellt werden. Doch wusste, wer immer die Erzählung vor einigen tausend Jahren geschaffen hat, dass man das Ganze einer Art nur durch einen einzelnen Repräsentanten dieser Art sicher fassen kann, wusste es ganz so, wie es die moderne Naturwissenschaft weiß. Tatsächlich ist der Mensch im ersten Kapitel der Genesis Holotypus der Menschheit. Gott ist Autor, er schuf (*authored*) dieses Geschöpf und führte es – natürlich nackt – sorgfältig auf der Erde ein, als Musterexemplar seiner Spezies. Wer über Adam nachdenkt, der denkt an beides, an ein besonderes, individuelles Wesen und an das Ganze der Menschheit.

In Adam, so bestätigt die biblische Erzählung, begegnen wir nicht nur dem Repräsentanten, sondern auch dem allerersten Exemplar der Spezies, dem Stammvater aller Menschen, die nach ihm kamen. Auch für diese haben die Sammlungen der modernen Wissenschaft ihre Entsprechung, in diesem Fall keine Holotypen, sondern die Fossilien derer, die als unsere Vorfahren gelten. Die berühmteste dieser Ahnen ist bekannt als »Lucy«, ein Individuum des *Australopithecus afarensis*, eine Frau, die vor 3,2 Millionen Jahre lebte und deren Knochen – einige hundert Bruchstücke davon – der amerikanische Anthropologe Donald Johanson 1974 in Äthiopien gefunden hat. Er und sein Team tauften das Skelett nach dem Beatles-Song »Lucy in the Sky with Diamonds«, den sie damals in ihrem entlegenen Camp wieder und wieder auf ihrem Recorder laufen ließen.

Die Magie eines eigentümlichen Namens hat dieser so weit entfernten und indirekten Ahnin – ihre Überreste befinden sich heute im äthiopischen Nationalmuseum in Addis Abeba – einen ganz eigenen Zauber verschafft. Sie maß mit drei Fuß und sieben Zoll etwa einen Meter zehn, hatte ein kleines Gehirn, etwa so groß wie das eines Schimpansen, und war weit entfernt vom modernen Menschen. Der nämlich tauchte in Afrika erst sehr viel später auf, etwa drei Millionen Jahre, nachdem sie auf der Erde umherstreifte. Doch immerhin: Sie schwang sich nicht mehr durch die Bäume, sie ging aufrecht, auf zwei Füßen. Niemand sieht in ihr die direkte Stammmutter der Menschheit, vieles jedoch spricht dafür, dass *Homo sapiens*, unsere Spezies, mit Lucy verwandt ist; unsere Spezies hat sich aus solchen Hominiden entwickelt.

Dieser evolutionäre Prozess hat enorme Implikationen; sie waren, und sie sind es immer noch, heftig umstritten. Zunächst sah es so aus, als ließe sich eine ziemlich gradlinige Geschichte erzählen: Wir von der Art *Homo sapiens*, so das Narrativ, bilden das Ende eines langen Astes am großen Baum des Lebens. Indem wir unsere nach und nach ausgestorbenen Vorfahren untersuchen, können wir diesen Ast ganz langsam bis zum Stamm verfolgen, dabei die Stadien aufspüren, die wir durchlaufen haben, um unseren gegenwärtigen (und, versteht sich, großartigen) Status zu erreichen. Heute aber, nachdem immer mehr fossile Vorfahren entdeckt worden sind – *Paranthropus boisei, Homo habilis, Homo rudolfensis, Homo ergaster, Homo erectus, Homo heidelbergensis, Homo neanderthalensis, Homo naledi* und so weiter –, wird die übergreifende Geschichte immer komplizierter. Unsere Abstammung, so schrieb ein Evolutionsbiologe vor kurzem, erinnere immer weniger an einen Ast, vielmehr an ein »Bündel aus Zweigen – man könnte auch sagen, sie sieht aus wie ein verwucherter Busch«.[6]

In einem Raum im fünften Obergeschoss des Peabody Museum of Archaeology and Ethnology in Havard war David Pilbeam, ein berühmter Paläoanthropologe (also jemand, der die Abstammungslinien studiert, die uns mit unseren nächsten Verwandten verbinden), so freundlich, mir einige dieser »Zweige« zu zeigen. Schon bevor ich eintraf, hatte er Knochen (oder Gips- beziehungsweise Plastikabgüsse von Knochen), einige in Pappschachteln, auf den Resopaltischen arrangiert, andere waren zu Skeletten zusammengelegt oder posierten auf rollbaren Podesten. Jedes dieser Knochenarrangements repräsentiert einen Sprung in die Vergangenheit, gemessen in Millionen Jahren vor heute.

Auch eine Nachbildung von Lucy gab es dort, in einem mit Zellophan verschlossenen Schaukasten aus Pappe, der aussah wie die Sendung eines Floristen aus Anlass eines großen Ereignisses – einer Beerdigung, dachte ich. Viel ist wahrlich nicht von ihr zu sehen: Fragmente des Schädels, Teile des Unterkiefers, einige Rippen, das Kreuzbein, ein Teil des Beckens, Relikte von Armen und Beinen. Auf einem Rollwagen neben ihr stand, als vollständigere Rekonstruktion, ein *Australopithecus*; daneben dann das Skelett eines Schimpansen. Pilbeam wies mich auf die subtilen Unterschiede zwischen dessen Knochenbau und dem Lucys hin. Und sie waren wahrlich subtil: Ich hätte, ohne die Hinweise des Experten, so ziemlich alle übersehen und damit auch nicht erkannt, dass der eine ein Affe ist, die andere meine Vorfahrin.

Das älteste Fossil in diesem Raum war das eines *Sahelanthropus* aus dem Tschad. Mir erschien es wie der Schädel eines kleinen Affen, doch wie ein Detektiv deckte Pilbeam die kleinen Hinweise auf, die dafür sprechen, dass *Sahelanthropus* vermutlich aufrecht stand und auf zwei Beinen lief. Wenn dem so war, dann hat er diese Fähigkeit sehr früh erworben: Das Fossil wird auf etwa sieben Millionen Jahre vor heute datiert, und von da ist es dann nicht mehr weit bis zu dem Zeitpunkt, an dem sich vom letzten gemeinsamen Vorfahren zwei Linien abspalteten, deren eine zu den Schimpansen führte, die andere zu uns.

Während ich mich in diesem Raum umsah und in Jahrmillionen umherwanderte, spürte ich etwas von dem Unbehagen, das Wissenschaftler dazu brachte, vom Bild eines deutlich definierten Astes abzurücken, der Metapher für eine lange, stetig und gradlinig fortschreitende Evolution des Menschen. In einer Ecke unser *Sahelanthropus*-Vorfahr, der, abgesehen von ganz winzigen Hinweisen, zu einem anderen Universum zu gehören scheint als dem unseren. In der anderen Ecke das vollständige Skelett von *Homo neanderthalensis*, starkknochig wie ein Gorilla, aber mit einem Schädel fast so groß wie unserer.[7]

Mit immer feineren und einfallsreicheren Methoden messen, erforschen und deuten Paläoanthropologen die Skelettfragmente: ein Becken und eine Wirbelsäule, die unserer Art den aufrechten Gang erlauben; Schulterblätter, die es unserer Spezies ermöglichen, tödliche Wurfgeschosse zu schleudern; die Anordnung der Zähne; das wachsende Volumen des Gehirnkastens. Was einst jedoch als triumphaler Marsch Richtung Fortschritt erschien – wir kennen diese Comiczeichnungen, die mit einem Affen beginnen und mit einem vorm Computer sitzenden Menschen enden –, verwirrt sich heute in hundert Umwegen und Fehlstarts, sich kreuzenden Pfaden und Sackgassen. Es ist schwierig, in einem derart verwucherten Busch den roten Faden zu finden.

Die Evolutionstheorie hat nichts zu befürchten, wenn die Hauptstraße verschwindet. Im Gegenteil, von Anfang an bestand Darwin auf der Zufälligkeit von Mutationen, auf die dann die Korrekturen der natürlichen Auslese folgten, die zum Entstehen einer neuen Art führten. Gleichwohl: Es ist beunruhigend, sich in diesem Raum umzublicken und nichts zu sehen als ein wildes Durcheinander von diskontinuierlichen Pfaden und sich überschneidenden Spuren. David Pilbeam hat 1972 ein Buch mit dem Titel *The Ascent of Man* veröffentlicht. Es ist keineswegs sicher, ob er das Wort »Aufstieg« auch heute noch verwenden würde.

Gleichwohl hören die meisten von uns, die Evolutionsbiologen eingeschlossen, nicht auf, nach Erzählungen von unserem Aufstieg zu suchen oder solche Narrative zu konstruieren. Denn wir sind, wie es die Bibel vor langer Zeit sagte, die dominierende Spezies:

> Und Gott segnete sie und sprach zu ihnen: Seid fruchtbar und mehret euch und füllet die Erde und machet sie euch untertan und herrschet über die Fische im Meer und über die Vögel unter dem Himmel und über alles Getier, das auf Erden kriecht. (Gen 1,28)

Unsere Vorherrschaft ist eindeutig verbunden mit unserer Intelligenz, mit unserem phantastischen Geschick, Werkzeuge herzustellen, mit unserem komplexen sozialen und kulturellen Leben und, vor allem, mit unserer Sprache und unserer Fähigkeit, Symbole wahrzunehmen und zu schaffen. Gleichwohl haben wir noch längst nicht verstanden, wie wir den Weg gefunden haben, den Weg weg von Vorfahren, die nicht sprechen, keine Symbole oder abstrakten Begriffe bilden konnten. Bislang jedenfalls gibt es dafür keine wirklich stimmige, wissenschaftlich befriedigende Erzählung.

Im Bericht von der Erschaffung des Menschen am sechsten Tag – »Und Gott schuf den Menschen zu seinem Bilde, zum Bilde Gottes schuf er ihn; und schuf sie als Mann und Frau« (Gen 1,27) – bietet die Erzählung im Buch Genesis das Äquivalent zu den nackten Knochen, aus denen die Wissenschaftler ihre Bilder unserer ältesten Vorfahren beziehen. Und sie bietet (was den Wissenschaftlern bislang nicht gelungen ist) einen definitiven Ausgangspunkt. Unmöglich allerdings, aus den Worten der Bibel schlüssig abzuleiten, wie die ersten Menschen wohl gewesen sind. Nicht, dass es an Versuchen dazu gefehlt hätte, gestützt auf die penibelsten Untersuchungen des Bibeltexts. Im 2. Jahrhundert u. Z. schloss Rabbi Jeremias ben Eleasar aus der Formulierung »Und schuf sie als Mann und Frau«, dass Adam, der erste Mensch, ein Hermaphrodit gewesen sei. Samuel ben Nahman, ein Rabbi aus dem 3. Jahrhundert, legte die Stelle folgendermaßen aus: »Als der Herr Adam schuf, schuf er ihn zweiseitig, dann spaltete er ihn und machte ihm zwei Rücken, einen Rücken auf dieser Seite und einen Rücken auf der anderen Seite.«[8] Ein anderer Exeget meinte, Adam habe zuerst, vom Osten bis zum Westen reichend, die ganze Welt erfüllt; wieder ein anderer sah Adam so groß, dass er von der Erde bis zum Himmel reichte; dem nächsten zufolge konnte Adam alles sehen im Universum; dann wieder verleiht ihm einer prophetische Kräfte; ein anderer gab Adam sogar einen Schwanz, »doch entfernte er ihn wieder: aus Sorge um Adams Würde«. Adam, heißt es auch, »sah so gut aus, dass schon die Sohle seines Fußes den Glanz der Sonne verdunkelte«. Er habe alle Sprachen erfunden und alle Gewerke, auch das Schreiben und die Geographie. Er habe eine Art Schutzhaut gehabt, einen Panzer, den er verlor, als er sündigte.

Kurz darauf, schon im zweiten Kapitel der Genesis, ist das Geschöpf verschwunden, das zu all diesen Spekulationen Anlass gab. Weder gibt es bloße Knochen noch einen Holotypus mit angehefteter Tafel oder Karte. Stattdessen gibt es nun zwei primordiale Menschengestalten – den Mann, geformt aus Staub, und die Frau, »gebaut« aus einer Rippe des Mannes – und um diese beiden Menschen entspinnt sich eine Erzählung. Um die tatsächliche Natur unserer Spezies zu verstehen, muss man keinen Holotypus untersuchen, jetzt, und das führt die Genesiserzählung vor, geht es allein darum, die ersten Menschen in ihren Taten zu beobachten. Wir müssen auf ihre Beziehung achten, genauestens ihre Entscheidungen untersuchen, ihrem Weg folgen, ihre Geschichte erwägen. Denn nicht die biologische

Natur der Menschen bestimmt ihre Geschichte, sondern umgekehrt: Ihre Geschichte – die Entscheidungen, die sie fällen, und was darauf folgt – bestimmt ihre Natur.

Der biblischen Erzählung nach muss der Spezies etwas widerfahren sein, kurz nachdem Gott sie geschaffen hat. Die Menschheit hätte nicht unbedingt zu dem werden müssen, was sie heute ist; es hätte alles auch ganz anders kommen können. Das Bild vom Mann und der Frau im vollkommenen Garten Eden lässt eine Spannung erkennen zwischen den Dingen, wie sie sind, und den Dingen, wie sie sein könnten. In diesem Bild wird ein Sehnen danach spürbar, andere zu sein als die, zu denen wir geworden sind.

Im Mittelpunkt der Schöpfungsgeschichte, wie sie in der Genesis erzählt wird, steht die Entscheidung der Menschen, die verbotene Frucht zu pflücken, von ihr zu essen und sie zu teilen. Worauf es ankommt bei einer Erzählung, ist deren Fähigkeit, eine Entscheidung und ihre Folgen darzustellen. Eine gute Erzählung kann Einzelheiten übergehen, auf Motivationen verzichten, sie kann die Analyse vernachlässigen, aber sie muss fesselnd sein, zwingend bleiben. Die Erzählung von Adam und Eva kommt aus ohne Wörter wie »Sünde«, »Sündenfall« oder »Satan«, nicht einmal den »Apfel« muss sie als solchen bezeichnen. Das Spektrum möglicher Deutungen ist weit und offen: Einige der überlieferten Interpretationen aus fast zweitausend Jahren betrachten die Schlange als die Heldin, sie nämlich sei dafür eingetreten, dass die Menschen das Wissen erwerben, das ein eifersüchtiger Gott ihnen habe vorenthalten wollen. Das Gewicht liegt, wie in allen mündlich überlieferten Erzählungen, auf der Handlung:

> Und die Frau sah, dass von dem Baum gut zu essen wäre und dass er eine Lust für die Augen wäre und verlockend, weil er klug machte. Und sie nahm von seiner Frucht und aß, und sie gab ihrem Mann, der bei ihr war, auch davon, und er aß. (Gen 3,6)

Es muss etwas geschehen sein, das sich erzählen lässt: Das ist eine Ahnung, die nicht nur der Genesiserzählung, sondern so gut wie allen alten Schöpfungsmythen zugrunde liegt, ob sie aus Mesopotamien stammen oder aus Ägypten, Griechenland, Rom, Sibirien, China, den Great Plains oder aus

Zimbabwe. Irgendetwas ist geschehen am Beginn der Zeiten – irgendeine Geschichte mit Entscheidung, Handlung und Reaktion –, etwas, das dazu führte, dass wir sind, wie wir sind; und wenn wir unsere Art zu sein verstehen wollen, dann müssen wir diese Geschichte erinnern und immer wieder erzählen.

WIR WISSEN – oder zumindest glauben wir zu wissen –, dass Schimpansen, mit denen wir so nahe verwandt sind, nicht über den Ursprung des Ungehorsams spekulieren, der Schimpansen eigen ist; dass Orang-Utans, trotz all ihrer Intelligenz, nicht darüber sinnieren, warum ihre Spezies dazu verurteilt ist zu sterben; und auch die lustorientierten Bonobos erzählen einander während ihrer zärtlichen Fellpflege nicht davon, wie sich der erste Bonobomann mit einer Bonobofrau vereinigt hat. Wir haben allerhand Gründe, das komplexe Sozialleben von Ameisen, Bienen oder Feldwespen zu bewundern; wir staunen über das fortgeschrittene Sprachverständnis der geselligen Tümmler; geradezu Kultstatus haben die Gesänge der Wale. Keine dieser Arten jedoch, denken wir, hat eine Schöpfungsgeschichte ersonnen.

Menschen, so scheint es, sind die einzigen Tiere auf der Erde, die sich nach ihrem Ursprung fragen und danach, wie sie wurden, was sie sind. Wir könnten diese Einzigartigkeit als eine Leistung verbuchen, als Zeichen unserer Besonderheit. Vielleicht ist dem auch so. Ebenso leicht aber ließe sich das auch als ein Zeichen dafür nehmen, dass wir Verlorene sind, ohne Orientierung, dass wir uns unwohl fühlen in unserer Haut, dringend einer Erklärung bedürftig. Vielleicht ist das Erzählen einer Schöpfungsgeschichte ein Symptom unseres Unbehagens – wir wollen uns beruhigen, darum erzählen wir uns eine Geschichte. Vielleicht aber hat sich unsere Spezies auch irgendwie selbst überboten, hat, irgendwie zufällig, einen Entwicklungsschritt getan, und der hat uns auf einen Weg geführt, den wir selbst noch nicht wirklich verstehen können und der unsere spekulative, geschichtenerzählende Intelligenz geweckt hat.

Wir haben keine Ahnung, wann das Geschichtenerzählen zu einer der charakteristischen Errungenschaften unserer Spezies wurde. Doch Geschichten waren nützlich, wo immer es darum ging, mit der Welt zurechtzukommen, der beste Weg, um Wissen weiterzugeben und um Vergnügen zu bereiten. Und wenn dem so ist, dann muss das Geschichtenerzählen früh begonnen haben, lange vor Erfindung der Schrift. 5000 Jahre – etwa so weit reichen die schriftlichen Aufzeichnungen von Menschen zurück – erscheinen, verglichen mit der durchschnittlichen Lebensdauer eines Menschen, als beeindruckend großer Zeitraum, gleichwohl ist diese Spanne so gut wie gar nichts, ein bloßes Stottern in der langen Geschichte der Erzählungen, die Menschen ersonnen und einander immer wieder erzählt haben. Ob auch spekulative Berichte vom Entstehen der ersten Menschen darunter waren? Verblüffend, dass kleine Kinder, ohne dass ihre Eltern sie dazu aufgefordert hätten, irgendwann fragen: »Woher komme ich?« Diese Frage scheint spontan in uns aufzusteigen, und die Antworten haben, solange wie wir zurückdenken können, Priester beschäftigt, aber auch Künstler, Philosophen und Naturforscher.

Es ist noch nicht lange her, dass Gelehrte – am berühmtesten die Brüder Jakob und Wilhelm Grimm gegen Ende des 18. Jahrhunderts – damit begonnen haben, mündlich überlieferte Geschichten zu sammeln und auf Formen und Themen zu untersuchen. Diese Erzählungen waren von Generation zu Generation weitergegeben worden, sie reichen weit zurück hinter jede lebendige Erinnerung. Einige waren beharrlich lokal, fest an eine Familie, Sippe oder Gemeinschaft gebunden. Andere dagegen haben offenkundig Grenzen und Sprachbarrieren überwunden. Nahezu alle Kulturen – von der Mongolei bis nach Oklahoma und überall dazwischen – haben, wie gezeigt wurde, zumindest eine, häufig auch mehr als eine Ursprungserzählung. Die eigentümliche Version der Genesis – die Erzählung vom nackten Paar, der sprechenden Schlange und den magischen Bäumen – war allen Merkmalen nach eine dieser oral tradierten Volkserzählungen, sehr viel älter als der Augenblick, in dem sie im Buch Genesis in schriftlicher Form auftauchte, war sie aus der Tiefe der Zeit emporgestiegen, aus einer Vergangenheit, zu der wir so gut wie keinen Zugang haben.

Wenn ich versuche, mir vorzustellen, was geschehen sein muss, dass man begonnen hat mit dieser Erzählung und dem Erzählen, kommen mir drei Szenarien in den Sinn. Das erste und jüngste ist ein Garten in Kaschan, 240 Kilometer südlich von Teheran. In Teheran war ich zu einem Shakespeare-Kongress eingeladen und nutzte die Gelegenheit für eine anschließende Reise. Kaschan ist eine Stadt der Teppiche. Ein »Kaschan« lag, als ich Kind war, in unserem Esszimmer, und ich liebte es, unter den Tisch zu kriechen und auf einem Feld kunstvoll ineinander verwobener Blüten zu spielen. Doch mein Ziel in Kaschan war nicht der geschäftige Basar. Ich wollte Bagh-e Fin sehen, den berühmten Garten aus dem 16. Jahrhundert.

Der erwies sich als eine relativ kleine, staubige, rechtwinklige Anlage mit sehr alten Zedern, die schnurgerade Wege säumen; das Ganze umzieht eine Schutzmauer aus Ziegeln mit vier runden Türmen. Das eigentlich Besondere ist das Wasser, es kommt aus einer nahen Quelle und wird in gerade, schmale Kanäle und in ein perfekt quadratisches, türkisfarben gekacheltes Becken geleitet. Jenseits des Beckens erhebt sich ein Pavillon, unter dessen zweigeschossigen Gewölben man Zuflucht suchen kann vor der Sonne.

Um von Teheran dorthin zu gelangen, fuhren wir stundenlang durch eine trostlos staubige, öde Wüste, durch eine Landschaft, die sich mit sonnenverbrannten Felsen und versengten gewundenen Schluchten bis zum Horizont dehnte. Keine Felder, keine Bäume, nicht mal Gestrüpp, so weit das Auge reichte. Alle Anzeichen von Leben schienen ausgelöscht, wie durch ein Edikt. Hier wäre es dem ersten Menschen möglich gewesen, innerhalb von Minuten allen Kreaturen, die in dieser Welt lebten, Namen zu geben.

Die alten Perser hatten ein Wort für Gärten wie Bagh-e Fin: Sie nannten sie *paradaesa.* Die Griechen übernahmen das Wort, und von *paradeison* leitet sich unser »Paradies« ab. Als Schauplatz für die Erschaffung von Adam und Eva würde der Garten, den ich bei Kaschan besucht habe, kaum taugen, doch nach unserer Fahrt konnte ich mir vorstellen, wie das Geräusch des Wassers, das durch die Kanäle sprudelt, wie der Anblick der gewaltigen Bäume in einem schroffen, ausgedörrten Land Verwunderung und Glücksgefühle erzeugen konnten. Und zum ersten Mal wurde mir so recht bewusst, wie ausschweifend übertrieben der Garten im Buch Genesis geschildert wird: Quellen soll es dort gegeben haben von nicht weniger als vier großen Strömen. Der Erzähler nahm, was kostbar war in der ihn umgebenden Welt, und baute daraus eine Landschaft, in der Menschen nur glücklich sein konnten. Eine härtere Strafe, als aus einem solchen Garten in die elende Salzwüste vertrieben zu werden, die ihn umgab, hätte es nicht geben können.

Zum zweiten meiner Versuche, mir vorzustellen, was den Beginn der Erzählung ausmacht, war es einige Jahre zuvor gekommen: im Wadi Rum in Jordanien, in einem Beduinenlager, in dem ich mich mit meiner Frau und meinem Sohn für kurze Zeit aufhielt. Sobald die Sonne untergegangen war, wurde es ziemlich kalt in der Wüste, und nach einem einfachen Mahl und ein wenig Musik, die ein Lautenspieler zum Besten gab, verzogen wir uns rasch in unser kleines Zelt und krochen unter die wollenen Decken. Zuvor hatten wir viel gesüßten Tee getrunken, nicht ohne Folgen: Ich musste in der Nacht aufstehen und mich zum anderen Ende des Lagers begeben. Im Licht der Taschenlampe lief ich fröstelnd durch den Sand – es war eine mondlose Nacht, das Feuer heruntergebrannt, die Lampen gelöscht, alle schliefen.

Dann schaute ich nach oben und sah einen Himmel von unglaublicher, unwirklicher Weite. Da waren nicht nur die vielen Sterne, da war auch ein unvertrautes Gefühl der Tiefe. Ich knipste die Taschenlampe aus, setzte mich in den Sand, schaute. Ich habe oft unter Sternen geschlafen, auch an Orten, die ziemlich weit weg waren von menschlichen Siedlungen. Doch selbst entfernte Städte strahlen eine ungeheure Menge Licht ab. Dort jedoch, in der Wüste, gab es kein störendes Licht, nur die immense Weite des Universums, eine Unzahl von Sternen und das Bedürfnis, das drängender war als die Imperative des Körpers, nämlich zu verstehen, wer wir sind und woher wir kommen.

Der dritte Versuch liegt zeitlich noch weiter zurück: eine Erinnerung aus frühester Kindheit. Wir, meine Mutter und ich, sitzen an einem kleinen Tisch in unserer Wohnung in Bostons Roxbury-Viertel. Es ist Sommer, das Fenster steht offen, und wir können aus dem nahen Franklin Park Zoo hin und wieder das Brüllen der Löwen, das Geschrei der Vögel in ihren Käfigen hören. Meine Mutter improvisiert eine Geschichte, erzählt nur für mich. Der Held trägt einen Namen, der meinem ähnelt, aber nicht der gleiche ist. Ein geliebtes Kind, glücklich und beschützt, das streng ermahnt wird, eines ganz bestimmt nicht zu tun: Nie, niemals dürfe es allein die Seaver Street überqueren, um zum Zoo zu laufen, dessen Geräusche es so lockten. Hat das Kind auch wirklich zugehört?

Der aus Lehm geformte Mensch wurde, heißt es in der Bibel, zum lebenden Geschöpf, als ihm der Atem des Lebens in die Nase geblasen wurde. In dieser mythischen Szene steckt eine machtvolle Wahrheit. Irgendwann in einer unendlich weit entfernten Vergangenheit war es ein Atem, der Adam zum Leben erweckte, der Atem eines Erzählers.

KAPITEL ZWEI

AN DEN WASSERN ZU BABEL

Auf der grössten Insel der Hawaii-Kette dringt geschmolzene Lava aus den Vulkanspalten. Man kann durch die schwarzen Felder abgekühlter Lava bis zum Rand der Klippe gehen und sieht von dort, wie sich geschmolzene Lava aus einer Quelle Bahn bricht, eine gewaltige Geburt, sieht, wie diese Lava zischend ins Meer stiebt. Man kann sich dort durchaus so fühlen, als wohne man dem Ursprung der Welt bei, wobei die Welt natürlich längst da ist, was man ja weiß. Niemand aber, und das ist der Knackpunkt der Schöpfungsgeschichten, kann behaupten, er oder sie sei dabei gewesen, könne sich daran erinnern, sei vielleicht auch nur ein Glied in einer Kette von Erinnerungen, die zu irgendwem zurückführt, der oder die dabei gewesen ist.

Wir können nicht wissen, wann sich jemand darangemacht hat, sich auszumalen, wie das Universum und die Menschen entstanden sind, wann eine erste Geschichte erzählt wurde vom uranfänglichen Geschehen, das unsere Spezies auf den Weg gebracht hat. Wir können die Person nicht ausmachen, die sich als erste den Garten vorgestellt hat, die geträumt hat von Nacktheit ohne Scham, der die Sache mit der verbotenen Frucht einfiel. Es muss, das wissen wir, einen Augenblick der Inspiration gegeben haben, aber wir wissen nicht, wie wir den Weg dorthin zurückfinden könnten. Dieser Augenblick ist verloren, endgültig.

Auch einen weiteren definitiven Augenblick muss es gegeben haben, den nämlich, in dem sich irgendwer entschloss, diese Geschichte aufzuschreiben. Auch dazu haben wir keinen Zugang, niemals werden wir wissen, ob der Schreiber ein Mann war oder eine Frau; wir haben keinen eindeutigen Hinweis auf den Ort oder die Begleitumstände oder die Sprache, haben keinen präzisen, nicht einmal einen näherungsweisen Anhaltspunkt für die Zeit. Einige Gelehrte glauben, eine Version könnte schon früh entstanden sein, etwa zur Zeit des Königs Salomon (990–931 v. u. Z.), weitere Versionen könnten in schriftlicher Form in der Regierungszeit seiner Nachfolger zirkuliert sein. Weil aus diesen langen Jahrhunderten im Leben der Juden keinerlei Manuskripte, nicht einmal deren Spuren erhalten sind – alle sind zerstört, von Feuer, von Wasserfluten, vom Zahn der Zeit –, ist jede Datierung spekulativ, manche sogar wilde Spekulation. Am nächsten kommen wir einem Startpunkt, wenn wir nach dem Augenblick suchen, in dem die Erzählung schließlich Eingang fand ins Buch Genesis. Wobei auch da der präzise Zeitpunkt, die Umstände unklar bleiben, doch der Nebel um dieses Rätsel hebt sich zumindest ein wenig.

Die meisten Bibelforscher schreiben die Form, in der wir die Erzählung kennen, dem 6. Jahrhundert v. u. Z. zu; sie gehen davon aus, dass der Pentateuch – die griechische Bezeichnung für die fünf Bücher Mose – wohl im 5. Jahrhundert v. u. Z. zusammengestellt wurde, was etwa der Zeit der Propheten Esra und Nehemia entspräche. Doch selbst hier bewegen wir uns auf unsicherem Grund. Um jeden Zentimeter Textgeschichte wurde gerungen, zumindest seit dem 18. Jahrhundert; darum wird alles, was ich sage, wie auch das, was andere sagen, die sich besser auskennen in diesen Fragen, von dritten bestritten werden, manchmal durchaus heftig. Ganz unabhängig von ihren fernen Anfängen, wurde die Erzählung von Adam und Eva irgendwann Teil eines heiligen Dokuments, der Tora, deren Autor Moses gewesen sein soll. Immerhin hat man damit einen Autor benannt und es gab jemanden von allerhöchstem Ansehen, der die Wahrheit des Berichts verbürgen konnte. Nun gab es Menschen, die sich durchaus zu Recht fragten, wie denn Moses habe wissen können, was im Garten Eden vor sich ging, so lange vor seiner Zeit. Er habe, so antworteten die Verfechter der strikten Wahrheit des Berichts, die Einzelheiten erfahren können, insofern diese weitergetragen wurden alle Generationen hindurch, bis zu Noah und noch weiter zurück in die Zeit vor der Sintflut, bis zu Seth, Adams drittem Sohn. Das biblische »zeugte« liefere doch die Aufzählung dieser Generationen bis zum Beginn aller Zeiten. Die außerordentlich langen Lebenszeiten, die den frühen Patriarchen zugeschrieben wurden – Methusalem etwa soll das stolze Alter von 969 Jahren erreicht haben –, kamen dem entgegen, so nämlich reduzierte sich die Zahl der Kettenglieder.

Weil nun bekannt war, dass sich Erzählungen durchaus verändern, wenn sie wiederholt weitererzählt werden, wurde oft hinzugefügt, dass Moses die Texte nach Gottes Diktat niedergeschrieben habe, beim Schreiben zumindest geleitet wurde vom Geist Gottes. Und auf diesen war Verlass, er würde alle Irrtümer, die sich womöglich einschleichen und die Wahrheit der Schöpfungsgeschichte hätten verfälschen können, korrigiert haben. Eine Schrift, die im 2. Jahrhundert v. u. Z. entstanden ist, das Buch der Jubiläen, ging noch einen Schritt weiter im Versuch, die Authentizität der Erzählung abzusichern. Auf dem Berg Sinai, heißt es in diesem Buch, habe Gott einen Engel angewiesen, Mose einen wahren Bericht der ersten Anfänge zu geben.[1] Der Engel und seine Heerscharen waren Zeugen bei der Erschaffung der Welt und bei dem, was im Garten geschah. Mose hatte also nur den unfehlbar wahren Bericht wiederzugeben, den ihm der Engel pflichtschuldig lieferte.

Doch Darstellungen wie im Buch der Jubiläen – das heute allein von der Orthodoxen Kirche Äthiopiens als kanonisch betrachtet wird – sind Rückversicherungen und insofern also wieder Zeichen des Zweifels. Zumindest einige, die den Bericht vom Garten Eden, von den ersten Menschen und der sprechenden Schlange lasen, werden nach der Zuverlässigkeit des Berichts gefragt haben. Sie hätten gerne gewusst, wie weit sie diesem trauen konnten; womöglich ahnten sie, eher am Rand des verzückten Zirkels der Gläubigen stehend, dass er seinen Ursprung ebenso gut in einem vertrauteren Szenarium des Geschichtenerzählens haben könnte: im Reich der Phantasie.

Die Tora hätte ihren Ausgang schließlich auch an einem historischen Zeitpunkt nehmen können, der weitaus einleuchtender gewesen wäre und sicherer: dort nämlich, wo es nicht um die ersten Menschen, sondern um die ersten Juden ging.

> Und der HERR sprach zu Abram: Geh aus deinem Vaterland und von deiner Verwandtschaft und aus deines Vaters Haus in ein Land, das ich dir zeigen werde. Und ich will dich zum großen Volk machen und will dich segnen und dir einen großen Namen machen, und du sollst ein Segen sein. (Gen 12,1–2)[2]

Der biblische Bericht indes begann mit Ereignissen, die eindeutig vor jedem denkbaren historischen Bericht liegen: mit der Schöpfung des Kosmos und der Menschen. Will man verstehen, warum es den Juden so entscheidend schien, ihr heiliges Buch mit dem Anfang aller Zeiten beginnen zu lassen, also bevor es Juden gab, muss man sich das Unheil vor Augen führen, das über sie hereingebrochen war.

In der antiken Welt folgte auf Niederlage und Sturz eines Königreichs häufig das vollständige Ausmerzen der Unterlegenen. Nebukadnezar II. jedoch, Herrscher über das große Babylonische Reich, erschienen Deportationen sinnvoller. Im Jahr 597 v. u. Z., nachdem sich das kleine Königreich Juda, das von einer altehrwürdigen Dynastie, die sich selbst »das Haus Davids« nannte, regiert wurde, den babylonischen Armeen ergeben hatte, setzte Nebukadnezar in Jerusalem eine Marionettenregierung ein und ließ eine beträchtliche Zahl von Hebräern nach Babylon deportieren, darunter auch den gestürzten König und dessen Familie. Über eine große Zeitspanne hinweg gelingt es Psalm 137, deren Elend, Heimweh und Zorn festzuhalten: »An den Wassern zu Babel, da saßen wir, / saßen und weinten, / wenn wir an Zion dachten.«[3]

Die im Exil lebenden Hebräer, Zeugen des letzten Siegs von Nebukadnezar, vergrößerten das Reservoir an Arbeitern, die der König für seine ehrgeizigen Projekte benötigte. Damals befanden sich Babylon und das Reich nach einer langen Phase des Niedergangs wieder im Aufstieg. Bewässerungskanäle waren zu graben, Felder zu bestellen, Weingärten zu pflegen, Unmengen Ziegel zu brennen, um damit Festungen, Tempeltürme und Paläste zu bauen. Hebräer waren nicht die einzigen Exilierten, die in den Arbeiterkolonnen schwitzten und von der verlorenen Heimat träumten. Sie schufteten Seite an Seite mit Assyrern, Medern, Skythen und Ägyptern, aber auch mit Babyloniern, die hoffnungslos verschuldet waren. Mittels Unterwerfung und Versklavung schuf sich Babylon ein kosmopolitisches Arbeiterheer.

Die geschäftigen, kulturell vielfältigen Städte am Euphrat waren reich, elegant und wegen ihrer Schönheit berühmt. Zwei der legendären Bauwerke – die gewaltigen Stadtmauern und die Hängenden Gärten[4] – zählten zu den sieben Weltwundern. Mit der Pracht seiner glasierten Ziegel zeugt das berühmte Ischtar-Tor von Glanz und Würde der Stadt; heute befindet es sich rekonstruiert im Pergamonmuseum auf der Berliner Museumsinsel. Man kann gewiss nicht erwarten, dass sich die Hebräer in Babylon heimisch fühlten, doch waren sie auch keine völlig Fremden, denn eigentlich, so glaubten sie, waren sie in ferner Vergangenheit aus diesem Teil Mesopotamiens gekommen. Abraham, der Gründungsvater des jüdischen Glaubens, wurde im nahen Ur geboren, und dass sie nun zu diesen Wurzeln zurückgekehrt waren, fanden offensichtlich nicht alle Hebräer unerträglich: Als es ihnen schließlich erlaubt wurde, nach Juda zurückzukehren, entschied sich eine beträchtliche Zahl von ihnen zu bleiben, wo sie waren. Seit der Zeit des Exils blühte in Mesopotamien eine jüdische Gemeinde, und sie lebte dort, im heutigen Irak, bis weit ins 20. Jahrhundert.

Die Frommen unter den an die Ufer des Euphrat exilierten Hebräern sahen ihre große Aufgabe darin, festzuhalten am Glauben an Jahweh,[5] ihren seit langem obersten Gott und Beschützer. Offenbar hatten sie sich gelegentlich verleiten lassen, auch andere Götter anzubeten, denn Jahweh verlangte wiederholt: »Du sollst keine anderen Götter haben neben mir.« (Ex 20,2) Zumeist aber, auch in schwierigen Zeiten, war es ihnen gelungen, Jahweh an erster Stelle in ihren Herzen zu bewahren und ihn durch Beachtung der Riten und durch Tieropfer zu verehren, die im Großen Tempel von Jerusalem vollzogen wurden.

Diese Rituale wurden auch nach der Unterwerfung des Reiches Juda durch Nebukadnezar für ein Jahrzehnt unverändert befolgt. Dann aber folgte das nächste Desaster: Zedekia, der hebräische Quisling, den der Eroberer eingesetzt hatte, war vermessen genug, sich an die Spitze eines Aufstands gegen die neuen Herren zu stellen. Die babylonische Armee belagerte Jerusalem, und die ägyptischen Verbündeten, auf deren Entsatz die Hebräer gezählt hatten, tauchten nicht auf. Die Belagerung zog sich hin, Hunger, Krankheit und Desertion forderten fürchterliche Opfer. Zuletzt wurde eine Bresche in Jerusalems Stadtmauer geschlagen, die babylonischen Soldaten stürmten hinein und nahmen, auf Befehl des Königs, Rache an der Stadt, die bislang verschont worden war. Der Große Tempel, der Palast, viele öffentliche Gebäude wurden niedergebrannt. Der Hohepriester, sein Stellvertreter und andere führende Personen wurden getötet.

Zedekias Söhne wurden vor dessen Augen erschlagen, den Vater blendeten die Babylonier und führten ihn in Ketten nach Babylon. Und noch einmal wurden Hebräer in großer Zahl ins Exil geführt, zu jenen, die bereits seit zehn Jahren in Babylon lebten. Als einige Jahre später ein babylonischer Statthalter ermordet wurde, kam es zu weiteren Deportationen aus der unruhigen Provinz. Das Leben der Hebräer lag in Scherben.

Nun, da der Tempel zerstört war, war seine Verwüstung so etwas wie ein stummer Zeuge der niederdrückenden Tatsache, dass sich Jahweh als unwillig, vielleicht sogar unfähig gezeigt hatte, sein auserwähltes Volk zu beschützen. Sein klägliches Scheitern im Jahr 597 und nochmals 587 v. u. Z. muss wohl all die subversiven Vorstellungen bestätigt haben, die weniger fromme Hebräer sich von ihrem Stammesgott gemacht hatten: Jahweh war ein Priestertrug, eine Erfindung kollektiver Imagination, vielleicht einfach ein Schwächling, ein Gott für Verlierer. Die lästernden Stimmen wurden unterdrückt – die Bibel ist zum größten Teil aus der Perspektive der Frommen geschrieben –, doch sie haben ihre Spuren hinterlassen. »Die Toren sprechen in ihrem Herzen: / ›Es ist kein Gott‹«, so beginnt der 14. Psalm. Mochten sie auch töricht sein, so muss der Psalmist um sich herum so viele Verzagte gesehen haben, dass ihm geboten schien, auf sie einzugehen und sie zu attackieren.

Wie hätte es auch anders sein sollen? Das nationale Desaster ließ nicht nur die Quellen der Trauer fließen, sondern auch die von Zweifel und Spott. Jahweh ist nicht; Jahweh kümmert sich nicht; Jahweh ist bitter geschlagen worden vom babylonischen Gott Marduk. Nach dem Sturz Jerusalems und den Massendeportationen muss es die Skeptiker verrückt gemacht haben, wenn sie weiterhin die Gebete der Frommen hörten, diese Hilferufe an einen Gott, der nicht zu handeln verstand. Und umgekehrt, für die Frommen, muss der Spott unerträglich gewesen sein. »Alle, die mich sehen, verspotten mich«, klagt der Sprecher des 22. Psalms, »sperren das Maul auf und schütteln den Kopf: / Er klage es dem HERRN, der helfe ihm heraus / und rette ihn, hat er Gefallen an ihm.« (Ps 22,8–9) Wenn aber keine Hilfe in Sicht war, keine Erlösung, nur fortgesetzte Erniedrigung, Spott und grausames Zerschmettern der Hoffnung, was dann? Für die Frommen im babylonischen Exil waren Kummer und Schmerz die alles bestimmende seelische Erfahrung. Wo war Jahweh? Jahrhunderte später wallt dieses fürchterliche Gefühl der Verlassenheit auf in einem anderen verlorenen Juden, und im Moment seiner Hinrichtung spricht er die Anfangsworte dieses Psalms: »Mein Gott, mein Gott, warum hast du mich verlassen?« (Mk 15,34)

Um ihre Verzweiflung zu lindern, konnten die Hebräer einander erzählen, dass diese Katastrophe Jahwehs Tat war, Strafe nämlich für die Weigerung seines Volkes, seine göttlichen Gebote zu befolgen; aber selbst dann konnten die Zweifler leicht ihr Haupt schütteln und diese Phantasie als rührend und jämmerlich abtun. Und um das Ganze noch schlimmer zu machen: Gläubige wie Zweifler waren umringt vom Jubel der Eroberer, von ihren Hymnen zum Preis ihres siegreichen Gottes. Jeden Tag werden auch die Exilanten hinaufgeschaut haben zum prächtigen Tempelkomplex Babylons, der Esağila genannt wurde – »Haus des erhobenen Hauptes« –, und zum siebenstöckigen Stufentempel, der Zikkurat Etemenanki, dem »Haus der Fundamente des Himmels und der Erde«. Jahre später wurde aus der Erinnerung der Hebräer an diesen frappierenden Anblick der Turm zu Babel, passend umgearbeitet zum Zeichen von Anmaßung, Stolz und Überheblichkeit.

Nebukadnezar hatte beide, Tempel und Zikkurat, wieder aufbauen lassen zu Ehren des Sturmgottes Marduk. Schon lange war dieser Schutzgott der Stadt Babylon, inzwischen aber so mächtig geworden, dass die Betenden sich scheuten, seinen heiligen Namen auszusprechen, und ihn darum nur »Bel« nannten, Herr. Der Stadtgott wurde überhöht zum Herrn des Universums. Nach und nach sicherte er sich alle Attribute der lokalen Gottheiten der Umgebung, auch das reiche Korpus der mesopotamischen Mythologie geriet in sein Gravitationsfeld, und er war damit in der Position, alle Kräfte der rivalisierenden Gottheiten auf sich zu vereinigen, Jahweh eingeschlossen. Von seinem Allerheiligsten im Esağila und vom goldenen Schrein in der schwindelnden Höhe des Etemenanki schaute Marduks Bildnis herab auf die Menschen, deren Schicksal er zu lenken schien.

Jedes Jahr veranstalteten die Babylonier zu Marduks Ehren ein riesiges Neujahrsfest. Standbilder anderer Gottheiten wurden aus ihren Nischen geholt und in einer großen öffentlichen Prozession zum Hauptheiligtum getragen, damit sie dem göttlichen Schutzherrn der Stadt ihre Reverenz erwiesen. Am vierten Tag dieses Festes erfolgte, vom König selbst geleitet, eine feierliche Rezitation eines heiligen Textes, der irgendwann in ferner Vergangenheit auf Tontafeln geschrieben worden war. Der ehrwürdige Text, ausgestattet mit dem Prestige seines ungeheuren Alters, war das *Enuma Elisch*, der mesopotamische Schöpfungsmythos. Am Anfang, so wird darin erzählt, stand Sex: Zusammenfluss und Zeugung. Ein Strom von Süßwasser – der Gott Apsu – stürzt sich in die salzige See: die Göttin Tiamat. Aus dieser uranfänglichen Vereinigung formen sich alle anderen Götter des babylonischen Pantheons, so wie sich Treibsand ablagert an der Mündung eines Flusses.[6]

Die Erzählung feiert diese Reproduktion jedoch nicht als eindeutigen Segen. Im Gegenteil, sie konzentriert sich auf die mörderische Wut, die in einem der Eltern aufwallt, der sich in seiner Ruhe gestört fühlt. Die gerade geschaffenen Götter erweisen sich als unerträglich laut, und Apsu, um seine Ruhe gebracht, entschließt sich, seine Nachkommen zu vernichten. Auch Tiamats Ruhe ist gestört, sie rät allerdings zur Geduld: »Sollen wir dem, was wir geschaffen haben, ein Ende machen?« Apsu lässt nicht locker. Er besteht auf seiner Ruhe, und wenn er dafür seine Kinder töten muss, dann sei es drum. Die auserkorenen Opfer aber bekamen Wind von der Absicht, sie zu vernichten. Die meisten wanderten sorgenvoll umher, andere saßen ratlos, wussten nicht, was tun. Dem Klügsten unter ihnen jedoch, Ea (oder Enki, wie er in sumerischen Versionen heißt), gelingt es, die Vernichtung abzuwenden. Er sinnt darauf, den Vater einzuschläfern, und als dieser in den Schlaf sinkt, tötet er ihn.

Zu Anfang also war auch Mord, nicht nur Sex. Im *Enuma Elisch* wird dieser Urmord weder erschreckend ausgemalt noch wird er verurteilt: Er wird gefeiert. Das Leben hatte, mit seiner Energie und seinem Lärmen, triumphiert über Schlaf und Stille.[7] Indem sie diesen Triumph feierten, bestritten die Babylonier nicht einfach nur den Wert der Ruhe. Ea errichtet seine Wohnung auf dem Körper des Vaters, den er erschlagen hat, zieht sich dann zurück, mit einem triumphierenden Schrei: Nachdem Ea »den Sieg über seine Feinde errungen hatte, / ruhte er geruhsam in seinem Gemach, / (und) nannte es Apsu« (Tafel 1, 73–76). Im Namen, den der Sohn und siegreiche Mörder dem Schrein seiner tiefsten Ruhe (»dem Gemach der Schicksale«, 1, 79) gab, lebte Apsu, der besiegte Schöpfer, fort.

Vollkommene Ruhe freilich trat auch dann nicht ein. Nun war es die

Urmutter Tiamat, die sich drohend erhob. Die anderen Götter packte die Furcht – wieder war eins ihrer Eltern darauf aus, sie zu töten –, doch Eas Sohn Marduk meldete sich und bot an, die Götter zu retten, freilich müssten sie ihn zu ihrem Herrn machen und Lehnstreue schwören. Nur zu gerne willigten die Götter ein. Wie Ea den Urvater Apsu getötet hatte, so verfuhr Marduk mit der Urmutter Tiamat:

> Er teilte sie wie einen Stockfisch in zwei Teile,
> eine Hälfte davon stellte er hin und breitete sie als Himmelsdach aus.
> Er breitete die Haut aus und setzte eine Wache ein,
> das Wasser nicht herauszulassen, wies er sie an.
> (Tafel 4, 137-140)

Und auch diesmal wird der Mörder nicht verurteilt, sondern gefeiert, wieder wird auch der Körper des Opfers einer nützlichen Verwendung zugeführt: Aus dem weiblichen Körper wird das Universum geschaffen, geteilt in eine obere wässrige Sphäre, aus ihr entsteht der Himmel, und eine untere wässrige Sphäre, aus der die Erde hervorgeht.[8]

Nach seinem großen Sieg trieb sein Herz Marduk dazu, »kunstvolle Dinge zu schaffen« für die, die er gerettet hatte. Die kleinen Götter waren es leid, die häuslichen Pflichten für sich selbst zu erledigen, auch sie wollten ihre Ruhe. Marduk erklärt daraufhin: »Ich will Blut zusammenbringen und Knochen formen, / ich will den Lullu ins Leben rufen, dessen Name Mensch sein soll.« (Tafel 6, 5–6) Menschen – *lullu*, wie sie im *Enuma Elisch* heißen, die »Schwarzköpfigen« –[9] wurden geschaffen für ein Leben in nie endender Arbeit. Indem sie Heiligtümer errichteten, Bewässerungskanäle anlegten, Feldfrüchte anbauten und ernteten, das Opfer von Nahrungsmitteln vorbereiteten, Lobgesänge anstimmten, ermöglichten sie es den Göttern, sich zu erholen und sich ihres Lebens zu erfreuen, zugleich erfüllten sie damit den Plan des Götterretters, des obersten Gottes Marduk.[10]

Im 6. Jahrhundert v. u. Z., als Generationen von gefangenen Hebräern gezwungen waren, Jahr um Jahr das *Enuma Elisch* zu hören, umgab den Gesang bereits die Aura seines hohen Alters. Das verlieh ihm das besondere Prestige, das er mit einigen anderen mesopotamischen Erzählungen vom Anfang der Menschen gemein hatte. Eine, *Atrahasis*[11] genannt, erzählt von einer Flut in uralten Zeiten, die um ein Haar die gesamte Menschheit vernichtet hätte. Wieder eine andere, nämlich *Gilgamesch*, erzählt von der Liebe eines Helden und Halbgottes zu einem Menschen, der aus Lehm erschaffen war. Diese Texte stellen Götter vor – ein ganzes Pantheon von Göttern –, Jahweh freilich ist nicht unter ihnen, schon gar nicht als ihr Herr und Meister. Des Weiteren erzählen sie von der Erschaffung der ersten Menschen, doch wurden diese nicht Adam und Eva genannt, und der Schöpfer ist auch nicht der erhabene Schöpfergott der Hebräer. Es hätte den gefangenen Hebräern durchaus Vorteile verschafft, hätten sie Glaubensvorstellungen der babylonischen Sieger übernommen und abgelassen von ihrem provinziellen, lokalen, zu allem Unglück noch geschlagenen Gott. Doch sie – zumindest die Frommen unter ihnen – hielten verzweifelt fest an ihrer Erinnerung.

»An den Wassern zu Babel, da saßen wir, / saßen und weinten, / wenn wir an Zion dachten.« Das Leiden, das Psalm 137 heraufbeschwört, ist nicht verbunden mit irgendwie sichtbarer Unterdrückung: Es gibt kein Bild für die Arbeit unter der Peitsche unerbittlicher Aufseher. Stattdessen wird uns eine Szene geschildert, in der die Sieger nichts anderes von den Besiegten verlangen, als dass diese ein Lied, ihr Lied, zum Besten geben sollten:

> Denn dort hießen uns singen,
> die uns gefangen hielten,
> und in unserem Heulen fröhlich sein:
> »Singet uns ein Lied von Zion!«

Das Gebot, im Schatten der Zikkurat von Zion zu singen – die eigene Kultur zum Amüsement der Eroberer auszustellen –, erschien dem Psalmisten schier unerträglich, als eine Vergewaltigung, als Handeln gegen die Erinnerung, als grundraubender Verlust des eigenen Selbst.

> Wie könnten wir des HERRN Lied singen
> im fremden Lande?
> Vergesse ich dein, Jerusalem,

so werde ich meine Rechte vergessen.
Meine Zunge soll an meinem Gaumen kleben,
wenn ich deiner nicht gedenke,
wenn ich nicht lasse Jerusalem
meine höchste Freude sein.
(Ps 137,4–6)

Vielleicht haben die Sieger ja gedacht, das Singen des Zion-Liedes würde den Besiegten eine annehmbare Form nostalgischer Erinnerung verschaffen. Der Psalmist aber weist das bitter zurück, ein solches Erinnern wäre ihm gleichbedeutend mit Vergessen. Und warum? Weil sich ein solches Singen den Wünschen der Sieger unterworfen und wahrscheinlich sogar den tiefen Glauben trivialisiert hätte; womöglich würde der Glauben auf diese Weise auch von dem Ort gelöst, den die Hebräer heilig hielten – von dem Ort, den die Sieger dem Erdboden gleichgemacht hatten. Diese Gefahr drohte vielleicht auch deshalb, weil die Verlockungen der dominanten babylonischen Kultur – ihrer Landschaft und Bauwerke, des reichen Fundus an Gesängen und Erzählungen, des mächtigen Sturmgotts Marduk – so intensiv waren; weil sie die Hebräer zu ihrem Unbehagen spüren ließen, wie sehr und auf welch vielfältige Weise sie bereits davon geprägt waren.

Diese Wahrnehmung – das mulmige Gefühl ungewollter, aber unausweichlicher Beeinflussung – könnte der Hintergrund sein für den erschreckenden Ausbruch von Gewalt in den Schlussversen des Psalms:

HERR, vergiss den Söhnen Edom nicht den Tag Jerusalems,
da sie sagten:
»Reißt nieder, reißt nieder bis auf den Grund!«
Tochter Babylons, du Verwüsterin,
wohl dem, der dir vergilt, was du uns getan hast!
Wohl dem, der deine jungen Kinder nimmt
und sie an Felsen zerschmettert!
(Ps 137,7–9)

Die plötzlich aufgepeitschte Wut vermag noch immer zu schockieren. Im einen Augenblick sitzen die Exilanten da und weinen, klammern sich an die Erinnerungen der Heimat; und träumen im nächsten Moment davon, kleine Kinder gegen die Felsen zu schleudern. Der Umschlagspunkt, an dem sich Trauer in Mordgedanken verkehrt, ist die Erinnerung an die Zerstörung Jerusalems. Die Hebräer werden sehr genau gewusst haben, dass der Befehl, den Tempel niederzureißen, nicht von der Tochter Babylon kam, sondern von Nebukadnezar und seinem Feldherrn Nebuzaradan. Doch ihre Wut richten sie gegen eine ganze Kultur und deren Volk.

Ein wenig Musik wollten die siegreichen Babylonier hören von ihren Sklaven. Die Schlussverse des Psalms reagieren darauf mit Hass in reinster Form; mit einem Hass, der aufsteigt aus der schwärenden Verbitterung eines geschlagenen und demoralisierten Volks. Der Psalm beginnt mit einer Geste der Verweigerung – die Gefangenen haben ihre Harfen in die Weiden gehängt – und dann, nach einem Übergang zur Klage, bekommen die Babylonier ihr Lied, jedoch keines, das darauf angelegt ist, sie fröhlich zu stimmen. Der Traum, babylonische Säuglinge zu ermorden, kehrt die Erinnerung an das Desaster, das Gefühl der eigenen Verletzlichkeit gegen diejenigen, die noch viel verletzlicher sind.[12]

Die Babylonische Gefangenschaft, wie diese Zeit traditionell genannt wird, währte über Jahrzehnte; es war, als würde sie niemals enden. Die Alten starben, diejenigen, die zur Zeit der Verschleppung im Jahr 597 Kinder gewesen waren, wurden ihrerseits alt, und die Enkel kannten nichts anderes als den Schatten der Zikkurat aus gebrannten Ziegeln und alte, ein wenig wirre Erzählungen von der wunderschönen Stadt aus Stein und dem Großen Tempel, die ihnen einst gehört hatten. Die Exilanten aus Juda blieben bei der Sprache ihres Volkes, dem Hebräischen, nutzten im Alltag aber das verwandte Aramäische, außerdem Neubabylonisch, die Alltagssprache in Babylon. Sprachbarrieren gab es also keine zwischen ihnen und ihren Eroberern und, zumindest für Hebräer von Stand, auch nur geringe soziale Schranken. Die Babylonier erlaubten den Eliten der deportierten Völker, am Königshof zu leben.[13] Einige der gebildeteren unter den Exilanten werden sich wohl auch Kenntnisse im Altakkadischen, Altbabylonischen, vielleicht sogar im Sumerischen angeeignet haben, in den uralten Sprachen, in denen das rituelle Leben in Nebukadnezars Reich stattfand und in denen die babylonischen Schreiber weiterhin die heiligen Texte ihres Volkes bewahrten. Gesänge, Feste, kunstvolle Mythen – ob die

Hebräer interessiert waren an dem, was um sie herum geschah, oder davon abgestoßen, ausblenden konnten sie es wohl kaum.

Dann, überraschend und plötzlich, begann das Babylonische Reich auseinanderzubrechen. Nach dem Tod Nebukadnezars kam es zum Streit um die Nachfolge, und diese Krise schwächte den Staat just zu der Zeit, in der sich im benachbarten Persien unter der Führung von Kyros II. eine neue Bedrohung aufbaute. Indem der furchteinflößende Kyros 547 v. u. Z. den unendlich reichen lydischen König Krösus besiegte (die Redensart »reich wie Krösus« geht auf ihn zurück), konsolidierte er ein machtvolles Reich, das von nun an unaufhaltsam Richtung Süden vordrang, hinein nach Mesopotamien. Am 12. Oktober 539 v. u. Z. musste sich Babylon den Persern geschlagen geben. Kyros, ein gewiefter Politiker, erwies dem Sturmgott Marduk seine Verehrung, aber er befreite auch die gefangenen Hebräer und ließ sie ziehen, zurück nach Juda.

Frommen Hebräern, denen nach langen Jahren des Exils gestattet wurde, in die Heimat zurückzukehren, konnte Kyros nur als auserwähltes Werkzeug ihres Gottes erscheinen. So heißt es bei Jesaja:

> So spricht der HERR, ... ich bin der Herr der alles schafft, ... der zu Kyrus sagt: Mein Hirte. Er soll all meinen Willen vollenden und sagen zu Jerusalem: Werde wieder gebaut!, und zum Tempel: Werde gegründet!
> (Jes 44,28)

Der persische König als Werkzeug einer Gottheit, deren Namen er wahrscheinlich noch nie gehört hatte – Kyros wäre gewiss erstaunt gewesen, hätte er davon gehört. Doch Jahweh, wie ihn Jesaja zeichnete, wendet sich direkt an den Eroberer: »Ich bin der HERR, und sonst keiner mehr, kein Gott ist außer mir. Ich habe dich gerüstet, obgleich du mich nicht kanntest.« (Jes 45,5)

Die Hebräer, die aus dem Exil nach Jerusalem zurückkehrten, nahmen die gewaltige Arbeit auf sich, den Tempel wieder aufzubauen, auf dass es ihnen wieder möglich sei, Jahweh die uralten Opfer zu bringen. (Wer Jerusalem heute besucht, kann den gewaltigen Umfang dieses Unternehmens erahnen, wenn er neben der westlichen Mauer steht und die riesigen Steinquader betrachtet, die die Römer im Jahr 70 u. Z. vom Tempelplateau herabgestoßen haben.[14]) Doch dieses Bauprojekt war noch nicht genug: Die Hebräer begannen mit der kaum weniger gewaltigen geistigen Aufgabe, aus all den verschiedenen Berichten und tradierten Erzählungen ein heiliges Buch zusammenzutragen.

Für ein Jahrtausend oder mehr waren die Hebräer ausgekommen ohne einen einzigen gemeinsamen, heiligen Text. In Babylon jedoch hatten sie wieder und wieder das *Enuma Elisch* mitangehört und dessen Lobpreis Marduks, der die ersten Menschen geschaffen hat. Das Trauma des Exils, dazu die Angst, das kulturelle Gedächtnis zu verlieren, könnten durchaus zum Entschluss geführt haben, die Erzählungen und Gesetze zu sammeln, mit denen die Hebräer definierten, wer sie waren. Das ist tatsächlich der merkwürdige Boden – ein geschlagenes und verbittertes Volk, das auf Grund der Laune eines fremden Fürsten in die Heimat zurückgelangt war –, in dem die Bibel, wie wir sie kennen, ihre Wurzeln gefunden hat.

Hinter dem Entschluss, das heilige Buch zusammenzutragen, stand die Furcht, von der Esra, der Priester und Schriftgelehrte – der Anführer der großen Gruppe der nach Jerusalem Zurückgekehrten –, spricht: dass nämlich die Hebräer »sich nicht abgesondert [haben] von den Völkern der Länder« (Esr 9,1). Schon zur Zeit des Exils war diese Furcht vor Vermischung ein großes Thema gewesen. Die Propheten wetterten, der Kult Jahwehs werde vermengt mit Observanzen, die sie als schändlich betrachteten.[15] 70 Jahre Exil hatten die Dinge noch verschlimmert. Die Hebräer hatten Gebräuche, Glaubensmeinungen und Gewänder von anderen übernommen, hatten den Kult Jahwehs mit Kulten vermischt, die rivalisierenden Göttern galten. Und sie hatten, was am schlimmsten war von allem, damit begonnen, Mischehen zu schließen.

Esra sah das Land, in das die Juden zurückkehrten und das sie wieder in Besitz nahmen, als »beflecktes Land, denn die Völker der Länder haben es befleckt mit ihren Gräueln, mit denen sie es von einem Ende bis zum anderen mit ihrer Unreinheit angefüllt haben« (Esr 9,11). Esra weinte darum, raufte sich Haupthaar und Bart, zerriss seine Kleider – und löste eine Kampagne gegen Mischehen aus. Als die ethnische Säuberung vollbracht, alle fremden Frauen und Kinder fortgeschickt waren, sammelte er das Volk um sich, stellte sich auf eine hölzerne Kanzel, öffnete ein Buch, begann, laut zu lesen.

Was ist zu tun, wenn Warnungen und Denunziationen nicht genügen? Wie merzt man alte Legenden aus, denen die Menschen lange gefolgt sind, wie unterbindet man neue Kulte, die entlang der Handelsrouten ununterbrochen ins Land dringen? Es ist eine Sache, einen Altar niederzureißen, den man als schändlich betrachtet. Diese Tat ist leicht vollbracht, vor allem wenn die Kräfte der monotheistischen Frömmigkeit im Aufwind sind. Aber die unterdrückten Kulte verbreiten sich wie Unkraut. Da hat man, in einem Rausch der Xenophobie, die aus fremden Ländern stammenden Frauen und ihre Kinder davongejagt, doch um welchen emotionalen Preis? Und kaum sind ein paar Jahre ins Land gegangen, sind noch mehr fremde Frauen und Kinder da, und mit ihnen noch mehr fremde lockende Kulte. Wie also kann man tief verwurzelte Glaubensüberzeugungen ausreißen?

Man ändert die Erzählung.

Der Traum von einem Mastertext, von einer von allen Unreinheiten befreiten Wahrheit beflügelte die konzertierten Anstrengungen, den mächtigen Kulturen der Völker rings um Juda ebenso zu widerstehen wie den sie regierenden Gottheiten; den fremden Formen der Gottesverehrung abzuschwören; die bei Nachbarvölkern kursierenden Welterzählungen zurückzuweisen. Sehr wahrscheinlich ist dieser Traum bereits vor der Rückkehr nach Jerusalem entstanden, als die Hebräer noch weinend an den Wassern zu Babel saßen. Beträchtliche Teile des Buchs, so etwa die Erzählungen von Adam und Eva und die von Abraham und Isaak, waren wohl schon verfügbar, in diversen Teilen über Jahrhunderte unabhängig voneinander aufgeschrieben. Könnte man diese Teile zusammenbringen, dann wäre das Ergebnis durchaus ein Äquivalent zum zerstörten Tempel, ein Ersatz für das Verlorene. Genau das ist, in der langen Geschichte der Juden, die Rolle, die der Heilige Text, die Tora, immer wieder spielte.

Die Tora trug dazu bei, aus den Hebräern – einem Stammesvolk, das ein bestimmtes, nur schwer zu schützendes Territorium besiedelte – Juden zu machen. Schon die Propheten hatten sich einen neuen Bund vorgestellt, keinen zwischen Jahweh und dem Volk, sondern einen zwischen Jahweh und dem Einzelnen.[16] Für den Augenblick mochte Marduk übermächtig erscheinen, aber er war als Gott untrennbar verbunden mit der Stadt, die er beschützte, verbunden auch mit dem König, dessen Macht er stützte. Sobald die Mauern stürzten, stürzte mit ihnen auch der König, und Babylon würde zum Reich der Füchse und Schakale: Damit aber würde auch Marduk fallen. Ebendiese Zeit sahen die Propheten ohne Zweifel kommen. Und wenn sie kam, sollten sie, die Juden, bleiben. Denn sie wären dann im Besitz eines heiligen Buchs – nicht eines esoterischen Traktats, der gebunden war an das Schicksal einer bestimmten Stadt, ihrer Priester und Könige –, sie besäßen dann einen kollektiven Schatz, der die Taten Jahwehs, des allmächtigen Schöpfers, für alle Menschen festhielt. So würden die Juden zu dem, was auf Hebräisch *Am HaSefer* heißt, zum Volk des Buchs.[17]

Die Tora als Ganze, darin sind sich die meisten Gelehrten einig, erfuhr ihre erste Redaktion im 5. Jahrhundert v. u. Z. Was aber heißt in diesem Zusammenhang »Redaktion«? Nichts anderes, als dass sich ein oder mehrere Redaktoren die verschiedenen Quellen und Überlieferungsstränge,[18] die sie aus der Vergangenheit erreicht hatten, vornahmen, sie miteinander verglichen, korrigierten, Stücke herausschnitten, andere hinzufügten, sie einander anglichen, sie nach bestem Wissen in Einklang brachten und zusammenwebten. Wer diese Redaktoren waren, wie viele es waren, wer sie auswählte, wissen wir nicht. Ebenso wenig wissen wir, ob es unter ihnen konkurrierende Fraktionen gab, ob vielleicht eine dominierende Gestalt dabei war, jemand, der Streit schlichten und die letzte Entscheidung treffen konnte. Auch kann niemand mit Gewissheit sagen, wie viele Quellen – geschlossene Erzählungen, mythische Fragmente, genealogische Listen, Chroniken, Historien, Gesetzestexte, Briefe, Aufzeichnungen der Stämme und dergleichen – diese Redaktoren, wer immer sie waren, zu Rate zogen und zusammenstellten.

1883 veröffentlichte Julius Wellhausen, ein 39 Jahre alter deutscher Professor, seine *Prolegomena zur Geschichte Israels*. Der nicht gerade elektrisierende Titel des Buchs konnte nicht verhindern, dass es auf der Stelle zur Sensation wurde. Der Autor, Sohn eines lutherisch-orthodoxen Pfarrers, fasste pointiert zusammen, worin sich immer mehr Bibelforscher einig waren und sind: Die geschriebene Tora, wie wir sie kennen, kann nicht das Werk eines einzelnen Autors gewesen sein, und zwar unabhängig davon, was Moses auf dem Berg Sinai offenbart worden ist (ein Ereignis, das von den Rabbinen unterschiedlich datiert wird, auf die Jahre 1312 oder 1280 v. u. Z.). In seiner Weiterentwicklung der so genannten »Urkundenhypothese« unterschied Wellhausen vier Quellen oder Schichten und ordnete sie chronologisch; diese vier seien miteinander verwoben worden, als die Tora die Form erhielt, in der sie heute vorliegt. Jede zeige jeweils eigene Merkmale, Vorannahmen und Weisen, sich auf Gott zu beziehen; jede habe sich in einem anderen Moment in der historischen Entwicklung des alten Israel herausgebildet; jede habe auf unterschiedliche Zwänge geantwortet, jede stehe für unterschiedliche institutionelle Interessen und theologische Vorstellungen. Und ebenda lag der Skandal, es war ein Abfall vom Mythos des Ursprungs: An die Stelle eines einzelnen Autors, nämlich Moses, setzte Wellhausen vier Quellen, die er mit J, E, D und P bezeichnete.

Wie Wellhausen vermutete, war »J« (der »Jahwist«) die früheste Quelle, aus der Zeit um 950 v. u. Z. Darauf folgt »E« (der »Elohist«, nach *Elohim*, einer grammatischen Pluralform, die auch als Eigenname Gottes verwendet wird, was in den Textsträngen des Elohisten durchwegs geschieht) aus der Zeit um 850 v. u. Z. Die Quellenstränge »J« und »E« seien, so Wellhausens Vermutung, sehr rasch miteinander verbunden worden. Die Texte nach »D« (für Deuteronomist) wurden um 600, die nach »P« (Priesterschrift) um 500 v. u. Z. zusammengestellt. Im Buch Genesis, so Wellhausen, wurden J (oder, wahrscheinlicher, eine Verschmelzung von »J« und »E«) mit »P« vereint.

Nur wenige Bibelforscher würden an dieser Stelle die Ausgangshypothese bestreiten, dass es in der Erzählung von den ersten Menschen und auch ganz allgemein im Buch Genesis mehr als einen Quellenstrang gibt. Die verschiedenen Stränge zeigen sich ganz unmittelbar darin, dass Gott im ersten Kapitel »Elohim« genannt wird, in den Kapiteln 2 und 3 dagegen »Jahweh Elohim«. Von da an allerdings geraten wir auf äußerst schwieriges Terrain; jenseits dieser Frage wird um jeden Maulwurfshügel, um jedes Mauseloch ein heftiger Streit geführt, oft mit einschüchternd fachwissenschaftlichen, gleichwohl unergründlichen Argumenten. Doch selbst wenn alle Gefechte geführt und gewonnen wären, wenn süße Einigkeit herrschte in der Welt der Bibelforschung, ein Stolperstein bleibt: Über einige tausend Jahre wurde die Erzählung von Adam und Eva nicht als ein Geflecht unterschiedlicher Überlieferungen wahrgenommen, sondern als eine einzige Erzählung; als Erzählung, von der sich Männer und Frauen gleichermaßen faszinieren, verwirren und bewegen ließen.

Heute ist die Vorstellung, dass Moses die in den ersten Kapiteln erzählte Schöpfungsgeschichte selbst niederschrieb, außerhalb des entrückten Zirkels der streng Gläubigen nicht länger glaubhaft zu machen. Doch einen großen Vorteil hat die fromme Gewissheit immerhin: Sie muss sich nicht mit der schwierigen Frage herumplagen, ob einem Komitee von Redaktoren zuzutrauen ist, dass es ein so wirkmächtiges, ein so haltbares Kunstwerk hervorgebracht hat. Zugegeben, zumindest zwei unterschiedliche Stränge lassen sich in den Eingangskapiteln feststellen, doch warum sollte uns diese Wahrnehmung von der Vorstellung einer Autorschaft abhalten? Als sich Shakespeare daranmachte, *King Lear* niederzuschreiben, hatte er vor sich: Geoffrey of Monmouths *History of the Kings of Britain*, Holinsheds *Chronicles*, Harrisons *Historical Description of the Island of Britain*, Higgins' *Mirror for Magistrates*, Spensers *Faerie Queene*, Sidneys *Arcadia* und die anonyme *True Chronicle History of King Leir and His Three Daughters*. Schaut man genauer hin, entdeckt man zwischen diesen Quellen durchaus Bruchlinien und Spannungen. Aus diesen Quellen aber entstand eine großartige Tragödie: Würden wir auch nur einen Augenblick daran zweifeln, dass Shakespeare der Autor war? Würden wir Shakespeare jemals als »Redaktor« von *King Lear* bezeichnen?

Der Autor – ein Sammler und Kompilierer, ein Vermittler der Tradition – hatte, als er sich daranmachte, eine hebräische Gegenerzählung zur babylonischen Schöpfungserzählung zu erfinden, womöglich mehr als ein Manuskript vor sich; er wird auch andere Erzählungen in seiner Erinnerung gespeichert haben; auch könnte er Kollegen um Vorschläge, Unterstützung, Kritik gebeten haben. Das hat nichts Überraschendes, schließlich kommt nichts von nichts. Zuletzt aber muss irgendwer – nennen wir ihn, der Einfachheit halber, den Erzähler der Genesis – die vielen verschiedenen Stücke zusammengezogen und die hebräische Version der Schöpfungsgeschichte niedergeschrieben haben, die uns über die Jahrhunderte hinweg überliefert wurde. In dieser Erzählung, wann immer sie erfunden wurde und was immer in den Jahrhunderten zuvor ihr Status gewesen sein mag, fanden Adam und Eva zu sich selbst. Sie waren der Beweis für Jahwehs Allmacht.

Jahweh war kein regionaler Gott, jedenfalls nicht nur; er war, wie der Erzähler der Genesis bestätigt, der Schöpfer des Universums; allgegenwärtig war er und allmächtig. Also musste er auch die ersten Menschen geschaffen haben, so wie er die Zerstörung Jerusalems gewollt haben muss und auch das Exil seines auserwählten Volkes, als Strafe nämlich für dessen Ungehorsam. Daraus folgt allerdings auch, dass Nebukadnezar nur ein Werkzeug in Gottes Hand war. Selbst dass die Babylonier Jerusalem einnehmen und Jahwehs Tempel dem Erdboden gleichmachen konnten, wurde zum entscheidenden Beweis für Jahwehs Stärke: Letztlich hatte das größte Reich der damaligen Welt nur den erzieherischen Maßnahmen des Gottes der Hebräer gedient.

Skeptikern wird diese Interpretation kläglich erscheinen, vielleicht sogar lächerlich – wie ein absurder Monty-Python-Gag –, eine Niederlage, die offensichtlicher nicht sein könnte, wird verklärt zum Beweis der Allmacht. Das aber war, man mag es verstehen oder nicht, die Position, die sich historisch durchgesetzt hat, nicht nur unter den Juden, die, trotz seiner offensichtlichen Unfähigkeit, sie zu schützen und zu verteidigen, Jahwehs Allmacht Jahrtausende lang bezeugt haben, sondern auch, und mit noch größerem Erfolg, unter den Christen, die diesem Argument nochmal neues Gewicht verliehen. Ihr allmächtiger Retter wurde geschlagen, bespuckt und hingerichtet auf eine Weise, die eigentlich nur für Verbrecher und Sklaven vorgesehen war – aber ebendies elende Schicksal Jesu wurde zum Beweis für die Erfüllung der Pläne seines omnipotenten Vaters.

Ein Gott, dem solch absolute Macht zur Verfügung stand – der Könige wie Nebukadnezar zu seinen Vasallen machen konnte –, war nicht nur Herr über das Universum, sondern auch dessen Schöpfer; er war nicht nur der Erste unter den Göttern, sondern der einzig wahre Gott; war nicht nur der Schöpfer der Juden, sondern Schöpfer der gesamten Menschheit. Darum konnte die hebräische Bibel, die nach der Rückkehr aus dem Exil so großartig zusammengenäht wurde, unmöglich mit Abraham beginnen, mit dem Ursprung der Hebräer. Sie musste ganz vorne anfangen, mit Adam und Eva.

KAPITEL DREI

TONTAFELN

Ob wir der Erzählung von Adam und Eva glauben oder sie als skurrile Fiktion betrachten – nach ihrem Bild sind wir geprägt worden. Über Jahrhunderte hinweg hat diese Erzählung geformt, was wir über Verbrechen und Strafe denken, über moralische Verantwortung und Neugier, über Tod, Schmerzen und Leid, über Arbeit und Muße, über Gemeinschaft, Heirat, Geschlecht und Sexualität, über das uns gemeinsame Menschsein. Hätte sich die Geschichte in eine andere Richtung entwickelt, hätten vielleicht die altmesopotamischen Erzählungen, hätten *Enuma Elisch*, *Atrahasis* und *Gilgamesch* als Strauß unserer Ursprungserzählungen gedient, und das hätte uns zweifellos zu anderen gemacht als zu denen, die wir sind. Dazu ist es nicht gekommen, durchaus mit Folgen.

Wie die Bibel hatten auch die mesopotamischen Texte, so wie wir sie heute lesen, quasi als Wind in ihren Segeln Jahrhunderte des Erzählens und mündlichen Tradierens hinter sich, zu denen wir keinen Zugang mehr finden. Doch auch die geschriebenen Überlieferungen dieser großen Narrative reichen tief zurück in die Zeiten, tiefer als jede erhaltene Spur der hebräischen Bibel. Wann in Mesopotamien jemand zuerst auf die Idee kam, Schöpfungsmythen aufzuschreiben, und aus welchem Grund er das tat, wissen wir nicht; wir wissen aber, dass Fragmente dieser Mythen aus der Zeit vor fast 4000 Jahren erhalten sind.

Die meisten Erzeugnisse der spekulativen Geisteskraft der frühen Menschheit sind uns für immer verloren. In diesen bemerkenswerten Werken aber, so scheint es, hat ein flüchtiger Hauch auf wundersame Weise seine Spuren hinterlassen – wir meinen, den Atem derer spüren zu können, die in weit entfernter Vergangenheit danach fragten, wer wir sind und wie wir zu dem wurden, was wir sind. Dass sich diese Spuren erhalten haben, hat vor allem mit dem Ort ihres Ursprungs zu tun – die leicht abfallenden Schwemmlandebenen entlang von Euphrat und Tigris, von deren sorgsam unterhaltenen Feldern die Bewohner großer Städte lebten, von Städten, die ummauert und gut organisiert waren; es hat aber auch mit dem Medium zu tun, auf dem sie überlebten: den feuchten Tontafeln, die mit lesbaren Zeichen beschrieben wurden und die dann in der Sonne getrocknet oder in einem Ofen gebrannt wurden.

Die Schrift, eine Mischung aus Piktogrammen und phonetischen Zeichen, entstand durch ein schräg angeschnittenes Schilfrohr, das, in den feuchten Ton gedrückt, keilförmige Zeichen hinterließ; daher der Name »Keilschrift«. Sie war einst weit verbreitet, wurde von Sumerern, Akkadiern, Babyloniern, Assyrern, Hettitern und anderen Völkern im mesopotamischen Raum benutzt, wurde später nach und nach durch die einfachere Schrift mit alphabetischen Zeichen ersetzt und kam, als die Römer die Herrschaft in der Region übernahmen, ganz außer Gebrauch. Die letzte bekannte Aufzeichnung in Keilschrift, ein astronomischer Text, stammt aus dem Jahr 75 u. Z. Kurz darauf gerieten die Keilschriftzeichen in Vergessenheit, niemand konnte sie mehr lesen.

Als es so weit gekommen war – die Keilschrifttafeln wurden zu so etwas wie den alten Floppydisks, die ich heute nicht mehr öffnen kann –, fielen *Enuma Elisch*, *Atrahasis* und *Gilgamesch* in einen traumlosen Schlaf, allerdings nicht plötzlich und nicht auf einen Schlag. Dass es sie gegeben hatte, muss all denen in Erinnerung geblieben sein, die an jene fernen Zeiten dachten, in denen diese Erzählungen von der Zikkurat herunter laut verlesen wurden. Sobald aber Babylon untergegangen und auch die anderen Städte verfallen waren, wurden diese alten Geschichten immer seltener erzählt. Mit ihnen verschwand auch jede Vorstellung vom Einfluss, den diese Erzählungen einst auf all jene hatten, die in ihrem Dunstkreis lebten, ob mächtige Könige oder hebräische Sklaven.

In den Schriften, die sie nach ihrer Rückkehr aus dem Exil zusammentrugen, wollten die Anhänger Jahwehs bestimmt nicht zugeben, was sie den babylonischen Mythen verdankten. Im Gegenteil, entschlossen tilgten sie alles, was auch nur im Geringsten an fremde »Schändlichkeiten« erinnerte. Diese Tilgung, ein gewaltiger Akt kollektiven Vergessens, ist ziemlich gründlich gelungen. Im Verlauf der Jahrhunderte schwand das Wissen um Babylon und seine Nachbarstädte; es blieb nur, was davon in der Bibel stand. Marduk schrumpfte zu einem generischen Idol, zu einem der unbelebten Dinge, an die eigentlich nur Narren glauben können. Nebukadnezar mutierte zu einem grotesken Tyrannen, allein noch daran, dass er in Wahnsinn fiel, erinnerte man sich – »Er wurde verstoßen aus der Gemeinschaft der Menschen; er fraß Kraut wie die Rinder, und vom Tau des Himmels wurde sein Leib nass, bis sein Haar wuchs so groß wie Adlerfedern und seine Nägel wie Vogelklauen wurden« (Dan 4,30) – und daran, dass er seinen Verstand wiedererlangte und daraufhin Jahwehs unbeschränkte Macht anerkannte (Dan 4,32).

Verlässlichere Kenntnisse über die babylonische Religion blieben nur spärlich zugänglich. Dieses Wenige verdanken wir Berossos, einem Mardukpriester, der Anfang des 3. Jahrhunderts v. u. Z. lebte. Er war ein begabter Astronom – man sagt, er habe die Hohlkugeluhr erfunden, eine besondere Sonnenuhr –, außerdem verfasste er, in griechischer Sprache, eine »Babylonische Geschichte«. Dieser Text ist verloren, wurde aber vor seinem Verschwinden von zwei späteren Historikern exzerpiert. Auch deren Auszüge gingen verloren, zuvor aber, im 3. Jahrhundert u. Z., machte Eusebius, der Bischof von Caesarea, Gebrauch von diesen Schriften. Auch Eusebius' griechischer Text blieb nicht erhalten, dafür aber, auf unbekanntem Weg, eine armenische Übersetzung. Die frühen Christen, die sich mit Eusebius beschäftigten, könnten erfahren haben, dass die alten Babylonier über einen Schöpfungsmythos verfügten, in dem es einige seltsame Anklänge an den Bericht der Genesis gibt. Die Überlieferung dieser Erinnerungen freilich war alles andere als verlässlich – eine Übersetzung einer verlorenen Abschrift einer verlorenen Abschrift einer verlorenen Abschrift eines verlorenen Originals –, und darum ist nur zu verständlich, dass man auf den Gedanken kam, solche Anklänge könnten nichts anderes sein als entstellte Versionen der hebräischen Schöpfungserzählung, die man für sehr viel älter hielt und von der man jedenfalls glaubte, sie sei der wahre Bericht.

So hat die Zeit erfüllt, was der sehnlichste Traum des Psalmisten war: Niemand mehr verehrte Marduk (auch nicht Baal, nicht El, die vergleichbaren westsemitischen Sturmgötter). Ausgelöscht war er, so wie auch Ischtar, Schamasch, Aschur und unzählige andere verschwundene Gottheiten. (Mit dem Namen Marduk verbindet man heute vor allem eine schwedische Heavy-Metal-Band.) In der Folge gewaltsamer Eroberungen, gnadenloser Plünderungen und eines langen, langsamen Verfalls war von Babylon und den benachbarten Städten nicht viel mehr geblieben als enorme Haufen Schutt und Staub, aus der Erde ragten nicht mehr als einige wenige Säulenfragmente oder kopflose Statuen, die einzigen Zeichen dessen, was dort einmal stand.

Eine seltsame Wendung des Schicksals jedoch half: Hier nämlich trugen ausgerechnet jene historischen Katastrophen, die anderswo so viele Zeugnisse vergangener Kulturen zerstörten, dazu bei, sie zu bewahren. Als die großen mesopotamischen Städte in Kriegen und Eroberungszügen niedergebrannt wurden, als auch Bibliotheken und königliche Archive brannten, wurden die dort lagernden Tontafeln durch die Hitze haltbar gemacht. In ihren letzten Stunden waren Paläste und Tempel zu Brennöfen geworden. Selbst zerstörerische Fluten, die immer wieder einmal durch die Ruinen spülten, konnten nun nicht mehr abwaschen, was die Hitze gehärtet hatte. Zudem gab es auch keinen Grund, diese unlesbaren Texttafeln, denen unbeabsichtigt Beständigkeit verliehen worden war, zu recyceln oder zu zerstören. Pergamente konnten abgeschabt, von allem gereinigt werden, was auf ihnen geschrieben stand, und dann erneut beschrieben werden; mit Papyri konnte man bequem Feuer machen und heizen. Die im Feuer gehärteten Tontafeln aber waren nutzlos: Zerschlug man sie, blieb allenfalls Staub.

Im Mittelalter und in der Renaissance stießen ausländische Reisende, die im Nahen Osten unterwegs waren, zufällig auf Tafeln mit den Keilschriftzeichen, nahmen auch einige mit nach Hause, als Erinnerung oder als Objekte, über die man sich den Kopf zerbrechen konnte. Doch erst im 19. Jahrhundert kam man darauf, was diese Funde wirklich waren. Von den 1830er Jahren an begannen Archäologen aus dem Westen, die versunkenen Städte an Euphrat und Tigris systematisch zu erforschen; sie entdeckten Relikte dessen, was Archive der Herrscher gewesen sein mussten, deren Schreiber akribisch Buch führten. Es stellte sich heraus, dass die antiken Mesopotamier solche Tafeln systematisch gesammelt und verwahrt hatten; sie waren, könnte man sagen, die Erfinder der Idee einer Bibliothek. Im 7. Jahrhundert v. u. Z., in seiner Hauptstadt Ninive am Ostufer des Tigris (im heutigen Nordirak), ließ der assyrische König Assurbanipal die größte, umfassendste und bestorganisierte Bibliothek anlegen, die je geschaffen wurde. Assurbanipal, den die Griechen Sardanapal nannten, war auch persönlich interessiert an dieser Sammlung: Denn er hatte, anders als die meisten Könige der Region, eine Ausbildung zum Schreiber erhalten und war stolz darauf, dass er nicht nur die vereinfachten Keilschriftzeichen seiner Zeitgenossen lesen konnte, sondern auch die alten sumerischen und akkadischen Aufzeichnungen. Jahrhunderte, bevor die ptolemäischen Könige Ägyptens ihre berühmte Bibliothek in Alexandria einrichteten, vereinte dieser gebildete König das Wissen der gesamten Welt unter seinem herrscherlichen Blick.

Und dann war alles verloren. 612 v. u. Z., kurz nach Assurbanipals Tod, wurde Ninive von einer Koalition seiner Feinde belagert. Sie konnten Breschen in die Stadtmauern schlagen und plünderten nach erbittertem Kampf die Stadt, brannten Häuser und Tempel nieder, erschlugen ihre Bewohner. Im tödlichen Feuersturm, in dem die Stadt unterging, zerbrachen die Regale, in denen die Keilschrifttafeln zu Tausenden sorgfältig aufgereiht gewesen waren; die Fußböden bogen sich unter ihrer Last, schließlich versank alles unter Tonnen von Schutt.

Ninive wurde aufgegeben und blieb vergessen bis in die 1840er Jahre, als sich Archäologen durch den Schutt gruben und dort ihre ersten Funde machten. Neben den Statuen, deren Wert und beeindruckende Schönheit sich dem ersten Blick erschlossen, neben Reliefs und reich geschmückten Torbauten wurden auch Tontafeln und Scherben von Tontafeln gefunden. Auch wenn sie damals noch niemand lesen konnte, wurden sie in enormen Mengen in europäische Hauptstädte verschifft, vor allem nach London. Allein der Archäologe Hormuzd Rassam, ein chaldäischer Christ, der zum anglikanischen Glauben konvertierte und schließlich britischer Staatsbürger wurde, soll den Fundus des British Museum um rund 134 000 Tafeln erweitert haben.

So wie die Entzifferung der Hieroglyphen durch den Stein von Rosette möglich wurde, lieferte auch hier der Fund einer dreisprachigen Inschrift auf dem Felsen von Behistun (Bisutun) schließlich den Schlüssel, um den Keilschrift-Code zu knacken.[1] »Ich bin Darius der König, der Sohn des Hystaspes, ein Achämenide, König der Könige. Ich bin gegenwärtig König in Persien …« – so beginnt die Inschrift, verfasst in drei Sprachen: Altpersisch, Elamisch und Babylonisch. Zwei davon waren bereits entziffert und lesbar, die dritte in Keilschrift noch unlesbar. Von nun an gelang es, das Geheimnis der Tontafeln zu lüften, allerdings quälend langsam. Hauptfigur dieses Entzifferungsprozesses war George Smith, ein aus der Arbeiterklasse stammender Banknotengraveur, den die Objekte, die in der Skulpturengalerie des British Museum ausgestellt waren, nicht mehr losließen. Er hatte nur wenig Schulbildung und keinerlei gesellschaftlichen Hintergrund, allein von seiner Faszination getrieben las Smith alles, was er auf dem damals noch ganz jungen Feld der Assyriologie in die Finger bekommen konnte. Er schaffte es, eine gering bezahlte Stelle im British Museum zu ergattern, wo er Tafelfragmente zusammensetzte. Schon bald zeigte sich sein bemerkenswertes Talent, die keilförmigen Zeichen zu entziffern.

Fieberhaft bemühte er sich um die Tafeln, nicht nur um die neu gefundenen, sondern auch um solche, die bereits seit Jahren in den Regalen verstaubten. Dabei entdeckte er das Poem *Enuma Elisch*, entzifferte und übersetzte es. 2000 Jahre war es, ob zufällig oder bewusst unterdrückt, vergessen, und als Smith seine Übersetzung vorlegte, wurde klar, dass die hebräische Weltschöpfungsgeschichte nicht alleinestand, nicht in einsamem Glanz. Offensichtlich war der Beginn des Buchs Genesis eine Antwort auf das, was die Gefangenen wieder und wieder gehört hatten, weinend, dort an den Wassern zu Babylon. Diese Gefangenen wollten die Zahl der *lullu*, der Schwarzköpfigen, gewiss nicht vermehren, die Hymnen sangen zu Ehren von Marduk. Nicht dieser, das wollten sie klarmachen, sondern Jahweh hat das Universum geschaffen und auch die ersten Menschen.

Die grandiose Schlichtheit, in der das Buch Genesis beginnt, war polemisch gemeint. Die Schöpfung war für die Hebräer kein Handgemenge aus Inzest, Verschwörung und Blutvergießen zwischen den Generationen. Die Schöpfung war die Tat Jahwehs und allein Jahwehs. Er wurde nicht handgemein mit einem Rivalen, schwängerte auch keine Göttin. Niemand außer ihm war dort, in der wüsten Weite am Beginn aller Dinge, kein Gefährte, kein Helfer, auch Widerstand gab es nicht. Die Menschen wurden geschaffen nach Gottes Bild, ihm ähnlich, sie wurden belebt, aber nicht mit dem Blut eines erschlagenen Rivalen, sondern mit dem Atem Gottes. Er schuf diese Geschöpfe nicht, dass sie ihm dienten und seine göttliche

Existenz erleichterten: Gott brauchte keine Diener. Der Bau von Städten, das Graben von Kanälen, die Sorge für die Herden, erschöpfende Arbeit auf den Feldern, all das interessierte ihn nicht. Ruhe schon – Erholung am siebten Tag –, sie war für Jahweh so wichtig wie für Apsu, aber niemand hätte diese Ruhe ungehörig stören können. Als Gott sich entschloss zu ruhen, da ruhte er.

Die Hebräer waren darauf aus, sich zu unterscheiden von ihren ehemaligen Herren – von Anfang an, seit Beginn der Zeiten. Der Erzähler der Genesis begrub eine verhasste Vergangenheit. Mit Smiths Übersetzung war es nun möglich geworden, entfernte Echos aufzufangen,[2] so als würden unter Schuttbergen hervor Laute zu uns dringen; als tönte, was dort begraben lag. Ein Gott, der über der ruhelosen Tiefe schwebt, ruft alles hervor, was zur Existenz gelangen wird; er scheidet die Wasser, macht aus dem einen den Himmel, aus dem anderen das Meer; er formt den ersten Menschen aus dem Staub der Erde und überträgt ihm Feldarbeit. Sind wir nun in Jerusalem oder in Babylon?

Schon bis zu dieser Stelle waren Widerhall und Anklang enorm, aber sie wurden nochmals spektakulär verstärkt durch eine weitere zerbrochene Tafel, die teilweise mit Kalkresten verbacken war, doch einige Keilschriftzeichen erkennen ließ. Smith fand sie im November 1872. Kaum hatte der junge Assyriologe sie in der Hand, schon begann er zu lesen: War das nicht der Bericht von einer verheerenden Flut und einem Schiff, das einem kleinen Teil der Menschheit das Überleben ermöglichte? Als die Tafel vollends gereinigt war, sah er, dass seine erste Vermutung richtig gewesen war. Er überflog, so erinnerte sich ein Kollege später, die Zeilen und sah sofort, dass sie »den Teil der Legende enthielten, den er dort zu finden gehofft hatte«. Er habe ausgerufen:

> »Ich bin der erste Mensch, der das nach mehr als zweitausend Jahren des Vergessens liest.« Er legte die Tafel auf den Tisch, sprang auf und rannte in höchster Erregung durch den Raum und zum großen Erstaunen der Anwesenden begann er, sich zu entkleiden.

Dies Ausziehen, das Smiths Kollegen derart schockierte, dürfte, wie der Literaturhistoriker David Damrosch notiert, nicht mehr gewesen sein als ein gelockerter Kragen; immerhin befand man sich im viktorianischen England. Bei einer Entdeckung dieses Kalibers freilich wäre so gut wie jeder Grad der Erregung berechtigt gewesen.[3]

Spätestens damit kamen, heraufgeholt aus einer weit entfernten Vergangenheit, überwältigend beweiskräftige Hinweise auf Tiefenströme zutage, die uralte mesopotamische Mythen und die hebräischen Schriften miteinander verbinden. Smith hatte eine Fluterzählung gefunden, die es schon lange gab, als Mose, der Tradition zufolge, auf dem Berg Sinai die Tora empfangen haben soll. Die Tontafeln gehen auf 1800 v. u. Z. zurück, sie berichten von einer immens zerstörerischen Flut. Und nicht nur das. Auch viele Schlüsselelemente der Noah-Erzählung finden sich darin: der Entschluss des zürnenden Gottes, alles menschliche Leben auszulöschen; der lebensrettende Hinweis, den ein auserwählter Mensch erhielt, der in Gottes Gunst stand; der sorgfältige Bau, die Ausrüstung einer Arche; der schreckliche Sturm, die steigenden Wasser; das Stranden der Arche auf einem hohen Berg; das Aussenden von Vögeln, um zu erfahren, ob die Wasser zurückgingen; das angenehm duftende Brandopfer als Dank für die Rückgabe des trockenen Landes.

Die Fluterzählung, auf die Smith zunächst stieß – auf irgendeiner der ungeheuer vielen Tontafeln im Magazin des British Museum –, stammte aus dem großen *Gilgamesch*-Epos, erzählt allerdings in einer Kurzfassung. Der unermüdlich Forschende setzte seine Suche fort, und tatsächlich gelang es ihm, eine noch ältere und ausführlichere Version zu finden. Diese, *Atrahasis* (auch *Atramchasis*) genannt, verband die Flut, ganz ähnlich wie das *Enuma Elisch*, mit dem Problem des Lärms, der in diesem Text aber nicht von den niederen Göttern erzeugt wurde: Es waren die Menschen, die solchen Krach machten. Die Götter hatten sie geschaffen, damit sie die lästigsten Arbeiten und Mühen übernahmen,[4] zugleich aber hatten sie den nicht zu unterdrückenden Hang, sich zu vermehren:

Es vergingen nicht einmal 600 Jahre,
da verbreitete sich das (bewohnte) Land immer mehr,
immer zahlreicher wurden die Menschen,
und das Land brüllte dabei so wie ein Stier.
Durch ihr lautes Getriebe war aufgebracht der Gott,

Enlil hörte ihr Geschrei
und sprach zu den großen Göttern:
»Unerträglich ist mir das Geschrei der Menschen.
In ihrem lauten Getriebe komme ich nicht mehr zum Schlaf.
Gebt den Befehl, dass ein Kältefieber entstehe!«
(*Atrahasis*, 1. Tafel, 352–360)

Wiederholt versucht dieser um seine Ruhe gebrachte Gott, die Zahl der Menschen mit immer neuen Katastrophen zu verringern – Seuchen, Trockenheit, Missernten –, jedes Mal aber werden seine Bemühungen von Enki durchkreuzt. Dieser, ebenfalls ein Gott, hatte mit einem besonders klugen Menschen – *atrahasis* bedeutet im Akkadischen »der Überweise« – eine erfreuliche Freundschaft geschlossen und riet dem Freund, wie er durch Opfergaben die schlimmsten Folgen der göttlichen Attacken mildern könne. Nach jedem Unheil stieg die Zahl der Menschen sprunghaft an, und damit auch der Krach.

Schließlich verliert der wütende, um seinen Schlaf gebrachte Gott die Geduld und beschließt, ein für alle Mal Schluss zu machen mit den Menschen: Eine furchtbare Flut werde er senden. Daraufhin rät Enki seinem Freund Atrahasis, sein Haus niederzureißen und aus dem Material ein Schiff zu bauen.

Rohrwand, Rohrwand, Mauer, Mauer,
Rohrwand höre doch her, und Mauer gib acht!
Mann von Schupprack, Sohn Ubar-Tutus,
reiß nieder das Haus, und baue ein Schiff.
Lasse ab vom Reichtum, und suche stattdessen nach dem,
was atmet.
Die Habe sei dir zuwider, erhalte stattdessen, was atmet, am Leben!
(*Gilgamesch*, XI, 21–28)[5]

Und die Flut wurde in der Tat fürchterlich: Leichen, zahlreich wie Libellenschwärme, verstopften die Flüsse, und angesichts dieses Schauspiels der Zerstörung brach Atrahasis das Herz, und er spie Galle. Dank des Bootes jedoch wurden einige letzte Menschen gerettet.

Wieder hatten Menschen überlebt, und unter den Göttern fand man zu einer brillanten Lösung – ein ziemlich finsterer Handel wurde geschlossen. Immerhin würde der große Gott von nun an nicht mehr versuchen, die Menschheit insgesamt auszurotten, dafür aber ihre Zahl regelmäßig verringern, einige Frauen unfruchtbar werden lassen und für eine hohe Säuglingssterblichkeit sorgen.[6] Pech für die Menschen, ein Glück jedoch für den Gott, der seine Ruhe haben wollte.

Diesen alten Text eignet sich der Erzähler der Genesis an, er übernimmt für seine Noah-Erzählung den generellen Umriss und auch viele Einzelheiten. Etwas jedoch ändert sich durch dieses Nacherzählen, etwas, das für einen entscheidenden Unterschied zwischen Hebräern und Babyloniern sorgt. Der babylonische Gott wird zornig, weil seine Ruhe gestört wird. Der hebräische Gott wiederum hat damit kein Problem; Jahweh braucht keinen Schlaf, und der Lärm der Menschen macht ihm nichts aus. Er will mit seiner Flut auch nicht die Zahl der Menschen verringern; im Gegenteil, die ersten Menschen sollen, das hat er ihnen mit auf den Weg gegeben, fruchtbar sein und sich mehren.

Warum also schickt er die Flut? Aus welchem Motiv? In der babylonischen Quelle ist alles verständlich, von der Erschaffung der ersten Menschen bis zu ihrer lästig-lauten Vermehrung, vom Versuch, diese Menschen auszulöschen, bis zum Kompromiss, die wachsende Bevölkerung klein zu halten durch Unfruchtbarkeit und Kindersterblichkeit. Geräusche, Lärm gehören zu den Menschen, wie jeder nur zu gut weiß, der je in einer dicht bevölkerten Stadt gelebt hat. Der Atrahasis-Mythos passt durchaus zu einer städtischen Kultur wie der babylonischen.

Die Hebräer dagegen sahen sich nicht in erster Linie als Stadtbewohner; sie hingen, und sei es nur in ihren Phantasien, an ihren ländlichen und nomadischen Ursprüngen. Und wenn sie sich einen allmächtigen Gott vorstellten, der nichts gegen Lärm hatte, mussten sie ihm einen anderen Grund für seinen mörderischen Zorn zuschreiben:

> Als aber der HERR sah, dass der Menschen Bosheit groß war auf Erden und alles Dichten und Trachten ihres Herzens nur böse war immerdar, da reute es den HERRN, dass er Menschen gemacht hatte auf Erden … (Gen 6,5–6)

Das ist ein *moralischer* Grund, und nur ein solcher konnte in der Vorstellung der Hebräer verantwortlich sein für das Unglück, das den Menschen widerfuhr; mit ihrem Tun musste es zu tun haben, mit ihrem Innenleben (dem »Dichten und Trachten«). Die Sintflut war eine Antwort auf die menschliche Bosheit.

Dieses radikale Umschreiben der alten mesopotamischen Erzählung war auf seine Art eine gewaltige Errungenschaft. Die Menschen – die schwarzhaarigen Geschöpfe, die sich vermehren und lautstark im Land verbreiten – dürfen, so will es der hebräische Erzähler, nicht als tumbe Plagegeister dastehen. Sie müssen für ihre Handlungen moralische Verantwortung tragen. Selbst das, was sie mit dem Schicksal aller Lebewesen verbindet, so etwa die allen gemeinsame Schutzlosigkeit gegen Katastrophen wie eine Flut, muss, wenn es sich um Menschen handelt, als Folge ihrer eigenen Beschlüsse, ihrer bewussten Entscheidungen gelten. Was, wird sich der Genesiserzähler ganz nebenbei auf Babylon zurückblickend gefragt haben, was für ein Gott soll das sein, der Sklaven nötig hat, um essen zu können; der nicht schlafen kann wegen des Spektakels der Menschen; der diejenigen, die er geschaffen hat, mit Vernichtung heimsucht, nur weil sie seinen Mittagsschlaf stören?

Doch jedes Umschreiben von Mythen hat einen Preis, und der war in diesem Fall, trotz aller Subtilitäten, sehr hoch. Es spricht schließlich einiges dafür, wenn Unfruchtbarkeit und Kindersterblichkeit, wenn heillose Schutzlosigkeit gegen Dürre, Seuchen oder Fluten nicht als Strafen für moralische Verfehlungen erklärt werden, sondern als gottgebotene Mittel, um die Zahl der Menschen klein zu halten. Diese Mittel mögen grausam sein, immerhin jedoch weisen sie niemandem Schuld zu, weder der Menschheit als Ganzer noch Einzelnen. Tatsächlich ist die Vermehrung der Menschen nicht grenzenlos möglich; es wird dafür Grenzen geben, schmerzlich, sachlich geboten und weitgehend indifferent gegen Fragen von Gut und Böse. Wer diese Indifferenz anerkennt, muss darum kein Fatalist sein: Lebensklugheit und Frömmigkeit, wie sie Atrahasis verkörpert, werden belohnt. Davon, dass die Menschen etwas Böses getan hätten, ist nicht die Rede, nichts davon, dass sie hätten versuchen müssen, weniger Kinder zu machen oder einfach leiser zu sein. Niemand hat Atrahasis nahegelegt, jene, die von der Flut mitgerissen wurden, als Menschen zu betrachten, die ein solches Schicksal auch verdient hätten. Im Gegenteil, ihm wurde speiübel, als er die Zerstörung sah.

Außerdem spricht einiges für eine Religion, die gewisse Götter als wohltätige Beschützer der Menschheit betrachtet, andere dagegen als böswillig und bedrohlich. In einem solchen Pantheon kann sich ein Gott offen gegen zerstörerische Vorhaben eines anderen Gottes wenden, kann etwas aushecken, um das beabsichtigte Ergebnis abzuwenden. Ein Betender kann einen Gott gegen einen anderen ausspielen, kann den Herren des Universums ganz unterschiedliche Gefühle entgegenbringen. In der Welt der Genesis ließe sich für solche Gefühle kaum Platz finden. Die hebräische Bibel erzählt von vielen Gelegenheiten subtiler Verhandlungen mit Gott, auch von verstecktem Protest gegen seine Gebote. All das jedoch geschieht innerhalb einer allumfassenden Voraussetzung: Jahweh, der zugleich gütige, barmherzige und weise Gott, ist und bleibt letzte Instanz, oberster Richter über alle moralischen Werte. Wer von einer solchen Voraussetzung ausgeht, erreicht mehr Kohärenz: Das babylonische Pantheon (wie auch das der Griechen und Römer) erscheint dagegen als wirres Durcheinander konkurrierender Mächte. Diese Voraussetzung wirft aber auch heikle Fragen auf, Fragen nach der Verantwortung, wie sie in der biblischen Noah-Erzählung herumspuken und auch weiter zurückführen, bis zur Erzählung von Adam und Eva, in der sie ebenfalls virulent sind.

Im Bericht, den der Genesiserzähler von der Sintflut gibt, sind der wütende und der schützende Gott ein und dieselbe Person. Die Reduktion der vielen Gottheiten, von denen eine der anderen listig in den Arm fällt, auf einen erhabenen Gott stärkt die Allmacht des einen Schöpfers, der alle Dinge geschaffen hat und sie nun, nach eigenem Willen und Ermessen, auch wieder zerstören kann. Freilich führt die Abschaffung der vielen Götter auch zu gewissen Problemen. Sie stecken bereits in der Vorstellung eines allmächtigen, allwissenden Gottes: Wie kann ihn reuen, was er doch selbst geschaffen hat? Hätte der allwissende Schöpfer nicht voraussehen müssen, was seine Geschöpfe tun werden? Und wie lassen sich Willkür und Erbarmungslosigkeit der Zerstörung rechtfertigen oder auch nur verstehen – einer Zerstörung, die nicht nur die erwachsenen Übeltäter hinwegfegt, sondern auch kleine Kinder, neugeborene Lämmer, unberührte Wälder?[7]

In der mesopotamischen Ursprungserzählung werden weder die mörderischen Götter noch die unbezähmbar lauten Menschen für das, was sie tun, moralisch beurteilt. Im Buch Genesis dagegen tragen die Menschen Verantwortung für ihre Taten und für das, was ihnen widerfährt. Gott ist weder willkürlich noch kapriziös. Es war die fatale Verderbtheit von Noahs Zeitgenossen, die Jahweh bereuen ließ, dass er überhaupt Menschen geschaffen hat. Und irgendwo hinter der konstatierten Verderbtheit lauern die ersten Menschen und ihre Taten, die Gott dazu brachten, Adam und Eva aus ihrem vollkommenen Garten zu vertreiben. Wie aber konnte solcher Frevel von Geschöpfen ausgehen, die nach Gottes Ebenbild geschaffen waren?

Fragen wie diese waren von Anfang an virulent, sie verstörten die Frommen ebenso wie die Zweifelnden.[8] Und diese Fragen blieben, da mochten sich Propheten und Priester, Inquisitoren und Künstler, Moralphilosophen und systematische Theologen noch so sehr mühen; über Jahrhunderte hinweg lauerten sie in den Schatten vertrauter Pfarrkirchen, schlummerten unter der Oberfläche bekannter, immer wieder durchblätterter Seiten. Das, worüber er nach über 2000 Jahren gestolpert war, so viel wird George Smith klar gewesen sein, würde die nie völlig erstickten Beunruhigungen wiederaufleben lassen, würde noch die Selbstgerechtesten unter seinen viktorianischen Zeitgenossen aufschrecken. Es war, als wäre man aufgewachsen mit einem Erbe, an dem kein Zweifel bestand und auf das man mächtig stolz war, und plötzlich sah es so aus, als sei dies Erbe längst nicht so beruhigend, nicht so schlüssig und tragfähig, wie man erhofft hatte. Die eigenen Geschichten waren nicht länger die eigenen. Plötzlich waren merkwürdige Vorfahren aufgetaucht, an die man im Traum nicht gedacht hätte.

Auf der Suche nach diesen Vorfahren verlor George Smith sein Leben. Im Oktober 1875, auf Drängen des British Museum, machte er sich auf die Reise nach Ninive (im heutigen Irak), wo er noch weitere Tontafeln zu finden hoffte. Es gab bürokratische Hindernisse, Verzögerungen, einen Ausbruch der Pest, düstere Nachrichten von politischen Unruhen in der Gegend, in der er graben wollte, dazu war die Hitze schier unerträglich. Smith erkrankte an Ruhr und starb im Alter von 36 Jahren in einem kleinen Dorf nördlich von Aleppo. Sein Anspruch auf Unsterblichkeit – auf Untersterblichkeit der Art, von der Gelehrte träumen – gründet sich auf den Augenblick, in dem er aufsprang und sich den Kragen aufriss: Das geschah, als er den Sintfluttext im *Gilgamesch*-Epos entdeckte.[9]

Es könnte einen historischen Herrscher mit Namen Gilgamesch gegeben haben, der in der Stadt Uruk regierte (im heutigen Warka, Südirak) und vor rund 5000 Jahren den Bau von Mauern und Bollwerken befahl; der Gilgamesch jedoch, dessen Geschichte Smith auf den Tontafeln entzifferte, ist eine mythische Gestalt: zu zwei Dritteln Gott, zu einem Drittel Mensch. Die Tafeln nennen auch den Namen dessen, der die Geschichte zusammentrug, den gelehrten Priester Sin-leqe-unnini. Näheres über ihn wissen wir nicht, aber er muss, wie Homer oder der Genesiserzähler, ein begnadeter Künstler gewesen sein, der mit bereits existierendem Material arbeitete, mit Texten und mündlichen Traditionen, mit Material also, das aus einer Vergangenheit stammt, die weit, sehr weit zurückreicht. Zur Erinnerung: Die Tora wurde vermutlich im 5. Jahrhundert v. u. Z. zusammengestellt, die *Ilias* etwas früher, wie man annimmt zwischen 760 und 710 v. u. Z. Sin-leqe-unnini jedoch verfasste seinen Text irgendwann zwischen 1300 und 1000 v. u. Z., und die ältesten erhaltenen, also aufgeschriebenen Erzählungen um den Helden Gilgamesch datieren auf die Zeit um 2100 v. u. Z. Damit ist das *Gilgamesch*-Epos über tausend Jahre älter als Homers Epen oder die Bibel, es ist höchstwahrscheinlich die älteste je gefundene Erzählung.

Bereits zur Zeit der Babylonischen Gefangenschaft hatte Uruk in der Region viel von dem politischen Einfluss verloren, über den die Stadt zuvor verfügt hatte. Noch immer aber genoss sie ganz besondere Beachtung, als der Ort nämlich, an dem vor langer Zeit etwas ganz Erstaunliches erfunden worden war. Es hatten sich dort, auf einer Fläche von rund fünfeinhalb Quadratkilometern, kleine Siedlungen vereinigt zu einem Ganzen, wie man es bis dahin nicht kannte. Schon den Menschen damals war klar, dass sie an etwas Einmaligem, Bedeutsamem beteiligt waren. Was da entstand, war die erste Stadt im frühen Vorderen Orient, vielleicht überhaupt die erste Stadt in der Menschheitsgeschichte.[10]

Sie ist auch der Schauplatz des *Gilgamesch*-Epos: Kein Garten steht zu Beginn aller Zeiten, sondern eine dicht besiedelte Stadt. Das Epos versucht nicht, die Welt zu rekonstruieren, wie sie vor den Menschen war, offenbar geht es von der Vorstellung aus, dass Menschen immer schon in Gemeinwesen lebten, auch davon, dass sie immer schon Erzählungen teilten. Das

Gilgamesch-Epos führt uns den Augenblick nicht vor, vor dem gar nichts war, gleichwohl enthält es eine bemerkenswerte Schöpfungsszene, eine, die an den uranfänglichen Augenblick erinnert, wie er im *Enuma Elisch* dargestellt wird. Zu Beginn des *Gilgamesch*-Epos leiden die Bewohner von Uruk unter den unbeherrschten und nicht beherrschbaren Begierden ihres Königs. Ein Drittel Mensch, zwei Drittel Gott, ist Gilgamesch wohl ein mächtiger Krieger und großer Baumeister, mit seinen sexuellen Begierden aber zersetzt er die Moral in der Stadt. Die Götter hören die Klagen der Menschen und entwickeln einen komplizierten, umständlichen Plan. Den ersten Schritt vollzieht die Muttergöttin Aruru:

> Aruru wusch sich die Hände,
> Kniff sich Lehm ab, warf ihn *herab* in die Steppe.
> Enkidu, den *Gewaltigen*, schuf sie, einen Helden,
> … Dicht behaart am ganzen Leibe (I, 100–105).[11]

Enkidu frisst Gras, trinkt aus Wasserlöchern, nackt zieht er mit den Gazellen durch die Wildnis. Wo er Fallen sieht, die für seine tierischen Gefährten aufgestellt wurden, zerstört er sie, füllt auch die Gruben wieder auf, die der Fallensteller angelegt hat. Dieser, erbittert über seine Misserfolge, kann eines Tages einen kurzen Blick auf den wilden Mann erhaschen. Damit ist klar, warum seine Mühen immer wieder vergebens waren, und er zieht nach Uruk, wo er Gilgamesch um Rat fragen will. Er möge, so rät dieser, den Tempel der Ischtar aufsuchen, der Göttin der Lust und der Liebe, und um die Hilfe der Liebespriesterin Schamchat bitten, der Tempelhure, die in allen Wonnen bewandert sei. Und Schamchat begleitet den Fallensteller tatsächlich zurück zum Wasserloch, dort warten beide auf Enkidu. Am dritten Tag taucht er auf, »aus dem Innersten der Steppe«, der Fallensteller instruiert die Priesterin:

> Das ist er, Schamchat, entblöße deine Brust,
> Öffne deine Scham, auf dass er deine Reize nehme! …
> Breite deine Kleider aus, auf dass er auf dir liege.
> Wirke an ihm, an ihm, dem Ur-Menschen, mit den Künsten des Weibes. (I, 180–185)

Und es geschieht, was der Fallensteller gehofft hatte: Sechs Tage und sieben Nächte verbringen die beiden in heißen Umarmungen. Dann, als diese Tage vorüber sind, will Enkidu zurück zu seinen Gazellen und den anderen wilden Tieren. Aber nun fliehen sie alle vor ihm, er kann auch nicht länger Schritt halten mit ihnen. Fassungslos ist er, verwirrt. Der Verlust seiner Naturnähe allerdings ist nur das Vorspiel zu einer neuen Existenzweise Enkidus. Als er zu Schamchat zurückkehrt, spricht sie zu ihm, und er kann nun hören, kann verstehen, was sie sagt:

> Gut bist du, Enkidu. Du trittst wie ein Gott ins Sein.
> Warum nur läufst du mit wilden Tieren in der Steppe umher?
> (I, 207–208)

Nicht nur seine Physis hat sich gewandelt, auch sein Bewusstsein: Er ist nicht länger ein wildes Tier unter Tieren.

Schamchat, die ihm helfen will, erzählt Enkidu von Gilgamesch und Uruk; ihre Worte wecken Sehnsüchte in ihm. Ganz ohne Vorbereitung allerdings können sie nicht in die Stadt ziehen. Das zivilisierte Leben verlangt Initiation, Gewöhnung, einen längeren Lernprozess. Als erstes kleidet die Liebesdienerin ihren Schützling ein: »Das erste Gewand streifte sie sich über, / doch das zweite legte sie ihm an.« (II, 34–35) Das Anlegen von Kleidung ist hier keine Reaktion auf Schamgefühle, auch nicht nur Anpassung an das, was alle tun: Im *Gilgamesch*-Epos ist es ein Zeichen am Weg heraus aus der Natur hin zur Kultur.[12]

Diese Bewegung setzt sich fort, wenn Schamchat Enkidu zum Essen ins Lager der Hirten führt. Das Mahl ist einfach und rustikal, aber wer bis dahin nur Gras verzehrt und Gazellenmilch gesogen hat, dem wird ein solches Mahl so absonderlich erscheinen wie einem Säugling der erste Happen fester Nahrung. Also lehrt Schamchat Enkidu, Brot zu essen und Bier zu trinken, »wie es Brauch im Lande«. In den älteren Versionen des Epos sind es sieben Krüge, die Enkidu trinkt; dann wird ein Barbier herbeigerufen, der Enkidu rasiert und salbt – und damit ist er dann »zu einem Menschen geworden«. In einer anderen Version heißt es, Enkidu, heiter vom Bier, behandelt seinen Körper mit Wasser, salbt ihn mit Öl. Diese Verse könnten schlicht bedeuten, dass er sich das Haar gewaschen hat, vielleicht aber auch, dass er sich den Pelz vollständig vom Körper gewaschen hat. Jedenfalls gleicht er nun in nichts mehr den Tieren. Und wir, Hörer oder Leser, waren Zeugen, wie er aufgestiegen ist zum Menschen.

Mit diesem Aufstieg ist die Bühne bereitet für Begegnung und Freundschaft zwischen Gilgamesch und Enkidu; eine Freundschaft, die, noch bevor die beiden einander zum ersten Mal sehen, sorgfältig vorbereitet wird. »Ich will dir Gilgamesch zeigen«, ruft Schamchat, damit sich ihr Schützling ein Bild machen kann:

> Schön ist er an Männlichkeit, Erhabenheit ist ihm zu eigen,
> geschmückt mit Reizen ist sein ganzer Leib. (I, 236–237)

Vorbereitung auch in Uruk, dort nämlich, so erzählt Schamchat Enkidu weiter, sah, »bevor du herkamst, [Gilgamesch] dich im Traumgesicht«. Gilgamesch hat diesen Traum seiner Mutter, einer Göttin, erzählt:

> Da erschienen mir Sterne des Himmels.
> Wie Brocken des Anum fallen sie immer wieder auf mich hernieder.
> Ich hob einen an, doch er war zu stark über mir.

Die Mutter – »über alles weiß sie Bescheid« – deutet dem Sohn den Traum. Von Enkidu habe er geträumt:

> Du liebtest ihn wie eine Gattin und liebkostest ihn.
> Zu dir wird kommen ein starker Genosse, einer, der errettet den
> Freund. (I, 243–268)

Eine erotisch geladene Spannung führt zu ihrer ersten Begegnung, doch sie verläuft überraschend. Denn kaum ist er in Uruk, versucht Enkidu Gilgamesch daran zu hindern, sich einer Braut zu nähern, die er, so wie es ihm, dem Herrn, der Sitte nach zusteht, vor ihrer Hochzeitsnacht besitzen will. Nun zeigt sich: Die verzweifelten Gebete der Leute von Uruk wurden erhört. Mit dem zum Menschen gewordenen wilden Mann, der Gilgamesch stoppt, wird sich der Plan der Götter, die Stadt zu retten, erfüllen, freilich auf recht umständlichen Wegen.

Mit Zorn erfüllt Gilgamesch, wenn irgendwer es wagt, sich seinem Begehren in den Weg zu stellen. Enkidu aber wagt genau das,

> lässt nicht zu, dass Gilgamesch die Braut hineinführt.
> Da fassten die beiden einander im Tor des Hochzeitshauses,
> sie gerieten auf der Straße in Streit, im Marktviertel des Landes.
> Die Türstöcke bebten, die Wände wankten. (II, 112–215)

Hin und her wogt der Kampf, bleibt aber unentschieden, und zuletzt, ermattet, werden die Kämpfer Freunde:

> Da fassten die beiden einander, und gemeinsam setzten sie sich hin.
> Sie schlossen sich in die Arme, und ihre Hände lagen ineinander …
> (II, 182–183)

Die Braut ist vergessen. Von diesem Moment sind Enkidu und Gilgamesch unzertrennliche Freunde und ziehen in eine Folge waghalsig heldenhafter Abenteuer.

Dabei aber treiben sie es zu weit, und irgendwann bestimmen die Götter, einer von beiden, Enkidu, müsse sterben, und schicken ihm darum eine Krankheit. Der in Schrecken versetzte Mensch gibt Schamchat die Schuld, sie habe ihn vom Leben mit den Gazellen entfremdet, dafür den Ängsten eines sterblichen Menschen ausgesetzt. Und er verflucht sie:

> Nicht mögest du den Hausstand deiner Wonne gründen!
> Nicht mögest du *deinem Nachwuchs deine Brust* entblößen!
> Nicht mögest du im Gemach der Mädchen sitzen! [usw. …]
> weil du mich, mich, den Reinen schwach werden ließest in meiner Steppe! (VII, 105–131)

Nicht um Sterblichkeit als solche kann es hier gehen – schließlich weiß Enkidu, dass Gazellen gejagt und getötet werden –, nein, es geht um das spezifisch menschliche Bewusstsein der Sterblichkeit. Dieses Bewusstsein, die Sterbensangst sind Menschenlos, sie sind der ungeheure Preis für die Initiation ins zivilisierte Leben, so liebevoll diese von der Tempeldienerin auch ins Werk gesetzt wurde. An dieser Stelle jedoch greift der gütige Sonnengott Schamasch ein, der Gott der Gerechtigkeit und der Mäßigung. Er erinnert Enkidu an alles, was er dieser Initiation verdankt: das Essen, die Getränke, die ihn genährt und befriedigt hätten, die wunderschönen Gewänder, die er trage, erinnert auch an Würde und Ehre, auf die Enkidu so stolz sei, erinnert vor allem an die Freundschaft mit Gilgamesch. Bevor er stirbt, widerruft Enkidu seinen Fluch, obwohl er noch immer voller Furcht ist, und segnet die Liebesdienerin, die ihn zum Menschen gemacht hat (VII, 151–157).

Gilgamesch, der den Freund in seinem langen Todeskampf liebevoll gepflegt hat, verfällt, als dieser stirbt, in tiefe Trauer. Und der Schmerz des Verlusts verbindet sich mit der Furcht, die er um sich selbst hegt:

> Enkidu, mein Freund, den ich liebe, wurde wieder zu Lehm,
> Werde nicht auch ich wie jener sein und mich niederlegen müssen,
> auf dass ich mich nie wieder erhebe für immer und ewig? (X, 69–71)

Der untröstliche Held verlässt Uruk und begibt sich auf eine Reise; er will einen Weg finden, dem Tod zu entgehen. Entschlossen sucht er nach Utnapischtim, dem Überlebenden der uralten Flut, will ihn aufstöbern irgendwo, denn der einzige Mensch soll jener sein, der je Unsterblichkeit erlangte.

Diese Suche führt den Wanderer ans Ufer des Meeres, wo er in ihrer Schenke Siduri, der Wirtin, begegnet. Ihr erklärt Gilgamesch, er wolle zu Utnapischtim, werde sogar das Meer überqueren, um ihn zu finden. Sie aber drängt ihn, das Unabänderliche zu akzeptieren: Die Dinge seien nun einmal, wie sie seien. Sinnlos darum, sich derart zu quälen, weder er noch irgendein anderer Mensch werde Unsterblichkeit erlangen:

> Gilgamesch, wohin läufst du?
> Das Leben, das du suchst, wirst du sicher nicht finden!
> Als die Götter die Menschheit erschufen,
> Teilten den Tod sie der Menschheit zu,
> Nahmen das Leben für sich in die Hand.
> Du, Gilgamesch – dein Bauch sei voll,

Ergötzen magst du dich Tag und Nacht!
Feiere täglich ein Freudenfest!
Tanz und spiel bei Tag und Nacht!
Deine Kleidung sei rein, gewaschen dein Haupt,
Mit Wasser sollst du gebadet sein!
Schau den Kleinen an deiner Hand,
Die Gattin freu' sich auf deinem Schoß!
Solcher Art ist das Werk *der Menschen!*[13]

Die Worte der Wirtin verkörpern die Wahrheiten des alltäglichen Lebens, ihren Rat, der provoziert wurde durch spektakulär überzogene Heldentaten: Erkenne deine Grenzen, akzeptiere das menschliche Dasein, wie es ist, genieße die gewöhnlichen Freuden des Lebens – mehr bleibt den Menschen eh nicht zu tun.

Gilgamesch kann diesen Rat nicht annehmen; auch nicht, nachdem er Utnapischtim gefunden und dieser ihm erklärt hat, dass die Unsterblichkeit, die die Götter ihm und seiner Frau verliehen hätten, etwas Einmaliges sei. Aus Mitleid geben der Uralte und seine Frau dem gepeinigten Helden eine letzte Hoffnung mit auf den Weg: Ein geheimer Baum des Lebens, eine dornige Pflanze, so enthüllen sie ihm, wachse unter dem Meer, er verleihe erneute Jugend. Also bindet der Held sich schwere Steine an die Füße, taucht hinab und reißt die Pflanze aus.

Doch der Traum erneuerter Jugend platzt. Denn auf dem Rückweg nach Uruk, als Gilgamesch in einem Süßwassersee ein Bad nimmt, nähert sich eine Schlange und raubt die Pflanze. Und diese ist wirksam, definitiv, denn noch bevor die Schlange im Schilf verschwindet, hat sie ihre Haut abgeworfen. Die Pflanze aber bleibt unwiderruflich verloren. Gilgamesch sitzt und weint, seine Suche nach Unsterblichkeit war vergeblich, seinem Tod wird er nicht entrinnen. Doch tröstet er sich mit dem Gedanken an all das Großartige, das er hinterlassen wird: seine Stadt mit ihren weiten Fundamenten, mit den Terrassen, Treppen und Tempeln, diese Stadt mit ihren Obstgärten und Teichen.

Es ist eine großartige Erzählung, die viele Jahrhunderte im Vorderen Orient zirkulierte, lange bevor die Hebräer sich entschlossen, ihren Bericht von den ersten Tagen der Menschheit niederzuschreiben: eine Erzählung von lustvoll-sexueller Initiation; von einem schrittweisen Aufstieg aus der Wildheit zur Zivilisation; von der Stadt, die gefeiert wird als ein großartiger Ort zum Leben; von der schwierigen und zögerlichen Akzeptanz der Sterblichkeit; und vor allem von einem Leben, das seinen Mittelpunkt nicht in Ehe und Familie hat, sondern in einer tiefen gleichgeschlechtlichen Freundschaft.[14] Dann, mit dem Zusammenbruch der mesopotamischen Städte, verschwindet auch diese Erzählung. Für Jahrtausende, bis zu ihrer zufälligen Wiederentdeckung im 19. Jahrhundert, war die Geschichte der Liebe zwischen Enkidu und Gilgamesch verschollen und vergessen; festgehalten in einer Schrift, die niemand mehr lesen konnte, begraben unter Bergen von Schutt. So wurde sie nicht Teil unseres gemeinsamen Erbes. Was wir erbten, war die Genesiserzählung.

Die Erzählung von Gilgamesch blieb unbekannt, sie hatte keinerlei Bedeutung für Augustinus, Dante oder Milton. Dem Genesiserzähler freilich war sie ziemlich sicher noch bekannt. Der *Gilgamesch*-Mythos berichtet ja nicht nur von Sintflut und Arche, sondern auch von einer Göttin, die einen Menschen formt aus Lehm; erzählt von der ersten Erfahrung der Sexualität, von Liebe, Leiden und Sterben. Selbst in der fragmentarischen Form, in der diese Erzählung überliefert ist, hat sie ihre Schönheit, ihren Zauber nicht verloren. Wenn die Hebräer nicht umhin konnten, auf das *Enuma Elisch* zu reagieren, dann fühlten sie sich wohl auch genötigt, auf *Gilgamesch* zu antworten.

Im lapidaren, unpersönlichen Stil der Anfangsverse, der Abfolge der Schöpfungstage, die in der Erschaffung des Menschen nach dem Bild Gottes kulminieren: »als Mann und Frau schuf er sie« – in dieser knappen Abfolge bleibt kein Raum für eine Antwort auf das *Gilgamesch*-Epos. Die biblische Kosmogonie, in ihrer sublimen Abstraktion, vermag noch nicht einmal einen Hinweis darauf zu geben, was es heißt, als Mensch zu leben; auf ebendas, was im *Gilgamesch*-Epos so brillant dargestellt ist. Dazu musste, wer immer das Buch Genesis zusammengestellt hat, noch einmal von vorn beginnen, mit einer neuen Erzählung.[15]

Das Narrativ, das im zweiten und dritten Kapitel des Buchs Genesis entfaltet wird, beginnt, wo die Eröffnung endet, ist aber gleichwohl nicht deren Fortsetzung. Im ersten Kapitel schuf Gott »den Menschen zu seinem Bilde, zum Bilde Gottes schuf er ihn«; mehr erfahren wir nicht, erhalten auch keinen Hinweis auf das Material, mit dem Gott arbeitete, erfahren auch zu Sonne, Mond und Sternen nicht mehr; sie sind, als Lichter des Himmels, urplötzlich da, sie werden, wie alles andere auch, allein kraft seines göttlichen Wortes. Der Autor von Kapitel zwei liefert, selbst auf die Gefahr von Widersprüchen, einen weiteren Bericht, einen, der direkter auf Herausforderungen reagiert, die sich mit Enkidu stellen, der von der Göttin Aruru aus Lehm geschaffen wird. Nun formt auch Jahweh einen Menschen aus Lehm, was ein Wortspiel mit dem Namen der Spezies nahelegt: Im Hebräischen heißt Lehm *'adama*, das Wort für Mensch ist *'adam*. Statt seiner Lehmfigur irgendwelche Substanz seines Körpers beizufügen, bläst ihr der Gott der Hebräer »den Odem des Lebens in seine Nase« (Gen 2,7) – Atem, einen Hauch, keine Substanz: großartig, wie dieses Bild das Wunder der Belebung einfängt. Die Materie ist die gleiche wie »der Staub von der Erde«, aber sie ist nicht belebt. Der Lehm lebt; er atmet. Gott hat ihn gemacht, er hat ihn zum Leben erweckt, aber er ist nicht in ihm. Darin liegt die Möglichkeit von Freiheit und von Entfremdung.

Im *Gilgamesch*-Epos ist der aus Lehm geschaffene Mensch ein Wilder, mit wallendem Haar (womöglich am ganzen Körper), mit animalischer Kraft, auch mit der Lebensweise der Tiere. In der Genesiserzählung wird der Lehm geformt »zum Bilde Gottes«, und von Anfang an ist das Geschöpf nicht Gefährte der anderen Tiere, sondern deren Herrscher.[16] Es gibt in der Genesiserzählung keine langsame Entwicklung hin zu entfalteter Menschlichkeit; in der Genesiserzählung ist das Lehmgeschöpf, das von Gottes Atem belebte, ein bereits voll entwickelter Mensch. Er muss nichts lernen, nichts erleben und erfahren, um zu realisieren, wer er ist – wer die Schöpfungsgeschichte so erzählt, entzieht der Initiationsgeschichte Enkidus mit einem Schlag den Boden.

Adams Ziel ist nicht die Stadt – mehr noch: Wenn seinen Nachkommen ein Leben in einer Stadt bevorsteht, dann ist dies nur ein weiteres Desaster im Gefolge der Vertreibung aus dem Garten Eden. In Kapitel 11 des Buchs Genesis nehmen sich einige Menschen vor, in der Ebene Schinar eine Stadt zu bauen. So als wollte er den mesopotamischen Primat in Sachen Stadterfindung anerkennen, lässt der Text keinen Zweifel: Die Stadt, die die Menschen bauen wollen, wird nicht aus Stein sein, sondern aus Ziegeln:

> Und sie sprachen untereinander: »Wohlauf, lasst uns Ziegel streichen und brennen! – und nahmen Ziegel als Stein und Erdharz als Mörtel und sprachen: Wohlauf, lasst uns eine Stadt und einen Turm bauen, dessen Spitze bis an den Himmel reiche, dass wir uns einen Namen machen; denn sonst werden wir zerstreut über die ganze Erde. (Gen 2,3–4)

Das lesen wir auch im *Gilgamesch*-Epos, in einer stolzen Erzählung des Helden:

> Steig doch hinauf, Ur-schanabi,
> auf der Mauer von Uruk wandle umher,
> die Fundamente beschaue, und das Ziegelwerk prüfe, ob ihr
> Ziegelwerk nicht aus Backstein (besteht).
> (XI, 323–25)

Der Genesiserzähler muss diese Passage gekannt haben, so wie er auch jene Stelle aus dem *Enuma Elisch* im Kopf gehabt haben wird, in der Marduk den Bau einer großen Stadt gutheißt: »Erbaut Babylon, die Aufgabe, die ihr gesucht habt, / Lasst Ziegel dafür geformt werden und errichtet das Heiligtum.« (6. Tafel) In der Genesiserzählung aber ereilt die aus Ziegeln errichtete Stadt eine Katastrophe:

> Da fuhr der HERR hernieder, dass er sähe die Stadt und den Turm, die die Menschenkinder bauten. Und der HERR sprach: Siehe, es ist einerlei Volk und einerlei Sprache unter ihnen allen, und das ist der Anfang ihres Tuns; nun wird ihnen nichts mehr verwehrt werden können von allem, was sie sich vorgenommen haben zu tun. Wohlauf, lasst uns herniederfahren und dort ihre Sprache verwirren, dass keiner des anderen Sprache verstehe. So zerstreute sie der HERR von dort über die ganze Erde, dass sie aufhören mussten, die Stadt zu bauen. Daher heißt ihr Name Babel,[17] weil der HERR daselbst ihre Sprache verwirrt hat. (Gen 2,5–9)

Frommen Hebräern, die das weltoffene Babylon stets gefürchtet und gehasst haben, wird diese Geschichte gefallen haben. Mit Gelächter werden sie das Wortspiel um den Namen Babylon quittiert haben, die Verwirrung der Sprachen, die Unfähigkeit der ehrgeizigen Baumeister, ihren Turm zu vollenden. Nichts wird sie mehr befriedigt haben als die Verwandlung der Stadt, die als Erfüllung menschlicher Träume galt, in ein Sinnbild menschlicher Arroganz und der Vergeblichkeit menschlichen Strebens.

Für den Autor der Kapitel 2 und 3 des Buchs Genesis war nicht die Stadt, sondern der Garten der wirklich gute Ort,[18] der Ort, den Jahweh für die Menschen, die er schuf, eingerichtet hat, »mit allerlei Bäumen, verlockend anzusehen und gut zu essen«. Es gibt keinen Grund auszuziehen, so wie Enkidu und Gilgamesch das tun, die Bäume fällen wollen, um prachtvolle Tempeltüren zu schaffen. Die Genesiserzählung gibt auch keinerlei Hinweis darauf, dass die Menschen etwas gebaut hätten in dem Garten, in dem sie leben, keine Hütte, schon gar keinen Altar, kein Heiligtum, keinen Palast. Die Bäume werden geschätzt, weil sie Früchte tragen, nicht als Material für Bauwerke. In diesem Garten etwas zu bauen, ist auch gar nicht Aufgabe der Menschen, sie sollen ihn nur »bebauen und bewahren«.

Solche Aufgaben sind natürlich mit Arbeit verbunden, sie gehört von Anfang an zum menschlichen Dasein. Das Wort »Paradies« kommt in der hebräischen Bibel nicht vor, die griechischen Übersetzer haben es eingebracht, die wahrscheinlich geträumt haben von einem Reich vollkommener Muße, das sich die Hebräer so nicht ausgemalt haben. Der Traum der Genesiserzählung ist nicht Muße, sondern »Bebauen und Bewahren«, ein durchaus zweckgerichtetes Tun also, das als Freude wahrgenommen wird. Arbeit gewiss, aber nicht die harte Arbeit, die ein wesentliches Element des sumerischen Ursprungsmythos war. Wenn zur Anlage von Jahwehs Garten ein Strom gehört, um »den Garten zu bewässern« (Gen 2,10), dann hört sich das an, als sei hier nicht die große Mühe vonnöten, Bewässerungskanäle zu graben, die für die Babylonier so große Bedeutung hatten.[19] Gott hat Bedingungen geschaffen, die es den Menschen ermöglichen, sich und ihre Nachkommen zu ernähren. Später erfahren wir, dass kein Unkraut wucherte im Garten Eden und das, was an Arbeit zu tun war, dem Mann keinen Schweiß aufs Gesicht treten ließ.

Im *Gilgamesch*-Epos lassen die Götter eine aus ihrem Kreis einen wilden Mann aus Lehm formen, der zum Freund des Helden wird, zu dessen Lebenspartner. Der Gott der Genesiserzählung wiederum sieht, dass es nicht gut ist für den Menschen, allein zu sein, darum »baut« er aus einem Teil des männlichen Körpers[20] eine Frau. Diese zweite, von der ersten unabhängige Schöpfung ist eine erstaunlich kreative Reaktion auf die mesopotamische Erzählung. Es geht um die gleiche tiefe Sehnsucht nach Gesellschaft, das akute Bedürfnis nach »Hilfe«, das rauschhafte Vergnügen an der Existenz eines anderen Menschen, mit dem das eigene Leben verbunden ist. Zugleich aber verwandelt diese Schöpfung beide Geschöpfe von Grund auf.

Welcher Art ist diese Verwandlung? Welchen Unterschied macht es, wenn die Genesiserzählung, um diese ganz wesentliche Bindung zwischen zwei Menschen darzustellen, sich nicht einen Mann und dessen männlichen Freund vornimmt, sondern den Blick auf einen Mann und eine Frau richtet? Beide Berichte stellen heraus, welche Bedeutung Gemeinschaft für die Menschen hat: Ein Einzelner kann, und sei er noch so mächtig und unabhängig, allein nicht wirken. Beide Berichte zeigen Lust und Erregung, die menschlicher Gemeinschaft entspringen, zugleich auch deren Nützlichkeit. Beide führen vor, dass das menschliche Schicksal, in seinen Errungenschaften wie in seinen tragischen Verlusten, gemeinsamen Entscheidungen und gemeinsamem Handeln entspringt. Bis hierher also bestehen keine wesentlichen Unterschiede zwischen beiden Berichten.

Der Genesiserzähler schildert die Beziehung zwischen dem ersten Mann und der ersten Frau nicht, wie man vielleicht erwartet hätte, als fundamental hierarchisch. Nichts deutet darauf hin, dass die Frau, die Gott schafft, dem Mann nicht ebenbürtig sei, weder der Stärke nach noch in ihrer Stellung. In Kapitel 1 der Genesis ergeht die Weisung an die Menschen, fruchtbar zu sein und sich zu vermehren; doch diese Aufforderung wird, nachdem in Kapitel 2 die Frau aus der Rippe des Mannes geformt ist, nicht noch einmal wiederholt. Weder Hierarchie noch Vermehrung kommen dem Erzähler in den Sinn.

Stattdessen betont das zweite Kapitel der Genesis die Erfahrung, dass beide aneinander »hängen«. Das wird kurz und bündig konstatiert. Der Bericht zeigt, anders als das *Gilgamesch*-Epos, das Paar nicht im Gespräch, er verliert kein Wort über Meinungsverschiedenheiten, zeigt auch nicht, wie die beiden eine gemeinsame Entscheidung treffen oder einen Verlust erleiden. Und doch bleibt in diesem gedrängten Bericht Zeit genug, wieder und wieder das merkwürdig ekstatische Gefühl zu betonen, dass Mann und Frau, wie es dort heißt, »ein Fleisch« seien.

Als Gott dem Mann die Frau zuführt, heißt dieser sie jauchzend willkommen,[21] findet ekstatisch-poetische Worte dafür, dass er sie, die doch Teil seines Leibes ist, vor sich sieht:

> Die ist nun Bein von meinem Bein und Fleisch von meinem Fleisch. (Gen 2,23)

Die Frau ist vom gleichen Stoff wie der Mann und zugleich eine andere, so dass der Mann, der aus seinem tiefen Schlaf erwacht, ein ekstatisches Lied singt auf die, die er vor sich sieht – »die nun« –, und sein Lied ist zugleich ein ekstatischer Gesang auf sich selbst.

Nichts dergleichen findet sich im *Gilgamesch*-Epos. So eng und intim die Beziehung zwischen Gilgamesch und Enkidu auch sein mag – und das Poem beschreibt den emotionalen Fluss zwischen beiden tatsächlich als sehr tief –, dieses besondere Gefühl einer geteilten Existenz, das zugleich Metapher ist und buchstäbliche Beschreibung, haben die beiden nicht. Wieder nutzt der hebräische Autor ein Wortspiel, so als könnten die Buchstaben das schwebend-unerklärliche Gefühl einfangen, dass Mann und Frau verflochten miteinander sind:

> Diese da wird man Männin nennen *(ishah)*, weil sie vom Manne *(ish)* genommen ist. (Gen 2,23)[22]

Gilgamesch und Enkidu küssen einander, umarmen sich, legen ihre Hände ineinander, werden zu verschworenen Gefährten, die gemeinsam gefährliche Abenteuer bestehen. So nahe sind sie einander, dass der Tod des einen den anderen niederschmettert. Ihre Beziehung ist sehr viel entwickelter, intensiver, nuancierter als die zwischen Adam und Eva. »Ein Fleisch« aber sind sie nicht.

Möglicherweise hängt die unheimliche Vorstellung, dass Mann und Frau eines sind – *ish* und *ishah* –, mit der Fortpflanzung zusammen.

Schließlich ist der Nachwuchs die lebendige Verkörperung der Verbindung von Fleisch und Knochen. Doch jeder, der einmal intensiv geliebt hat, wird bestätigen können, dass das Gefühl der Einheit nicht an Nachwuchs gebunden ist, häufig allerdings geht es der Erzeugung von Nachwuchs voraus. So jedenfalls ist es hier: Zum Glanz der Genesiserzählung trägt ganz sicher bei, dass die Aufforderung, sich zu vermehren – und das Faktum der Vermehrung –, getrennt bleibt vom tiefen Gefühl, ein Fleisch zu sein.

Der Genesiserzähler unterstreicht diesen entscheidenden Unterschied zum *Gilgamesch*-Epos:

> Darum wird ein Mann seinen Vater und seine Mutter verlassen und seiner Frau anhangen, denn sie sind ein Fleisch. (Gen 2,24)

Das Eins-Werden im Fleisch wird in diesem Vers verbunden mit einer Vorstellung, die im *Gilgamesch*-Epos nicht zu finden ist: der Vorstellung, Vater und Mutter zu verlassen (eine im Kontext der Schöpfungsgeschichte absurde Idee, denn es gibt ja keine Eltern, die zu verlassen wären) und eine neue Einheit zu bilden. Die Bibel erklärt, der Mann werde Vater und Mutter verlassen – im *Gilgamesch*-Epos dagegen ist es gerade Gilgameschs Mutter, die die Beziehung zwischen ihrem Sohn und Enkidu ermöglicht und die auch weiterhin bedeutsam bleibt für beider Beziehung. Zu einer tiefen Freundschaft gehört nicht unbedingt die Gründung einer neuen Familie, wenn aber Mann und Frau ein Fleisch werden, dann schon.[23]

Der Genesis-Bericht endet mit der Vision eines Paares im Garten – nicht eines einzelnen Hermaphroditen, wie es die Metapher des »einen Fleischs« wiederholt nahelegt, sondern mit der Vision zweier Menschen:

> Und sie waren beide nackt, der Mensch und seine Frau, und schämten sich nicht. (Gen 2,24)

Eine Spur ihrer unheimlichen Einheit bleibt erhalten, nicht in ihrer Nacktheit, sondern darin, dass sie sich ihrer Nacktheit nicht schämen. Diese einfache Vision ist alles, was wir über ihr Zusammenleben im Garten erfahren, doch das genügt.

Für den Genesiserzähler gibt es, um diese uranfängliche Beziehung zu ermöglichen, keine Initiation, es bedarf keiner Passage in gesittetes Verhalten. Irgendwie unfertig war das Leben vor Erschaffung der Frau, danach ist es vollkommen. Es gibt so etwas wie Vorwegnahmen – von Bekleidung, Scham, dem Zustand der Dinge jetzt –, aber das sind Zeichen des Leidens, der Verletzlichkeit nach der Übertretung des göttlichen Gebots. Der Autor der Genesis formuliert auch die Initiation neu: Sie wird zur Verfehlung.

Zu Enkidu sagt die Liebesdienerin nach dessen sexueller Initiation: »Du trittst wie ein Gott ins Dasein.« An diese Worte hat sich der Genesiserzähler erinnert und sie genutzt zur Darstellung nicht eines Aufstiegs, sondern des Falls von Mann und Frau. Die Schlange, die Gilgamesch die Pflanze raubt, die ihm ermöglicht hätte, dem Tod zu entrinnen, wird zur Schlange, die dem Mann und der Frau die Hoffnung auf ein ewiges Leben raubt. »Ihr werdet sein wie Gott« – das Versprechen, mit dem die Schlange die Frau verführt, von der verbotenen Frucht zu essen, ist die gleiche Vision, die Schamchat Enkidu eröffnet. Enkidu wird nicht wirklich zu einem Gott. Bekleidet und eingewiesen in die richtigen Essmanieren, wird er zum Menschen, fähig zu gesittetem Verhalten, zu Freundschaft und Heldentum. Das hat seinen Preis – mit allem anderen wird ihm auch seine Sterblichkeit bewusst. Die aber war auch zuvor sein Los. Nur dass er sich dessen so wenig bewusst war wie die Gazellen, mit denen er umherzog.

Auch vom Mann und der Frau ließe sich sagen, dass sie zu vollen Menschen wurden, nachdem sie von der Frucht gegessen hatten. Doch während sich die Transformation für Enkidu aufs Ganze gesehen als Segen erweist, wird sie für Adam und Eva zum Desaster: Dass sie sich bedecken, ist eine Reaktion auf Scham und Verlust, ihre Nahrung müssen sie nun einer widerspenstigen, dornenreichen Erde abgewinnen. Und vor allem: Ihr Leben wird verkürzt werden, abgeschnitten durch den Tod, der andernfalls vielleicht zu vermeiden gewesen wäre. Auch sie haben größere Erkenntnis gewonnen – das Wissen um Gut und Böse –, erworben aber wurde diese Erkenntnis zu einem schier unerträglichen Preis.

War der hebräische Erzähler darauf aus, tief verwurzelte mesopotamische Glaubensinhalte zu erschüttern, dann war er auf grandiose Weise erfolgreich. Er hat eine uralte Ursprungsgeschichte auf den Kopf gestellt. Was im *Gilgamesch*-Epos ein Triumph war, wird in der Genesiserzählung zur Tragödie.

KAPITEL VIER

ADAMS UND EVAS LEBEN

ENDE 1945 ZOG Mohammed Ali al-Samman, ein ägyptischer Bauer aus einem Dorf im Norden von Luxor, mit seinen sechs jüngeren Brüdern in die Berge, *sabakh* suchen, einen Dünger, der sich in Gräbern und verlassenen Siedlungen aus dem dort verrottenden Material bildet. Beim Graben stieß er mit seiner Hacke zufällig auf eine Amphore aus Ton, versiegelt und etwa neunzig Zentimeter hoch. Zunächst hatte er Angst, das Siegel zu brechen und die Amphore zu öffnen: Ein Zauber, so fürchtete er, könnte darauf liegen und ein böser Geist herausfahren. Dann aber siegte doch die Neugier, vielleicht war sogar etwas zu holen. Er erbrach das Siegel, langte in den Krug – und war enttäuscht. Kein Golddepot hatte er erwischt, sondern nur dreizehn Bücher, in Leder gebunden, dazu lose Blätter. Er nahm seinen Fund mit zurück ins Dorf, wo er ohne größeren Erfolg versuchte, die Bücher gegen Zigaretten oder ein paar Piaster einzutauschen. Einige Bücher holte er aus der Amphore, andere warf er auf den Haufen Stroh, das im Haus zum Anfeuern des großen tönernen Brotofens verwendet wurde. Seine Mutter riss einige Seiten heraus, um das Feuer in Gang zu halten; dann aber beschlich den Sohn doch eine Ahnung, dass sein Fund mehr wert sein könnte, denn er rettete den Rest und legte ihn beiseite.[1]

Die Nachricht von Mohammed Alis Funden fand ihren Weg über die Dorfgrenzen hinaus, und schließlich, nach einigen Umwegen und unter Verlust weiterer Seiten, erreichten die Bücher Kairo, wo Antikenhändler rasch ihren möglichen Wert erkannten. Noch bevor sie allerdings einen Käufer fanden, bekam die ägyptische Regierung Wind von ihrer Existenz, und es gelang ihr, bis auf eines alle Bücher zu erwerben.[2] So gelangten sie ins Koptische Museum in Kairo. Dort lagen sie ein Jahrzehnt in einem Regal, bis das Projekt ihrer Transkription und Übersetzung anlief.

Die Bücher, die aus der Amphore ans Licht kamen, datieren um 350–400 u. Z., sind jedoch Abschriften viel älterer Texte. Das ganze Depot wurde bekannt unter dem Namen Nag-Hammadi-Schriften (auch Nag-Hammadi-Bibliothek), so genannt nach der dem Fundort nächsten größeren Stadt. Die Bücher bestehen aus Papyrusblättern, die nicht zu Rollen zusammengeklebt wurden (ein altes Format, das bekannt ist durch die Tora-Rollen, wie sie bis heute in den Synagogen in Gebrauch sind), sondern zusammengenäht zu Kodizes, dem praktikableren Format, das wir mit unseren gedruckten Büchern bis heute benutzen. Die Christen waren die Ersten, die Kodizes für ihre heiligen Texte nutzten, und hier nun war, auf wundersame Weise, gleich eine ganze Sammlung gefunden worden.

Dass die Bücher erhalten geblieben waren, war dem Klima geschuldet und purem Zufall, aber sie waren auch ganz bewusst gut versteckt worden. Abgefasst sind die Texte in Koptisch, der Sprache, die in Ägypten vor der arabischen Eroberung ihre Blütezeit hatte; versteckt wurden sie irgendwann gegen Ende des 4. Jahrhunderts. Kaum verwunderlich, dass sich diejenigen, die sie sorgfältig in eine Amphore gesteckt, versiegelt und an einem so abgelegenen Ort versteckt hatten, nicht zu erkennen gaben. Es werden Mönche aus einem nahen Kloster gewesen sein, die beunruhigt waren, weil die christliche Kirchenobrigkeit mit wachsender Strenge Bücher verfolgen ließ, die als häretisch galten. Die Kirche dieser Zeit hielt es für wichtig, das Korpus kanonischer Schriften einzugrenzen und scharf zwischen akzeptablen Glaubensinhalten und solchen zu unterscheiden, die als gefährlich galten, wie etwa die Schriften aus Nag Hammadi. Wer immer die Bücher versteckt hat, wollte diesen wertvollen Besitz nicht zerstören, einige dieser Schriften waren Jahrhunderte alt. Vielleicht hoffte man auf ein Ende der Verfolgungen, darauf, die Schriften wieder hervorholen zu können, in die sich die Gemeinschaft der Mönche lange vertieft hatte. Doch es kam anders, die Verfolgung wurde verschärft, und die vergrabenen Schriften blieben für 1500 Jahre unberührt und vergessen.

Als die verborgene Bibliothek schließlich wieder ans Licht kam, war es das so genannte *Thomasevangelium*, das weltweit Interesse erregte, denn es erhebt den – allerdings bis heute umstrittenen – Anspruch, »geheime Worte, die der lebendige Jesus sagte« zu enthalten (S. 69f.).[3] Die aus vielerlei Gründen überraschendsten Funde aber sind die Texte über Adam und Eva. Einer davon, *Die Apokalypse des Adam* (S. 169), behauptet, Adam habe diesen Text seinem Sohn Seth offenbart. Der Text beginnt wie folgt:

> Höre meine Worte, mein Sohn Seth! Als Gott mich aus der Erde geschaffen hatte, zusammen mit Eva, deiner Mutter, wandelte ich mit ihr in einer Herrlichkeit, die sie gesehen hatte in dem Äon, aus dem wir entstanden waren. Sie lehrte mich ein Wort der Erkenntnis des ewigen Gottes. Und wir glichen den großen, ewigen Engeln, denn wir waren erhabener als der Gott, der uns geschaffen hatte, und die Kräfte, die mit ihm waren, jene, die wir nicht kannten.
> (S. 170)

Die angesprochene Herrlichkeit also, darauf legt Adam Wert, war nicht allein sein Besitz. Im Gegenteil, er verdankte sie seiner Frau: »Sie lehrte mich ein Wort der Erkenntnis des ewigen Gottes.« Und das Wissen, das sie damit teilten, machte beide ungeheuer mächtig: »Und wir glichen den großen, ewigen Engeln, denn wir waren erhabener als Gott, der uns geschaffen hatte, und die Kräfte, die mit ihm waren, jene, die wir nicht kannten.« (S. 170)

»Wir waren erhabener als der Gott, der uns geschaffen hatte« – in der Nag-Hammadi-Version der Genesiserzählung sind die Geschöpfe stärker als ihr Schöpfer, und Gott wird zunehmend eifersüchtig und furchtsam; der Mann aber ist abhängig von Mut und Wissen der Frau. So ist in dieser Version Eva die Heldin, denn sie hat mutig für sich und alle Menschen erfasst, was der neidische Schöpfer ihr und allen Menschen vorenthalten wollte.

Ein anderer Nag-Hammadi-Traktat, *Testimonium Veritatis* oder *Zeugnis der Wahrheit* (S. 288ff.), ist nicht aus der Perspektive Gottes geschrieben, auch nicht aus der Adams und Evas, sondern aus der der Schlange. Gottes Grenzen und Beschränkung, so will es der Traktat, sind erschreckend klar. Welcher Gott würde den Menschen die Erlaubnis verweigern, vom Baum der Erkenntnis zu essen? Ein wahrhaft liebender Schöpfer hätte Wissen gefördert und es seinen Geschöpfen nicht verboten. Der Gott der Genesis, so will es diese Version der Erzählung, ist nicht unser Freund; vielmehr ist die Schlange die große Wohltäterin der Menschen.

Offensichtlich lasen einige Mitglieder dieser Gemeinschaft die Geschichte von Adam und Eva völlig anders, als wir das gewohnt sind. Sie hatte der Verdacht gepackt, dass Jahweh neidisch sein könnte und geizig. Sie legten den ersten Menschen Worte in den Mund, wie wir sie in den kargen Versen der Bibel nicht finden. Sie feierten die Schlange, die die Menschen drängte, von der Frucht zu essen, feierten auch die Frau, die es, um Wissen zu erlangen, auf sich nahm, Jahwehs Verbot zu übertreten. Natürlich stand diese Interpretation auf verlorenem Posten, also mussten die Mönche ihre Bücher in eine Amphore stecken und vergraben, die dann in Vergessenheit geriet. Darum vielleicht sind auch die Texte vergessen worden.

Doch die Mönche in der Wüste waren damals nicht die Einzigen, die die Schöpfungsgeschichte in Frage stellten und sich mühten, Worte zu hören, die in der Bibel nicht zu finden waren. Hier nun die einleitenden Worte aus *Leben Adams und Evas*, einem lateinisch verfassten Text, der im ersten Jahrhundert in mehreren Sprachen zu zirkulieren begann:[4]

> Nachdem sie aus dem Paradies vertrieben waren,
> erbauten sie sich eine Hütte,
> und sie verbrachten sieben Tage trauernd,
> in großer Trübsal klagend.
> Und sie bekamen Hunger nach den sieben Tagen
> und suchten Speise, sie zu essen, fanden aber keine.
> …
> So gingen sie und suchten gar neun Tage lang;
> doch fanden sie nichts der Art,
> wie sie im Paradies gehabt,
> nur einzig Nahrung für die Tiere.
> Und Adam sprach zu Eva:
> Das gab der Herr den Tieren und dem Vieh zur Speise;
> wir aber hatten Engelsspeise. (Verse 1–4)

Dieser Bericht von den ersten Menschen, der vermutlich in einem jüdischen Umfeld entstanden ist und in einer semitischen Sprache verfasst wurde, wanderte rasch auch in frühchristliche Gemeinden ein und erschien in diversen Fassungen, einer lateinischen, koptischen, armenischen, georgischen und einer slawischen; über Jahrhunderte wurden diese Texte gelesen.

In dieser Zeit entstand ein gewichtiges Korpus an Kommentaren, rabbinischen wie patristischen. Das wie auch die länderübergreifende Beliebtheit von *Leben Adams und Evas* zeigen, dass die Verse aus dem Buch Genesis in der Spätantike als ebenso vielversprechend wie karg empfunden wurden, als Text mit vielen moralischen Rätseln, zugleich von erstaunlicher Schweigsamkeit. Wie haben die ersten Menschen auf ihre Vertreibung aus dem Paradies reagiert? Klopften sie ans Tor und baten um Erlaubnis, zurückkehren zu dürfen? Haben sie überhaupt verstanden, was ihnen widerfahren ist? Wohin gingen sie, wie haben sie es geschafft zu überleben? Was sagten sie zueinander in den Monaten und Jahren, die nun folgten? Hatte ihre Liebe Bestand? Haben sie ihren Kindern erzählt, was sie getan hatten? Verfolgte der Schöpfer das Schauspiel ihrer Leiden mit Gleichgültigkeit oder mit Behagen oder doch mit einem Anflug von Bedauern? Und wie erlebten sie die Sterblichkeit – zunächst beim Mord an ihrem Sohn Abel, dann, als ihr eigener Tod näherkam?

Nach all dem zu fragen, war keineswegs ungefährlich. Führte die Suche nach Antworten doch dazu, sich Szenen vorzustellen, von denen in der Bibel nichts berichtet wird. Zugleich schnitt man höchst umstrittene Themen an: Plötzlich ging es um den Ursprung der Sünde; um das Wesen der Ehe; um die moralische Differenz, wenn es denn eine gab, zwischen Frau und Mann; um die verborgene Identität Satans, des Todfeinds der Menschen; um die Rechtfertigung des Zorns Gottes; um die Möglichkeit der Vergebung. Juden wie Christen mühten sich darum, die zentralen, anerkannten heiligen Texte zu ordnen, einen Kanon zu schaffen und jene Texte auszusortieren, die jenseits dieser Grenzen lagen, in der Zone des Apokryphen, »Verborgenen«. Das war ein langer, aufreibender Prozess, voll bitterer Kontroversen, von denen einige bis heute nicht wirklich beigelegt sind.

Trotz seiner so weiträumigen Verbreitung wurde *Das Leben Adams und Evas* niemals, in keiner seiner Versionen, in den Kanon aufgenommen; der Text schaffte es nicht einmal in die »Apokryphen«, die den handgeschriebenen, später den gedruckten Bibeln als Anhang beigegeben wurden. Dieser Text blieb stets außen vor, es schien einfach unmöglich, ihn aufzunehmen; gleichermaßen unmöglich aber blieb es, ihn vollständig zu unterdrücken. Mit Ausflügen ins Reich der Fiktion reagierten der oder die Autoren auf den schier unwiderstehlichen Impuls, sich Adam und Eva vorzustellen, ihr Leben als gerade Verstoßene, die sich nun in einer fürchterlichen Lage befanden. Darum die Eröffnungsszene, auf die wir bereits einen Blick warfen. Im Paradies, erfahren wir da, ernährten sich die Menschen nicht anders als die Engel. Als das gefallene Paar schrecklichen Hunger verspürte, erkannte es zu seinem Entsetzen, dass es seinen Hunger nur noch mit dem stillen konnte, was auch Tiere fraßen. Zum ersten Mal mussten die Menschen da erkennen, dass auch sie Tiere waren.

Die uralte Biographie erzählt dann von einem verzweifelten Bußritual, das Adam vorschlägt. Er werde sich, so erklärt er seiner Frau, 40 Tage bis zum Hals in die Fluten des Jordan stellen; sie, als die Schwächere, könne diese Bußzeit auf 37 Tage verkürzen, eingetaucht in den Tigris. Bevor aber diese Zeit verstrichen ist, nähert sich Satan, in einen Engel aus Licht verwandelt, Eva und erzählt ihr, der gnädige Gott habe ihre Klagen gehört und nehme ihre bußfertige Reue an. Er aber sei gesandt worden, sie zu den Speisen zu führen, nach denen sie sich sehne und die Gott ihr liebevoll bereitet habe. Also steigt Eva aus dem Fluss – es »zitterte ihr Körper von des Wassers Kälte wie Gras« – und eilt fröhlich zu ihrem Mann. Doch als dieser sie erblickt, ruft er weinend aus: »Warum nur konntest du dich abermals / von unserem Widersacher so verführen lassen?«

Eva stürzt zu Boden, lässt sich auf ihr Angesicht fallen und will von Satan wissen, warum er sie beide dermaßen hasse. Nun breitet die Erzählung aus, was zum Hauptmotiv für die Ausarbeitung der biblischen Geschichte wurde. Er verfolge sie, so lässt der Text den Teufel erklären, weil Adam die Schuld daran trage, dass er, der Teufel, und seine Mitrebellen aus dem Himmel vertrieben wurden. Gott habe sie aufgefordert, den neu geschaffenen Menschen als »Gottes Ebenbild« zu verehren, das aber hätten sie abgelehnt: »Eh er geschaffen ward, ward ich geschaffen, / er sollte mich verehren.« Weil »Satan und seine Engel« dies verweigerten, »wurden wir aus unseren Wohnungen in diese Welt vertrieben / und auf die Erde hier verstoßen deinetwegen«. Aus Rache habe er dafür gesorgt, »dass du [Adam] aus deiner Freud und Wonne um ihretwegen [Evas wegen] warst vertrieben« (Vers 16).

Adam, noch immer im Wasser stehend und entschlossen, seine Buße zu vollenden, ist zornig auf sein Weib. Und Eva, verzweifelt, zieht nach Westen, will dort ihr Leben in Einsamkeit verbringen, bis der Tod zu ihr komme. Nicht nur ihre Heirat, auch ihre Trennung war darum die erste unter den Menschen. Aber Eva ist, wie sich herausstellt, im dritten Monat schwanger, und als die Zeit der Geburt kommt, schreit sie zu Gott. Nicht dieser hört sie, wohl aber Adam, der sich nun zu ihr gesellt, und vereint leben sie von da an mit ihrem Neugeborenen.

> Und alsbald stand der Knabe auf
> und brachte einen Halm in seiner Hand
> und gab ihn seiner Mutter.
> Und er erhielt den Namen Kain. (Verse 21–22)

Nichts von alledem steht im Buch Genesis, keinen Hinweis finden wir. Doch der unbekannte Autor von *Leben Adams und Evas* und alle anderen, die das Buch begierig lasen, wollten die Folgen des Desasters durchdenken, wollten sich das Leben ihrer ersten Vorfahren ausmalen, wollten ein plausibles Motiv für die Verführung finden – und eine plausible Identität für die Schlange. So etwas wie eine Hintergrundgeschichte also, ein verborgenes Geschehen, das dem Verhalten Sinn geben würde, welches in der kargen Erzählung der Bibel aus dem Nichts zu kommen scheint:

> Da sprach die Schlange zu der Frau: Ihr werdet keineswegs des Todes sterben, sondern Gott weiß, an dem Tag, an dem ihr davon esset, werden eure Augen aufgetan, und ihr werdet sein wie Gott und wissen, was gut und böse ist. (Gen 3,4–5).

Selbst wenn man die Probleme rund um die sprechende Schlange beiseite lässt – mit welchem Stimmband spricht sie? in welcher Sprache? mit welchem Grad an Bewusstheit? –, bleibt die Frage nach dem Grund ihres Verhaltens.

»Lasset uns Menschen machen, ein Bild, das uns gleich sei...« (Gen 1,26): Lange grübelten rabbinische Weise auch über diese Worte Gottes. Wer war dieses »uns«? (Über einen »Pluralis Majestatis« verfügte das alte Hebräisch wohl nicht.) In den Religionen Babylons oder Roms würde dieses »wir« auf ein Gespräch mit anderen Göttern hindeuten, auf Gespräche, wie sie Marduk oder Zeus häufig geführt haben. Selbst wenn dies jemals, in jenen weit zurückliegenden Zeiten, ein für Juden möglicher Gedanke gewesen wäre, wäre in rabbinischen Zeiten jeder, der mit einer solchen Erklärung gekommen wäre, als Häretiker gebrandmarkt worden, und dies umso mehr, als die frühen Christen diesen Plural für die Trinität in Anspruch genommen hatten. Gegen Ende des 3. Jahrhunderts u. Z. hat sich Rabbi Samuel ben Nahman ein Gespräch zwischen Moses und Gott vorgestellt: Als Moses während des Diktats der Tora zum Wort »uns« gekommen sei, habe er Gott gefragt: »Warum lieferst du den Häretikern eine Entschuldigung? – Schreibe, antwortete Gott, wer sich irren will, der möge sich irren.«[5]

Die meisten Rabbinen sahen die Erklärung darin, dass sich Gott mit seinen Engeln unterhalten habe. Und spekulierten weiter: Einige unter den Engeln seien einigermaßen ungehalten gewesen, auch hätten sich unter ihnen Fraktionen gebildet, wobei die Engelspartei der Liebe die vorgeschlagene Schöpfung begrüßte, die Engelspartei der Wahrheit sie dagegen ablehnte; auch die Gerechtigkeitspartei sei dafür gewesen, nicht so die Friedenspartei. Gott, davon wiederum war Rabbi Hanina überzeugt, habe, um den Widerstand gegen seine Pläne zu erschüttern, den Engeln von der Frömmigkeit erzählt, die von den Menschen zu erwarten sei, und alle Bosheit vor ihnen verborgen.[6] Die Parteien stritten weiter, Gott aber habe sich nicht stören lassen und vollbracht, was er sich vorgenommen hatte.

Einige rabbinische Kommentatoren fingen nun an, einen Bericht zu entwickeln, in dem der Widerstand gegen die Erschaffung des Menschen nicht Parteien zugeschrieben wurde, die dieses oder jenes himmlische Prinzip hochhielten, sondern Engeln, die getrieben waren von Bosheit oder Neid – von ebenjenen Gefühlen, zu denen sich Satan in *Leben Adams und Evas* bekennt. Frühe Christen, die von solchen Spekulationen ausgingen, arbeiteten sie nach und nach aus, und daraus entstand eine grandiose Erzählung, die sich um den Fürsten der Finsternis und seine Legionen drehte.[7] Einen ähnlichen Bericht entwickelten später auch die Muslime; bei ihnen ist es Iblis, der sich weigert, Gottes Befehl zu folgen und sich vor Adam zu beugen. »Allah fragte: Was hinderte euch, auf die Knie zu fallen, wenn ich es euch befahl? Und Iblis antwortete: Ich bin besser als er. Mich schufst Du aus Feuer, ihn aber nur aus Lehm.« Für diesen Stolz verfluchte Allah Iblis, den Teufel, und schickte ihn in die islamische Hölle Jahannam.

Christen kamen dann noch auf eine weitere Lösung für das »uns« vor der Erschaffung des Menschen. Johannes bezieht sich im Eingangsvers seines Evangeliums wohl auf die Worte der Genesis: »Im Anfang war das Wort, und das Wort war bei Gott, und Gott war das Wort.« Das »uns«, so schlossen die Christen, müsse sich auf den Logos beziehen, auf das Wort, das in Jesus Christus Fleisch wurde. Für sie also war es Christus, der Gottes Schöpfungsplan ausführte – gegen die böswillige Feindschaft der Dämonen. Und Christus sei es auch, der die Menschheit erlösen werde, die sich von den Lügen hatte in die Irre führen lassen, mit denen Satan in Gestalt der Schlange sie gelockt hatte.

Doch keine dieser Interpretationen konnte rundum alle befriedigen, keine die Streitigkeiten beenden, das Verlangen stillen nach weiteren Erkundungen und Einzelheiten. Mit wenigen Strichen fasst die Genesiserzählung Adams langes Leben zusammen:

> Und Adam war 130 Jahre alt und zeugte einen Sohn, ihm gleich und nach seinem Bilde, und nannte ihn Seth; und lebte danach 800 Jahre und zeugte Söhne und Töchter, dass sein ganzes Alter ward 930 Jahre, und starb.
> (Gen 5,3–5)

Und starb – das schreit förmlich nach näherer Ausführung, immerhin war es doch der erste natürliche Tod in der Geschichte des Menschengeschlechts. In *Leben Adams und Evas* ruft Adam seine Söhne zusammen, er sei krank, sagt er ihnen – »vor Schmerzen ist mir übel«. Sie aber verstanden nicht, was er sagen wollte mit den Worten »übel« und »krank«. Wie sollten sie auch? Und Adam erzählt die Geschichte des Sündenfalls und der göttlichen Strafen: »So sprach der Herr zu mir: / Weil du von meinem Gebote abgewichen […] so bring ich über deinen Körper siebzig Plagen / mit manchen Schmerzen.« (Verse 25ff.)

Schließlich, voller Todesangst, schickt Adam seine Frau Eva und Seth, seinen Lieblingssohn, zu den Toren des Paradieses, wo sie um das Öl des

Lebens, »das vom Baume der Erbarmung quillt«, bitten sollten. Der Erzengel aber verweigert es.

Sie kehren zurück, mit leeren Händen. Nun begreift Adam, dass sein Tod unausweichlich bevorsteht, und tut in der Situation, was er schon wiederholt getan, er beschuldigt seine Frau:

> Was hast du nur getan?
> Du brachtest große Plage über uns,
> Vergehen und Sünde über unser ganz Geschlecht.
> Was du getan,
> Berichte nach meinem Tode meinen Söhnen!
> (Verse 44ff.)

Sechs Tage nach Adams Tod spürt auch Eva, dass ihr Ende naht. Wie in Erfüllung von Adams Verfügung ruft sie Seth und alle ihre Söhne und Töchter zusammen, verändert aber leicht, was sie zu sagen hat. Nicht sie alleine treffe Schuld, das sollten ihre Kinder wissen:

> Als ich *und* euer Vater Gottes Gebot missachtet,
> sprach Michael, der Erzengel, zu uns:
> Es bringt noch unser Herr
> um eurer Sünden willen über eure Nachkommen sein Zorngericht,
> zuerst mit Wasser, dann zum zweiten Mal mit Feuer. (Vers 49)

Dazu noch hinterlässt sie ihren Kindern ein entscheidendes Vermächtnis, sie sollten nicht nur weitertragen, was sie gesehen und gehört, sie sollten es aufschreiben. Die Idee des Schreibens, so will es die Erzählung *Leben Adams und Evas*, geht zurück auf die erste Frau:

> Macht Tafeln euch von Stein und andere aus Lehm
> und schreibt darauf mein ganzes Leben und das eures Vaters,
> wie ihr's von uns gesehen und gehört!
> Wenn Er nun unsere Nachkommen mit Wasser richtet,
> so schwinden zwar die Lehmtafeln;
> dagegen bleiben die von Stein.

Und wenn Er unsere Nachkommen mit Feuer richtet,
dann schwinden die von Stein;
dagegen werden die von Lehm gebrannt.
(Vers 50)

Ob Feuer oder Flut – Eva traf Vorsorge, die gemeinsame Geschichte sollte unbedingt erhalten bleiben.

So liefert *Das Leben Adams und Evas* die von vielen Menschen ersehnte Ausschmückung der kargen Worte der Genesiserzählung. Für einige Juden und frühe Christen jedoch verstärkte die Erweiterung der Geschichte nur die alten bohrenden, moralischen Fragen. Was nur ist der Grund all dessen, was geschah? So heißt es in der *Apokalypse des Sedrach*,[8] im vierten Kapitel:

In Feuer und in Pein bestehet deine Zucht.
Mein Herr! Sie sind gar bitter.
Das Beste wäre für den Menschen,
erblickt' er nicht das Licht der Welt.
Was schufest du so schnell, mein Herr?
Weswegen mühtest du die reinen Hände ab
und bildetest den Menschen,
willst du dich seiner nicht erbarmen? (S. 157)

Adam, vom Teufel hintergangen, habe, so Gottes Antwort, sein ausdrückliches Verbot missachtet. Dass Gott hier den Teufel ins Spiel bringt, befriedigt den fragenden Visionär Sedrach nicht:

Du hießest deine Engel Adam huldigen;
jedoch der Engel Erster hörte nicht auf dein Gebot
und huldigte ihm nicht.
Und du verbanntest ihn;
er achtete nicht dein Gebot
und ging nicht zum Gebilde deiner Hände.
Liebst wirklich du den Menschen,
warum hast du den Meister aller Missetat, den Teufel, nicht getötet?
(5. Kap., S. 158)

Der Streit wogt hin und her und endet erst mit Gottes Frage, die jener gleicht, mit der er auch Hiob zum Schweigen brachte:

> Sag mir dann, Sedrach:
> Wie viele Wogen hoben sich,
> seit ich das Meer gemacht?
> Wie viele senkten sich?
> Wie viele werden sich erheben?
> Wie viele Winde wehen auf der Meeresfläche?
> Sag mir noch, Sedrach:
> Wie viele Tropfen fielen auf die Erde,
> seitdem die Luft seit Welterschaffung Regen spendet?
> Wie viele werden fallen?
> Da sagte Sedrach:
> Herr! Du allein weißt alles das.
> Nur du allein verstehst dies alles. (8. Kap., S. 161)

Damit, mit der der Frage nach der Zahl der Wellen, dem Hinweis auf seine Allmacht, hätte Gott dieses Streitgespräch beenden können, doch hat es die größeren Zweifel, die sich an der Geschichte von Adam und Eva weiterhin entzündeten, nicht beschwichtigt. Zur extremsten Lösung fand sehr früh ein Bischof namens Marcion, der um das Jahr 85 in der Stadt Sinope am Schwarzen Meer geboren wurde. Von ihm stammt der Vorschlag, die Kirche solle die hebräische Bibel insgesamt aufgeben, sie sei keine Basis für den Glauben an Christus. Der Gott, dessen Taten und Absichten in der Geschichte der Juden festgehalten seien, sei, so Marcion, eindeutig vom Bösen gezeichnet. Ein Gott, der den Menschen verbiete, im Garten Eden Wissen zu erwerben, und sie dann schrecklich strafe für eine Tat, die doch nur durch den Besitz dieses Wissens hätte verhindert werden können, ein solcher Gott sei nicht der reine, nicht der vergeistigte und heilige Gott, dessen Funken erlöste Christen in ihrer Brust finden könnten. Jahweh, so viel räumte Marcion ein, sei tatsächlich der Schöpfer, wie es das Buch Genesis bestätige, doch er sei ein böser Schöpfer. Er sei der Vater des unerträglichen Gesetzes, das den Juden gegeben wurde, der Vater von Jesus Christus aber sei er nicht. Marcion zog die schärfstmögliche Trennlinie zwischen dem alten und dem neuen Gott.[9] Verehrung und Anbetung Jahwehs sollten den gleichen Weg gehen wie der Kult um Marduk, Amun Re und unzählige andere Götter, wie Kulte, die hinweggeschwemmt worden seien durch eine neue Offenbarung.

Obwohl Marcion mit seinen Ansichten eine große Anhängerschaft anzog, wurde er schließlich als Häretiker verurteilt. Die Kirche legte sich fest auf die hebräische Bibel, deren Gott Herrscher des Universums ist und deren uralte Prophezeiungen Jesus erfüllt hatte. Tatsächlich ließ sich Jesus als Antwort auf Adam verstehen. Festgeschrieben hat diese wesentliche Verbindung Paulus:[10] »Denn da durch *einen* Menschen der Tod gekommen ist, so kommt auch durch einen Menschen die Auferstehung der Toten.« (1Kor 15,21) Man kann, darauf läuft dieses Apostelwort hinaus, Christus nicht verstehen, wenn man die Sünde des ersten Menschen und deren Folgen nicht verstanden hat. Ohne die Erzählung vom Garten Eden kam das Christentum nicht aus.[11]

In der Vorstellung christlicher Theologen[12] bekam nun jeder Augenblick im kosmischen Geschehen Ort und Bedeutung: Der Tag von Christi Inkarnation wurde mystisch verbunden mit dem Tag, an dem Gott aus dem Staub der Erde den ersten Menschen schuf; der Tag, an dem das heilige Kind an die Brust gelegt wurde, mit dem Tag, an dem Gott die Sterne schuf; der Tag von Christi Leiden am Kreuz mit dem Tag von Adams Sündenfall; der Tag, an dem Christus auferstand von den Toten, mit dem Tag, an dem Gott Licht werden ließ. Mit unermüdlichem Eifer und Erfindungskraft wurden die Verbindungen zwischen der hebräischen Schrift und dem Neuen Testament herausgearbeitet; Verbindungen, die wesentlich sind für die Gesamtschau von Jesu Leben und Mission. Diese Lesart, Typologie genannt, das In-Beziehung-Setzen von Verheißung (Altes Testament) und Erfüllung (Neues Testament), übte auf den christlichen Glauben großen und bleibenden Einfluss aus.

Wer aber typologisch liest, der muss die Realität der Ereignisse behaupten, so wie sie im Buch Genesis erzählt werden.[13] Selbst wenn derartige Ereignisse ihre tiefste Bedeutung im Neuen Testament finden, so werden ihre Bedeutung und ihre eigene Realität darum nicht geringer. Der Staub, aus dem Adam geformt wurde; der Leben spendende Atem in seiner Nase; die Wunde, die seiner Seite zugefügt wird, um die Rippe zu entnehmen, aus der Eva geschaffen wird; der Garten mit seinem unheilvollen Baum; der Schweiß auf Adams Stirn, als er zur Arbeit gezwungen ist – all das ist vollkommen real und findet zugleich »Erfüllung« im Leben Jesu: in seiner Inkarnation, im bitteren »Baum«, an den er genagelt wird, in der Wunde in seiner Seite, die ihm der Soldat zufügt, und so weiter. Wer, wie Marcion und seine Anhänger, diese aufwändig hergestellten Verbindungen bezweifelte, der musste der Häresie bezichtigt werden. Schon um 180 u. Z., in *Adversus haereses* (*Entlarvung und Widerlegung der sogenannten Erkenntnis*), einem Traktat des Irenäus von Lyon, stand unmissverständlich zu lesen: Es ist Christen nicht erlaubt, Jahweh in Frage zu stellen oder zu behaupten, der Erlöser sei ein zuvor unbekannter und verborgener Gott; auch die Erzählung von den ersten Menschen dürfe nicht geleugnet werden. Kein Adam, kein Jesus.

Sie war aufgenommen in den Kanon, doch die Erzählung vom nackten Paar, der Schlange und der verbotenen Frucht blieb irritierend und verstörend. Sie sei, so wurde behauptet, ein entscheidender Grundpfeiler des christlichen Glaubens, einigen aber erschien dieser Pfeiler wacklig, wo nicht gar blamabel: Worin denn unterschied sie sich von irgendeiner anderen heidnischen Schöpfungsgeschichte? Julian, der gebildete römische Kaiser des 4. Jahrhunderts, betrachtete all diese Mythen mit gleicher Verachtung. Die alten Griechen hätten, schrieb er in seiner Streitschrift *Gegen die Galiläer*, »haarsträubende und monströse Geschichten« erfunden. Was aber die Hebräer über Adam und Eva erzählten und woran die Christen glaubten, das sei um nichts besser. Wie, fragt Julian voller Spott, sollen wir uns das vorstellen, in welcher Sprache hat die Schlange mit Eva gesprochen? Und ist es nicht merkwürdig, dass der hebräische Gott den Menschen, die er schuf, die Fähigkeit verweigerte, Gut und Böse zu unterscheiden? Das sei doch wohl eines der Hauptkennzeichen von Weisheit, folglich sei »der Einfluss der Schlange auf die menschliche Entwicklung ein wohltätiger und keineswegs verderblich« gewesen.[14]

Als Julian an den Wunden starb, die er sich während eines unglücklichen Feldzugs gegen die Perser zugezogen hatte, starb mit ihm auch der kaiserliche Skeptizismus, und das Christentum rückte wieder auf zur privilegierten Religion im Römischen Reich. Doch das Unbehagen an der hebräischen Schöpfungsgeschichte verschwand damit nicht. Eine Technik, dieses Unbehagen zu beschwichtigen, zumindest für einige intellektuell gebildete Juden und Christen, hatte sich schon in der Zeit herausgebildet, in der Jesus noch im Heiligen Land umherzog. In der Hauptsache war sie das Werk Philos von Alexandria, eines griechisch sprechenden, jüdischen Philosophen, der nur zu gut verstand, warum Leuten, die Platon und Aristoteles gelesen hatten, manche biblischen Erzählungen nur primitiv und ethisch inkohärent erscheinen konnten.

Philos Lösung, so radikal wie brillant, lässt sich in einem Wort zusammenfassen: Allegorie (griechisch für »Anderssagen«).[15] Man müsse nur aufhören, die biblischen Erzählungen wörtlich zu verstehen; man müsse vielmehr jede Einzelheit als philosophisches Rätsel auffassen, als Hinweis auf einen geheimen, abstrakteren Sinn. Die Bibel, lehrt Philo, sage, dass Gott die Welt in sechs Tagen erschaffen habe, aber

> nicht etwa weil der Schöpfer einen Zeitraum dazu nötig hatte – denn es ist selbstverständlich, dass Gott alles auf einmal bewirkt … sondern weil für die Entstehung der Dinge eine gewisse Ordnung nötig war. Zur Ordnung aber gehört die Zahl, nicht nur durch seinen Befehl, sondern schon durch sein Denken …[16]

Der erste Mensch – der Mensch, der in Kapitel 1 der Genesis Eins geschaffen wurde – sei, so Philo, kein Geschöpf aus Fleisch und Blut, sondern eher so etwas wie eine platonische Idee des Menschen. Der Garten habe keine Ähnlichkeit gehabt mit Gärten, wie wir sie kennen, er sei ein Garten für die Seele, quasi ein Hort der Ideen. Und vom Baum des Lebens in diesem Garten heißt es: »Denn Bäume des Lebens oder der Erkenntnis sind auf der Erde niemals zum Vorschein gekommen, noch ist es wahrscheinlich, dass sie sich in Zukunft zeigen werden.«

Das Verständnis der biblischen Erzählungen dürfe sich nicht auf buchstäbliche Details, den wörtlichen Sinn konzentrieren. Vielmehr müssten jene als Symbole verstanden werden, »die einladen zur allegorischen Interpretation durch Erläuterung des verborgenen Sinns«. Wenn Moses Adam im Garten schildere, dann fordere er seine Leser damit nicht auf, sich das Bild eines nackten Bauern auszumalen, der sich in ländlicher Wildnis an die Arbeit mache. Der erste Vorfahre, schrieb der kosmopolitische Philo, sei »der einzige reale Bewohner des Kosmos« gewesen und der Garten, in dem er tatsächlich arbeiten sollte, seine Seele.[17] Der Baum des Lebens sei das Symbol der höchsten Tugend, der Gottesfurcht; die Schlange kein Feld- und Wiesenkriechtier, sondern

> das Sinnbild der Wollust, weil sie erstens ein Tier ohne Füße ist und vornüber gebeugt auf dem Bauche kriecht; zweitens weil sie die Erdschollen als Nahrung zu sich nimmt; drittens weil sie das Gift in den Zähnen herumträgt, mit dem sie die von ihr Gebissenen tötet.

Philos Strategie ermöglichte es hellenisierten Juden, die durchdrungen waren von griechischer Philosophie, sich den fabulierenden Elementen der Geschichte nicht peinlich berührt zu nähern, sondern mit der Subtilität und Feinheit, wie sie auch die Lektüre des Höhlengleichnisses aus Platons *Der Staat* verlangt. Sein Standpunkt bestimmte die Richtung der jüdischen Exegese für Jahrhunderte, bis heute noch.[18] Doch Philos allegorische Methode diente nicht nur den Juden zur Inspiration und als mächtiges Vorbild. Sie inspirierte auch führende Geister unter den frühen Christen, allen voran den alexandrinischen Gelehrten, der als Origenes Adamantius (der Unbeugsame) bekannt ist.

Geboren wurde er um 185 u. Z., etwa 200 Jahre nach Philo, als Sohn eines Christen, der in einer der wiederkehrenden Christenverfolgungen des Römischen Reichs als Märtyrer starb. Der tieffromme junge Mann war überzeugt, dass auch ihm das glorreiche Schicksal bestimmt sei, für seinen Glauben zu sterben. Stattdessen wurde er zu einem höchst einflussreichen Lehrer und Theologen, womöglich zu seiner Enttäuschung. Unterstützt von einem Team von Schreibern, denen er abwechselnd diktierte, soll er rund sechstausend Werke verfasst haben. »Werke« – das sind hier Schriften, die auf eine Papyrusrolle passten, dem Umfang nach etwa ein Kapitel. Aber selbst dann ist sein Gesamtwerk eine gigantische Leistung. Selbst wenn das Meiste verloren ist, bestätigt das, was von Origenes' Werk erhalten ist – berühmte Bände zur Bibelwissenschaft, detailreiche Kommentare, Sammlungen von Homilien, Streitschriften, theologischen Meditationen –, seine Größe.

Stets war um sein Werk etwas nicht ganz Geheures, etwas, das Autoritäten aufstörte und Konflikte provozierte, was Origenes zu einem sehr unsteten Wanderleben zwang. Immens belesen, niemals schlafend, fromm, sich selbst kasteiend – er besaß viele der Eigenschaften, die häufig Anlass gaben zu Seligsprechung und Kanonisierung. Origenes aber wurde nicht heiliggesprochen. Einige seiner theologischen Standpunkte – und in sechstausend Schriften gab es davon eine Menge – standen im Widerspruch zu dem, was schließlich Kirchenlehre wurde. Er war der Meinung, dass Gott-Sohn Gott-Vater untergeordnet sei, und immer wieder verwies er darauf, dass alle Geschöpfe, Satan eingeschlossen, am Ende erlöst und mit Gott versöhnt würden. Irgendwann wurde beides zu Häresie erklärt.

Doch es ging gar nicht nur um Lehre und Doktrin. Origenes, der rigoros asketisch lebte, grübelte über die Antwort, die Jesus seinen Jüngern gab, als sie ihn fragten, ob es seiner Meinung nach besser sei, niemals zu heiraten. Jesus hatte geantwortet:

> Dies Wort fassen nicht alle, sondern die, denen es gegeben ist. Denn es gibt Verschnittene [Eunuchen], die von Geburt an so sind, und es gibt Verschnittene, die von den Menschen verschnitten sind, und es gibt Verschnittene, die sich selbst verschnitten haben, um des Himmelreichs willen.
> (Mt 19,12)

Origenes wollte unbedingt zu denen gehören, die sich selbst, um des Himmelreichs willen, zum Eunuchen gemacht haben, griff zum Messer und kastrierte sich selbst. Eine solche Tat war bis ins 4. Jahrhundert nicht ausdrücklich verdammt, gleichwohl wurde Selbstverstümmelung von der Kirche missbilligt. Jesu Worte, so die Kirchenlehre, seien hier – so wie an vielen anderen Stellen: »Lasset die Toten ihre Toten begraben«, »Wenn dich deine rechte Hand ärgert, schneide sie ab«, »Nenne niemanden deinen Vater auf Erden« – nur metaphorisch zu verstehen. Darin stecke keine Erlaubnis, schon gar keine Ermutigung, eines dieser Jesusworte wörtlich zu nehmen.

Origenes' rigoros wörtliches Verständnis der himmlischen Eunuchen hat nun insofern etwas Ironisches, als er zum größten frühchristlichen Befürworter der allegorischen Bibelexegese wurde. Unmissverständlich formulierte er seine Position in einer Replik auf eine heidnische Attacke, die der griechische Philosoph Celsus (auch: Kelsos) verfasst hatte. (Dessen Schrift, *Wahre Lehre*, ist nicht überliefert, durch Origenes' Replik aber sind wesentliche Teile bekannt.) »Die Juden«, hatte Celsus geschrieben, »ungebildete Leute in irgendeinem Winkel Palästinas«, hätten »ganz unglaubliche und abgeschmackte Märchen zusammengestellt«, etwa die Geschichte der Erschaffung von Adam und Eva, worauf die Christen wiederum ihren Glauben gründeten.[19] Angesichts dieser Attacke ließ Origenes umgehend ab vom buchstäblichen Sinn. Die Worte der Heiligen Schrift müssten genau so und nicht anders gelesen und behandelt werden, wie dies heidnische Denker mit ihren eigenen Klassikern täten. Warum Moses tiefgründige Erzählungen mit geistlosem Literalismus interpretieren, während vergleichbare Erzählungen bei Hesiod oder Platon eine subtile Lektüre erfahren? Auch Platon klänge lächerlich, würde man seine Mythen geradeheraus lesen, statt die Art zu bewundern, in der er große philosophische Rätsel unter dem Mantel des Geschichtenerzählens verstecke.

Darum, so Origenes weiter, dürfe man Adam nicht als einzelnen Menschen begreifen; das hebräische Wort bezeichne »die Natur des Menschen im Allgemeinen«; »Paradies« wiederum bezeichne keinen bestimmten Ort, sondern die Verfassung der Seele.

> Auch die Vertreibung des Mannes und des Weibes aus dem Paradiese und ihre Bekleidung mit »Röcken von Fellen« … enthält eine verborgene und geheimnisvolle Lehre, die erhabener ist als die von Plato angenommene Herabkunft der Seele, die ihre Flügel verliert und hierher fortgerissen wird, »bis sie irgendetwas Festes ergreifen kann«. (*Contra Celsum* 4,40)

Origenes' zahlreiche Nachfolger setzten sein interpretatives Werk fort und verfeinerten es: »Eden« stand fortan für Jesus Christus, »Paradies« für die Kirche, »Weib« für die sinnliche Wahrnehmung, »Mann« für die Vernunft. Langsam, wie bei einer peniblen archäologischen Grabung, wurden unter der steinigen Oberfläche der Genesiserzählung philosophische Schätze geborgen.

Hätte sich Origenes' Zugang vollends durchgesetzt, wären Adam und Eva allmählich verblasst zu arkanen Symbolen, darin möglicherweise durchaus interessant, wie sie auf subtile philosophische Probleme verweisen, darüber hinaus aber wohl kaum fesselnd.[20] Sie hätten jeden Anspruch, jeden Bezug zur Wirklichkeit verloren, wären langsam in Vergessenheit versunken. Doch obwohl die Allegorie manchen als perfekte Lösung erschienen war, um Unbehagen und Gefahren des wörtlichen Verstehens zu überwinden, geriet die Behandlung der Erzählung von Adam und Eva als Allegorie schon bald nach Origenes' Tod unter nachhaltigen und vernichtenden Beschuss. Heutige Umfragen zeigen, dass viele Millionen Menschen selbst jetzt noch, so vielen wissenschaftlichen Evidenzen zum Trotz, angeben, sie verstünden die Geschichte von Adam und Eva nicht allegorisch, sondern ganz wörtlich. Das hat wenig oder gar nichts mit Ignoranz zu tun, dafür aber sehr viel oder alles mit der Geschichte des Christentums, eines Christentums, das geprägt wurde von einem Philosophen, der sich noch beständiger hielt als Origenes der Unbeugsame: Augustinus von Hippo.

KAPITEL FÜNF

IN DEN THERMEN

Eines Tages im Jahr 370 u. Z. besuchten ein Vater und sein 16-jähriger Sohn die Thermen in der Provinzstadt Thagaste, im heutigen Algerien – ein Ereignis, das auf den ersten Blick alltäglicher nicht sein könnte: Thagaste, und darin unterschied es sich kaum von einigen hundert anderen römischen Städten in der spätantiken Welt, verfügte über bestimmte gängige städtische Merkmale; auch hier gab es in der richtigen Mischung Märkte, Tempel, Gärten, Gerichtshöfe, Schulen, Wohngebäude, Theater, Foren, Läden und Werkstätten, Tiergehege, Amphitheater, Bordelle, Sportstätten, Kasernen und, versteht sich, öffentliche Bäder.

Letztere mochten sich hinsichtlich ihrer Größe und des dort gebotenen Luxus deutlich unterscheiden; die Spanne reichte dabei von den berühmt prächtigen Diokletiansthermen in der großen Hauptstadt des Reiches bis zu bescheidenen provinziellen Einrichtungen der Art, wie sie Vater und Sohn nun aufsuchten. Was man in diesen Bädern und Thermen erlebte – das Eintauchen und Schwitzen, die Massagen, das Abkühlen und Ruhen –, war überall das Gleiche und hat sich wohl auch bis heute kaum geändert.[1]

Was also werden die beiden ausgeschwitzt haben, was sollte dort geschehen sein vor über 1600 Jahren, dass es Spuren hinterließ bis heute? Irgendwann während dieses Besuchs in den Thermen hat der 16-jährige Knabe wohl eine Erektion bekommen. Nichts Weltbewegendes also, dieser Junge allerdings hieß Augustinus, und er erinnerte sich, noch Jahrzehnte später, an dieses Ereignis. Man kann das nachlesen in seiner berühmten Autobiographie, den *Bekenntnissen*, die er um 397 schrieb, wenige Jahre nachdem er Bischof in Nordafrika geworden war. An jenem Tag in den

Thermen, schreibt er, »als mich mein Vater im Bade in meiner aufkeimenden Mannbarkeit und energievollen Jugendkraft sah, schien ihm dies schon Grund genug, auf Enkel hoffen zu können« (II, 3,6).[2]

Es dürfte, auch über eine so große zeitliche und kulturelle Distanz hinweg, nicht schwer sein, sich vorzustellen, wie peinlich dem Heranwachsenden die Szene gewesen sein muss. Doch nicht Scham, nicht Verlegenheit – der inständige Wunsch etwa, der Vater möge doch weggucken, das Gefühl, am liebsten im Boden der Therme zu versinken –, nicht das blieb Augustinus im Gedächtnis haften. In seinen Erinnerungen hält er fest, was geschah, als Vater und Sohn wieder zuhause waren. Der Vater nämlich erzählte, was er gesehen hatte, »voller Freude meiner Mutter«. Doch auch diesmal keine Scham über seine Situation, nicht davon will er seinem Gott berichten, an den die *Bekenntnisse* gerichtet sind, peinlich war ihm vielmehr die Freude seines Vaters, die

> Freude der Trunkenheit, in der diese Welt dich, ihren Schöpfer, vergaß, und statt deiner dein Geschöpf liebte, der Trunkenheit vom unsichtbaren Wein ihres verkehrten, dem Niedrigsten zugewandten Strebens. Im Herzen meiner Mutter hattest du aber bereits den Bau deines Tempels begonnen und den Grundstein deiner Behausung gelegt. … Daher erzitterte meine Mutter in sehr frommer Angst und fürchtete für mich. (II, 1,6)

Die Erektion des Heranwachsenden wurde zum Anlass – wohl kaum der erste und sicher nicht der letzte – für eine heftige Auseinandersetzung zwischen dessen Eltern Patricius und Monika.

Augustinus hat nicht viel über den Vater geschrieben, doch von beiden Eltern ist uns seine Person leichter verständlich als die Mutter. Patricius war ein Mann mit bescheidenen Mitteln, doch für seinen ältesten Sohn, dessen Begabungen er und die übrige Familie sehr wohl wahrgenommen hatten, hegte er große Hoffnungen. Der junge Augustinus war bereits für einige Jahre zum Studium der Grammatik und der Rhetorik in die angenehme Stadt Madauros geschickt worden, und dort hatte er sich so gut bewährt, dass er würdig schien, an die Universität von Karthago geschickt zu werden; das sollte den Grundstein legen für eine glänzende, gewiss auch lukrative Karriere. Die Talente, die er bereits gezeigt hatte – Gewandtheit der Rede, seine Fähigkeit im Auslegen und Deklamieren von Texten –, ließen eine Stellung als Lehrer, als Anwalt oder in der öffentlichen Verwaltung erwarten. Das Römische Reich brauchte intelligente junge Beamte, gerade in den reichen afrikanischen Provinzen, in denen so viele Lebensmittel erzeugt, verpackt und verschifft wurden, um damit Rom und andere große Städten auf der italienischen Halbinsel zu versorgen. Dieser Art waren die Träume, denen sich Patricius in der Therme hingab, er sah sich bereits im Kreis seiner Enkelkinder, des Nachwuchses seines erfolgreichen Sohns.

Umso süßer werden diese Träume gewesen sein, als Patricius in Schwierigkeiten steckte. Nicht ohne Grund weilte Augustinus wieder in Thagaste: Dem Vater fehlte das Geld für ein Studium in Karthago, und er brauchte Zeit, es aufzutreiben. Er war kein armer Mann – besaß Grund und Sklaven –, doch eine Ausbildung an der Universität war extrem kostspielig. Andere Väter hätten sich solche Probleme und Kosten nicht aufgeladen, selbst reichere nicht, bemerkt Augustinus. So blieben die Bemühungen des Vaters in der Stadt auch nicht unkommentiert: »Wer lobte damals nicht jenen Mann, meinen Vater, weil er über seine beschränkten Verhältnisse hinaus all die Aufwendungen nicht scheute, die doch für einen entfernten Aufenthalt zu Studienzwecken erforderlich waren.« Doch als Wohltat taucht diese väterliche Sorge im Rückblick nicht auf, dem Lob schließt der erwachsene Sohn sich nicht an. Denn, so erklärt er Gott, auch sein Vater habe sich, wie jene anderen, nicht darum gekümmert, »wie ich vor dir aufwuchs und wie es um meine Sittenstrenge stand« (II, 3,5).

Damit sind wir wieder bei der Szene in der Therme, auch bei der Kluft, die sich zuhause auftat zwischen Vater und Mutter. Patricius hatte dem intensiven, wenn auch dezenten Druck seiner Frau, einer glühenden Christin, nicht nachgegeben und sich nicht taufen lassen. Auch wenn er zugestimmt hatte, dass sein Kind nach der Geburt das Zeichen des Kreuzes erhielt, und seit kurzem auch bereit war, an der christlichen Unterweisung teilzunehmen (das Katechumenat zur Vorbereitung der Erwachsenentaufe), kümmerte er sich nicht um die spirituelle Entwicklung seines Sohnes im Blick auf Jesus, verband auch die Mannbarkeit seines Sohnes mit nichts anderem als mit sinnlicher Lust. Hätte man ihn nach der Rechtfertigung dieser Sinnenlust gefragt, hätte er vermutlich auf Venus verwiesen, deren Liebesmacht das gesamte Universum zusammenhalte, hätte vielleicht auch antworten können, was Shakespeare seinen Benedikt sagen lässt: »Die Welt muss bevölkert werden.«

Keuschheit jedenfalls stand auf der Werteskala des Patricius nicht gerade sehr weit oben. Er bewunderte die Tugend seiner Frau, war ihr gleichwohl, was Augustinus vermerkt, nicht treu. Auch wenn in den *Bekenntnissen* nichts darüber steht, wie oder wann solche Gerüchte den Sohn erreichten, so wird doch klar, dass er mit seiner Mutter über die Untreue des Vaters gesprochen hat. Sie wusste davon, wollte dies aber nicht zum Anlass eines Streits machen. Sein Vater war freundlich, aber aufbrausend, und die Mutter achtete darauf, seinen Zorn nicht zu reizen. Augustinus erinnert sich an viele Freundinnen seiner Mutter, die mit geschwollenen oder blau geschlagenen Gesichtern, die Gewalttätigkeit ihrer Ehemänner beklagend, bei ihr auftauchten, doch seine Mutter erinnerte sie stets mahnend an das Gesetz der Ehe: Demzufolge seien sie schließlich *ancillae*, die Sklavinnen des Ehemanns.

Insofern ist bezeichnend, dass sie bei dieser Gelegenheit wohl doch bereit war, eine Szene zu machen, nicht im eigenen, wohl aber im Interesse ihres Sohns. Das sexuelle Verhalten Patricius' war eine Sache, das ihres Sohnes eine ganz andere. Denn als ihr Mann strahlend berichtete, was er im Bad gesehen hatte, »erzitterte meine Mutter, … fürchtete für mich, ich könnte … unheilvolle Wege beschreiten, auf denen die wandeln, die dir den Rücken und nicht ihr Gesicht zuwenden« (II, 3,6). Es ist unschwer zu erkennen, was die Mutter für ihren Sohn fürchtete, wessen Pfad er keineswegs folgen sollte. Umsichtig und systematisch begann sie, einen Keil zwischen Vater und Sohn zu treiben. Bewundernd erinnert sich Augustinus: »Sie strengte alles an, dass du, mein Gott, mir Vater sein solltest, mehr als er.« (I, 11,17)

Über eines allerdings waren sich Vater und Mutter völlig einig: Ihr genialer Sohn sollte die Ausbildung erhalten, die seine bemerkenswerten Begabungen verdienten. (Augustinus war in der Familie wohl der Auserwählte. Er hatte zumindest einen Bruder[3] und eine Schwester, doch wie es aussieht, war deren Ausbildung in den Plänen der Eltern nicht vorgesehen.) Es dauerte ein Jahr, bis der Vater dank Sparsamkeit und Beziehungen das nötige Geld beisammen hatte. So konnte sich Augustinus aus dem kleinen Thagaste auf den Weg ins große Karthago machen. Damals hat Augustinus seinen Vater vermutlich das letzte Mal gesehen, denn beiläufig schreibt er in den *Bekenntnissen*, sein Vater sei gestorben, als er selbst siebzehn war; bei dieser einen beredt kühlen Bemerkung bleibt es.

Wenn die nun verwitwete Monika neben Trauer auch Erleichterung empfand, wenn sie hoffte, dass mit dem Vater nun auch dessen unheilvoller Einfluss verschwunden sei, so wurde jede Hoffnung, ihr über alles geliebter Sohn werde sich nun schnurstracks auf den Pfad der Keuschheit begeben, sehr enttäuscht: »Ich begab mich nach Karthago«, schreibt er, »und es umgab mich von allen Seiten ein zischender Kessel ausschweifender Leidenschaft.« (III, 1,1) Was brodelte in diesem Kessel? Der Satz »So besudelte ich die Quellader der Freundschaft mit dem Schmutz der Begierde« klingt nach einem überhitzten Bericht über Masturbation oder homosexuelle Erfahrungen, während andere ähnlich kryptische Sätze auf eine Folge unglücklicher Beziehungen zu Frauen schließen lassen. Diese fiebrige Promiskuität, wenn es denn so etwas war, mündete ziemlich rasch in etwas recht Stabiles. Innerhalb von ein, zwei Jahren nach seiner Ankunft in Karthago hatte er sich häuslich eingerichtet in der Beziehung zu einer Frau, mit der er zusammenlebte und der er, nach eigenem Bekunden, in den nächsten 15 Jahren stets die »Treue des Lagers« hielt.

Auch wenn es Monika gewiss nicht glücklich gemacht hat, war dieses Konkubinat – ein nach den Standards dieser Zeit übliches Arrangement – vermutlich das Beste, was sie sich angesichts seiner unerschöpflichen sexuellen Energien für ihren Sohn hat vorstellen können. Was sie am meisten fürchtete, war eine überstürzte Heirat, die sein Fortkommen behindert hätte. Das bloße Zusammenleben mit einer Frau aus der Unterschicht war da weniger bedrohlich, auch nicht, als diese Frau den gemeinsamen Sohn Adeodatus zur Welt brachte. Zumindest aus Augustinus' Perspektive – es ist die einzige, die wir haben – gab es keinen Grund, diese Frau zu heiraten; die *Bekenntnisse* machen sich noch nicht einmal die Mühe, ihren Namen zu nennen. Er wusste, und von seinen Lesern erwartete er dieses Wissen auch,

> worin der Unterschied besteht zwischen einer rechtmäßigen Ehe, die man zum Zweck, Kinder zu zeugen, schließt, und einer Vereinbarung, die auf Lusterfüllung und Leidenschaft gründet, wo auch Kinder geboren werden, aber unerwünscht, obgleich sie, wenn nun schon mal geboren, dazu zwingen, ihnen Liebe entgegenzubringen. (IV, 2,2)

Eine Vereinbarung zur Lusterfüllung – in Augustinus' Erinnerungen an diese Jahre ist sein ganzes Leben eine solche Vereinbarung. Sex war nur ein Teil davon. Als durchtrieben und hemmungslos brüstet sich der Student des Rechts; lobt seine rhetorischen Fähigkeiten. Er nimmt an Wettbewerben für dramatische Darbietungen teil; befragt Wahrsager; treibt sich mit Freunden herum, deren moralische und intellektuelle Fehler er selbstgefällig beobachtet.

Schon als Junge hatte er seine Liebe zur Literatur entdeckt. In der Schule habe er gelernt, so erinnert er sich, »den Tod der Dido zu beweinen, die aus Liebe Selbstmord beging, während ich es in meinem tiefen Elend ungerührt hinnahm, dass ich durch solche Bücher wegstarb von dir, Gott, mein Leben« (I, 13,20). Nun, in Karthago, fühlte er sich hingezogen zum Theater, wo er sich zu einem Publikum gesellte, das es liebte, Trauer und Schmerz zu verspüren angesichts eines imaginierten Elends, das sie im eigenen Leben mit Schrecken erfüllen würde. Möglich mache dies, so glaubte Augustinus, die fiktionale Natur des Schmerzes, dieser berühre nur die Haut, die Oberfläche.[4]

Fabeln und Fiktionen waren in seinen Augen die perfekte Kost für jemanden, der entschlossen war, seine Existenz so künstlich wie möglich zu gestalten. Gefährliche Selbstbefragung abwehren, wirkliche Nähe vermeiden, sich weigern, eigene Entscheidungen anzuerkennen – nach diesen Maximen versuchte er, ein Leben an der Oberfläche zu leben: eine Beziehung, die nicht zählte; ein Kind, dessen Geburt er bereute; das ehrgeizige Streben nach bedeutungslosen Preisen; das rastlose Suchen trivialer Erregung.

Und doch blieb irgendetwas in ihm unbefriedigt. Augustinus war ein zutiefst ernsthafter junger Mann, der versuchte, den Leichtfertigen zu spielen. Einmal, sich an den Glauben seiner Mutter erinnernd und an die Regeln, die man ihm beigebracht hatte, beschloss er, »meine Aufmerksamkeit auf die heiligen Schriften zu richten und ihre Qualität zu prüfen« (III, 3,5). Er wurde enttäuscht. Ihre Sprache – er wird die früheste lateinische Übersetzung gelesen haben, die *Vetus Latina* – reichte, wie er fand, an Cicero und dessen Autorität keineswegs heran. Jemandem, dessen literarischer Geschmack an Vergil und Ovid geschult worden war, mussten diese Texte stilistisch ungehobelt erscheinen, ihr Inhalt bescheiden, verglichen mit den geistig verfeinerten philosophischen Traktaten, zu denen sich Augustinus und seine Freunde hingezogen fühlten.

Selbst wenn er zutiefst entschlossen war, an der Oberfläche der Dinge zu bleiben, waren Komödien und leichte Unterhaltung, daran lassen die *Bekenntnisse* keine Zweifel, nicht nach Augustinus' Geschmack. Schauspiele des Leidens dagegen zogen ihn an, so wie ihn in seiner früheren Lektüre das tragische Schicksal der verlassenen Dido nicht losgelassen hatte. Warum, so fragt er sich wiederholt, gibt es so viel Elend auf der Welt? Warum treffen die Menschen immer wieder so zerstörerische Entscheidungen? Was ist der Grund für Grausamkeit, Erniedrigung und Gewalt, die überall das Leben der Menschen bestimmen? Antworten auf diese diffizilen Fragen fand er bei einem Kult, der zwar verboten war, sich im 4. Jahrhundert aber quer durch die römische Welt verbreitet hatte. Augustinus wurde Anhänger der Manichäer, einer religiösen Sekte und Lehre, die im Jahrhundert zuvor in Persien entstanden war.

Der visionäre Gründer dieser Lehre, der Prophet Mani, nannte sich zwar einen »Apostel Jesu«, doch war Augustinus' Mitgliedschaft darum keineswegs der Übertritt zum katholischen Glauben, um den die fromme Monika gebetet hatte. Ganz im Gegenteil. Denn die Manichäer glaubten nicht daran, dass das Universum von einem einzigen allmächtigen Gott regiert wurde, der seinen geliebten Sohn ausgesandt hatte, die Menschheit zu erlösen. Sie sahen die Welt als radikal zerrissen zwischen den Mächten des Lichts und denen der Finsternis, glaubten also an zwei einander bekämpfende, unversöhnliche Welten. In der langen Geschichte des Manichäismus, der sich entlang der Handelsrouten durch Zentralasien bis nach China verbreitete, erhielt Jesus einen Platz neben Buddha, Zoroaster, Krischna und anderen Lichtgestalten völliger Reinheit.

Die göttlichen Mächte der guten Seite des Universums suchten den armen Seelen, die in den Menschenkörpern hausten, zu ihrem Aufstieg ins Licht zu verhelfen. Dem entgegen jedoch wirkte die böse Seite, eine schreckliche Welt der Gier, der Gewalt, der Ungerechtigkeit und der unergründlichen sexuellen Begierde. Wie Marcion hielten sich auch die Manichäer nicht lange auf mit der hebräischen Bibel; auch sie verspotteten die ersten Kapitel der Genesis als naives und moralisch inkohärentes Volksmärchen. Im hebräischen Jahweh sahen sie nicht den Vater Jesu, sondern eine dämonische Macht, die die dunkle gefallene Welt geschaffen habe. Der Kampf zwischen Licht und Finsternis wiederholte sich auf jeder Ebene des Universums, von den unermesslichen Weiten des interstellaren Raums bis zu den innersten Tiefen des isolierten, vereinzelten Menschen.

Die wahren Gläubigen im Zentrum des Kults – jene, die nicht nur dessen komplexes Denkgebäude in all seinen Winkeln durchdrungen, sondern dessen Prinzipien auch auf ihre Lebensführung übertragen hatten – waren strenge Asketen, genannt die Auserwählten. Sie bildeten einen exklusiven Zirkel, dem anzugehören Augustinus nicht anstrebte – zumindest vorerst nicht. Komfortabel eingerichtet in der Beziehung mit seiner Konkubine und seinem kleinen Sohn, auf dem Weg, sich als Lehrer zu etablieren, war der junge Mann kaum der richtige Kandidat für den manichäischen Asketismus. Er gehörte zum äußeren Kreis der Gläubigen, war einer derjenigen, die als »Hörer« (*auditores*) bezeichnet wurden.

Von jemandem, der beredt und philosophisch so beweglich war wie Augustinus, können wir annehmen, dass er ein vorzüglicher »Hörer« gewesen ist. Für einen rastlosen Denker, der einer frommen, ängstlichen und überbehütenden Mutter in ihrer Provinzstadt entkommen war, muss die Mitgliedschaft in einer anspruchsvollen, gegenkulturellen Geheimsekte ein recht aufregendes Erlebnis gewesen sein. Nicht weniger wird ihn der esoterische, synkretistische Charakter des Kults angezogen haben, dessen Anspruch, die geheime Wahrheit zu kennen, die hinter allen Dingen im Universum lag. Vor allem aber hatte der Manichäismus eine Antwort auf Fragen parat, über denen Augustinus seit einiger Zeit brütete; er wollte das quälende Rätsel lösen, woher das Böse in der Welt und auch in ihm selbst kam.

Wenn, wie Juden und Christen behaupteten, ein einziger allmächtiger, allwissender Gott alles geschaffen hatte, warum sollte dieser Gott eine Welt geschaffen haben, die so voller Sünde und Sündigkeit war? Warum sollte Augustinus, der nichts mehr wünschte, als rein und gut zu sein, sich innerlich so zerrissen fühlen? Konnte Gott beides wollen, das Gute wie das Böse? Schlimmer noch: War er vielleicht gleichgültig gegenüber Gut und Böse?[5] Überzeugender schien dann doch der Glaube, dass der Gott vollkommener unverfälschter Güte eben nicht allmächtig sei, sondern es mit einem bösen Widerpart zu tun hatte, einem satanischen Feind von ebenso großer Klugheit und Macht. Überzeugender auch zu glauben, dass Reinheit, Güte und Licht, wie Augustinus sie in sich, in den verborgenen Tiefen seines innersten Seins spürte, attackiert wurden von feindlichen fremden Mächten der Finsternis.

Das waren Überzeugungen, wie sie Augustinus mitbrachte, als er mit Konkubine und Sohn aus Karthago nach Thagaste zurückkehrte, um dort eine Stelle als Literaturlehrer anzutreten. Und er blieb bei diesen Überzeugungen, als er zurückging nach Karthago, um dort Rhetorik zu lehren, dann weiterzog nach Rom und Mailand. Das waren für ihn Jahre eindrucksvoller, ja glänzender beruflicher Erfolge, Erfolge genau der Art, von denen sein Vater geträumt hatte. Augustinus gewann einen Preis als Dichter; er blendete alle mit einer Aristoteles-Interpretation; er veröffentlichte sein erstes Buch, eine Abhandlung zur Ästhetik. Es umgab ihn ein eindrucksvoller Freundeskreis; und zuletzt fand er auch die Unterstützung eines einflussreichen Gönners. Von Thagaste aus war Karthago bereits ein bedeutender Schritt nach oben gewesen; Rom, das glanzvolle Objekt der Phantasie aller, war ein gewaltiger Sprung, für sein Ansehen ebenso wie für sein Einkommen. Und wenn Mailand, im Vergleich mit Rom, weniger verlockend scheinen mochte, so war es doch die Stadt, in der der kaiserliche Hof residierte, und ebendort hin wurde Augustinus auf eine äußerst prestigeträchtige Professur für Rhetorik berufen.

Während dieses jahrzehntelangen Aufstiegs von einer Sprosse der Karriereleiter zur nächsten gab es nur ein Problem, und dessen Name war Monika. Als er von Karthago nach Thagaste kam, um seine erste Lehrerstelle anzutreten, weigerte sich Augustinus' Mutter, mit ihm unter einem Dach zu leben, nicht wegen Konkubine und Kind – Monika, die ihren Plan einer gesellschaftlich vorteilhaften Heirat für ihren Sohn noch immer nicht aufgegeben hatte, maß der Lebensgefährtin ihres Sohns keine Bedeutung bei –, nein, es waren Abscheu und Verachtung, die sie für manichäische Überzeugungen hegte. Regelrechte Szenen machte sie ihrem Sohn, mit bitteren Tränen; sie verhielt sich, als sei ihr Sohn gestorben. Wie sich Augustinus erinnert, ließ sie erst davon ab, als ihr im Traum ein Engel erschien und ihr riet, »sich aufmerksam umzusehen: Wo sie sei, dort sei auch ich [sc. Augustinus].« Erst danach sei die Mutter bereit gewesen, mit ihm Haus und Tisch zu teilen; allerdings, wie Augustinus hinzufügt, »ohne im Weinen und Seufzen nachzulassen« (III, 11,19).

Wie jeder, der die überfürsorgliche Liebe einer ängstlichen Mutter erlebt hat, bestätigen kann, muss die emotionale Befriedigung, die erfährt, wer Objekt einer derart konzentrierten Aufmerksamkeit und Sorge ist, aufgewogen werden gegen die beträchtlichen Kosten dieses Zustands. Irgendwann in seiner frühen Jugend mochte sich Augustinus gewünscht haben, in der Liebe seiner Mutter an die Stelle von Vater und Geschwistern zu treten. Und er hat, wenn dem so war, seinen Wunsch mehr als erfüllt bekommen. Nun aber sprechen alle Anzeichen dafür, dass er dieser Liebe entrinnen wollte.

Weil Augustinus nicht bereit war, dem Manichäertum abzuschwören, können wir sicher sein: Seufzer und Tränen der Mutter wurden nicht weniger, so wenig wie ihr emotionales Klammern nachließ. Es verdoppelte sich noch, als er Anstalten machte, Karthago Richtung Rom zu verlassen: »Sie beklagte meinen Aufbruch bitterlich und begleitete mich bis ans Meer. Ich aber hinterging sie, als sie sich leidenschaftlich an mich klammerte, um mich zur Rückkehr zu bewegen oder mitzukommen.« (V, 8,15) Weil er nicht in der Lage war, ihr zu sagen, dass er abreisen werde, erzählte er ihr von einem Freund, den er am Hafen verabschieden wolle, und konnte sie mit einiger Mühe überreden, die Nacht im nahen Heiligtum des Cyprian zu verbringen: »In dieser Nacht aber machte ich mich heimlich davon.«

Augustinus kann nicht entgangen sein, dass er damit eine Szene aus Vergils *Aeneis* wiederholte, die ihn einst so bewegt hatte: die Szene, in der Aeneas seine Geliebte Dido täuscht und heimlich von Karthago in See sticht, um nach Italien zu segeln, wo er dann zum Gründer Roms werden sollte. Diese literarische Szene hat sich Augustinus tief eingeprägt. Er nutzt sie, unverkennbar, um seinem Tun Sinn zu verleihen und sich als epischen Helden darzustellen, der in göttlichem Auftrag handelt, der zugleich aber das große Leid wahrnimmt, das seine Abreise verursacht, so als habe er es selbst erlebt; wieder richten sich die *Bekenntnisse* an Gott:

> Du aber, der du in der Höhe mit dir zu Rate gehst und ihren [Monikas] inniglichsten Wunsch vernahmst, hast dich auf das, worauf sie damals aus war, nicht eingelassen, um mich werden zu lassen, was sie stets im Sinn hatte. Es blies der Wind, das Ufer entschwand unseren Blicken; an ihm stand am nächsten Morgen meine Mutter, fast wahnsinnig vor Schmerz, und füllt mit ihren Klagen und Seufzern deine Ohren. (Dachte sie doch, du habest ihre Gebete nicht erhört.) (V, 8,15)

Er muss sich schuldig gefühlt haben. Doch in der Erinnerung an diesen Augenblick erlaubt er sich – für dieses eine Mal –, etwas vom Ärger über seine Mutter loszuwerden, der sich seit langem in ihm angestaut hatte:

> … denn du [Gott] ließest mich von meinen Begierden dahinziehen, um gerade diesen Begierden ein Ende zu setzen, ließest meine Mutter in ihrem fleischgebundenen Verlangen [*carnale desiderium*] jedoch von der Geißel der Gerechtigkeit, von Schmerzen nämlich, züchtigen. (V, 10,15)

Den Ausdruck, den Augustinus für ihre Liebe wählt – fleischgebundenes Verlangen –, erscheint für eine Geliebte angemessen, aber für eine Mutter? Monika hatte alles, was in ihrer Beziehung zu ihrem Ehemann unerfüllt oder unbefriedigt blieb, auf ihren Sohn übertragen. Dieser wiederum musste fliehen, um nicht zu ersticken. Und das Leid, das er mit seiner Flucht über sie gebracht hat, sei, so überlegt Augustinus, ihr Teil, ebendas, was ihr als Frau auferlegt sei:

> In diesen ihren Qualen trat an ihr die Hinterlassenschaft Evas zutage, die unter Seufzern nach dem suchen musste, was sie unter Seufzern geboren hatte. (V, 10,15)

Im Buch Genesis ist Evas Hinterlassenschaft eine doppelte: Nach ihrem Sündenfall sind die Frauen dazu verurteilt, ihre Kinder unter Schmerzen zu gebären, und auch dazu, sich nach ihren Ehemännern zu sehnen, die sie dominieren. Indem Augustinus zurückblickt auf seine Beziehung zu seiner Mutter, imaginiert er sich in beiden Rollen, als ihr Kind und als ihren Mann: Sie hatte ihn unter Schmerzen auf die Welt gebracht und sie begleitete ihn nun unter Schmerzen durch die Welt. Die Suche der trauernden Mutter nach ihrem Sohn endete freilich nicht im Hafen von Karthago. Einige Jahre später, nachdem Augustinus seinen Posten in Mailand angetreten hatte, reiste Monika aus Nordafrika zu ihm.

Diesmal setzt er seine Flucht nicht fort. Erzählt ihr vielmehr, dass er zunehmend ernüchtert sei vom Manichäismus. Noch war er nicht bereit, den katholischen Glauben anzunehmen und sich taufen zu lassen, doch er war tief beeindruckt von Ambrosius, dem katholischen Bischof von Mailand. Ambrosius' Auslegung der Schrift stand in der Tradition von Philo und Origenes. Ambrosius trug mit seinen intellektuell anspruchsvollen Predigten, in denen er die Allegorien aufdeckte, die in den scheinbar so naiven Erzählungen verborgen waren, dazu bei, die Geringschätzung zu erschüttern, mit der Augustinus die hebräische Bibel bislang betrachtet hatte. Was ihm stets, wenn man es wörtlich nahm, als bloß absurd erschienen war, lernte er nun als tiefes Mysterium zu begreifen. Als Manichäer hatte er sich hingezogen gefühlt zu einem esoterischen Lehrgebäude, das nur eine kleine Zahl von Adepten vollkommen verstehen konnte. Nun fühlte er sich in die umgekehrte Richtung gezogen: In ihrer offensichtlichen Einfachheit war die Bibel allen zugänglich und behandelte doch die tiefsten Fragen, die Menschen nur stellen konnten.[6]

Unterdessen blieb seine Karriere auf Kurs. Am Morgen traf er seine Studenten und die Nachmittage verbrachte er mit engen Freunden in philosophischen Gesprächen. Seine Mutter, die mit seiner langjährigen Konkubine und beider Sohn im gemeinsamen Haushalt wohnte, war damit beschäftigt, die vorteilhafte Heirat zu arrangieren, die seit langem ihr Ziel und wahrscheinlich inzwischen auch seines war. Damals zählte er 31 Jahre. Eine passende katholische Erbin wurde gefunden, deren Eltern in die Partie einwilligten. Das Mädchen jedoch, vermutlich erst zehn oder elf Jahre alt, war noch zwei Jahre unter dem Heiratsalter, die vereinbarte Hochzeit musste also entsprechend verschoben werden.

In der Zwischenzeit konnte Monika noch eine zweite große Veränderung im Leben des Sohnes durchsetzen. »Als man die Gefährtin, mit der ich sonst mein Lager teilte, als Ehehindernis gewaltsam von mir trennte, zerriss es mir das Herz, das an ihr hing, und es blutet mir ob der tiefen Wunde.« (VI, 15,25) Es gibt keinen Grund zu zweifeln, dass er diesen Schmerz wirklich empfand: Das Paar hatte 15 Jahre zusammengelebt und gemeinsam ein Kind aufgezogen. Doch so sensibel er sein eigenes Leiden darstellt – »Aber die Wunde, die mir durch die Trennung von der früheren Geliebten beigebracht worden war, wollte nicht heilen, ihre Wirkung ließ nach … der Schmerz blieb, gleichsam kälter, aber gesteigert durch Hoffnungslosigkeit« –, so verliert er über die Gefühle der weiterhin namenlosen Geliebten kein Wort. Lakonisch heißt es: »Sie war nach Afrika zurückgekehrt und legte vor dir [Gott] das Gelübde ab, sie wolle von keinem anderen Mann mehr etwas wissen; den natürlichen Sohn, den ich von ihr besaß, hatte sie bei mir gelassen.« (VI, 15,25) Und damit verschwindet diese Frau aus dem Bericht, ausgelöscht, als spiele sie keine Rolle mehr, als sei ihm ihr Schicksal völlig gleichgültig. Was blieb, war allein der nagende sexuelle Trieb, zu dessen Befriedigung sie gedient hatte. Weil er bis zur Hochzeit noch zwei Jahre warten musste, nahm er sich, wie er berichtet, rasch eine neue Geliebte.

Seit langem hatte sich Augustinus mit seinem engen Freund Alypius verglichen. Dieser hatte als »ganz junger Mann … die Erfahrung des Beischlafs gemacht«, sich davon aber »nicht fesseln lassen«, den Akt vielmehr als abstoßend empfunden, und lebte seither »im Zustand völliger Enthaltsamkeit«. Augustinus dagegen fühlte sich »an die krankhafte Neigung zur Fleischeslust gebunden« (VI, 12,21). Ein Leben ohne diese intensiven körperlichen Freuden konnte er sich nicht vorstellen. Ambrosius' Predigten, ihr flammender Lobpreis der Reinheit, ihr Drängen zu sexueller Enthaltsamkeit, ihr Traum einer Flucht aus dem Körper – all das schien nur die Kluft zu markieren, die Augustinus von den höchsten Bestrebungen christlicher Frömmigkeit trennte. Dabei hatte er durchaus spirituelle Ambitionen, auch er wollte diesen Bestrebungen nachkommen, wusste zugleich aber, dass ihm das unmöglich war.

Doch findet, wie er bald darauf bezeugen sollte, Gottes Gnade sonderbare Wege. Binnen weniger als einem Jahr hatte Augustinus, inzwischen von Ambrosius getauft, sein Heiratsversprechen aufgelöst, seine Professorenstelle aufgegeben, sich zu fortwährender Keuschheit verpflichtet und den Entschluss gefasst, nach Nordafrika zurückzukehren und dort eine mönchische Gemeinschaft zu gründen. Indem er vor seiner Mutter floh, hatte er sich, ohne es zu merken, auf einen Weg begeben, der ihre höchsten Träume erfüllen und sogar noch übersteigen würde.

Augustinus hat den Prozess seiner Bekehrung – das entscheidendste Ereignis seines Lebens – in liebevollen Details beschrieben. Zwei Ereignisse treten besonders hervor. Das erste fand im Garten des Hauses in Mailand statt, in dem er mit seiner Mutter und seinem Freund Alypius lebte. Augustinus quälte sich noch immer mit der Frage herum, ob er sich taufen lassen sollte oder nicht, denn ihm war klar: Dieser Schritt würde eine entscheidende, unwiderrufliche Veränderung seines Daseins mit sich bringen. Er fühlte sich hin und her gerissen, so als gäbe es in ihm zwei unterschiedene Willen, die einander bitterlich bekämpften, und doch waren beide nur zwei Aspekte seines einen Selbst. Verzweifelt wollte er seine Konversion, ein für alle Mal. Er sah die keusche Schönheit der Enthaltsamkeit – der endgültigen Absage an alle sexuellen Beziehungen –, die ihn lockte, ihn zwang, seine Ohren zu verschließen vor den unreinen Einflüsterungen seines Körpers. Doch dieses Geflüster, seine alten Begierden, wollten nicht verstummen. Sein innerer Konflikt wurde immer unerträglicher, und er warf sich unter einen Feigenbaum, weinte, schrie, unter einem Strom von Tränen, laut auf: »Wie lange, wie lange noch, dieses ›Morgen, ja morgen‹? Warum nicht sofort?« (VIII, 12,28)

Und während er sich wie besessen diese Fragen stellte, hörte er im benachbarten Garten ein Kind immer wieder, wie in einem Singsang, zwei Worte wiederholen: »*tolle lege, tolle lege* – nimm und lies.« Schließlich begriff Augustinus das als göttliche Weisung: Er holte sein Exemplar der Heiligen Schrift und las die erste Passage, auf die sein Blick fiel. Es waren Worte aus dem Brief des Apostels Paulus an die Römer:

> Lasst uns ehrbar leben, nicht in Fressen und Saufen, nicht in Unzucht und Ausschweifung, nicht in Hader und Neid, sondern zieht an den Herr Jesus Christus und sorgt für den Leib nicht, dass ihr den Begierden verfallt. (Röm 13,13–14)

Die Zweifel, der endlose Konflikt – alles war vorüber. Augustinus war bekehrt.

> Denn du [Gott] hast mich so zu dir bekehrt, dass ich weder eine Gattin suchte noch irgendeine Hoffnung in dieser Welt. Jetzt stand ich auf jener Regel des Glaubens, auf der du mich ihr [der Mutter] vor Jahren im Traum gezeigt hast.

Er ging ins Haus, um das Ereignis seiner Mutter zu erzählen. Monika jubelte und triumphierte, hatte sie doch mehr empfangen als das, um das zu beten sie gewagt hatte. Die Freude, die sie empfand, schreibt Augustinus, »war wertvoller und keuscher als die, die sie erwartet hatte von Enkeln aus meinem Fleisch« (VIII, 12,30).

So hatte Monika triumphiert in einem Konflikt, der entbrannt war vor vielen Jahren, als Patricius davon berichtete, was er in den Thermen gesehen hatte, glucksend vor Freude über künftige Enkel. Ja, ein Enkelsohn war geboren worden,[7] ein Spross der Beziehung, die Augustinus gelöst hatte, legitime Nachkommen aber würde es keine geben und auch keine weiteren sexuellen Bindungen. Nicht von allen Christen wurde verlangt, auf den Geschlechtsverkehr zu verzichten – es sei besser, zu heiraten als verbrannt zu werden, hatte Paulus geschrieben –, doch Augustinus' Bekehrung im Garten in Mailand war von ebendieser Entsagung bestimmt, und ebendiese Entsagung sollte später seine Auslegung der Geschichten um den Garten Eden nachdrücklich prägen.

So heißt es, als Adam und Eva zusammengeführt wurden, im Buch Genesis: »Darum wird ein Mann seinen Vater und seine Mutter verlassen und seiner Frau anhangen, denn sie werden sein *ein* Fleisch.« (Gen 2,24) Augustinus mit seinem Lebenslauf hat es fertiggebracht, diese Bahn zu verlassen. Gewiss hatte er, für viele Jahre, Vater und Mutter verlassen und war seiner Konkubine verbunden. Zu seinem Vater ist er nie mehr zurückgekehrt. Doch obwohl er sich in Karthago von seiner Mutter fortgestohlen hatte, blieb sie die Liebe seines irdischen Lebens, so wie er die ihre war. Und kurz nach seinem Gelöbnis fortwährender Keuschheit erlebten beide ein bemerkenswertes mystisches Ereignis.

Zusammen mit seiner Familie und Freunden, die beschlossen hatten, zusammen mit ihm nach Afrika zurückzukehren und dort eine mönchische Gemeinschaft zu gründen, hielt sich Augustinus im Hafen von Ostia auf, wo sich die kleine Reisegesellschaft in Kürze einschiffen wollte. Nun standen Augustinus und seine Mutter beisammen, allein, blickten in den Garten des Hauses, in dem sie vorübergehend wohnten, und sprachen miteinander. Die Unterhaltung, die sich ernst und freudig entspann, führte sie zu dem Ergebnis, dass keine körperliche Lust, wie groß auch immer, das Gleiche sein oder auch nur heranreichen könnte an die Glückseligkeit der Heiligen. Und dann »richteten wir uns in noch glühenderem Verlangen auf«, durchwanderten »alle körperlichen Stufen, auch den Himmel«, höher und höher, hinauf in die »Region der Geistseelen«, überstiegen auch sie, gelangten in die »Region des nie versagenden Überflusses«, der ewigen, zeitlosen Wahrheit. »Und sieh, während wir sprechen und uns hinaufsehnen, berühren wir diese Wahrheit ein wenig mit dem ganzen Aufzucken unseres Herzens.« (IX, 10, 24) Es ist schwer, die atemlose Kraft dieser Erzählung in der Übersetzung wiederzugeben; schwer einzufangen, was es den beiden, dem 33-jährigen Mann und seiner 56-jährigen Mutter, bedeutete, gemeinsam diesen Augenblick zu durchleben. Und dann war er auch schon wieder vorüber. *Suspiravimus*. Ein tiefer Atemzug, schreibt Augustinus, »und wir wandten uns wieder dem Geräusch unserer Rede zu, wo ein Wort anfängt und aufhört« (IX, 10,24).

Gemeinsam schauten sie zurück und versuchten zu verstehen, was ihnen gerade widerfahren war. Was sie erlebt hatten, ließe sich, so dachte Augustinus, nur in völligem Schweigen einfangen, was er dann in einem erstaunlichen, 230 Wörter langen Satz heraufzubeschwören sucht; einem Satz, gegen den jede Übersetzung nur ein blasses, zerfahrenes Abbild sein kann.

> Schwiege für einen Menschen der Aufruhr des Fleisches, schwiegen ihm die Bilder von Erde, Wasser und Luft, schwiegen die Himmel und schwiege selbst die Seele, und überstiege sie sich, ohne noch an

> sich zu denken, schwiegen Traumgesichte und Visionen, schwiege jede Zunge und jedes Zeichen und schwiege gänzlich alles, was vergänglich ist – denn hört man auf dies alles, so sagt es: »Nicht wir haben uns gemacht, sondern gemacht hat uns, der in Ewigkeit bleibt« – wenn sie dies also gesagt haben und dann schweigen, weil sie ihr Ohr ganz dem gewidmet haben, der sie gemacht hat, und wenn er dann selbst spricht, nicht durch das Erschaffene, sondern durch sich selbst, so dass wir sein Wort hören, nicht durch eine fleischliche Zunge oder die Stimme eines Engels oder den Donner in den Wolken oder durch ein rätselhaftes Gleichnisbild, sondern ihn selbst, den wir in all dem lieben, so dass wir ihn ohne all dies hören, so wie wir uns jetzt ausspannen und in einem Denkaugenblick die ewige Wahrheit berühren, die über allen Dingen bleibt, und wenn dies anhielte und wenn jedes Sehen, das gänzlich anders ist, weggenommen würde und wenn dieser eine Blick den Sehenden hineinrisse in die inneren Freuden, ihn verschlänge und aufbewahrte, so dass das ewige Leben so wäre wie dieser Augenblick der Einsicht, die uns tief atmen machte, wäre das nicht das: *Tritt ein in die Freude deines Herrn*? (IX, 10,25)[8]

Dieser spirituelle Höhepunkt, den Augustinus und seine Mutter teilten, war die intensivste Erfahrung seines Lebens, vielleicht sogar, wie Rebecca West mutmaßt, »die intensivste Erfahrung, deren je ein Mensch gedacht hat«.[9] Einige Tage später wurde Monika krank, am neunten Tag ihrer Krankheit starb sie. Augustinus' *Bekenntnisse* verfolgen seine Lebensgeschichte nicht über diesen Punkt hinaus; er wendet sich nun einer philosophischen Meditation über die Zeit zu und beginnt eine Exegese des Buchs Genesis.

In den mehr als 40 Lebensjahren, die auf diesen ekstatischen Augenblick folgten – Jahre endloser Kontroversen, des Ausübens seiner Amtsmacht, Jahre fieberhaften Schreibens, Jahre als Priester, als geistlicher Führer einer Mönchsgemeinschaft, als Bischof in der nordafrikanischen Stadt Hippo –, verbrachte er einen beträchtlichen Teil seiner Zeit mit dem Versuch, die Erzählung von Adam und Eva zu verstehen. Er dachte darüber nach, wenn er, das Buch in der Hand, auf seinem Bischofsstuhl (der *cathedra*) saß, wenn er in einer feierlichen Versammlung vor seinen Geistlichen und seiner Gemeinde sprach, wenn er sich mit verwickelten theologischen Fragen auseinandersetzte, wenn er unermüdlich Brief um Brief an seine Freunde und Verbündeten diktierte. Auch in den bitteren Streitschriften gegen Häretiker ließ ihn dieses Thema nicht los. Selbst als ihn im Jahr 410 die fürchterlichen Berichte über die dreitägige Plünderung Roms durch das von Alarich geführte Heer der Westgoten erreichten, hielt er nicht inne in seinen Grübeleien über die Geheimnisse dieser Erzählung. Über Jahrzehnte hat er sich selbst davon überzeugt, dass der biblische Bericht gar keine Erzählung ist, jedenfalls keine im Sinn einer Fabel oder eines Mythos. Dass er vielmehr die wortwörtlich zu nehmende Wahrheit und als solche dann der wissenschaftliche Schlüssel zum Verständnis allen Geschehens ist.

Mit intellektueller Meisterschaft, kluger Nutzung des Kirchenapparats und einem überwältigenden spirituellen Charisma gelang es diesem einen Mann, das weitgespannte Projekt des abendländischen Christentums insgesamt ganz, ganz allmählich in ebendiese Richtung zu lenken. Ihm vor allem verdankt unsere Welt die besondere, zentrale Rolle, die Adam und Eva einnehmen sollten. Viele dachten anders, denn damals wie heute erscheint der biblische Bericht von den ersten Menschen im magischen Garten auf den ersten Blick eher wie Fiktion denn wie Geschichte. Augustinus aber ließ nicht locker. Er bestand darauf, dass der göttliche Plan und damit das Schicksal jedes Einzelnen wie das ganzer Völker zusammenhängen mit der Realität dessen, was in jenem Garten geschah. Nichts vermochte seinen Glauben zu erschüttern, und am Ende seines langen Lebens, als gut 80 000 Vandalenkrieger die Bischofsstadt Hippo belagerten und die Herrschaft Roms über Nordafrika zusammenbrach, selbst da noch suchte Augustinus die grundlegende Bedeutung des Unheils, das seine Welt befiel, in dem, was Adam und Eva am Beginn der Zeiten getan hatten.

KAPITEL SECHS

URFREIHEIT, URSÜNDE

FRÜHER, EINGEBUNDEN in Kreise heidnischer und manichäischer Intellektueller hatte der junge Augustinus geringschätzig auf die offenkundige Einfalt der uralten biblischen Erzählungen herabgeblickt. Nun, in Mailand, lauschte er aufmerksam und hingerissen den Predigten des Bischofs Ambrosius, und er revidierte seine Ansichten. In einer dieser Predigten hörte er den Satz: »Gefallen, aus dem Paradiese verstoßen, gestorben sind wir in Adam.« Und: »Wie soll der Herr uns sonst auch zurückführen, wenn er uns in Adam nicht findet?«[1] Aufrührende Worte, die aber sogleich zu einer neuen, drängenden Frage führten: Was bedeutet dieses »in« Adam?

Damit, Augustinus spürte es, hatte er sich auf eine Frage eingelassen, zu deren endgültiger Lösung bislang keiner der großen theologischen Köpfe des christlichen Glaubens gefunden hatte. Konnte er etwas beitragen, was seine beeindruckenden Vorgänger nicht bereits beigetragen hatten? Er war aufgewachsen mit einem gesunden Vertrauen in seinen Scharfsinn, doch der würde kaum ausreichen, um zu einer weiteren ausgefeilten allegorischen Interpretation zu gelangen. In seinen Augen gab es nur einen Weg, um seine Beziehung zu Adam wahrhaft zu verstehen, nämlich Introspektion, den Blick in sein eigenes Inneres; einen anderen Weg zurück zum Beginn der Zeiten sah er nicht. Es gab allein die enigmatischen Worte der Heiligen Schrift, alle anderen Spuren zu diesen entscheidenden ersten Augenblicken waren verweht. Vielleicht aber ließe sich in den verborgenen Bereichen seines inneren Lebens ein Schlüssel finden.

Augustinus dachte an seine Unentschiedenheit im Garten in Mailand, an die Qual, bis er sich entschließen konnte, die Taufe anzunehmen, nun rang er darum, seinen inneren Zustand zu begreifen:

> Ich kämpfte mit mir, und so zerriss ich mich selbst. … Als ich überlegte, endlich meinem Herrn und Gott zu dienen, wie ich es längst beschlossen hatte, da war ich es doch, der wollte; ich war es, der nicht wollte. Ich war es. … Dieser Riss entstand zwar gegen meinen Willen, aber er bewies nicht eine zweite fremde Geistseele, sondern nur die Strafe meiner eigenen. … Es war die Sünde, die in mir wohnte als Strafe für eine freier begangene Sünde; war ich doch ein Sohn Adams. (*Bekenntnisse*, VIII, 10,22)

Die Selbstanalyse führte ihn zurück zur Sünde seines Vaters, nicht zu Patricius jedoch, sondern zu seinem »ersten Vater«. Adams Sünde war auch in ihm, in Augustinus noch lebendig, und damit auch die Strafe, mit der ihn ein erzürnter Gott zu Recht heimsuchte; also war auch umgekehrt Augustinus noch »in Adam«.

Das ließ Augustinus hoffen, dass er, indem er seine Kindheit Revue passieren ließ, dort einen besonderen Augenblick entdecken würde, der Adams erste Untat wiederholte. Und er fand einen solchen Augenblick, fand ihn in der Zeit seiner unglücklichen Rückkehr nach Thagaste, damals, als sein Vater alles daransetzte, Geld für das Studium des Sohns zusammenzubringen. Der 16-Jährige war nach Einbruch der Dunkelheit mit Freunden unterwegs gewesen, sie waren zum Birnbaum des Nachbarn gegangen und hatten Früchte herabgeschüttelt. Der Baum gehörte den Jungen nicht, sie hatten auch keinen Hunger. Die Birnen lockten weder durch ihr Aussehen noch durch ihren Geschmack – sie warfen sie den Schweinen zu. Warum taten sie etwas, von dem sie wussten, dass es falsch war? »Nur aus Gefallen am Unerlaubten«, so Augustinus, sei das geschehen (II, 4,9).

Dass diese Tat keinen Grund hatte, dass sie unerklärlich war und willkürlich, genau um diesen Punkt ging es: Hätte es ein gewichtiges Motiv gegeben, einen fürchterlichen, zwingenden Drang, dann hätte sich vielleicht sagen lassen, dass es doch eine unabhängige Kraft des Bösen in der Welt geben müsse, so wie die Manichäer behaupteten. Augustinus aber hatte dem Manichäertum abgeschworen. Er, ein rechtgläubiger katholischer Christ, glaubte nun daran, dass es im ganzen Universum nur den einen Gott gab, allwissend, allmächtig, vollkommen gut. In einer solchen

Weltsicht konnte das Böse nur leer sein, abgeleitet, bloße Abweichung und Parodie des Guten.

Diese Vorstellung vom Bösen als bloßer Imitation half – wobei es nicht in jedem Fall leichtfiel herauszufinden, welche der göttlichen Kräfte eine bestimmte sündige Tat parodierte; sie half, die manichäische Herausforderung abzuwehren, mit der sich Augustinus so lange herumgeschlagen hatte. Allerdings schmälerte diese Lösung die menschliche Bosheit ebenso wenig, wie sie das menschliche Leiden verringerte, nahm auch beider Größe nichts, und die meiste Zeit schrieb Augustinus denn auch so, als sei das Böse nichts weniger als eine blasse Imitation von etwas Gutem. Im Fall der jugendlichen Rowdys, die sich Früchte nahmen, die ihnen nicht gehörten, mochte die Überschreitung vernachlässigbar scheinen, genau betrachtet jedoch enthielt dieser Vorfall alles, was man über die Sündhaftigkeit der Menschen wissen musste. Ein paar Jahre nachdem er die *Bekenntnisse* abgeschlossen hatte, gelang es Augustinus, in Adams Tat, dem Verzehr der verbotenen Frucht, eine ganze Litanei von Sünden auszumachen: Stolz, Gottesleugnung, Unzucht, Diebstahl, Gier, sogar Mord (»Durch die Sünde in Adam wurde uns der Tod aufgetan.«).[2] Was aussah wie gar nichts, war plötzlich alles.

Die Welt war und ist voll unsäglicher Verbrechen. Erwachsene missbrauchen schutzlose Kinder; Banden verschwören sich, ihre Feinde anzugreifen und zu verletzten; Vergewaltiger machen ungeschützte Frauen zu ihren Opfern. Wie konnte der so scharfsinnige und intelligente Augustinus tatsächlich behaupten, er sehe im Verzehr eines Stücks Frucht Unzucht und Mord, wie konnte er alle nachfolgenden Verbrechen, alles Elend auf diesen einzelnen und so weit zurückliegenden Akt zurückführen? Natürlich hatte er die Genesiserzählung geerbt und mit ihr Paulus' Behauptung, Jesus sei gekommen, um die katastrophalen Folgen von Adams Ungehorsam rückgängig zu machen. Wie aber sollte dieser uranfängliche Ungehorsam im Garten Eden die menschliche Sündhaftigkeit und das Gewicht menschlichen Leidens tatsächlich erklären? Leicht ginge das, würde man den Körper als Teil der dunklen Seite eines Universums begreifen, das aufgeteilt ist zwischen einem bösen und einem guten Gott. Wenn es aber nur einen Gott gibt – den Schöpfer aller Dinge, der, was er schuf, als »gut« erkannte –, warum ist das Leben dann so entsetzlich schwierig? Warum sterben so viele Kinder, oft mit der Mutter, die sie geboren hat? Warum gibt es hungernde oder misshandelte Kinder? Warum erblinden manche Menschen, werden andere taub oder verlieren den Verstand?

Einige der so Leidenden hatten sich bestimmt böser Taten schuldig gemacht, für den großen Rest der elend lebenden Menschen aber ist das so offensichtlich nicht. Augustinus wollte jedoch unbedingt die Schöpfung freihalten von jeder ihr zugerechneten Ungerechtigkeit. Wenn aber Gott weder ungerecht ist noch ohnmächtig, dann können nur sie, die Menschen, Verantwortung tragen.[3] Verdammt zu erschöpfender Arbeit, zu Schmerzen und Tod, hatte die Menschheit bekommen, was sie verdiente. Gott ist gut, doch er ist auch gerecht, und Gerechtigkeit verlangt die Bestrafung von Verbrechen.

Wie Augustinus sehr wohl wusste, war die manichäische Überzeugung, dass es zwei Götter gibt, einen bösen und einen guten, nicht die einzige Alternative zu einem ethischen Monotheismus, wie ihn das orthodoxe Christentum vertrat. Die Anhänger des griechischen Philosophen Epikur (und mit diesen der große römische Dichter Lukrez) gingen davon aus, dass die moralische Ordnung keineswegs fest eingebaut ist in das Universum. Den Epikureern gilt Moralität als etwas, das sich die Menschen selbst geschaffen haben und das sie aufrechterhalten müssen. Nur zu gerne behaupten Menschen, die Regeln und Gesetze ihres Handelns seien durch einen göttlichen Gesetzgeber erlassen worden; solche Behauptungen aber, das demonstrieren Epikur und Lukrez, sind abergläubische Phantasien. Gesetzgebung ist ein durch und durch säkulares Unterfangen, zufällig und nie abgeschlossen. Zudem haben moralische Urteile nur in diesem Leben Bedeutung: Es gibt kein Leben nach dem Tod. Denn die Seele besteht, wie der Körper auch, aus Atomen, und wenn der Körper stirbt, dann stirbt auch die Seele. Darum kann es *post mortem* weder Strafe noch Belohnung geben.

Augustinus kannte den Reiz epikureischer Auffassungen, er hatte darüber mit seinen Freunden diskutiert, als sie sich bemühten, das Wesen »des höchsten Guten und des höchsten Bösen« zu begreifen. In diesen Diskussionen, schreibt er in den *Bekenntnissen*, »hätte ich Epikur die Palme gereicht, wenn ich nicht an eine Fortdauer der Seele nach dem Tod und an eine Vergeltung ihrer Verdienste geglaubt hätte« (VI, 16,26). In einer

Welt, in der moralische Rechnungen unbezahlt bleiben, in der menschliches Leid nichts anderes bedeutet als Verletzlichkeit der Materie, in der sündhaftes Verhalten keine Strafe, außerordentliche Frömmigkeit keinen ewigen Lohn findet – in einer solchen Welt hätte Augustinus nicht leben wollen. Da erschien es ihm schon besser zu glauben, dass die Bücher bis zum letzten Zweifel geführt würden von einem allwissenden Gott, selbst dann, wenn dieser Gott einen mörderischen Zorn auf die Menschen hegt: Immerhin muss man dann nicht annehmen, dass Gott gleichgültig ist oder gar abwesend.

Angesichts des Ausmaßes menschlicher Sündhaftigkeit müsse man, so Augustinus, davon ausgehen, dass selbst in anscheinend unschuldigen Taten eine beängstigende Schuldhaftigkeit verborgen liege. Andernfalls stünde Gottes Güte in Frage. Die Welt, die Gott geschaffen hat, war gut, vollkommen gut. Und sie wäre auch gut geblieben, hätte es nicht diesen ursprünglichen, entsetzlichen Akt menschlicher Verworfenheit gegeben. Alles Elend, das darauf folgte – die unendliche Folge scheußlicher Verbrechen, die Schrecken von Tyrannei und Krieg, die scheinbar natürlichen Katastrophen, Erdbeben, Feuer und Flut, das, was Hamlet die »tausend Stöße, die unseres Fleisches Erbteil« nennt –, alles das sind Strafen, zugemessen von einem gerechten Gott. Das und nichts anderes bedeutet »Sein in Adam«.

Auf den ersten Blick erscheint das völlig verrückt. Wie kann irgendwer allen Ernstes behaupten, alles Leiden sei die Folge eines Verbrechens, das ein weit entfernter Vorfahr verübt hat, eines Verbrechens dazu, das man selbst unmöglich erinnern kann und dessen Natur, so wie es berichtet wird, doch viel zu nichtig erscheint, um irgendeine strenge Strafe zu rechtfertigen? Wer kann allen Ernstes behaupten, der Tod eines kleinen Kindes sei das, was es verdient?

Augustinus hat ziemlich klar gesehen, was an solchen Behauptungen schwierig, ja geradezu abstoßend war. Die Alternative aber erschien ihm weit schlimmer. Er weigerte sich, mit Epikur zu glauben, dass Taten und Verhalten der Menschen, ob gut oder böse, Angelegenheiten seien, um die sich kein Gott kümmert. Er wollte festhalten an einem einzigen, allwissenden, allmächtigen, allgütigen Schöpfergott. Abermals bleibt die Frage offen: Was ist mit den Leiden derer, die unschuldig sind?

Es ist typisch für Augustinus, dass er auch hier bei sich selbst beginnt, mit Erinnerungen an die eigene Kindheit. Als Schüler hasste er es, geschlagen zu werden, was damals und noch Jahrhunderte danach als hauptsächliches pädagogisches Mittel galt, um Schüler zu emsigem Lernen anzuhalten. Voller Ernst betete er zu Gott, dass ihm die Peitsche erspart bleiben möge. Doch die Gebete fruchteten nichts: Trödelte er oder spielte statt zu arbeiten, bezog er Schläge. Das erschien grotesk und ungerecht, denn die Erwachsenen, die ihm Prügel verabreichten, waren selbst des Müßiggangs, wenn nicht Schlimmeren schuldig; und die *Bekenntnisse* lassen, selbst wenn er die Leidenschaft unterdrückt hat, die in seiner Brust noch immer virulente Empörung spüren.[4] Die aber führt ihn nun keineswegs dazu, das Schlagen von Schülern zu verurteilen, im Gegenteil. Mochten die Schläge ungerecht sein, sie taten, so Augustinus, dem Kind gut, trieben sie es doch dazu an, seine Neigung zum Spiel zu überwinden und doch zu lernen: »Die Schläge hatte ich verdient, ich kleines Kind und großer Sünder. So hast du mir gutgetan mit Hilfe derer, die nicht guttaten.« (I, 12,19)

»Kleines Kind und großer Sünder« – die Schläge sind verdient, selbst wenn sie aus falschen Gründen verabreicht werden und die strafenden Großen ihrerseits Sünder sind und schlechter als die, die sie schlagen. Je tiefer Augustinus eintaucht in seine Kindheit – und er tut dies mit einer emotionalen Intelligenz, die in der antiken Welt beispiellos ist –, desto verwirrender wird, was er sieht.

> Später begann ich auch zu lächeln, erst im Schlaf, dann im Wachen. So hat man's mir erzählt, und ich habe es geglaubt, weil wir es an anderen Kindern beobachten, denn an meine Erfahrungen erinnere ich mich nicht. Und sieh, allmählich nahm ich wahr, wo ich mich befand, und wollte meine Wünsche den Menschen kundtun, die sie erfüllen sollten, aber ich konnte es nicht, denn die Wünsche waren innen, diese Menschen aber außen, und mit keiner ihrer Wahrnehmungen konnten sie in meine Seele eindringen. Daher strampelte ich und schrie. Das waren die Zeichen, die meinen Wünschen entsprachen. Wenige und ungenaue Zeichen waren es, die mir da zur Verfügung standen; sie entsprachen gar nicht der Wahrheit. Und wenn man mir dann nicht gehorchte, weil man mich nicht verstanden hatte

> oder mich vor Schaden bewahren wollte, war ich empört über die Großen, die mir nicht untertänig waren, gegen freie Menschen, die mir nicht dienten. Ich rächte mich an ihnen durch Geheul. (I, 6,8)

Jeder, der je ein Kleinkind beobachtet hat, und gewiss mehr noch all diejenigen, die je vergeblich versucht haben, die Bedürfnisse eines schreienden Säuglings zu befriedigen, wird die Genauigkeit von Augustinus' Beobachtungen bestätigen können; Beobachtungen, die uns in das Zimmer führen, in dem er mit seiner Geliebten saß und aufmerksam dem gemeinsamen Kind Adeodatus zugeschaut hat.

Und genau hier, wo wir glauben, wir bewegten uns auf vertrautem, beruhigendem Boden, genau hier treffen wir auf Augustinus' theologische Absichten. Denn wie sich zeigt, sieht er in dem, was er beobachtet – Wunsch, Enttäuschung, Rache –, die moralische Katastrophe des Erwachsenenlebens, wie sie bereits im Kleinkind präsent ist. Alles bereits vorhanden im Kinderzimmer: Gewalt, der Wunsch, andere zu Sklaven zu machen, die Dringlichkeit kapriziöser Wünsche. Dass das Kind ohnmächtig ist – ihm bleibt nur, mit den Armen zu fuchteln und zu schreien –, ändert nichts an dem, was Augustinus als die nackte Wahrheit betrachtet: Es ist etwas moralisch falsch in uns Menschen, und zwar von Geburt an.

Der Säugling, der nach der Brust schreit und gebieterisch Aufmerksamkeit fordert, verdient, zurechtgewiesen zu werden, selbst wenn Gewohnheit und Alltagsverstand uns das nicht erlauben. Gewohnheit und Alltagsverstand sind auf ihre Weise durchaus in Ordnung; immerhin bewahren sie uns davor, ausgelacht zu werden oder unseren Nachbarn als absonderlich zu gelten. Andererseits jedoch hindern sie uns daran, die Dinge in ihrer Wahrheit zu erfassen. Niemand, sagt Augustinus zu seinem Gott, »niemand ist vor dir frei von Sünde, nicht einmal das Neugeborene, das nur einen Tag auf der Erde lebt« (I, 7,11).

Darum: Was grausam erscheint am Leiden der Menschen, ist nur gerecht. Doch Gott, der allen Grund hätte, Sünder zu hassen, ist gleichwohl gnädig: Er gab seinen einzigen Sohn, um die strengen Forderungen der Gerechtigkeit zu erfüllen und die irrende Menschheit zu erlösen. Wer diese offenbarte Wahrheit annimmt – und zwar auf eine von der Kirche autorisierte Weise –, der wird am Ende aller Tage gerettet werden. Alle anderen sind verdammt. Nicht einmal, dass sie geboren wurden, bevor Christus auf der Erde erschien, auch nicht, dass sie in einer Ecke der Welt leben, wo sie diese Nachricht niemals hätte erreichen können, könnten sie als Entschuldigungsgrund anführen. Auch für alle, die nicht getauft sind, würde es keinen Unterschied machen, ob sie ein moralisch einwandfreies Leben geführt haben oder nicht. Sie würden die Ewigkeit in der Hölle verbringen – wiederum zu Recht, wegen der Makel, die aus der Sünde Adams und Evas auf sie gekommen sind.

Dieser Standpunkt wurde zu einem der Eckpfeiler christlicher Rechtgläubigkeit. Er blieb nicht unangefochten, von Anfang an nicht. Führend unter Augustinus' Zeitgenossen, die diesen Standpunkt so absurd wie abstoßend fanden, war Pelagius, ein auf den britischen Inseln geborener Mönch, der im Jahr 390 u. Z. in Rom auftauchte. Mit seinem breiten Wissen, mit seiner Redegewandtheit und seinem asketisch bescheidenen Leben vermochte er jeden zu beeindrucken. Fast genauso alt wie Augustinus, war er in gewisser Hinsicht sein heimlicher Gegenpart: ein Emporkömmling von den Rändern der römischen Welt, der kraft seines Intellekts, mit Charisma und Ehrgeiz den Weg in die Hauptstadt geschafft hat und bedeutenden Einfluss auf das spirituelle Leben im Imperium nahm.

Pelagius und seine Anhänger waren in Sachen Moral Optimisten. Sie glaubten, dass alle Menschenwesen unschuldig geboren werden. Weder mit einem besonderen Talent zur Tugend kommen die Kinder auf die Welt, noch tragen sie das angeborene Mal des Bösen.[5] Vielmehr verfügten wir in uns über die Möglichkeit, uns für das Gute und gegen das Böse zu entscheiden. Alle freilich, so Pelagius, sind wir Nachkommen von Adam und Eva, alle leben wir in einer Welt voller Folgen des uranfänglichen Akts des Ungehorsams. Dieser Akt in einer weit entfernten Vergangenheit verdamme uns aber nicht unausweichlich zur Sündhaftigkeit. Wie sollte das auch gehen? Worin läge der Mechanismus der Ansteckung? Warum sollte ein gütiger Gott etwas derart Monströses zulassen? Nein, sagt Pelagius: Wir verfügen über die Freiheit, unser Leben zu gestalten, wir können entscheiden, ob wir Gott dienen wollen oder Satan.

Warum aber ist die große Masse der Männer und Frauen dennoch sündig? Die Antwort, die Pelagius gab, war im Kern eine gesellschaftliche: Wir werden, was immer wir sind, hauptsächlich durch Nachahmung, entwickeln zudem im Lauf unseres Lebens Gewohnheiten, die nur extrem schwer zu durchbrechen sind. »Die lange Gewohnheit der Sünden«, die in der Kindheit beginne, bringe uns mehr und mehr unter ihren Einfluss, »bis es so aussieht, als habe sie in gewissem Grad die Macht der Natur (*vim naturae*)«.[6] Es ist also, und darum geht es Pelagius, tatsächlich nicht unsere Natur, die uns zur Sünde zwingt.

Nicht die Disposition zu sündigen haben wir von unseren Ureltern geerbt, sondern eine kumulative Geschichte. Diese ist ein Alptraum, aber einer, aus dem wir erwachen können. Wir sagen, heißt es bei Pelagius, »dass wir zu sündigen und nicht zu sündigen einen unversehrten freien Willen haben«. Und: »Wir haben einen freien Willen, weil wir eben vernunftbegabte Wesen sind.«[7] Wenn die Pelagianer abstreiten, dass es so etwas gibt wie eine den Menschen angeborene Sündhaftigkeit, dann um die Freiheit des Willens zu verteidigen; aus dem gleichen Grund bestehen sie auf der Unschuld Neugeborener. Insofern hat, ihrer Meinung nach, Adams Sünde keine bestimmende Wirkung auf seine Nachkommen, und zumindest im Prinzip ist es allen Menschen möglich, vollkommen gut zu sein. Und was den Tod angeht – den Augustinus und andere als direkte Folge jener Ursünde betrachteten, eine Folge, die nicht nur Adam und Eva ereilt habe, sondern nach ihnen alle Menschen –, so sagt Pelagius, die Sterblichkeit folge allein aus der körperlichen Natur der Menschen und ihrer Beschaffenheit. Adam wäre in jedem Fall irgendwann gestorben, ob er nun gesündigt hätte oder sündenfrei geblieben wäre. Sterben ist keine Strafe; es gehört zu dem, was es heißt, zu leben.[8]

Als diese Ansichten Nordafrika erreichten, war Augustinus entsetzt. Seine gesamte Konzeption der *conditio humana* – der Mensch sei durch den Sündenfall von Adam und Eva von Anfang an verdorben und zum Sterben verdammt – war damit offensichtlich in Frage gestellt. Pelagius hatte in zahlreichen römischen Adelsfamilien Gönner gefunden, doch auch Augustinus verfügte über mächtige Freunde in Rom, denen er nun schrieb und die er zum Gegenangriff aufrief. Pelagius wurde der Häresie angeklagt und vor ein Gericht gestellt.[9] Augustinus und seine Verbündeten verfassten lange, theologisch geschliffene Traktate und sandten diese nach Rom: als Zeugnisse der Anklage. (Die Schriften der Verteidiger – der Unterlegenen – wurden alle vernichtet, nur einige Positionen lassen sich aus den Zitaten rekonstruieren, die in den Streitschriften enthalten sind.) Aus Furcht, dass es mit Traktaten alleine nicht getan sein könnte, wenn er im Streit um die offizielle Lehre die Verurteilung seines Gegners erreichen wollte, ließ Augustinus einen Verbündeten vorsichtshalber 50 numidische Hengste am päpstlichen Hof abliefern, ein prachtvolles Geschenk. Pelagius wurde als Häretiker verurteilt, exkommuniziert und musste ins Exil nach Ägypten.

Um 420 war Pelagius gestorben, doch die Auseinandersetzung war damit keineswegs zu Ende. Julian von Eclanum, ein italienischer Aristokrat mit besten Verbindungen zu Kirche und Hof, der die verstreuten Schriften von Pelagius und Caelestius systematisiert hatte, verschaffte dem Pelagianismus rasch neue argumentative Kraft. Augustinus' unnachgiebig harte Position zur göttlichen Strafe sei, so Julianus, so finster wie grotesk, ein Versuch, der Gemeinschaft der Christen eine unnatürliche und ausgesprochen grausame Doktrin aufzuerlegen. Er sah die Kirche in Gefahr, vergiftet zu werden durch ein Gefüge bizarrer und unzivilisierter Glaubenssätze, zusammengezimmert durch einen herrschsüchtigen, in seiner Seele zerrissenen Demagogen aus Afrika. Sollten, so fragte Julianus, Christen denn tatsächlich glauben, ein gnädiger, liebender Gott quäle Kinder, nur weil diese nicht getauft sind?[10] Julian fragte weiter: Wenn ein Heide – ein Nichtchrist also – einen nackten Mann einkleide, dann soll das Sünde sein, allein weil es nicht im wahren Glauben geschieht? Und die Keuschheit einer heidnischen Frau, ist sie keine Keuschheit? Was ist mit einem Nichtchristen, der einen Menschen aus einer Gefahr rettet, die Wunden eines Verletzten verbindet, der sich auch unter der Folter weigert, falsches Zeugnis abzulegen? Einen solchen Mann sollte ein zorniger Gott hassen, allein weil er kein Christ ist? Sind alle tugendhaften Helden aus der Welt vor Christus tatsächlich in Ewigkeit verdammt? Alle diese Fragen würde Augustinus mit einem unerbittlichen »Ja« beantworten, alle seien sie Sünder, alle verdammt, denn alle seien sie keine Christen.[11]

Julian versuchte, das *ad absurdum* zu führen:

> Wenn gesagt sein soll, dass die Keuschheit Nichtgläubiger keine Keuschheit ist, wird mit gleicher Stirn gesagt werden, dass der Leib der Heiden kein Leib ist, die Augen der Heiden kein Sehvermögen

haben, das Getreide, das auf Äckern von Heiden wächst kein Getreide ist, was von solcher Ungereimtheit ist, dass es die Einsichtigen (nur) zum Lachen bringen kann. (*Gegen Julian*, IV, 27,1)

Augustinus blieb ungerührt. Nicht seine, sondern die Position des Pelagianers sei absurd: »Euer Lachen bringt die Einsichtigen ganz und gar nicht zum Lachen, sondern vielmehr zum Weinen, so wie das Lachen Irrsinniger gesunde Freunde zum Lachen bringt.« Für Kompromisse blieb da kein Raum.

Das eigentliche Problem sah Julian in Augustinus' Ansichten zum Sex, und in diesem einen Punkt konnte der Bischof von Hippo zustimmen. Julian hielt den menschlichen Geschlechtsverkehr für etwas Natürliches und Gesundes, für ein wesentliches Element in Gottes Schöpfungsplan, das zurückreiche bis zu jenem Augenblick, in dem er die Menschen anwies, fruchtbar zu sein und sich zu mehren. Augustinus glaubte nun, genau hier machten die Pelagianer den entscheidenden Fehler. Geschlechtsverkehr, so wie wir ihn kennen, sei, so Augustinus, weder natürlich noch gesund. Und das gelte nicht nur für Geschlechtsverkehr außerhalb der Ehe, nicht nur für sexuelle Praktiken, die nicht der Fortpflanzung dienten, nicht nur für gleichgeschlechtlichen Verkehr (allerdings hielt Augustinus, wie viele seiner Zeitgenossen, auch all das für abscheulich und lasterhaft). Nein, der Strom der Sündhaftigkeit fließe durch jede geschlechtliche Vereinigung, die nämlich sei der Mechanismus, der den Makel des Bösen von Generation zu Generation trage, der die Phantasien selbst derjenigen infiziere, die entschlossen seien, sich rein und keusch zu halten. Die Sündhaftigkeit der Menschen sieht Augustinus als eine durch Geschlechtsverkehr übertragene Krankheit.

Dabei war er sich durchaus bewusst, welche Schwierigkeiten er sich einhandeln würde, wollte er diesen Punkt durchsetzen, vielleicht nicht unter Kirchenleuten, auf jeden Fall aber unter Laien. Damals – wie heute – betrachteten die meisten Menschen ihre sexuelle Lust als legitim und gut. Nach Augustinus' verquerer Logik aber, so wiederum formuliert Julian, würden alle Eltern zu Mördern, denn durch den bloßen Akt der Zeugung verdammten sie ihre Kinder zu ewiger Strafe. Dabei sei, was der finstere Bischof von Hippo als Sünde verurteile,[12] nichts anderes als die

»Lebensglut«, der nach Gottes Schöpfungsplan natürliche Weg der Reproduktion.

Unsere Art der Fortpflanzung, konterte Augustinus, sei verdorben worden von Adam und Eva und seither auch verderbt geblieben. Selbst fromme verheiratete Paare, die ihren geschlechtlichen Verkehr entschlossen in den engsten zulässigen Grenzen hielten, könnten nichts erreichen »ohne die Glut der Leidenschaft«. Dieser Wollust gibt Augustinus einen wissenschaftlich-sachlichen Namen: Konkubiszenz. Er verstand sie denn auch nicht als Gabe der Natur oder als gottgegebene Wohltat: Als Fluch galt sie ihm, als Zeichen der Strafe, als Ruch des Bösen. Was Mann und Frau unternehmen, um ein Kind zu bekommen, ist nicht böse, dies sei, versicherte Augustinus, gut; doch werde es nicht vollzogen »ohne das Böse«.[13] Um wie viel besser wäre es also, gäbe es nicht die Notwendigkeit sexuellen Begehrens, wie viel besser, wenn Mann und Frau ohne die lustvolle Erregung der Geschlechtsorgane Kinder zeugen könnten.[14]

Ein angesichts der Welt, wie wir sie kennen, frommer Wunsch. Augustinus' obsessive und verquälte Wahrnehmung der sexuellen Erregung und ihrer Unausweichlichkeit – nicht nur im ehelichen Liebesakt, sondern auch in »ihren eigenen Regungen, die sie sogar im Schlaf an den Leibern der Keuschen bis zu beklagenswertem Ausgang bringt« (*Gegen Julian*, III, 38,2) – bestimmte die einflussreichste und folgenschwerste seiner Vorstellungen, die sich über die folgenden Jahrhunderte legte und von der wir uns, als deren Erben, allenfalls teilweise befreit haben: die Vorstellung der Ursünde, *originale peccatum*.[15]

Von Anbeginn, so Augustinus, seien wir Menschen mit dem Bösen infiziert. Dazu bedürfe es keiner besonderen Akte von Grausamkeit und Gewalt, auch nicht spezifischer Formen sozialer Pathologie; auch sei die Infektion keine Folge davon, dass diese oder jener eine katastrophale Entscheidung getroffen habe. Hoffnungslos oberflächlich und naiv sei es, mit den Pelagianern anzunehmen, dass wir unbeschrieben, quasi als *tabula rasa* zur Welt kämen; dass die meisten von uns einigermaßen anständig seien; dass es in unserer Macht stehe, auch das Gute zu wählen. Schließlich müssten wir uns nur umschauen. Etwas sei, von Anlage und Wesen her, grundfalsch mit uns. Für Augustinus ist das Menschengeschlecht, was er *massa peccati* nennt, als Ganzes sündig.

An keiner Stelle in den überlieferten Worten Jesu taucht das Wort Ursünde auf, auch ähnliche Vorstellungen gibt es nicht; nichts davon ist Gegenstand im ungeheuren Korpus rabbinischer Schriften, die eingingen in den *Midrasch Rabbah* und in den Talmud; nichts davon findet sich in der nicht weniger umfangreichen islamischen Tradition.[16]

Vorahnungen, erste Andeutungen freilich gibt es – unter anderem in der seltsamen hebräischen Schrift *Das Buch der Jubiläen* von Ende des 2. Jahrhunderts v. u. Z. sowie in den Schriften des Lyoner Bischofs Irenäus (um 130–202). Niemand jedoch hat solchen Ideen den Einfluss, das doktrinäre Gewicht verliehen, das diese Vorstellung in Augustinus' Schriften erhielt. Und niemand zuvor hat versucht, diesen Ideen einen Beweis zu verschaffen – den Beweis, der sich in der sexuellen Erregung ebenso meldet wie in unserem Wissen, dass wir alle auf die Welt gekommen sind infolge ebendieser Erregung. Darum schließlich kann Augustinus sagen: Wir entspringen der Sünde, und die Sünde wird niemals aufhören, ihre Macht über uns zu demonstrieren.

Julian und andere Pelagianer prangerten Augustinus öffentlich an: Was er lehre, sei nichts anderes als eine Rückkehr zum alten manichäischen Glauben, wonach der Körper Produkt und Besitz eines bösen Gottes sei. Mitnichten, erwiderte Augustinus. Gott sei Mensch geworden, und das sei geschehen mit Hilfe einer Jungfrau, deren Empfängnis nicht fleischlich gewesen sei, sondern spirituell, nicht Lust sei der Menschwerdung Jesu vorausgegangen, sondern Glaube.[17] Jesu Existenz sei nicht vom kleinsten Anflug jener Wollust abhängig gewesen, mit der alle anderen Menschen gezeugt werden. Wir alle hätten sein können wie Jesus, hätten die Welt betreten und in dieser überleben, uns in ihr reproduzieren können, unberührt von jeglicher Lust. Wir sind aber nicht unberührt von der Lust, und das eben sei unser Fehler, die Folge dessen, was wir getan haben.

An dieser Stelle wären nun Beweise fällig, Beweise für unsere individuelle und die kollektive Sündhaftigkeit, und genau an dieser Stelle ruft Augustinus Adam und Eva in den Zeugenstand. Denn die Ursünde, die jeden von uns – als Erbsünde – befleckt, ist nicht nur die Sünde, die uns unserer individuellen Entstehung wegen anhängt – auf Grund der sexuellen Lust, die unsere Eltern dazu brachte, uns zu zeugen –, sondern auch die Sünde, die sich zurückverfolgen lässt zu dem Paar, dem unser gesamtes Geschlecht entsprungen ist. Die Ur- oder Erbsünde ist das moralische Äquivalent einer Krankheit, eines genetischen Defekts, den wir von unseren entferntesten Verwandten übernommen haben. Wir können diesem Erbe nicht ausweichen, tragen aber, nach Augustinus, dennoch Schuld daran, eine Schuld, die unserem Geschlecht anhängt.

In einem weiteren Schritt muss Augustinus Gott vor dem Vorwurf schützen, er sei für innere Fehler seiner Schöpfung verantwortlich; muss also zeigen, dass im Paradies alles hätte anders gewesen sein können; dass unsere Vorfahren Adam und Eva nicht dazu bestimmt waren, sich auf die Art zu reproduzieren, in der wir das tun. Unsinnigerweise jedoch trafen sie die falsche Entscheidung, weswegen wir wiederum ihre Übertretung unausweichlich wiederholen. Auf der Suche nach diesem Beweis vertiefte sich Augustinus in die Worte des Buchs Genesis wie keiner je zuvor. Er wollte das verlorene Leben unserer Vorfahren unbedingt rekonstruieren und musste darum den Weg finden zurück in den Garten Eden, um dort unsere Vorfahren beim Liebesakt zu beobachten.

Lange vor seinem Zusammenstoß mit den Pelagianern, noch bevor er zum Priester geweiht worden war, hatte Augustinus versucht, den uralten Code zu knacken. Ende August 388, in *De Genesi contra Manichaeos*, einer seiner ersten Schriften nach seiner Konversion, deutete er die Anfangskapitel der Genesis als subtile Allegorie.[18] Der Mensch sei nicht im Hinblick auf seinen physischen Körper nach dem Bild Gottes erschaffen worden; tatsächlich sei Adam ursprünglich mit einem Geistkörper geschaffen worden, und dieser sei, wenn nicht pure Seele, dann zumindest »seelisch« gewesen.[19] Auch Eden sei weniger physischer Ort denn spirituelle Erfahrung. Eva wiederum sei eine Gestalt für die Seele gewesen, die jeder Mensch lieben sollte. Das Gebot, fruchtbar zu sein und sich zu vermehren, habe sich ursprünglich nicht auf das Fleisch bezogen, sondern auf die »geistigen Erzeugnisse geistiger und unsterblicher Freuden, die die Erde füllen«. Nicht anders seien auch die Bäume aufzufassen: als Symbole spiritueller Freuden. Und was die verstörenden Verse »Nun aber, dass er nur nicht ausstrecke seine Hand und nehme auch von dem Baum des Lebens und esse und lebe ewiglich! Da wies ihn Gott der HERR aus dem Garten Eden« (Gen 3,22–23) betreffe, so bedeuteten sie das direkte Gegenteil dessen, was ihr Wortlaut anzeige:

> Der Grund, aus dem der Mann weggeschickt wurde in die zehrenden Mühen dieses Lebens, lag darin, *dass er irgendwann tatsächlich* die Hände ausstrecken könnte nach dem Baum des Lebens und für immer lebe. Das Ausstrecken der Hände ist gewiss ein großartiges Symbol für das Kreuz, durch welches das ewige Leben erlangt werden kann.[20]

Augustinus aber kam zu der Überzeugung, dass seine frühe allegorische Auslegung nach der Methode des Origenes zwar raffiniert, gleichwohl aber falsch gewesen sei.[21] Sie gerate gegenüber den Versen, die sie zu erfassen suche, in eine gewisse Verlegenheit; sie zeige, in ihrer Ablehnung des physischen Körpers, eine Nähe zum Manichäismus, die er doch gerade zu überwinden hoffte. Eine Interpretation, die Adam und Eva nicht als greifbare Menschen auffasse, sondern als symbolische Gestalten, riskiere, auf einen Weg zu geraten, auch Jesus eher als mythisches Symbol denn als lebendigen Erlöser zu betrachten. Zudem sei es dieser emblematischen Lektüre völlig unmöglich, den Grund der Erbsünde in der Genesiserzählung aufzudecken.

Im Jahr 400, nach Vollendung der *Bekenntnisse*, begann sich Augustinus' Bibelexegese zu verändern. Mit dieser, so seine Überzeugung nun, könne man nur vorankommen, wenn man die Worte der Genesiserzählung zunächst und vor allem als im Wortsinn wahr verstehe: als buchstäblich wahr, so wahr wie seine eigene Lebensgeschichte und die seiner Eltern und die seiner früheren Geliebten und Freunde. Die Erzählung vom nackten Mann, der nackten Frau, der sprechenden Schlange, den magischen Bäumen wirke zwar wie ein Volksmärchen der Art, auf die er in jungen Jahren herabgeblickt hatte. Doch die Aufgabe eines wahren Gläubigen könne nicht der Versuch sein, sie zu retten, indem er sie als naives Überdecken eines anspruchsvollen philosophischen Rätsels begreife. Die Aufgabe sei eine andere: Man müsse sie als unverfälschte Darstellung einer historischen Realität nehmen und andere davon überzeugen, dies ebenfalls zu tun.

Das war die Aufgabe, in die sich Augustinus nun stürzte, unermüdlich studierend, fieberhaft schreibend.[22] Zunächst eine Schrift *De Genesi ad litteram – Über den Wortlaut der Genesis* –, die er, weil er sie nicht beendete, *liber imperfectus* genannt hat. »Unser Vorhaben«, sagt er im Ersten Buch, »zielt auf die Bedeutung der in der Schrift enthaltenen Geschehnisse und nicht auf die Rätsel der Zukunft, die darin vorgebildet sein mögen.« (I, 17,34) 15 Jahre arbeitete er an diesem Buch, widerstand dem Drängen von Freunden, das Werk doch abzuschließen und zu veröffentlichen. Es war dies unter all seinen Büchern wohl dasjenige, dem er über die längste Zeit kontinuierlich Aufmerksamkeit gewidmet hat.[23]

Am Ende überstieg es seine Kräfte, und er wusste das. Sosehr er sich darum bemühte, den hebräischen Bericht von der Erschaffung des Kosmos buchstäblich zu verstehen, so konnte er sich doch nicht zu dem Gedanken durchringen, dass die Tage, an denen Gott den Kosmos schuf, in allem den Tagen glichen, die wir erleben. Das Gleiche galt für das Licht, das am ersten Tag (noch vor Erschaffung der Sonne) entstand: Sollte es auf irgendeine Weise dem uns bekannten Licht gleichen? Und: Sollte Gott am siebten Tag tatsächlich auf die Weise geruht haben, auf die erschöpfte Menschen dies nach schwerer Arbeit tun? Er wusste, in der Bibel steht, dass Gott einen Menschen aus dem Staub der Erde schuf, doch dass Gott dies mit körperlichen Händen getan haben sollte, hielt er für eine äußerst »kindliche Vorstellung«. Gewiss, wir lesen, Gott hat zu Adam gesprochen, aber hatte er darum göttliche Stimmbänder? Worauf immer Augustinus den Blick richtete, zeigten sich ähnliche Probleme. Gegen Ende seines Lebens, im Rückblick auf das, was er in *Über den Wortlaut der Genesis* geschrieben hatte, räumte er ein: »In diesem Werk findet man mehr Fragen als Antworten und unter den Antworten nur wenige, die bewiesen sind. Und auch die anderen Antworten sind so vorgetragen, dass sie von sich aus nach Überprüfungen verlangen.«[24]

Doch wieder und wieder kam er auf die Forderung zurück, dass diese Erzählung wenn nicht in allen, so doch in allen wesentlichen Elementen buchstäblich zu verstehen sei. Er überwand sein Widerstreben, hielt fest, dass Adam eine wirkliche Person gewesen und als erwachsener Mensch aus Staub geformt worden sei. Auch ein wirklicher Baum sei es gewesen, der im Paradies stand, ein Baum mit wirklichen Früchten, von denen zu essen Adam verboten war, andernfalls werde er sterben.[25] Gott habe zu Adam nicht in Rätseln gesprochen, »sondern mit solchen stimmlichen Zeichen, die er verstehen konnte«. So wurden auch alle Tiere Adam tatsächlich zugeführt, von Gott allerdings nicht zusammengetrieben, »wie Jäger oder Treiber alle möglichen Tiere umstellen und in die Falle treiben«, Engel vielmehr hätten sie aufgefordert, zur rechten Zeit am rechten Platz zu erscheinen (IX, 14,24). Und weiter: Warum sollten wir daran zweifeln, dass Gott die Frau tatsächlich aus einer Rippe formte:

> Wir könnten ja auch nicht wissen, dass ein Pfropfreis, das einem anderen Baum entnommen ist, auf einem fremden Stamm zu einem eigenen Baum wird, wenn wir auf ähnliche Weise nicht wüssten, wie der Gärtner mit solcher Arbeit dem erschaffenden Gott dient. (IX, 16,29)

Wehe demjenigen, der sich nicht, wo immer möglich, an den buchstäblichen Sinn der Bibelworte halte.[26] »Esset nicht davon, dass ihr nicht sterbet« – Eva missachtete diese göttliche Warnung, weil sie annahm, dass sie nicht wörtlich zu nehmen sei: mit bösen Folgen. Aber sie habe es vorgezogen zu glauben, dass Gott ihr jede Übertretung einfach vergeben könne. »Und deshalb nahm sie von der Frucht und gab auch ihrem Mann, dass er mit ihr esse.« (XI, 30,39) Wie viel besser wäre es gewesen, hätte sie sich an das strengste, das buchstäblichste Verständnis der göttlichen Weisung gehalten![27]

Doch sosehr man sich auch müht, nicht jedes Wort lässt sich buchstäblich verstehen. Darin liegt das Problem. Augustinus konnte schlicht keine einfache, verlässliche Regel finden für den angemessenen Grad an Buchstabentreue. Aus der Bibel erfahren wir, dass beiden »die Augen aufgetan wurden«, sobald sie von der Frucht gegessen hatten (Gen 3,7). Sollte das heißen, sie seien mit geschlossenen Augen geschaffen worden? Gewiss nicht, und sie »irrten auch nicht als Blinde und Tastende im Paradies der Wonnen umher, um den verbotenen Baum als Nichtwissende zu berühren und ohne es zu wissen als Tastende die unerlaubten Früchte zu pflücken« (*Über den Wortlaut*..., XI, 31,40). Auch blind können sie nicht gewesen sein, denn wir haben bereits erfahren, dass die Tiere vor Adam gebracht wurden, und der musste sie gesehen haben, bevor er ihnen Namen geben konnte. Auch Eva, wird uns gesagt, hatte gesehen, dass der fatale Baum gut war und »eine Lust für das Auge«. Wie auch immer, nur weil ein Wort, ein

Satz metaphorisch verwendet wird, muss nicht gleich die ganze Passage als Allegorie verstanden werden. Es ging nicht anders, in jedem Fall musste der wörtliche Kern aufgedeckt werden.

Kein Wunder, dass Augustinus 15 Jahre darum rang, *De Genesi ad litteram* niederzuschreiben. Der Einsatz war hoch: Es ging um Leben und Tod, nicht nur für die ersten Eltern, sondern auch für alle ihre Nachfahren. Wann immer er konnte, nahm Augustinus das Manuskript zur Hand, rang verzweifelt um den wörtlichen Sinn. Sagte schließlich, Adam und Eva waren nicht buchstäblich blind, bevor sie von der Frucht aßen. Wie aber waren die Worte »werden eure Augen aufgetan« anders zu verstehen denn als Redensart? Es musste also, und davon ließ sich Augustinus nicht abbringen, etwas gegeben haben, was die beiden nach ihrer Übertretung *zum ersten Mal* gesehen haben, und das konnte nichts rein Metaphorisches gewesen sein. Was aber dann? Da dämmerte ihm: »Sie warfen ihre Blicke auf ihre Glieder, und mit deren Regung, die sie nicht gekannt, begehrten sie.« (XI, 31,41)

Warum hat er den Text ausgerechnet auf diese Weise verstanden? Der Schlüssel dazu liegt verborgen in Augustinus' Erlebnis in den Thermen, will sagen: in den Zeichen der *inquieta adulescentia*, die sein Vater beobachtet hatte. Es war ein Augenblick der Erregung, der den Vater des jungen Mannes erfreut, die Mutter hingegen erschreckt hatte, und der ließ sich nun zurückverfolgen, auf einem weiten Weg bis zu jenem Urerlebnis, in dem Adam und Eva beides zugleich empfanden: Lust und Scham. Sie sahen zum ersten Mal, was sie zuvor noch nie gesehen hatten. Und dieser Anblick erregte sie,[28] erfüllte sie zugleich aber auch mit Scham, so dass sie nach den Feigenblättern griffen, ihre Blöße wie mit einem Schleier bedeckten. Und all das *widerfuhr* ihnen, geschah also ohne den Willen derer, die es wollten und handelten. Bis zu diesem Augenblick besaßen sie – und zwar, wie Augustinus annahm, das einzige Mal in der gesamten Geschichte des Menschengeschlechts – vollkommene Freiheit. Und nun, kaum hatten sie sich spontan, unerklärlicherweise und stolz dazu entschieden, nicht für Gott zu leben, sondern für sich selbst, hatten sie ihre Freiheit eingebüßt.[29] Und wir, sagt Augustinus, mit ihnen auch die unsere.

Augustinus gelangte zu der Überzeugung: Das Zeichen dieses Verlusts, sowohl des eigenen wie des Verlusts der ganzen Menschheit, war eben nicht die Erregung selbst, sondern die Unwillkürlichkeit, das Ruhelose, die zu ihrer Natur gehören. Über 50 Jahre nach jenem Erlebnis in den Thermen brütete er noch immer darüber, was das alles zu bedeuten hatte. Wenn wir gesund sind, notierte er, sind wir frei, andere Teile des Körpers – Augen, Lippen und Zunge, Hände und Füße – zu bewegen, wie wir wollen. Der Verlust der Freiheit zeige sich genau dann, »wenn es dazu kommt, Nachkommen hervorzubringen«. Dann nämlich gehorchen »die Glieder, die zu dieser Betätigung geschaffen sind, dem Wink des Willens nicht mehr«, vielmehr wird »erwartet, dass die Lust sie wie auf Grund des eigenen Rechts in Bewegung setzt« (*Ehe und Begierlichkeit*, I, 6,7).

Das nun fand Augustinus tatsächlich merkwürdig: Ausgerechnet über diesen so wichtigen Körperteil können wir nicht bestimmen. Wir werden erregt, die Erregung ist in uns – und in diesem Sinn ist sie auch vollständig unsere Erregung –, aber sie untersteht nicht der ausführenden Macht unseres Willens. Die Erektion des Penis oder dessen Weigerung, steif zu werden, hängt ab von den Launen der Libido, und die folgt offenbar ganz eigenen Gesetzen. Es ist charakteristisch, dass Augustinus, und so wie er sein ganzes Zeitalter, über Geschlechtliches in männlichen Kategorien nachdenkt; allerdings war er sich sicher, dass es ein der männlichen Erregung vergleichbares Phänomen auch bei den Frauen geben musste.[30] Jedenfalls fühlte die Frau in der Genesiserzählung nach der ersten Übertretung ebenso Scham wie der Mann und bedeckte sich. Über Adams und Evas Scham (Gen 3,7) heißt es in der Streitschrift gegen Julian von Eclanum:

> Keineswegs hat die Frau eine sichtbare Erregung bedeckt; aber weil sie an den gleichen Gliedern etwas Derartiges verborgener empfand als das, was der Mann empfunden hatte, bedeckten sie, was beide empfanden, indem sie einander sahen und dadurch füreinander erregt wurden, und schämten sich … (*Gegen Julian*, IV, 62,1)

Augustinus' Erlebnis der sexuellen Erregung, intensiv, aufdringlich und tief mysteriös, führte ihn wieder und wieder auf das gleiche Fragenbündel: Wessen Körper ist das? Wo entspringt das Begehren? Warum habe ich keine Macht über mein Fleisch? Da verweigert die Lust einmal, die Glieder »trotz Zustimmung des Geistes« in Bewegung zu setzen, »während sie es ein andermal ohne dessen Zustimmung doch tut« (*Gegen Julian*, I, 6,7).[31] Diese ihm unheimliche Spannung hat der Heranwachsende in den Thermen erlebt, den Zwiespalt zwischen seinem Willen und seinem Körper. Und wie Augustinus bekennt, ging es dem älter gewordenen Mönch in seiner Zelle nicht anders, dort gepeinigt durch das Hereinbrechen »wollüstiger Gedanken«, wenn sie »unruhige Erinnerungen mit hässlichem Ergötzen wieder ins Bewusstsein holen und keusche, heilige Gedankengänge durch die Unruhe unsauberer Einflussnahme stören« (*Gegen Julian*, II, 70,2). Und natürlich gibt es noch weitere leibliche Gelüste, die auch die frömmste, die disziplinierteste Person unausweichlich erlebt. Geht es aber um Essen und Trinken, dann, so Augustinus, sei es durchaus möglich, die Kontrolle zu behalten, und noch während wir solche Gelüste stillen, können wir an die Dinge denken, die Geist und Seele beschäftigen. Ganz anders bei einem Überfall sexueller Lust: »Wenden sich der Geist und der Leib ihr dann nicht ganz zu, wird dabei nicht wie durch Untertauchen des Geistes selbst dieser bis zum Äußersten gefüllt?« (II; 71,3)[32]

Was aber war mit der Alternative, die Adam und Eva – und mit ihnen auch wir – verloren haben? Wie hätten sie sich reproduzieren sollen, wenn nicht in der Weise, in der alle Menschen dies tun und dies auch getan haben, solange irgendwer sich zurückerinnert? Die Pelagianer hatten argumentiert, dass Sexualität und Lust der Menschen etwas Natürliches seien, als solche auch ein beglückender Teil der göttlichen Schöpfung. Der erste Mann, die erste Frau waren Menschen, auf exakt die gleiche Art, in der auch wir Menschen sind, anzunehmen also, dass sie sich auch nicht anders reproduziert haben, als wir das tun. Sollte Augustinus, fragte Julian polemisch, etwa gedacht haben, Adam und Eva seien nicht von unserer Art gewesen?

Augustinus konnte dieser Frage nicht ausweichen, indem er, wie er es zuvor bereits versucht hatte, Adam und Eva zu Geistseelen erklärte, ihnen also körperliche Existenz absprach. Nun, nachdem er sich auf eine wörtliche Auslegung festgelegt hatte, musste er davon ausgehen, dass die ersten Menschen materielle Körper hatten, so wie wir. Sie waren weder Riesen, wie einige spekuliert hatten, noch mit übermenschlichen Kräften ausgestattet, eher doch vollkommene Versionen dessen, was wir so unzureichend und nur zu Teilen verkörpern; jedenfalls waren sie von unserer Art.

Einen ganz entscheidenden Unterschied allerdings gab es – genauer: Es hätte ihn gegeben, hätten sie weiterhin im Paradies gelebt. Adam und Eva hätten sich, und darauf beharrte Augustinus, ohne unwillkürliche Erregung vermehrt.[33]

> Auch damals würde also der Mann seiner Frau anhangen, damit sie Kinder zeugten, doch hätten sie mit ihrem Fleische nicht die Regung stürmischer Sinnenlust, sondern nur des ruhigen Willens, mit dem wir den übrigen Gliedern befehlen. (*Gegen Julian*, III, 58,3)

Unbekümmerte Selbstbeherrschung, Erregung nur dann, wenn man erregt sein will – das ist der Kern dessen, was es für Augustinus bedeutete, frei zu sein.

Denjenigen von uns, die gewohnt sind, über Freiheit in politischen oder sozialen Begriffen nachzudenken, wird diese Konzeption von Freiheit als ungestörte innere Ruhe und vollständige Körperbeherrschung recht seltsam erscheinen. Jemandem jedoch, der sich sein Leben lang mit dem Problem ungewollter Erektionen herumzuschlagen hatte, wird dieses Konzept sinnvoll erscheinen. Und Augustinus ging fest davon aus, dass er mit seinem Problem nicht alleine war. Er konnte sich zudem auf eine lange moralphilosophische Tradition beziehen, die sich, ob heidnisch oder christlich, auf das Ziel konzentrierte, einen solchen Grad an Selbstbeherrschung zu erreichen, dass diese durch nichts zu erschüttern ist, weder durch quälende Schmerzen noch durch auserlesene Lust. Im Paradies, ohne Schmerzen, ohne Angst vor dem Tod, ohne innere Zerrissenheit, so heißt es in *Der Gottesstaat*, hätten Adam und Eva eine derart vollkommene Gelassenheit erlebt, eine Gelassenheit, die ihnen auch im Geschlechtsverkehr nicht verloren gegangen sei. Die Verbindung von Mann und Frau im Zeugungsakt sei darauf angelegt gewesen, dass sie in völliger Ruhe vollzogen werden konnte: ohne leidenschaftliche Gefühle – ohne den seltsamen Stachel zu verspüren, der beide vorantreibt:

> Auf den Wink des Willens hin hätten sich jene Glieder bewegt wie die übrigen auch, und ohne den verführerischen Stachel der Leidenschaft, vielmehr mit der Ruhe des Geistes und des Körpers … hätte der Gatte sich in den Schoß der Gattin ergossen. (*Der Gottesstaat*, XIV, 26)[34]

Wie solle das möglich sein, fragten die Pelagianer, wo doch die Körper von Adam und Eva die gleichen gewesen seien wie unsere? Es gebe, so Augustinus' Antwort, selbst in unserem heutigen Zustand Menschen, die mit ihrem Körper Dinge tun können, die andere für unmöglich halten:

> Menschen, die mit den Ohren wackeln, mit einem oder auch mit beiden zugleich. Andere können, ohne den Kopf zu bewegen, ihren ganzen Schopf, so weit die Haare reichen, in die Stirn nach vorne und wieder zurück schieben. (XIV, 24)

Warum also sollten wir es für unmöglich halten, dass Adam, in noch unverdorbenem Zustand, auch in ganz unerregtem Zustand seinen Penis erigieren lassen konnte, so weit, dass es ihm möglich war, in Eva einzudringen? Und das in völliger Ruhe: Auch »bei völlig gewahrter Unversehrtheit des weiblichen Geschlechtsorgans« konnte sich der Gatte »in den Schoß der Gattin ergießen, so wie jetzt bei gewahrter Unversehrtheit aus dem Schoß der Jungfrau sich der monatliche Blutfluss ergießt«; auch der Mann hätte »keine Verletzung der Unversehrtheit« erlitten (XIV, 26).[35]

Heute, nach dem Sündenfall also, sei es beschämend, sich Adam und Eva beim Geschlechtsverkehr vorzustellen. Augustinus wusste, welches Unbehagen er seinen Lesern bereitete, dass er sie, noch schlimmer, womöglich zum Lachen reizte. Er tat sein Bestes, sich eine Zeit vorzustellen, in der menschlicher Geschlechtsverkehr noch nichts Schamvolles hatte; wir aber, seit dem Sündenfall, können uns diese Zeit nicht vorstellen. Selbst wenn er des Anstands wegen seine Beredsamkeit bewusst zügelte, musste sein Versuch, den Geschlechtsverkehr unserer Ureltern zu beschreiben, Schamgefühle auslösen. Eine weitere Peinlichkeit kam hinzu: Kämen er oder andere in einer Predigt oder im Lauf einer Unterhaltung auf sexuelle Handlungen zu sprechen, dann würde dies unausweichlich lebhafte

Vorstellungen auslösen, Bilder, die hinüberführten in Träume, in denen es unmöglich ist, zwischen Phantasie und Realität zu unterscheiden. Dazu heißt es gegen Ende von *Über den Wortlaut der Genesis*:

> Und wenn schließlich … das Gedankenbild … sich so in der Vision des Träumenden Ausdruck verschafft, dass zwischen ihm und der wirklichen Vereinigung der Leiber nicht zu unterscheiden ist, wird unmittelbar das Fleisch erregt, und es folgt, was dieser Erregung zu folgen pflegt. (XII, 15,31)

Doch selbst wenn es zu solchen unwillkürlichen, feuchten Träume kommen konnte, ob bei ihm selbst (wie er hier offenbar einräumt) oder bei seinen Lesern, war das ein Risiko, das einzugehen ihm lohnend schien. Denn um zu verstehen, wie Adam und Eva wirklich waren, welche Menschennatur Gott ihnen bestimmt hatte, war es entscheidend, ganz genau zu begreifen, wie sie sich ursprünglich hätten vermehren sollen. Das Unbehagen, das uns befallen mag, wenn wir uns die Ureltern beim Sex vorstellen, ist ja bereits Teil des Problems. So heißt es in *Der Gottesstaat*:

> Weiß nicht ein jeder, was Gatten miteinander tun, um Kinder zu erzeugen? Damit es dazu kommt, wird ja die Braut mit so viel Feierlichkeit heimgeführt, und dennoch gestattet man nicht einmal Kindern, Zeugen zu sein bei einem Vorgang, dem sie selbst ihr Leben verdanken. (XIV, 18)

»Nicht einmal Kindern« – hat sich Augustinus etwa vorgestellt, dass es Kindern im Paradies erlaubt gewesen wäre, ihren Eltern beim Geschlechtsakt zuzuschauen? Offenbar genau das: Schließlich wäre der Akt ja ganz unauffällig vollzogen worden, ohne eine Spur unwillkürlicher Erregung.[36]

Diese Art des Miteinander-Verkehrens war Adam und Eva bestimmt. Und hat sich dennoch, schließt Augustinus, niemals so vollzogen, nicht ein einziges Mal. Denn bevor es dazu hätte kommen können, kam der Sündenfall, und durch

> die vorweg begangene Sünde zogen sie sich die Vertreibung aus dem Paradies zu, noch ehe sie sich im ruhigen Willensentscheid zum Werk der Erzeugung einer Nachkommenschaft zusammengetan hatten. (XIV, 26)

Warum dann aber dieses Unterfangen, das Geschlechtsleben von Adam und Eva in allen Einzelheiten auszumalen? Selbst wenn es Augustinus nicht restlos gelingen mochte, die Christen in aller Welt davon zu überzeugen, dass ihr sexuelles Empfinden unnatürlich sei oder böse, so konnte er immerhin versuchen, die große Debatte, die er mit Manichäern und Pelagianern um den rechten Glauben führte, für sich zu entscheiden und auf diesem Weg zudem noch die dogmatische Vision von Jesus zu stützen, Vision und Dogma vom übernatürlichen Kind einer Jungfrau nämlich, die schwanger wurde, ohne dass sie die Erfahrung sexueller Leidenschaft gemacht hätte. Und was die Lehre anging: Wann immer es zu einem Zusammenstoß zwischen einer moderaten, dem Alltagsverständnis entsprechenden und einer harten, kompromisslos radikalen Position kam, hatte letztere sehr gute Chancen, sich durchzusetzen.

Neben diesen die Lehre betreffenden Absichten lässt Augustinus' unablässige Beschäftigung mit der Erzählung von Adam und Eva einen weiteren wesentlichen Punkt in seinem Leben erkennen. Was er über Sex im Paradies herausfand (richtiger wohl: erfand), war ihm Beweis dafür, dass Menschen nicht dazu bestimmt waren, ebendas zu empfinden, was er als Heranwachsender in den Thermen von Thagaste erfahren hatte – was immer das war. Es bewies ihm, dass es ihm nicht bestimmt war, jene Impulse zu verspüren, die ihn zu den Fleischtöpfen Karthagos zogen. Vor allem aber bestätigte es ihm, dass es ihm nicht bestimmt war, zumindest nicht in dem erlösten Zustand, nach dem er sich sehnte, wieder und wieder zu fühlen, was er in den Armen seiner Geliebten gefühlt hatte, der Mutter seines einzigen Kindes. Diese Frau hatte er 15 Jahre geliebt (ebenso lange, wie er darum kämpfte, das Buch *De Genesi ad litteram* zu vollenden); sie hatte er fortgeschickt auf Betreiben seiner Mutter; diese Frau hatte gelobt, sie werde mit keinem anderen Mann mehr zusammen sein, so wie auch er niemals mehr mit einer anderen Frau zusammen war. Sie war die Frau, die ihn die Trennung fühlen ließ, als sei etwas aus seiner Seite gerissen worden (*avulsa a latere meo*).

Adam sei gefallen, schreibt Augustinus in *Der Gottesstaat*, nicht weil die Schlange ihn betrogen hatte, nein, der Hochmut hatte ihn in die Sünde getrieben – das »Streben nach verkehrter Hoheit« –, und weil er »von der Gefährtin seines Lebens [sc. Eva] auch in der Sündengemeinschaft« nicht lassen wollte (XIV, 13). Diese Entscheidung Adams hatte Augustinus ungeschehen gemacht – das Beste, was er in seiner Lage als Sünder tun konnte. Er hatte, mit Hilfe seiner heiliggesprochenen Mutter, versucht, sich von der Leidenschaft fernzuhalten, die Erregung zu fliehen. Ja, er hatte weiterhin diese unwillkürlichen Träume, spürte unwillkommene Erregung, doch was er über Adam und Eva im Stand der Unschuld wusste, bestätigte ihn darin, dass er eines Tages mit Jesu Hilfe vollkommene Herrschaft über seinen Körper erlangen würde. Er würde frei sein.

KAPITEL SIEBEN

EVAS VERDERBEN

Augustinus' Bericht über den von Tränen begleiteten Herzenswunsch seiner Mutter, Ehemann und Sohn vor der Sünde zu retten, war so wirkmächtig, dass diese Geschichte im Lauf der Jahrhunderte zum Kult wurde. Gestorben war die Mutter in Ostia, später sollten ihre sterblichen Überreste nach Rom überführt werden, und entlang dieses Weges, so wurde erzählt, sind allerhand Wunder geschehen. Erneut beigesetzt wurde sie in einer Basilika, die in der Nähe der Piazza Navona errichtet und ihrem Sohn gewidmet wurde: Seither werden Monikas heilige Reliquien in einer eigenen Kapelle links des Hochaltars verehrt. Es war eine Basilika mit stattlicher Fassade, verkleidet mit Travertin, den man aus dem Kolosseum gebrochen hatte – eine Symbolik, die Sohn und Mutter sicher gefallen hätte. Gebete, die um den Beistand der heiligen Monika von Thagaste bitten, fanden Eingang ins römische Gebetbuch; als ihr Gedenktag – Monika ist Schutzpatronin geduldiger Ehefrauen, lang leidender Mütter und von Missbrauchsopfern – wurde der 27. August festgelegt; er wird bis heute begangen. Eine kleine spanische Gründung an der kalifornischen Pazifikküste, inzwischen ein beliebter Bade- und Vergnügungsort (samt Schnellstraße), trägt ihren Namen. Monika ebnete ihrem auf Abwege geratenen Sohn – und durch dessen beredte Worte vermittelt auch vielen anderen – einen Pfad zurück zu paradiesischer Unschuld.

Die andere Frau dagegen, die Augustinus liebte, seine Geliebte, mit der er 15 Jahre zusammenlebte und die den gemeinsamen Sohn gebar, verschwand aus seinem umfangreichen Werk, sobald sie aus seinem Leben verschwunden war. Es lag ihm nicht daran, sie zum Sinnbild fleischlicher Versuchung machen, auch nicht zur Verantwortlichen für seine eigenen sexuellen Begierden. Für deren störende Präsenz, für die unwillkürliche

Selbsterregung stand schließlich ein anderes Urerlebnis: die Erektion eines Heranwachsenden in den Thermen und die sich daran knüpfenden erotischen Phantasien eines alten Mannes.

Nicht Augustinus also machte die Frauen zur Hauptquelle der Versuchung, nicht er machte sie verantwortlich für den Verlust der Unschuld. Das besorgten andere. Augustinus freilich war es, der die Erzählung von Adam und Eva zur zentralen Episode im Drama der menschlichen Existenz gemacht hat. Damit hat er die Schleusentore für einen Strom der Misogynie geöffnet, der die Gestalt der ersten Frau jahrhundertelang umspülte. Gegen diesen Strom verschlug es wenig, dass die rabbinische Tradition kaum Neigung zeigte, die Schuld auf Eva zu schieben; es half auch nichts, dass der Koran beide für gleichermaßen schuldig hielt.[1] Vergessen ging, dass das frühe Christentum, als es sich zu formieren begann, nicht nur Frauen in seine Gemeinden aufnahm, sondern mit ihnen auch Sklaven und Gesetzesbrecher; allen, die von der römischen Gesellschaftsordnung unterdrückt wurden, hat es einen Platz am Tisch der Gesegneten angeboten. Vergessen auch, dass Augustinus und zahlreiche Theologen in seiner Nachfolge vor allem Adam verantwortlich machten für die Katastrophe der gefallenen Menschheit. Es waren andere und viele Autoritäten, Männer sowohl in der Kirche wie von außerhalb, die durchaus nichts dagegen hatten, wenn sie Eva zur Alleinverantwortlichen machen konnten.

Dazu konnten sie sich, zumindest indirekt, auf eine uralte heidnische Tradition beziehen, die den Frauen die Schuld am Leid dieser Welt zuschob. So gut wie jeder, ob Christ oder Heide, wird damals die Geschichte von Pandora gekannt haben; am bekanntesten war sie in der Version, in der Hesiod sie erzählt hat, der verehrte griechische Dichter aus dem 8. Jahrhundert v. u. Z. Göttervater Zeus, so heißt es dort, war vom Titan Prometheus überlistet worden und sann darum voller Wut auf Rache. Weil dieser Titan mit seiner Tat den Menschen etwas Gutes getan hatte, waren sie es, die Zeus zum Objekt seiner Rache machte. Er befahl Hephaistos, dem hinkenden Schmied, aus Lehm eine Figur voller Schönheit zu schaffen: die erste Frau. Reihum brachte er alle Götter dazu, ihr ein Geschenk zu machen. Athene lehrte sie zu weben; von Aphrodite erhielt sie verführerischen Liebreiz; die Grazien gaben goldene Halsbänder; die Jahreszeiten woben ihr Blumen ins Haar; der listige Hermes gab ihr zuletzt Beredtheit und »scharwenzelnden Sinn und verschlagene Artung«, in der englischen Übersetzung »the morals of a bitch«.[2]

Die unwiderstehliche Pandora – ihr Name bedeutet »Allbeschenkte« – wurde Prometheus' Bruder Epimetheus zugeführt. Hingerissen von ihr schlägt er die Warnung des vorausschauenden Bruders, keinerlei Geschenke von Zeus anzunehmen, in den Wind. Sobald sie in seinem Haus ist, öffnet Pandora den Deckel eines Kruges (im 16. Jahrhundert falsch übersetzt als »Büchse«), und bevor sie diesen wieder schließen kann, strömen alle Übel heraus, die das Menschengeschlecht seither plagen. Etwas allerdings bleibt im Krug, direkt unter dem Deckel: die Hoffnung.

Dieser Erzählung zufolge wurden die Menschen hineingerissen in einen Kampf zwischen einem Gott und einem Titan. Und weil es in diesem Fall nicht um eine Übertretung der Menschen geht, kann auch kein menschliches Bußritual den zornigen Gott besänftigen. Zuvor hatten die Menschen frei von Krankheiten und schwerer Arbeit gelebt, ein Leben, das nun, dank Pandora, für immer vorüber war. Moralisch ist aus dem Pandoramythos nicht viel zu lernen. Es ist eine Katastrophe, und der lässt sich nicht viel mehr entnehmen als das Wissen, aus welcher Quelle alles Elend dieses Lebens stammt: »So schuf der hoch donnernde Zeus all diese Frauen zum Unheil / für die Männer, denn sie sind nur in einem gut – im Schadenstiften.« (*Theogonie* 600–601).

Frühe Christen haben sich die Mythe der Pandora nicht zu eigen gemacht, so wenig wie den Rest des griechischen und römischen Götterhimmels. Doch so ganz konnten es sich auch die Gläubigen nicht verkneifen, nach der Kultur zu schielen, die sie ablehnten. Mag es Pandora nie gegeben haben, so richte die lockende Versuchung, hört man vom Theologen Tertullian im 2. Jahrhundert, die Pandora symbolisiere, noch immer schrecklichen Schaden an. In seinem Buch wider die Putzsucht der Frauen wiederholt er voll Ingrimm die Strafen, mit denen Gott Eva und ihre Nachfahren belegt hat. Und mit sich steigernder Wut fährt er fort:

> Und du wolltest nicht wissen, dass du eine Eva bist? Noch lebt die Strafsentenz Gottes über dein Geschlecht in dieser Welt fort; dann muss also auch deine Schuld noch fortleben. Du bist es, die dem Teufel Eingang verschafft hat, du hast das Siegel jenes Baumes gebrochen,

> du hast zuerst das göttliche Gesetz im Stich gelassen, du bist es auch, die denjenigen betört hat, dem der Teufel nicht zu nahen vermochte. So leicht hast du den Mann, das Ebenbild Gottes, zu Boden geworfen. Wegen deiner Schuld, d. h. um des Todes willen, musste auch der Sohn Gottes sterben, und da kommt es dir noch in den Sinn, über deinen Rock von Fellen Schmucksachen anzulegen!?[3]

Tertullian wurde zwar weithin gelesen, rechtgläubige Christen allerdings betrachteten seine Schriften mit einiger Skepsis. Nur damit, wie er die unverbesserliche Eitelkeit der Frauen und ihre moralischen Fehler herausstellte, fand er große Resonanz.

Dichter am Mainstream der frühen Christenheit bewegte sich Augustinus' Zeitgenosse Hieronymus, dessen Übersetzung der Bibel ins Lateinische (als »Vulgata« bekannt, nach dem lateinischen Ausdruck für »weit verbreitet«) dem Westen zur hauptsächlichen Leitlinie wurde. Hieronymus, äußerst einflussreich und verehrt – er wurde zum Schutzheiligen der Übersetzer, Bibliothekare und Enzyklopädisten –, kam in seinen Werken immer wieder auf den weiblichen Putz und Schmuck zu sprechen, die Tertullian dermaßen empört hatten, und wetterte gegen die Frauen,

> die ihre Wangen mit Rouge bemalen, die Augen mit Belladonna, deren Gesichter bedeckt sind vom Puder, … die keine Zahl an Jahren davon überzeugen kann, dass sie alt sind; die um ihrem Kopf fremde Zöpfe legen; die die vergangene Jugend aufpolieren trotz der Falten des Alters.[4]

Der ledige Hieronymus ging dabei viel weiter als Tertullian (der mit einer Christin verheiratet war). Es genügte ihm nicht mehr, vor Kosmetika zu warnen oder zu verlangen, dass Frauen ihre Haare bedecken und sich im Haus aufhalten sollten. Hieronymus, umgeben von einem Kreis inbrünstig frommer Frauen, die als seine großzügigen Patroninnen fungierten und mit denen er einen umfangreichen Briefwechsel unterhielt, zog umtriebig gegen die Ehe zu Feld. Zwar konnte er bereits geschlossene Ehen nicht mehr rückgängig machen, doch verwitwete Frauen mahnte er in aller Strenge, nicht wieder zu heiraten.

So schrieb er im Jahr 384 an eine Frau namens Marcella, eine Witwe, die »aus den Ehebanden befreit ist«, habe nur eine Pflicht: Sie müsse weiter als Witwe leben. Daran könnten weder ihr Alter noch ihre Lebensumstände etwas ändern. Die Witwe müsse entschlossen sein, kein zweites Mal eine Ehe einzugehen:

> Wenn der Skorpion, ihre Entschlossenheit scheel betrachtend, sie mit schmeichelnden Worten drängt, noch einmal vom verbotenen Baum zu essen, soll kein Schuh, sondern ein Fluch ihn zerschmettern, und die Frau, wenn er sterbend im Staub liegt, wie es ihm gebührt, sagen lassen: »Weiche von mir Satan.«

»Noch einmal vom verbotenen Baum essen« – in der Ehe sah Hieronymus den Sündenfall.

Etwas hatte sich geändert. In der hebräischen Schöpfungsgeschichte noch eine ekstatische Feier der Ehe – »Die nun ist Bein von meinem Bein und Fleisch von meinem Fleisch« – und der Fortpflanzung: Die Rabbinen verstanden die göttliche Segnung als feierliches Gebot. Wer verheiratet war und fähig, Kinder zu bekommen, und dies dann nicht auch tat, hatte, dem Talmud zufolge, so etwas wie einen Mord begangen.

Augustinus und Hieronymus standen im Zentrum eines radikalen Umdenkens hinsichtlich des spirituellen Lebens und damit zugleich des Lebens, nach dem wahrhaft fromme Christen streben sollten. Die meisten Gläubigen würden, wie die beiden sahen, ohnehin weiterhin heiraten und Kinder produzieren; das war der Lauf der Welt. War aber ein Leben in Keuschheit die höchste Berufung, die asketische Entsagung und Versenkung in der Gemeinschaft anderer zölibatärer Mönche oder Nonnen, dann musste der Bericht über Adams und Evas ideale Existenz im Paradies von Grund auf umgeschrieben werden.

In einer wilden Polemik gegen einen christlichen Autor namens Jovinian, der in seinen Schriften die Ehe pries, vertrat Hieronymus den Standpunkt, Adam und Eva hätten im Paradies jungfräulich gelebt und ein gesegnetes Leben körperlicher Abstinenz geführt. Solange Adam fastete,

»verweilte er im Paradies; er aß und ward vertrieben; und kaum war er vertrieben, heiratete er ein Weib« (*Adversus Jovinianum*). Ebenso Eva, daran erinnerte Hieronymus seine jungen Anhängerinnen: Solange sie im Paradies weilte, sei sie Jungfrau gewesen: »Dein Gefilde ist das Paradies. Bewahre den Zustand, in dem du geboren bist.«[5] Eustochium, eine junge Frau, gelobte pflichtschuldig immerwährende Jungfräulichkeit und folgte Hieronymus nach Palästina, wo sie ein streng asketisches Leben führte.

Asketische Ansichten wie diese waren in den christlichen Gemeinden des 4. Jahrhunderts durchaus umstritten, doch setzten sich Hieronymus und seine Anhänger durch: Jovinians Schriften zum Lob der Ehe wurden verboten und verbrannt. Er selbst wurde als Häretiker verurteilt, von seinen Gegnern als »Epikur des Christentums« beschimpft, ausgepeitscht und auf eine kleine Insel in der Adria verbannt. Auch andere, die die Ehe als ebenso heilig betrachteten wie die Jungfrauschaft, wurden als Häretiker verurteilt und bestraft, oft recht grausam. Dabei werden viele Christen, Männer wie Frauen, die Ehe moralisch nicht niedriger bewertet haben als mönchische Abstinenz, werden die sexuellen Beziehungen zwischen dem Ehemann und seiner Frau als völlig gut, werden auch Frauen als den Männern moralisch und geistig ebenbürtig angesehen haben, hätten wohl auch nichts dagegen gehabt, wenn diese in der Kirche hätten frei sprechen können – es war allerdings ratsam, solche Ansichten für sich zu behalten.

Die Frauen, die Hieronymus folgten, entsagten einem reichen und privilegierten Leben, unterstützten die Gründung von Nonnenklöstern in wilden und gefährlichen Gegenden, waren mutig, entschlossen und von eindrucksvoller Bildung. Gegen alle Widerstände und Anfechtungen gestalteten sie ihr Leben so, dass es zumindest in den Spuren der ersten Frau und ihrer Reinheit verlief, die so lange währte, bis sie fatalerweise nach der Frucht gegriffen und davon gegessen hatte. Doch selbst diese spirituelle Anstrengung und die Kraft, die Frauen auf diese Weise erlangten, befreiten sie nicht von ihrem ererbten Makel. Denn Eva hatte gesündigt, das ließ sich nicht leugnen, und die Folgen dieser Sünde erreichten selbst die Frömmsten unter ihren Nachfahren. Eine der Strafen, die Gott selbst verhängt hatte, war die Herrschaft des Mannes über die Frau: »Er aber soll dein Herr sein.« Alle mussten einsehen, dass jegliche Autorität, die Frauen je würden erlangen können, ihre Grenzen hatte – Grenzen, die zurückzuverfolgen waren bis zur Sünde der ersten Frau.

Wie viele andere, die diese Position des Hieronymus teilten, bezog sich auch dieser auf eines der Gründungsdokumente des christlichen Glaubens. Er zitierte eine Passage aus dem ersten Brief an Timotheus, einem der drei Pastoralbriefe, die dem Apostel Paulus zugeschrieben werden:[6]

> Eine Frau lerne in der Stille mit aller Unterordnung. Einer Frau gestatte ich nicht, dass sie lehre, auch nicht dass sie über den Mann herrsche, sondern sie sei still. Denn Adam wurde zuerst gemacht und dann Eva. Und Adam wurde nicht verführt, die Frau aber wurde verführt und übertrat das Gebot.
> (1Tim 2,11–14)

Im Galaterbrief hatte Paulus noch geschrieben: »Hier [in der christlichen Gemeinde] ist nicht Mann noch Frau, denn ihr seid allesamt einer in Christus« (Gal 3,28) – doch im ersten Brief an Timotheus taucht die Geschlechterdifferenz wieder auf, verbunden mit Rachegedanken. Und was dem zugrunde lag, waren nicht nur die lokalen Sitten in Ephesus, wo Timotheus diente, sondern eine unauslöschliche Differenz, die, wie man glaubte, zurückreichte bis zum Beginn aller Zeiten.

»Adam wurde nicht verführt, die Frau aber wurde verführt und übertrat das Gebot«: Wieder und wieder wurden diese Worte wiederholt, jahrhundertelang. Wurden kleinen Kindern eingebläut; wurden zitiert, wann immer die Machtbalance zwischen Ehemann und Frau bedroht war; wurden intelligenten, redegewandten Frauen entgegengehalten, die ihren Platz nicht zu kennen schienen. »Eine Frau war der eigentliche Grund der Verdammung«, schrieb ein Kirchenrechtler fast eintausend Jahre nach Hieronymus, »denn sie war der Ursprung der Lüge und Adam wurde von ihr verführt.« Undenkbar, einer Frau die Lehre zu übertragen, denn, so ein spanischer Ordensbruder aus dem 13. Jahrhundert, »einst lehrte eine Frau, und die ganze Welt geriet aus den Fugen«.[7]

Dieses beständige Herumreiten auf Evas Sünde und den Makeln aller ihrer Töchter passte ganz offensichtlich in die geistige Welt von Mönchen und Ordensbrüdern, die Keuschheit gelobt und der Gemeinschaft mit dem anderen Geschlecht abgeschworen hatten – zumindest offiziell. Nicht weniger gelegen wird das auch allen Ehemännern gekommen sein, die verwickelt waren in den Kampf um die Herrschaft über ihre Frauen und Töchter. Das Elend, das Eva heraufbeschworen hatte, wurde zum Standardthema im Geschlechterkampf, eine höchst nützliche, darum auch vorhersehbare Anklage, konnte sie sich doch auf die Autorität der Bibel berufen.

Die aufmüpfige Frau aus Bath, eine Erzählerin in Chaucers *Canterbury Tales*,[8] dem Klassiker aus dem späten 14. Jahrhundert, erlaubt einen köstlichen Blick auf ein wohl typisches Wortgefecht. Ihr Mann Jankin, so berichtet die Frau, begeistere sich über die Maßen daran, ihr Tag und Nacht Lektionen zu erteilen aus einem endlosen Reservoir misogyner Autoren, mit dabei natürlich auch ein Kardinal, genannt Hieronymus, der ein Buch gegen Jovinian geschrieben habe. Eines Nachts nun, erzählt sie,

> las Jankin, mein Herr und Meister, in seinem Buch, während er am Feuer saß, zuerst von Eva, dass wegen ihrer Schlechtigkeit die ganze Menschheit ins Verderben gestürzt wurde, weswegen Jesus Christus getötet wurde, der uns mit seinem Herzblut erlöst hat.

Und Jankin liest weiter, eine viele Verse lange Litanei von bösen Frauen, mit der Quintessenz, »dass die Frau der Untergang des ganzen Menschengeschlechtes« sei.

Die ganze Nacht hätte er weitergelesen, die Frau von Bath jedoch verliert die Geduld: Drei Seiten reißt sie aus »dem verwünschten Buch«, schlägt ihrem Mann »mit der Faust so ins Gesicht, dass er rückwärts in unser Feuer fiel«. Der rappelt sich auf, »wie ein wütender Löwe« schlägt er zurück, »mit der Faust so auf [meinen] Kopf, dass ich am Boden lag, als wäre ich tot«. Das aber, erklärt sie, sei das Schlechteste nicht gewesen. Denn nun, aus Furcht, er habe sie getötet, bereut er, »nach viel Ach und Weh«, seine Gewalt, »gab mir ganz die Zügel in die Hand, so dass ich über Haus und Besitz meine Herrschaft ausüben konnte«. Und als Zeichen seines Sinneswandels verbrennt der Mann, auf ihr Verlangen, das Buch – Hieronymus' *Adversus Jovinianum*, diese Chronik von Evas Sündhaftigkeit.

Chaucers amüsante Auflösung des ehelichen Streits mochte im damaligen Alltagsleben Entsprechungen haben, in Bildern und Predigten jedoch, in leichtherzigen Sottisen und bitteren Verleumdungen, als moralisches Emblem wurde Evas Übertretung ohne Ende wiederholt. Es hatte das Gewicht eines wissenschaftlichen Beweises.

Auch beriefen sich nicht nur Männer darauf, nicht nur sie schlachteten die misogynen Implikationen aus. Auch viele fromme Frauen, gerade jene, die Hieronymus mit Geld ausstatteten und mit ihm nach Palästina gingen, akzeptierten das Urteil gegen die weibliche Natur und machten es sich zu eigen. Freilich gab es Ausnahmegestalten, mutige heilige Frauen, die gegen die gewohnte Herabsetzung auftraten. Insgesamt jedoch blieb der dominierende Bericht unangefochten, selbst unter Christen, die ihre Indifferenz gegenüber den herrschenden sozialen Vorurteilen gezeigt hatten. Rein gesellschaftliche Regeln waren eine Sache – sie waren dazu da, in Frage gestellt oder gebrochen zu werden. Evas Übertretung dagegen war etwas ganz anderes, sie wurde präsentiert als historisches Faktum, als anthropologische Wahrheit, biologische Natur, religiöse Doktrin. Jedes Mal konnte das Elend der menschlichen Existenz zu Eva zurückverfolgt werden, und ihre Töchter trugen das Schandmal.

Die grimmige Verdammung Evas wurde oft verbunden mit glühender Marien-Verehrung, wobei Maria dargestellt wird als diejenige, die die Sünde der ersten Frau aufhebt – eine Antithese, die von früh an bis in Einzelheiten ausgearbeitet wurde. Eva wurde aus dem Fleisch des alten Adam herausgezogen; der neue Adam wurde geboren aus dem Fleisch von Maria. In der Begegnung mit der Jungfrau Eva krochen dieser die Worte der Schlange ins Ohr; in der Begegnung mit Maria taten dies die Worte Gottes. Eva errichtete mit dem Wort der Schlange das Haus des Todes; durch Maria schuf das Wort Gottes das Gewebe des Lebens. Den Knoten des Ungehorsams, den Eva geschürzt hatte, löste Maria durch ihren Glauben und ihren Gehorsam. Eva gebar die Sünde, Maria die Gnade. *Eva* wurde zum *Ave*.[9]

Dieser ausgearbeitete Kontrapunkt sorgte mit dafür, das im Lauf der Jahrhunderte ein erstaunliches Spektrum von Bildern entstand: Zeichnungen, Buchillustrationen, Skulpturen, Fresken, Gemälde. Auf dem linken Flügel der großartigen Bernwardstür des Doms zu Hildesheim (aus dem 11. Jahrhundert) versorgt Eva Kain, auf dem rechten gegenüber

Maria Jesus (Abb. 4). Ein Gemälde des niederländischen Meister Rogier van der Weyden (heute in Boston) zeigt Lukas, der ein Bild der stillenden Eva zeichnet. In der Lehne des hölzernen Throns, auf dem Maria sitzt, sieht man die winzigen geschnitzten Figuren von Adam und Eva. Schaut man genauer hin, sieht man, wie Eva nach einem Apfel greift: Derart werden Ursünde und Erlösung zusammengebracht. Auch das Mittelstück des Altarbilds, das Fra Angelico für den Dom von Cortona geschaffen hat, zeigt im Vordergrund die Verkündigung, und im Hintergrund weist der Erzengel Michael Adam und Eva aus dem Paradies. Eine italienische Illustration zu Dantes *Paradies* wiederum, aus dem 15. Jahrhundert, spielt noch radikaler mit Zeit und Raum. Rechts, vor einer kleinen Kapelle, kniet der Engel Gabriel vor Maria. Links, direkt hinter ihm, stehen, nackt und ihre Geschlechtsteile bedeckend, Adam und Eva und betrachten die Szene in stiller Verwunderung (Abb. 12).[10]

Weil die mittelalterliche Marienverehrung oft verbunden war mit antijüdischen Polemiken – den Juden wurde nachgesagt, sie seien verantwortlich für den Kummer Mariens –, erweitern Darstellungen von Eva und Maria deren Gegensatz häufig zu dem zwischen Juden und Christen. In einer Illumination einer deutschen Bibel von 1420 steht Eva auf der einen Seite des fatalen Baums, Maria auf der anderen. Die nackte Eva reckt eine Hand nach oben, um einen Apfel zu nehmen, berührt mit der anderen einen Totenkopf, den ihr einer aus einer Gruppe bärtiger Juden in spitzen Hüten hinhält. Maria wiederum, im blauen Gewand, greift nach oben, um ein Kruzifix zu halten, und schaut wohlwollend auf eine Gruppe von Priestern und Mönchen (Abb. 11). Der Gegensatz ist der zwischen Synagoge und Kirche[11] – er erweitert sich damit auf den zwischen Gesetz und Gnade, zwischen Tod und Leben.

Mit einem unvergesslichen Gemälde von 1605/06, das heute in der Galleria Borghese in Rom hängt, porträtierte Caravaggio die Jungfrau, wie sie sich vorbeugt, um ihren nackten Fuß auf den Kopf einer sich windenden Schlange zu stellen (Abb. 25).[12] Zugleich hält sie ihren nackten Sohn, der seinen Fuß wiederum auf den ihren gestellt hat; mit ihrem Gewicht werden sie beide zusammen die Schlange zertreten. Im Schatten rechts die Großmutter des Kindes, die heilige Anna, die die Szene besorgt, mit zerfurchter Stirn verfolgt. Eva ist nicht zu sehen, implizit aber ist auch sie anwesend, denn das dargestellte Ereignis wurde der Schlange zu Beginn der Zeiten vorhergesagt: »Und ich will Feindschaft setzen zwischen dir und der Frau und zwischen deinem Samen und ihrem Samen; er wird dir den Kopf zertreten, und du wirst ihn in die Ferse stechen« (Gen 3,15) – Gottes Strafe für die Schlange, die Eva zur Übertretung verlockt hat. Auf dem Gemälde erfüllen der Retter des Neuen Testaments und seine jungfräuliche Mutter die Prophezeiung des Alten Testaments. Der Jesusknabe ist nicht beschnitten: Gefeiert wird der Sieg des Christentums.

Mit dem so symbolisierten Gegensatz ließ sich andeuten, dass Evas Sünde eine verborgene Segnung war. Schließlich war es ihre Tat, die letztlich auch zu Maria führte und, durch diese, zur Geburt des Erlösers. Insofern Maria alles war, was Eva nicht war, diente beider Darstellung Seite an Seite auch dazu, die Verdammung von Leichtsinn, Eitelkeit und Stolz noch zu verstärken, welche die erste Frau ihren Nachkommen vererbt hat. Es war, als wollten Theologen einander überbieten in ihrem Geschimpfe über Frauen und deren ererbte Unvollkommenheit. Selbst der so überaus intelligente, in moralischen Fragen sensible Thomas von Aquin behauptete, der Mann sei mehr Abbild Gottes als die Frau. Diese, so schrieb er, sei ein *vir occasionatus*, ein unvollkommener, ein verstümmelter Mann.[13] Diese Vorstellung war alt, tatsächlich heidnisch: Thomas hat sie Aristoteles entlehnt. Gleichwohl fand sie ihren Platz im mittelalterlichen Denken, sie wurde angeführt als Grund für die verspätete Schöpfung der Frau; für ihre Herkunft aus dem, was eine »krumme Rippe« genannt wurde; dafür, dass sie fatalerweise den Schmeicheleien der Schlange erlag.

Warum überhaupt, so fragte Thomas, hat Gott die Frau geschaffen? Sie sollte hilfreicher Gefährte sein, ein zweiter Mann aber wäre, wie Augustinus schon Jahrhunderte zuvor festgestellt hatte, eine größere Hilfe gewesen bei der Arbeit im Garten und auf dem Acker. Und Thomas fiel ein: »Zum Zusammenleben und einander Gesellschaft zu leisten, sind besser zwei (männliche) Freunde zusammen als ein Mann und eine Frau.« Wirklich sinnvoll, so Thomas' Schluss, war ihre Schöpfung allein mit Blick auf die Fortpflanzung.

Anerkannt wurde die Gebärfähigkeit der Frauen, auch verehrt, vor allem in den unzähligen, ehrfürchtig zärtlichen Darstellungen der Jungfrau mit Kind. Auch wenn der Kult um die Jungfrau Maria stetig an Bedeutung gewann, änderte das nichts an Evas Herabwürdigung. Bei zumindest einigen mittelalterlichen Christen, insbesondere bei jenen, die in mönchischen Gemeinschaften lebten, erreichte die Misogynie ein Ausmaß, das uns heute nur pathologisch erscheinen kann. Dass die frauenfeindlichen Ausfälle den Zeitgenossen damals nicht auch schon verrückt erschienen, lag daran, dass sie sich ziemlich gut in die Gesamtstruktur des Glaubens und der Institutionen einbauen ließen, die sie akzeptabel machten. Petrus Damiani, ein Benediktiner des 11. Jahrhunderts, war ein ausgesprochener Marienverehrer – aus seiner Feder stammt ein gefeiertes *Officium Beatae Virginis* –, doch selbst diese Hingabe konnte seine rasenden Angriffe auf »den Grund unseres Elends« nicht mildern:

> Ihr Hexen, Säue, Kreischeulen, Nachteulen, Wölfinnen, Blutsauger, die ohn Unterlass schreien: »Gib her, gib her«. [Spr 30,15–16] So hört mich, ihr Dirnen, ihr Huren mit euren lasziven Küssen, ihr Suhlen für fette Schweine, ihr Lagerstätten unreiner Geister, Halbgöttinnen, Sirenen, Furien, Anhängerinnen der Diana, hört mich: wenn irgendwelche Menetekel, irgendwelche Omen gefunden wurden bislang, so sollen sie eurem Namen zugerechnet werden. Denn ihr seid die Opfer der Dämonen, bestimmt, durch ewigen Tod hinweggerafft zu werden. An euch, am Übermaß eurer Lust wird der Teufel fett, gesättigt von euren lasziven Festen.[14]

In dieser rasenden Sprache des Abscheus hat sich das Menschenpaar der Genesiserzählung – »Gott schuf den Menschen zu seinem Bilde, zum Bilde Gottes schuf er ihn und schuf sie als Mann und Frau« – in etwas Unheilvoll-Finsteres verwandelt. Ausdrücklicher: Die Frau, nunmehr alles andere als Gefährtin des Mannes, wird zu dessen Todfeind. Selbst wenn auch sie zuletzt Satan zum Opfer fällt, ist sie ebenso Verbündete des Bösen, Hauptagentin des Niedergangs der Menschheit. Irgendwo im Kopf des heiligen Damiani lauern, wie er brütend in seiner Zelle sitzt, Argwohn und Misstrauen, lauern Verdächtigungen, die älter sind als das Christentum, älter auch als die jüdische Religion. Die Frau ist nicht nur Verbündete Satans; sie ist seine Geliebte, die ihren Leib hingibt in seinen schmutzigen Riten.

Manchmal ist in diesen obszönen Phantasien die Schlange die Gestalt, in der sich Satan mit der Frau paart. Gelehrte Kommentatoren haben bemerkt, dass der hebräische Name Eva verwandt ist mit dem aramäischen Wort für Schlange, doch die Misogynen brauchten keine Philologie, um sich auf die Sprünge helfen zu lassen. Die Frau nutzte ihre sexuelle Verführungskraft, um den Mann zu versuchen und letztlich zu vernichten. Dass die Frauen ebenfalls Opfer waren, wurde nur zu gerne vergessen oder aber als deren eigene Schuld betrachtet, schließlich hatten die Frauen, Töchter Evas, doch gelernt, das männliche Begehren zu wecken.

In der extremsten Steigerung dieses Arguments – wenn es denn ein Argument ist, nicht vielmehr geistige Verwirrung oder Zwangsvorstellung – hat die Frau aufgehört, ein menschliches Wesen zu sein. Eine Frau, schrieb ein früher Kommentator des Kirchenrechts,

> ist ein menstruierendes Tier, durch den Kontakt mit ihrem Blut hören Früchte auf zu wachsen, wird der Wein sauer, sterben Pflanzen, tragen Bäume keine Früchte, verdirbt Rost das Eisen, verdunkelt sich die Luft.[15]

Die Entmenschlichung der Frauen, war, wie die Entmenschlichung der Juden, Aufforderung zur Gewalt.

Im Jahr 1486 veröffentlichten Heinrich Kramer und Jacob Sprenger, zwei Dominikaner, *Maleus Maleficarum* oder *Der Hexenhammer*, ein weithin gefeiertes Buch, in dem sie beschrieben, wie sie die Inquisition, zu der sie sich vom Papst autorisiert fühlten, in weiten Gebieten Deutschlands und der Schweiz durchgeführt hatten.[16] Ihre Untersuchungen, die sich auf durch Folter erpresste Geständnisse stützten, hatten zur Identifikation einer beträchtlichen Zahl angeblicher Hexen geführt, unter ihnen auch einige Männer; die meisten aber waren Frauen, die des Verkehrs mit dem Teufel beschuldigt wurden. Die Angeklagten wurden verurteilt und hingerichtet. Den Inquisitoren lag daran, ihr Tun zu rechtfertigen und andere zu ermutigen, sich an ihrer bedeutsamen Mission zu beteiligen.

Aus den Schriften von Kirchenvätern und anderen zitierten Kramer und Sprenger, weil sie klarstellen wollten, warum sich mehr Frauen als Männer zu Hexenpraktiken hingezogen fühlten. Das geschehe, so steht es im *Hexenhammer*, aus der allen Frauen natürlichen Neigung, Böses zu tun.

Gewiss, es habe mutige, fromme, sogar heilige Frauen gegeben. Wie Petrus Damiani war auch Sprenger erklärter Anhänger des Kults um die Jungfrau Maria. Gleichwohl, die Autoren bleiben dabei: Wahrhaft gute Frauen seien seltene Ausnahmen, insgesamt seien Frauen »von Natur« schlecht:

> Da sie in allen Kräften der Seele wie des Leibes mangelhaft sind, ist es kein Wunder, wenn sie gegen die, mit denen sie wetteifern, mehr Schandtaten geschehen lassen. (1. Buch, S. 69)

Akte der Hexerei, das wollten die Inquisitoren ihren Lesern klarmachen, seien keine puren Phantastereien; Hexen gingen mit dem Teufel, den sie anbeteten und dem sie dienten, bindende Verträge ein, im Austausch für böse Kräfte. »Die Dämonen sprechen in den angenommenen Körpern mit den Hexen, sehen, hören, essen, zeugen.« (1. Buch, S. 38) Die dämonischen, auf die Hexen übertragenen Kräfte wirkten häufig in nächster Umgebung – töteten die Kuh des Nachbarn, verkrüppelten ein Kind, raubten Männern die Zeugungskraft –, bekannt seien aber auch Wirkungen weit über das Dorf hinaus: »Suchen wir, so finden wir, dass nahezu alle Reiche der Erde durch die Weiber zerstört worden sind.« (1. Buch, S. 73)

Am Anfang all dessen steht Eva:

> Diese Mängel werden auch gekennzeichnet bei der Schaffung des ersten Weibes, indem sie aus einer krummen Rippe geformt wurde, d. h. aus einer Brustrippe, die gekrümmt und gleichsam dem Mann entgegengeneigt ist. (1. Buch, S. 69)

Gewiss, der Teufel leite sie in die Irre, aber das Weib, nicht der Teufel, habe Adam verführt und Verderben über den Mann gebracht. Und das wiederum bestätige nur, dass die Weiber unvollkommene Tiere seien: »Denn was den Verstand betrifft oder das Verstehen des Geistigen, scheinen sie von anderer Art zu sein als die Männer.« (1. Buch, S. 69)

»*Scheinen* von anderer Art zu sein« – eine an dieser Stelle vergleichsweise vorsichtige Formulierung hält die Autoren davon ab, direkt zu behaupten, was sie an vielen anderen Stellen des Buchs unterstellen: Frauen seien keine vollwertigen Menschen. Die Autoren bemühen im Vorwort sogar eine päpstliche Bulle, um das »wahrhaft Katholische« ihres Buchs herauszustellen, und dennoch fanden Theologen der Universität zu Köln ketzerische Fehler darin, und so wurde der *Hexenhammer*, drei Jahre nach seiner Erstveröffentlichung, von der Inquisition als falsch verworfen. Trotz dieser Verdammung zirkulierte es weiter, brachte es zu zahlreichen Auflagen, und Heinrich Kramer, der engagiertere der beiden Inquisitoren, erhielt von kirchlichen Autoritäten wiederholt die Lizenz, seinem finsteren Tun nachzugehen. Weiterhin mussten unschuldige Frauen sterben wegen der ihnen angedichteten angeborenen Neigung zum Bösen, die man in die Tiefe der Zeit zurückverfolgte, bis zu Mutter Eva.

Die misogyne Tendenz war tief eingewoben in die Schöpfungserzählung und konnte darum herangezogen werden, um die grausame Misshandlung der Frauen zu rechtfertigen. Doch selbst wenn Evas Übertretung alles lizenzierte, von beiläufigen Beleidigungen bis zum Justizmord, wurde die Genesiserzählung gleichwohl nicht immer und nicht unausweichlich genutzt, um die angeborenen Mängel aller Frauen zu belegen. Alle bedeutenden christlichen Theologen, von Augustinus und Thomas von Aquin bis zu Luther und Calvin, lehrten, dass die erste Frau, so wie der erste Mann, nach dem Bild Gottes geschaffen sei. Diese Überzeugung milderte die extremsten Herabwürdigungen Evas ein wenig ab. Gelegentlich konnten ihre angeblichen Mängel sogar genutzt werden, um die Frauen zu verteidigen, zumindest ihre Schuld zu mindern. Mitte des 15. Jahrhunderts etwa legte der eindrucksvoll gebildete Humanist Isotta Nogarola mit verschrobener Eloquenz dar, dass weibliche Unvollkommenheiten – Unwissen und Flatterhaftigkeit – zu ihrer gottgegebenen Natur gehörten, und das mildere ihre Sündhaftigkeit. Recht besehen sei Eva »wie ein Junge, der weniger sündigt als ein alter Mann und weniger als ein Adliger«. Derart mildernde Umstände konnte Adam, geschaffen ohne Fehl und ausgestattet mit einem freien Willen, nicht für sich in Anspruch nehmen.[17]

Viele Christen, Frauen wie Männer, teilten die Ansicht, dass Adam der Schuldigere im ersten Paar gewesen ist. Die Frau sei von Satan verführt worden, der Mann habe sich frei für die Übertretung entschieden. Und selbst wenn der ersten Frau die Hauptschuld am Fall der Menschheit zugeschrieben wurde, gab es doch einen Weg, ihr Verbrechen zu mildern:

Man konnte, wie die frühen Kirchenväter, an die Erlösung erinnern, die Eva mit ihrer Tat mit ermöglicht hatte.

Anfang des 15. Jahrhunderts hat eine hochgebildete Frau, die französische Humanistin Christine de Pizan, ein Buch geschrieben, in dem sie ein Gespräch imaginiert, das sie mit »der hohen Frau Vernunft« geführt haben will.[18] Und diese habe ihr versichert:

> Und wenn jemand vorbringen will, er sei wegen einer [Frau], wegen Frau Eva, aus dem Paradies vertrieben worden, so sage ich, dass er dank der Jungfrau Maria eine weit höhere Stufe erreicht hat als den Zustand, den er durch Eva verlor. … Dies wäre ohne Evas Missetat nie eingetroffen. Vielmehr sollte man Mann und Frau wegen dieses Fehltritts loben, aus dem eine solche Ehre erwachsen. (S. 56)

Einige mutige Interpreten gingen noch ein Stück weiter. Die vielleicht bemerkenswerte unter ihnen war eine sehr sprachgewandte, sehr unglückliche Nonne, die in einem Benediktinerinnenkonvent in Venedig lebte. Arcangela Tarabotti war eines von elf Kindern ihrer Familie. Im Jahr 1604 kam sie mit einer angeborenen Behinderung zur Welt – sie lahmte, wie ihr Vater – und wurde darum bereits mit dreizehn fürs Klosterleben bestimmt. Solche Verfügungen trafen viele Eltern, die entweder das Geld für die Mitgift sparen wollten oder dachten, ihre Tochter werde ohnehin keinen passenden Ehemann finden. Mit siebzehn legte Arcangela Tarabotti ihr unwiderrufliches Gelübde ab, das sie zeitlebens hinter die Klostermauern verbannte. Doch sie ergab sich nicht schweigend in ihr Schicksal und fand im Lauf ihres Lebens mehrfach Gelegenheit, mit der Welt außerhalb ihrer Zelle zu kommunizieren; sie führte Briefwechsel und veröffentlichte Bücher.

Ihr berühmtestes Buch erschien anonym 1654, zwei Jahre nach ihrem Tod – sie starb mit 49 Jahren –, und trug den Titel *Tirrannia paterna* (»Väterliche Tyrannei«), eine vernichtende Anklage der Grausamkeit, die zu dem Elend führte, das sie und, wie sie, viele andere Frauen erlitten hatten; zugleich war es eine Schrift gegen die Lügen, zu denen Männer griffen, um diese Grausamkeit zu rechtfertigen. Recht betrachtet, so Tarabotti, gehe aus der Bibel hervor, dass die erste Frau dem ersten Mann nicht

1.
Ein Fresko aus den Katakomben in Rom: Eine der frühesten überlieferten Darstellungen der nach der Bibel ersten Menschen.
Adam und Eva,
3. Jahrhundert u.Z.

2.
Adam und Eva nach dem Sündenfall, auf einem Sarkophag eines römischen Christen.
Sarkophag des Junius Bassus (Ausschnitt), um 359.

3.
Adam mit einigen Tieren, denen er Namen gibt. *Adam im Garten Eden*, 5. Jahrhundert.

4.
Die Szenen auf dieser bronzenen Zweiflügeltür folgen einem genau durchdachten Erzählprogramm: Den Szenen aus dem Buch Genesis auf dem linken Flügel sind auf dem rechten Szenen aus dem Leben Christi gegenübergestellt. Bernwardstür, Dom zu Hildesheim, um 1015.

5.
Ein berühmtes Rätsel: Wer ist die Person, die zuschaut?
Die Erschaffung Evas, Detail der Bernwardstür.

6.
Adam beschuldigt Eva, Eva die Schlange, Gott alle drei.
Die Verurteilung Adams und Evas durch Gott, Detail der Bernwardstür.

7.
Gott selbst drängt Adam und Eva aus dem Paradies; sie tragen Geräte, die sie zur Arbeit jenseits von Eden brauchen.
12. Jahrhundert.

8.
Diese Darstellung aus dem zwölften Jahrhundert zeigt Eva in der Spannung zwischen Reue und Provokation.
Gislebertus, *Evas Versuchung*, Kathedrale von Saint-Lazare, um 1130.

9.
Traditionell wird der Kopf unter den blutenden Füßen Jesu als der Adams betrachtet, so auch bei diesem Kruzifix aus dem 13. Jahrhundert. Um 1200.

10.
Gott hat dem schlafenden Adam die Rippe entnommen und gerade damit begonnen, daraus eine Frau zu formen.

11.
Eva, begleitet von Juden, bringt den Tod in die Welt, Maria dagegen hält ein Kruzifix und bietet gläubigen Christen die Erlösung.
Mors per Evam, vita per Mariam, um 1420.

12.
Im Paradiso sehen Dante und Beatrice die gesamte Erlösungsgeschichte, vom Sündenfall über die Verkündigung bis zur Kreuzigung.
Giovanni di Paolo, *Das Mysterium der Erlösung*, aus: Dante, *Paradiso Canto VII*, um 1450.

13.
Im 17. Jahrhundert, lange nachdem Masaccio Adam und Eva gemalt hat, bekamen seine Figuren Feigenblätter, die erst in den 1980er Jahren wieder entfernt wurden.
Masaccio, *Die Vertreibung aus dem Paradies*, 1424-1428; Fotografie des Zustands um 1980, vor der Restaurierung.

14.
Masaccio betont die Nacktheit und das bittere Elend von Adam und Eva.
Masaccio, *Die Vertreibung aus dem Paradies*, 1424-1428.

15.

So ungeheuer lebendig, wie sie in ihren Nischen stehen, erinnern Adam und Eva an den Sündenfall. In den Lünetten über Adams Nische sieht man das Opfer Kains und Abels; über Eva Abels Ermordung durch Kain.
Jan und Hubert van Eyck, rechter und linker Flügel des Genter Altars, Innenseite, Kathedrale St. Bavo, 1432.

nur gleichgestellt gewesen sei, sondern höher gestanden habe als er. Adam war aus bloßem Lehm geformt worden, Eva dagegen aus edlerer Substanz, nämlich aus dem menschlichen Körper; Adam trat ins Leben außerhalb von Eden, Eva im Paradies. Die Frau, das lasse sich daraus schließen, sei das Kompendium aller Vollkommenheiten, Gottes letztes und höchstes Meisterwerk.

Ja, die Frau sei die offensichtlich Schwächere, aber durch Gewalt und Täuschung hätten die Männer dazu beigetragen, Frauen zu unterdrücken, hätten ihre eigene Verderbtheit bemäntelt, indem sie alle Schuld Eva zuschoben. Völlig zu Unrecht mache man sie verantwortlich für alle Leiden, die über die Menschen kamen. Über Jahrhunderte seien die böswillig gegen sie vorgebrachten Verleumdungen genutzt worden, um die praktische Versklavung aller Frauen zu rechtfertigen und zu verstärken. Welche Lüge! Denn Gott, so schreibt Tarabotti, habe Adam »niemals gesagt: Du wirst herrschen über die Frau. Beide sind sie frei geboren, beide besitzen sie, als kostbare Gabe Gottes, das unschätzbare Gut der freien Entscheidung.«[19] Die Männer aber verweigerten dem anderen Geschlecht die Freiheit, die sie selbst so hochhielten. Sie sperrten Frauen ein in erdrückende Ehen oder, schlimmer noch, in düstere Konvente, wo alle außer den wenigen wahrhaft Berufenen zu einem elenden Dasein verurteilt seien: »Ihr Leben hat weder Anfang noch Ende, es nagt, ohne etwas zu verzehren, tötet, aber bringt nicht den Tod.« (S. 116)

Eine Nonne aus dem 17. Jahrhundert konnte die Erzählung von den ersten Menschen im Garten Eden schwerlich pauschal in Frage stellen. Doch selbst wenn die Autorin von *Tirrannia paterna* die Wahrheit der Heiligen Schrift nicht bestreiten konnte, so konnte sie deren Auslegung in eine etwas humanere Richtung lenken. Eva wurde verführt, von der verbotenen Frucht zu essen; das aber sei möglich gewesen nicht etwa wegen ihres Stolzes, sondern wegen ihres Wissensdursts: »Ein wohl kaum tadelnswertes Begehren« (S. 108). Evas Schönheit mochte zu Adams Fall beigetragen haben, was aber kaum als Fehler der Frau zu sehen sei: »Ihr eitlen Männer hasst die Schönheit der Frauen, weil euch eure unreinen Herzen davon abhalten, sich ihrer Gegenwart ohne Lust zu erfreuen.« (S. 110)

Lebenslang in ihrer Zelle eingemauert, kämpfte Tarabotti mit aller

Kraft darum, den finsteren Gebrauch aufzudecken, der von der Erzählung von Adam und Eva gemacht wurde.

> Ich finde weder buchstäblich noch symbolisch die Spur eines Hinweises darauf, dass Gott gewollt haben könnte, dass es Frauen gibt, die gegen ihren Willen in Konventen eingeschlossen werden. … Der gesegnete Schöpfer, in dessen Geist die zahlreiche Vermehrung des Menschengeschlechts gegenwärtig war, hätte unserem ersten Vater Adam die Aufgabe übertragen können, für Frauen, die sich Seinem Dienst weihen wollten, religiöse Orden zu stiften. Aber er tat dies nicht… (S. 48)

So wie die Bibel die Geschichte erzählt, erlag die Frau den Täuschungen des Teufels in Gestalt der Schlange; so wie Tarabotti sie wiedererzählt, macht Gott klar, wie ungerecht Eva behandelt worden ist und alle Frauen nach ihr auch. In Wahrheit, sagt er zu Eva,

> in Wahrheit steht der Teufel für den Mann, der von nun an alle Schuld für seine Fehler bei dir abladen wird, der nichts anderes im Sinn hat, als dich zu täuschen, dich zu betrügen, dir alle Rechte der Herrschaft zu nehmen, die durch meine Allmacht garantiert sind. (S. 52)

Durchaus möglich, dass andere Frauen, sowohl hinter Klostermauern wie auch außerhalb davon, Tarabotti zugestimmt hätten; auch männliche Verbündete hätte sie wohl finden können. Doch gesetzt, dass es sie gegeben hat, so war keine und keiner von ihnen in einer Position, dass er dies so offen hätte aussprechen können. *Tirrannia paterna* wurde sofort nach Erscheinen angegriffen, und im Jahr 1661 verdammte es die Inquisition in allen Stücken, verbot jede zukünftige Veröffentlichung und setzte es auf den Index der verbotenen Bücher.

Den heroischen Anstrengungen von Arcangela Tarabotti, Isotta Nogarola und anderen zum Trotz blieb es schier unmöglich, dem christlichen Glauben den Fluch von Evas Schuld auszutreiben. Ganz gleich, wie nachdrücklich Adam die größere Schuld zugeschrieben, wie inbrünstig die erlösende Kraft Mariens zelebriert wurde, der frauenverachtende Makel blieb – wie der bittere Rückstand in einem Fass, das man niemals vollständig sauber schrubben kann. Erst aus einer Position, die völlig außerhalb dieser Geschichte lag, gelang einer Mary Wollstonecraft der Blick zurück im Zorn: 1792 erschien ihre feministische Streitschrift *A Vindication of the Rights of Women* (»Zur Verteidigung der Frauenrechte«):

> Die hergebrachte Meinung, dass die Frau für den Mann geschaffen sei, ist wahrscheinlich auf das Buch Mose zurückzuführen. Da anzunehmen ist, dass nur sehr wenige ernsthaft darüber nachgedacht haben, ob Eva aus einer Rippe Adams entstanden sei, wird dieses ganze Argument hinfällig. Es sei denn, dass es als Beweis dient, dass es der Mann seit ältester Zeit als angemessen empfand, seine Stärke zu gebrauchen, um seine Gefährtin zu unterjochen, weil er glaubte, alles sei zu seinem Behagen und Vergnügen geschaffen.[20]

Gegen Ende des 18. Jahrhunderts, in der Folge von Aufklärung und den Revolutionen in Amerika und Frankreich, war Mary Wollstonecraft überzeugt, dass »nur wenige« denkende Menschen die Erzählung von Adam und Eva jemals im buchstäblichen Sinn verstanden haben können. Damit war es ihr möglich, offen darzustellen, wie diese Erzählung zum Mittel gemacht – und immer schon genutzt – wurde, um die Unterdrückung der Frauen zu rechtfertigen.

Die Menschen in den 1480er Jahren waren nicht leichtgläubiger als die in den 1780ern, nicht leichtgläubiger übrigens auch als Menschen heute. Es gibt im Zusammenhang mit den Anklagen wegen Hexerei Zeichen weitverbreiteter Skepsis, auch in der Kirche. Was erzählt wurde über Ritte durch die Luft, mysteriöse Liebesspiele mit dem Teufel, okkulte Kräfte, um Nachbarn zu Krüppeln zu machen oder zu töten, wurde regelmäßig als Irrglauben, als Phantasterei von geistig Verwirrten oder von Leuten gebrandmarkt, die Finsteres im Schild führten. Doch Augustinus hatte sein Prinzip durchgesetzt, die Ereignisse im Garten Eden wurden fortan als buchstäblich wahr aufgefasst. Das Beharren darauf, dass das Gespräch zwischen Eva und der Schlange tatsächlich stattgefunden habe, öffnete Hexenjägern wie Kramer und Sprenger den Raum, den sie für ihre Machenschaften brauchten, und ihre Behauptungen wurden verstärkt durch in Massen produzierte, immer wirkmächtigere Bilder der schicksalsschweren Szene im Garten Eden.

Zu den großartigsten dieser Bilder gehörten die Gemälde, Holzschnitte und Stiche des Hans Baldung Grien, eines deutschen Künstlers aus dem 16. Jahrhundert, der auch fulminante, tief verstörende Hexenbilder hervorbrachte. Mit langen Haaren, die wie Flammen um ihre fülligen nackten Leiber fliegen, toben die Hexen in unzüchtig satanischen Ritualen umeinander. Solche Phantasien waren nie weit entfernt von der Art, in der Hans Baldung Eva imaginierte. Auf einem seiner berühmtesten Gemälde, das heute in der National Gallery of Canada in Ottawa zu finden ist, steht eine üppige Eva mit fließendem Haar direkt unter dem fatalen Baum, den Apfel, halb versteckt hinter ihrem Rücken, in der Hand (Abb. 19). Kein Ast verdeckt wie zufällig ihre Blöße, im Gegenteil, ihr Körper wird dem Betrachter vollständig präsentiert. Sie aber schaut nicht den Betrachter an, mit kokett listiger Miene blickt sie vielmehr auf die Schlange, die sich um den Baumstamm windet. In einer eindeutig erotischen Geste streicht sie der Schlange über den Leib.

Auch daran, welche Folgen dieses kleine Liebesspiel hat, lässt der Künstler keinen Zweifel. Hinter dem Baum, grinsend blickt er zu Eva, steht Adam, und er fällt ihr in den Arm, während die andere Hand ausgestreckt ist nach einem Apfel. Doch nicht der Adam ist es, den wir im Paradies erwarten würden: Dieser Adam ist bereits eine Leiche, in Fetzen fällt ihm das Fleisch von den Knochen. Die Schlange, die in den verrottenden Arm beißt, den er ausstreckt, um sein Weib zu berühren, vollendet den Kreis. Hätte er doch nie ein Weib gehabt, sich niemals sexuell erregen lassen, hätte er diesen weiblichen Körper doch niemals gesehen! Der Maler aber präsentiert den Leib Evas geradezu zärtlich schmeichelnd, in eindeutiger, fast pornographischer Absicht: Das Bild soll erregen.

KAPITEL ACHT

INKARNATIONEN

Unter den Straßen des modernen Rom befindet sich ein unüberschaubares Netz von Katakomben, eine ganze Stadt der Toten, die bis heute zu großen Teilen nicht ausgegraben ist. Kilometerweit erstrecken sich in den Tuffstein geschlagene Gänge, winden und drehen sich, ein verwirrendes lichtloses Labyrinth. Im 3. und 4. Jahrhundert u. Z. pflegten Heiden ihre Toten zu verbrennen, die Urnen mit der Asche brachten sie in Räume, die *columbaria* genannt wurden, weil sie an Taubenschläge erinnerten (*columba* ist im Lateinischen die Taube). Die Christen wiederum, weil sie damals glaubten, das Ende der Welt sei nahe, begruben ihre Toten lieber, als dass sie sie verbrannten: Warum die Auferstehung unnötig erschweren, indem man den Leib zu Asche reduzierte? Darum betteten sie ihre Toten – zu Tausenden – entlang der gewundenen Pfade der Katakomben in niedrige Nischen, die man *loculi* nannte.[1]

Die Leichen von Wohlhabenden wurden manchmal in Nischen gelegt, die von Bögen gekrönt waren, oder, in einer kostspieligeren Variante, in kleine Räume, die man *cubiculae* nannte. Diese Räume, in denen ganze Familien bestattet wurden, sind für uns von größtem Interesse, denn hier wurden Wände und Decken mit Fresken bemalt. Diese wiederum wurden, auf Grund feuchter Luft und des Qualms der Lampen von Trauernden und Pilgern, im Lauf der Jahrhunderte von einer schwarzen Schicht überzogen, was sich für die Fresken als Schutz erwies. Denn wenn man diese Schicht entfernt, leuchten die Malereien in brillanten Farben, so als seien sie erst gestern gemalt worden und nicht vor mehr als 1600 Jahren.

In der Katakombe der Heiligen Marcellinus und Petrus – einer außergewöhnlichen Fundstätte in einem trostlosen, abgelegenen Viertel Roms – tauchen einige Figuren immer wieder auf: der zum Leben erweckte Lazarus; Noah, der die Arche öffnet und die Taube mit dem Zweig im Schnabel erblickt; Daniel in der Löwengrube; eine erzählerische Bilderfolge mit der Geschichte Jonas', der über Bord geworfen, von einem großen Fisch verschluckt und an Land gespien wird, wo er sich im Schatten eines Weinstocks erholt. Szenen also überwundener Todesgefahren, gemalt, um die Toten, eigentlich aber die Lebenden zu trösten, und zwar nicht nur die Trauernden, sondern auch Pilger, die hierherkamen, um nahe der Reliquien von Heiligen und Märtyrern zu beten. Im Labyrinth, in den *cubiculae*, die aufgereiht sind entlang der engen unterirdischen Gänge, finden sich noch andere Zeichen der Rückversicherung: Bilder von Christus, der als Guter Hirte sein Lamm trägt; der zwischen den Aposteln thronende Christus; die Seligen beim Mahl; die Frau mit Blutfluss, die den Saum von Jesu Gewand berührt; Jesus im Gespräch mit der Samariterin am Brunnen; sogar, und eigentlich unerwartet, Orpheus, der in heidnischen Mythen in die Unterwelt hinabsteigt und ans Tageslicht zurückkehrt.

Auch den Menschen, die die Katakomben geschaffen hatten, erwiesen die Künstler, die jene Szenen gemalt haben, auf überraschende Weise die Ehre: So bekamen Trauernde und Pilger auch mehrere große und ungewöhnliche Darstellungen des Tunnels zu sehen – samt den Totengräbern in Arbeitskleidung und mit ihren Werkzeugen. Sie werden mit dem Rücken zu den Betrachtern dargestellt, bei der Arbeit also, unerschütterlich den Tuffstein höhlend, um neue Gräber zu schaffen. Noch überraschter werden Besucher in der von Fackeln erhellten Dunkelheit vor Wandgemälden gestanden haben, die Adam und Eva zeigen, wie sie nackt beiderseits eines Baumes stehen.[2]

Wer immer diese Bilder schuf, hatte, wenn überhaupt, kaum Vorbilder aus der hebräischen Welt, in der diese Erzählung entstanden war. Natürlich hat man Adam und Eva stets mit Körpern dieser oder jener Art imaginiert – für einige Rabbinen hatten sie, wie wir sahen, Riesenleiber; für andere Körper, die, solange die beiden noch im Paradies weilten, mit schützenden Panzern bedeckt waren; wieder andere sahen die Körper durch eine Art Nabelschnur mit dem Boden des Gartens Eden verbunden. Das jüdische Verbot von Götzenbildern aber sorgte dafür, dass es so gut wie keine zeichnerischen Darstellungen dieser Körper gab, keine Vorbilder, wie diese in ihrer Leiblichkeit zu malen seien.

Die frühen Christen kannten keine vergleichbare Scheu vor Götzenbildern. Und insofern die Römer, die das Christentum annahmen, die Erben von Jahrhunderten griechischer und römischer Kunst waren, hätten wir wohl erwartet, dass sie den ersten Mann, die erste Frau, von denen gesagt wurde, dass sie die schönsten unter allen Menschen gewesen seien, unerschrocken nackt dargestellt hätten. Doch nein: In der Katakombe der Heiligen Marcellinus und Petrus haben Adam und Eva gebeugte, gedemütigte Körper, bereits von Scham ergriffen. Ihre Köpfe sind gesenkt, die Arme hängen nach vorne herunter, ängstlich bestrebt, ihre Geschlechtsteile zu bedecken (Abb. 1). Um sie herum dagegen nur Embleme der Hoffnung. An der Wand links des Freskos mit Adam und Eva steigt, noch immer vollkommen verhüllt, der Leichnam des Lazarus aus dem Grab; rechts schlägt Moses auf den Felsen, um lebenspendendes Wasser sprudeln zu lassen. Über ihnen reckt Noah, in der Art eines Springteufels, seinen Kopf aus der Arche. Nichts Erlösendes dagegen zeigen die Figuren von Adam und Eva. Sie haben allen Grund zur Scham, sind sie doch, als Paar, verantwortlich für den Tod, der die Katakomben doch erst notwendig machte.

Bis zum 3. Jahrhundert waren Römer aller Glaubensrichtungen abgerückt von öffentlich zur Schau gestellter Nacktheit, die im alten Griechenland noch statthaft gewesen war – als *gymnásion* bezeichneten die Griechen den Ort, an dem nackt Sport getrieben wurde. Doch die römischen Statuen replizierten, selbst als diese neue Sittsamkeit angesagt war, weiterhin griechische Vorbilder, feierten ihre Götter und Heroen weiterhin mit durchtrainierten, wohlproportionierten Körpern. Ob sie wollten oder nicht, sind auch Christen diesen Gestalten überall begegnet. Nichts jedoch könnte eine größere Distanz zu Apollo oder Venus signalisieren als die emblematische Darstellung von Adam und Eva als schamgebeugtes Paar im Dämmerlicht der Katakomben.

Mit der Konversion Kaiser Konstantins des Großen trat die Christenheit definitiv ins Tageslicht der römischen Welt, die Gläubigen freilich fühlten sich der Bilderwelt der Scham verpflichtet, die sie in den unterirdischen Grabkammern entwickelt hatten. Um 359 starb der mächtige römische Senator Junius Bassus und wurde in einem prachtvollen Marmorsarkophag beigesetzt (Abb. 2). Wie es sich für einen erst kürzlich Konvertierten geziemte – »gerade getauft«, besagt die Inschrift, »ging er ein zu

Gott am 8. Tag der Kalenden des September« –, wurde der Sarkophag mit kunstvoll in Stein geschnittenen Bildern aus dem Alten und Neuen Testament dekoriert. Adam und Eva sind zu sehen, nackt, aber nicht um die Glückseligkeit des Paradieses zu verkörpern, in die der Senator aufzusteigen hoffte. Vielmehr präsentieren sie, in den Worten des heiligen Paulus, »den Leib in seiner Sterblichkeit«, von dem der Verblichene nun befreit war. Am verhängnisvollen Baum, um den die Schlange sich windet, stehen sie, schauen einander nicht ins Gesicht, sondern zu Boden. In Ungnade gefallen, beschämt und nun sogar in Gesellschaft des jeweils anderen schmerzlich allein, pressen sie die Feigenblätter vor ihre Geschlechtsteile.

Andere christliche Sarkophage aus der gleichen Epoche und aus der Zeit danach wiederholen dieses Bild.[3] Selbst wenn Adam und Eva in einer Situation vor ihrer Verfehlung dargestellt werden, schämen sie sich bereits ihrer Körper. Wenn sie die eine Hand zur Frucht ausstrecken, dann bedecken sie sich unbeholfen mit der anderen. Noch haben sie vielleicht gar nicht von der Frucht gekostet, der Sündenfall aber hat stattgefunden, bevor es überhaupt so weit kam – jedenfalls für alle, die die Gestalten betrachten, hat er bereits stattgefunden, eindeutig und unwiderruflich. Schließlich befand sich der Betrachter wegen jener Ereignisse im Garten Eden im Zustand der Sünde, da gab es kein Entkommen vor der Scham.

In frühmittelalterlichen Darstellungen von Adam und Eva herrscht die Konvention der Scham nur dort nicht, wo es um die ersten Momente der biblischen Geschichte geht, bevor diese ihrem tragischen Ausgang entgegenstürzt. Eine wundervolle Elfenbeinschnitzerei aus dem Jahr 400, heute im Museo Bargello in Florenz, zeigt Adam mit den Tieren, die ihm zugeführt werden, damit er ihnen Namen gebe (Abb. 3). Man würde vielleicht erwarten, dass er wie ein General, der seine Truppen inspiziert, vor ihnen steht, doch das tut er keineswegs, er scheint vielmehr, zusammen mit Bären, Löwen und anderen wilden Tieren, in einer Art Traumraum zu schweben, fast wie in einer Zeichnung von Maurice Sendak – völlig ungeniert ob seiner Nacktheit. Häufiger sind Schöpfungsszenen, insbesondere die Evas. Adam liegt und schläft, während Gott Eva aus seiner Seite zieht. Beide sind sie nackt, machen keinerlei Anstalten, sich zu bedecken. Insofern haben wir wenigstens hier einen Augenblick, in dem die Körper nicht vom Bewusstsein ihrer Schande künden.

Doch selbst diese Körper, imaginiert im Zustand vollkommener Unschuld, wirken wie in sich zusammengesunken, so als spürten sie bereits die Scham. Den Überschwang des Körperlichen, der heidnische Darstellungen ausmachte, haben sie verloren, sie sind auf dem Weg, auszumergeln und zu verkümmern. Die illuminierte Moutier-Grandval-Bibel von 840 und die kostbare Erste Bibel Karls des Kahlen (auch Vivian-Bibel genannt) aus etwa der gleichen Zeit zeigen das nackte Paar mit Körpern, die den Eindruck erwecken, als seien sie, wie Lazarus, eben dem Grab entstiegen.

Diese Manier, die ersten Menschen als abgemagerte, asketische Gestalten darzustellen, kaum mehr als Haut und Knochen, hielt sich über Jahrhunderte. Mein persönlicher Favorit ist eine illuminierte Handschrift böhmischen Ursprungs aus dem 15. Jahrhundert, die heute in der Vatikanischen Bibliothek steht (Abb. 10). Der Text stammt von dem französischen Theologen und Autor, der als Petrus Comestor bekannt ist – sein Nachname ist ein latinisierter Spitzname, »der Verzehrer« –, so genannt, nicht weil er sich beim Tafeln ausgezeichnet hätte, sondern weil er unersättlich Bücher verschlang. Viele Leser im Mittelalter begegneten der Genesiserzählung nicht in der Bibel – sie wurde gar nicht so häufig gelesen –, sondern in Peter Comestors volkstümlicher, oft illuminierter Fassung. In der Version des Vatikan – Vat. Lat. 5697 – liegt der nackte Adam schlafend auf einer Art Felsenliege, während Gott in langem Gewand hinter ihm steht und in seiner linken Hand vorsichtig eine Rippe hält, an deren Spitze bereits Evas Kopf zu erkennen ist. Den übrigen Körper hat er noch nicht geformt, so dass sie wie eine kleine Stockpuppe wirkt. Mit der rechten Hand freilich macht Gott eine segnende Geste über der bloßen Rippe. Ganz im Sinn von Augustinus versteht der Künstler das Geschehen buchstäblich: »Und Gott der Herr baute eine Frau aus der Rippe, die er von dem Menschen nahm.« (Gen 2,22)

Diese Figuren in der Schöpfungsszene verweisen tatsächlich auf die Nacktheit Adams und Evas im Paradies, doch im größten Teil der christlichen Kunst in Spätantike und Mittelalter sind die Körper des ersten Mannes und der ersten Frau nur nominell dort. Die Künstler, die diese Darstellungen schufen, kannten natürlich die heidnische Vergangenheit und konnten um sich herum noch immer viele Relikte klassischer Akte sehen: in unschuldiger Nacktheit. Hätten sie es gewollt, hätten sie sich diese Akte zum Vorbild nehmen, die ersten Menschen in ihrer Vollkommenheit und makelloser Unschuld darstellen können. Sie aber wollten etwas anderes schaffen, etwas, das die Schwelle zum Glauben markierte, die überschritten worden war.

Diese Schwelle freilich markierte nicht auch den Verzicht auf den künstlerischen Willen, ganz im Gegenteil, wie unzählige romanische und gotische Kirchen mit ihren großartigen Skulpturen und Gemälden zeigen. Im Bildprogramm dieser Kirchen erscheinen Adam und Eva recht häufig als kleine Skulpturen an den Portalen, auf Gemälden auch betagt, als Patriarch und Matriarchin, die von Christus aus der Vorhölle befreit worden sind; Adam freilich auch als Totenschädel am Fuß des Kreuzes von Golgatha, »der Schädelstätte«, an der Jesus gekreuzigt wurde.

Einige zehntausend solcher Schädel lassen sich an Kirchenwänden, in mittelalterlichen Gebetbüchern, heute dann in den Museen der Welt entdecken. Nur wenige ihrer Besucher wissen, was mittelalterlichen Betrachtern auf der Stelle klar gewesen wäre, dass nämlich dieser Schädel der Adams ist, der den Tod über die Welt gebracht hat. In der uralten Stiftskirche der Marktgemeinde San Candido (Innichen), im Alta Pusteria (Hochpustertal) in den Dolomiten gelegen, steht über dem Hochaltar eine farbig gefasste Kreuzigungsgruppe aus Holz (Abb. 9). Ein bärtiger Jesus schaut teilnahmslos vom Kreuz herab, seine blutigen Füße aber stehen auf einem Kopf, der hier kein Schädel ist, sondern noch Fleisch, Haut und Gesichtszüge zeigt: Wer hier betet, blickt Adam direkt ins Gesicht. Er ist gefallen, als Folge der Verfehlung im Garten Eden, aber er wird, durch das Opfer Christi, erlöst werden.

Eine der außergewöhnlichsten Darstellungen dieser Zusammenschau von Sündenfall und Erlösung entstand vor mehr als tausend Jahren in einer alten norddeutschen Stadt bei Hannover. Ein reicher Adliger von beeindruckender Bildung, der als Tutor des späteren Kaisers Otto III. gewirkt hatte, wurde, zum Dank für seine Dienste, 993 zum Bischof von Hildesheim geweiht. Dieser Bernward, der Italien besucht und die Wunder der antiken Welt gesehen hatte, war entschlossen, seinen Bischofssitz zu einem neuen Rom zu machen. Er baute den Dombezirk mit einer starken Mauer zur Domburg aus, überwachte selbst Raum- und Bildprogramm des Dombaus. Viel ist von seinem Bau heute nicht mehr zu sehen, teils wegen späterer Umbauten, vor allem aber, weil alliierte Flugzeuge am 22. März 1945 – keine zwei Monate vor Kriegsende – einen Bombenangriff auf den mittelalterlichen Stadtkern von Hildesheim flogen. Zum Glück waren die Kunstschätze des Doms zuvor zum Schutz ausgelagert worden, sie überdauerten den Krieg und konnten nach dem Krieg, restauriert, in den wiederaufgebauten Dom zurückkehren. Das größte dieser Kunstwerke, die gewaltige, zweiflüglige Bronzetür mit gegossenem Dreiviertel-Relief, zeigt an prominenter Stelle die Geschichte von Adam und Eva (Abb. 4–6).

Die Flügel der Bernwardstür[4] wurden, eine phantastische technische Leistung, beide in einem Stück gegossen: Seit dem Niedergang des Römischen Reichs war in dieser Größe nichts mehr aus Bronze gegossen worden. Die auf den Flügeln gezeigten 16 Szenen bilden einen genau überlegten Bilderzyklus, der oben links mit der Erschaffung von Adam und Eva beginnt und über den Sündenfall zur Ermordung Abels am Fuß des linken Flügels führt; auf dem rechten Flügel steigt die Folge wieder empor, von Mariä Verkündigung über die Kreuzigung bis zur Erscheinung des Auferstandenen im Garten vor Maria Magdalena. In wohldurchdachter Choreographie ist jeder Szene aus dem Alten Testament auf dem linken Flügel eine entsprechende neutestamentliche auf dem rechten gegenübergestellt.

Adam und Eva sind die Hauptfiguren links, ihre Geschichte wird in den acht Feldern sukzessive dargestellt. Und wir sehen selbst in den Szenen vor dem Sündenfall nichts Zuversichtliches, Unabhängiges oder Schönes um diese ersten Menschen: In Gestik und Gestaltung wirken sie eher wie ungezogene Kinder, weder in ihren Körpern noch in ihrer Welt zuhause. Ausdrucksstark zeigen diese Figuren die mittelalterliche Vorstellung vom in Ungnade gefallenen Körper: Nach dem Sündenfall presst eine in sich zusammengesunkene Eva mit einer Hand das Feigenblatt vor ihre Scham, während die andere hinunter zeigt auf die Schlange, dargestellt in drachenähnlicher Gestalt mit einem zwischen die Beine gezogenen Schwanz. Der kauernde Adam, auch er gebeugt, um seine Blöße zu bedecken, versucht seinerseits, die Schuld auf Eva zu schieben, Gott aber, völlig bekleidet, zeigt mit anklagendem Finger direkt auf den Mann. Wer würde vor einem solchen Finger nicht zusammenschrumpfen?

Die Schöpfungsszene im obersten dieser Felder enthält aber auch ein

Rätsel, das bislang zu niemandes Zufriedenheit aufgelöst werden konnte. Wir sehen in der Mitte des Bildfelds, wie sich Gott vorbeugt und mit göttlichem Finger einen Menschen modelliert, der vor ihm auf dem Boden liegt. Das ist, vermutlich, Adam, der in diesem Augenblick aus Lehm geformt wird. Doch rechts davon, hinter einem Baum, dessen Umriss auffällig an ein Herz erinnert, steht eine weitere Figur, offenbar ebenfalls Adam, der voller Verwunderung zuschaut. Dann könnte die Gestalt, die am Boden liegend entsteht, Eva sein, allerdings fehlt jeder Hinweis auf die Rippe, und der verwunderte Zuschauer rechts hat die Augen weit offen. Vielleicht, so haben einige Gelehrte vermutet, hat Gott die Rippe bereits zuvor aus Adams Seite geholt und vollendet die Aufgabe nun, indem er Lehm hinzufügt. Oder schaut Adam vielleicht verwundert zurück, auf seine eigene Erschaffung? Vielleicht hat der Künstler ja auch nicht an das zweite Kapitel der Genesiserzählung gedacht, an die Schöpfungsvorgänge mit Lehm und dann der Rippe, sondern an Kapitel 1, in dem beide Menschen in einem Akt geschaffen wurden: »Und schuf sie als Mann und Frau« (Gen 1,27). Das jedenfalls würde erklären, warum, durchaus auffällig, jegliche sexuelle Differenzierung fehlt. Die Figuren sind androgyn, und das bleiben sie auch auf allen Bildfeldern bis zur Szene des Sündenfalls, wo Eva, Adam lockend, die Frucht direkt vor ihre apfelgleichen Brüste hält. Damit wird der Geschlechtsunterschied eindeutig zum Element der Ungnade, in die sie nun fallen. Und dieser Status macht es mittelalterlichen Künstlern unmöglich, dem ersten Menschenpaar nackte Körper zu geben, die stolz und ohne Scham sind.

Das Regime der Scham, das in der Hildesheimer Tür aus dem 11. Jahrhundert so deutlich ist, hielt sich bis ins späte Mittelalter.[5] Doch einige Künstler haben damals begonnen, neue und überraschende Wege zu erkunden, nackte Körper darzustellen, selbst wenn diese das Mal der Ungnade trugen. Die spektakulärste dieser Erkundungen findet sich in Autun, einer Stadt im französischen Burgund (Abb. 8). Um 1130 meißelte ein Bildhauer namens Gislebertus die lebensgroße Figur einer liegenden Eva in den Türsturz über dem Nordportal der Kathedrale Saint-Lazare. Erhalten ist nur ein Teil des Bildwerks; auch die liegende Eva wäre verloren, wäre sie nicht ins Mauerwerk eines Hauses integriert worden, bei dessen Abbruch im Jahr 1856 das Fragment entdeckt wurde.

Gislebertus' Eva zeigt die traditionellen Merkmale der Scham: Ihre Geschlechtsteile sind verborgen hinter dem Blattwerk eines kleinen Baums. Sie liegt zwar auf dem Boden, aber doch in einer kniend büßenden Haltung. Ihr Kopf ruht in der rechten Hand, mit einer Geste, die Traurigkeit oder Reue anzeigen könnte. Seltsamerweise aber erschöpft sich damit die Bildsprache des erniedrigten Körpers. Denn diese Eva hat eine mächtige erotische Ausstrahlung. Das lange Haar fällt ihr lose über die Schulter, ihr Oberkörper wendet sich dem Betrachter zu und zeigt wunderschöne Brüste. Ihr schlanker linker Arm schmiegt sich an ihren Körper, die Hand greift nach einer Frucht des Baumes hinter ihr, in dessen Geäst ein Stück des sich windenden Schlangenleibs zu sehen ist. Diese Hand scheint sich selbstständig gemacht zu haben, scheint zu handeln ohne Evas bewussten Willen.

Je länger man die Liegende betrachtet, desto lockender erscheint diese mittelalterliche Eva, ein Rätsel, das einer eindeutigen Auflösung widersteht. Offensichtlich ist sie dabei, die Frucht zu pflücken, hat diese aber noch nicht zum Mund geführt, und so, wie sie ihren Kopf in ihre Hand legt und dabei sinnend schaut, scheint sie weit entrückt von diesem schicksalsträchtigen Augenblick. Womöglich ist sie in diesem Moment tatsächlich noch unschuldig, und wenn das zuträfe, dann wären die Blätter, die ihre intimen Körperteile verbergen, wohl eher zufällig am rechten Platz, schließlich hätte sie dann ja keinen Grund, sich zu schämen. Und dann wäre das körperlich Verlockende nicht Zeichen *ihrer* erwachten Sexualität, eher schon eines *unserer* Sündhaftigkeit. Andererseits: Legen ihr Knien, ihr melancholischer Blick nicht unausweichlich nahe, dass sie bereits gefallen ist? Sie muss ihre Unschuld verloren haben, und wenn sie uns ihren schönen Körper entgegendreht, dann geschieht das in bewusster Verführung – dann ist sie Sirene, Seejungfrau, Schlange.

Was also ist sie? Unschuldig oder schuldig? Verführerin oder Büßerin? Ist sie Sinnbild all dessen, was wir hinter uns lassen sollen, wenn wir die Kirche betreten, oder ein Vorbild für ein dem heiligen Raum angemessenes Verhalten? Unmöglich zu entscheiden, und das Rätsel konzentriert sich, was immer es ist, auf das, was sich hinter der schlängelnden Vegetation verbirgt, die uns den Blick auf ihre Hüfte versperrt. Denn gerade dort, wohin unser Blick nicht dringt, dreht sich ihr Leib, bewegt sich auf eine Weise, die uns Menschen eigentlich nicht möglich ist.[6] Gislebertus war in der Lage, die nicht naturalistischen Konventionen der mittelalterlichen Kunst und die intellektuelle Subtilität mittelalterlicher Philosophie zu nutzen, um eine Eva zu schaffen, die sich der Sünde bewusst und zugleich nicht bewusst ist. Das Sakrileg, das der Bildhauer beging, erlaubte ihm, einen vollkommen glaubhaften menschlichen Leib zu schaffen, so ergreifend wie ihn Griechen und Römer darzustellen vermochten. Doch dieses klassische Erbe lag in ferner Vergangenheit, und Gislebertus hätte sein Tun, wenn er es überhaupt bewusst erkannt hat, als einen kleinen Preis empfunden für die Wirkung, die er auf so brillante Weise erzeugt hat.

Mittelalterliche Künstler brauchten die Ressourcen antiker Malerei und Bildhauerei nicht, um mit außerordentlicher Subtilität die tiefste Bedeutung der biblischen Schöpfungsgeschichte zu erkunden. Auf einer Vielzahl in Stein gehauener Türstürze, geschnitzter Chorgestühle, Tafelmalereien und Manuskriptilluminationen stellten sie Adams wundersamen Schlaf dar, als die Rippe seiner Seite entnommen wurde; stellten auch Gottes handwerkliche Schöpfung Evas dar; die listige Schlange, die sich um den Baum windet; den fatalen Akt des Pflückens der Frucht; die erste Erfahrung der Scham; den Augenblick der Vertreibung durch die Pforten des Paradieses. Dieser Augenblick war besonders dramatisch, denn in ihm vollzog sich der entscheidende Übergang von einem Leben im zweckmäßig eingerichteten Garten Eden, in dem alle menschlichen Bedürfnisse im göttlichen Plan berücksichtigt waren, in ein Leben in einer rauen, abweisenden, vom Tod beherrschten Welt. Im Albani-Psalter etwa, in der ersten Hälfte des 12. Jahrhunderts in England entstanden (heute in der Hildesheimer Dombibliothek verwahrt), werden Adam und Eva von Gott selbst aus dem Paradies vertrieben, vorbei an den schlanken Säulen, die dessen Pforte markieren (Abb. 7). Die beiden, in Felle gekleidet, tragen Werkzeuge, der Mann die Sense, die Frau einen Spinnrocken. Adam schaut zurück auf Gott und den Cherub, der bereitsteht, die Pforte zu bewachen; Eva dagegen blickt nach vorne und zeigt mit dem Finger auf etwas, das sie dort erwartet. Der Ausdruck der Comic-ähnlich gezeichneten Gesichter ist schwer zu deuten, auf Evas Gesicht freilich liegt wohl ein leichtes Lächeln, als sei zumindest sie nicht völlig am Boden zerstört. Die schöne Kreuzfahrerbibel (auch Maciejowski-Bibel genannt), die etwa ein Jahrhundert später in Frankreich entstanden ist (heute in der Morgan Library, New York), zeigt Adam und Eva, als sie von einem das Schwert schwingenden Engel durch das Tor eines schmalen Turms getrieben werden, weniger gut vorbereitet auf die Welt: Sie haben weder Kleidung noch Werkzeuge. Noch immer nackt und voller Scham bedecken sie ihre Geschlechtsteile mit Feigenblättern. Beide senken sie, wie es sich geziemt, ihre Köpfe in Trauer.

Doch nichts in den unzähligen Darstellungen dieser Szene lässt sich als Hinweis auf die emotionale Wucht deuten, die das Vertreibungs-Fresko ausstrahlt, das um 1425 für die Kirche der Karmeliterinnen in Florenz gemalt wurde. Dieses Fresko, das der junge toskanische Künstler Tommaso di Ser Giovanni di Simone, besser bekannt als Masaccio, geschaffen hat, steht heute für den weitreichenden und gewaltigen Wandel, der sich unter dem Druck der geistigen und künstlerischen Bewegung, die schließlich Renaissance genannt wurde, anbahnte (Abb. 13–14).

Als ich dieses Fresko zum ersten Mal sah, in den 1960er Jahren, waren die Figuren von Adam und Eva züchtig, wenn auch spärlich mit Feigenblättern gekleidet.[7] Doch bei einer Restaurierung in den 1980er Jahren wurde das Laub entfernt: Es war, wie sich herausgestellt hatte, eine spätere Übermalung. Im Originalzustand waren beide völlig nackt. Getrieben von einem das Schwert schwingenden Engel und mysteriösen schwarzen Strahlen, die aus der Paradiespforte heraus den Fliehenden hinterherzuschießen scheinen, schleppt sich das sündige Paar voran, Evas Gewicht liegt auf ihrem rechten, das Adams auf seinem linken Bein.

Beide machen sie einen zutiefst elenden Eindruck. Sie hat ihren Kopf in den Nacken gelegt, die Augen geschlossen, ihr Mund steht offen, in lautloser Klage, und sie versucht, ihre Brüste mit der einen, ihre Scham mit der anderen Hand zu verbergen. Unerträglich bewusst ist ihr die Bloßstellung; wie die nackten Frauen auf den unendlich grausamen Photographien, die NS-Schergen gemacht haben, reagiert sie auf ein Gefühl der Scham, das in keinem Verhältnis steht zu der Lage, in der sie sich befindet. Will sagen: Was sie dazu treibt, ihre Geschlechtsteile zu verbergen, also die Scham, ist hier weit mehr als ein gesellschaftlich induziertes Gefühl, weit mehr auch als der Versuch, Würde und Selbstachtung zu wahren – es ist ein tief innerer, naturwüchsiger Reflex, etwas, was sie, so unerträglich entblößt, einfach tun muss. Ganz anders reagiert Adam: Er hält den Kopf leicht gesenkt, bedeckt sein Gesicht mit beiden Händen, vom Jammer überwältigt.

Der Kunsthistoriker Michael Baxandall hat darauf hingewiesen, dass Masaccio einen moralischen Unterschied macht zwischen der Frau und dem Mann: Evas Gesten enthüllten die tiefe Scham, die sie durchleidet, Adam wiederum lasse seine Schuldgefühle erkennen. Mag sein. In jedem Fall leben Masaccios unvergessliche Gestalten aus einem überwältigenden Gespür für Verkörperung, aus der Illusion von Aktualität und Präsenz, die heraufbeschworen wird durch den Einsatz der Perspektive und noch verstärkt durch die Schatten, die die Figuren werfen, sowie durch die Wirkung der Bewegung. Noch berührt Adams Fuß die Schwelle zum Paradies, schon im nächsten Augenblick nicht mehr. Dann sind die Figuren endgültig in der gegenwärtigen Welt. Anders als der Engel jedoch, der über Flügel, über ein wunderbares Gewand, über ein Schwert und eine Art magischen Teppich verfügt, sind die Menschen völlig unvorbereitet. Die Hauptquelle ihres Elends sind Scham und Schuld, die sie als Folge ihres Vergehens verspüren, doch ein Blick auf die nackte Erde, auf die ihre Füße nun treten, suggeriert noch eine andere, materiellere Quelle. Sie betreten feindliches Gelände und haben nichts zur Hand, das sie schirmen oder schützen könnte. Aus dieser Perspektive ist Adams Penis, der, nachdem die Übermalung mit Feigenblättern entfernt wurde, in der Komposition des Fresko einen auffällig zentralen Platz einnimmt, weniger Zeichen seiner Männlichkeit als eines Zustands, der mit Shakespeare der eines »unbedeckten, natürlichen Menschen« genannt werden kann. (*König Lear*, 3. Akt, 4. Szene)

Masaccio starb 1428, im Alter von 26 Jahren, doch in seiner kurzen Lebensspanne hat er, fast allein, die italienische Kunst transformiert. Junge Maler kamen, um zu studieren, was er getan hat, und um sich die neuen revolutionären Techniken anzueignen, die seinen Bildern so viel dramatische Kraft gaben. Adam und Eva, wie er sie malte, sind keine abstrakten, dekorativen Sinnbilder menschlicher Schuld mehr, sie sind besonders leidende Menschen, die Körper haben, mit Volumen also und Gewicht und, vor allem, Bewegung.

Zur fast gleichen Zeit fand im Norden Europas ein weiterer großer

Künstler, nämlich der flämische Meister Jan van Eyck, einen vergleichbar revolutionären Weg, um dem Paar Adam und Eva eine beunruhigend neue Körperlichkeit zu verleihen (Abb. 15). Dabei sind die beiden Figuren auf den äußeren Flügeln des berühmten Genter Altars von 1432 keineswegs so dramatisch wie bei Masaccio. Weder heulen sie auf vor Scham, noch erschauern sie vor Schuld; auch werden sie nicht mit Gewalt aus dem Garten getrieben. Sie stehen in gemalten Nischen links und rechts oben am Rand einer gewaltigen Vision der Erlösung durch das mystische Lamm Gottes.

Am Ende aller Zeiten werden alle von Gott zur Rettung Erwählten erlöst, eine immense Zahl von Nachkommen der ersten Menschen. Van Eyck malt sie im Mittelpaneel, versammelt um den Brunnen, aus dem das Wasser des Lebens strömt. Auch Adam und Eva, so glaubte man, werden in diese Vielzahl aufgenommen werden, in ihren Nischen also figurieren sie nicht nur als das Paar, das die Sünde gebracht hat, sondern auch unter den Erlösten.

Nicht diese theologische Erwartung war neu. Neu war die überraschende Lebensähnlichkeit des nackten Mannes und der nackten Frau. Sie sind nahezu lebensgroß dargestellt, und weil die wunderbare Pinselführung des Malers unsichtbar bleibt, scheinen die beiden unter der vollkommen behandelten Oberfläche mit jeder Pore lebendig zu sein. Im heutigen Gent dürfen Besucher dem Altarbild nicht mehr zu nahe kommen, schließlich hat es eine traurige Geschichte von Beschädigungen gegeben, darunter sowohl der Diebstahl durch die Nationalsozialisten wie auch früher, im 19. Jahrhundert, die Übermalung der Körper mit Kleidungsstücken. Doch mit der digitalen Bildtechnik kann man heute unheimlich nahe herankommen, und selbst dann scheinen die Figuren noch leibhaftig vor uns zu stehen. Sie bedecken ihre Geschlechtsteile mit Feigenblättern, doch diese Gesten der Sittsamkeit scheinen ihre Enthüllung eher zu verstärken, scheinen zum fast triebhaft verwirrenden Betrachten ihrer Nacktheit einzuladen. Adams Ausdruck ist nüchtern, er hat, wahrscheinlich infolge der Arbeit, gerötete Hände. Eva hält eine fremd wirkende Frucht in der Hand, wahrscheinlich eine Zitrusfrucht; ihr Bauch – der Schoß, aus dem wir alle kommen – ist merkwürdig vorgewölbt. Alles, bis ins kleinste Detail, scheint dem Blick offen zu liegen; besonders aufwühlend sind Adams geschnittene Zehennägel, sein zerzaustes Haar.

Kein Künstler, auch Michelangelo nicht, der rund 80 Jahre später in der Sixtinischen Kapelle das berühmte Fresko mit der Erschaffung Adams schuf, hat diesen frappierenden Realismus von van Eycks Adam und Eva je erreicht, geschweige denn überboten. Dass dem Künstler völlig bewusst war, was er damit tat, lässt sich implizit an der Konzeption des ganzen Werks erkennen; noch tieferen Einblick in die Bildabsicht gibt jedoch ein kleines, unsichtbares Detail. Ein Infrarot-Reflektogramm – eine moderne Technik, um übermalte Farbschichten sichtbar zu machen, die Auskunft geben über die ursprünglichen Absichten des Malers und über Änderungen, die er während der Arbeit vornahm – brachte eine überraschende Veränderung der Stellung von Adams rechtem Fuß zutage. Van Eyck hatte Adam zunächst so gemalt, dass er vollständig in der Nische stand, mit beiden Füßen parallel zum Bildrahmen. An einem gewissen Punkt jedoch, vermutlich, als die Gestalt immer körperlicher wirkte, änderte er seine Absicht. Er drehte den Fuß nach außen, bis die Zehen aus der Nische herauszuragen, auf den Betrachter gerichtet schienen – so als sei Adam zum Leben erwacht und trete hinaus in die Welt.

Im 15. Jahrhundert, als das Altarbild entstand, konnte Adam diesen Eindruck nur Besuchern vermitteln, die sich zufällig in Gent aufhielten, die St.-Bavo-Kathedrale besuchten und das Altarbild in seinem aufgeklappten – feiertäglichen – Zustand zu sehen bekamen. Das galt natürlich auch für Masaccios Adam und Eva in der Brancacci-Kapelle der Kirche Maria del Carmine in Florenz oder für Michelangelos Adam an der Decke der Sixtina, ebenso wie für Hunderte andere Renaissance-Gemälde, die sich mit der Aufgabe beschäftigten, die Körper der ersten Menschen darzustellen. Alle diese Werke waren ortsgebunden. In einigen Fällen wird sich ihr Ruhm verbreitet haben, es werden Skizzen entstanden sein, die wohl auch zirkulierten. Die tatsächliche Wirkung der Bilder aber ließ sich allein von denen erleben, die sich leibhaftig an den Ort begaben, an den sie fest gebunden waren.

Das aber änderte sich 1504. In diesem Jahr schuf der 33-jährige Albrecht Dürer seinen Kupferstich *Der Sündenfall* (Abb. 16). Rasch wurde dieses Blatt berühmt, und weil die Kupferplattentechnik es ermöglichte, das Blatt wieder und wieder zu reproduzieren, konnte es auch erfolgreich vermarktet und weiträumig vertrieben werden. Tausende Menschen in ganz

Europa sahen das gleiche fesselnde Bild und glaubten, nachdem sie es gesehen hatten, sicher zu wissen, wie die ersten Menschen im Garten Eden vor dem Sündenfall aussahen. Kaum eine Darstellung in der langen Geschichte von Adam und Eva war von derart überzeugender Genauigkeit.

Dürers Stich zeigt uns Adam und Eva rechts und links neben dem Baum der Erkenntnis, ihre wunderbaren Körper sind uns frontal zugewandt. Versunken war damit die Bildwelt des umschlossenen, sorgfältig gepflegten Gartens, der dekorativen gotischen Türme und Bogengänge. Diese beiden stehen in einem dichten Wald, hinter ihnen im Dämmer sind ein Hase, ein Rothirsch, ein Ochse zu sehen. Nur ein kleines Stück Himmel scheint auf, weit entfernt, und auf einer Felsnase, gegen den Horizont kaum zu erkennen, eine Gämse, offensichtlich bereit zum Sprung. Der schicksalsträchtige Baum unterscheidet sich seiner Gestalt nach nicht auffallend von den anderen Bäumen im Wald, trägt allerdings Früchte, die von den Ästen direkt über Evas Kopf herabhängen. Eine dieser Früchte hält Eva in der linken Hand. Beim Pflücken dieser Frucht hat sie einen Ast mit abgebrochen, ein Zweig davon reicht mit Blättern von der Frucht bis über ihren Leib. In ihren Gesten liegt kein Zeichen von Scham, wie zufällig bedeckt dies Blatt ihre Genitalien. Auch in der anderen Hand, zwischen den Fingerspitzen, hält sie eine Frucht. Diese hat sie vermutlich von der Schlange erhalten, die sich um den Baum windet, doch Evas Gesten sind fein und zweideutig, es könnte auch sein, dass sie, umgekehrt, das Tier füttert. Ihren Kopf hat sie zur Seite gewendet, ihr langes Lockenhaar fliegt nach hinten, gespannt blickt sie auf Schlange und Frucht.

Auch Adam schaut zur Seite, richtet seinen Blick aber direkt auf Eva. Mit der rechten Hand greift er nach hinten, umfasst den Ast eines Baumes, womöglich ist es der Baum des Lebens; und wie zufällig reckt sich ein kleinerer Ast mit Blättern auch vor seine Genitalien. Den linken Arm hebt er zu Eva empor, seine Hand öffnet sich gerade, so als wolle er die Frucht nehmen, die sie der Schlange aus dem Maul holt. Beide sind vollkommen unschuldig, ohne jede Scham. Lange währen wird das nicht mehr. Adam ist drauf und dran, den Baum des Lebens loszulassen. Die Natur des Menschen wird sich für immer ändern, und auch die Natur selbst wird nicht mehr die gleiche sein.

Die Bibel sagt nichts dazu, ob den Tieren im Garten Eden ein natürlicher Tod bestimmt war. Die Verse der Genesiserzählung sagen nur, dass die ersten Tiere Vegetarier waren: »Aber allen Tieren auf Erden«, sagt Gott, »und allen Vögeln unter dem Himmel und allem Gewürm, das auf Erden lebt, habe ich alles grüne Kraut zur Nahrung gegeben.« (Gen 1,30) Das wird sich im nächsten Moment ändern, für immer. Adam tritt fast auf den Schwanz einer kleinen Maus, vor seinem anderen Fuß döst eine Katze. Und uns ist klar, kaum ist die verbotene Frucht verzehrt, wird die Katze aufspringen und die arme Maus verschlingen. Aber noch ist, wie der ausgesetzte Sprung der Gämse im Hintergrund, auch alles andere in der Schwebe.

Diese Wiedergabe des letzten Augenblicks in Unschuld, festgehalten wie durch eine Kamera mit sehr kurzer Belichtungszeit, ist so brillant, dass dieses Blatt nahezu augenblicklich berühmt wurde. Kenner bewunderten das erstaunliche technische Können des Künstlers, von dem ein großer Dürer-Forscher sagt:

> Der … Stich von 1504, der *Sündenfall*, ist immer mit Recht berühmt gewesen wegen der Pracht einer Technik, die dem warmen Glühen menschlicher Haut, der frostigen Schlüpfrigkeit einer Schlange, den metallischen Wellen von Einzellocken und Lockenbahnen, der weichen, zottigen, daunigen oder borstigen Beschaffenheit des Fells der Tiere und dem Zwielicht des urweltlichen Waldes gleichermaßen gerecht wird.[8]

Was aber Dürers Zeitgenossen am meisten fesselte, war die völlig zwanglose Schönheit der beiden nackten Figuren, unserer Ureltern, und da vor allem die Schönheit Adams. Es war, als habe noch niemand zuvor eine solche körperliche Vollkommenheit gesehen, ganz sicher nicht in Masaccios Adam, auch nicht bei van Eycks birnenförmiger Eva, geschweige denn in den Hildesheimer Ikonen der Scham.

Gewiss, zu genau dieser Zeit und kurz danach sind viele gleichermaßen schöne Akte entstanden. Getrieben von dem Wunsch, die antike Kunst mit ihrer Überfülle idealisierter Akte wiederzubeleben, wandten sich Maler und Bildhauer der Renaissance Adam und Eva zu, die in ihrer unschuldigen Würde unbekleidet dargestellt werden konnten. Das gesamte 16. Jahrhundert ist reich an solchen Darstellungen, darunter die berühmten Gemälde von Tizian (Abb. 24), Tintoretto und Veronese in Italien, vom älteren und vom jüngeren Cranach (Abb. 23), von Lucas van Leyden, Hans Baldung Grien (Abb. 19) und Jan Gossaert (Abb. 22) im Norden. Und, nicht zu vergessen, der buchstäblich über all diesen Gemälden schwebende riesige Adam in Michelangelos Schöpfungsszene an der Decke der Sixtina (Abb. 21).

Doch selbst in diesem gewaltigen Feld genialer Künstler dominiert der Einfluss von Dürers *Adam und Eva*. Es ist, als sei der Kupferstich so etwas wie ein riesiger Stein, der, in einen Teich geworfen, Wellen schlägt, die immer weiter laufen. Selbst wenn ein Künstler sich pointiert gegen Dürer wendet – wie Hans Baldung Grien etwa, der Adam in einen vermodernden Leichnam verwandelt hat –, lassen sich Fingerabdrücke des Meisters entdecken. Das Bild von 1504, so bekannt und so vollkommen, war ein Vorbild, dem kaum zu entrinnen war.

Zu dieser Vollkommenheit kam es nicht ohne weiteres; sie war Ergebnis einer jahrzehntelangen Suche, und, neben anderen großen Fortschritten in der Geschichte von Adam und Eva, schöpfte sie aus so ziemlich allem, was Werdegang und Leben des Künstlers bestimmt hatte. Schon als Kind außerordentlich begabt, nach Lehren zunächst in der Goldschmiedewerkstatt seines Vaters, dann in einer Malerwerkstatt, beherrschte Dürer die Kunst, so ziemlich alles darzustellen, was seinen kühnen Blick anzog: ein Teich in den Wäldern, die in den Flügeln eines Vogels schimmernden Farben, ein Rasenstück, ein Käfer. Dass viele der Objekte, auf die er seine außergewöhnliche Begabung richtete, ganz unbedeutend waren, störte ihn nicht: »Ich glaub, dass kein Mensch leb, der da in der mindesten lebendigen Creatur sein schönstes End möchte bedenken.«[9] Ihn erstaunte und erregte die unerschöpfliche Vielfalt der Dinge: Wenn es einem begabten Künstler »viel hundert Jahr zu leben verliehen wirdet, … der wirdet sich durch die Kraft, die Gott dem Menschen geben hat, alle Tag viel neuer Gestalt des Menschen und anderer Kreaturen auszugießen und zu machen haben«.[10] Genau dies Geschick des Künstlers – eine Verbindung von gottgegebenen Talenten und immens harter Arbeit – macht es dem Betrachter möglich, diese wunderbare Vielfalt wahrzunehmen und danach auch zumindest einige ihrer unzähligen Manifestationen einzufangen und festzuhalten. Wo ungeübte Augen nur ein kleines Repertoire von ermüdend wiederholten Formen wahrnehmen, sah Dürer ein weites Panorama unterschiedlicher Objekte. Die besondere Ausbildung als Holzschneider und als Kupferstecher hat seine Empfänglichkeit für Unterschiede gesteigert, denn, so schreibt er, er wisse, dass es auch für den geschicktesten Künstler unmöglich sei, dasselbe Bild zwei Mal zu schaffen oder identische Bilder von der gleichen Kupferplatte zu drucken.

Mit 13 Jahren richtete Dürer seine beträchtlichen Fähigkeiten auf sich selbst. Er blickte in einen Spiegel (in damaligen Haushalten durchaus kein verbreitetes Utensil) und zeichnete, was er sah. Gut 40 Jahre später, nachdem er so berühmt geworden war, dass selbst seine Skizzen gesammelt wurden, fand er diese Zeichnung unter seinen Papieren wieder und setzte eine signierte Notiz auf den Kopf des Blattes: »Dz hab Ich aws eim spigell nach mir selbst kunterfeit Im 1484 Jar Do ich noch ein Kind was.« (»Das Konterfei habe ich aus einem Spiegel nach mir selbst gezeichnet im 1484. Jahr, als ich noch ein Kind war.«) Als beeindruckende Demonstration künstlerischen Geschicks steht diese Zeichnung am Anfang einer lebenslangen Praxis des Selbstporträtierens, einer Praxis, der der Kunsthistoriker Joseph Koerner eine großartige Studie gewidmet hat. Eines der ungewöhnlichsten dieser Selbstbildnisse entstand 1503, ein Jahr vor dem Kupferstich mit Adam und Eva: Dürer zeichnete sich nackt, mit Feder und Pinsel auf grün grundiertem Papier. Vor einem dunklen Hintergrund beugt er sich leicht nach vorne, sein Gewicht ruht auf einem Bein, sein langes Haar ist in einem Haarnetz nach hinten gebunden, ein nüchternwacher Blick, die Muskeln straff. Seine Nacktheit ist ohne jede Spur von Scham. Dieses Selbstporträt ungewöhnlich zu nennen, wäre eine Untertreibung: Bis zu Egon Schiele zu Beginn des 20. Jahrhunderts finde sich, so Koerner, in der gesamten westlich-abendländischen Kunst nichts Vergleichbares.[11]

Was immer Dürer im Sinn hatte, als er diese Zeichnung anfertigte, ob ihn Selbstliebe motivierte oder Selbstsorge, ob er sich selbst feiern oder streng die Folgen einer Krankheit diagnostizieren wollte, in jedem Fall muss dieses Blatt in irgendeiner Beziehung stehen zu den nackten Körpern im fast gleichzeitigen Kupferstich von Adam und Eva. Bereits seit einiger Zeit hatte sich Dürer immer wieder mit diesem Sujet beschäftigt, hatte sich unterschiedliche Posen vorgestellt, Studien nach dem Leben und nach abstrakten geometrischen Schemata gezeichnet; hatte Hände skizziert, die Früchte halten oder sich danach ausstrecken, über der idealen Form des menschlichen Körpers gebrütet. Er hatte viele Akte studiert und gezeichnet. Mit der Renaissance erwachte überall das Interesse an der Bildhauerkunst der Griechen und Römer, und das Studium des Aktes wurde zu einem wichtigen Element in der Ausbildung eines Künstlers, wichtiger Teil auch der Arbeit in den Ateliers und Werkstätten. Doch das Porträt von 1503 ist etwas anderes, es zeugt von der Suche nach dem ursprünglichen Körper, nach seinem Wesen.

Dürer war ein Nachkomme Adams – davon war er überzeugt –, und diese Abstammung bedeutete dann ja wohl, dass sein eigener nackter Körper an den Adams erinnern musste, zumindest bis zu einem gewissen Grad. Im Paradies war Adams Körper natürlich vollkommen gewesen, von dieser ursprünglichen Vollkommenheit aber hatten sich alle Körper seither entfernt. Gleichwohl glaubte Dürer, dass er, wollte er Adams Körper – so tief in der Vergangenheit, so unzugänglich – begreifen, den eigenen erfassen, begreifen musste.[12] Es tat nichts zur Sache, dass noch kein Künstler vor ihm so weit gegangen war: Er musste mit der ihm eigenen Intensität den eigenen Körper schauen, ermessen, darstellen – das eigene Fleisch, unverhüllt und ungeschützt. Er dachte nicht daran, seine Geschlechtsteile zu verbergen, sein Selbstporträt als Akt rückt diese sogar in die Bildmitte, so als sollte ausdrücklich ans Licht geholt werden, was ansonsten hinter dem Feigenblatt der Kleidung verborgen blieb. Unklar bleibt, ob seine verwandtschaftliche Ähnlichkeit mit dem ersten Menschen den Narzissmus des Künstlers befriedigte oder ob er diesen erschütterte, insofern nun zum Ausdruck kam, wie weit entfernt von Vollkommenheit sein Körper war.

Dürer, das immerhin scheint klar, sah, dass er nicht irgendeinen der Körper, die er schon studiert hatte, als lebendes Modell für seinen Adam nutzen konnte – weder den eigenen noch den anderer. Er musste Adam in vollkommener Schönheit erschaffen. Auch wenn es überall auf der Welt Schönes zu erblicken gab, das Bild eingeschlossen, das ihm im Spiegel entgegenschaute, so war diese Schönheit nicht die gleiche wie die, die sich im ersten Mann, in der ersten Frau verkörpert hatte – in den einzigen Menschen, die direkt von Gott geschaffen worden waren. Dürer wollte

Menschen bilden, so wie sie nach dem Willen des Schöpfers sein sollten. Diese Schönheit in der Vorstellung zu konzipieren oder sie gar in einem Bild zu fassen, war schier unmöglich; schließlich gab es, wie Dürer meinte, unter den Lebenden niemanden, der auch nur die Schönheit eines Grashalms würde erfassen können.

Gleichwohl machte er sich, wie er in seiner Abhandlung *Vier Bücher von menschlicher Proportion* (1528) und anderen Traktaten darlegte, daran, die ganze Schönheit des schönsten aller lebendigen Geschöpfe zu sehen – und akkurat wiederzugeben: den nackten menschlichen Körper, so wie Gott ursprünglich wollte, dass er aussähe. Wenn diese Aufgabe zu groß, unmöglich zu erfüllen sei, »wenn wir [also] zu dem Allerbesten nit kummen mögen, solln wir nun gar von unserer Lernung lassen – den viehischen Gedanken nehm wir nit an, dann die Menschen haben Args und Guts vor ihnen, darum ziemt es sich einem vernünftigen Menschen, das Bessere vorzunehmen.«[13] Auch wenn er wusste, dass er womöglich scheitern könnte, vertraute er darauf, dass seine Ausbildung, seine Studien sowie sein besonderer Genius – »seine Lernung« – ihn besser auf diese Aufgabe vorbereitet hatten als jeden anderen Lebenden.

Dürer hatte einen scharfen Blick für die unzähligen Unterschiede, die selbst zwischen oberflächlich betrachtet ähnlichen Wesen gleicher Art bestehen. Er hatte sich umgesehen in der Welt, wusste, dass da mehr Dinge waren zwischen Himmel und Erde, als man sich in und um Nürnberg träumen ließ. Um 1500 hatte er von den Entdeckungen, die Kolumbus gelungen waren, gewiss schon gehört; Entdeckungen, die die geographische und ethnographische Landkarte der Welt durcheinandergebracht hatten. (Jahre später sollte er selbst einige der Objekte betrachten, die Cortés aus Mexiko nach Hause gesandt hatte: Sie seien, schrieb er, »viel schöner anzusehen dann Wunderding« (*Tagebuch der Reise in die Niederlande Anno 1520*).) Als Christ glaubte er an eine einzige Wahrheit für alle Menschen, doch diese Wahrheit löschte keineswegs alle Unterscheidungen aus. Schönheit, die an einem Ort gefeiert werde, müsse nicht notwendig auch an einem anderen Ort gefeiert werden. Er schreibt: »Dann [lies: denn] man findet mäncherlei Unterschied in allerlei Landen. Wer weit reiset, der würd es also finden und selbst vor Augen sehen.«[14]

Doch bei der Suche nach der wahren Gestalt von Adam und Eva sah sich Dürer verpflichtet, die schönste vorstellbare menschliche Gestalt zu finden, will sagen: das *eine* vollkommene Vorbild für die gesamte Menschheit, zu allen Zeiten, an allen Orten. »Deshalb mir zu folgen will ich auch Niemand bereden. Dann ich thu so viel ich mag, aber mir selbs nit genüg.«[15] Der beste, womöglich einzige Weg voranzukommen sei wohl, so Dürer, es dem alten griechischen Maler Zeuxis nachzutun. Keines der Werke dieses Künstlers, der im 5. Jahrhundert v. u. Z. lebte, blieb erhalten, doch unter den vielen Anekdoten, die noch immer über ihn kursierten, war eine, die davon handelte, wie es ihm gelang, Helena von Troja zu malen, die schönste Frau der Welt. Da er kein geeignetes Modell finden konnte, hatte er stattdessen fünf schöne Frauen versammelt und von jeder die edelste Eigenschaft gewählt, die er dann zu einem strahlenden Porträt verschmolz. Also machte sich auch Dürer daran, besondere Eigenschaften zu beobachten und zu sammeln.

Es hat sich ein Blatt mit Zeichnungen erhalten, in denen Dürer mit seinem so außergewöhnlich aufmerksamen Blick festhielt, auf welche Weise Hände nach einer Frucht greifen; besonders geachtet hat er dabei auf die Falten, die bei einer solchen Bewegung am Handgelenk entstehen (Abb. 17). Wessen Handgelenk er gezeichnet hat, wissen wir bis heute nicht, aber es hat, und darum ging es, einer konkreten Person gehört, die der Künstler, den Stift in der Hand, genau betrachtete. Man könne, schreibt er, das, was man darstellen wolle, nicht aus seinem Inneren schöpfen. Noch der größte Künstler müsse schauen und skizzieren und in seinem Geist bewahren, was er tatsächlich gesehen hat. »Daraus wirdet der versammlet heimlich Schatz des Herzens offenbar durch das Werk, und die neue Kreatur, die Einer in seinem Herzen schöpft, in der Gestalt eins Dings.«[16]

Viele besondere Körper und Körperteile waren als geheimer Schatz in Dürers Herzen bewahrt – dieses Handgelenk, jene Schulter, die Hüften dort und so weiter –, zusammen mit so entscheidenden Details wie der Art, in der ein Zeh den Boden berührt, wenn das Gewicht des Körpers auf dem anderen Fuß ruht. Oder der Art, in der sich die Hüfte hebt und die Seite einknickt, wenn der Arm seitlich ausgestreckt wird. Es scheint Dürers eigene Seite gewesen zu sein – wie er sie im Spiegel beobachtet und in seinem Selbstporträt als Akt skizziert hat –, die als Vorbild dafür diente, wie Adam ausgesehen hatte, als er seine Hand aufhielt für die verbotene Frucht.[17] Doch nach so langer Zeit lassen sich die Quellen der meisten Züge von Adam und Eva unmöglich sicher ausmachen.

Einen Hinweis vielleicht gibt es. In einem seiner Notizbücher hielt Dürer Beobachtungen fest, die er an Afrikanern gemacht hatte. (Einige beeindruckende Zeichnungen belegen dieses Interesse.) Er bemerkte, dass ihre Schienbeine sehr ausgeprägt seien und Knie wie Füße zu knochig. Doch nachdem er diese Probleme festgehalten hatte, fuhr er fort:

> Aber ich hab ihr Etlich gesehen, die da sunst von den ganzen Leib so wohlgeschickt und ärtig sind gewest, dass ichs nich bassgestalter [besser gestaltet] gesehen noch erdenken kann, so von ganz guter Art von Armen und allen Dingen, wie sie besser nit sein mögen.[18]

Es gibt keine Belege mehr dafür, dass Dürer Adam und Eva nach schwarzen Modellen gezeichnet hat. Doch so besessen, wie er auf der Suche nach Gestalten und Figuren war, die nicht mehr zu verbessern waren, und wenn er zudem geschrieben hat, solche Gestalten habe er unter den Afrikanern gesehen, die er beobachtet hatte, liegt der Gedanke doch nahe, dass er derart vortreffliche Arme und Beine im Sinn hatte, als er Adam und Eva gravierte.

Ein Problem freilich blieb. Selbst wenn er die vortrefflichsten Eigenschaften und Züge, die er finden konnte, sammelte und verband, selbst dann, das wusste er, konnte ein genügend begabter Künstler stets behaupten, er finde noch eine schönere Gestalt. Dürer selbst hatte unter den klassischen Akten, die in der Renaissance erneut in Umlauf kamen, Beispiele überragender Schönheit gesehen und skizziert. Die Quelle dieser Schönheit konnte eigentlich nicht in den besonderen Zügen liegen, sie müsse, so überlegte er, in den Proportionen zu suchen sein. Weil es aber zwischen den Individuen so viele Unterschiede gab, blieb ihm die Berechnung der genauen Proportionen wohl versagt:

> Aber unmöglich bedünkt mich, so Einer spricht, er wisse die beste Mass in menschlicher Gestalt anzuzeigen. Dann die Lüge ist in unsrer Erkenntnuss, und steckt die Finsternuss so hart in uns, dass auch unser Nachtappen fehlt.[19]

1500 begegnete Dürer Jacopo de' Barbari, einem venezianischen Maler, der behauptete, die Lösung gefunden zu haben: »Er wies mir Mann und Weib, die er aus Mass gemacht hätt.«[20] Ein solches Maß, ein Kanon war ebendas, wonach Dürer suchte: nicht oder nicht nur nackte Körper, den eigenen eingeschlossen, mit all den ihnen eigentümlichen Unterschieden, sondern eine Zusammenstellung objektiver geometrischer Maßverhältnisse, die es dem Künstler ermöglichen würde, den idealen menschlichen Körper zu malen. Unglücklicherweise betrachtete Jacopo diese entscheidenden Details als Geschäftsgeheimnis und weigerte sich, sie mit dem jungen deutschen Maler zu teilen, der später dazu schrieb: »... dass ich auf diese Zeit liebr sehen wollt, was sein Meinung wär gewest dann ein neu Kunigreich.«[21]

Doch Dürer könnte, als er Jacopo traf, bereits selbst solche Geheimnisse gehabt haben. Um 1490 wurde bei Anzio, südlich von Rom, eine nahezu unbeschädigte antike Marmorstatue ausgegraben: eine römische Kopie, die im 2. Jahrhundert u. Z. nach einer griechischen Bronzestatue des Sonnengotts Apollo angefertigt worden war. Noch bevor Papst Julius II. die Statue in einen Innenhof des vatikanischen Sommerpalasts bringen ließ, weswegen sie als *Apollo von Belevedere* bekannt wurde, hatte sie das Interesse von Künstlern geweckt. Während seiner Italienreise von 1494/95 hat Dürer sie nicht gesehen, denn bis nach Rom ist er damals nicht gekommen, aber er wird wohl sorgfältige Zeichnungen betrachtet haben, vielleicht auch Kopien in Wachs oder Bronze. Diese Statue jedenfalls, so ahnte er, könnte die Lösung des Rätsels sein, das er so verzweifelt zu lösen versucht hatte. Er begann zu messen und zu berechnen. Und hatte schließlich die exakten Proportionen,[22] nach denen er suchte: der Kopf ein Achtel der Körperlänge, das Gesicht ein Zehntel; das Quadrat der Brust ein Sechstel, wobei die Grundlinie, vom Scheitel gemessen, bei einem Drittel lag.

Schon früh, von 1495 an, zeichnete Dürer die Figur wieder und wieder, er versuchte, nicht nur ihre Proportionen zu erfassen, sondern auch ihre präzise Gestalt, die Art, wie das Gewicht auf einem Bein lag, wie die Knie gebeugt waren, wie der eine Arm seitlich nach hinten gestreckt, wie der andere waagerecht ausgestreckt, wie der Kopf gedreht war. Irgendwann um 1503 nahm er Lineal und Richtscheit, vermaß noch einmal die Proportionen der Figur und zeichnete mit Feder und brauner Tinte. Arme und Hände blieben unvollendet – vielleicht hätten sie einen Kelch und eine Schlange halten sollen, wie auf einer Zeichnung von 1501, vielleicht aber auch Zepter und Sonnenscheibe, wie auf einem Blatt von 1502. Diesmal aber drehte er das Blatt um, auf das er seine vorbereitende Zeichnung gesetzt hatte, und begann nun, jene erste Zeichnung als Leitfaden nutzend, einen Mann zu zeichnen, der mit einer Hand den Ast eines Baumes festhält, mit der anderen einen Apfel umfasst. Dürer hatte Apollo in Adam verwandelt.

So also hat er, auf unübertreffliche Weise, seinen Adam geschaffen: eine Gestalt, zusammengesetzt aus schönen Teilen diverser Körper, miteinander verbunden nach einem idealisierenden geometrischen Schema, das einem heidnischen Götterbild entnommen war. Dasselbe tat er – in meinen Augen allerdings nicht ganz so erfolgreich – für seine Eva. Dann nahm er eine geglättete und mit Wachs überzogene Kupferplatte, zeichnete darauf spiegelverkehrt die beiden Figuren, griff dann nach dem Grabstichel – dem scharfen, aus gehärtetem Stahl gefertigten Werkzeug, dessen absoluter Meister er war – und gravierte mit aller Sorgfalt das dichte Netz der Linien auf die Platte. Nachdem diese erhitzt und eingefärbt war, machte er den ersten Abzug und sah, was er geschaffen hatte. Er hatte allen Grund, ungeheuer zufrieden zu sein. Wieder und wieder vervielfältigt, in ganz Europa, schließlich rund um die Welt verkauft, wurde dieser Kupferstich zum definitiven Bild von Adam und Eva – so definitiv zumindest, wie bei diesen Figuren, die so weit verbreitet und häufig dargestellt wurden, eine einzelne Darstellung überhaupt nur definitiv sein kann. Natürlich hat auch Dürer, wie alle anderen, die einen Stift zur Hand nahmen, nicht aufgehört, Bilder von Adam und Eva zu zeichnen und zu malen. Doch alle später entstandenen Bilder, die eigenen wie die der anderen, scheinen auf merkwürdige Weise, ob bewusst oder unbewusst, ob in Verehrung oder im Widerstand, anzuspielen auf das Paar von 1504.

Mit dem Kupferstich *Der Sündenfall* erwarb sich Dürer Namen und Ruhm, so wie er das wohl erwartet hatte. Direkt hinter dem Ast, an dem sich Adam festhält, so dicht daran, dass er zu diesem zu gehören scheint, ist ein weiterer Ast zu sehen, auf dem ein Papagei hockt, eine jener Kreaturen, deren Schönheit der Künstler zu erfassen suchte. Direkt neben dem

Papagei, über Adams Schulter, hängt – völlig natürlich und unglaubwürdig zugleich – eine Tafel, auf der, zusammen mit den Dürer-Monogramm, die Inschrift zu lesen ist »ALBERT DVRER NORICUS FACIEBAT 1504« (Albrecht Dürer aus Nürnberg schuf dies 1504). Die lateinische Verbform hat die Bedeutung gedehnter Zeit, nicht »fecit = hat gemacht«, sondern »faciebat = machte«, im Englischen »was making«. So suggeriert das Schild, dass der Künstler dort im Garten, in jenem entscheidenden Moment der Geschichte dieser Welt anwesend war, ja mehr noch: dort bei der Arbeit war. Wegen Dürers *faciebat* also – der Arbeit, die er tat, um die Kupferplatte zu gravieren, und der Arbeit, die sich fortsetzt mit jedem Mal, da das Bild von der Platte reproduziert wird –, nur darum haben wir, im Zustand der Sünde, eine Vorstellung von diesen vollkommenen Körpern, die lebten, bevor Zeit und mühsame Arbeit und Sterblichkeit begannen.

KAPITEL NEUN

KEUSCHHEIT UND IHRE MISSLICHKEITEN

Leistete Dürer 1504 den einflussreichsten Beitrag zum Bild von Adam und Eva, so hat der englische Schriftsteller John Milton zwei Jahrhunderte später mit *Das verlorene Paradies* das Gleiche für die Erzählung ihrer Geschichte getan. *Paradise Lost* ist – davon bin ich, wie viele andere auch, überzeugt – die großartigste Dichtung in englischer Sprache. Es ist aber auch noch mehr: eine bis dahin beispiellose, ja schockierende Erfüllung von Augustinus' Aufforderung, die Genesiserzählung buchstäblich, im Literalsinn zu interpretieren. Milton hat das als Auftrag verstanden, er wollte, er musste Adam und Eva zu realen Figuren machen. Und wie Dürer nutzte auch er für diese Aufgabe beides: jedes Mittel, das ihm die Renaissance in die Hand gegeben hatte, und dazu jede Facette seines turbulenten Lebens, seiner turbulenten Zeit. Sein Poem hat die uralte Erzählung für immer verändert.

Das für Miltons Leben entscheidende Ereignis – das Erlebnis, zu dem seine Imagination später zwanghaft immer wieder zurückkehrte – war nicht seine Begegnung mit Galileo in Florenz, auch nicht der Ausbruch des englischen Bürgerkriegs, nicht die Enthauptung des gesalbten Königs, ja nicht einmal, dass er allmählich erblindete. Nein, dieses Erlebnis waren die knappen vier oder fünf Wochen im Sommer 1642, die er, frisch verheiratet, mit seiner jungen Braut Mary Powell verbrachte. Über die alltäglichen Erlebnisse in dieser kurzen Zeit wissen wir so gut wie gar nichts; ein Vorhang wurde davor gezogen, der sich nicht zurückziehen lässt. Aber etwas muss geschehen sein in jenem Juli 1642, als er 33 Jahre alt war, etwas, das alles in seinem Leben umkrempelte und das später das große Gedicht hervortrieb, das er über Adam und Eva schreiben sollte.

John Milton, der älteste Sohn eines reichen Notars und Geldverleihers und leidenschaftlichen Musikliebhabers, war ein brillanter, ein unersättlich lernender Student. Alle Elemente seiner Ausbildung an der elitären St. Paul's School in London, danach am Christ's College in Cambridge – er studierte Griechisch, Hebräisch und Aramäisch, betrieb intensive Bibelstudien, vertiefte sich in die Theologie –, alles deutete auf die konventionelle Laufbahn eines gelehrten anglikanischen Geistlichen hin.[1] Milton aber, der alles andere war als konventionell, ließ sich von anderen nichts vorschreiben und entwickelte sich zu einem Stachel im Fleisch des Kirchenestablishments.

Erste Stürme zeigten sich bereits in Cambridge. Dort nämlich, im Herbst 1626, geriet der 17-jährige Student in einen heftigen Streit mit seinem Lehrer und akademischen Tutor William Chappell. Die Einzelheiten kennen wir nicht, wissen nur, dass Milton ausgepeitscht und für ein Semester vom Studium ausgeschlossen wurde – er musste also zurück nach London. Milton, so erklärte der empörte Tutor, gehöre nicht nur der Universität verwiesen, sondern auch »aus der menschlichen Gemeinschaft« ausgeschlossen. Milton seinerseits vermisste, wie er in einem lateinischen Gedicht an einen Freund schrieb, Cambridge nicht im Geringsten; er könne seine Zeit viel besser damit zubringen, Gedichte zu lesen, das Theater zu besuchen und mit schönen Frauen zu liebäugeln.[2]

Milton, so ließe sich nach all dem vermuten, muss ein rüpelhafter Student gewesen sein – »nach einer maßlosen und ungebärdigen Jugend ausgespien« aus der Universität habe man ihn, schrieb einer seiner Gegner später –,[3] doch das genaue Gegenteil war der Fall. Als hoch reflektierter, langhaariger Schöngeist verachtete er sowohl das akademische Curriculum der Universität – hoffnungslos antiquiert sei es – wie auch das studentische Leben, das fixiert sei aufs Saufen und auf sexuelle Eskapaden. Seine Kommilitonen gaben ihm den Spitznamen »The Lady of Christ's«.

Man kann sich den groben Spott gut vorstellen, mit dem der feinsinnige Dichter überzogen wurde, doch wehrlos war Milton keineswegs: Er verfügte über ein unerschütterliches Selbstvertrauen, das gepaart war mit einer geschliffenen Sprache, mit der er zu treffen wusste. Er müsse, ließ er seine Kommilitonen wissen, seine Männlichkeit nicht durch Saufen und Huren beweisen, so wenig wie durch Landarbeit.[4] Er jedenfalls zeigte seine

Männlichkeit nicht im Bordell, sondern in seinem Schreiben. Seine Prosa war kämpferisch, geschliffen scharf, seine Dichtung voll erotischer Phantasien, die durch ihre klassische Aufmachung kaum kaschiert waren.

Milton teilte seine Gedichte mit seinen Gefährten, vor allem mit Charles Diodati. Ihm, dem engen Freund,[5] offenbarte er auch seinen tiefsten literarischen Wunschtraum; so schreibt er in einem Brief aus dem Jahr 1637:

> Höre, Diodati, doch behalte es für dich, ich müsste sonst erröten; einen Augenblick lang lass mich großspurig sein. Du fragst, was ich im Sinne habe? Also, Gott helfe mir: unsterblichen Ruhm.

Im Grunde, dessen war sich Milton bewusst, konnte es nur peinlich wirken, wenn ein junger Autor, der so gut wie keine Proben seines Könnens geliefert hatte, den Traum von Höhenflügen à la Pegasus äußerte. Fünf Jahre später hatte er seine Examen in Cambridge abgelegt und lebte nun auf dem Land – sein Vater war kurz zuvor aus London in ein kleines Dorf bei Windsor gezogen –, immer noch las er unaufhörlich. Viele Gleichaltrige waren bereits verheiratet und hatten ihre Berufe ergriffen; Diodati etwa, in den Fußstapfen seines Vaters, war Arzt geworden. Der 29-jährige Milton lebte allein, ein ewiger Student. Aber er träumte davon, wie er dem Freund gestand, einst als großer Dichter gefeiert zu werden.[6]

Stetige Fortschritte in diese Richtung allerdings machte er keine. Lange Zeiten vergingen, ohne dass er etwas von Wert hervorbrachte. Doch obwohl er, wie er schrieb, im »Verborgenen und in beengten Verhältnissen« lebte, obwohl er eingestand, erröten zu müssen, spürte er dieses aufrührende Gefühl möglicher Größe in sich. Und im Herbst 1637 hatte er durchaus Grund zur Hoffnung, denn er hatte inzwischen einige Werke von außergewöhnlicher Schönheit verfasst: die Gedichte »L'Allegro« und »Il Penseroso«; »Lycidas«, eine schmerzliche Elegie an einen Freund, der ertrunken war; und, als ehrgeizigstes Werk, das allegorische Maskenspiel *Comus*, eine Auftragsarbeit für den reichen und mächtigen Earl of Bridgewater, das am 29. September 1634 in Ludlow Castle aufgeführt wurde.

Comus gehörte zur Gattung der Maskenspiele, die, zu einem bestimmten Anlass geschaffen, theatralischer Unterhaltung dienten. Anlass war in diesem Fall die Ernennung des Earl zum *Chief administrator* von Wales; als Darsteller wirkten auch die Kinder des Earl mit, dessen 15-jährige Tochter Alice und deren zwei jüngere Brüder. Die Bridgewaters gehörten zur Spitze der gesellschaftlichen Hierarchie Englands, allerdings gab es ein Gespenst, das in den Hinterstuben dieser Familie umging: Der Schwager des Earl war einige Jahre zuvor, der Sodomie und der Vergewaltigung angeklagt, hingerichtet worden. Die Umstände hätten Stoff geboten zu einem *film noir*: eine dunkle Mixtur aus Gier, sexueller Perversion, Inzest und Mord. In dem spektakulären Prozess, der zu seiner Verurteilung führte, war die Frau des Angeklagten als Hauptbelastungszeugin aufgetreten.

Der Skandal war noch so frisch, dass den Bridgewaters sehr daran gelegen war, dass kein weiterer Schatten auf ihr gesellschaftliches Ansehen fiel; insofern könnte es gut sein, dass sie den jungen Schriftsteller aufgefordert haben, ihnen ein Stück zum Lob sexueller Enthaltsamkeit zu schreiben. Milton, damals Mitte zwanzig, fand dieses Thema nicht abwegig, die Idee – ein Maskenspiel zum Lob der Keuschheit und ihrer besonderen Macht – hätte durchaus von ihm selbst stammen können. Die Handlung kreist um eine junge Frau – schlicht »Lady« genannt –, die sich mit ihren zwei jüngeren Brüdern, auf dem Weg zu ihren Eltern, in den Wäldern verirrt. Die Brüder ziehen los, um nach etwas zu essen und Wasser zu suchen, finden aber den Rückweg nicht, und die Schwester fällt dem üblen Zauberer Comus in die Hände. Dieser führt die arglose Jungfrau in sein Lustschloss, und kaum hat sie sich in einem verzauberten Sessel niedergelassen, fühlt sie sich bewegungsunfähig, mit »klebriger Hitze« an ihren Platz gebannt. Der listige Zauberer, die Freuden sinnlicher Schwelgereien preisend, bietet ihr ein Getränk aus seiner Zaubertasse an, sie aber verschmäht das zauberische Gebräu, beschwört vielmehr die Hilfe von Mäßigung und Keuschheit. Am Ende wird sie, beschützt von ihrer standhaften Tugend, tatsächlich gerettet und zieht, mit ihren Brüdern wieder vereint, zu den liebenden Eltern.

Diese märchenhafte Erzählung von der siegreichen Jungfräulichkeit einer jungen Frau nutzt Milton, um auf grandiose Weise zu präsentieren, was ihm an Bildung und poetischem Können zur Verfügung stand: Über tausend Zeilen erhält die Bridgewater-Familie aus seiner Feder, prächtige

Verse voller klassischer Anspielungen und musikalischer Effekte. Wie es Maskenspiele ihrem Genre nach stets intendierten, war auch *Comus* ein großartiges öffentliches Schauspiel zu Ehren der hochgestellten Empfänger und keine persönliche Verlautbarung des Autors.[7] Dennoch ist Miltons einziger Ausflug ins Genre des Maskenspiels von besonderer, tief persönlicher Intensität. So warnt der Bruder der geprüften Lady:

When the lewd and lavish act of sin
Lets in defilement to the inward parts,
The soul grows clotted by contagion.

Allein wenn Lust
Durch Unkeuschheit in Blick, Gebärd' und Wort,
Noch mehr durch frei' und freche Sündentat
Befleckung einlässt zu den inneren Teilen,
Dann, angesteckt, wird beschmutzt die Seele.
(Verse 463–467)

Die »freie freche Sündentat« ist um jeden Preis zu vermeiden. *Comus* lässt uns erkennen, mit welcher Hingabe der Dichter versucht, auch die eigene Jungfräulichkeit zu bewahren, sie freizuhalten von jeglicher Ansteckung.

Der Spott, den er bei seinen Kommilitonen erntete, die ihn »Lady« nannten, lässt erkennen, dass Miltons Ansichten keineswegs typisch waren für junge Männer seiner Zeit. Damals, wie zumeist in der Geschichte, ging es beim Thema Jungfräulichkeit um junge unverheiratete Frauen.[8] Milton sah darin eine Umkehrung der Verhältnisse, die eigentlich herrschen müssten. Das alles habe er, wie er später schreibt, gründlich durchdacht. War schon das unkeusche Verhalten einer Frau ein Skandal, um wie viel schändlicher müsste es dann sein, wenn sich ein Mann genauso verhält, ein Mann, der doch beides sei, »das Bild und die Herrlichkeit Gottes«.[9]

Besser hätten das auch Augustinus und sein Freund Alypius nicht sagen können. Sie immerhin legten das Mönchsgelübde ab, weihten sich damit einem Leben in sexueller Enthaltsamkeit. Milton hatte seine Jungfräulichkeit bis in seine Zwanziger bewahrt, doch vertrat er damit nicht das katholische Ideal von Mönch und Nonne. Ihm, als gutem Protestanten, ging es um das Ideal »verheirateter Keuschheit«. Denn die Reinheit, die er in sich beschützen und bewahren wollte, ließ sich seiner Ansicht nach durchaus mit geschlechtlichem Verkehr vereinen, wenn dieser nämlich durch die Ehe sanktioniert war. Er sah sich verpflichtet, seine Jungfräulichkeit bis zu seiner Hochzeitsnacht zu bewahren.

Das religiöse Klima des frühen 17. Jahrhunderts, bestimmt von glühender Bibeltreue, weckte solche Ängste und ähnliche Überzeugungen auch bei anderen jungen Männern, selbst wenn sie eine überschaubare Minderheit blieben. Ungewöhnlich aber war, wie Milton diese Ängste mit Dichtkunst verband. Fürchtete er doch, die liederlich lüsterne Sündentat – der Geschlechtsverkehr vor der Ehe – könnte seine poetische Inspiration gefährden, auf diese Weise dann auch seinen Traum von der Unsterblichkeit zerstören – eine ganz und gar eigenwillige Vorstellung. Denn damals galten, wie viele Jahrhunderte zuvor (und auch danach), Poesie und Dichtung als unauflöslich verbunden mit erotischer Sehnsucht und Erfüllung. Dichterische Schöpferkraft werde, so dachte man für gewöhnlich, nicht ausgelöscht durch sexuelles Begehren, sondern im Gegenteil verstärkt. Milton, erfüllt von Ovid und Catull, von Shakespeare und Donne, sah dies durchaus: Sein Zauberer Comus spricht die verführerische Sprache des *carpe diem*. Die Lady aber – die des Maskenspiels nicht anders als die von Christ's College – wollte der Verführung dezidiert widerstehen.[10]

Bei aller Anstrengung dürfte es Milton nicht leichtgefallen sein, seine Jungfräulichkeit bis zur Ehe zu bewahren, zunächst in Cambridge, später in London, zuletzt auf dem Land. In Cambridges Außenbezirken boten Bordelle ihre Dienste an, in London, in der Nähe der Theater, die Milton häufig besuchte, gingen Prostituierte ihrem Gewerbe nach, und der junge Bücherwurm wird zumindest gelegentlich sehnsuchtsvolle Blicke riskiert haben auf die leicht zu beeindruckenden Milchmägde. Doch er widerstand. In einem seiner späteren Werke erwähnt er, wahrscheinlich im Rückblick auf sich selbst, die Möglichkeit, sexuelle Begierden durch eine entsprechende Ernährung – man müsse eben die Speisen meiden, von denen man annahm, sie schürten die Lust – und durch Leibesübungen zu mindern. Natürlich pflegte er auch seine engen Männerfreundschaften, vergrub sich in seinen Büchern, tauchte hin und wieder auf, um zumindest etwas von der Dichtkunst zu realisieren, die er mit seiner Enthaltsamkeit zu schützen und zu vergrößern hoffte.

Zur eigentlichen Probe wird es 1638 gekommen sein, als der 30-jährige Milton, von seinem Diener begleitet, aufbrach zu einer Reise auf den Kontinent. Nach kurzem Aufenthalt in Paris – offenbar hat es ihm dort nicht gefallen – reiste er weiter nach Italien, wo er sich über ein Jahr aufhielt, viele Städte besuchte und jeweils für längere Zeit in Florenz, Rom, Neapel und Venedig lebte. Der gebildete Milton, der auch Italienisch sprach, wurde von einer beeindruckenden Riege von Intellektuellen, Dichtern, Künstlern und Wissenschaftlern sowie auch von deren adligen Mäzenen empfangen. In Florenz etwa traf er mit dem 75-jährigen Galileo Galilei zusammen, der unter Hausarrest stand, ein »Gefangener der Inquisition«, wie Milton schreibt, »nur weil er in der Astronomie anders dachte als seine Zensoren, die Franziskaner und Dominikaner«.[11] Wo immer er sich hinwandte in Italien, besuchte er reich bestückte Bibliotheken, ging in Konzerte, tauschte mit neu gewonnenen Freunden lateinische Gedichte aus. In den Briefen, die er seinem Neffen und anderen nach England sandte, lobte er die natürliche Schönheit der Landschaften, das wunderbare Klima, die Raffinesse der Sprache, »die Noblesse der Bauten, die verlässliche Humanität und Höflichkeit der Bewohner«.[12]

Unter den vielen Spuren, die sich von dieser ausgedehnten Reise erhalten haben, findet sich nicht ein Hinweis auf ein sexuelles Abenteuer. Das mag wenig überraschend scheinen: Warum sollten sich gerade solche Hinweise erhalten haben? Gleichviel, Milton kehrte, wie er selbst berichtet, mit intakter Jungfräulichkeit und auch in seinem Protestantismus unangefochten nach England zurück.[13] Wenn seine Selbstauskunft stimmt (und es gibt keinen Grund, daran zu zweifeln), dann könnte Milton zu den damals sehr wenigen jungen Engländern gehört haben, die von solchen Reisen tatsächlich im Stand sexueller Unschuld heimkehrten. Für Englands junge Gentlemen, die sich auf ihre Grand Tour begaben, war Italien die Welt der *Modi* von Marcantonio Raimondi, damals berühmten Stichen von sexuellen Stellungen, begleitet von Aretinos erotischen Sonetten; die Welt auch der Gemälde von Giulio Romano, Annibale Carracci, Correggio und vielen anderen Meistern der erotischen Erregung; auch jener Skulpturen, die in Stein festhielten, wie Finger über warmes Fleisch streichen. Und die Vergnügungen waren nicht bloß virtueller Natur: Die damals Italien bereisenden Engländer bezeugten die Schönheit der Frauen dort und, wichtiger noch, die ausgesuchten Wonnen, die bei Italiens Kurtisanen zu finden seien.

Milton bewegte sich ungezwungen in Italiens gehobener Gesellschaft, in literarischen und wissenschaftlichen Salons wie an den Höfen von Kardinälen und Bischöfen; gleichwohl muss er auch allerhand veranstaltet haben, um sich in dem zu präsentieren, was er für seine moralische Überlegenheit hielt. Im gegenreformatorischen Italien wird er seine religiösen Überzeugungen kaum direkt zum Ausdruck gebracht haben – schließlich war er der Gast, der von seinen katholischen Gastgebern mit außerordentlicher Liebenswürdigkeit empfangen wurde –, aber er war wohl auch nicht bereit, sich diplomatisch-diskret zu verhalten. So berichtet der holländische Dichter Nicolas Heinsius in einem Brief an einen Freund, »der Engländer«, gemeint ist Milton, werde »von den Italienern, unter denen er eine lange Zeit gelebt hat«, gehasst, und zwar »wegen seiner rigorosen Moral«.[14] Milton, der leidenschaftliche, mit 30 noch immer unberührte Protestant, machte klar, dass sich einer wie er gewiss nicht werde verführen lassen.

Milton befand sich in Neapel und überlegte gerade, ob er seine Reise nach Sizilien und Griechenland ausdehnen sollte, als ihn beunruhigende Nachrichten aus England erreichten: Die politische Lage, die schon bei seiner Abreise gespannt gewesen war, hatte sich weiter verschlechtert, und das Land schien in gefährliches Fahrwasser zu driften. Er beschloss, seine Reise nicht fortzusetzen und heimzufahren. Eilig allerdings hatte er es nicht. Noch hatte er die Frage seines Berufswegs nicht gelöst, die ihm schwer zu schaffen machte. Außerdem liebte er Italien ganz eindeutig, sprach vom »Wohnort der *humanitas* und aller Künste der Zivilisation«.[15] Vielleicht wollte er sich auch noch nicht direkt mit einem schweren persönlichen Verlust auseinandersetzen, von dem er irgendwann nach August 1638 erfahren hatte: Charles Diodati, sein Seelenverwandter, war gestorben.

Im Sommer 1639 war er zurück in England, kurz darauf setzte er sich daran, mit einer langen, auf Lateinisch verfassten, pastoralen Elegie seines verstorbenen Freundes zu gedenken. Die Konventionen dieses Genres –

ein klagender Hirte und seine Herden in einer idyllischen, klassisch-griechischen Landschaft – schaffen eine Art formaler Distanz zur realen Welt, gleichwohl ist Miltons Poem voller Gefühl, intim und aufschlussreich. Als ihn die schreckliche Nachricht in Italien erreicht habe, so erfahren wir, habe er sich nicht gestattet, deren Realität wirklich anzunehmen. Erst jetzt, zurückgekehrt, erlebe er den Schmerz in seinem ganzen Ausmaß. Sei es denn wirklich wert gewesen, so frage er sich, so weit zu reisen, nur um »Rom in seinem Grab« zu sehen? Sei es notwendig gewesen, so lange wegzubleiben, wenn er doch in der Gesellschaft seines geliebten Gefährten hätte weilen können? Hätte er keine so große Entfernung zwischen ihn und sich gelegt, wäre er zumindest in der Lage gewesen, die Hand seines sterbenden Freundes zu nehmen und ihm Lebwohl zu sagen. So aber bleibe er zurück und fühle sich unsäglich einsam. Charles – an diesen tröstenden Gedanken klammert sich Milton am Schluss des Gedichts –, »ein junger Mann ohne Fehl«, werde glorreich in den Himmel eingegangen sein. Und er versichert dem toten Freund: »Weil niemals das Glück des Ehebetts gekostet wurde, warten die einer Jungfrau gebührenden Ehren auf dich.«

Ob und wie viel Trost die hier versprochenen »einer Jungfrau gebührenden Ehren« dem 32-jährigen Milton selbst zu spenden vermochten, ist zu diesem Zeitpunkt unklar. Jedenfalls war Milton kein junger Mann mehr, stand auch nicht vielversprechend an der Schwelle zu einer glänzenden Karriere. Wer oder was aber war er dann? Geld war nicht das Problem: Sein in Geldgeschäften tätiger Vater hatte einige Schuldbriefe auf seinen Sohn ausgefertigt, so dass Milton, der sich nun in London niederließ, über ein kleines selbstständiges Einkommen verfügte. Dies ergänzte er, indem er als Erzieher einiger privater Schüler arbeitete; die ersten dieser Schüler waren seine beiden Neffen. Doch all sein obsessives Studieren, das gewaltige Lernen, der immense intellektuelle Ehrgeiz – sollten sie tatsächlich darin enden, dass er nun einer Handvoll junger Schützlinge als Schulmeister mit der Peitsche kam, wenn diese ihre lateinischen Verben nicht korrekt zu konjugieren wussten?

Der Traum von literarischer Unsterblichkeit war in ihm noch nicht abgestorben. Milton füllte Seiten mit Notizen – sie sind in der Bibliothek des Trinity College in Cambridge erhalten –, darunter Titel und kurze

Abrisse möglicher literarischer Projekte, zumeist Tragödien über biblische Themen. Mehrere Skizzen zu einem Fünfakter über den Sündenfall sind darunter, einer davon trägt den Titel »Adam unparadiz'd«, ein anderer ist »Paradise Lost« überschrieben. Sorgfältig listet Milton die Rollen auf: Adam und Eva sollten natürlich dazugehören, sodann ein Spektrum anderer Charaktere von Luzifer und Moses bis zu den Personifikationen von Barmherzigkeit und Unbehagen. Dann strich er diese ganze Liste durch. Ein solches Stück zu schreiben, wäre ihm, der doch kaum Erfahrungen mit Frauen hatte, gewiss schwergefallen; weit jedenfalls ist er mit keinem dieser Projekte gekommen. Dann kam die Geschichte dazwischen.

Das Land befand sich im Zerfall, war zerrissen zwischen Karl I., der von absoluter Herrschaft träumte, und einem dem König feindlichen, zunehmend unversöhnlich agierenden Parlament. Wie in den turbulenten Monaten, die der Französischen oder der Russischen Revolution vorausgingen, gab es damals auch in England unzählige Fraktionen, konkurrierende Standpunkte, vergebliche Versuche, zu Kompromissen zu finden, unglaubwürdige Allianzen, sich verschiebende Feindschaften. Für Milton allerdings gab es Anfang der 1640er Jahre nur einen großen Kampf: die Frommen gegen die Gottlosen. Das Zentrum Letzterer sah er in den Bischöfen der Church of England: reich, weltlich, zynisch, aufgeblasen und arrogant, hoffnungslos im Irrtum versunken.[16] Im Zentrum der Frommen standen die aufgeklärten Visionäre einer radikalen religiösen Reform, Männer und Frauen, die von ihren Gegnern manchmal Puritaner[17] genannt wurden. Diese tapferen Reformer hatten Verbündete im Parlament, und die wiederum waren bereit, sich gegen die bewaffneten Legionen zu stellen, die von den Bischöfen und dem König befehligt wurden.

Anfang der 1640er Jahre spitzten sich die Dinge zu.[18] In der City von London, unweit von Miltons Haus, rottete sich ein puritanisch inspirierter Mob zusammen; gefordert wurden Reformen an »Haupt und Gliedern«, um England durch Abschaffung des Episkopats vor dem Papsttum zu retten. Berichte von Verhaftungen, Demonstrationen, parlamentarischen Missständen, Truppenbewegungen und Massakern füllten die Flugblätter, die im Untergrund arbeitende Druckereien in ungeheuren Mengen ausspuckten.

In seine Bücher versunken, aus denen er nur ab und an auftauchte, um seine Schüler in Griechisch, Lateinisch und Hebräisch zu drillen, hatte Milton die eskalierenden Unruhen bislang nur als unbeteiligter Außenstehender verfolgt. Doch von 1641 an gab er seine Haltung als nur abwartender Beobachter auf. In fünf umfangreichen Abhandlungen, in erstaunlich kurzer Zeit geschrieben und veröffentlicht, ließ er über den Bischöfen und ihren Apologeten die ganze Verachtung und Wut niedergehen, die er, wie auch sein Wissen, in sich aufgestaut hatte. Die lange Lehrzeit, in der er nichts anderes zu tun wusste, als seinen beißenden Witz zu schärfen – seine Antwort auf den Spott seiner hurenden und saufenden Kommilitonen, auch auf die intellektuelle Unfruchtbarkeit seiner anmaßend herrischen Lehrer –, diese Lehrzeit war plötzlich zu etwas nütze: Die beiden Feinde verschmolzen in seiner Imagination zu einem. Die Bischöfe, schrieb er, seien, typisch genug, Männer, die »ihre Jugend mit Nichtstun, Saufen und Huren verbracht, ihre Studien mit unfruchtbaren Fragen und geistlosen Sophistereien vertan hatten, ihre mittleren Jahre mit Träumen und Müßiggang, ihr Alter mit Gier, Altersschwäche und Krankheiten«.[19]

Doch welche Rechtfertigung konnte Milton dafür anführen, dass er sich zum Richter aufschwang über jene, die so weit über ihm standen, dass er an ihnen auslassen konnte, was er » heilige Bitterkeit« nannte?[20] Er, ein ewiger Student, der ein Maskenspiel über die Keuschheit geschrieben und seine Grand Tour nach Italien absolviert hatte – wer war er, dass er sich einmischte in die großen Fragen der Nation? Die Antwort, in einem im April 1642 veröffentlichten Werk, lag im gründlichen Lesen und in moralischer Selbstzucht, auf die er auch seine Karriere als großer Dichter zu bauen hoffte. Seine Autorität wie auch seine Inspiration, schreibt er, entsprängen nicht allein seiner intellektuellen Strenge, sondern auch seiner Reinheit.[21] Er jedenfalls habe sich niemals beschmutzt durch außerehelichen Geschlechtsverkehr mit einer Frau. Er war 33 Jahre alt und unberührt. *Darin* gründete seine moralische Autorität.

Gut einen Monat, nachdem er diese Selbstauskunft veröffentlicht hatte, ritt Milton nach Forest Hill, zu einem Gutshaus nahe Oxford. Anlass war ein ausstehender Kredit, eine der Investitionen, die sein geschäftstüchtiger Vater umsichtig zu seinen Gunsten getätigt hatte. Richard Powell, der Kreditnehmer, hatte 300 Pfund erhalten und in die Zahlung von acht Prozent Zinsen eingewilligt, die in zwei jährlichen Tranchen fällig wurden. Die Lage der Nation war angesichts des drohenden Bürgerkriegs – auch Milton hatte sich inzwischen zum Milizionär ausbilden lassen – angespannt, doch die Straßen zwischen London und Oxfordshire waren passierbar, die Zinsen fällig. Milton erreichte Forest Hill im Juni und kehrte im Juli nach London zurück. Ob er die ausstehenden zwölf Pfund erhalten hat oder nicht, wissen wir nicht. Was wir wissen, ist, dass er eine Ehefrau mit nach Hause brachte, die älteste Tochter seines Schuldners, die 17-jährige Mary Powell.[22]

Im 17. Jahrhundert waren Heiraten zwischen wohlhabenden Familien häufig eher so etwas wie Geschäftsvereinbarungen mit anderen Mitteln als tatsächlich Liebesangelegenheiten, wobei die Plötzlichkeit dieser Heirat nahelegen könnte, dass, zumindest von Seiten Miltons, mehr im Spiel war als Berechnung. Gewiss, Milton hatte lange nachgedacht über das, was Liebe ist, über die moralischen Qualitäten, die er in einer Braut zu finden hoffte, über die Keuschheit, die vergleichbar sei mit den Freuden des Ehebetts, und so weiter. Auf dem Heiratsmarkt übliche Kalkulationen waren das gewiss nicht. Nein, Milton muss an diesem Juninachmittag, an dem er dem jungen Mädchen zum ersten Mal begegnete, etwas gespürt haben vom Glück und seinen verlockenden Möglichkeiten. Wahr ist allerdings auch, dass Milton, als die stürmische Brautwerbung beendet war, vom Brautvater die Zusage über eine Mitgift von 1000 Pfund erhalten hat, eine keineswegs unbeträchtliche Summe. Zeit geblieben für eine gebührende Prüfung des Geschäfts war offenbar kaum. Der entflammte Brautwerber wusste nichts über die Solvenz seines Schwiegervaters Richard Powell. Der aber war ein windiger Spekulant, der keine Aussichten hatte, den ursprünglichen Kredit über 300 Pfund zurückzuzahlen, geschweige denn die Summe zu bedienen, die im Ehevertrag vereinbart war.

Offenbar meinte auch keiner der Beteiligten, sich darum kümmern zu müssen, was die Braut über ihren Ehemann besser hätte wissen sollen. Ihre Familie nämlich war stramm royalistisch, Milton dagegen hatte sich rasch als einer der erbittertsten und entschiedensten Gegner der Bischöfe etabliert. Das Land stand damals kurz vor einer gewaltigen Explosion. Haben die Beteiligten, wenn sie in Forest Hill beim abendlichen Dinner saßen, dieses Thema wirklich aussparen können? Richard Powell lag viel an diesem Abschluss, vielleicht hat er seiner Tochter und auch den anderen Familienmitgliedern signalisiert, sie sollten einen weiten Bogen um alles Politische machen. Und Milton? Vielleicht hat auch er, verwirrt und glücklich, seinem Furor eine Pause gegönnt.

Doch ganz gleich, wie viel oder wie wenig sie tatsächlich voneinander wussten: John und Mary kamen als verheiratetes Paar in das kleine Haus an der Aldersgate Street. Die Braut, noch ein Teenager, wurde von einigen Verwandten nach London begleitet – vermutlich von den Eltern und einigen ihrer vielen Geschwister –, die das Brautpaar feiern wollten. Nach einigen Tagen reisten die Besucher wieder ab, und die Jungvermählten hatten Zeit, darüber nachzudenken, was sie getan hatten.

Milton jedenfalls, davon ging er aus, hatte mit diesem Schritt die Keuschheit nicht kompromittiert, auf die er sein Selbstgefühl, seine moralische Autorität, seine dichterische Berufung so viele Jahre lang gegründet hatte. »Die Ehe«, schrieb er, »darf nicht Befleckung genannt werden.«[23] Gott selbst hatte die Ehe im Garten Eden eingesetzt, noch vor dem Sündenfall, als Adam und Eva noch vollkommen keusch und rein gewesen waren.[24] Demnach könne sich ein verheiratetes Paar des Standes der Unschuld erfreuen, der Adam und Eva gewährt worden war. Als er Mary Powell aus Forest Hill geheiratet hatte, hätte Milton in Adams Worten zu sich selbst sagen können: »Die ist nun Bein von meinem Bein und Fleisch von meinem Fleisch.« (Gen 2,23) Und hätte ihn auf der Schwelle zum Schlafzimmer ein klammes Gefühl beschlichen, so hätte er, ebenfalls in den Worten der Genesiserzählung, fortfahren können: »Und sie waren beide nackt, der Mensch und seine Frau, und sie schämten sich nicht.« (Gen 2,25)

Milton sah sich auf dem Weg ins Paradies.

Kaum mehr als einen Monat hielt Mary Powell ihr neues Leben als Mrs. Milton aus, dann packte sie ihre Sachen und reiste zurück nach Forest Hill. Die offizielle Ausrede war ein »ernstes Ersuchen« ihrer Mutter, die nach der Gesellschaft ihrer Tochter verlangte, verbunden mit der Zusage, dass diese innerhalb von vier Wochen nach London zurückkehren werde; das wäre Ende September gewesen. Weder sie noch ihr Ehemann haben eine direkte Darstellung des häuslichen Elends hinterlassen, das die Ehefrau so rasch nach der Hochzeit ihre Sachen packen ließ, noch dazu mit einer so fadenscheinigen Erklärung. Miltons Neffe gab dem »philosophischen Leben« in Aldersgate Street die Schuld, verdrießlich sei es gewesen für eine junge Frau, die das muntere Leben auf einem Landsitz gewohnt war. John Aubrey, das Klatschmaul des 17. Jahrhunderts, das nach weiteren Details herumschnüffelte, erfuhr, Mary sei an einem Ort aufgewachsen, wo es »viel Gesellschaft und Unterhaltung, Tanz etc.« gegeben habe – und dann habe sie, eine junge Frau, sich wiedergefunden in einem düsteren Haus, in das niemand zu Besuch kam, dessen Stille nur unterbrochen wurde vom Gewimmer der Schuljungen, die ihr Mann im Nebenzimmer züchtigte. So viel zu den Freuden eines philosophischen Lebens. Noch einen weiteren Grund der Zwietracht hielt Aubrey in seinem Notizbuch fest: Mistress Powell sei Royalistin gewesen, und »unterschiedliche religiöse Überzeugungen vertragen sich nicht auf dem gleichen Kissen«.[25]

Mary kam zur angekündigten Zeit nicht zurück, schickte auch kein Wort der Klärung. Vielmehr griff der verlassene Ehemann zur Feder, erhielt aber keine Antwort. Wieder und wieder schrieb er, und kein Lebenszeichen kam aus Forest Hill. Unterdessen hatte sich die nationale Krise zugespitzt. Berichte aus vergangenen Zeiten halten Persönliches und Politisches zumeist getrennt, aber natürlich ist beides stets vermischt.

Im August 1642 floh eine junge unglückliche Frau aus einer Ehe, in der sie sich gefangen fühlte; im gleichen Monat entschloss sich König Karl I. zu einem schicksalsträchtigen Schritt: Er versammelte seine Truppen in Nottingham um sich, hob seine Standarte – das Banner mit der Inschrift »Gebt Caesar, was des Caesars ist« – und zog in den Bürgerkrieg. Beide Ereignisse hätten unterschiedlicher nicht sein können, aber sie geschahen nicht in unterschiedlichen Welten. Milton und seine Frau haben vielleicht nicht im Bett über die Differenzen zwischen Anglikanismus und Puritanismus debattiert, aber der Ausbruch der Feindseligkeiten wird, was immer an Spannungen zwischen diesen beiden Menschen waberte, verstärkt und vertieft haben. Ganz praktisch gesehen waren Reisen zwischen London – dem Zentrum der Parliamentary Party – und dem royalistischen Oxfordshire zunächst schwierig, dann riskant, zuletzt äußerst gefährlich. Milton begab sich nicht selbst nach Forest Hill, um seine Frau heimzuholen, schickte aber, als seine Briefe ohne Antwort blieben, einen Diener los. Dieser kam, auch das eine der Erinnerungen von Miltons Neffe Edward Phillips, ohne befriedigende Antwort zurück, dafür aber mit der Nachricht, dass man ihn mit »einer gewissen Verachtung« entlassen habe.

Die Familie der Neuvermählten war zunächst zweifelsohne begeistert gewesen über die Verbindung mit dem reichen Londoner, dem man zudem eine Menge Geld schuldete. Zu anderen Zeiten hätten sie ihre unglückliche Tochter gedrängt, wo nicht gezwungen, zu ihrem rechtmäßigen Ehemann zurückzukehren. Doch im Herbst 1642 sah es, von Forest Hill aus betrachtet, so aus, als würde der König, der sein Hauptquartier im nahen Oxford aufgeschlagen hatte, seine Feinde schon bald zerschmettern. Und hätte die royalistische Seite erst einmal die Oberhand gewonnen und Ordnung geschaffen im Land, würde es zur Abrechnung mit den Unruhestiftern kommen. Und zu denen, die den Frieden gebrochen hatten, gehörte auch jener unbeherrschte und arrogante Mann, der aufrührerische Traktate gegen die Bischöfe verfasst hatte. Mary rührte sich nicht weg aus Forest Hill.[26]

Und Milton? Er blieb in seinem Haus in London. Eine angenehme Zeit war das nicht für ihn. Er hatte einen katastrophalen Fehler begangen, und zur Entschuldigung konnte er kaum unerfahrene Jugend anführen. Wie lange hatte er sich seiner außerordentlichen Bildung gerühmt, seiner moralischen Gradlinigkeit, seiner Wortgewandtheit. Und nicht als wohlgehütetes Geheimnis, sondern als offenes Versprechen an sich selbst und die Welt hegte er in sich das Gefühl, für Großes bestimmt zu sein. Nun hatte er sich als Narr erwiesen, war zum Gegenstand von Mitleid und Spott geworden.

Ende Oktober zog die Armee des Königs stetig das Tal der Themse hinab, auf London zu. Das Ende des Aufruhrs schien bedrohlich nahe. Die königlichen Truppen erreichten Turnham Green – so nahe der City, dass dieser Ort heute eine Station an der District Line der Londoner U-Bahn[27] ist –, traf dort jedoch auf die Verteidigungsanlagen, die ausgebildete Milizen und Bürgerverbände aus Ladenbesitzern, Handwerkern und Lehrlingen hastig errichtet hatten; auch eine nicht sehr hohe Zahl alter Veteranen war dabei. Der König zögerte, sondierte die Lage (zu der auch die Parlamentstruppen gehörten, die unter der Führung des Earl of Essex bedrohlich heranrückten) und zog sich zurück. Derart nahe in seine Reichweite ist London nicht wieder geraten.

Milton hatte eine soldatische Ausbildung absolviert – man stelle sich vor: der penible, langhaarige Dichter, der mit einer Pike das Exerziergelände auf und ab marschiert –, doch als die Armee des Königs heranzog, verließ er Aldersgate Street nicht, eilte nicht zum Barrikadenbau nach Turnham Green. Stattdessen schrieb er ein Sonett, das er an seine Tür pinnte (sich das vielleicht auch nur vorstellte). Das Gedicht war eine Bitte: Jeder, der sich seinem ungeschützten Haus nähere, möge die Person in diesem Haus vor Schaden schützen. Und warum? Es sei dies nämlich das Haus eines Dichters, und ein Dichter besitze die Gabe, den Namen des Lesers »über Länder und Meere zu verbreiten«. Das ist, wie man getrost sagen kann, Miltons heroischster Augenblick nicht gewesen. Es zeigt aber, halb spielerisch, halb ernst, seinen Glauben an die Macht der Dichtung und an seine Berufung als Dichter. Und tatsächlich war er, auf seine ganz eigene Weise, außerordentlich mutig,[28] eine Art von Mut freilich, der einem Militärhistoriker nicht auffallen würde.

In diesen Tagen der nationalen Krise hätte man erwarten können, dass Milton entweder lügen oder, wenn er entschlossen war, leichtsinnig zu handeln, seine Polemik gegen die Bischöfe erneuern würde. Er aber tat etwas Drittes, etwas, das unglaublichen Mut oder, wie man auch sagen könnte, unglaubliche Selbstbezogenheit verlangte.[29] Er stürzte sich ins Schreiben, verfasste eine ganze Folge temperamentvoller Traktate, in denen er für alle Engländer und Engländerinnen das Recht forderte, sich einvernehmlich scheiden zu lassen, das Recht zu anschließender Wiederheirat eingeschlossen. Das sei zu rechtfertigen, wenn man die Erzählung von Adam und Eva nur richtig verstehe.

Miltons Zeitgenossen fanden diese Traktate schockierend, und zwar mit gutem Grund. Denn im England des 17. Jahrhunderts galt eine einmal geschlossene Ehe als lebenslang bindend, einzig der Tod eines der Gatten konnte sie beenden. Lange zuvor, im 16. Jahrhundert, hatte Heinrich VIII. mit der römisch-katholischen Kirche gebrochen, wozu oft gesagt wird, dies sei geschehen, weil er die Scheidung von Katharina von Aragon gefordert habe, mit der er 18 Jahre verheiratet gewesen war. Tatsächlich aber suchte er nicht die Scheidung, und auch vom protestantischen Erzbischof von

Canterbury erhielt er sie nicht. Was ihm zugestanden wurde, war die Annullierung der Ehe.[30] Die Church of England hat die katholische Auffassung der Ehe nicht grundsätzlich umgestoßen. Über 300 Jahre sollte es dauern, bis die von Milton geforderten Veränderungen Gesetzeskraft bekamen: im Divorce Reform Act von 1969 bis 1973.

Waren ein Mann und eine Frau einmal rechtmäßig verheiratet worden – wenn also weder Bigamie, Inzest, Geisteskrankheit oder andere Umstände vorlagen, die eigentlich schon gegen eine Verlobung gesprochen hätten, und wenn die Ehe vollzogen war –, dann konnte die Bindung nicht wieder gelöst werden.[31] Eine Ehefrau, die von ihrem Ehemann regelmäßig geschlagen oder zum Analverkehr gezwungen wurde, mochte Mitgefühl hervorrufen. War der Missbrauch genügend grausam, dann konnte die förmliche Trennung von »Tisch und Bett« ausgesprochen werden; einfach zu erreichen war das keineswegs. Eine Scheidung allerdings wurde auch dann nicht ausgesprochen, Fälle von Ehebruch oder Häresie ausgenommen; das Recht zu einer erneuten Heirat bestand danach nicht. All das galt auch im Fall böswilligen Verlassens:[32] Wenn eine Frau ihren Ehemann verließ (oder umgekehrt), dann konnte der oder die Verlassene auf Mitgefühl zählen, weder er noch sie aber konnten einen neuen Ehepartner finden und neu beginnen. Und was Unvereinbarkeit anging – die Erkenntnis, dass eine Beziehung zerrüttet und nicht zu kitten war –, so war dies traditionell Stoff für Komödien, ein Fall für die Gerichte war es nicht.

Was also seinen Fall betraf, so steckte Milton in einer Ehe fest, die er als katastrophalen Fehler betrachtete – und Mary erging es nicht anders. Alles in Miltons Wesen rebellierte dagegen, die Situation, in der er sich nun befand, untätig hinzunehmen. Hatte er sich doch jahrelang für die Ehe aufgespart. Er war überzeugt, dass ihm etwas Besseres bestimmt war als das Schicksal eines stillen, melancholischen Kompromisses, als wutschäumendes Ressentiment oder listiger Betrug – Schicksale, die er um sich herum überall sah. Je mehr er darüber nachdachte, desto mehr erschien ihm das geltende Gesetz als Albtraum, nicht nur für sich selbst, auch für alle anderen.[33]

Das umfassende Problem war nicht, dass dieses Gesetz, so wie es war, auf uralten Sitten beruhte, die zu kanonischem Recht verfestigt waren. Den »Unsinn kanonischer Ignoranz«[34] könne die freie Seele einer wackeren und gebildeten Person, so Milton, leicht beiseitewischen. Das eigentliche Problem bestehe darin, dass der Messias die Scheidung, eheliche Untreue ausgenommen, anscheinend selbst verboten hatte, indem er sich auf die Erzählung von Adam und Eva berufen habe.

Im Matthäus-Evangelium fragen einige Pharisäer Jesus nach der Rechtmäßigkeit der Scheidung. Jesus antwortet, indem er an das Buch Genesis erinnert; der erste Mann, heiße es dort, hänge seiner Frau an »und sie werden sein *ein* Fleisch«. Woraus der Erlöser schließt: »Was nun Gott zusammengefügt hat, das soll der Menschen nicht scheiden.« (Mt 19,4–6)[35] Kein Christ, der hoffte, die Scheidungsgesetze ändern zu können, hätte diese Verse ignorieren oder sie ohne weiteres umgehen können.

Milton nun ging das Problem direkt an und interpretierte Jesu Worte neu, indem er sich auf das berief, was traditionell »Gesetz der Nächstenliebe« genannt wird.[36] Das Neue Testament sei eine frohe Botschaft, also könne es das mosaische Gesetz nicht unflexibler und belastender machen wollen. Insofern könnte Jesus mit seiner strengen Verkündigung denn auch nicht gemeint haben, was diese auf den ersten Blick zu bedeuten scheint. Der Erlöser habe den Pharisäern genau die Antwort gegeben, die »arrogante Inquisitoren« verdient hätten. Gläubigen Männern und Frauen dagegen habe er eine ganz andere Antwort geben wollen, eine Antwort, die sich durch seinen Verweis auf Adam und Eva erschließe.

Jesus lehre uns, an den Anfang des menschlichen Lebens zurückzugehen, uns Adam vorzustellen, wie er allein lebte im Garten Eden; daraus nämlich lasse sich begreifen, zu welchem Zweck Gott Eva geschaffen habe. Und dieser Zweck, so Milton, sei nicht zuerst und zuvörderst der Geschlechtsverkehr gewesen. Wer glaube, der Bund der Ehe sei in erster Linie gestiftet worden, um die Begierden des Fleisches zu befriedigen und zu regulieren, der begehe einen fundamentalen Fehler, einen, der die Menschen auf den Status wilder Tiere zurückwerfe. Die Kirche, ob katholisch oder anglikanisch, habe das, was es bedeute, »ein Fleisch« zu sein, auf den kruden Fakt der Ejakulation reduziert, die Milton in einem seiner wilderen Sätze die »Quintessenz eines Exkrements« nannte.

Noch weniger, so führt er seinen Gedanken weiter, sei die Zeugung von Kindern Hauptzweck der Ehe. Nicht einmal das Kirchengericht sei töricht genug zu glauben, eine Ehe sei ungültig, weil in ihr keine Kinder entstanden seien. Gott habe die ersten Menschen angewiesen, fruchtbar zu sein und sich zu vermehren, so wie auch das Vieh auf den Feldern und die Vögel unter den Himmeln. Die erste Ehe – der Bund zwischen Adam und Eva – sei aber aus einem anderen Grund gestiftet worden, und der finde sich auf vollkommene Weise eingeschlossen in Gottes eigenen Worten: »Es ist nicht gut, dass der Mensch allein sei.« (Gen 2,19) Nichts daran sei kompliziert, nichts dunkel, jede, jeder könne verstehen, was da gesagt werde: »Einsamkeit ist das Erste, von dem Gott sagt, es ist nicht gut.«[37] Weder im Geschlechtsverkehr noch in den Kindern sieht Milton also den Hauptzweck der Ehe, dieser liege im Leben mit einem Gefährten. Ein einsamer Adam, selbst wenn er im Paradies ansonsten gut hätte leben können, wäre zum Unglücklichsein verdammt gewesen. Um »Einsamkeit in Geist und Seele« zu verhindern, so Miltons Formulierung, habe Gott die Frau erschaffen und sie dem Mann als »Hilfe« zugeführt.

Überzeugt, den Zweck der ersten, paradiesischen Ehe richtig erfasst zu haben, konnte er nun seine eigene, persönliche Misere nutzbar machen. Klar und entschieden artikulierte er – vielleicht zum ersten Mal überhaupt – eine Erfahrung, die alle, die in einer unglücklichen Ehe gelebt haben, bestätigen können. Wer mit der falschen Person verheiratet sei, dessen – »vor Gott unerlaubte« – Einsamkeit werde nicht weniger, sie werde größer. Das aber sollte gar nicht geschehen dürfen, ist doch der Gatte, die Gattin im gleichen Raum, man selbst aber fühlt sich einsamer als ein Einsiedler. Das Schweigen lastet und schmerzt, Worte, selbst wenn sie gedacht sind, die Vereinsamung zu beenden, vergrößern diese nur. Das war es, was ihn die Wochen im Sommer 1642 gelehrt hatten – eine Lehre, die er unerträglich fand.[38]

Und Mary? Sie hatte schließlich ihre Eltern und elf Brüder und Schwestern sowie die vertrauten Dienstboten im lebendigen, geschäftigen Forest Hill hinter sich gelassen; sie war es, die als 17-Jährige in das düstere Haus an der Aldersgate Street gekommen war; sie hatte allen Grund, ihren so viel älteren, lebensfernen, streitsüchtigen Ehemann seltsam und abstoßend zu finden. Mary muss sich in ihrem neuen Leben unerträglich einsam gefühlt haben. Man hätte gerne einen Hinweis darauf, dass Milton so wie sein eigenes auch ihr Leid wahrgenommen hat; und im Prinzip zumindest war er dazu auch bereit. Die aufrührerische Streitschrift, die er im

August 1643 anonym veröffentlichte, ein Jahr nachdem Mary ihn verlassen hatte, bekam den Titel *The Doctrine and Discipline of Divorce, Restored to the Good of Both Sexes* – für beide Geschlechter also, nicht nur für das männliche.

Gleichviel: So, wie Milton das Dilemma beschrieben hat, so, wie er es auf sich nahm, eine Lösung zu finden, spricht alles dafür, dass er allein für das eigene Elend wahrhaft offen war. (Wer einmal mit einem Menschen gesprochen hat, der oder die gerade in einer schmerzlichen Scheidung steckt, weiß, dass in dieser Situation nicht viel Verständnis für den jeweils anderen Teil der zerrütteten Beziehung zu erwarten ist.) Sein eigenes Verhalten erschien ihm vollkommen gerecht und angemessen; die Worte, die er zu seiner jungen Frau gesagt hatte, seien, so glaubte er, auf unerträglichen Widerstand gestoßen. Er, so empfand er das, war das Opfer einer sprach- und geistlosen Gefährtin, sie habe ihn um das »heitere Gespräch« gebracht, das doch Sinn einer Ehe, aber nur dann möglich sei, wenn »die Seelen dafür passend gestimmt sind«.[39]

Wie aber hatte er dann einen so katastrophalen Fehler begehen können? Er betrachtete reihum die Ehen seiner Freunde und Bekannten, auch derjenigen, denen er sich nach Intelligenz und Moral weit überlegen fühlte, und er sah, dass viele dieser Ehen, vielleicht sogar alle, glücklicher und klüger waren als seine eigene. In seinen Traktaten zur Scheidung versuchte er zu erklären, wie ihm das hatte passieren können, auch wenn er an keiner Stelle zugibt, dass er bei all dem über sich selbst nachdenkt. Hinter der »schamhaft schüchternen Schweigsamkeit einer Jungfrau«, das hatte er inzwischen verstanden, konnten sich auch Trägheit und Stumpfheit verbergen. Vielleicht hatte man dem Brautwerber auch nicht genügend »Freiheiten des Umgangs« eingeräumt, bis es schließlich zu spät war. Oder es gab, wenn der Mann tatsächlich Zweifel hegte, unausweichlich Freunde, die ihm einzureden suchten, dass »die Vertrautheit, indem sie wachse, alles bessern werde«.

Doch all das könne nicht zureichend erklären, warum ausgemachte Hallodris oft gute Ehen schlössen, während jene, die »ihre Jugend keusch verbracht haben«, so leicht in schreckliche Verbindungen schlittern. Eine Antwort darauf sah Milton allein darin, dass jene, die wild von einer Liebschaft zur nächsten geflattert seien, immerhin einen wertvollen Erfahrungsschatz sammeln konnten. Dem keuschen und unerfahrenen jungen Mann aber erkläre man, wenn er einen Fehler gemacht hatte, dass sich daran nun nichts mehr ändern lasse: Er müsse damit leben, sein Leben lang.

Das zu tun, lag nicht in Miltons Sinn, er wollte nicht aufgeben, zumindest nicht kampflos. Um das heitere Gespräch in der ehelichen Gemeinschaft gebracht und sicher, dass er dieses mit der Frau, die er geheiratet hatte, niemals finden würde, spürte er ein ganz anderes Gefühl in sich aufsteigen, er zögerte auch nicht, es beim Namen zu nennen: »Dann«, nämlich in gescheiterten Ehen, »kommt der Hass … nicht der Hass, der sündigt, sondern der, der nichts anderes ist als natürliche Unzufriedenheit und Abkehr von einem misslungenen Vorhaben.« Aus Liebe war Abscheu geworden.

Milton machte der Gedanke krank, ein Leben lang in einer lieblosen Ehe gefangen zu sein. Er wusste, dass er niemals Trost finden könnte in einem Bordell oder im Ehebruch. Aber Geschlechtsverkehr mit einem Partner, den man hasst – »sich schinden in der Mühle einer unerfreulichen und sklavischen Kopulation«, wie er es formuliert –, sei eine Form von »Zwangsarbeit«.[40] Nicht ein Fleisch sei das, vielmehr »zwei Kadaver, die widernatürlich aneinandergekettet sind«, oder: »eine lebendige Seele gebunden an einen toten Körper«.[41] Sollte Gott wirklich ein solcher Tyrann sein?

Wenn Gott über ihn, Milton, ein solches Elend habe bringen wollen, dann könne er doch nur glauben, dass er eben kein Auserwählter sei, sondern das, was die Calvinisten einen Verworfenen nennen: ein von Gott zurückgewiesener Sünder. Und wenn er sich nun weigerte, ebendas zu glauben, wenn er sich nicht als Verdammten sah? Milton spürte eine noch schlimmere Angst in sich, schrecklicher, vielleicht aber auch verlockender als das Gefühl der Verworfenheit. Denn ein feinfühlender Mensch, der sich für immer gefangen sah in einer unglücklichen Ehe, dem konnten durchaus Zweifel daran kommen, dass Gott überhaupt irgendetwas mit dem Ganzen zu tun habe. So war in einer ganzen Kette miserabler Alternativen, die mit dem Hurenhaus und dem Bett des Nachbarn begann, der Atheismus die letzte und schlimmste der Möglichkeiten.

Dabei sei jedoch, überlegte Milton weiter, nichts davon wirklich notwendig. Denn der Gott, der die Ehe im Garten Eden gestiftet hatte, könne unmöglich wollen, dass all jene, die einen unschuldigen Fehler begangen hatten, zu lebenslangem Unglück verdammt seien. Wenn Liebe, gegenseitige Hilfe und vertraute Nähe unbedingt zur Ehe gehörten, so wie Gott sie gewollt hat, dann musste es auch eine Möglichkeit der Scheidung geben. Durch eine verdorbene Kirche in die Irre geführt, seien Männer und Frauen in ein Gefängnis gesperrt worden, und verzweifelt brauchten sie jemanden, der sie dort herausführte. Ein Mensch, der den Faden liefern könne, »der aus diesem Labyrinth der Knechtschaft herausführt, verdient es, zu den öffentlichen Wohltätern eines zivilen und humanen Lebens gezählt zu werden, mehr als die Erfinder von Wein und Öl«.

Seine persönliche Lage im Jahr 1644 musste, das war ihm klar, vielen seiner Leser bekannt sein. Es war eine kleine Welt, in der er sich durch die Publikation seiner vehementen Angriffe gegen die Bischöfe bereits ziemlich exponiert hatte. Nun, da ihn seine junge Frau verlassen hatte, mussten seine Argumente, auch das sah Milton durchaus, einigen als Sendschreiben in eigener Sache erscheinen. Und wenn schon! Er würde aus dieser persönlichen Krise die größtmögliche öffentliche Forderung machen, und indem er das tat, würde er zum Retter der Ehe und darum größere Bewunderung verdienen als die Erfinder von Wein und Öl.

Als er 1643 *The Doctrine and Discipline of Divorce* (was genau genommen heißt: »Theorie und Praxis der Scheidung«) in Druck gab, tat er dies anonym. Schon im Jahr darauf jedoch, nachdem zwei Auflagen quasi auf der Stelle vergriffen waren, veröffentlichte er eine revidierte und erweiterte Fassung, und dieses Mal ließ er, durchaus verwegen, seinen Namen aufs Titelblatt setzen: John Milton.

Doch nicht Bewunderung, sondern ein Sturm aus Spott und Entrüstung war die Reaktion.[42] *The Doctrine and Discipline of Divorce* gehöre »vom Henker verbrannt«, seine Argumente seien »nicht weit entfernt von Blasphemie gegen Jesus Christus selbst«.[43] Für Miltons Darstellung der unerträglichen Einsamkeit, die empfinde, wer mit der falschen Person verheiratet sei, hatte einer seiner Gegner nur Spott parat: »Man kann auf keine Frau zählen, wenn es um ein wirkliches Gespräch geht … es sei denn, sie spricht Hebräisch, Griechisch, Lateinisch und Französisch und kann so gut gegen das kanonische Recht argumentieren wie du.«[44]

Die Kinder aus einer unglücklichen Ehe, hatte Milton argumentiert – »Kinder aus Zorn und Kummer« nannte er sie –, seien schlimmer dran als solche, deren Eltern in eine »friedliche Scheidung« einwilligten. Unglückliche Frauen hätten ebenso viel Grund, die Scheidung und das Recht zur Wiederheirat zu begrüßen, wie unglückliche Ehemänner. Warum sollten Frauen, vielleicht noch mehr als Männer, gezwungen sein, das Joch einer Ehe mit einem Mann zu ertragen, den sie schon länger hassten? Doch so ziemlich allen von Miltons Zeitgenossen aus dem 17. Jahrhundert erschienen solche Argumente entweder frevelhaft oder haarsträubend naiv. Was er vertrete, hielt man Milton entgegen, würde Männern das Recht geben, ihre Verpflichtungen zu vernachlässigen, und die Institution erschüttern, die Gott selbst im Garten Eden gestiftet hatte. Ausgerechnet der Dichter, der sich einst selbst gefeiert hatte für seine Jungfräulichkeit und der zum Lob der Keuschheit ein Maskenspiel geschrieben hatte, ausgerechnet der schlage nun eine Bresche für Freigeister und Wüstlinge.

Milton wehrte sich. Ob seine Kritiker sich überhaupt die Mühe gemacht hätten, *The Doctrine and Discipline of Divorce* zu lesen und seine Argumente zu bedenken? Gott hätte ja auch einen männlichen Gefährten für Adam schaffen können – tausend davon, so er gewollt hätte –, doch »bis ihm Eva zugeführt wurde, betrachtete ihn Gott als einsam«. Und das nicht nur, gar vor allem wegen des Geschlechtsverkehrs, sondern weil es »im Stand der Ehe neben dem gemeinsamen Bett eine besondere Geborgenheit gibt, wie sie keine andere Gemeinschaft zu bieten hat«.[45]

Milton, sonst so spielerisch wortgewaltig, hatte alle Mühe zu beschreiben, worin denn diese Geborgenheit bestand – er selbst hatte sie bis dahin nicht erlebt. Zutiefst befriedigend müsste sie sein, immerhin habe Gott, wie Milton schreibt, gewollt, dass Adam »viele Jahre zurückgezogen in einer leeren Welt mit einer Frau verbringt«. Doch wenn es dabei nicht um Sex ging, sondern um etwas anderes als das »gemeinsame Bett«, was sollte das sein? Recht unbeholfen schreibt Milton von »einer Art Entzücken und streunender Neigung zu den Vergnügungen ehelicher Muße«. Näher kam er der Sache nicht.

Keinerlei derartige Schwierigkeiten hatte Milton, wenn er nach Worten für seine Kritiker suchte: »Idiot«, »Hirnwurm«, »durchtriebener Winkeladvokat«, »alter Narr«, »Vielfraß«, »Barbar«, »juristisches Hühnerhirn«,

»anmaßender Nichtsnutz«, »Bastard«, »unverschämter Esel«.[46] Doch die Gegner trollten sich nicht, auch angesichts dieser Schimpfkanonade nicht. Bei dem Parlamentsausschuss, der die nicht lizenzierte Veröffentlichung unmoralischer oder areligiöser Schriften untersuchen sollte, wurde eine Klage gegen *The Doctrine and Discipline of Divorce* eingereicht. Milton befand sich in der absurden Situation eines Befreiers, der von ebenden Leuten abgelehnt wird, die er zu befreien sucht.[47]

Wie immer weigerte sich Milton, eine Niederlage einzugestehen. Er durchstöberte theologische Wälzer, um stützende Argumente zu finden, schrieb weiter, veröffentlichte Traktate, deren Ton von gelehrter bis zu furioser Verteidigung der Scheidung reichte. Seine fieberhafte Anstrengung hatte ihren Preis, zumindest erschien es Milton so. Denn um diese Zeit stellten sich die Verdauungsprobleme ein, die ihn für den Rest seines Lebens plagen sollten, und er bemerkte ein noch viel ernsteres Problem: »Selbst am Morgen, wenn ich wie gewöhnlich zu lesen begann, spürte ich, dass meine Augen plötzlich tief im Inneren schmerzten und vom Lesen abließen, waren dann aber, nach mäßigen Leibesübungen, wieder erfrischt; sooft ich in ein Licht blickte, schien es eine Art Regenbogen zu verdunkeln.«[48] Noch wusste er nicht, dass das Nachlassen seiner Sehkraft, welchen Grund auch immer es haben mochte, in wenigen Jahren zu seiner völligen Erblindung führen würde, aber er wird wohl gespürt haben, dass er einen sehr hohen Preis zahlte für seine Mühen.

1644 veröffentlichte er *Areopagitica*, eine der wortgewaltigsten und einflussreichsten Schriften zur Verteidigung der Pressefreiheit, die je verfasst wurde. Schon lange hatte sich Milton gegen Zensur gewandt.[49] Nun reagiert er auf die vielfach erhobene Forderung, sein Buch vom Henker verbrennen zu lassen, und schreibt:

> Es ist fast ebendasselbe, einen Menschen oder ein gutes Buch zu töten. Wer einen Menschen tötet, der tötet ein vernünftiges Wesen, ein Ebenbild Gottes, derjenige aber, der ein gutes Buch tötet, tötet die Vernunft selbst, tötet Gottes Ebenbild sozusagen im Keime.[50]

Wie eigentlich stellten sich seine Gegner das vor? Wenn nicht im öffentlichen Zusammenstoß widerstreitender Ideen, wie sonst sollte sich je die

Wahrheit zeigen? Dachten sie, die Menschen seien Marionetten, nur dazu gemacht – wie in den *motions* des 17. Jahrhunderts –, dass sie die Verse hören lassen, die ihnen die Autoritäten vorsprechen? Und Milton fährt fort:

> Es gibt viele, die beklagen, dass die Vorsehung Adams Übertretung geduldet habe. Törichte Zungen! Als Gott ihm Vernunft gab, gab er ihm Freiheit zu wählen, denn Vernunft ist nichts als Wahl; er wäre sonst ein lediglich künstlicher Adam gewesen, wie er es in den Puppenspielen ist.[51]

Was immer er war oder werden wollte, zu einem künstlichen Adam würde Milton ganz bestimmt nicht werden, nicht zu einer Puppe, die Worte anderer nachplappert; auch Gesetze, die er als ungerecht betrachtete, würde er niemals akzeptieren.[52]

Drei Jahre waren inzwischen vergangen nach den desaströsen Flitterwochen im Sommer 1642, und Milton hatte, soweit wir wissen, kein Wort von Mary gehört. Nun aber griff die Geschichte – die gleiche, die London und Oxford zu zwei feindlichen Lagern gemacht hatte – ein in die festgefahrene Ehe. Das Kriegsglück hatte sich gewendet. Wie ein Trugbild verblasste und schwand der Sieg der Royalisten, der greifbar schien, als Mary nach Forest Hill zu ihrer Familie floh. Nun, im Frühjahr 1645, befand sich das Parlament im Aufwind. Im belagerten royalistischen Oxford wurden die Vorräte knapp, König Karl entschloss sich, seine Truppen selbst gegen die im Norden konzentrierten Streitkräfte des Gegners zu führen. Die royalistischen Soldaten fühlten sich mitgerissen durch die Gegenwart des Königs; viele der Ehefrauen und Mätressen der reicheren Offiziere ließen sich in ihren Kutschen nach vorne fahren, um den allseits erwarteten Sieg mitzuerleben. Aber der Tag der Schlacht bei Naseby begann, mitten im Juni, mit einem nebligen Morgen, und die New Model Army des Parlaments, unter dem Kommando von Thomas Fairfax und Oliver Cromwell, schlug die Truppen des Königs. Mit dieser Schlacht war der Bürgerkrieg letztlich entschieden.[53]

Als die Nachricht von diesem Desaster Oxfordshire erreichte, war den royalistischen Powells klar, dass ihnen der Ruin drohte; sie mussten rasch handeln. Aber wie? Da war die älteste Tochter, die, zumindest formell, verheiratet war mit einer auf der parlamentarischen Seite bedeutenden Person; allerdings hatte sie den Gatten verlassen. Von Milton, der kein Geheimnis gemacht hatte aus seiner elenden Einsamkeit in der Gesellschaft einer Frau, die er inzwischen hasste – »eine lebendige Seele gekettet an einen toten Körper« –, war kaum zu erwarten, dass er sie wieder aufnehmen würde. Die Strategie, die sich die Powells zurechtlegten, gründete auf einer Kooperation mit Miltons Cousins, mit William und Hester Blackborough, die in London in seiner Nähe wohnten und denen gewiss daran lag, eine Versöhnung in die Wege zu leiten. An einem Sommertag, nicht lange nach der Niederlage der Königlichen, kam Milton, wie er es wohl regelmäßig tat, auf einen Besuch zu seinen Verwandten. Da öffnete sich, so berichtet Miltons Neffe, eine Tür »und plötzlich stand er [Milton] völlig überrascht vor einer, von der er gedacht hatte, er werde sie niemals wiedersehen«. Die Begegnung war sorgfältig, geradezu brillant in Szene gesetzt. Ergeben sank Mary vor dem Gatten, den sie verlassen hatte, auf die Knie und bat um Verzeihung.

Milton, der so fest an die »Freiheit, sich zu entscheiden« glaubte, hätte sich jetzt natürlich entscheiden und auf dem Absatz kehrtmachen können. Er tat es nicht. Er hob seine reuige Ehefrau auf und führte sie nach Hause.[54] Dieses Mal hielt die Ehe. Die Kinder, die Milton unterrichtete, werden weiter unter seiner Rute geweint haben, noch immer wird das Haus auf die inzwischen 20-jährige Mary düster gewirkt haben. Jetzt aber konnte sie nicht einmal daran denken, zurück auf den lebendigen Landsitz ihrer Familie zu fliehen. Denn Forest Hill, von Parlamentssoldaten besetzt, gab es nicht mehr, und mit dem Anwesen war auch die weit gespannte soziale Welt verschwunden, in der sie groß geworden war.

Von der Tausend-Pfund-Mitgift, von Anfang an eine Chimäre, redete niemand mehr. Marys Familie, die mit dem Sieg der Parlamentsarmee heimatlos geworden war, erhielt die Erlaubnis, nach London zu ziehen. Und wo sollten sie dort leben? Wo wohl? Die ganze Bande – Richard Powell und seine Frau Anne, zusammen mit den Jungen George, Archdale, William, den beiden Elisabeths und vielleicht noch weiteren Angehörige der unüberschaubaren Brut – zog zu ihrer Tochter und dem verhassten Schwiegersohn.

Im Herbst war Mary schwanger, und am 29. Juli 1646 kam das erste Kind der Miltons zur Welt, eine Tochter. Ein lateinisch geschriebener Brief an seinen italienischen Freund Carlo Dati offenbart immerhin etwas davon, wie John Milton sich angesichts der neuen Lebensumstände fühlte:

> Jene, die nun durch das bloße Faktum der Nähe eng an mich gebunden sind, die sich mir durch sonst nichts empfehlen, sind gleichwohl tagtäglich um mich herum, machen mich taub mit ihrem Lärm und quälen mich, ich schwöre es, sooft ihnen danach ist.

Und Mary? Hatte sie die Trennung inzwischen bereut, gab sie sich oder ihrer übergriffigen Mutter die Schuld daran?[55] Wir wissen nichts darüber, mit welchen Gefühlen sie das Eheleben wieder aufnahm. Im Oktober 1648 brachte sie ihre zweite Tochter zur Welt (sie wurde auf den Namen Mary getauft); im März 1651 dann gebar sie einen Sohn (John genannt) und war bereits gegen Ende des Sommers erneut schwanger – vier Schwangerschaften in den sechseinhalb Jahren ihres Zusammenlebens nach der Versöhnung.

Das Ende der Ehe kam nicht durch Scheidung, sondern auf dem Weg, der in der Hochzeitszeremonie selbst benannt wird: »Bis dass der Tod uns trennt.«[56] Am 2. Mai 1652 brachte Mary Milton ihr viertes Kind zur Welt, einige Tage später, im Alter von 27 Jahren, war sie tot. »Meine Tochter Deborah wurde geboren am 2. Mai, einem Sonntag, irgendwann vor drei Uhr morgens, 1652«, schrieb er in seine Bibel, dann seltsam vage, »meine Frau, ihre Mutter, starb etwa drei Tage danach«.[57]

Auch wenn Mary keinen Bericht über ihr Erleben hinterlassen hat – weder Tagebuch noch Briefe, nichts ist überliefert –, gibt es einen erstaunlichen Versuch, sich vorzustellen, was sie gedacht und gefühlt haben könnte. Diese Vorstellung ist, auf ihre Weise bewegend, zugleich aber auch völlig indirekt und unzuverlässig – es geht dabei nämlich um eine Vorstellung Miltons. In seinen Scheidungstraktaten konnte er sich, verletzt und wütend, nicht erlauben, über all das nachzudenken, was seine unglückliche Braut erlebt haben muss, und soweit wir wissen, zeigte er wohl auch nach ihrer Rückkehr überhaupt kein Interesse daran zu erfahren, wie genau sie sich fühlte. Jahre später allerdings versuchte er dann doch festzuhalten, wie ihre Stimme wohl geklungen hätte, wäre er denn imstande gewesen, sie zu hören. Und selbst da gab er dieser, zumindest aus unserer Perspektive, nicht ihre volle und wahrnehmbare Präsenz, und er könnte nach allem, was wir wissen, auch hoffnungslos danebengelegen haben. Milton jedenfalls erschien es bemerkenswert, dass er überhaupt etwas hörte, etwas anderes als das Echo seines eigenen Unglücklich-Seins. Sich selbst imaginierte er als Adam, die Frau, deren Stimme er heraufbeschwören wollte, nannte er Eva.

KAPITEL ZEHN

PARADIES UND REVOLTE

In einer Predigt vor verarmten englischen Bauern legte der Priester John Ball 1381 dar, dass es zu der Zeit, als die Menschheit ihr Leben in der gefallenen Welt aufnahm, keine verwöhnten Edelleute gab, die über unterdrückte Leibeigne herrschten. Um Feldfrüchte zu ziehen, musste der erste Mann die Erde selbst umgraben; wollte sie Kleidung herstellen, musste die erste Frau ihre Wolle eigenhändig spinnen. Ball gebrauchte eine revolutionäre Parole, die rasch populär wurde: »Als Adam pflügte, Eva spann, wo war denn da der Edelmann?« Und für den Fall, dass seine Zuhörer nicht gleich verstanden, worum es in diesem zündenden kleinen Reim ging, fügte er erläuternd hinzu: »Von Anbeginn waren alle Menschen von Natur gleich geschaffen.«[1] Die Rebellen verbrannten Gerichtsakten, öffneten Gefängnisse und erschlugen Beamte der Krone.

Der Aufstand wurde niedergeschlagen, dem Anführer das grausige Ende bereitet, das Verrätern vorbehalten war: Sein Kopf wurde auf der London Bridge auf eine Pike gespießt, sein Leib viergeteilt, die Teile zur Warnung in vier verschiedene Städte geschickt. Balls Schicksal setzte dem Bauernaufstand des 14. Jahrhunderts ein Ende, seine politische Parole freilich blieb unvergessen, und auch sein Tod brachte die radikalen Auslegungen der Erzählung von Adam und Eva nicht zum Verstummen. Solche Lesarten steckten einfach in diesem Text – sowohl im Topos der ungehinderten Freiheit des Paradieses wie auch in dem der Handarbeit von Adam und Eva nach dem Sündenfall –, zudem war die Erzählung jedem zugänglich, der nach Wegen suchte, sozialen Protest zu rechtfertigen und zu legitimieren.

In Epochen politischer und sozialer Unruhen kennt die Zeit stets merkwürdige Verwerfungen, mal sieht es so aus, als stürze das Gegenwärtige in die Vergangenheit, mal entlädt die Vergangenheit, was sie enthält und beherbergt, in die Gegenwart. So werden biblische Gestalten unversehens zu Zeitgenossen, und nicht nur sie: In der Folge der italienischen Renaissance war es häufig die klassische, heidnische Vergangenheit, die aufbrodelte. Und im Rom des 14. Jahrhunderts rief sich Cola di Rienzo, der uneheliche Sohn eines Kneipenwirts, zum Tribun aus, forderte die Einigung Italiens und die Erneuerung des Römischen Reichs. Ende des 18. Jahrhunderts ließen sich die Führer der Revolutionen in Amerika und in Frankreich in römische Togen gehüllt darstellen. Deutsche Anhänger des revolutionären Russland wiederum sahen sich selbst als direkte Erben der von Spartakus angeführten Erhebung römischer Sklaven. Und im England des 17. Jahrhunderts, im damals religiös überhitzten Klima, in dieser Kultur inbrünstiger Bibelleser, war es dann vor allem die Erzählung von Adam und Eva, die so gespenstisch nahe schien.

Einigen so nahe – zumindest kursierten entsprechende Gerüchte –, dass sie sich heimlich trafen, Männer und Frauen, die Kleider ablegten und ihren Gottesdienst feierten, wie Adam und Eva dies im Paradies getan hätten. Ob es diese Leute – bekannt als Adamiten – tatsächlich gab, ist nicht geklärt, doch auch in Gerüchten zeigt sich, welche Potentiale in der Genesiserzählung steckten und auch erkannt wurden. Konservative Autoritäten, beunruhigt durch den exzessiven religiösen Enthusiasmus, bemühten sich, die Ereignisse im Garten Eden sicher in die entfernteste Vergangenheit zu bannen. Der gelehrte James Ussher, ein anglikanischer, politisch gemäßigter Bischof, brütete über den historischen Berichten, zählte die Generationen, die aus allen biblischen »Zeugungen« hervorgegangen sind, und errechnete so, dass die Welt in der Nacht zum 23. Oktober 4004 v. Chr. geschaffen wurde. Als Datum der Vertreibung von Adam und Eva aus dem Paradies führte er Montag, den 10. November, an. Mit solchen Daten sollten die uranfänglichen Ereignisse an ihrem Platz fixiert werden.

Doch viele von Usshers Zeitgenossen fühlten sich eher einig mit dem Arzt und Naturforscher Sir Thomas Browne, der erklärt hatte: »Der Mann ohne Nabel lebt noch immer in mir.« Die historische Ferne blieb ohne Bedeutung; Browne spürte Adam, der so empfänglich war für Versuchungen, auch in sich selbst rumoren und atmen. Selbst diejenigen, die glaubten, der Sündenfall habe als besonderes Ereignis vor langer, langer Zeit stattgefunden, hielten es mit dem Prediger Robert Everard, der geschrieben hatte: »Wir müssen uns diese Geschichten nahebringen: Wenn nicht, was bedeuten mir dann Sinai und Zion, was Hagar und Sarah?«[2]

Bei diesem Nahebringen ging es nicht nur darum, persönliche Verantwortung für die Sündhaftigkeit zu übernehmen; es konnte auch bedeuten, das Gefühl verlorener Unschuld wiederzuerlangen. Gegen Ende des 17. Jahrhunderts bezeugte George Fox, der Gründer der Quäker, der mehrfach als Dissenter im Gefängnis saß, dass er durch seinen Glauben im Geist ins Paradies erhoben worden sei: »Alle Dinge waren neu, die gesamte Schöpfung bekam einen neuen Duft für mich.« Und: »Ich geriet in einen Zustand, in dem sich Adam vor seinem Sündenfall befand.«[3] Für einige von Fox' Zeitgenossen war diese vollständige Unschuld niemals völlig verloren gegangen; diese Erfahrung sei eine, die allen Menschen gehöre. Als Lüge dagegen betrachteten sie Augustinus' düsteres Beharren darauf, dass alle Kinder, selbst Neugeborene, verderbt und von Natur aus sündig seien. So schrieb der Dichter Thomas Traherne in Erinnerung an seine frühesten Jahre: »Dort war ich ein Adam, / Ein kleiner Adam in einer Sphäre / des Glücks.«[4]

Die eigentliche Wahrheit, so glaubten all diese Suchenden des 17. Jahrhunderts, sei in der Genesiserzählung zu finden. Auch Milton hörte nicht auf, darin zu suchen. In seinem Notizbuch skizzierte er die Idee eines tragischen Bühnenstücks über Adams und Evas Sündenfall; für kurze Zeit hoffte er sogar, dies sei das ersehnte große Werk, das in ihm herangereift war. Aber das Stück ließ sich nicht niederschreiben. Doch Gott, daran glaubte er weiterhin, hatte ihm das Talent gegeben, etwas zu schaffen, das in der Erinnerung der Menschheit überdauern würde, so wie die Werke Homers und Vergils überdauert hatten; das Talent dazu allerdings schien in ihm begraben zu sein. Vielleicht, fürchtete er, war es inzwischen zu spät und der kritische Augenblick, die wirkliche Gelegenheit hatte sich seinem Zugriff entzogen; die Zeit lief womöglich davon, und es würde nicht mehr zu diesem schöpferischen Kraftakt kommen.

Als er im Dezember 1648 seinen 40. Geburtstag feierte, muss selbst ihm, der sich stets auf ein ungemein starkes Ich stützen konnte, klar gewesen sein, dass er dem Meisterwerk, von dessen Niederschrift er träumte, alles andere als nahe war. Natürlich konnte er sich, und durchaus mit

Recht, sagen, dass es andere Dinge gab, über die nachzudenken war. Das Land, das sich 1646 in einem – wenn auch unsicheren – Waffenstillstand beruhigt hatte, taumelte kaum zwei Jahre später erneut in einen Bürgerkrieg. Dieses Mal, nach einer zweiten Runde von Belagerung, Zerstörung und Blutvergießen, war die schließlich siegreiche New Model Army nicht mehr bereit, einen Kompromiss auszuhandeln. In einem beispiellosen Schritt wurde der König wegen Hochverrats vor Gericht gestellt und schuldig gesprochen; 59 Richter unterzeichneten das Todesurteil.

Am 30. Januar 1649 bestieg Karl I. das Schafott, das vor dem Banqueting House des Whitehall Palace errichtet worden war. Nach einer Ansprache, die nur die in nächster Nähe Stehenden hören konnten, sprach er ein Gebet, legte seinen Kopf auf den Block und zeigte sich bereit zu sterben. Der Henker, dessen Kopf unter einer Kapuze verborgen war und der bis heute unbekannt blieb, trennte den Kopf mit einem einzigen Hieb vom Rumpf. Wie ein Zeuge, als puritanischer Pastor gewiss kein Freund des Königs, berichtet hat, ging, als der Hieb erfolgte, ein »allgemeines, jämmerliches Aufstöhnen durch die Menge von einigen tausend Menschen, die das Geschehen sehen konnten«, ein Ton, »wie ich noch keinen gehört habe und hoffentlich auch nicht wieder hören muss«. England hatte sich auf einen radikal neuen Kurs begeben, einem unbekannten Ziel entgegen.

Ein besonnener Mensch hätte es in dieser Situation wohl vorgezogen, sich bedeckt zu halten, doch Milton war alles Mögliche, nur nicht besonnen. Er hatte sich bereits einen Namen gemacht mit seinen wilden Attacken auf die Bischöfe und noch mehr mit seiner Verteidigung der Ehescheidung. Nun ging er noch einen Schritt weiter. Am 13. Februar 1649, nur zwei Wochen nach der Exekution Karls I., veröffentlichte er *The Tenure of Kings and Magistrates* (»Das Lehnsbesitztum der Könige und Obrigkeiten«). Mit dieser langen Streitschrift trat Milton, der keinerlei Verantwortung für den Königsmord hatte, in die Öffentlichkeit und unterzeichnete das Todesurteil quasi noch einmal. Könige, schreibt Milton, behaupten stets, Auserwählte Gottes zu sein, tatsächlich aber sei das »göttliche Recht der Könige« eine Lüge – eine Lüge nicht anders als die Behauptung, des Königs Untertanen seien geboren, um diesem zu gehorchen. In Worten, die an John Ball erinnern und die amerikanische Unabhängigkeitserklärung eindeutig vorwegnehmen, formuliert Milton, was er als das Grundprinzip ansieht: »*Alle Menschen sind von Natur aus frei geboren.*«

Wie Ball findet auch Milton zu dieser radikalen Position, indem er sehr genau über Adam und Eva im Paradies nachdenkt:

> Niemand, der etwas weiß, kann so beschränkt sein, dass er leugnen sollte, dass alle Menschen von Natur aus frei geboren wurden, da sie das Ebenbild und Gleichnis Gottes selbst sind, und dass sie, vermöge des Vorzugs vor allen Geschöpfen, zum Herrschen und nicht zum Gehorchen geboren wurden.[5]

Die Worte, die Gott in der Genesiserzählung zu den ersten Menschen spricht – »Herrschet über die Fische im Meer und über die Vögel unter dem Himmel und über alles Getier, das auf Erden kriecht« (Gen 1,28) –, liest Milton wie eine politische Erklärung, als Deklaration angeborener, unbegrenzter Freiheit. In dieser Freiheit lebten die Menschen,

> bis sie, aus der Wurzel von Adams Sünde, darauf kamen, sich gegenseitig untereinander Unrecht und Gewalttätigkeit anzutun, und da sie vorhersahen, dass eine solche Lebensweise notwendig zum Untergange aller führen müsse, kamen sie mittels allgemeiner Verbündung überein, sich untereinander gegen wechselseitiges Unrecht zu verpflichten und sich vereinigt gegen jeden zu verteidigen, der diesem Übereinkommen Widerstand leisten … würde.

Demnach sind politische Arrangements Verträge, nichts weiter. Und wenn ein Herrscher seinen Teil des Vertrags nicht erfüllt, sind auch die Untertanen nicht mehr zu Gehorsam verpflichtet.

Das war, wie John Adams und Thomas Jefferson ein Jahrhundert später sehr richtig erkannten, revolutionär. Für Milton selbst folgten diese Forderungen wie selbstverständlich aus der Lektüre der Genesiserzählung, aus einer Lektüre, die ihn bereits zu seinen Positionen gegen die Bischöfe geführt hatte: »Wir haben das gleiche menschliche Vorrecht, das seit Adam alle Menschen hatten, nämlich frei geboren zu sein.«[6] Nach seinem Eheunglück hat er diesen Standpunkt ausgebaut. In der Ehe gehe es, wie aus der Erschaffung Evas hervorgehe, um das Streben nach Glück und nicht um unlösbare Bande. So heißt es in *The Doctrine and Discipline of Divorce*: »Wer heiratet, beabsichtigt so wenig, sich zu seinem eigenen Unglück zu verbinden, wie der, der Treue schwört.« Ausdrücklich formuliert Milton die politische Analogie: »So wie das ganze Volk im Verhältnis steht zu einer schlechten Regierung, so steht ein Mann zu einer schlechten Ehe.« Die Ereignisse des sich entwickelnden Bürgerkriegs gaben den Worten, die Milton 1643 niederschrieb, eine seltsam prophetische Kraft: Bereits 1649 verlangten die Menschen in England die Scheidung, und als der König sich weigerte einzuwilligen, taten sie, was notwendig war, um Freiheit und Glück wiederherzustellen, die seit den ersten Menschen ihr Geburtsrecht waren.

Vielen Revolutionären erschienen Adam und Eva in diesem entscheidenden Augenblick als Hauptverbündete. Kurz nach der Exekution des Königs rief ein gewisser Gerrard Winstanley seine Anhänger zusammen. Der Mann war ein Schneider aus Nordengland, der in den wirtschaftlichen Wirren, die der Krieg gebracht hatte, bankrottgegangen und ganz unten gelandet war: Er arbeitete, um sein Leben zu fristen, als Viehhirt. Aber er hatte nicht aufgegeben, hatte immer wieder nachgedacht über den ersten Mann, die erste Frau im Paradies und sich gefragt, warum die Gesellschaft nach dem Sündenfall eine so katastrophale Entwicklung genommen hatte; er fragte auch, wie sich der Schaden möglicherweise beheben ließe.

Am 1. April 1649 führte Winstanley eine kleine Gruppe gleichgesinnter Männer und Frauen nach St. George's Hill in Surrey, etwa zwanzig Meilen von London, wo sie den Boden bearbeiteten und Feldfrüchte anbauten. Sie seien nun, erklärte der Anführer, Adam und Eva, gemeinsam ließen sie den Garten Eden wieder entstehen. Sie achteten darauf, kein Eigentum anderer zu verletzen; das Land, das sie bebauten, war Gemeineigentum, von alters her Gemeinbesitz. Doch die örtlichen Grundeigentümer verstanden die Radikalität dieses symbolischen Akts sofort. Die »Diggers« – so wurden die Mitglieder dieser Kommune genannt – waren dabei, das Privateigentum in Frage zu stellen und damit die gesellschaftliche Klassenstruktur insgesamt, die Reichtum, Land, Status und Macht in den Händen einer kleinen Elite konzentrierte, den Rest der Bevölkerung dagegen zu Machtlosigkeit und Armut verdammte. Das durch Gewalt aufrechterhaltene System der Ungleichheit erlaubte wenigen Privilegierten, als eigenen Besitz einzuzäunen, was Gott für alle vorgesehen hatte.

Der Sündenfall, erklärte Winstanley seinen Anhängern, sei kein Ereignis in archaischer Vergangenheit, sondern etwas, das im Hier und Jetzt geschehe, unentwegt, jedes Mal, wenn ein Mensch, trunken vor Selbstliebe, gierig werde und andere zu tyrannisieren beginne, nur um Reichtum anzuhäufen. »Wenn ein Mensch sündigt, dann soll er das nicht einem Mann anlasten, der vor 6000 Jahren starb, sondern sich selbst.« Die verhängnisvolle Frucht ist das Privateigentum.[7]

Das Paradies sei kein Ort, den allein unsere fernen Vorfahren kennenlernten (und das auch nur kurz), den sie dann aber für immer verloren. Wir alle haben dieses Leben bereits erlebt – als Kinder:

> Schaut auf ein neugeborenes Kind, schaut es euch an, wenn es einige Jahre heranwächst. Es ist unschuldig, arglos, bescheiden, geduldig, sanft, leicht zu bitten, nicht neidisch. Das aber ist *Adam*.[8]

Die Prediger, sagt Winstanley, die uns erklären, niemals in diesem Leben könnten wir die Unschuld wiedererlangen, würden lügen. Nicht nur als Kinder würden wir diesen Zustand besitzen, wir könnten ihn auch als Erwachsene wiedererlangen, vorausgesetzt, wir legten unsere Besitzgier und unsere Besitztümer ab:

> Es soll kein Kaufen oder Verkaufen mehr geben, weder Messen noch Märkte, die ganze Erde vielmehr soll gemeinsamer Schatz sein für alle, denn die Erde ist Gottes.[9]

Die ganze gesellschaftliche Hierarchie, die mit unserem Besitzstreben und unserer Gier entstanden sei, müsse niedergerissen werden. Keine Herren werde es mehr geben und keine Knechte, nicht länger Edelleute und Gemeine. Nicht länger würden die Männer herrschen über die Frauen. Alle Menschen werden gleich sein. Auf St. George's Hill machten sich die Diggers daran zu beweisen, dass dies kein eitler Traum war, sondern ein Leben, das hier und jetzt realisiert werden konnte.

Die lokalen Grundbesitzer klagten, doch die Amtsleute, die die New Model Army vorbeischickte, sahen nichts Bedrohliches in einer Gruppe gewaltloser Visionäre, die nichts anderes wollten, als das Gemeindeeigentum zu bebauen. Als sich die Armee weigerte einzuschreiten, nahmen die Grundbesitzer die Dinge selbst in die Hand. Sie wollten nicht hinnehmen, dass eine radikale Kommune in ihrer Nachbarschaft ein klassenloses Paradies errichtete. In Surrey sahen sie keinen Platz für den neuen Adam und seine Eva. Und so wurden 1650 bewaffnete Schläger angeheuert, die Siedler zu verprügeln, ihre Äcker zu verwüsten und die Hütten niederzubrennen. Auch wenn Winstanleys leidenschaftliche Schriften – *The New Law of Righteousness*, *The Fire in the Bush*, *The Law of Freedom* –[10] weiterhin zirkulierten, war sein soziales Experiment beendet.

Bei all seiner politischen Radikalität und Gegnerschaft zur Zensur hatte Milton für Akteure wie Winstanley nie viel übrig. Die Sekten, die in der 1640er, 1650er Jahren in ganz England aus dem Boden schossen – die Diggers, Familisten, Muggletonianer, Quäker, Ranter –, seien, so schrieb er, »nichts als Winde und Flauten, die versuchen, das treibende Schiff unseres Glaubens zu prüfen«.[11] Das große Projekt, um das es ging, war für ihn nicht die Erlösung dieser oder jener kleinen Gruppe von Visionären, sondern der Nation insgesamt. Milton hatte nicht im Sinn, zitternd in einer Hütte zu hocken, nachdem er den ganzen Tag über Kohl gepflanzt hatte oder mit einer nackten Schar verrückter Möchtegern-Adams und -Evas zum Abendmahl gegangen war.

Zur gleichen Zeit, als die Handlanger der Grundbesitzer die Diggers aus St. George's Hill vertrieben, nahm Milton im neu formierten republikanischen Staatsrat die Stellung eines Secretary of Foreign Languages an. Man hatte ihm diese Position, die ansehnliche 288 Pfund im Jahr einbrachte, nur einen Monat nach Veröffentlichung des Pamphlets angeboten, mit dem er die Exekution des Königs gerechtfertigt hatte. Damit war er, der bekannte Advokat der einvernehmlichen Scheidung, vom Rand an eine Stelle nahe dem Zentrum der Macht gelangt. Er, der gebildete, unermüdliche Verteidiger des Königsmords und der Parlamentsherrschaft, wurde zum Streiter für das English Commonwealth.

Miltons Aufgabe war es, ausführlich auf die vielen Angriffe zu reagieren, mit denen entsetzte Verteidiger der Monarchie auf dem Kontinent quittierten, was sich englische Revolutionäre zu tun getraut hatten. Korrespondenzsprache war Latein, was die Wortgefechte keineswegs höflicher machte als die auf Englisch geführten, aber Milton war stets in der Lage gewesen, so auszuteilen, wie er einsteckte. Schwierigkeiten machte ihm, dass sein Traum literarischer Unsterblichkeit in weitere Ferne rückte als je zuvor, und, noch schwerer wog, dass seine Sehkraft stetig abnahm. An die Stelle des Regenbogens, der seine Sicht getrübt hatte, während er an den Scheidungstraktaten schrieb, traten schlimmere Symptome: Ein Nebel schien ihm um Stirn und Schläfen zu wabern; Dinge, die er fixieren wollte, begannen zu gleiten und wollten nicht stillstehen; schloss er die Augen, blitzten grelle Lichter auf. Er suchte, wo er konnte, nach medizinischer Hilfe, doch vergebens, nur Ruhe half, und für Ruhe war keine Zeit.

1652, im Alter von 52 Jahren, war er vollständig erblindet. Seine Gegner sagten, damit empfange er die Strafe Gottes für seine Mitwirkung am Königsmord; trocken erwiderte er, mit gleichem Recht könne man behaupten, Gott habe den Königsmord geschehen lassen, um den König für dessen Verbrechen zu strafen. Vernünftiger sei wohl festzustellen, dass seine Blindheit natürliche Ursachen habe, die durch seine unermüdlichen Anstrengungen verstärkt worden seien. Trotz alledem gab Milton seine Stellung als Secretary of Foreign Languages nicht auf. Der Rat brauchte seine Dienste, man erneuerte seine Berufung und sorgte für Assistenten, die ihm die Schriftstücke vorlasen, Bücher holten, Diktate aufnahmen. Mit einem phänomenalen Gedächtnis begabt, übte er sich darin, komplexen Argumentationen zu folgen, Texte im Kopf zu formulieren, zu überprüfen und zu übersetzen, das Resultat schließlich zu diktieren. Diese Übung sollte sich in Zukunft als hochbedeutsam erweisen, als er sich nämlich doch daranmachen konnte, das große Gedicht zu schreiben, das, wie er glaubte, in ihm steckte.

Milton stand zu dieser Zeit nicht nur im Dienst des Staates, er war auch in seinem häuslichen Leben sehr beschäftigt. Unzählige Dinge mussten geregelt werden, auf dass er mit dem Verlust seiner Sehkraft zurechtkam. Er hatte sich um Geldangelegenheiten und um Rechtsstreitigkeiten zu kümmern, Freunde waren zu besuchen oder zu empfangen. Die Führung seines Haushalts muss immer komplizierter geworden sein, auch wenn reichlich Mittel vorhanden waren. Marys Tod im Jahr 1652 ließ ihn als Witwer mit drei kleinen Töchtern zurück, deren älteste gerade einmal sechs Jahre alt war. Irgendwie kam er durch die nächsten vier Jahre, vielleicht (und trotz der Spannungen zwischen ihnen) mit der Hilfe von Marys Mutter. Danach, er war nun 48, heiratete er die 20 Jahre jüngere Katherine Woodcock. Ein Jahr später brachte sie eine Tochter zur Welt, doch der Familie blieb so gut wie keine Zeit, sich in diese neuen Verhältnisse zu finden. Denn nur vier Wochen später war Katherine tot – »wegen Auszehrung«, so hat er es in seiner Bibel vermerkt; die neugeborene Tochter lebte nur einen Monat länger.

1658 starb der 59-jährige Oliver Cromwell unerwartet an einer Sepsis, der Folge einer Harnwegsentzündung. Sein Sohn Richard folgte ihm nach, doch die widerstreitenden Kräfte, die der entschlossene, gewiefte Vater noch hatte zusammenhalten können, wandten sich jetzt in erbitterten Kämpfen gegeneinander. Die Republik zerbrach in unversöhnliche Fraktionen, und so fand die aufbrandende Forderung, zu den alten Verhältnissen zurückzukehren, immer breitere Unterstützung. Der Sohn des toten Königs wurde eingeladen, sein Königreich zurückzufordern – es habe ihm ja, so hieß es nun, die ganze Zeit über gehört –, und am 29. Mai 1660, an seinem 30. Geburtstag, zog Karl II. in London ein, unter Glockengeläut und dem ekstatischen Jubel seiner Untertanen.

Diese Wendung der Ereignisse hätte Milton eigentlich nicht überraschen dürfen, doch offenbar traf sie ihn genau so: überrascht, zumindest insoweit, dass er es versäumte, sich oder seine Töchter zu verstecken oder zu sichern, was er von seinem Salär gespart hatte – es war die immense Summe von 2000 Pfund. Zu spät hatte er sich klargemacht, dass sie wie auch anderer Besitz, der mit seinen Diensten für das Commonwealth zusammenhingen, konfisziert würden, so wie zuvor die Republikaner das Eigentum führender Royalisten konfisziert hatten.

Wobei dies wohl noch das kleinste von Miltons Problemen war. Die Restauration, das wusste er, würde mit Blut getauft werden. Als die königlichen Obrigkeiten die Namen derjenigen auflisteten, die sie als Hauptverantwortliche für den Königsmord und seine Folgen ansahen, forderten Miltons Feinde lautstark, auch den blinden Verräter zu verhaften und hinzurichten. Traditionell wurde Verrätern als Urteil verkündet: »Du wirst gehängt werden am Hals, wirst noch lebendig wieder abgeschnitten, deine

Geschlechtsteile werden dir abgetrennt, deine Eingeweide werden dir bei lebendigem Leib aus dem Bauch genommen und verbrannt werden.«

Um diesem Schicksal zu entgehen, flohen einige von Miltons republikanischen Freunden nach Holland und an andere Orte, wo sie Schutz zu finden hofften; der blinde Milton jedoch würde von den in allen Häfen postierten Spionen leicht erkannt werden und versuchte erst gar nicht, das Land zu verlassen. Stattdessen versteckte er sich im Haus eines Freundes in London. Dessen Identität ist bis heute unbekannt, aber wer immer er war, er nahm ein großes Risiko auf sich.

Die ersten Ziele royalistischer Justiz waren, wie zu erwarten, die 59 Richter, die das Verfahren gegen Karl I. geführt hatten, sowie alle anderen, die unmittelbarer mit der Exekution von 1649 zu tun gehabt hatten. Einige von ihnen waren in der Zwischenzeit gestorben, andere untergetaucht. (Unter denen, denen es gelang, der Verhaftung zu entgehen, waren drei Unterzeichner des Todesurteils, die es bis nach New Haven, Connecticut, schafften und derer dort mit Straßennamen gedacht wird: Dixwell, Whalley und Goffe.) Zehn, die nicht schnell genug waren oder einfach Pech hatten, wurden verhaftet und hingerichtet. Doch deren grässliche Tode waren noch nicht genug, um das Konto auszugleichen, sei es für den Axthieb, der den König tötete, oder für die anschließenden elf Jahre der Republik.[12]

Der frisch gekrönte Sohn des königlichen Märtyrers war umgänglich, tolerant und mehr interessiert an sexuellen Abenteuern als an Rache. Gleichwohl war die Zeit der Abrechnung noch nicht vorüber. Sehr darauf bedacht, ihre Loyalität zu beweisen, stellten die Commons und das Privy Council, Parlament und Kronrat, eine weitere Liste derjenigen zusammen, die sie bestraft wissen wollten, entweder durch Hinrichtung oder durch lebenslange Kerkerhaft. Für einen Platz auf einer solchen Liste war Milton Hauptkandidat. Immerhin hatte er in der Erzählung von Adam und Eva die grundsätzlichste Rechtfertigung für das Todesurteil gegen den König gefunden: »Alle Menschen sind von Natur frei geboren.« Doch obwohl sein Name fiel, tauchte er auf der endgültigen Liste nicht auf, höchstwahrscheinlich wegen einer erfolgreichen Intervention von Freunden sowohl im Parlament wie am Hof.[13] Anschließend unterzeichnete der König den *Act of Indemnity and Oblivion*, mit dem all jene begnadigt wurden, die dem gestürzten Regime zwar gedient hatten, aber nicht auf der Liste standen. Milton war in Sicherheit.

Auch wenn er sein Versteck nun verlassen und in sein Haus zurückkehren konnte, hielt er sich weiter im Verborgenen. Denn er lebte, wie einer seiner frühesten Biographen berichtet, »in ständiger Angst, ermordet zu werden«.[14] Viele wünschten ihm den Tod, ob er jedoch tatsächlich Grund hatte für seine Furcht oder nicht, bleibt unklar; wie auch immer, sein öffentliches Leben war vorüber. Eine königliche Proklamation verfügte: Jeder, der Ausgaben der »frevelhaften und verräterischen Werke« Miltons besitze, habe sie den Obrigkeiten auszuhändigen, die dafür sorgen würden, dass sie durch den bestellten Henker verbrannt würden.

Milton lebte nun wieder mit seinen Töchtern zusammen, die inzwischen vierzehn, zwölf und acht Jahre alt waren. Der blinde Vater brauchte Hilfe. Er war, auch wenn er den Großteil seines Reichtums verloren hatte, noch immer ein wohlhabender Mann, es gab also weiterhin Dienstboten, die viele der häuslichen Tätigkeiten besorgten. Doch die fähigen Assistenten, die zuvor in seinem Arbeitszimmer als Sekretäre gearbeitet hatten, die Bücher heraussuchten und ihm vorlasen, waren verschwunden. Sein Lebenselixier war das Lesen, und nun, da er ganz auf sich gestellt war, sehnte er sich mehr denn je, nach seinen geliebten Büchern greifen zu können. Wenn treue Freunde ihn besuchten, konnte er sie bitten, ihm vorzulesen, auch stellte er einen jungen Quäker mit einigen Lateinkenntnissen ein, der nun täglich zu ihm kam. Doch wurde der junge Mann immer wieder verhaftet – es war damals verboten, Quäker zu sein –, und auch sonst reichte seine Hilfe nicht aus. Nun forderte Milton von seinen Töchtern, dass sie ihm vorlasen, oft in Sprachen, die sie nicht beherrschten. Er lehrte sie die Laute griechischer, hebräischer und anderer Buchstaben, doch ausgerechnet er, der sich so intensiv mit der Erziehung und Bildung von Kindern befasst hatte, machte sich nicht die Mühe, seine Töchter zu lehren, wie zu verstehen war, was sie lasen. Wenn Besucher Bemerkungen über diese seltsame Praxis machten, seine Töchter in so vielen Sprachen lesen zu lassen, die sie nicht verstanden, antwortete der Vater: »In einer Zunge zu reden, ist genug für eine Frau« – eine vermutlich witzig gemeinte Replik.

1662, fünf Jahre nach dem Tod seiner zweiten Frau, heiratete Milton Elizabeth Minshull – Betty, wie er sie nannte, war die Tochter eines freien

Bauern und 30 Jahre jünger als er. Zu dieser Zeit waren die Beziehungen zu seinen heranwachsenden Töchtern, insbesondere zu Mary, der ältesten, fast völlig zerbrochen. Als Mary von der bevorstehenden Heirat ihres Vaters unterrichtet wurde, antwortete sie, »von seiner Heirat zu hören, sei keine Nachricht für sie; könnte sie aber von seinem Tod hören, *das* wäre etwas«. Die Familie lebte für weitere sechs Jahre unter einem Dach; Hinweise, dass sich die Beziehungen verbessert hätten, gibt es nicht.

Seine politischen Hoffnungen lagen in Trümmern, die zermürbende Arbeit von 20 Jahren, sein wortgewaltiges Schreiben, alles umsonst. Lachend ließen seine triumphierenden Gegner seine Bücher verbrennen; er hatte den größten Teil seines Reichtums verloren; viele seiner Freunde waren tot oder untergetaucht; seine Töchter, die er mal vernachlässigt, mal schikaniert hatte, hassten ihn; er selbst war unfähig, die Feder zu führen, ganz zu schweigen ein Buch zu lesen; seine Blindheit und die Furcht vor einem Attentat hielten ihn gefangen. Alles war verloren – und doch: Seine innere Welt hatte sich gewaltig, ja unvorstellbar erweitert. In dieser inneren Welt erhielt er, wenn wir ihm glauben können, jede Nacht oder in den frühen Morgenstunden den Besuch einer Frau.

Urania nannte Milton seine nächtliche Besucherin. Der Name war heidnisch und bezeichnete die antike Muse der Astronomie; das lateinische Wort *uranus* aber bedeutet Himmelsgewölbe, sein Gast also war ihm die »Himmlische«; und sie wurde zu einer geheimnisvollen Kraft in seinem Inneren, die ihm über eine lange Zeit ermöglichte, das große epische Gedicht zu verfassen, von dem er sein Leben lang geträumt hatte und das zu schreiben ihm, wie er glaubte, bestimmt war. Frühere Versuche, ein solches Werk zu verfassen, hatten nirgendwohin geführt. Verstreute Verse konnte er Freunden zeigen, mehr nicht. Shakespeare war mit 52 Jahren gestorben, hatte sich zuvor bereits nach Stratford zurückgezogen und sein aktives Leben als Schriftsteller aufgegeben. Was also konnte der ruinierte Milton, in dessen 52. Lebensjahr Karl II. auf den Thron zurückkehrte, noch erwarten, was konnte er in diesem letzten Lebensabschnitt zustande bringen? Plötzlich aber war etwas da, durch die völlig mysteriöse Hilfe eines Wesens, das er seine »himmlische Schirmherrin« nannte.

Ich denke, wir müssen Miltons Behauptung einer himmlischen Erscheinung, so merkwürdig sie klingt, ernst nehmen. Die Muse pflegte, wie er es nannte, »ungebeten« zu kommen. Mit ihrer Protektion würde er in die Unterwelt hinabsteigen; würde sich emporschwingen in den »Himmel der Himmel«. Vor allem aber: So als könne er noch immer sehen, wandere er an schattigen Hainen entlang oder über sonnige Hügel oder vorbei an den heiligen Wassern, die an Jerusalems heiligen Stätten sprudeln. Aus solchen Träumen erwache er erfüllt von einer seltsamen Musik, die er selbst nie hatte erklingen lassen können, die auch kein anderer je hatte erklingen lassen.

Nun entwickelte er einen festen Tagesablauf. Um vier Uhr morgens (im Winter um fünf) erwachte er, blieb eine weitere halbe Stunde im Bett und hörte jemandem zu, der ihm vorlas, bevorzugt aus der hebräischen Bibel. Danach saß er dann für ein, zwei Stunden und meditierte. Um sieben war er bereit. Zu dieser Stunde traf der Amanuensis ein, sein Schreiber, und Milton begann, die Verse zu diktieren, die er im Kopf komponiert hatte – die ihm von hoch oben gekommen oder aus seinem Inneren aufgestiegen waren. Wenn seine schreibende Hand sich verspätete, begann der blinde Dichter zu klagen, als verursache ihm das, was er nun zurückhalten müsse, Schmerzen: »Ich möchte gemolken werden.«

Es strömte geradezu aus ihm heraus: Bis zu 40 dichte, syntaktisch komplexe Verse, ihrer Form nach ungereimte, jambische Pentameter, konnte er in einem Zug diktieren. Anschließend ließ er sich die Verse vorlesen; in einem bequemen Sessel, ein Bein über einen Arm geschwungen, begann er mit der Revision, passte an, verkürzte, verdichtete, so dass von den 40 Versen häufig nur 20 übrig blieben. Damit verbrachte er den ganzen Morgen.

Das war denn auch das Pensum, mehr war an einem Tag nicht möglich. Er fürchtete, zu spät zu sein, wollte unbedingt zur Erfüllung bringen, was er endlich begonnen hatte – »Seit ich, nach langer Wahl, mir diesen Stoff / Zum Heldenlied erkor und spät begann« (IX, 25–26) –, scharf verspürte er den Druck der Zeit und wird begierig gewesen sein weiterzukommen. Aber er wusste auch, mehr Zeilen konnte er nicht hervortreiben. Er musste warten, auf die nächste Nacht, auf eine weitere unerbetene Erscheinung. Nach dem Lunch schritt er drei, vier Stunden durch seinen Garten oder setzte sich, wenn das Wetter einen Aufenthalt im Freien nicht erlaubte, auf eine Schaukel, die er für sich ersonnen hatte, und zog sich vor und zurück. Abends musizierte er, empfing einige Besucher, ließ sich Gedichte vorlesen. Gegen neun Uhr war er im Bett, warb um Schlaf und die Wiederkehr seiner Muse.

Und sie kehrte wieder, lange Monate, die zu Jahren wurden, wie durch ein Wunder. Jeder Morgen brachte neue Verse zum Vorschein, neue Gelegenheiten, »gemolken« zu werden. Die Aufgabe war, in Gang zu bleiben, sich dem Dolch des Attentäters zu entziehen, der, wie er fürchtete, über ihm schwebte, und, eine realistischere Angst, der Ansteckung mit der Beulenpest zu entgehen, die Londons Bevölkerung immer wieder heimsuchte.

Im Sommer 1665 konnte er seinem jungen Quäker-Assistenten den Entwurf eines gewaltigen Gedichts präsentieren – über 10 000 Verse. Was unmöglich schien, war eingetreten. *Paradise Lost*, 1667 veröffentlicht, 1674 ein zweites Mal in einer revidierten Fassung, war Miltons Gebot auf poetische Unsterblichkeit, von der zu träumen er seinem besten Freund in einem Jugendbrief gestanden hatte. Er hatte es geschafft, er konnte es aufnehmen mit Homer und Vergil. Er hatte den Gipfel bestiegen, den Shakespeare zuvor erklommen hatte. Er hatte eines der großartigsten Gedichte der Welt geschrieben.

KAPITEL ELF

SIE WERDEN WIRKLICH

Eine schöpferische Leistung solcher Größe – von Milton selbst beschworen, wenn er über die nächtlichen Erscheinungen seiner Muse sprach – lässt sich rational kaum erklären; vollkommen einleuchtend freilich ist, dass sich dieses Gedicht nur um Adam und Eva drehen konnte. Dieses Paar geisterte durch Miltons Erfahrungen und alle ihre Facetten, von seinen Erwartungen an eheliches Glück bis zum Recht, sich scheiden zu lassen, wie er es gefordert hat; von seinen Plänen zum Bildungswesen bis zu seinem Verständnis von Jesus; von seiner politischen Radikalität bis zu den Gründen, die er für die Revolution und für ihr Scheitern sah. Die Genesiserzählung war ihm der Schlüssel für das Verständnis so gut wie aller Fragen in Anthropologie, Psychologie, Ethik, Politik und Glauben. Und wie Augustinus, den diese Erzählung ebenso wenig losließ, brachte auch er sein ganzes Leben in diese Erzählung ein.

Das bedeutet nun nicht, dass er aus den Figuren der Erzählung Personifikationen von Zeitgenossen machte – Mary Powell zu Eva, Cromwell zu Satan, sich selbst zu Adam und so weiter. Wohl aber hieß es, dass alles, was ihm wichtig war, Eingang fand in sein Großgedicht – seine Reisen als junger Mann, seine umfassende Lektüre der Klassiker und Shakespeares, seine sexuellen Bedürfnisse, die unseligen Flitterwochen mit Mary, die Einsamkeit, die in den Scheidungstraktaten zum Ausdruck kommt, seine theologischen Grübeleien, der Bürgerkrieg und die Ratssitzungen, an denen er als Cromwells Sekretär teilnahm, die bittere Erfahrung der Niederlage.

All das spielte eine Rolle, und zwar aus dem fundamentalsten aller Gründe: Jeder von uns ist nach Miltons Überzeugung im buchstäblichen Sinn Erbe der beiden Hauptfiguren Adam und Eva. Sie sind wirklich, so wie auch wir wirklich sind, ihr Schicksal beeinflusst auch unseres ganz direkt.

Daran gab es für Milton keinen Zweifel, denn er teilte Augustinus' Überzeugung, dass Jesu Christi buchstäbliche Wahrheit eng verknüpft war mit der Wahrheit von Adam und Eva. Das real vergossene Blut des Heilands tilgte die Schuld, die uns allen entstanden war durch die Verfehlung der ersten Menschen, die beide, wie ihre Taten auch, als wirklich zu verstehen waren. Milton war bewandert in den spirituellen Ebenen der Schrift und ihrer Auslegung, die mittelalterliche Theologen neben der buchstäblichen Lesart mühevoll und akribisch entfaltet hatten: Hugo von St. Victor (um 1096–1141), Bonaventura (1221–1274), Thomas von Aquin (um 1225–1274) und andere. Von ihnen hatte er gelernt, dass die historischen Figuren und Ereignisse, wie sie in der Bibel dargestellt sind, nur einen Teil eines viel größeren Feldes von Bedeutungen bilden, das sich mit der »vierfachen Methode« der Bibelexegese erschließen lässt. Nicht nur mit dem Literalsinn war er vertraut, auch die typologische Exegese kannte er, mit der die *allegorischen* Verbindungen zwischen Altem Testament und dem Leben Jesu Christi aufzuspüren sind; er war bewandert in der tropologischen Exegese, die aus der heiligen Vergangenheit die *moralischen* Lehren für die Gegenwart entwickelt; und er grübelte fortwährend über die Visionen der Glückseligkeit, zu denen sich ein Leser emporheben konnte, so er sich auf die *anagogische* Exegese verstand. (Anagogisch ist abgeleitet vom griechischen »hinaufführen, aufsteigen«.)

Milton wusste darum, wie sowohl der alttestamentarischen Erzählung von Adam und Eva wie auch der neutestamentarischen vom Leben Jesu und Mariä ein reiches, kunstvoll ausgearbeitetes Geflecht symbolischer Assoziationen, moralischer Belehrung und spiritueller Vorzeichen zu entnehmen war. Doch all das, auch davon war er überzeugt, musste dem Literalsinn der biblischen Worte entspringen und darauf zurückzuführen sein. Ohne wortwörtlich aufgefasste Wahrheit verlöre alles, Miltons christlicher Glaube ebenso wie die Positionen, die er auf Grund dieses Glaubens bezogen hatte, seine Bedeutung. Wären der Garten Eden und seine ersten Bewohner nicht mehr als Figuren einer allegorischen Fabel, dann glitte der ganze ineinandergreifende Bau der heiligen Erzählungen ab ins Gefilde der Mythen, wäre nicht verlässlicher als die heidnischen Erzählungen von Prometheus und Pandora.

Zum Glück aber, darin bestärkte ihn sein Glaube, hatte Moses in der

Genesiserzählung ein untrügliches, schriftliches Zeugnis dafür hinterlassen, dass Adam und Eva wirkliche Menschen waren. An diese Realität wollte sich Milton halten. Wie aber könnte ihm das gelingen? Warum ihm besser als Augustinus, der sein Buch *De Genesi ad litteram* nach 15-jährigem Kampf um dessen Vollendung unvollendet hinterließ? Die Antwort sah Milton nicht allein in sich selbst – in den Talenten, die ihm Gott, wie er sicher glaubte, gegeben hatte –, sondern auch im großen Glück, dass er zur rechten Zeit damit beginnen konnte. Dabei war, auf den ersten Blick jedenfalls, der Zeitpunkt eher katastrophal: Die Träume, die Milton für seine Nation gehabt hatte, waren zerstoben, sein eigenes Leben lag in Trümmern. Genau betrachtet aber war der Zeitpunkt schicksalhaft günstig.

Zum Dichter geworden war er nach der größten Revolution in der künstlerischen Darstellung seit der antiken Welt; die Renaissance hatte alle Regeln umgestoßen. Maler wie Masaccio, Paolo Uccello und Piero della Francesca hatten die Linearperspektive entwickelt: Die Figuren auf ihren Gemälden waren in einem geometrischen, mathematisch konstruierten Raum angeordnet. Die Größe, in der sie dargestellt wurden, ihre Größenverhältnisse zueinander folgten nicht mehr, wie in der mittelalterlichen Kunst, aus ihrer spirituellen und gesellschaftlichen Bedeutung, sondern allein aus ihrer Position in diesem Raum. Mit Hilfsmitteln wie Verkürzung und gemeinsamem Fluchtpunkt in einer einzigen, vereinheitlichten Szenerie konnten die Künstler eine bislang beispiellose Illusion des Lebens erreichen.

Doch nicht allein technische Neuerungen machten das möglich, auch die Freisetzung titanischer, schöpferischer Energien. Inzwischen war Milton blind, als junger Mann aber hatte er über ein Jahr in Italien zugebracht, und was er dort gesehen und erlebt hatte, hat sich in sein Gedächtnis eingegraben. Er hat keine Berichte darüber hinterlassen, aber er muss einige Werke von Mantegna, Tizian, Tintoretto, Botticelli, Leonardo da Vinci und Raffael gesehen haben. Und darüber hinaus: Jeder, der Milton gelesen hat, wird sich irgendwann gefragt haben, ob nicht doch, eines Tages, irgendwer – womöglich sein Freund Lucas Holstein, der Bibliothekar des Vatikans – den Dichter ins Herz des Vatikan geführt und ihm Michelangelos Sixtinische Kapelle gezeigt hat. Vielleicht wäre Miltons standhaft protestantische Seele von diesem Anblick zunächst schockiert gewesen; womöglich wären auch ihm, wie George Eliots Heldin aus *Middlemarch*, das Innere des Petersdoms, die überwältigende Kraft und die Vielfalt der Farben als Folge einer »krankhaften Störung der Retina« erschienen. Doch kann man sich wirklich nicht ebenso gut vorstellen, dass der künftige Autor von *Paradise Lost* den Blick nach oben gerichtet hätte, voller Staunen über die Wunder der Visionen an der Decke – damals, als seine Augen noch nicht umwölkt waren von der Krankheit, die ihm später die Sehkraft rauben sollte? Umgeben von engelhaften *putti* schlingt der majestätische, weißhaarige Gott mit fliegendem Bart seinen linken Arm um eine wunderschöne Frau (vermutlich die noch ungeborene Eva), reckt den gewaltigen rechten Arm, richtet seinen Zeigefinger gegen Adam, fast schon berührt er dessen noch schlaffen Finger. Noch liegt der erste Mensch hingesteckt auf dem Boden, die Berührung aber, wir spüren das unversehens, wird ihm Leben eingeben, wird den wunderschönen Körper aufspringen lassen. Wir sehen den Ursprung unserer Spezies, just den Augenblick, in dem alles menschliche Leben begann – und der auch uns, unser Dasein ermöglicht hat.

Michelangelos unvergessliche Szene ist Teil einer viel weiter ausgreifenden Vision, sie gehört in eine gewaltige Folge von Szenen aus der Genesiserzählung, zu einer Chronik sowohl der Erschaffung der Welt wie der späteren tragischen Entfremdung der Menschen von ihrem Schöpfer. Michelangelos Bildprogramm verbindet, in einer durch die christliche Tradition sanktionierten Weise, das Alte und das Neue Testament, führt so bis zum großen Schauspiel des Jüngsten Gerichts, dem Fresko an der Altarwand. Ehrfürchtig bestaunten Michelangelos Zeitgenossen, was sie die *terribilità* dieser Darstellung nannten. Einem einzelnen Künstler von immenser Kunstfertigkeit, visionärer Kraft und schier unerschöpflichem Ehrgeiz war es gelungen, in einem riesigen Werk alles zu umgreifen: So, als hätte er nicht nur Gottes Schöpferkraft dargestellt und nachgebildet, sondern sich diese Kraft tatsächlich selbst angeeignet.

Milton hatte seine eigene, eine literarische Version von Michelangelos *terribilità*. Erfüllt von der Kultur des Renaissancehumanismus und dessen Traum, die antike Vergangenheit in ihrem Glanz wieder aufleben zu lassen, war er entschlossen, Adam und Eva die zwingende Präsenz zu verschaffen, die Homer seinem Hektor verliehen hatte und Vergil der Figur des Aeneas. Den Eröffnungskapiteln des Buchs Genesis fehlte, wie er feststellte, der spannende Kampf des Trojanischen Kriegs oder das historisch Besondere der Gründung Roms. Dennoch, dessen war er sicher, war die Ursprungsgeschichte, so knapp sie in der vorliegenden Form erzählt wurde, nicht nur weitaus bedeutsamer, sondern, wenn man sie nur richtig erzählte, auch heroischer und ergreifender als die griechischen oder lateinischen Meisterwerke. Wie also, das war nun die Frage, wie ließ sich die sublime, gleichwohl karge biblische Erzählung so erweitern, dass sie die nachhaltige Großartigkeit der antiken Epen bekam?

Lange schon hatte sich die christliche Tradition mit diesem Vorgang der Erweiterung beschäftigt. Ausgangspunkt waren die alten Spekulationen des Midrasch, denen zufolge einige Engel die Erschaffung der ersten Menschen abgelehnt haben, und zwar aus Neid auf die Eigenschaften, mit denen Gott sie ausgestattet hatte. Von hier aus begannen Ambrosius, Augustinus und ihre Zeitgenossen, der Verführung Evas durch die Schlange einen erzählerischen Hintergrund zu verschaffen: die Rebellion Satans und seiner Legionen. Bis zum Mittelalter waren solche Spekulationen entfaltet worden zur Erzählung eines ausgewachsenen Kriegs im Himmel, in dem Satan ein Drittel der Engel in einen rücksichtslosen, verstiegenen, zuletzt aber aussichtslosen Aufstand gegen Gott führt und dann, nachdem dieser gescheitert ist, plant, Gottes Geschöpfen, dem ersten Mann und seiner Frau, zu schaden.[1]

Milton griff diese Legende begeistert auf, bot sie doch Gelegenheit, die großen Schlachtenschilderungen der klassischen Epen nachzuformen oder gar zu überbieten. *Paradise Lost* enthält Berichte dieser himmlischen Kriege, ausschweifend, mit allen Schikanen, mit blitzenden Schwertern ebenso wie mit dem Schleudern ganzer Berge, ja sogar mit der diabolischen Erfindung des Schießpulvers. Dennoch gelang es dem Dichter, der einst ein Sonett an seine Haustür geheftet hatte, in dem er vorbeiziehende Soldaten um Milde bat, nicht, die grimme, unerbittliche Eindringlichkeit der Krieger Homers und Vergils heraufzubeschwören. Denn er stand vor einem unlösbaren Problem: Engel, ob gut oder böse, konnten von geschleuderten Bergen vielleicht kurzfristig außer Gefecht gesetzt werden, würden sich aber, da aus unsterblichem Stoff gemacht, rasch wieder erholen. Noch schwieriger: Wenn Gottes Macht unendlich und absolut ist, kann am Ausgang des kriegerischen Geschehens kein Zweifel herrschen. Milton selbst war klar, dass seine Leser den Versuch, der biblischen Erzählung die martialische Wucht, die Spannung antiker Epen zu verschaffen, wohl nicht ganz ernst nehmen würden. Als Gott seinen Sohn drängt, ihn bei den Vorbereitungen zur Abwehr des anrückenden Feindes zu unterstützen, ist dem Sohn sofort klar, dass sein Vater scherzt. Gott braucht keine Hilfe.

Was Milton jedoch effektvoll in die Darstellung der Rebellion im Himmel einbringen konnte, entsprang seinen Erfahrungen als Cromwells Latin Secretary; jahrelang hatte er in dieser Funktion an den Beratungen des Staatsrats teilgenommen. Wahrscheinlich hatte kein großer Epiker – gewiss nicht Dante und auch nicht Vergil – jemals kontinuierlich und täglich einen so vertraulichen Zugang gehabt zu den Hallen der mächtigen und ambitionierten Männer, die ihren politischen Willen durchzusetzen suchten. Ohne Zweifel trug dieser privilegierte Zugang zur Macht zur Überzeugungskraft jener Szenen in *Paradise Lost* bei, in denen sich Moloch, Belial, Mammon und Beelzebub in der Hölle treffen, um ihre nächsten Schritte zu beraten.

Milton wollte Literarisches zu etwas Realem machen, und dies tat er nicht, indem er, wie die bildenden Künstler, Linie, Farbe und Form nutzte; seine Mittel waren beschwörende Rhythmen, Sprachfiguren, Metaphern, die reichen Klänge seiner Muttersprache. In der Renaissanceliteratur sind nur wenige Vorbilder für den Versuch überliefert, der Geschichte von Adam und Eva in einer der Volkssprachen neues Leben zu geben. Bildende Künstler fühlten sich überdies frei, den Garten Eden darzustellen, wie sie das wollten, Schriftsteller dagegen mussten vorsichtiger verfahren. Es war schwierig, womöglich gefährlich, sich den Worten der Heiligen Schrift gegenüber zu große Freiheiten herauszunehmen. Doch wie in politischen Dingen war Milton auch als Dichter außerordentlich mutig. Und er wusste genau, wo er sich literarische Anregungen holen konnte. Ergänzend zu den griechischen und lateinischen Dichtern, deren Lektüre die Renaissance erneut pflegte, hatte er einheimische Quellen zur Hand, auf die er sich beziehen konnte.

In seiner Welt konnte er, fast zum Anfassen nahe, eine beeindruckende

Verkörperung der literarischen Kraft finden, die er sich ersehnte. Shakespeares *First Folio*, das den großen Dramatiker mit Ben Jonsons Worten feierte als »soul … not of an age, but for all time« – als Seele nicht allein eines Zeitalters, sondern aller Zeiten –, diese große Gesamtausgabe wurde veröffentlicht, als Milton 15 Jahre alt war. Die zweite Auflage von 1632 enthielt dann ein neues Lobgedicht auf Shakespeare: »Thou in our wonder and astonishment, / Hast built thyself a lasting monument.« (»In unserem Geist, der vor Bewundrung schauert / Hast du errichtet dir ein Mal, das dauert.«) Der im *Folio* ungenannte Autor war der junge John Milton: Es war sein erstes auf Englisch veröffentlichtes Gedicht.[2]

Um eine überzeugende Satansfigur zu schaffen, studierte Milton genau, wie Shakespeare vorgegangen war. Die Darstellung der mörderischen Pläne und der Verzweiflung Macbeths lieferte ihm, psychologisch wie rhetorisch, eine Vorlage für den Fürsten der Finsternis; auch Töne und Schattierungen, die er Richard III. und Jago abschaute, fügte Milton hinzu. Er war dabei ein so brillanter Schüler, dass eine Figur entstand, die das ganze Gedicht zu beherrschen drohte, insbesondere in den ersten Büchern. In den nachfolgenden entschloss sich Milton deshalb bewusst, Satan zurücktreten zu lassen, damit Platz blieb für die Figuren, die ihn doch sein Leben lang unablässig beschäftigt hatten: Adam und Eva.

Diese beiden aber stellten ihn vor eine Aufgabe, die größer war als alle anderen, die ihm die Darstellung von Himmel und Hölle so schwer machten. Es gab, weder literarisch noch anders, so gut wie keine Vorbilder für eine eindrückliche Erzählung einer Ehe. Bei Shakespeare ließ sich kaum etwas finden, nichts bei Homer oder Vergil, nichts bei Dante oder Petrarca. Wenn in jenen Werken überhaupt eine Ehe vorkam, dann als zu erreichendes Ziel oder als schlichte Tatsache, nicht jedoch als längere Partnerschaft vertrauter Gefährten. Eine, allerdings bezeichnende, Ausnahme bei Shakespeare bildet die Ehe der Macbeths: kaum die passende Vorlage für ein paradiesisches Paar. Den Kern einer Ehe, davon war Milton zutiefst überzeugt, machte das vertraute Gespräch zwischen Ehemann und Ehefrau aus. Wollte er diese Intimität jedoch imaginieren und darstellen, musste er sich auf ein weitgehend unerforschtes Gelände begeben, unerforscht nicht nur für Milton selbst, sondern auch in der literarischen Kultur insgesamt, der er verhaftet war.

Wenn er in seiner ausgreifenden Lektüre auf das französische Mysterienspiel *Le Jeu d'Adam* aus dem 12. Jahrhundert gestoßen ist, wäre er Adam und Eva als trampligen Bauern begegnet. (Ihr Dialog verlief in Sätzen wie »Wer war die Schlange, mit der du sprachst, mein Weib?«) Hätte er in noch volkstümlicherer Literatur aus Frankreich gestöbert, er hätte Adam und Eva in derben Schwänken dargestellt finden können, die *fabliaux* genannt wurden. Gott – so will dies eine Erzählung mit dem typischen Titel »Die Möse, die mit einem Spaten gemacht wurde« (*Du con qui fu fait à la besche*)[3] – habe Eva aus einem harten Knochen aus Adams Seite geschaffen, um den Ehemännern zu zeigen, dass sie ihre Frauen regelmäßig verprügeln sollen, möglichst drei, vier Mal täglich. Die erste Frau, ein durchaus attraktives Geschöpf, sei aber, aus Gleichgültigkeit, von Gott unvollständig geschaffen worden: Er hatte ihre Geschlechtsteile vergessen. Der Teufel, der das richten sollte, durchmusterte alle verfügbaren Werkzeuge – »Hämmer, Dexel, / Meißel, Hacken, geschärfte Äxte, Schneidwerkzeuge mit doppelter Klinge, / Schneidehaken« und dergleichen –, wählte dann den Spaten, denn, das wusste er: »Mit der scharfen Kante eines Spatens / lässt sich, hast du nicht gesehen, / eine große, tiefe Spalte ziehn.« Und als er den Spalt gezogen hatte, indem er den Spaten bis zum Griff hineinstieß, vollendete der Teufel sein Werk mit einem Furz auf die Zunge der Frau. Darum, so schließt der Schwank, müssten Frauen ohne Unterlass schnattern.

Solche rohen, brutal misogynen Stoffe gab es reichlich im literarischen Archiv, das Milton geerbt hatte – zu vielen Zeiten, in vielen Kulturen lauern sie unter der Oberfläche –, aber daraus wollte er nichts übernehmen. Sie waren, wie leicht zu sehen, ein vulgärer Verrat an der biblischen Vision vom ersten Menschenpaar. Was also blieb ihm für seine Zwecke? Was würde vollkommene Unschuld heraufbeschwören? Wie sollte er überzeugend zeigen, was genau die erste – die ideale – Ehe war? Wie sahen die ersten Menschen aus, wie verhielten sie sich? Aßen sie wie die Tiere oder bereiteten sie sich ihre Speisen zu, trugen sie zu Tisch? Womit verbrachten sie ihren Tag? Worüber sprachen sie? Hatten sie Sex? Träumten sie des Nachts, und wenn sie es taten, kamen ihnen, in ihrem Zustand vollkommenen Glücks, auch Albträume? Langweilten sie sich hin und wieder im Paradies, waren sie gereizt, vielleicht ängstlich? Waren sie unterschiedlicher

Meinung, stritten sie? Und wie konnte eine Beziehung, die vollkommenes Glück versprach, so fürchterlich schiefgehen?

Wie sollte er all das realisieren, wie seinen Figuren Wirklichkeit verschaffen?

Zunächst besann sich Milton auf Dinge, die er gesehen hatte, als er noch über sein Augenlicht verfügte. Erinnerte sich an die Landschaften, die er geliebt hatte, insbesondere Landschaften der Toskana, mischte diese Bilder mit Beschreibungen, die er aus den zahllosen Büchern wählte, die er gelesen oder die ihm seine Assistenten vorgelesen hatten. Der Garten, den Gott – »der höchste Gärtner« (*Das verlorene Paradies*, IV, 691)[4] – für die ersten Menschen geschaffen hat, konnte nach Miltons Vorstellung keine dieser strengen Anlagen gewesen sein, die damals en vogue waren, mit gestutzten Hecken, die in geometrischen Mustern kunstvoll arrangiert waren. Wenn schon, dann war dieser Garten verwuchert, üppiges Grün, ein gut gewässertes Stück Land, das von einer schroffen Wildnis umgeben ganz oben auf einem Gipfel lag, darum herum ungeheuer hohe Bäume. Voller Blumen und Blüten wird dieser Garten gewesen sein, ausgewählt nicht nur wegen des erlesenen Vielklangs ihrer Farben, sondern auch wegen ihrer reichen Düfte. (Milton erinnerte sich an das, was Seefahrer von den Wohlgerüchen berichtet hatten, die die Winde vor Arabiens Küsten zu ihren Schiffen trugen.) Dieser Garten war umschlossen, bot aber auch begeisternde Ausblicke der Art, die der blinde Milton vor seinem inneren Auge noch immer zu sehen vermochte, weite Blicke über Wälder und Flüsse hinweg zu fernen Ebenen. Das Paradies, wie er es imaginierte, war so etwas wie ein herrliches Landgut: »So war der Ort / Der mannigfachsten Reize holder Sitz.« (IV, 248)

Und um sich Lord und Lady dieses Landguts vorzustellen, wird Milton an die Gemälde und Drucke gedacht haben, die er während seiner Reise nach Italien, aber auch später, nach seiner Heimkehr, genau betrachtet haben wird. Bilder, die ihm auf diese Weise geblieben waren, zeigten keine in Zerknirschung und schmerzlicher Trauer gebeugten Gestalten. Er sah das nackte Paar, zwei Menschen herrlich in ihrer Würde, lebendig und unabhängig – Gestalten eben der Renaissancemalerei. Vom ersten Mann, der ersten Frau heißt es in *Paradise Lost*: »Zwei edlere Gestalten, [hochgewachsen / göttlich aufrecht], mit angeborner Würde …« (IV, 288–289).

Miltons Adam hat »eine schöne hohe Stirn«, »männlich hing / Von seinem Scheitel ihm das volle Haar / Rings um die kräftgen Schultern, tiefer nicht.« Sehr viel länger Evas »goldene Locken«, sie flossen ihr, ungeschmückt, »gleich einem Schleier auf die schlanken Hüften«. Noch war »kein Glied mit Heimlichkeit verhüllt«, es gab nicht, wie jetzt und heute, »falsche, schuldbewusste Scham«, denn sie, in ihrer »Einfalt und fleckenlosen Unschuld«, kannten beides nicht (IV, 300ff.).

Nicht durch eine Art mystischen Schleier hindurch wollte Milton seinen Adam, seine Eva darstellen, ohne absichtsvoll platzierte Feigenblätter. Er wollte sie sehen, auch seine Leser sollten sie sehen können, Adam und Eva in der Vitalität ihrer kraftvollen Jugend. Nichts Ätherisches umweht sie. So sehr verliebt, wie sie in Miltons Vorstellung waren, mussten sie Hand in Hand durch ihren köstlichen Garten spazieren, immer wieder innehaltend für Scherzworte, ein Lächeln, »jugendliches Kosen« (IV, 338). Waren sie hungrig, lagerten sie sich »auf das mit Blumen buntgestickte Moos« und aßen von den Früchten, die sich ihnen ringsum reichlich boten: Deren »Fleisch verzehrten sie, und mit der Schale / Ward aus dem klaren Quell ein Trunk geschöpft« (IV, 335–336).

Manchmal wich Milton von diesem Weg ab, auch theologisch wollte er richtigliegen. Adam und Eva waren keine allegorischen Embleme, sondern Menschen aus Fleisch und Blut, gewiss bessere Menschen als wir, in ihrer Art jedoch nicht anders, eben keine philosophischen Abstraktionen. Selbst die Engel, so legt er uns nahe, sollten in menschlichen Begriffen wahrgenommen werden, denn unsere materielle Natur trennt uns nicht von höheren Formen des Lebens. Wenn das Gedicht also den Erzengel Raphael auftreten lässt zu einem freundlichen Besuch im Garten Eden, von Gott ausgesandt, um Adam und Eva vor Satan zu warnen, dann schildert uns das Gedicht den himmlischen Gast, wie er sich mit den Menschen zum Mahl setzt und mit Appetit zugreift: nicht »scheinbar nur und bildlich / Wie's [der Theologen] Glaube will, … nein, er nahm in Wirklichkeit / Zum Teil die Speisen in sein Wesen auf«. (V, 435–437) Auch Geistwesen sind aus Materie gemacht, wie die Menschen. Milton ging sogar noch weiter. Auch Engel müssen, wenn sie etwas essen, wie die Menschen die Speisen auch verdauen und ausscheiden, »was übrig bleibt«.[5] Doch die Engel, wie er mit einem Seitenblick auf seine lebenslangen Verdauungsprobleme hinzusetzt, leiden zumindest nicht an Völlegefühl und anderem Unwohlsein: »Was übrig bleibt, verflüchtigt leicht bei Geistern.«[6]

Doch nicht nur die körperliche Existenz hatte Milton lebendig darzustellen, um dem Literalsinn der ersten Menschen realen Grund und Fundament zu verschaffen. Das war der leichtere Teil, denn die Renaissancekunst hatte da bereits vorgearbeitet und dieser Sichtweise Gestalt gegeben. Viel größere Probleme machten das Innenleben, die eigentliche Natur der Beziehung beider. Wie, vor allem, ließ sich Adams und Evas Ehe lebendig darstellen? Wenn schon Shakespeare in diesem Punkt nicht helfen konnte, um wie viel weniger Augustinus, Luther oder Calvin. Auch Miltons Jahre im Regierungsdienst, das Verfassen wütender Polemiken, der Traktate zur Erziehung und diplomatischer Korrespondenzen, halfen hier nicht weiter. Einen Weg voranzukommen fand er nur in seinen intimsten Erlebnissen, in seiner leidenschaftlichen Freundschaft mit Charles Diodati; in den Phantasien, die er gehegt hatte während der langen Jahre, in denen er um seine Keuschheit gekämpft hatte; und, vor allem anderen, natürlich in den Gefühlen, die in der Zeit seiner ersten Ehe und den missglückten Flitterwochen in ihm aufgestiegen waren. Nur indem er sich unerschrocken hineinbegab in diese geheimen Winkel, darin nicht nachließ, konnte er nach und nach entdecken, was er brauchte. Was er als Dichter schaffen wollte, sollte unbedingt etwas Reales sein – denn darin, das wusste er, lag das Geheimnis wirklich großer Literatur. Und ebendas gelang ihm auch. In *Paradise Lost* wurden Adam und Eva lebendig, erhielten – sowohl als vollkommen realisierte Individuen wie auch als verheiratetes Paar – intensives Leben; intensiver, als sie es in den mehreren tausend Jahren, seit sie ersonnen wurden, je besessen hatten.

In seinem Gespräch mit dem Erzengel Raphael erinnert sich Miltons Adam an die Situation, in der Gott ihm alle Tiere zuführte, stets paarweise. Und wie von ihm erwartet, gab Adam den Tieren Namen – das Gedicht verliert geflissentlich kein Wort darüber, wie lange diese Parade gedauert haben mag. Und dabei habe er, erzählt Adam, das unerklärliche Gefühl verspürt, dass ihm etwas fehle, was genau allerdings, habe er nicht gewusst. So habe er sich an die göttliche Gestalt neben ihm, die so reich und gütig für ihn gesorgt, gewandt:

Nur eins vermiss ich in dem Überfluss:
Wer teilt mein Glück mit mir? Ja, gibt's ein Glück
In Einsamkeit? Wer mag allein genießen,
[Wer, wenn er genießt, allein befriedigt sein?]
(VIII, 362–365)

Gott habe gelächelt und erwidert:

Was nennst du Einsamkeit? Sind Erd' und Luft
Nicht mit lebendigen Wesen angefüllt,
Die vor dir spielen, harrend deines Winks?
Verstehst du jedes Art und Sprache nicht?
Auch sie verstehn dich; acht sie nicht gering!
Mit ihnen finde deinen Zeitvertreib …
(VIII, 368–374)

Adam gibt sich nicht zufrieden, nochmals bittet er ums Wort:

Hast du die Tiere nicht tief unter mich,
Als deinem Stellvertreter hier, gesetzt?
[Wie, unter Ungleichen, kann Gemeinschaft
Werden, wie Harmonie, wie wahre Freude?]
Muss nicht des Gebens und Empfangens Lust
In wechselseitigem Verhältnis stehen?
Wo eins nur gibt, das andere stets empfängt,
Entsteht nicht bald bei beiden Überdruss?
(VIII, 381–388)

Gottes Antwort kommt überraschend, unerwartet:

Was denkst du wohl von mir und meinem Glück?
Schein ich dir genügend glücklich oder nicht,
Der ich von Ewigkeit her einsam bin?
Kein Wesen mir zur Seite habe, keins
Mir ähnlich nur, viel weniger mir gleich?

Ich, der ich mit niemand sonst verkehren kann
Als mit Geschöpfen, die ich selber schuf?
(VIII, 403–409)

Das ist eine, gleich wer sie stellt, unangenehme Frage, umso mehr, wenn Gott der Fragende ist. Kaum verwunderlich, dass die Antwort des Menschen diplomatisch ausfällt, ziemlich verklausuliert. Im Verlauf der ausufernden Komplimente und Ausflüchte jedoch gelingt es Adam zu begreifen, dass er zwar niemals wagen würde, für Gott zu sprechen, sehr wohl jedoch zum eigenen Bedürfnis stehen kann: Er jedenfalls wünsche sich dringend, Gespräche mit einem anderen Menschen führen zu können und nicht mit einem der niederen Tiere. Er begründet das auch:

Du bist in dir vollkommen, gänzlich frei
Von jedem Mangel. So nicht ist der Mensch,
Der unvollkommene; dies die Ursach' auch,
Warum er im Verein mit seinesgleichen
Ersatz und Beistand sucht.
(VIII, 415–419)

Restlos klar wird nicht, warum der erste Mensch sich unvollkommen fühlt. Die Genesiserzählung hilft da nicht weiter, weswegen Milton auf eigene Erfahrungen zurückgreifen musste, auf das, was immer es gewesen sein mochte, das ihn im schicksalhaften Juli 1642 dazu trieb, seine einsame Existenz zu beenden und eine Frau zu nehmen. Adam musste schmerzlich erlebt haben, was er, Milton, im Gedicht »single imperfection« (VIII, 424) nennt. Seinen Adam lässt er zu Gott sagen:

Unendlich schon,
Bedarfst du nicht Vermehrung: Einziger
Und dennoch jeder Menge Inbegriff!
Der Mensch jedoch zeigt durch die Zahl,
Wie er allein und einzeln unvollkommen.
(VIII, 420–424)

An diesem Punkt des Zwiegesprächs sagt Gott noch etwas, was Adam nicht angenehm gewesen sein kann: nämlich dass er ihn, Adam, nur habe prüfen wollen und dabei etwas herausgefunden habe:

> Ich seh, du kennst die Tiere nicht allein
> Bei rechten Namen, sondern auch dich selbst.
> (VIII, 438–439)

Dieser Adam wollte sich mit keinem der Tiere einlassen. In der Bibel steht nichts von einer solchen Prüfung. In der Genesiserzählung sagt Gott ganz knapp: »Es ist nicht gut, dass der Mensch allein sei; ich will ihm eine Hilfe machen.« (Gen 2,18) Aber das waren Worte, die Milton beschäftigten, so wie sie Generationen von Kommentatoren vor ihm beschäftigt hatten. Sollte Gott etwa erst jetzt bemerkt haben, dass er etwas vergessen hatte? Wie konnte einem allmächtigen Gott ein Fehler unterlaufen sein? Sollte Adam etwa, wie Rabbi Eleasar im Talmud behauptet hat, vor der Erschaffung der Frau Geschlechtsverkehr versucht haben mit all den Tieren?[7] Milton, der Hebräisch gelernt und die rabbinischen Kommentare sehr genau studiert hatte, fand diese Vorstellung zu abwegig. Da stellte er sich doch lieber vor, Gott, der die Unterscheidungsfähigkeit des ersten Menschen prüfen wollte, habe die Tiere vor Adam gebracht, um zu sehen, ob er sich nicht mit einem von ihnen als Gesprächspartner begnügen würde. Adam besteht den Test:

> So weit wollt ich dich prüfen, Adam; wohl
> Ich seh, du kennst die Tiere nicht allein
> Bei rechtem Namen, sondern auch dich selbst.
> Schön äußert sich in dir, mein Ebenbild,
> Der freie Geist, verliehen keinem Tiere …
> (VIII, 437–441)

Als Allwissender freilich kannte Gott nicht allein den Ausgang dieser Prüfung vorweg, er wusste auch, »dem Menschen sei's nicht gut, allein zu sein.« (VIII, 445)

Und es sei, wie Adam dem Engel Raphael erzählt, gut gewesen, dass die Prüfung damit zu ihrem Ende kam, denn die Anstrengung des Zwiegesprächs mit Gott sei groß gewesen, »geblendet und erschöpft« (VIII, 455) sei seine »irdische Natur« in Schlaf gesunken. Im Schlaf aber, wie in Trance, habe er sich selbst erblicken können, er habe gesehen, wie er auf dem Boden lag, wie Gott sich zu ihm niederbeugte, seine linke Seite öffnete, eine Rippe entnahm, »warm und frisch«. Auch die Rabbiner fragten sich, ob Adam hatte verfolgen können, wie die Frau aus seiner Rippe geformt wurde, sie allerdings stellten sich vor, dass er, hätte er dies getan, so abgestoßen gewesen wäre von dem, was er sah, dass Gott sein Geschöpf hätte verwerfen und von vorne beginnen müssen. Milton allerdings, womöglich weil er diesen Midraschkommentar im Sinn hatte, betont, dass das, was Adam sah, für diesen schlicht hinreißend war:

so reizend schön,
Dass nunmehr alle Schönheit dieser Welt
Mir reizlos vorkam oder ganz vereint [schien]
In ihr und ihrem Blicke, der ins Herz
Mir nie zuvor gefühlte Wonne goss.
(VIII, 472–476)

Schon vor Milton hatten auch andere das Aufwallen solcher Gefühle in Adam angedeutet. Die hebräischen Genesisverse legen das nahe, was Milton wusste, denn wie ein poetischer Text wiederholen sie mehrfach das weibliche Pronomen *zo't*:

Die nun ist Bein von meinem Bein
Und Fleisch von meinem Fleisch;
Man wird *sie* Männin nennen,
Weil *sie* vom Manne genommen ist.
(Gen 2,23)[8]

Auf Hieronymus Boschs so berühmtem wie verwirrendem Gemälde *Der Garten der Lüste* (Abb. 20) starrt Adam mit verzücktem Blick zur gerade geschaffenen, attraktiven Eva empor. Um diese Verzückung darzustellen, konnte sich Milton auf die in der englischen Renaissance blühende Liebesdichtung beziehen – »Who ever loved that loved not at first sight?« (»Wer liebte je, der nicht liebte auf den ersten Blick?«), fragte Christopher Marlowe. Doch Milton hat sich, wie es aussieht, auch auf seine Erfahrungen mit seiner ersten süßen Liebe bezogen. Der Adam aus *Paradise Lost* jedenfalls – der Mann, der Miltons nächtlichen Träumen entsprang – artikuliert seine Gefühle mit außergewöhnlicher Intensität und Eloquenz.

Kaum aus seinen Träumen erwacht, erschien Adam alles um ihn herum so fad, und doch befand er sich noch im Paradies. Er machte sich auf, die Frau, die er gesehen, zu suchen; wenn er sie nicht finden sollte, dann würde er, dessen war er sicher, ihren Verlust für immer beklagen. Gott, selbst unsichtbar, führte sie ihm zu. Noch jungfräulich scheu, habe sie gezögert, doch dann, wie Adam dem Engel Raphael berichtet:

> die Stimme der Natur,
> Wiewohl von sündigen Gedanken rein,
> Bewog sie, mich erblickend, umzuwenden.
> Ich folgte ihr, da nahm meine Werbung sie
> Mit keuscher Würde, doch voll sanfter Huld
> Und Demut an. Zur hochzeitlichen Laube
> Führt ich die morgengleich Errötende.
> (VIII, 505–511)

Und erlebte dort, auch das berichtet er dem Engel, »den Gipfel meines Erdenglücks« (VIII, 523).

Katholische Denker hatten, und Milton wusste das genau, seit langem vermutet, dass der Geschlechtsverkehr im Paradies nur darauf angelegt war, Nachwuchs zu zeugen, weshalb er, so dachte man, mit einer gewissen kühlen Zurückhaltung vollzogen worden sei. Bei Augustinus hatte Milton gelesen, der Liebesakt sei, wenn er ohne Erregung oder Begeisterung vollzogen werde, völlig unauffällig und könne für jeden sichtbar sein. *Paradise Lost* bietet eine Art Augenzeugenbericht, der die gesamte theologische Tradition Lügen straft.

… dann traten sie
In ihrer Laube Tür und legten sich,
Noch frei von unserer lästigen Vermummung,
Gemeinsam hin. Nicht wandte sich, mich dünkt,
Von seiner schönen Gattin Adam ab,
Noch weigert Eva den [Mysteriendienst]
Ehlicher Liebe. Denn was Heuchler auch
Von Reinheit, Ort und Unschuld pred'gen mögen,
Als unrein schmähend, was Gott rein erklärt
Und allen zulässt (…)
Fortpflanzung will der Schöpfer; drum ist, wer
Enthaltung vorschreibt, Gott und Menschen feind.
Heil, Gattenliebe, wunderbar Gesetz …
(IV, 739–750)

Adam und Eva hatten glücklichen Sex und sie hatten ihn intim. Die »Wonnelaube« war geschlossen, sie waren allein, keine andere Kreatur, »kein Vogel oder Vieh, Insekt und Wurm« (IV, 704) wagte, sie zu stören. Mit Blüten und duftenden Kräutern schmückte Eva ihr Hochzeitslager, und wechselseitig erfreuten sie sich am ausschließlichen Besitz des anderen Körpers – die einzige Form des privaten Eigentums, die das Gedicht vermerkt, in einer Welt, in der alles andere allen gemeinsam gehörte.

Doch wie waren grenzenlose Liebe und wechselseitiger Besitz aus Leidenschaft vereinbar mit der hierarchischen Ordnung – mit dem Mann an deren Spitze –, die Milton als für die Ehe wesentlich betrachtete? Er wusste, wie eine solche Ordnung sich anzufühlen hatte und wie sie klingen musste. Der üppig wuchernde Garten, so lässt er Adam seiner Frau erklären, verlange ihre Pflege, früh müssten sie aufstehen am nächsten Morgen, die Zweige zu beschneiden. Und Eva antwortet in dem gefügigen, bewundernden Ton, den der frisch vermählte Milton von der Frau erwartet haben wird, die er ehelichte:

deinem Wink
Gehorch ich unverweilt: So will es Gott;
Denn Gott ist dir Gesetz, du mir; mehr nicht
Zu wissen ist des Weibes Glück und Ruhm.
(IV, 635–638)

Freudig unterwirft sich die perfekte Ehefrau in allem dem Willen ihres Gatten.

Eva musste nicht, wozu die französischen *fabliaux* raten, womöglich mit Schlägen in ihre unterwürfige Haltung gezwungen werden. In Miltons Vorstellung, wie in der vieler seiner Zeitgenossen auch, ist der Gehorsam der Frau im Paradies wie von selbst gekommen. »Sollte das Weib im Stand der Unschuld dem Manne untertan gewesen sein?«, fragte Alexander Ross, ein Puritaner des 17. Jahrhunderts, und beantwortete seine Frage selbst: »Ja, doch diese Unterordnung sollte nicht unwillig gewesen sein, nicht bitter und beschwerlich, wozu sie nach dem Sündenfall wurde.«[9] Nach Gottes Plan waren Adam und Eva prachtvolle Exemplare unserer Spezies, doch einander keineswegs ebenbürtig:

Nicht gleich erschienen beide von Geschlecht:
Für Kraft und Überlegung er gebildet,
Für Milde sie und holder Anmut Reiz …

Dem fügte Milton einen weiteren Vers hinzu, der berühmt wurde wegen seines selbstgefälligen Sexismus:

Für Gott allein er, sie für Gott [in ihm].
(IV, 296–299)

Daran überrascht nicht, dass Milton diesem weitverbreiteten Bild beipflichtete, überraschend ist, dass er ein fundamentales, unlösbares Problem darin entdeckte. Und er sah es nicht darin, dass die Frau unwillig war, sich zu unterwerfen; die Geschichte, die er erzählt, ist nicht die der Lilith. Vielmehr steckt in der Erfahrung sinnlichen Glücks etwas schmerzlich Störendes, für Männer mindestens ebenso sehr wie für Frauen.

Adam versucht, Raphael dieses Problem zu erklären. Sie sei, das verstehe er, die Zweitrangige. Beide seien sie nach Gottes Bild geschaffen, doch, auch das wisse er, gleiche sie dem, der uns schuf, weniger als er selbst. Er stehe an der Spitze, solle dort auch bleiben. Und doch: Sobald »ich ihrem Liebreiz nahe, scheint sie mir / [so absolut, und in sich selbst so ganz vollkommen,]« (VIII, 547–548) – und damit ist, ganz offenkundig, das offizielle Protokoll außer Kraft gesetzt, wenn überhaupt, ist nun sie, die Frau, das überlegene, das höherstehende Menschenwesen:

Das, was sie sagt und tut, das Weiseste,
das Beste, Tugendhafteste mich dünkt.
(VIII, 549–550)

Die Antwort des Engels – er zieht die Brauen zusammen und rät Adam denn doch zu etwas mehr Selbstachtung – ist nicht hilfreich (was solche Antworten niemals sind). In spöttischen Worten ergeht die Mahnung, Adam möge die Sinnenlust nicht überschätzen, das sei den Tieren, »den unvernünftgen«, vorbehalten. Mit Würde erwidert Miltons Adam, nicht allein das, was im Bett geschehe – wobei er den Liebesdienst der Ehe mit weitaus mehr Hingabe betrachtet, als Raphael dies in seinen Vorhaltungen erkennen lässt –, sei Grund der Gefühle, die er zu beschreiben suche. Mehr als dieses Glück

Entzückt mich jener Anmut Hauch
Mit Liebe, Huld und Freundlichkeit gepaart,
Der tausendfach ihr Wort und Tun umweht,
Der Herzen innigen Verein bekundet,
Dass in uns beiden eine Seele lebt.
(VIII, 600–604)

Seine Liebe – die innige körperliche und seelische Gemeinschaft mit seinem Weib – hebt das Gefühl der Überlegenheit auf, an das er, wie er ja weiß, als Mann sich halten sollte. Doch was er fühlt, ist der überwältigende Einklang: »... in uns beiden eine Seele«.

In Adams Worten liegt eine implizite Zurückweisung der offiziellen

Linie, zumindest der höfliche, gleichwohl entschiedene Hinweis, dass der Engel und seine himmlischen Heerscharen ein recht unvollkommenes Verständnis von menschlichen Erfahrungen haben. Ja, Miltons erster Mensch erlaubt sich, von Raphaels Fühllosigkeit getrieben, die Frage, wie es denn um die sexuellen Erfahrungen unter Engeln bestellt sei:

> Lieben sich denn auch
> Die Himmlischen? Wie äußern sie die Liebe?
> In Blicken einzig, oder mischen sie
> Mit wirklicher Berührung ihren Glanz?
> (VIII, 614–617)

Etwas Merkwürdiges geschieht: Der Engel erglüht, als er antwortet, »in des Himmels Rosenrot«:

> Genüge dir, dass du uns selig weißt;
> Und ohne Liebe – keine Seligkeit!

Dann aber, wie ein Erwachsener, der nicht sicher ist, ob das, was er gesagt hat, genügt, fügt er sachlich erläuternd hinzu:

> Was immer rein du körperlich genießest
> (erschaffen wardst du rein), genießen wir
> In höherm Grade, ungehemmt und frei
> Von körperlichen Schranken. Leichter noch
> als Luft und Luft umarmen Geister sich …
> (VIII, 620–625)

Und damit sammelt er sich, merkt, wie spät es geworden ist, und entschwebt zurück in den Himmel.

In diesem Zwiegespräch mit dem Engel, auch vorher schon im Gespräch mit Gott, zeigt Adam, der Mensch, so etwas wie eine widerspenstige Unabhängigkeit, die ziemlich überraschend wäre, erinnerten wir uns nicht an den jungen Milton, der von einem erbosten Tutor der Universität Cambridge verwiesen wurde; der den leichteren Karriereweg in der

Kirchenhierarchie ablehnte, obwohl er ihm offengestanden hätte; der Front machte gegen König und Bischöfe; der entschlossen seine eigene Theologie ausarbeitete. Der Adam, der in Miltons Vorstellung lebendige Gestalt annahm, war genau der Mann nicht, der ohne weiteres die Lehrsätze annahm, die ihm von oben herab präsentiert wurden. Hier allerdings, wo es um die prinzipielle Überlegenheit des Mannes über die Frau ging, zweifelte Milton keineswegs an der Wahrheit der offiziellen Lehre. Problematisch schien ihm allein, dass sich diese Wahrheit nicht vereinen ließ mit den Gefühlen eines Liebenden. Danach hatte er auch Gott gefragt: »Wie, unter Ungleichen, kann Gemeinschaft / Werden, wie Harmonie, wie wahre Freude?« (VIII, 383–384)

Die Antwort auf Adams Begehren ist Eva. Aus dem gleichen Stoff geschaffen, aus dem auch er gemacht ist, ist sie ihm in dieser Hinsicht also gleich, allerdings nicht vollkommen dieselbe. In dem Augenblick, in dem sie, »vom Schlaf erwachend«, ihr Bewusstsein erlangt, schaut sie nicht empor zum Himmel, wie es Adam, seinen Schöpfer suchend, tat. Sie läuft vielmehr zu einem nahen See und erblickt im klaren glatten Wasserspiegel ihr Ebenbild[10] – und kann sich davon nicht lösen:

> Noch bis jetzt
> Blickt ich mit eitler Sehnsucht wohl nach ihm,
> Wenn eine holde Stimme nicht gerufen hätte:
> Was, holdes Wesen, du hier siehst, bist du;
> Es kam und geht mit dir; ich aber, komm,
> Ich führe dich, wo nicht ein Schatten dein
> Und deiner zärtlichen Umarmung harrt,
> Nein, der, des Ebenbild du bist …
> (IV, 465–672)

Natürlich lässt sich diese narzisstische Anwandlung interpretieren als ein Defekt Evas; Jahrhunderte misogynen Predigens sind gewiss nicht ohne Folgen geblieben. Milton, so viel lässt sich sagen, zieht diesen Schluss nicht unbedingt. Er stellt sich vielmehr vor, dass die Frau weniger als der Mann verfolgt scheint vom Gefühl angeborener Unvollkommenheit, weniger bedürftig auch. Das ist die Weise, in der Milton die Unterschiede zwischen

Mann und Frau wahrnimmt; und genau daraus generiert das Gedicht seine Interpretation der späteren Katastrophe.

Wir wissen nichts darüber, was tatsächlich geschah in den Sommerwochen des Jahres 1640, damals, als der junge Milton – über ein Vierteljahrhundert zuvor – nach London zurückkam mit seiner jungen Braut; als sie kurze Zeit zusammenlebten; als sie ihn schließlich verließ. Es ist einigermaßen unwahrscheinlich, dass diese Erfahrung ein direktes Vorbild lieferte für Adam und Eva, wie sie der Dichter imaginierte. Doch Milton könnte sich durchaus klargemacht haben, dass eine schmerzliche Spannung bestand zwischen konventionellen Erwartungen und tatsächlichen Gefühlen. In *Paradise Lost* verwandelt sich diese Spannung in etwas Reiches und Seltsames. Die Hierarchie – »Für Gott allein er, sie für Gott in ihm« (IV, 299) – beginnt zu zerbröseln unter dem Eindruck der Schönheit, der Sanftmut und, vor allem, der Selbstständigkeit seiner Frau – eine Erfahrung, die Adam überwältigt.

Am Morgen nach dem Besuch des Engels Raphael, als das Paar erwacht und sich bereit macht »zum Geschäft der Gartenpflege«, kommt es zur Probe auf Evas Selbstständigkeit. Diese Tätigkeit im Garten sollte angenehm sein, »freudiges Mühn«, wie das Gedicht betont, doch war es eben Arbeit, und das nicht nur symbolisch. So macht denn auch Eva die gleiche Beobachtung wie Adam, dass nämlich die Arbeit ihnen über den Kopf wächst; sie sagt zu Adam:

> Was wir tags verschneiden oder binden,
> Treibt, des Zwanges spottend, über Nacht
> Nur mehr ins Wilde …
> (IX, 210–212)

Bis »der Hände mehr behilflich sind«, sagt sie, würden sie mit ihrer Arbeit immer weiter zurückfallen. Und schlägt darum ein Experiment vor: »Lass uns die Arbeit teilen!« (IX, 214) Denn:

> Bringt uns die Arbeit stets in solche Näh:
> Was Wunder dann, wenn Lächeln, Blicketausch
> Und Zwiegespräch das Werk oft unterbricht,

So dass, beginnen wir auch noch so früh,
Wir wenig schaffen …
(IX, 220–225)

Adam gibt zunächst eine vermittelnde Antwort; ihr Vorschlag verdiene Lob – »Nichts macht die Gattin liebenswürdiger, / als wenn sie guten Haushalts sich befleißigt.« Doch irre sie gleichwohl, denn »nicht so streng gebot uns Arbeit Gott« – schließlich lebten die beiden im Paradies. Für einen kurzen Augenblick ändert er seine Meinung: Wenn Eva eigentlich habe sagen wollen, sie finde beider Unterhaltung ermüdend, sie sehne sich »nach Stille«, dann »bewilligt' ich dir kurze Trennung gern«, denn »[allein zu sein hilft manchmal der Gemeinsamkeit]«. (IX, 248–249) Fährt dann aber, ohne ihre Antwort abzuwarten, fort, spricht von seinen Besorgnissen, wenn sie fern sei von ihm. Macht dabei den Fehler, von Satan zu sprechen, der herumschleiche, weswegen sie eben »bei ihrem Mann am sichersten« sei, darum also könne er sie nicht allein lassen (IX, 252–269). Nun folgt Evas Reaktion:

Wie eine Liebende, die sich gekränkt
In ihrer jungfräulichen Würde fühlt,
Versetzt ihm Eva, holdgestrengen Blicks:
»Wohl weiß ich, dass uns ein Feind Verderben droht, (…)
Doch dass du meiner Treue Festigkeit
Zu Gott und dir, versuchte sie der Feind,
Bezweifeln kannst, das hör ich überrascht.«
(IX, 271–281)

Der arme »domestizierte Adam«, wie Milton ihn nennt, versucht sie zu besänftigen: Nicht mehr habe er sagen wollen, als dass sie der mit Satan drohenden Gefahr gemeinsam besser trotzen könnten. So einfach aber ist der von Adam angerichtete Schaden nicht zu beheben. Zwar spricht Eva im »süßen Schmeichelton«, fragt nichtsdestotrotz ganz direkt: Wär unsere Lage so,

> … dass wir ihm nicht zu widerstehn vermöchten,
> Wenn er uns alleine trifft: Wie könnten wir,
> In steter Angst vor Unheil, glücklich sein?
> (IX, 324–326)

Sie seien doch mit »gleicher Redlichkeit« geschaffen, um der Versuchung zu widerstehen:

> So mangelhaft, lass uns nicht glauben, hat
> Der weise Schöpfer unser Glück gemacht,
> Dass es uns nicht, ob einzeln oder zu zweien
> Gleich sicher sei. Hinfällig wäre es sonst,
> Und Eden, so gefährdet, wär kein Eden!
> (IX, 337–341)

Wir freilich wissen, dass auch dieses Zwiegespräch auf das Unheil zuläuft, doch Evas Argument ist nur schwer zu widerlegen, denn wir wissen auch, dass die Bedrohung durch Satan keine temporäre ist. Sollten sie wirklich niemals auseinandergehen, nicht einmal für wenige Stunden? Und Evas Vertrauen in ihre eigene Integrität spiegelt das Adam beflügelnde Gefühl, sie sei »in sich vollkommen«. Unglücklich und verzweifelt fällt Adam ihr ins Wort: »Oh, Weib!« Nichts von dem, belehrt er sie, was Gott geschaffen, unvollkommen oder mangelhaft sei. Diese Verteidigung mutet merkwürdig an, denn genau das ist ja Evas Argument; er selbst, erinnern wir uns daran, hatte Gott zuvor erklärt, dass er, derart allein, auch unvollkommen sei und mangelhaft. Und so hat er sich jetzt in eine Sackgasse manövriert. Denn sein Argument impliziert, Eva könne schon dem göttlichen Prinzip zufolge die Festigkeit nicht fehlen, die sie braucht, um der Versuchung zu widerstehen. Kein Leid, so fährt er fort, erfahre der Mensch wider seinen Willen, »und diesen Willen ließ Gott frei« (IX, 351). Und indem er das sagt, muss er Eva auch erlauben, von seiner Seite zu gehen: »So geh! Erzwungnes Bleiben entfernt dich mehr.« (IX, 371) Und Eva löst ihre Hand aus der seinen: Sie geht, »mit deiner Erlaubnis also«, und sie geht in göttergleicher Anmut (IX, 385ff.).

Jeder, der mit seinem Ehepartner gestritten hat – was wohl heißt, alle, die mit einem anderen Menschen mehr als ein paar Tage zusammenlebten –, kennt jenes besondere Puzzle, zu dem Liebe, Ärger, verletzte Gefühle, Beschwichtigungsversuche, nicht ernstgemeinte Komplimente, passive Aggression, Enttäuschung, Unterwerfung, Unabhängigkeit und Begehren sich verhaken; Milton hat es brillant eingefangen. Die Erfindung dieses Wortwechsels ist umso genialer, als Milton seine Leser davon überzeugen muss, dass dies streitende Paar im Garten Eden lebt, noch vor dem Sündenfall. Er zeigt, wie häuslicher Streit im Paradies klingt.

Die kunstvoll durchdachte Hintergrundgeschichte – der Krieg im Himmel und Satans maliziöse Feindschaft gegen die Menschen, die Gottes Geschöpfe sind – verschafft der Schlange und ihrer Rolle, die in der Genesiserzählung rätselhaft bleibt, Glaubwürdigkeit. Milton war der Gedanke unerträglich, dass Satan die ersten Menschen durch einen schlichten Trick zum Ungehorsam gebracht haben sollte; er sieht sie nicht als Opfer himmlischer Ränkespiele. Adam und Eva mussten, so wie er sie sah, intelligent sein, kundig, vorgewarnt. Frei mussten sie sein, und beide unschuldig. Wenn dem aber so war, dann musste ihre Unschuld auch etwas Störendes an sich haben, ihre Freiheit etwas Gefährliches.

Dies Verstörende ist die Unfähigkeit, das Böse zu verstehen, ganz gleich, wie viele Warnungen ergingen, ganz gleich auch, wie sehr man versucht, sich das Böse vorzustellen. Das an der Freiheit Bedrohlich-Gefährliche scheint auf in Adams schmerzlicher Erkenntnis, mit der er Eva gehen lässt: »Erzwungnes Bleiben entfernt dich mehr.« Es gibt eben Dinge, die man nicht erzwingen kann, so verzweifelt man sich dies auch wünschen mag – und zu diesen Dingen gehört vor allem wirkliche Vertrautheit. Evas liebevoller, womöglich leicht ironischer Versuch, so etwas wie Ergebenheit zu zeigen – »mit deiner Erlaubnis also« –, kann ihre beharrliche Weigerung, ihre Unfähigkeit, die ihr eigene Freiheit aufzugeben, nicht überdecken. Überreden lässt sie sich vielleicht, aber sie kann und will nicht gezwungen werden.

Freiheit bedroht die Unschuld. Doch Milton war ganz eindeutig überzeugt, dass Unschuld ohne Freiheit wertlos ist, ein Zustand verlängerter Kindlichkeit oder Fesselung. Alles in seinem Leben, in seinem politischen Tun, seinem religiösen Glauben, alles in seinen Gedanken zu wahrer Bildung, in seinen Ansichten zu Ehe und Scheidung – alles läuft auf Einverständnis hinaus, auf Einverständnis, das in Freiheit gegeben oder erhalten wird. Aus diesem Grund hat Milton niemals, selbst in den von Verbitterung gezeichneten Scheidungstraktaten nicht, behauptet, seine Frau habe kein Recht gehabt, ihn zu verlassen. Von ihr zu fordern, sie müsse gegen ihren Willen bleiben, dazu hat er sich nicht durchringen können.

Wegen dieser Sphäre individueller Freiheit – sie steht im Zentrum von Miltons Vorstellung eines lebenswerten Lebens – und trotz Adams Befürchtungen und Verzweiflung ist es für Eva völlig richtig, ein paar Stunden lang allein zu sein, selbst dann noch, als sie sich der schicksalhaften Verführung gegenübersieht. Freiheit ist kein kollektiver Besitz, sie gehört zu jedem Einzelnen.

So wie Milton Eva imaginiert hat, kann sie der Versuchung nicht impulsiv oder gedankenlos erlegen sein. Es musste zu einer langen Auseinandersetzung zwischen ihr und der Schlange kommen; selbst wenn sie ziemlich hungrig war, konnte sie ihre folgenschwere Entscheidung, von der verbotenen Frucht zu essen, erst treffen, nachdem sie sich klargemacht hatte, welche Folgerungen sie aus den Argumenten der Schlange zu ziehen hatte. Das Wissen um Gut und Böse, so überlegte sie bei sich, müsse doch selbst ein Gut sein, und »ein ungekanntes Gut besitzt man nicht« (IX, 756):

> Was ist's im Grunde, das er uns verbietet?
> Er untersagt uns, weise, gut zu sein!
> Ein solch Gebot verpflichtet nicht.
> (IX, 758–760)

Ein solches Gebot ist widersinnig. Und was ist mit dem Tod, der jedem droht, der ungehorsam ist? »Was nützt«, fragt Eva sich, »uns innere Freiheit dann?« (IX, 762) Das Verbot, so schließt sie, kann eigentlich nur eine göttliche Prüfung sein, eine Prüfung, wie sie die Leser von *Paradise Lost* bereits erlebt haben: im Zwiegespräch, in dem Gott vorschlägt, Adam möge sich doch unter den Tieren, denen er Namen gab, einen Partner suchen. Um diese Prüfung zu bestehen – nun sollte sich erweisen, ob Eva der Freiheit wert und würdig war, die Gott den Menschen gegeben hat –, entschließt sie sich, nach der verbotenen Frucht zu greifen, sie zu pflücken und zu essen. Sie hat sich für die Sünde entschieden:

> Was ich fürchten soll,
> Weiß ich's denn, ich, die weder Gut und Bös,
> Noch Gott und Tod, Gesetz und Strafe kennt?
> Hier wächst für alles Heil die Götterfrucht,
> Schön für das Auge, ladend zum Genuss
> Und Weisheit spendend. Was noch hindert mich
> Zu pflücken und zu sättigen Leib wie Geist?
> (IX, 773–779)

Nach ihrer schicksalhaften Tat fand sich Eva, so will es Miltons Darstellung, sofort vor eine neue Entscheidung gestellt: Sollte sie Adam erzählen, was sie getan hatte, ihn drängen, ihr neu erworbenes Wissen mit ihr zu teilen, oder sollte sie den Vorteil, den sie, wie sie es sah, mit dem Verzehr der Frucht erworben hatte, für sich nutzen, um auszugleichen, was Adam, der dringlichen Mahnung des Engels Raphael zufolge, nie vergessen sollte: die Inferiorität des Weibes? Eva glaubte, wie Adam auch, dass wahre Liebe nur bestehen kann zwischen Gleichen. Sie fragt sich:

> Wär's besser nicht, wenn ich für mich allein
> Der Kenntnis Überlegenheit behielte,
> Um so des Weibes Mängel auszugleichen,
> Zu steigern Adams Liebe, mich ihm gleich
> Und selbst bisweilen über ihn zu stellen?
> Höchst wünschenswert ist Überlegenheit;
> Denn wer ist frei, steht er dem andern nach?
> (IX, 519–525)

Ziemlich sicher verstand Milton die letzte Frage als Zeichen dafür, dass Eva etwas Schwerwiegendes verloren ging – eine Beschädigung, die sich direkt nach ihrer Verfehlung zu zeigen begann. Und doch hatten die Menschen, wie sie seiner Vorstellung entsprangen, genügend unabhängige Wirklichkeit, um auf der Kraft ihrer Ansprüche zu bestehen. Eva hatte Grund anzunehmen, dass Adam keine ihm Unterlegene lieben wollte, ja, dass selbst eine nur gelegentliche Umkehrung der Hierarchie, mit der Frau an der Spitze, nicht erstrebenswert wäre.

Schließlich entschied sich Eva, mit Adam zu teilen – der Gedanke, dass sie zuletzt doch stürbe und Adam mit einer »andren Eva vermählt« leben könne, schien ihr unerträglich. Und Adam? Er ist, nach Miltons Darstellung des Geschehens, nicht hintergangen worden. Er sieht sie, begreift sofort, dass Eva einen katastrophalen Fehler begangen hat, entscheidet sich dennoch auf der Stelle, ihr Schicksal zu teilen. »Wie könnt ich ferner leben ohne dich?« (IX, 908) Er weigert sich, die offizielle Hierarchie, die ihm auferlegt war, zu akzeptieren; für ihn war und bleibt sie das »letzte beste aller Werke Gottes« (IX, 896). Ebenso wenig hinnehmen wollte er, was er als offizielle Lösung vermutete: dass Gott ihm eine »zweite Eva« schaffen würde. Den Verlust auch einer zweiten Rippe könnte er wohl ertragen, nicht aber den Verlust der Frau, die er liebte; niemals würde Trauer ihn verlassen.

Adams Entscheidung, von der Frucht zu essen, vollendete das Verhängnis der Ursünde. Dem folgten, in Miltons Imagination, wechselseitige Berauschung und intensives Liebesspiel des Menschenpaars, bis ihr Hochgefühl bitterer Beschämung wich. Ihre eheliche Verbindung, deren Vielschichtigkeit vor dem Sündenfall so fein gezeichnet wurde, löste sich auf in wechselseitige Vorwürfe und Jammer. Adams langes Lamento – Warum tat ich, was ich tat? Wie soll ich die Last meiner Schuld tragen? Was wird nun aus mir? – erreicht seinen Höhepunkt, als Eva versucht, sich ihm zu nähern. Heftig stößt er sie zurück: »Hinweg, aus meinem Angesicht, du Schlange!« (X, 867)

In Adams Vorstellung hatte sich Eva ununterscheidbar gemacht vom verhassten Agenten beider Untergang, ihr Anblick – so hatte Milton in seinen Scheidungstraktaten geschrieben – verschaffte ihm nur ein Gefühl von »Drangsal und Schmerzen des Verlusts, in gewissem Grad etwa das, was Verworfene fühlen«.

Für Milton bestand kein Zweifel: So bitter und unglücklich, wie Adam war, hätte er sich in Hass nicht nur allein auf Eva, sondern auf alle Frauen fallen lassen. So fragt er sich:

Warum schuf Gott, der seinen Himmel ja
Mit Geistern männlichen Geschlechts bevölkert,
Auf Erden dieses neue, reizende

Gebrechen der Natur und füllte nicht
Die Welt auf einmal gleich mit Männern an?
(X, 891–894)

Hätte Gott die Sache mit der Fortpflanzung nicht anders regeln können? Hätte er den Männern nicht ersparen können, sich an ein Geschöpf binden zu müssen, das sich als »launisch … unwürdig und verhasst« erweist?

Doch wenn Milton hier seinen eigenen, durch den Bruch seiner Ehe höchst vergifteten Gefühlen nachgibt, so erinnert er sich doch auch daran, dass er von diesen negativen Gefühlen wieder lassen konnte. Erinnert sich an jene Situation im Londoner Haus seiner Cousins, als die Frau, die ihm seiner Meinung nach schweres Unrecht getan hatte, zu seinen Füßen niederkniete und um Verzeihung bat. Eva, von Adams misogynen Ausfällen keineswegs abgestoßen, ließ, so lesen wir

… nicht von ihm; mit aufgelöstem Haar
In Tränen schwimmend, warf sie demutsvoll
Sich ihm zu Füßen und umfasste sie
Und flehte unter Klagen um Vergebung.
(X, 910–913)

Und ihr Flehen »rührte Adam, Mitleid füllte seine Brust« (X, 939–940).

Hatte auch Miltons Herz nachgegeben, damals im Jahr 1645, als er die weinende Mary aufhob und die Ehe wieder aufnahm?[11] Nahm er die Gefühle tiefer Liebe, die er nun Adam zuschrieb, aus jenem Augenblick und den Jahren danach? Damit, dass er mit Mary in kurzer Folge vier Kinder hatte – bis die vierte Geburt 1652 Mary das Leben kostete –, lässt sich diese Frage nicht wirklich beantworten. *Paradise Lost* aber lässt erahnen, wie leidenschaftlich sich Milton danach sehnte, dass es zwischen den einander entfremdeten Gatten zur Versöhnung kommen möge. Immerhin hatte Adam mit seiner Entscheidung, Gott nicht um eine zweite Eva zu bitten, bewusst das »paradiesische« Äquivalent zur Scheidung abgelehnt. Nach dem Sündenfall hat Eva angeboten, sie allein werde die Folgen von Gottes Zorn auf sich nehmen, doch Adam hat das abgelehnt, nicht anders als den Vorschlag, auf geschlechtlichen Verkehr zu verzichten, um kinderlos zu bleiben:

Am meisten schmerzt uns unser Kinder Los;
Geboren schon zum Leiden, sollen sie
Des Todes Beute sein! Ja, quälend ist's,
Sich Ursach' wissen von dem Unglückslos
Der eignen Kinder ...
(X, 979–984)

Sollte es sich aber als zu schwierig erweisen, »der Liebe süßen Rechte« zu entsagen, dann, so Eva, sollten sie geschwind

um uns und unsern Stamm
Von aller Angst auf einmal zu befreien,
Den Tod uns suchen oder, flieht er uns,
Mit eigner Hand sein Amt an uns vollziehen.
(X, 999–1002)

Auch das lehnt Adam ab; so bleibt ihnen nur, das in Stücke gegangene Leben als verheiratetes Paar langsam wieder zusammenzusetzen.

Und sie beginnen sogleich damit, handeln im Einklang, knien nieder, beichten ihre Übertretung und flehen um Gottes Verzeihung. Noch immer lässt Milton sie hoffen, der göttlichen Strafe entgehen zu können. Nichts Besseres, überlegen die beiden, könnten sie tun, als »unsere Schuld vor ihm bekennen«,

Den Grund mit Tränen netzen und die Luft
Zum Zeichen unverstellter Buß und Reu
Mit Seufzern aus zerknirschten Herzen füllen?
Gewiss lässt Gott dann ab von seinem Zorn ...
(X, 1090–1094)

Und wenn es denn ihr Schicksal sein sollte, zuletzt doch wieder zu Staub zu werden, so könnten sie zumindest doch erwarten, dass wir »von seiner Hilfe vielfach unterstützt, / Behaglich noch durch dieses Leben gehn« (X, 1082–1083). Schließlich hatten sie im schönsten Garten gelebt, den man sich vorstellen kann. Und indem er sich erhebt von seinen Knien, zeigt sich Adam überzeugt, dass ihre gemeinsamen Gebete Gehör gefunden hätten: »Vorüber sei des Todes Bitterkeit, / Wir werden leben.« (XI, 157–158)

Natürlich findet *Paradise Lost,* wie bereits der Titel anzeigt, kein so glückliches Ende, das Paradies ist verloren, die Bitterkeit des Todes nicht vergangen. Näher an der Wahrheit befindet sich Adam, als er sich, in seiner verzweifeltsten Stimmung, vorstellt, Gott habe entschieden, »ihnen ein langsam schleichend Übel, / ein langes, qualvoll langes Sterben« zu verhängen (X, 963–964). Tatsächlich verkündet Gott seinen Heerscharen:

> … Damit er nun nicht
> Die dreistre Hand auch nach dem Lebensbaum
> Ausstrecke, [esse davon und lebe ewiglich,
> Vielleicht nur träumt, er lebe ewig,]
> Verbann ich ihn aus Eden …
> (XI, 93–97)

Obwohl Milton hier direkt aus der Genesiserzählung zitiert, schiebt er, anscheinend unzufrieden mit dem archaischen Vers, eine nähere Bestimmung ein – »And live forever, dream at least to live / Forever«. Diese Begründung jedoch scheint das Motiv der Vertreibung insgesamt zu erschüttern.

Sollte Gott tatsächlich gefürchtet haben, dass die Menschen, so sie im Garten blieben, von jenem Wunderbaum gegessen hätten, der sie dann unsterblich gemacht hätte? An dieser Stelle, ganz untypisch für Milton, gelingt es ihm nicht, das theologische Problem niederzuringen. Er konzentriert sich stattdessen auf die tiefe Angst, die das göttliche Gebot in den Menschen auslöst. Als es ihnen verkündet wird, steht Adam »im Innersten getroffen, starr vor Schmerz« (XI, 264) und sprachlos. Eva, die dem Erzengel ungesehen zugehört hat, bricht in großen Jammer aus: All die Blumen, »die ihr nirgend sonst gedeiht«, die sie aufzog, denen sie Namen gab, auch die Liebeslaube, die sie geschmückt hat, soll sie verlassen? Der Erzengel Michael, entsandt, um Gottes Willen zu verkünden und zu vollziehen, mahnt sie »mild, doch ernst«:

> Eva, bejammre nicht, gib willig auf,
> Was du mit Recht verlorst! Häng nicht dein Herz
> Zu fest an das, was nicht dein Eigen ist!
> (XI, 287–289)

Die Unvereinbarkeit zwischen der Perspektive des Engels und der der Menschen, die von einem unerbittlichen Grundherrn ihres Heims verwiesen werden, bestimmt den gesamten Schluss von Miltons Gedicht.

Denn gegen Ende von *Paradise Lost* sind Adam und Eva in Miltons Imagination derart real geworden, dass sie den gesamten theologischen Apparat aufbrechen lassen, dem sie ihre Existenz verdanken. Die schimmernde Aura allegorischer Figuren haben sie vollends abgelegt, nicht anders, als es Augustinus inbrünstig wünschte. Sie besaßen nun, eindringlich und unbestreitbar, eine buchstäblich menschliche Präsenz – eine Präsenz der gleichen Art, wie Shakespeare sie Falstaff, Hamlet und Kleopatra gegeben hatte; eine Präsenz, in der sich der Sieg der Literatur zeigt. Dieser Sieg freilich hat einen theologischen Preis. Neben Adam und Eva scheinen alle anderen Figuren – Michael, Raphael, Satan, selbst Gott und Gottes Sohn – irgendwie an Kontur und Bedeutung zu verlieren. Natürlich bestand Milton weiterhin auf ihrer, im Vergleich mit den winzigen Menschen, unermesslichen Größe, Macht und Bedeutsamkeit; er glaubte auch weiterhin fest daran, dass er nichts anderes tue, als Gottes Wege den Menschen gegenüber zu rechtfertigen. Seine eigentliche, tiefe Loyalität jedoch hatte er nicht im Zaum – ein offensichtliches Unvermögen, das ihn zum umso größeren Künstler macht.

Der Erzengel Michael versetzt Eva in einen tiefen Schlaf, führt Adam, auf Gottes Anweisung, auf den Gipfel eines hohen Bergs und lässt ihn sehen, wie sich der Menschen Leben in der Zeit entfalten wird. Zu dieser Vision, sie ist erschreckend in fast allen Einzelheiten, gehört der Gang durch ein Spital, so dass Adam alle Spielarten von Krämpfen, Fallsucht, Nierensteinen, Krebs, Raserei und Trübsinn zu sehen bekommt, alle Übel, die die Menschen künftig würden befallen können. Alles Elend, »vom Weibe kommt es her«, will Adam sagen, Michael jedoch fällt ihm ins Wort:

... Von des Mannes weib'scher Schwäche kommt's
... Er, der höh're Kraft empfing,
Er sollte weiser seinen Platz behaupten.
(XI, 634–636)

Damit sind wir wieder bei der strengen Mahnung, Adam möge seine dominierende Stellung wahren; die Mahnung, die Raphael bereits vor dem Sündenfall an den Mann bringen wollte.

Und im Geist dieser Mahnung beschließt Michael die lange, schmerzliche Tour durch die Geschichte: »Sie stiegen hinab.« (XII, 606) Und genau hier, im Abstieg vom Gipfel mit der grandiosen Gesamtschau, die der Engel gab, hinab auf den unsicheren Grund des alltäglichen Lebens der Menschen, wird deutlich spürbar, wem Miltons eigentliche Loyalität gilt. Adam versucht nicht, länger in der Gesellschaft des Engels zu verweilen; im Gegenteil: »Er lief zur Laube schnell voraus, / wo Eva schlummernd lag.« Und Eva, gerade erwacht, empfängt ihn mit Worten, die eindeutig zeigen, dass auch sie sich nun ausschließlich auf ihren Partner einstellt:

Du findest mich nicht säumig. Mit dir gehen
Heißt hier verweilen; ohne dich hier weilen
Heißt wider Willen von hier gehen. Denn mehr
Als jeder Ort, als alles giltst du mir.
(XII, 615–618)

Natürlich ist, theologisch, der Heilsplan noch in Kraft. Milton glaubt an beides, an die Gerechtigkeit der schrecklichen Strafen, die die gesamte Menschheit als Folge des Ungehorsams der ersten Menschen heimsuchen werden, und an die Erlösung, die Christus den Gläubigen bringen wird. Doch sehr viel mehr als die umfassende Schau von Sündenfall und Erlösung interessiert den Dichter die ruhige Intimität des verheirateten Paares. Auch wenn er vorausgeeilt ist, um Zeit mit Eva allein zu haben, kann Adam, so erzählt es Milton, auf Evas liebevolle Worte nicht antworten: »Schon zu nah / Stand ihm der Engelsfürst.« (XII, 625–626) Was Mann und Frau sich in solchen Augenblicken zu sagen haben, sind keine Äußerungen, die für das Engelspublikum bestimmt sind. Die Cherubim, die nun mit ihren Flammenschwertern vorrücken, gehen in Stellung und machen aus der milden Luft des Gartens Eden etwas, das zunehmend an die sengende Hitze des libyschen Wüstendunsts erinnert. Michael nimmt nun Adam und Eva an die Hand, eilt mit ihnen durch das Tor bis hinunter in die Ebene und verschwindet.

Was nun folgt, die letzten Verse von *Paradise Lost*, gehört zum Schönsten, was Milton je geschrieben hat. Die Verse bekunden das Vertrauen in die göttliche Vorsehung, mehr aber noch in die Freiheit, in diejenige nämlich, die Gott den ersten Menschen gegeben hat, die Freiheit, die seither allen Menschen gehört. An seinem Schluss löst Miltons Gedicht Adam und Eva aus der Erzählung, die ihnen Leben gab, und folgt den beiden, die nun gemeinsam in eine unsichere Zukunft gehen: Das Paradies,

> Ihr Wonnesitz noch eben – überwogt
> Von Glut und Flammen und das Tor umdrängt
> Von feurigen Schreckgestalten. Natürlich kamen da
> Die Tränen, die bald sie wieder trockneten.
> Vor ihnen lag die ganze Erde, ihren Ort
> zu wählen, von Gottes Vorsehung geführt.
> Hand in Hand, langsam, zögernden Schritts
> durch Eden, einsam begann ihr Weg.
> (XII, 646–649)[12]

Damit wurden, über tausend Jahre nach Augustinus, Adam und Eva wirklich.

KAPITEL ZWÖLF

MENSCHEN VOR ADAM

Isaac La Peyrère muss eines jener Kinder gewesen sein, die Sonntagsschullehrern schwere Kopfschmerzen bereiten. Der Junge stellte einfach zu viele Fragen, und die waren auch noch verzwickt und irritierend. Die frommen Calvinisten von Bordeaux, wo La Peyrère 1596 in einer wohlhabenden protestantischen Familie zur Welt kam, hätten diesen Menschenschlag leicht erkennen können: Der Junge war geistig rege und voller Leidenschaft, zugleich aber enervierend neugierig, streitfreudig, verwegen und unabhängig. Er hatte das Zeug zu einem brennenden Gläubigen, zugleich aber nahm er, als sehe er sie aus einer sonderbaren Distanz, hochgeschätzte und vertraute Glaubensartikel kritisch unter die Lupe.

Zu dieser Zeit, an diesem besonderen Ort hätte man mit gutem Grund annehmen können, dass sich zumindest einige der Eigenschaften des Jungen zurückführen ließen auf seine marranischen Wurzeln – will sagen auf ein verheimlichtes Judentum, das seine Familie, die aus Portugal stammte, nach der Vertreibung der Juden von der Iberischen Halbinsel mitbrachte. Der große Essayist Michel de Montaigne, in den 1580er Jahren Bürgermeister von Bordeaux, hatte mütterlicherseits einen ähnlichen Hintergrund, was seinen vergleichbar unabhängigen Geist mitgeformt haben könnte. Die Religionskriege jedenfalls – die mörderischen Konflikte zwischen französischen Katholiken und Protestanten, die während der gesamten zweiten Hälfte des 16. Jahrhunderts tobten – hatten bei den meisten denkenden Menschen, gleich welcher Konfession, die bisherigen Annahmen zu Gesellschaft und Glauben erschüttert.

Der junge La Peyrère zeigte ein ausgeprägtes Interesse an der hebräischen Bibel, insbesondere am Buch Genesis. Und seine nimmermüde Neugier wurde noch angestachelt durch ein Detail vom Anfang des heiligen Buchs: Kain wurde, nachdem er seinen Bruder Abel ermordet hatte, vertrieben und gelangte ins Land Nod, jenseits von Eden, im Osten. Dort, so berichtet die Bibel ohne nähere Erläuterung, »erkannte Kain seine Frau; die ward schwanger, … und er baute eine Stadt« (Gen 4,17). Woher, so fragte der Schulbub laut, woher kommt diese Frau, die Kain heiratete? Die traditionelle Antwort war, skandalös genug, sie sei eine seiner Schwestern gewesen, obwohl bis dahin an keiner Stelle der Bibel die Rede davon gewesen war, dass Adam und Eva Töchter gehabt hätten.

Diese Auskunft hätte die Diskussionen in der Sonntagsschule eigentlich beenden müssen. Doch die Neugier des kleinen Isaac ließ sich so nicht befriedigen. Kain, zum unsteten Wanderer und Flüchtling geworden, sagt zu Gott: »So wird mir's gehen, dass mich totschlägt, wer mich findet.« (Gen 4,14) Wer aber hätte das ein sollen, wenn die Welt noch nicht bevölkert war? Was tat die Frau, die Kain heiratete, im Land Nod? Und wie konnte der Flüchtling dort eine Stadt bauen, wenn es ringsum keine anderen Menschen gab, die sie bewohnten?[1] So fragte sich der Junge, ob alle diese Hinweise nicht bedeuteten, dass es bereits vor Erschaffung von Adam und Eva Menschen gegeben hatte auf der Erde, Menschen, die jenseits der Mauern des Gartens Eden lebten und mit denen die beiden und ihr Nachwuchs verkehrten? Es ist unklar, ob der junge La Peyrère, laut über seine Mutmaßungen zu sprechen wagte. Selbst ein unbändig neugieriger Schuljunge wusste, in welch ernsthafte Schwierigkeiten ihn solche Fragen bringen konnten.

Irgendwann hätte die Sache sich beruhigen können, wie das vermutlich schon viele Male zuvor, bei Generationen übermäßig wissbegieriger Schulkinder geschehen war, wäre es nicht zu einigen besonderen Drehungen und Wendungen gekommen, sowohl in La Peyrères Leben wie auch in der Kultur, in die er hineingeboren worden war. Nach seiner Ausbildung als Jurist erregte er die Aufmerksamkeit des mächtigen Prince de Condé, der ihn als seinen Sekretär mit nach Paris nahm. Diese Stellung verschaffte ihm ein Maß an Protektion, das es ihm erlaubte, seiner Neigung zu rastlosen, möglicherweise häretischen Nachforschungen nachzugeben, wo immer ihn diese auch hinführen mochten. Zudem hatte er Zugang zu einem Kreis unerschrockener Philosophen, Theologen und Wissenschaftler.[2] Die Mitglieder dieses Kreises verfolgten ungewöhnlich aufmerksam die Entdeckungen und Ereignisse, zu denen es seit mehr als einem Jahrhundert immer wieder gekommen war, über deren verwirrende Implikationen offen zu sprechen jedoch weiterhin gefährlich war.

Im Grunde hatte alles mit dem 12. Oktober 1492 begonnen, mit dem, was Kolumbus und seine Männer sahen, als sie in der Karibik an Land gingen und dort auf große Scharen von Eingeborenen stießen; im *Bordbuch* notiert der Admiral: »Sie gehen nackend umher, so wie Gott sie erschaffen, Männer wie Frauen, von denen eine noch sehr jung war.«[3] Körperbemalung kannten diese Wilden, aber keine Kleider. Einerseits kam diese Nacktheit den bewaffneten Abenteurern aus Europa gerade recht, bedeutete sie doch, dass die Eingeborenen wehrlos waren. Zugleich aber stellte sich damit ein theologisches Problem: Wie war es möglich, dass ganze Völker ausgenommen waren von einer der grundlegenden Folgen des Sündenfalls, nämlich der Scham? »Da wurden ihnen beiden die Augen aufgetan und sie wurden gewahr, dass sie nackt waren, und sie flochten Feigenblätter zusammen und machten sich Schurze.« (Gen 3,7)

Scham, so dachte man damals, sei keine kulturelle Errungenschaft, sondern eine infolge des Sündenfalls alle Menschen unausweichlich bestimmende Eigenschaft. Aber diese Völker, die hier nackt herumliefen: Warum erkannten sie ihren Zustand nicht? Und warum nutzten sie die Mittel nicht, die Gott selbst den Menschen gegeben hatte, um ihre Blöße zu bedecken: »Und Gott der Herr machte Adam und seiner Frau Röcke von Fellen und zog sie ihnen an?« (Gen 3,21)

Diese Wilden, so hätte man damals vielleicht sagen können, hatten alle Scham verloren und das Geschenk der Kleidung vergessen. Auch von den Affen glaubte man, sie seien einst wie wir gewesen, dann aber auf einen tierischen Zustand degeneriert.[4] So erklärten damals denn auch einige Zeitgenossen, die Eingeborenen der Neuen Welt seien Kreaturen, die unter den Stand des Menschlichen gesunken waren. 1550 etwa, während des großen Disputs von Valladolid, der Auseinandersetzung zwischen dem Dominikaner Bartolomé de Las Casas und dem Humanisten Juan Ginés de Sepúlveda über die Versklavung der amerikanischen Ureinwohner, brachten einige spanische Gelehrte derartige Argumente vor: Trotz gewisser Ähnlichkeiten seien die neu entdeckten Wesen keine wirklichen Menschen, und was wie Sprache klinge, seien in Wirklichkeit tierische

Laute. Die Aussagen von Augenzeugen, sie hätten sich mit den Insulanern verständigt und könnten darum bestätigen, dass jene doch Menschen seien, wurden als unzureichend betrachtet. Endgültig überwunden wurde die Behauptung, die Wilden seien Tiere, denen der Vernunftgebrauch abgehe, nicht durch empirische Beobachtungen, sondern durch die religiöse Doktrin: Die Eingeborenen, so das Argument, das sich durchsetzte, besäßen Seelen und die seien reif für die Konversion zum Christentum. Wenn die Bewohner dieser Inseln also keine Tiere waren, waren sie Menschen, die wie alle anderen von Adam und Eva abstammten, und wieder stellte sich die Frage, was es mit ihrer Nacktheit auf sich hatte.

Auf die Antwort hingedeutet hatte bereits Kolumbus. Auf seiner dritten Reise, als er schon nicht mehr so fest davon überzeugt war, er habe indische Inseln entdeckt, begann sich der Admiral mit einer anderen Möglichkeit zu beschäftigen. Die Welt, so schrieb er, sei nicht vollkommen rund, habe vielmehr die Form einer Birne oder die eines Balles, auf dem so etwas wie die Brustwarze einer Frau sitze. Die neuen Länder, die er in ihrer Schönheit und Üppigkeit entdeckt habe, müssten an oder nahe bei diesem Nippel liegen, dessen Mitte nur der Ort des irdischen Paradieses sein könne. Kolumbus glaubte nicht, dass er den Garten selbst betreten könnte, zumindest nicht in seinem Erdenleben. Doch sei es wohl so, dass die Menschen, denen er begegnet war und die in ihrer Nacktheit nahe beim Garten Eden lebten, dessen ersten Bewohnern ähnelten. Die Scham, die eine Folge des Sündenfalls war, verstärke sich, je weiter man sich vom ursprünglichen Ort des Glücks entferne.

Die Nähe zum Paradies würde auch die rauschenden Süßwasserströme erklären, die spanische Seeleute im Golf von Paria bei Trinidad mit großem Staunen entdeckt hatten. Schließlich war im Buch Genesis nachzulesen, dass im Garten Eden vier große Flüsse entsprangen. Die einzige andere Erklärung, die Kolumbus 1498 für möglich hielt, klang noch abenteuerlicher: »Und ich sage, wenn es nicht das irdische Paradies ist, woher dieser Fluss kommt, dann entspringt er in einem riesigen Land, im Süden gelegen, von dem bis hierher noch keine Kenntnisse erlangt wurden.« Dieser Gedanke – die Vorstellung eines unbekannten Kontinents – war indes so schwer zu ergründen, dass er sich lieber auf sicheren Grund zurückzog, nämlich wieder auf den Garten Eden: »Doch bin ich in meinem Denken mehr und mehr überzeugt, dass dort, wo ich sagte, das irdische Paradies liegt.«[5]

Die Vorstellung, das Paradies liege ganz in der Nähe, verlor sich nicht einfach, als sich im Gefolge weiterer Erkundungsfahrten herausstellte, dass dort tatsächlich eine große Landmasse lag – der südamerikanische Kontinent. Im 16. und im 17. Jahrhundert erörterten die spanischen Chronisten López de Gómara und Antonio de Herrera diese Möglichkeit genauso ernsthaft wie der große Naturkundler José de Acosta in seiner *Historia natural y moral de las Indias*. Mitte des 17. Jahrhunderts meinte Antonio de León Pinelo – wie La Peyrère Sohn portugiesischer Marranen –, zufriedenstellend belegen zu können, dass Río de la Plata, Amazonas, Orinoco und Magdalena die vier Flüsse seien, die im irdischen Paradies entsprängen.[6]

Und wie ging es, nach dem Schock der ersten Begegnung, weiter mit der Nacktheit der Menschen in der Neuen Welt? Die meisten der europäischen Kolonisten, die nur die rücksichtslose Ausbeutung der von ihnen überwältigten Völker im Sinn hatten, interpretierten deren Nacktheit als Zeichen ihres primitiven Status, denn das kam ihnen zupass, und sie beließen es dabei. Im großen Disput von Valladolid wurde anerkannt, dass die Eingeborenen Menschen seien, zugleich aber auch das, was Aristoteles »natürliche Sklaven« genannt hatte; Menschen also, deren Minderwertigkeit es legitimiere, ja sogar zu einem Akt der Barmherzigkeit mache, sie zu versklaven.

Zumindest einer der in diese Jury geladenen Gelehrten, der große Dominikaner Bartolomé de las Casas, widersprach vehement. Las Casas, ursprünglich selbst als Kolonist in die Neue Welt gekommen, war zutiefst abgestoßen von den Grausamkeiten gegen die Ureinwohner, zu deren Zeugen er geworden war und die er in seinem berühmten *Bericht von der Verwüstung der westindischen Länder* (1542) anprangerte. Er teilte Kolumbus' Ansicht, dass die neu entdeckten Länder (die beiden Amerikas) der wahrscheinlichste Ort des verlorenen Garten Eden seien.[7] Und die Eingeborenen dort seien, so Las Casas, nicht nur die Gleichen wie alle anderen Menschen, ob Christen oder nicht, sie seien tatsächlich, durch die Gunst ihrer paradiesischen Länder, moralisch überlegen.

> Alle diese unzähligen Menschen von verschiedenem Schlage schuf Gott sehr folgsam, äußerst treu, sowohl ihren ursprünglichen Herren als den Christen, welchen sie dienten; waren demütig, geduldig, friedliebend und ruhig …[8]

Völlig im Paradies lebten sie freilich nicht – dazu fehlte ihnen der katholische Glaube –, aber sie waren diesem schon sehr nahe, wie ihre Nacktheit zeige.[9]

> Unter diese sanften Schafe … fuhren die Spanier, sobald sie nur von ihrem Dasein erfuhren, wie Wölfe, Tiger und Löwen, die mehrere Tage der Hunger quälte. … Wir können es hier als eine gewisse und wahrhafte Tatsache anführen, dass in obgedachten vierzig Jahren durch das erwähnte tyrannische und teuflische Verfahren der Christen mehr als zwölf Millionen Männer, Frauen und Kinder auf die ruchloseste Art zur Schlachtbank geführt wurden, und wir würden in der Tat nicht irren, wenn wir die Anzahl derselben auf fünfzehn Millionen angeben würden.[10]

Lange Zeit wurden Las Casas' Zahlen als polemische Übertreibung betrachtet, doch moderne demographische Studien haben ergeben, dass sie der Wahrheit wohl sehr nahe kommen.[11] Wenn diese leidgeprüften Opfer an die paradiesische Unschuld von Adam und Eva erinnerten, was machten sie dann aus den Spaniern? Für Las Casas war die Sache klar:

> Möchten doch alle diejenigen, welche dies lesen, um Gottes willen bedenken, was dies für Handlungen sind! … ob man nicht Christen von der Art mit allem Recht Teufel nennen kann! ob es nicht ebenso gut sei, die Indianer dem höllischen Teufel selbst zu empfehlen, als sie den Christen anzuvertrauen, die sich in Indien befinden![12]

Las Casas' Buch wurde in Europa zum Bestseller, und das nicht nur bei jenen, die nichts lieber wollten, als die spanischen *conquistadores* oder die katholische Kirche zu dämonisieren. Seine ätzende Anklage liegt Montaignes subversiven Fragen zugrunde, jenen Fragen, die sich auf alle europäischen Christen bezogen: Warum denken wir, dass unsere Lebensweise besser ist als ihre? Wer sind denn die wahrhaft zivilisierten Menschen, wer die Barbaren?[13] Solche Fragen standen in einer äußerst beunruhigenden Beziehung zur grundlegenden Erzählung von uranfänglicher Unschuld, Sündenfall und Erlösung durch Christus. Und es war nicht nur die Boshaftigkeit der Kolonisten, die derart beunruhigend war; es war auch die schiere Zahl von Menschen, die in einem bis dahin unbekannten Teil der Erde entdeckt wurden, auf den sich in der Bibel keinerlei Hinweis finden ließ. Wie mochten sie wohl dorthin gekommen sein? Warum sollte irgendwer denken, dass es eine einzige Geschichte der Welt gab, passend für alle?

Die Größe der Bevölkerung, die die europäischen Eroberer in beiden Amerikas entdeckten, wie auch die Vielfalt von Fauna und Flora ließen sich nur schwer mit der biblischen Chronik vereinbaren. So schrieb Matthew Hale, ein im 17. Jahrhundert angesehener englischer Jurist:

> Die Entdeckung des riesigen Kontinents Amerika, der offenbar so mit Menschen bevölkert ist und so gut ausgestattet mit Vieh [d. i. mit Tieren] wie fast jeder Teil Europas, hat für einige Schwierigkeiten und Disputationen gesorgt, in denen es um die Zurückführung aller Menschen auf zwei gemeinsame Eltern geht … nämlich auf *Adam und Eva*.[14]

Für dieses Problem wählte Hale den Ausdruck *traduction*: Wie hätten so viele Lebewesen aus einer Welt über den Ozean in eine andere überführt werden können? Der Jesuit José de Acosta spekulierte – und zwar zutreffend, wie wir heute wissen –, dass es eine Landbrücke gegeben haben muss, die Asien und Amerika miteinander verband. Materielle Beweise dafür hatte er keine, doch er musste diese Brücke postulieren, denn anders wäre das Zeugnis der Bibel nicht zu retten gewesen:

> Der Grund, der mich zu behaupten zwingt, die ersten Menschen dieser Indies kamen aus Europa oder Asien, ist, der Heiligen Schrift nicht zu widersprechen, die eindeutig lehrt, dass alle Menschen von Adam abstammen, weswegen wir den Menschen auf den Indies keinen anderen Ursprung geben können.[15]

Für La Peyrère war die Vorstellung einer Landbrücke ein verzweifelter Versuch, an einer gescheiterten Idee festzuhalten – sozusagen der letzte riskante Wurf, um das Spiel noch zu retten. Keine verschwundene Brücke, so dachte La Peyrère, konnte die riesige Zahl von Menschen erklären, die, der rechtgläubigen Erzählung zufolge, von den sieben Überlebenden aus Noahs Arche fast auf der Stelle hätten gezeugt werden und sich dann mit unvorstellbarer Geschwindigkeit auf der gesamten Erde verteilen müssen.[16] Schon in der bloßen Vielfalt menschlicher Kulturen – Nomaden aus Lappland und chinesische Höflinge, die eleganten Damen in Paris und die nackten Wilden der Neuen Welt – sah er einen gravierenden Einwand gegen das anerkannte Verständnis von Adam und Eva als den Ureltern aller Menschen auf der Welt.

Mit solch quälenden Zweifeln war La Peyrère beileibe nicht allein. Zur genau gleichen Zeit, da Milton daran arbeitete, Adam und Eva zu realen Figuren zu machen, intensiver und vollständiger, als sie dies je gewesen waren, wurde die Glaubwürdigkeit der ersten Kapitel des Buchs Genesis gleich an mehreren Fronten erschüttert. Möglicherweise fühlte sich Milton von den gleichen Zweifeln getrieben, *Paradise Lost* zu schreiben, die auch seinen Zeitgenossen La Peyrère umtrieben. Mochten sie auch unterschiedlich reagieren, so spürten sie beide die gleichen seismischen Erschütterungen: die ungeheure Ausdehnung der bekannten Welt, das offensichtliche Fehlen der Scham bei vielen ihrer Völker, die Grausamkeit der Religionskriege, die beunruhigenden Behauptungen von Kopernikus und Galilei.

Und das waren nicht die einzigen Erschütterungen, die zu Rissen in der biblischen Schöpfungsgeschichte führten. Überall in Europa hatten Humanisten und Künstler ein neues Interesse an der klassischen Antike geweckt. Die Wiederentdeckung grundlegender Texte aus der antiken Welt belebte auch heidnische Theorien vom Ursprung der Menschen neu, die seit Jahrhunderten vergessen waren oder ignoriert wurden. Auch wenn sich letztlich niemand beeilte, die absolute Gültigkeit des Buchs Genesis in Frage zu stellen, war es durchaus beunruhigend, von so ganz anderen Schöpfungsgeschichten zu hören.

Eine der wirkmächtigsten dieser anderen Erzählungen stammte aus dem späten 4. Jahrhundert v. u. Z. aus den Schriften des griechischen

Philosophen Epikur. Diese selbst waren nahezu vollständig verloren gegangen, doch es tauchte ein langes, grandioses Gedicht auf: verfasst um das Jahr 50 v. u. Z. von Lukrez, einem römischen Anhänger Epikurs, wiederentdeckt vom Bücherjäger Poggio Bracciolini, einem Mann der Renaissance, der seinen Fund kopieren ließ und in Umlauf brachte. In *De rerum natura* erzählt Lukrez eine ganz andere Schöpfungsgeschichte: Unsere Art sei, wie alle anderen Lebewesen auch, entstanden als Ergebnis zufälliger Verbindungen von Atomen, die sich im grenzenlosen Lauf der Zeit immer wieder neu gruppiert haben. Das Universum selbst sei ewig, ohne Anfang und Ende, ungeschaffen, die Natur dagegen experimentiere unablässig mit der Schöpfung neuer Arten. Die meisten davon seien wieder verschwunden – die Natur sei indifferent gegen Fehlschläge und Verschwendung –, eine gewisse Zahl dieser Arten jedoch, unsere eigene eingeschlossen, schafften es, sich zu ernähren und fortzupflanzen – sie überlebten.

Die Menschen, so stellte sich Lukrez das vor, konnten sich nur schrittweise und in Sprüngen aus dem wilden Zustand in einen zivilisierten entwickelt haben. Die ersten Menschen seien grobknochig gewesen, unwissende Urgestalten, die zu kämpfen hatten, um in einer mitleidlosen Umwelt zu überleben. Noch hatten sie keine Vorstellung von gesellschaftlicher Ordnung oder von Wohlfahrt für alle. Auch die Verhältnisse zwischen Mann und Frau hatten ursprünglich mehr mit Raub und Tausch zu tun als mit zarten Gefühlen:

> Und in den Wäldern vereinigte Venus der Liebenden Leiber. Entweder wurde das Weib gewonnen durch wechselseitige Begierde oder durch des Mannes pure Gewalt und stürmische Lust oder gelockt durch ein Geschenk: Eicheln, des Erdbeerbaums Früchte, eine besonders schöne Birne. (V, 962–965)[17]

Weil Renaissancegelehrte die Kenntnisse der griechischen Sprache wiederbelebten und klassische Texte der Griechen ins Lateinische übersetzten, wurden noch viele weitere heidnische Weltentstehungsgeschichten zugänglich. So findet sich beim frühgriechischen Dichter Hesiod die Vorstellung eines Goldenen Zeitalters, dazu der Pandora-Mythos, der so seltsam an die Eva-Erzählung erinnert. Der Fabeldichter Aesop führt in eine Goldene Zeit, in der die Tiere (aber auch Steine, Kiefernnadeln und das Meer) sprechen konnten, so wie die Menschen auch. Dikaiarchos von Messene, ein Schüler des Aristoteles, schrieb von primitiven Menschen, die lebten wie die Götter, sich strikt vegetarisch ernährten, Kriege und Fehden verabscheuten – die von Natur aus wohl beste Spielart von unsereinem. Der griechische Rhetoriker Maximos von Tyros wiederum sprach von Prometheus, der auf Jupiters Befehl »rechtschaffene Tiere« bilden sollte,

> die an Verstande den Göttern am nächsten kämen, deren Leib zart und aufgerichtet und von gutem Ebenmaße wäre, die mit ihren Händen bequem etwas verrichten und mit ihren Füßen sicher treten könnten.[18]

Solche Erzählungen wurden durch Übersetzungen in die Volkssprachen und durch die Druckerpresse weithin zugänglich, und immer mehr Menschen ging auf, dass die Genesiserzählung weder die einzige noch unwidersprochen war. Man konnte nun leicht, etwa bei Platon, auf die Erzählung von Menschen stoßen, die sich in einem früheren Zeitalter aus Erde bildeten, der sexuellen Zeugung also nicht bedurften. In dieser weit zurückliegenden Zeit sei die Witterung annehmlich gewesen, die Menschen lebten unbekleidet im Freien. Und »Früchte hatten sie reichlich von Eichen und vielen anderen Gewächsen, nicht durch Ackerbau gezogene, sondern welche die Erde ihnen von selbst gab«.[19] Es gab keinerlei Regierung, kein Privateigentum und auch keine einzelnen Familien, die um die knappen Ressourcen stritten.

Diese und andere heidnische Erzählungen konnten stets als verzerrte Versionen der einen wahren Ursprungsgeschichte betrachtet werden, jener, die Moses aufgeschrieben hatte; die kumulative Wirkung dieser vielen Geschichten war gleichwohl verwirrend. Nicht nur Ansehen und Ruhm der klassischen Autoren machten es schwierig, ihre Berichte schlicht zu verwerfen; ein weiteres Problem lag in der Chronologie, die jene häufig anführten. Eine sorgfältige Zählung der Generationen, von denen die hebräische Bibel berichtet, schien nahezulegen, dass die Welt rund 6000 Jahre alt war. Platons Dialog *Kritias* aber, der die Beschreibung des untergegangenen Königreichs Atlantis enthält, spricht von Gründungsereignissen, die rund 9000 Jahre zurücklagen. Der griechische Historiker Herodot wiederum berichtet von seinen ausführlichen Diskussionen mit ägyptischen Priestern, die behaupteten, Aufzeichnungen zu besitzen, die weiter als 11 340 Jahre zurückreichten.[20] Dann war da noch der babylonische Priester Berossus, von dem die abendländischen Denker das meiste dessen erfuhren, was sie über das altbabylonische Reich wussten; und der hatte ausgerechnet, dass zwischen der Regentschaft des ersten Königs, des Chaldäers Aloros, und der großen Flut etwa 432 000 Jahre gelegen haben.[21] Selbst wenn diese Zahl völlig unwahrscheinlich klingt (was sie auch ist), blieb das ungute Gefühl, dass die biblische Chronologie viel zu kurz war.

Nur sehr wenigen Katholiken oder Protestanten der Renaissancezeit wird daran gelegen haben, die biblische Zeittafel über Bord zu werfen, und es war jedenfalls gefährlich, ernsthafte Zweifel daran anzumelden. Während der 1590er Jahre berichtete ein Regierungsspitzel, der Stückeschreiber Christopher Marlowe laufe durch London und rede davon, dass »indische und viele andere Autoren der Antike nachweislich vor über 16 000 Jahren geschrieben haben, während Adam erwiesenermaßen vor 6000 Jahren gelebt hat«.[22] Fast gleichzeitig fragte der abtrünnige italienische Mönch Giordano Bruno, wie es denn möglich sein könne, dass so viele Leute immer noch an die biblische Chronologie glaubten, wo doch »ein neuer Erdteil entdeckt worden ist, den man die Neue Welt nennt, wo es Inschriften von einem Alter von zehntausend und mehr Jahren gibt«.[23] Marlowe und Bruno konnten nicht anders, sie mussten gefährlich leben. Der eine wurde tödlich verletzt durch einen Dolch, der ihm durchs Auge in den Kopf drang (Täter soll ein Agent der Geheimpolizei Königin Elisabeths gewesen sein); der andere starb auf einem Scheiterhaufen der Inquisition, errichtet auf dem Campo di Fiori in Rom.

Ketzerische Gerüchte allerdings kursierten weiterhin. La Peyrère etwa hörte von Aztekenpriestern aus Mexiko, die Aufzeichnungen verfasst hätten, die weit hinter die Genesiserzählung zurückreichten, sie seien jedoch auf Befehl spanischer Kirchenbehörden zerstört oder vergraben worden. (So wurde der aztekische Kalenderstein, der heute im Nationalmuseum für Anthropologie in Mexico gezeigt wird, Mitte des 16. Jahrhunderts vergraben und erst 1790 wiederentdeckt.) Es war ganz sicher ein Gebot der Klugheit, sich fernzuhalten von allem, was zu Zweifeln Anlass gab. La Peyrère freilich diente all das als Bestätigung der Theorie, die er, seit er ein Junge war, insgeheim verfolgte.

Mitte der 1640er verbrachte La Peyrère einige Jahre in Schweden und Dänemark, wo er enge Freundschaft mit einem berühmten Arzt und Gelehrten schloss, der den etwas seltsamen Namen Ole Worm trug, latinisiert Olaus Wormius. Als leidenschaftlicher und unersättlicher Sammler von »Kuriositäten« hatte er sein Haus zu einer Wunderkammer gemacht, zum berühmten Museum Wormianum; das Sammelsurium dieser Wunderkammer reichte von fossilen Knochen bis zu Narwal-Stoßzähnen, von einem Eskimokajak bis zu einer römischen Kleiderschließe, von einem ausgestopften Krokodil bis zu einer amerikanischen Tabakpfeife. Vielleicht war es schlicht die Präsenz dieser Objekte, vielleicht auch das beiden Männern gemeinsame Interesse an der Vielfalt von Dingen, jedenfalls fühlte sich La Peyrère animiert, dem Freund von der großen Idee zu erzählen, die in seiner Kindheit in ihm aufgekeimt war.

Adam und Eva, so erklärte La Peyrère, hätten gewiss existiert, die ersten Menschen auf der Erde aber könnten sie niemals gewesen sein. Unzählige müsse es vor ihnen und um sie herum gegeben haben, Menschen mit unterschiedlichen Sprachen und Kulturen und Geschichten. Lange vor dem Sündenfall schon hätten diese Menschen um ihr Überleben gekämpft, hätten Kriege erlebt, Seuchen und Fieber, die Schmerzen der Kindsgeburt durchlitten, schließlich das Schicksal aller Sterblichen geteilt – und dies alles nicht, weil sie von der verbotenen Frucht gegessen hätten, sondern weil das zur natürlichen Existenz der Menschen gehöre.

Er habe, so berichtete La Peyrère Ole Worm, alle seine Theorien aufgeschrieben, in einem Manuskript mit dem Titel »Präadamiten«, auch habe er einigen wenigen anderen eine Skizze gezeigt, in der Hoffnung, das werde sie überzeugen. Deren erste Reaktionen aber seien nicht ermutigend gewesen. Einer dieser Leser, der anerkannte holländische Philosoph Hugo Grotius, habe sich besonders aufgeregt. Selbst wenn, so habe er argumentiert, die amerikanischen Eingeborenen die religiöse Orthodoxie vor ein Problem stellten, so könnten die Indianer Nachkommen der Seefahrer um Erik den Roten oder Leif Erikson und der Wikinger sein, und damit wäre das Problem gelöst. La Peyrères abweichende Vorstellungen dagegen dürften auf keinen Fall verbreitet werden: »Würden solche Dinge geglaubt, dann sähe ich darin eine große Gefahr für die Religion.«[24]

Ole Worm, umgeben von den kostbaren Objekten, die er zusammengetragen hatte, teilte diese Ansicht nicht. Vielleicht faszinierte ihn La Peyrères Behauptung, nur mit der prä-adamitischen Theorie lasse sich die Existenz der amerikanischen Indianer und der Eskimos auf Grönland erklären, deren Artefakte in seinem Museum prominent vertreten waren. Den warnenden Zeichen trotzend, half er La Peyrère bei dessen Recherchen, brachte ihn mit bedeutenden Freunden zusammen und ermutigte ihn, seine Ansichten einem breiteren Publikum bekannt zu machen.

So kam es, dass 1655 in Amsterdam das lateinisch verfasste Buch *Prae-Adamitae* erschien, ein Jahr später in London gefolgt von der englischen Übersetzung *Men Before Adam.*[25] Der Fürst, in dessen Diensten La Peyrère gestanden hatte, war in der Zwischenzeit gestorben, dessen Sohn und Erbe, der neue Fürst von Condé, behielt La Peyrère an seinem Hof, was diesem ein Gefühl der Sicherheit gegeben haben muss, denn in seinem Buch nahm er kein Blatt vor den Mund. Dabei kannte er die Risiken, denn er schreibt:

> Wie einer, der übers Eis geht, dort vorsichtig geht, wo er es springen lässt … so fürchtete ich zuerst, dass dieser zweifelnde Diskurs mir entweder in die Sohlen schneidet oder mich kopfüber in eine tiefe Häresie stürzen lässt.

Nun aber, nach Jahren des Studiums und der Forschung, sei er mutig ausgeschritten, überzeugt, dass er sich auf sicherem Grund bewege.

Adam, so erläutert La Peyrère in seinem Buch, sei nicht der Vater der gesamten Menschheit, sondern nur der Vater der Juden, die Gott unerklärlicherweise ausgewählt habe, das Gesetz zu empfangen und, durch Jesus Christus, als Vermittler der Erlösung zu fungieren. Diese besondere Genealogie sei der Grund dafür, dass der Zeitrahmen des Buchs Genesis nicht synchron laufe mit allen »profanen Aufzeichnungen, ob alt oder neu, nämlich jenen der Chaldäer, Ägypter, Skythen und Chinesianer [im Original: ›Chinensians‹]«, ganz zu schweigen von Aufzeichnungen aus Mexiko, »die Kolumbus vor nicht langer Zeit entdeckt hat«. Diese Probleme aber verschwänden, sobald man akzeptiere, dass die Welt schon vor Erschaffung Adams voller Menschen gewesen sei.

Wie aber verhält es sich dann mit der Arbeit, mit Geburtsschmerzen und Tod, den, wie es im Buch Genesis steht, Folgen der Verfehlung Adams und Evas im Paradies? Lebten die älteren Erdbewohner ohne solche Beschwernisse? Nein, schreibt La Peyrère: »Der natürliche Tod der Menschen ergibt sich aus der Natur des Menschen, und diese ist sterblich.« So hätten auch die Frauen bei der Geburt immer schon natürliche Schmerzen erlitten. Nicht anders seien auch Schlangen immer schon durch den Staub gekrochen. Die Verdammungen, die Gott nach dem Buch Genesis verkündet habe, seien geistige Strafen, die hinzugekommen seien zu den gewöhnlichen, naturgegebenen Existenzbedingungen. Kriege, Seuchen und Fieber verbreiteten sich schließlich nicht infolge des Verzehrs der verbotenen Frucht, sie gehörten zu den »Unvollkommenheiten« der Natur.

Wenn es nur so wenige Bibelleser gebe, die diese einfachen Wahrheiten verstanden hätten, dann deshalb, so schrieb La Peyrère erstaunlich freimütig, weil die Bibel ein so unvollkommenes Dokument sei. Die wenigen Dinge, die wir für unsere Erlösung brauchten, seien deutlich dargestellt. Das Übrige aber sei mit zum Teil »so großer Nachlässigkeit, derart undeutlich« geschrieben, dass es »an manchen Stellen unklarer nicht sein könnte«. Wie aber konnte Moses derart nachlässig gewesen sein? Dafür gebe es nur eine Antwort: Die Bibel, wie wir sie kennen, ist nicht Moses' eigene Niederschrift, die er direkt weitergegeben hat, schließlich lesen wir darin ja auch von seinem Tod. Im Verlauf unzähliger Abschriften hätten sich unausweichlich Fehler eingeschlichen.[26] Insofern sei es kein Wunder, dass so vieles »durcheinander und ohne Ordnung« sei: Für La Peyrère sind die heiligen Schriften ein »Wust verworren getätigter Abschriften«.

Solche Verworrenheit musste zu unzähligen Absurditäten in ihrer Auslegung führen. So etwa könne Adam nicht, wie die meisten Kommentare behaupten, als Erwachsener geschaffen worden sein, er könne nur als Kind auf die Welt gekommen sein, müsse auch das langsame Wachstum der Kindheit durchlaufen haben, bevor Gott ihn ins Paradies gebracht habe: Wie anders hätte er die grundlegenden Fähigkeiten erwerben sollen, die Menschen allein in ihren ersten Jahren erwerben? Dann das Benennen der Tiere im Paradies: Muss es nicht weitaus länger gedauert haben, als die meisten Menschen sich das vorstellen? Das Werk eines halben Tages jedenfalls könne es keineswegs gewesen sein:

> … denn dahin muss der Elefant von den entferntesten Teilen *Indiens* und Afrikas gekommen sein, Tiere von schwerem und langsamem Schritt. Was soll ich sagen von so vielen Arten von Kreaturen und Federvieh, unbekannt in unserer Hemisphäre, die so viel Meer durchschwimmen müssen, so viel Land durchqueren, um von *America* zu kommen und ihren Namen zu empfangen?

Passagen wie diese klingen, als wolle sich La Peyrère über die Erzählung von Adam und Eva lustig machen, doch das Gegenteil trifft zu. Wir neigen dazu, die Sache mit dem Glauben nach Art eines An-/Aus-Schalters zu begreifen – entweder wir akzeptieren eine bestimmte Erzählung als die Wahrheit oder eben nicht. Doch liegen zwischen blindem Glauben und strikter Ablehnung viele Stufen. Wie Milton war auch La Peyrère ein Erbe des augustinischen Beharrens darauf, dass die biblische Erzählung von den ersten Menschen wörtlich verstanden werden müsse. Sobald wir aber versuchen, diesen Mythos als Beschreibung der Realität zu begreifen, tun sich Ungereimtheiten auf – Risse, die La Peyrère seit seiner Kindheit beunruhigten. Er wollte sie kitten, was immer das kostete, und ebendas schien ihm möglich, wenn er die Genesiserzählung auf einen einzigen Strang in der viel umfänglicheren Geschichte der Menschheit reduzierte – nämlich auf den Ursprung der Juden.[27]

Damit war Raum geschaffen für eine viel weitere Welt, eine Welt mit einer komplexeren demographischen Geschichte. Noahs Flut beispielsweise war damit kein universales Ereignis mehr, sondern ein lokales; sie ereignete sich nicht »auf der ganzen Erde, sondern nur im Land der Juden«. Gottes Absicht war es, allein die Juden zu vernichten. Und wenn man die Auslegung auf diese Weise revidierte, war es möglich, dass Menschen und Völker weltweit verbreitet waren, deren bloße Existenz frühe Christen wie Laktanz und sogar der große Augustinus bezweifelt hätten. La Peyrère schrieb:

> Ich wollte, *Augustinus* und *Laktanz* lebten heute, die über die *Antipoden* gespottet haben. Wahrlich, sie würden sich selbst bedauern, würden sie die Dinge hören oder sehen, wie auf den *East and West Indies* entdeckt wurden in dieser zu klarsichtigen Zeit, und auch so viele andere Länder voller Menschen; zu denen, so viel ist gewiss, keiner von *Adams* Nachkommen jemals gelangt ist.

Lange also bevor Adam und Eva geschaffen wurden, seien Prä-Adamiten fruchtbar gewesen, hätten sich vermehrt und die Erde bevölkert.

In diesem, wie ihm schien, korrekten Verständnis sah La Peyrère weniger eine Abwertung der Genesiserzählung als vielmehr eine Aufwertung der Juden und ihrer Bedeutung. Sein Buch *Men Before Adam* widmete er »Allen Synagogen der Juden, verstreut über das Angesicht der ERDE«. Sein Widmungsschreiben endet mit den Worten: »Fasst Mut und haltet euch bereit für die besseren Dinge.«[28] Zu diesen gehöre, so glaubte La Peyrère, die Erlösung durch Jesus, den hervorzubringen die Juden durch Gottes unerforschlichen Ratschluss bestimmt waren, nicht anders als auch dazu, die fünf Bücher Mose hervorzubringen.[29]

Dieses Auserwähltsein aber sei kein Zeichen besonderer Tugend:

> Schaut ihr auf den Stoff, aus dem die Juden geschaffen wurden, werdet ihr nichts finden, das sie der Auserwähltheit würdig scheinen ließe; denn sie sind gemacht aus gleichem Fleisch und Blut wie die Nicht-Juden, und wurden zusammengemischt aus dem gleichen Lehm, aus dem die anderen Menschen gebildet wurden.

Doch ihre Geschichte als das auserwählte Volk sei von einzigartiger Bedeutung, und La Peyrère sieht sie auch nicht fatal befleckt durch die Rolle bei der Kreuzigung Jesu. Denn wäre Jesus nicht gekreuzigt worden, wäre er auch nicht zum Erlöser der gesamten Menschheit geworden. Die Juden im ersten Jahrhundert, so schrieb er, hätten Jesus getötet, doch für ihre Teilnahme an diesem Akt seien sie über Generationen hinweg auch reichlich bestraft worden. Die aktuelle Verfolgung der Juden sei fast das gleiche Verbrechen wie der Gottesmord im ersten Jahrhundert.

Unerschrocken entfaltete La Peyrère die Implikationen dieser Argumentation weiter, in Begriffen, die seinen Zeitgenossen nicht weniger schockierend erschienen sein müssen als seine Theorie der Prä-Adamiten. Bald schon, schrieb er, werde die Welt das Kommen eines jüdischen Messias erleben. Und dieses Erscheinen werde die Geschichte der Juden – dieses kleinen, begrenzten Teils der riesigen Weltbevölkerung – vollenden und auf diese Weise auch die Erlösung der Menschheit herbeiführen. Es werde dann keine Unterscheidung mehr geben zwischen Prä-Adamiten und den Nachkommen Adams; keine Sonderung der Erretteten von den Verdammten; keine weinenden Seelen, die zu ewiger Qual in die Hölle getrieben werden, während die anderen aufsteigen zur Glückseligkeit. Dann nämlich würden alle gerettet sein.

Wenn sie also das Kommen des Messias vollenden wollten, dann, so La Peyrère, sollten sich Juden und Christen vereinen. Selbst wenn Christen Juden abstoßend fänden, müsse die Diskriminierung der Juden sofort beendet werden. Die Christen sollten anerkennen, wie eng verbunden Juden mit den Menschen sind, die Jesus hervorgebracht haben, und Juden deshalb fortan anständig behandeln. Indem sie zusammenarbeiteten, könnten sie die Rückkehr der Juden ins Heilige Land herbeiführen, aus dem diese vertrieben worden waren, und auf diese Weise den großen, in der Bibel vorausgesagten Heilsplan erfüllen. Mit der Konversion der Juden und ihrer Rückkehr ins Heilige Land komme die Geschichte an ihr Ende.

Es ist schwer, sich ein Paket von Vorschlägen vorzustellen, das schneller einen nahezu universalen Aufschrei der Empörung provoziert hätte.[30] Die Veröffentlichung von *Men Before Adam* löste bei Katholiken, Protestanten und Juden gleichermaßen heftige Ablehnung aus. La Peyrère hatte Grenzen überschritten, denen sich nur wenige nähern wollten, geschweige denn sie überwinden. Als sich die Angriffe häuften und sein Buch verbrannt wurde, bekam auch er es zunehmend mit der Angst. Sein Förderer, der Prince de Condé, war im katholischen Brüssel. La Peyrère reiste dorthin, um Schutz zu suchen – ein Schritt, der sich als fataler Fehler erweisen sollte.

Im Februar 1656 stürmten dreißig Bewaffnete in sein Zimmer in Brüssel und schleppten ihn, den »hérétique détestable«, ins Gefängnis. Es folgten lange Verhöre. Zunächst hielt er starrsinnig an seinen Ansichten fest, musste dann aber wohl einsehen, dass sich weder der Fürst noch irgendwer sonst zu seinen Gunsten einsetzen würde. Seine Lage war äußerst brenzlig, dennoch könnte es gerade seine Bekanntheit als Autor von *Prae-Adamitae* gewesen sein, die ihm half. Wenn er seine Irrlehren widerrief, sich beim Papst entschuldigte und zum Katholizismus konvertierte, so erfuhr er von seinen Häschern, dann werde er verschont. Im Juni akzeptierte La Peyrère diese Bedingungen, wurde daraufhin nach Rom gebracht und Papst Alexander VII. vorgeführt. Dieser soll, wie berichtet wird, mit einem Lächeln gesagt haben: »Lasst uns diesen Mann empfangen, der älter ist als Adam.«[31] Auch der General der Jesuiten war bei dieser Audienz anwesend und berichtete, er und der Papst hätten beim Lesen in *Prae-Adamitae* herzlich gelacht.

Wie La Peyrère auf dieses Amüsement reagiert hat, ist nicht überliefert, wir wissen nur, dass er sich daranmachte, seinen Widerruf zu verfassen. Seine calvinistische Erziehung, so schrieb er, habe ihn in die Irre geführt, denn damit habe man ihm beigebracht, die Schrift im Einklang mit der Vernunft und seinem Gewissen auszulegen: das sei ein Fehler gewesen, denn dieser Weg habe ihn zu seiner Theorie der prä-adamitischen Menschen geführt. Wie er inzwischen jedoch eingesehen habe, dürfe er weder den Diktaten der Vernunft folgen noch dem Drängen seines Gewissens, sondern allein der Autorität des Papstes. Darum widerrufe er seine Behauptungen über Menschen vor Adam, über die Sintflut als rein lokales Ereignis, widerrufe auch seine Leugnung von Moses' alleiniger Autorschaft des gesamten Alten Testaments, dazu alle anderen seiner irregeleiteten Interpretationen. Mit seiner Theorie verhalte es sich wie mit den Hypothesen des Kopernikus: Wenn der Papst sage, sie sei falsch, dann müsse sie wohl falsch sein.

La Peyrères Widerruf wurde akzeptiert und gedruckt. Zwei Doctores der Theologie von der Sorbonne fügten Bestätigungsschreiben hinzu. Der Papst, hoch zufrieden, offerierte dem reuigen Häretiker ein Benefizium und die Möglichkeit, in Rom zu bleiben; nach einer angemessenen Frist jedoch erbat sich La Peyrère die Erlaubnis, nach Paris zurückzukehren. Dort trat er wieder in die Dienste des Prince de Condé. Diskret gab er zu verstehen, dass er seine messianischen Träume, die Juden könnten ins Heilige Land zurückkehren, keineswegs vollends aufgegeben habe, doch es gelang ihm tatsächlich, weitere Konfrontationen zu vermeiden. Er lebte, dem Autodafé nur knapp entkommen, ein langes, ruhiges Leben; wahrscheinlich hat er Frau und Kinder überlebt (von ihnen wissen wir so gut wie nichts). Seine letzten Jahre jedenfalls verbrachte er in einem Kloster.

Worauf lief nun dieses denkwürdige geistige Abenteuer hinaus? Der Messias kam nicht, die Juden kehrten nicht nach Zion zurück, und die gewagte Idee der Prä-Adamiten, zunächst von allen Seiten angefeindet, verblasste langsam ins Vergessen. Sie war eine der Sackgassen, in die Wahrheitssucher geraten können, wenn konventionelle Erklärungen und anerkannte Vermutungen sich aufzulösen beginnen. Für die biblische Schöpfungsgeschichte galt das nicht. Deren Problem war eher, dass sie allzu real geworden war – durchgesetzt hatte sich der lange Prozess, der in *Paradise Lost* seinen Höhepunkt fand. Diese Realität – die greifbare Existenz von Adam und Eva als fühlende Körper in einer bestimmten geographischen Umgebung zu Anbeginn historischer Zeiten –, dieses Wirklichsein trieb einen besessenen Denker wie La Peyrère zum Versuch, die biblischen Figuren einzufügen in die seinerzeit bekannte Welt.

Möglich, dass La Peyrère mehr gelungen ist, als gegen eine Wand zu fahren; auf seine abwegige Weise hat er womöglich doch dazu beigetragen, dass hartnäckig weitergefragt wurde, was schließlich zu einem kritischeren, anthropologischen und historischen Zugang zur Genesiserzählung führte. Er war beides, einer der Vorläufer des Zionismus und eine leidenschaftliche Stimme für Toleranz und die Erlösung aller Völker. Seine große Idee allerdings erwies sich als hoffnungslos falsch; sie lebte weiter, doch, in einer merkwürdig ironischen Wendung, ausgerechnet dort, wo nach Rechtfertigungen für Rassismus und Sklaverei gesucht wurde. Ende des 18. Jahrhunderts und weiter im 19. wurde La Peyrères lange in Vergessenheit geratenes *Men Before Adam* von Leuten wiederbelebt, die beweisen wollten, dass die farbigen Völker, die sie versklavt hatten, tatsächlich keine Nachkommen Adams und Evas seien. Dass La Peyrère selbst die diversen Bevölkerungen der Erde, ob prä- oder post-adamitisch, gerade nicht in eine Skala der Überlegenheit einsortiert hatte, übersah man geflissentlich. Es reichte den Rassisten, dass seine Vorstellung multipler Ursprünge des Menschen – Polygenese statt Monogenese – ihnen genau das lieferte, was sie suchten.

Tatsächlich sprechen die meisten wissenschaftlichen Untersuchungen zur mitochondrialen DNA (mDNA) dafür, dass alle anatomisch modernen

Menschen ihren gemeinsamen Ursprung in Afrika haben. Die Wanderung »out of Africa« ist, nach geologischen Maßstäben, noch nicht sehr lange her – sie fand irgendwann zwischen 125 000 und 60 000 Jahren vor heute statt – und sie verlief auch über die von La Peyrère verspotteten Landbrücken. Noch ein weiterer wesentlicher Fehler steckte in der Zurückweisung der Theorien La Peyrères: Wie Malthus gezeigt hat, vermehren sich Populationen in geometrischer Progression. Insofern gibt es keinen mathematischen Grund, warum sich die Menschheit nicht so rasant vermehrt haben könnte[32] – auch wenn die geographische Verbreitung länger gedauert haben wird, als dies aus der Bibel hervorgeht.

Das seltsame Schicksal der Vorstellungen La Peyrères ist eine nützliche Erinnerung an die Potentiale, die, Gleichheit fördernd, in der Erzählung von Adam und Eva stets latent vorhanden waren. So wie sich der mittelalterliche Prediger John Ball diese Kraft zunutze machte, um aristokratischen Phantasien angeborener Überlegenheit entgegenzutreten – »als Adam pflügte, Eva spann, wo war denn da der Edelmann?« –, so ahnten auch die Sklavenhalter, dass ihnen die Vorstellung eines einzigen Paares als Ureltern aller Menschen Schwierigkeiten machen könnte. Nicht alle brauchten die Theorie der Polygenese dringend – viele Juden und Christen glaubten fest an die universelle Abkunft von Adam und Eva und fanden dennoch nichts dabei, ihre Mitnachkommen zu versklaven –, aber sie wussten, dass die Abolitionisten eines ihrer moralisch schlagkräftigsten Argumente im Menschsein finden würden, das uns allen gemeinsam ist.

16.
Dürers Darstellung von Adam und Eva im letzten Augenblick ihrer Unschuld, eingefangen wie mit einer kurzen Kamerabelichtung, wurde, kaum dass sie veröffentlicht war, berühmt. Albrecht Dürer, *Adam und Eva*, 1504.

17.
In dieser vorbereitenden Studie spielt Dürer mit dem Gedanken, dass auch Adam die fatale Frucht gepflückt haben könnte. Skizzenblatt mit Studien von Hand und Arm Adams sowie von Felsen und Buschwerk, für den Stich *Adam und Eva*, 1504.

18.
Hier überträgt Dürer seine Faszination von Adams und Evas Nacktheit auf den eigenen Körper.
Albrecht Dürer, *Aktstudie (Selbstbildnis)*, Feder und Pinsel auf grün grundiertem Papier, 1505.

19.
Eva als durchtriebene Verführerin, Adam als vermodernder Körper.
Hans Baldung Grien, *Eva, die Schlange und der Tod*, um 1510-1515.

20.
Bosch zeigt Adam versunken in die Betrachtung Evas, gleichzeitig fressen die Tiere im Garten Eden einander auf. Hieronymus Bosch, *Garten der Lüste* (Ausschnitt aus dem linken Innenflügel), um 1500.

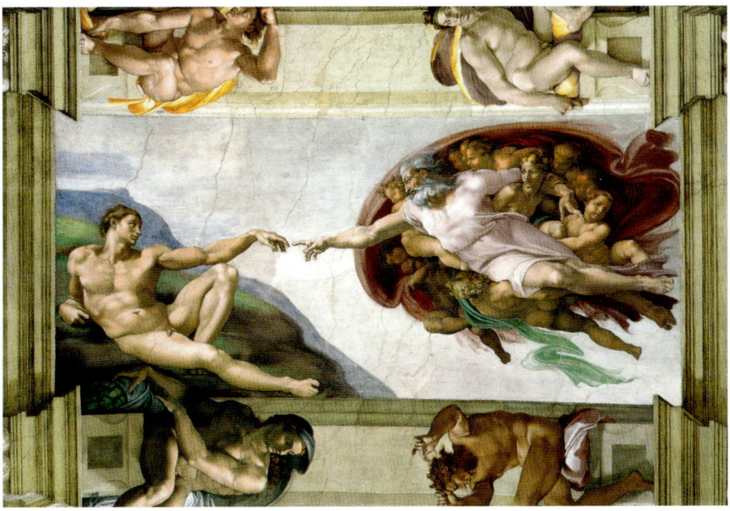

21.
Eine schöne Frau – vielleicht Eva – schaut zu, wie der Funke des Lebens von Gottes auf Adams Finger überspringt. Michelangelo, *Die Erschaffung Adams*, Teil des Deckenfreskos in der Sixtinischen Kapelle, Rom, 1508-1512.

22.
Adam ist bereits entkräftet durch den Sündenfall.
Jan Gossart, *Adam und Eva*, um 1520.

23.
Ein ratloser Adam nimmt den angebissenen Apfel von Eva.
Lucas Cranach der Ältere, *Adam und Eva*, 1526.

24.
Eva greift nach dem Apfel, den eine engelhafte Schlange darbietet: Will Adam sie abhalten oder unterstützt er sie? Tizian, *Adam und Eva*, um 1550.

25.
Zusammen zertreten die Jungfrau Maria und ihr Sohn die Schlange. Caravaggio, *Madonna dei Palafrenieri* (Ausschnitt), 1605/06.

26.
Mit erschütternder Offenheit zeigt Rembrandt die alternden, allzu menschlichen Körper Adams und Evas.
Rembrandt van Rijn, *Adam und Eva*, 1638.

27.
Lelli hat die hyperrealistischen Figuren Adams und Evas aus Wachs, menschlichen Knochen und Holz modelliert.
Ercole Lelli, *Adam und Eva*, als anatomische Wachsfiguren, 18. Jahrhundert.

28.
Die Frucht, die Eva Adam anbietet, ist ihre Brust.
Max Beckmann, *Adam und Eva*, 1917.

29.

Diese Szene mit Lucy und ihrem Gefährten ist nach Fußabdrücken imaginiert, aber sie erinnert ganz offensichtlich an die aus dem Paradies vertriebenen Adam und Eva.

»Lucy« (Australopithecus afarensis) und ihr Gefährte, Rekonstruktion von John Holmes, angeleitet von Ian Tattersall.

KAPITEL DREIZEHN

DAS INTERESSE ERLAHMT

Mit der Drohung, auf dem Scheiterhaufen zu landen – stets ein effektiver Antrieb, seine Gedanken beieinanderzuhalten –, ließen sich öffentliche Widerrufe inakzeptabler Behauptungen und unerwünschter Zweifel erzwingen. Ganz so einfach war aber auch das nicht. Denn »verabscheuungswürdige Häresien« wie die La Peyrères waren keine Folge von Skeptizismus; sie ergaben sich, sobald man Adam und Eva als reale Personen begriff. Will sagen, in den häretischen Überlegungen zeigten sich die gleichen Kräfte, die Entdecker der Renaissancezeit dazu brachten, den Garten Eden in ihre Karten einzutragen, die Chronisten dazu anregten, die genaue Zahl der seit der Vertreibung vergangenen Generationen zu ermitteln, Maler dazu, den Ureltern körperliche Realität zu verschaffen, und die den unübertroffenen Renaissancedichter Milton dazu trieben, dem Urelternpaar eine komplexe Ehebeziehung zu erfinden. Der gemeinsame Erfolg dieser Gläubigen – die triumphale Erfüllung des alten augustinischen Traums wortwörtlicher Exegese – hatte eine ungewollte, ja vernichtende Folge: Die Erzählung verlor nach und nach an Lebendigkeit und Leben.

Natürlich wurden die Figuren von Adam und Eva innerhalb der Erzählung stets als sterblich verstanden: das war eine Folge ihrer Verfehlung. Als sie aber, bewirkt durch die Kraft von Wissenschaft, Kunst und Literatur der Renaissance, zu vollständigem Leben erwachten, zeigte nun der Rahmen selbst, in den sie eingebettet waren, immer mehr Zeichen von Vergänglichkeit. Das hatte damit zu tun, dass die Kluft zwischen den so überzeugend lebendigen Figuren und den so auffallend irrealen Umständen – der mysteriöse Garten, die magischen Bäume, die sprechende Schlange, Gottes Spaziergang in der Abendkühle – das Ganze zunehmend unhaltbar machte.

In ihrer Lebendigkeit und überzeugenden Menschlichkeit ließen Adam und Eva die ethischen Probleme in den Vordergrund rücken, die seit langem in der Erzählung herumspukten: der unerklärliche Schritt von vollkommener Unschuld in den Stand der Sünde; ein göttliches Verbot, das ebendas Wissen untersagte, das nötig gewesen wäre, um dieses Verbot zu befolgen; furchtbare, universelle Strafen für etwas, das als geringfügige lokale Übertretung erscheinen konnte. Die Probleme verdichteten sich, und ernsthafte, aus gutem Glauben erwachsene Versuche, sie zu lösen, führten nur zu neuen Fragen, so auch der Versuch von La Peyrère.

Die Vergänglichkeit einer Erzählung – einer Erzählung, die nach einem Glaubensgrundsatz als wahr zu gelten hatte – ist nicht das Gleiche wie die Sterblichkeit eines Menschen. Die Alterungsprozesse sind nicht vergleichbar: Es gibt keine verräterischen Zeichen eines bevorstehenden Zusammenbruchs; keine Erben, die sich weinend oder auf ein Erbe hoffend ums Sterbebett versammeln. Und nicht zuletzt gibt es den Augenblick nicht, in dem ein Mythos aufhört zu atmen und ein approbierter Arzt ins Zimmer eilt, um zu bezeugen, dass tatsächlich alles zu Ende ist. Im Grunde geschieht nicht viel mehr, als dass eine erhebliche Zahl von Menschen aufhört, daran zu glauben, dass die Erzählung etwas Reales überzeugend abbildet. Andere mögen, auch nachdem der Niedergang eingesetzt hat, noch immer inbrünstig an ihrem Glauben festhalten, doch der Grund ist erschüttert, der Prozess irreversibel. Auch jene, die die Erzählung nicht länger für wahr halten, mögen noch einige Zeit an ihr festhalten, sei es, weil es peinlich ist oder auch gefährlich, das nicht zu tun; sei es, weil die Alternative nicht klar ist; sei es, weil die Erzählung noch immer etwas Bedeutsames über das Leben vermittelt. Doch die wesentlichen Elemente der Geschichte haben zu flirren begonnen wie eine Fata Morgana, sind nicht mehr feste Wahrheiten in der realen Welt, driften ab in eine Scheinwelt. Die Erzählung wird zu einer Geschichte wie andere auch, zu einem phantasievollen Versuch zu erfassen, wie die Dinge sind. Ist die Erzählung wirkmächtig genug, wird sie zu einem Werk der Kunst.

Das Abdriften in ein Phantasieprodukt muss nicht in Desillusionierung enden. Schließlich gab es, wie wir gesehen haben, in der Frühgeschichte der Kirche Männer, die kraftvoll dafür argumentiert haben, die Erzählung von Adam und Eva im Garten Eden als eine Erzählung zu lesen, die zwar eine tiefe Wahrheit über das menschliche Leben in sich berge, gleichwohl aber keine Beschreibung des tatsächlichen Gangs der Geschichte sei. So fragte der fromme Origenes: »Wer könnte denn so töricht sein zu glauben, dass Gott nach Art der Bauern Bäume gepflanzt hätte in ein Paradies östlich von Eden?«[1] Diese Position jedoch wurde gründlich erschüttert. »Wenn es nirgendwo ein Paradies gab als in der Allegorie«, erwiderte Bischof Epiphanius von Salamis im 4. Jahrhundert, dann wohl auch keine Bäume, und

> wenn keine Bäume, dann auch kein Essen von der Frucht; wenn kein Essen, dann auch keinen Adam; wenn keinen Adam, dann waren da auch keine Menschen, dann sind sie alle Allegorien, und die Wahrheit selbst ist zur Fabel geworden.[2]

Angesichts dieser Gefahr schlossen die Anhänger der augustinischen Orthodoxie ihre Reihen. Es sei, so lehrten die Männer der mittelalterlichen Kirche, durchaus möglich, den Bericht der Genesis allegorisch zu lesen, ebenso als moralische Lektion für die Gegenwart und auch als Prophezeiung für die Zukunft; möglich sei dies aber nur dann, wenn das Buch Genesis auch und zugleich wortwörtlich aufgefasst werde. Ein Jahrtausend lang blieb der strikte Wortsinn Dogma, gestützt auf das unwiderlegliche Wort der Heiligen Schrift und die Lehrautorität der Kirche.

Nach diesem wuchtigen dogmatischen Engagement war es extrem schwierig, mit einer Kehrtwende zur allegorischen Auslegung zurückzukehren; das galt umso mehr, als just zur gleichen Zeit die vereinten imaginativen Kräfte der Renaissance der Erzählung die Lebensähnlichkeit verschafften, nach der sie so lange gesucht hatte. Das Problem war nur, dass Lebensähnlichkeit, wie La Peyrère gezeigt hatte, gefährliche Fragen nicht nur nahelegte, sondern unausweichlich machte. Selbst Theologen bestanden darauf, diese Fragen zu stellen, und die Gläubigen folgten ihnen. Und hinter den Kulissen lauerte der Skeptizismus, nur ein halber Schritt lag zwischen Zweifel und Unglauben. In den 1630er Jahren notierten besorgte Autoritäten, dass Gemeindemitglieder aus Essex, nordöstlich von London, ironisch danach fragten, woher denn Adam und Eva den Faden gehabt hätten, um die Feigenblätter zusammenzunähen.

Dieser ironische Einwurf aus der Provinz war nur ein kleiner Vorgeschmack auf das, was kommen sollte. 30 Jahre nach Miltons Erstveröffentlichung von *Paradise Lost* publizierte der französische Philosoph Pierre Bayle ein zweibändiges Werk, das er *Dictionnaire historique et critique* nannte.[3] Der Titel klingt recht harmlos, doch der Autor, Protestant in einer Zeit wilder Verfolgungen, wusste, auf welch gefährliches Terrain er sich wagte. Als der Anpassungsdruck zunahm, war er nach Holland geflohen, wo er seinen Gedanken freier nachgehen konnte. Sie führten ihn zunächst und vor allem zur Forderung nach Toleranz; eine christliche Kirche, schrieb er, die versuche, mit den Mitteln von Streckbank und Scheiterhaufen Einheit herzustellen, verletze den Geist des Evangeliums Jesu. Es sei Zeit, praktisch alles einer sorgfältigen Prüfung zu unterziehen und zu entscheiden, was beizubehalten und was über Bord zu werfen sei.

Der *Dictionnaire*, dessen erste Ausgabe 1697 in Amsterdam erschien, ist ein wildes Sammelsurium: Essays über theologische und philosophische Begriffe stehen neben biographischen Skizzen, Texterkundungen und denkwürdigen Geschichten, und all das umwinden ganze Girlanden phantastisch detaillierter, oft trocken ironischer Anmerkungen. Bayles Verleger und der Autor selbst werden überrascht gewesen sein, als das Wörterbuch zum Bestseller wurde. Über die Jahre, in immer neuen Auflagen, wuchs das Werk auf einen Umfang von etwa sechs Millionen Wörtern an. Viele Leser können es nicht gewesen sein, die sich von vorne bis hinten durch den Text gearbeitet haben. Aber man konnte ja an jeder beliebigen Stelle einsteigen und überall erstaunliche Entdeckungen machen.

In jedem Eintrag seines Wörterbuchs versuchte Bayle, zu einem bestimmten Topos die grundlegenden bekannten Fakten möglichst klar zu formulieren, dann in Anmerkungen dazu zweifelhafte Behauptungen und ungelöste Fragen zu betrachten. Ihrer Bedeutung entsprechend umfassten die Einträge zu Adam und Eva mehrere Seiten; sie bestanden allerdings vor allem aus Anmerkungen, denn kaum etwas aus der Fülle biographischer Details hielt Bayles skeptischem Blick stand. Dabei war er keineswegs ausgesprochen ungläubig, er unterzog nur, was er für unbestreitbare Kernwahrheiten hielt, genauer Prüfung. Ja, Adam war der erste Mensch, von Gott am sechsten Schöpfungstag aus Lehm geschaffen. Ja, Eva war sein Weib, geformt aus einer seiner Rippen. Adam hat den Tieren Namen gegeben. Er und seine Gattin waren von Gott gesegnet, ihnen war aufgetragen, fruchtbar zu sein und sich zu mehren, ihnen war verboten, vom Baum der Erkenntnis von Gut und Böse zu essen. Beide übertraten sie dieses Verbot – erst Eva, dann, auf ihr Drängen, auch Adam. Für ihren Ungehorsam wurden sie bestraft und aus dem Garten vertrieben.

So viel müsse notwendig geglaubt werden, denn, so Bayle, das werde von Gottes Wort positiv bestätigt. Doch abgesehen von diesen und einigen anderen biblischen »Fakten« war alles andere zu bezweifeln. Alle Legenden, die im Laufe von tausend und mehr Jahren über die Erzählung gewuchert waren, überantwortete der *Dictionnaire* dem Müllhaufen. Adam mochte ein »schöner wohlgewachsener Mann« gewesen sein, aber warum, fragte Bayle, sollte irgendwer die Geschichte glauben, dass er ein Riese war oder ein Zwitter; dass er beschnitten zur Welt kam; dass er die Namen nicht nur der Tiere kannte, sondern auch die aller Pflanzen; dass er sich in seiner Mußezeit als Philosoph betätigte, ein Buch über die Schöpfung schrieb? Hat Gott, wie manche Kommentatoren behaupteten, dem ersten Menschen tatsächlich einen Schwanz verpasst, seine Meinung dann geändert, den Schwanz abgeschnitten und daraus die erste Frau geschaffen? War Eva tatsächlich so schön, dass sich Satan in sie verliebte und sie verführte? Hat sie im Garten Eden tatsächlich einen Ast vom Baum der Erkenntnis geschnitten, daraus einen dicken Stock geschnitzt und damit so lange auf ihren Gatten eingeprügelt, bis er von der Frucht aß? Oder war sie gar selbst, wie andere behauptet haben, der schicksalsträchtige Baum, dessen Frucht verboten war?[4]

Geschlechtsverkehr hatten Adam und Eva, wie Bayle glaubte, erst nach der Vertreibung, denn erst dann heiße es in der Bibel, Adam habe sein Weib »erkannt«. Und wie verhält es sich mit zahllosen anderen Spekulationen, die sich um beider Leben rankten? Mussten die ersten Menschen ihre Ehe tatsächlich schon bald vollziehen, damit sie die Tiere, die andernfalls ahnungslos geblieben wären, lehrten, wie man sich vermehrte? Hat Eva mit der Schlange geschlafen und Dämonen geboren? War sie jedes Jahr schwanger, jedes Mal mit mindestens einem Sohn und einer Tochter, manchmal aber auch mit einer viel größeren Zahl von Kindern? Wie konnte sie trotz dieser Schwangerschaften das hohe Alter von 940 Jahren erreichen, zehn Jahre mehr als ihr Ehemann? Ist es wahr, dass sie einige Mädchen »in der Religion unterrichtete«, dass diese »Jungfern bleiben und das auf Abels Opfer herabgeströmte himmlische Feuer unterhalten« mussten?

Die meisten dieser uralten Behauptungen röchen, so Bayle, durchaus modrig, nach alten Romanen oder nach »mönchischen« Phantasien. Daran, dass er einige davon über Bord werfen wollte, war nichts Neues, doch je mehr Einzelheiten der *Dictionnaire* zusammentrug, desto unglaubwürdiger wurde die Erzählung insgesamt. Der imaginierte Name einer Tochter von Adam und Eva wäre vielleicht noch durchgegangen, ganze Listen von Namen aber, aus unterschiedlichen Quellen ausgewählt und in einer Anmerkung versammelt – Calmana, Azrum, Delbora, Awina, Azura, Sava und so weiter –, wurden zur ironischen Erinnerung daran, dass es die Bibel versäumt hat, auch nur einen einzigen Namen zu nennen. Bayles Spott war ungewöhnlich offen – selbst im toleranten Amsterdam machte er sich grimmige Feinde; nichtsdestotrotz aber scheint er ernsthaft versucht zu haben, am Kern seines Glaubens festzuhalten. Schwergefallen ist ihm wohl, seine Ironie in sicheren Grenzen zu halten.

Nicht jeder war amüsiert. Der calvinistische Theologe Pierre Jurieu, der zuvor geholfen hatte, Bayle sicher über die Grenze nach Holland zu bringen, war hocherzürnt über den *Dictionnaire*, und er war damit nicht alleine. Die ironischen Überlegungen zu den verstiegenen Legenden, die sich um Adam und Eva herum angesammelt hatten, hätte er womöglich toleriert, doch sie waren ihrerseits verbunden mit beunruhigenden Fragen nach dem Ursprung der menschlichen Sündhaftigkeit und nach der Gerechtigkeit von Gottes Strafen. Die Antworten, die der *Dictionnaire* auf solche Fragen gab, waren nach Ansicht von Bayles Gegnern angetan, die biblische Schöpfungsgeschichte und damit den Glauben an Gott zu erschüttern.

Wäre die Welt, so wie sie ursprünglich geschaffen war, wahrhaft rein und unverdorben gewesen, wie, so fragte Bayle in mehreren langen Essays, konnte das Böse dann überhaupt in sie hineingelangen? Die herkömmlichen Antworten orthodoxer Theologen, so konstatiert der *Dictionnaire* trocken, waren entweder erbärmlich oder monströs. Bayle stellte sich zunächst nur vor, was Häretiker wohl zu diesen Theologen sagen würden, doch das war nur eine dünne Schicht, darunter brachen all die gedanklich zermürbenden Schwierigkeiten hervor, die in der Erzählung von Adam und Eva steckten.

Wie konnte ein allmächtiger Gott, der wahrhaft gut war, so ließ Bayle einen imaginären Häretiker fragen, seine geliebten Geschöpfe einem solchen Elend aussetzen? Sollte ein genuin guter Gott nicht vielmehr Freude daran haben, Menschen glücklich zu machen und ihr Glück zu erhalten? Freilich wusste der allwissende Schöpfer im Voraus, dass seine Geschöpfe sündigen und, indem sie dies taten, Pest, Krieg, Hunger und unsägliches Leid über ihre Nachkommen bringen würden.[5] Verhielt er sich dann nicht wie ein Herrscher, der einen Mann in der Menge mit einem sehr scharfen Dolch ausstattet, obwohl er genau weiß, dass dieser zu einem Verbrechen genutzt wird, das zum Tod Tausender führt? Wäre es nicht besser gewesen, die Katastrophe zu verhindern?[6]

Anderen orthodoxen Argumenten ergeht es nicht besser. Zur Vorstellung, Gott habe beschlossen, sein geliebtes Geschöpf mit einem freien Willen auszustatten, bemerkt Bayle, von guten Eltern würden wir doch erwarten, dass sie ihr Kind davor bewahrten, sich selbst zu verletzen; sie würden doch nicht, wenn Gefahr drohe, gleichgültig zuschauen oder Hilfe verweigern, geschweige denn, das Kind schwer bestrafen, wenn das Unglück schließlich eingetreten ist. Es brauche keinen Philosophen, um das zu begreifen, auch auf den Vergleich mit Eltern und Kindern müsse man sich nicht beschränken: »Jeder Bauer weiß, dass es gütiger ist, einen Menschen zu halten, der in Gefahr ist, in eine Grube zu fallen, als ihn erst hereinfallen zu lassen und nach einer Stunde wieder herauszuziehen.«[7]

Solche Fragen, Bayle wusste das nur zu gut, hatten Leser der Genesiserzählung seit langem umgetrieben. Über die Jahrhunderte wurden viele Antworten gegeben, aber keine konnte die Sache jemals auflösen, und die üblichen Versuche, die Diskussion durch dogmatische Verkündigungen, frommen Eifer, gemeinsam vollzogene Rituale und – wenn nötig – durch Folter zu unterbinden, brachten die ersehnte Ruhe nicht. Im 17. Jahrhundert wurden diese Fragen immer hartnäckiger, auch weil die Renaissance Adam und Eva anschaulicher und lebendiger hatte erscheinen lassen als je zuvor. Bayle zitiert ein lateinisches Couplet, in dem ein Engel beim Anblick von Dürers *Adam und Eva* ausruft: »Ihr seid viel schöner als ihr wart, als ich euch aus dem Garten Eden jagte.«

Es war gefährlich, das Leben so effektvoll heraufzubeschwören. Die überzeugend dargestellte Lebendigkeit der ersten Menschen lenkte bei Bayle wie bei Milton die Aufmerksamkeit auf die Risse, die sich immer schon durch ihre Erzählung zogen. Das, so viel ist gewiss, hatte Milton nicht erreichen wollen, es war wahrscheinlich auch nicht das, worum es Bayle zu tun war. Worauf aber wollte er hinaus? Milton hoffte zuversichtlich, dass er Gottes Verhalten dem Menschen gegenüber trotz allem rechtfertigen konnte; Bayle aber besaß ein vergleichbares Vertrauen nicht, und er erlebte, welche Wut er mit seiner Schrift heraufbeschwor. Als Konsequenz der Fragen, die er stellte, hatte er Verfolgung über seine Familie gebracht; er selbst war ins Exil getrieben worden; ehemalige Freunde und Unterstützer waren zu bitteren Feinden geworden; er selbst erlitt, was wir heute einen Nervenzusammenbruch nennen würden. Er hätte allen Grund gehabt, seine Zweifel zum Verstummen zu bringen: Allein er vermochte es nicht. Und nach all seinem mächtigen Ringen mit dem Problem des Bösen im Garten Eden – wo endete er schließlich? Vergraben in der Anmerkung zu einer Anmerkung, irgendwo tief in den sechs Millionen Wörtern, findet sich, was er die beste Antwort nannte:

> Ich überlese diesen ganzen Artikel, und je öfter ich das alles überdenke, desto gewisser wird es mir, dass natürliche, philosophische Einsichten diesen Knoten immer mehr und enger zusammenziehen. Mir ist jetzt noch Verschiedenes dazu eingefallen, was ich bei der ersten Ausgabe nicht bedachte und wodurch meine Überzeugung neu und stärker geworden ist, dass die beste philosophische Antwort – die Entscheidung der Offenbarung immer ausgenommen – auf die Frage: Warum hat Gott die Versündigung der Menschen zugelassen, so lauten muss: Ich weiß es nicht.[8]

»*J'en sais rien*« – aus der Distanz ist schwer zu erfassen, welche Tiefenladung in diesem einfachen Satz liegt, auch welchen Mut es erforderte, ihn niederzuschreiben. Bayles Welt war auf vielfache Weise der unseren verführerisch nahe – Kopernikus hatte die Erde aus dem Mittelpunkt gerückt, Bacon hatte den Grund gelegt für die wissenschaftliche Revolution, Galilei und Newton hatten das Verständnis des Himmels transformiert –, doch es blieb gefährlich, die Erzählung von Adam und Eva anders als im Geist frommen Glaubens zu lesen. In einem religiösen Kontext, abgesichert durch Glaubensgelübde, konnte man auch Zweifel äußern, Unsicherheit bekennen; in einem skeptischen, säkularen Kontext dagegen war das weitaus riskanter. Das kleine Wort »*naturellement*«, mit dem Bayle die »beste Antwort« charakterisiert, dient als minimale Verteidigung, denn es lässt die Möglichkeit einer anderen Antwort zu, einer übernatürlichen auf dem Weg der Offenbarung. Doch Bayle war Philosoph, kein Theologe, und trotz aller Gefahren rebellierte alles in seinem Dasein dagegen, von der Vernunft, seinem Denken zu lassen, Zuflucht zu suchen im Dogma. Viele wollten ihn zum Schweigen bringen, doch er hörte nicht auf zu schreiben und zuletzt errang er zumindest einen kleinen Sieg für die Toleranz: Zwar hatte er, als sein Tod nahte – er starb 1706 in Rotterdam, in seinem 59. Lebensjahr –, seine Professur verloren und war völlig verarmt, aber er starb nicht im Gefängnis, er starb zuhause in seinem Bett.

1752, bei einer seiner nächtlichen Tafelrunden im Schloss zu Potsdam, kam König Friedrich dem Großen und seinen Gästen die Idee, Bayles Projekt aufzugreifen und ein eigenes Wörterbuch zu schreiben. Die Herren verabredeten, sofort damit zu beginnen. Beim Frühstück am nächsten Morgen aber erschien nur einer der Versammelten mit einem Probeartikel: der Philosoph Voltaire. Was er mitbrachte, wurde zum Keim des *Dictionnaire philosophique*, an dem er über ein Jahrzehnt arbeitete. Er war risikofreudig und machte aus seiner Verachtung jeglicher religiösen Orthodoxie keinen Hehl. Doch noch 50 Jahre nach Bayle, als ein in ganz Europa berühmter Mann mit einem beachtlichen Jahressold von 20 000 Francs, der unter der Patronage Friedrichs des Großen stand, legte auch ein Voltaire Tarnkleidung an, sobald er sich dem Garten Eden näherte.

In der ersten Auflage des *Dictionnaire philosophique*, 1764 anonym erschienen, findet sich im Eintrag zum Stichwort »Adam«, im Ton blauäugiger Unschuld formuliert, der Hinweis auf den bemerkenswerten Umstand, dass die Namen von Vater und Mutter der menschlichen Spezies in der antiken Welt niemandem bekannt waren, ausgenommen den Juden. Ein köstliches Mysterium! »Gott hat es gefallen, dass der Ursprung der großen Weltfamilie für alle verborgen bleiben sollte, ausgenommen den kleinsten und unglücklichsten Teil dieser Familie.«

Voltaire fordert seine Leser auf, sich den armen Juden vorzustellen, der Caesar oder Cicero erklären wollte, dass auch sie von einem Vater mit Namen Adam abstammten. Der römische Senat hätte daraufhin wohl Beweise verlangt – man erwartete, die großen Monumente, die Statuen, die Inschriften an alten Gebäuden zu sehen –, doch natürlich hätte der Jude nichts vorweisen können. Die Senatoren wären in Gelächter ausgebrochen und hätten den Juden auspeitschen lassen. In gewohnt trockener Manier kommentiert Voltaire: »So sehr hängen Menschen an ihren Vorurteilen.«[9] (*Dictionnaire*, »Adam«, §1) Man könne sich auch, heißt es an anderer Stelle, einen Christen vorstellen, der einer Königin in China, Japan oder Indien einen Kondolenzbesuch abstattet, die gerade ihren kleinen Sohn verloren hat, und der Besucher teilt der Trauernden mit, dass sich der Kronprinz nun in den Fängen von fünfhundert Teufeln befinde, die ihn bis in alle Ewigkeit peinigen würden. Daraufhin wird die Königin wissen wollen, warum denn diese Teufel ihr armes Kind ewig rösten sollten, und der Christ hätte ihr zu erklären, dies geschehe, weil der »Urgroßvater des Kindes« früher einmal in einem Garten von der Frucht des Wissens gegessen habe (*Dictionnaire*, »Ursünde«, §2).

Voltaires Ton erinnert an die Ironie, deren Pionier Bayle gewesen ist, doch inzwischen war sie zu erbarmungsloser Schärfe geschliffen worden. Warum sterben einige Kinder an der Mutterbrust? Warum leiden andere monate-, gar jahrelang erhebliche Qualen, bis sie einen schrecklichen Tod sterben? Warum raffen die Pocken so viele Leben hin? Warum, zu allen Zeiten dieser Welt, haben menschliche Blasen die Angewohnheit, sich in Steinbrüche zu verwandeln? Warum Pest, Krieg, Hunger, die Inquisition? Zur Erklärung all dessen müsse die Erzählung von Adam und Eva herhalten. Schließlich habe einer der großen Verfechter der Inquisition, der Spanier Luis de Páramo, dieses großartige Tribunal bis in den Garten Eden zurückverfolgt: Gott, der den Missetäter mit den Worten zu sich gerufen habe: »Adam, wo bist du?«, sei demnach der erste Inquisitor gewesen (*Dictionnaire*, »Inquisition«, §1).

Für Voltaire, der die Briefe an seine engsten Freunde mit dem Ausruf *Écrasez l'infâme* enden ließ, stand die Erzählung von Adam und Eva im Zentrum dessen, was zerschmettert werden müsse. Sie galt ihm nicht nur als lächerliche Lüge, sie war auch die Rechtfertigung für einige der verächtlichsten Aspekte des menschlichen Tuns und Glaubens. Das biblische

Gebot – »Du sollst nicht essen von der Frucht des Baums der Erkenntnis des Guten und des Bösen« – sei schon merkwürdig: »Es fällt nicht leicht zu begreifen, dass es je einen Baum gegeben haben soll, der das Gute und das Böse lehren konnte, so wie es Bäume gibt, die Birnen tragen oder Aprikosen.« Das aber ist nicht Voltaires Hauptproblem:

> Warum wollte Gott nicht, dass der Mensch das Gute und das Böse kennen sollte? Wäre nicht ein freier Zugang zu diesem Wissen – wenn wir diese Worte gebrauchen dürfen – Gott würdiger gewesen und für den Menschen weitaus notwendiger? (*Dictionnaire*, »Genesis«)

Hätte Gott nicht daran gelegen sein müssen, den Menschen aufzutragen, immer mehr von dieser Frucht zu essen? Warum hält eine Religion eine Geschichte heilig, die Unwissenheit feiert?

Nichts als Unwissenheit sei es, oder anders: bewusstes Einkerkern der menschlichen Fähigkeit zu vernünftigem Denken, nur das halte den Glauben an einen gütigen Gott aufrecht. Mächtige Institutionen hätten ein Interesse daran, diesen Glauben zu stärken, und deren Agenten machten vor nichts Halt, um diesen Glauben allen aufzuzwingen. Sie würden dafür sorgen, dass jeder, der ihre Fabeln in Zweifel zieht oder ihre boshaften Lehren in Frage stellt, brutal bestraft wird. Dabei sei die Erzählung vom allmächtigen Schöpfer und seinem magischen Garten schlicht sinnlos. Man müsse sich nur umsehen:

> Der Globus, auf dem wir leben, ist ein einziges Feld der Zerstörung und des Gemetzels. Entweder war das Höchste Wesen fähig, daraus einen ewigen Zustand des Wohlergehens für alle fühlenden Wesen zu machen, oder Er konnte das nicht. (*Dictionnaire*, »Macht/Allmacht«)

Hätte der Schöpfer die Welt zu einem glücklichen Ort machen können und sich dennoch geweigert, ebendas zu tun, dann lasse das nur einen Schluss zu: Der Gott der Erzählung von Adam und Eva ist ein böser Gott. Zur Rückkehr zu alten manichäischen Häresien wollte Voltaire niemanden bewegen. Seine Leser sollten vielmehr erkennen, dass Gott in dem, was er tatsächlich vermag, schlicht beschränkt ist.

Voltaire wusste, dass es riskant war, derart heterodoxe Ansichten im Druck zu äußern, und wie Bayle lieferte er ein Feigenblatt der Unterwerfung: »Ich wende mich«, schreibt er – unter dem Stichwort »Macht/Allmacht« – »allein an die Philosophen und nicht an Geistliche. Wir wissen, dass Glaube der Schlüssel ist, der uns durch das Labyrinth leitet.« Und fügt, um klarzustellen, dass dieser Vortrag nicht ganz ernst gemeint sei, in Parodie eines Glaubensbekenntnisses, hinzu:

> Wir aber wissen, dass der Sündenfall Adams und Evas, die Ursünde, die große Macht, die dem Teufel übertragen wurde, die Vorliebe, die das Höchste Wesen für das jüdische Volk hegt, und die Zeremonie der Taufe, die eingesetzt wurde als Ersatz für die der Beschneidung, Antworten sind, die jedes Problem klären.

Was Bayle 1695 noch als Fragen formuliert hatte, hatte sich bis 1764 zu unverhohlenem Spott verhärtet. Mochte der Druck seitens der Kirche dafür sorgen, dass deren absurde Fabeln in der Öffentlichkeit der Form nach stillschweigende Billigung fanden, so konnte doch nur, wer tatsächlich nicht nachgedacht hatte über die Erzählung von Adam und Eva – ein Narr also oder ein Fanatiker –, glauben, dass sie buchstäblich wahr sei. Und was die aberwitzigen Lehren angehe, die aus dieser Erzählung extrahiert worden seien, so spiegelten sie ebendie berüchtigte Institution, der sie dienten. Der heilige Augustinus sei der Erste gewesen, der die befremdliche Vorstellung der »Ursünde« formuliert habe,

> eine Vorstellung, die gerade angemessen ist für das erhitzte und romantische Gehirn eines afrikanischen Lüstlings und Sünders, für einen Manichäer und Christen, tolerant und verfolgend – für einen Mann, der sein Leben in permanentem Selbstwiderspruch verbrachte. (*Dictionnaire*, »Ursünde«, §1)

So lächerlich sich die Hebräer sonst verhielten, so hätten sie immerhin erkannt, wie absurd und unverantwortlich es sei, ihre Schöpfungsgeschichte als Beschreibung realer Menschen in einer realen Welt zu behandeln. Unter dem Stichwort »Ursünde« heißt es:

> Die ersten Kapitel des Buchs Genesis – zu welcher Zeit immer komponiert – wurden von allen studierten Juden als Allegorie verstanden und selbst als Fabel nicht im Mindesten gefährlich.

So hatte die Allegorie gegen Ende des 18. Jahrhunderts ihre Auferstehung erlebt. Im Gefolge der Aufklärung ließ sich nicht länger an der wörtlichen Auslegung festhalten: Zu viele Widersprüche, zu viele heikle ethische Fragen steckten in der Schöpfungsgeschichte, zu oft verletzte sie jede Plausibilität. Anders gesagt: Was zuletzt als reale Präsenz von Adam und Eva erschien, in der Malerei der Renaissance und in Miltons großem Epos, hatte sich gegen die Erzählung selbst gewandt und ließ sie von innen her zerfallen. Für viele Gläubige, auch für solche, die in der Kirche blieben, bestand der rascheste Weg, die Erzählung von Adam und Eva zu retten, in einer hastigen Abkehr vom Literalsinn. Doch gab es auch solche, die sich eingruben und erbitterter denn je auf der ungeschminkten, unverfälschten Wahrheit dieser Erzählung bestanden.

Wie in vielen anderen Fällen auch wurden alle möglichen Positionen in dieser Frage in den sich gerade formierenden Vereinigten Staaten von Amerika ins logische Extrem getrieben. Voltaires *Dictionnaire philosophique* war die Lieblingslektüre von Thomas Jefferson, der eine Büste des Autors erwarb und im Gutshaus von Monticello aufstellte. (Jefferson war im Übrigen auch ein großer Bewunderer Bayles und nahm dessen *Dictionnaire* in die Liste der hundert Bücher auf, die den Grundstock der Library of Congress bilden sollten.) Zur gleichen Zeit jedoch predigten verstockte Calvinisten, Erben der puritanischen Gründerväter, weiterhin Feuer und Schwefel, hielten fest an der Verworfenheit Neugeborener und der alles vergiftenden Ursünde.

In eine andere Richtung wurde die wortwörtliche Wahrheit der Geneserzählung von Joseph Smith gelenkt, dem Gründer und Propheten des Mormonentums. 1838 führte er seine Anhänger an einen Platz rund hundert Kilometer nördlich des heutigen Kansas City, Missouri, und gründete dort eine Siedlung, die er Adam-ondi-Ahman nannte. An diesem Ort nämlich, so erklärte er seinen Anhängern, habe Adam einst gelebt. Diese

Vorstellung starb nicht, als Smith von einer aufgebrachten Menschenmenge getötet wurde und seine Anhänger weiter nach Westen vertrieben wurden. Mitte des 20. Jahrhunderts wiederholte der Mormonenprophet Ezra Taft Benson, der in der Regierung Eisenhower als Landwirtschaftsminister diente, die ursprüngliche Offenbarung. Er schrieb: »Dies war der Ort, an dem der Garten Eden war; hier, in Adam-ondi-Ahman, versammelte sich Adam kurz vor seinem Tod mit einer Gruppe hoher Priester und erteilte ihnen seinen letzten Segen; hier ist der Ort, an den er zurückkehren wird, um sich mit den Führern seines Volkes zu versammeln.«[10]

Selbst wenn sie keiner Glaubensgemeinschaft angehörten, schien es vielen Amerikanern unzweifelhaft, dass zwischen ihrem Land und dem Garten Eden eine besonders intensive und bedeutsame Beziehung bestand. Sie hofften nicht nur, dass die alten Spuren Adams gefunden würden, sie sehnten sich danach, den ersten Menschen auch im Hier und Jetzt zu treffen, zuhause in einer Welt, die unverdorben und rein geblieben war. Als »Adam im Garten Eden«, so imaginierte sich Ralph Waldo Emerson 1839 selbst, während er in seinem Journal rasch einige Ideen für eine neue Folge von Vorlesungen festhielt:

> Ich bin da, um all den wilden Tieren im Feld & allen Göttern im Himmel neue Namen zu geben. Ich bin da, um Menschen, die versunken sind in der Zeit, einzuladen, sich wiederzuentdecken & sich aus der Zeit zu lösen & ihr ursprünglich unsterbliches Air zu spüren.[11]

Nicht anders träumte Henry David Thoreau in seiner Hütte an einem kleinen See westlich von Boston davon, aus der Zeit zu fallen und den Weg zurück in einen uranfänglichen Zustand zu finden. 1854 notierte er:

> Vielleicht war an jenem Frühlingsmorgen, als Adam und Eva aus dem Paradies vertrieben wurden, der Waldenteich schon vorhanden! Vielleicht plätscherten schon damals im leisen Frühlingsregen, bei Nebel und Südwind seine Wellen und trugen Tausende von Enten und Gänsen, die nichts vom Sündenfall wussten und noch an solchen Gewässern ihre Freude hatten![12]

In *Leaves of Grass*, in der Ausgabe von 1860, hob Walt Whitman die literarische Identifikation mit Adam, die bei Emerson und Thoreau bereits auftaucht, auf eine neue Stufe:

> As Adam, early in the morning,
> Walking forth from the bower refresh'd with sleep,
> Behold me where I pass, hear my voice, approach,
> Touch me, touch the palm of your hand to my body as I pass,
> Be not afraid of my body.
>
> Wie Adam, früh am Morgen
> Einfach losgehen, heraus aus der Hütte, erquickt vom Schlaf,
> Schau' mich an, wo ich vorbeikomme, hör' meine Stimme, komm,
> Berühre mich, die Hand auf meinem Körper, wie ich vorübergehe,
> Ohne Scheu vor meinem Körper.[13]

»Ohne Scheu vor meinem Körper« – die Worte steigen auf, zugleich im Garten vor dem Sündenfall und auf den Straßen einer Stadt voller Menschen. Was aber ist der Grund für diese Selbstdarstellung ohne Scham, den seltsamen Wunsch nach Nähe? Was für ein Mann ist das, der da bittet, ihn mit der flachen Hand zu berühren? So, als seien Sünde, Befleckung, Scham verschwunden – die elenden Folgen der ersten Übertretung – und mit ihnen die so wesentliche Unterscheidung zwischen einem Urzustand der Unschuld und dem jämmerlichen Zustand des Verworfenseins. Verschwunden ist auch das erste Paar; denn wenngleich dieser Adam offensichtlich nicht alleine ist, ist er ein Adam ohne Eva.

Dieser erste Mensch ist auf unheimliche Weise lebendig. Ausgestattet mit einem Frontispiz, einem berührend lebendigen Stich des Dichters – er trägt Arbeitskleidung, den Hut keck auf dem Kopf, seine Miene ernst, der Blick direkt – lässt der Band *Leaves of Grass* den Leser von Beginn an spüren, dass Walt Whitman in seinem Gedicht physisch präsent ist. Er scheint Adam zu verkörpern, er gibt ihm ein neues, fast greifbares Leben. Die biblische Erzählung, mit der Adam zuerst auf die Welt kam, diese Chronik von Verbrechen und Strafe, ist in Whitmans Version fast vollständig verblasst. Kaum verwunderlich, dass der Autor beschimpft und sein Gedicht obszön genannt wurde. Gleichwohl fand *Leaves of Grass* rasch glühende Verehrer, sie hörten darin eine Stimme, die so exzentrisch wie repräsentativ war. Zur Zeit der letzten Ausgabe, im Jahr 1891, wurde Whitman weithin bewundert sowohl für seine radikale Originalität wie für seine wahrhaftige Darstellung dessen, was der Literaturkritiker R. W. B. Lewis den amerikanischen Adam genannt hat.

Fast zur gleichen Zeit, zu der Whitman sein großes Gedicht zum Abschluss brachte, schrieb sein Zeitgenosse Mark Twain die *Extracts from Adam's Diary*, ein Stück aus einer ganzen Folge kurzer Stücke, von denen einige veröffentlicht wurden, andere nie. Jedenfalls zeugt das Konvolut von Twains offenbar lebenslanger Beschäftigung mit der Genesiserzählung. Einen Namen als Spötter hatte er sich bereits mehr als zwanzig Jahre zuvor gemacht, mit *Innocents Abroad* (1869; dt.: *Die Arglosen im Ausland*, 1875). In diesem burlesken Bericht von Reisen in den Nahen Osten findet sich unter anderem sein ironisches Klagelied am legendären Grab Adams in der Jerusalemer Grabeskirche:

> Das Grab Adams! Wie rührend war es, hier in einem Land von Fremden, weit entfernt von der Heimat und den Freunden und allen, die sich aus mir etwas machen, auf diese Weise das Grab eines Blutsverwandten zu entdecken. Gewiss, ein zwar entfernter, aber doch immerhin ein Verwandter. Der unfehlbare Instinkt der Natur ließ mich vom Schauer des Wiedererkennens erbeben. Der Quell meiner kindlichen Liebe wurde bis in seine tiefsten Tiefen aufgewühlt, und ich überließ mich meinen stürmischen Empfindungen. Ich lehnte mich an einen Pfeiler und brach in Tränen aus.[14]

Dies setzte Twain 1892, in *Adam's Diary*, fort: Wieder verspottet er die Leichtgläubigkeit, mit der Leute die Existenz des ersten Menschen für buchstäblich wahr hielten, indem er sich selbst in die Rolle dieses ersten Menschen versetzt und spielerisch ausphantasiert, wie es wohl gewesen sein könnte, das Leben zu Beginn aller Zeiten. Hier der erste Eintrag des fiktiven Tagebuchs:

> *Montag*
> Dieses neue Wesen mit den langen Haaren ist ganz schön lästig. Es lungert herum und läuft mir dauernd nach. Das kann ich nicht leiden; ich bin Gesellschaft nicht gewöhnt. Wenn es doch bloß bei den anderen Tieren bliebe … Heute bewölkt, Ostwind; glaube, wir kriegen Regen … Wir? Wo habe ich dieses Wort her? – Jetzt fällt es mir ein – das neue Wesen benützt es.

Adams Litanei setzt sich fort, gleich am Dienstag:

> Ich selber darf keinem Ding einen Namen geben. Das neue Wesen benennt alles, was daherkommt, bevor ich einen Einwand erheben kann. Und immer mit der gleichen Ausrede – *es sieht so und so aus*. Da ist zum Beispiel der Dodo. Es sagt, dass er »wie ein Dodo aussieht«. Er wird diesen Namen behalten müssen, ohne Zweifel. Es ist ermüdend, sich darüber aufzuregen, und es hat gar keinen Zweck. Dodo! Er sieht ebenso wenig wie ein Dodo aus wie ich.[15]

Bayles Vorsicht, Voltaires Zorn – hier haben sie sich in komödiantische Routine verwandelt. Fragen, die Philosophen und Theologen jahrhundertelang umtrieben, nicht selten auch quälten – Wie wurde die einsame Gestalt im Paradies zu einem »Wir«? In welchem Umfang teilten sich Adam und Eva ihre Aufgaben? Was heißt es, den Tieren »Namen« zu geben? Welchen Status haben ausgestorbene Arten für die Theologie? –, all diese Fragen sind Stoff für ironische Späße geworden.

Die gehen zunächst auf Kosten der beiden naiven und unschuldigen ersten Menschen Adam und Eva, aber auch auf Kosten der biblischen Erzählung, die so vielen Generationen als unwiderleglich korrekter Bericht vom Anfang der Welt galt. Twain, am Ende des 19. Jahrhunderts, kann sich darauf verlassen: Seine Leser werden den biblischen Bericht absurd finden – wie er:

> *Samstag*
> Sie beschäftigt sich mit allen möglichen Albernheiten; unter anderem untersucht sie, warum die Tiere, die Löwen und Tiger heißen,

> von Gras und Blumen leben, wo doch, wie sie sagt, ihre Zähne den Schluss nahelegen, dass sie sich gegenseitig fressen sollten. Das ist lächerlich, denn es würde bedeuten, dass sie sich umbringen, und das würde etwas einführen, was, soweit ich weiß, »Tod« heißt; und der Tod ist, so wurde mir gesagt, in den Park noch nicht eingedrungen.[16]

Twain strapaziert diesen Punkt nicht weiter. Was ihn an *Adams Tagebuch* und an dessen Gegenstück, *Evas Tagebuch*, interessierte, war nicht so sehr, die Bibel lächerlich zu machen; er wollte mit einiger Zärtlichkeit und Feinheit die Komödie der Geschlechterbeziehungen erkunden.

Auch der leichte Ton konnte nicht ganz verhindern, dass Kontroversen aufbrachen. Die Buchausgabe von *Eve's Diary*, die 1906 erschien, enthielt Illustrationen des ersten Paares, die – aus unserer Sicht zumindest – völlig harmlos scheinen, die aber den Bibliothekaren einer Bibliothek in Worcester, Massachusetts, als obszön auffielen. Doch diese Texte trafen damals bereits auf eine Leserschaft, die nicht mehr gereizt reagierte, wenn die Genesiserzählung mit Humor behandelt wurde.

Twain, der genau wusste, was er seinem Publikum zumuten konnte, hat zu seinen Lebzeiten nicht alles veröffentlicht, was er geschrieben hat zu diesem Thema, das ihn nicht losließ. Zu den Stücken, die erst postum erschienen – und selbst da gab es anfänglich Einwände seiner Tochter –, gehört eine Folge weiterer Versuche, sich in die Köpfe Adams und Evas zu versetzen, so als seien sie wiedererkennbare menschliche Wesen; Menschen, die versuchten, sich in einer völlig neuen und ihnen völlig unvertrauten Welt irgendwie zurechtzufinden. In diesen Texten wich Behutsamkeit der Ironie und Wut, die bei Bayle und Voltaire zum Sieden gekommen war. In einem dieser Stücke erinnert sich Twains Eva daran, wie sie ihren Ehemann nach einem Baum mit einem merkwürdigen Namen fragte, erinnert sich auch an die unbefriedigende Antwort, die sie bekam: Adam wusste schlicht nicht, was die Worte »gut« oder »böse« bedeuten. »Wir hatten davon niemals zuvor gehört, sie hatten keine Bedeutung für uns.«

Nicht weniger perplex war das erste Paar natürlich, als sie das neue Wort »Tod« zu verstehen suchten. Wie hätten sie das auch begreifen können? In Twains erneuter Vergegenwärtigung dieser Szene brauchen die beiden dann auch die Schlange nicht, um sich zum Verzehr der verbotenen Frucht verführen zu lassen. In Twains Erzählung reichen ihre vollkommene Unschuld und eine ernste, gut gemeinte Neugier aus:

> Wir saßen für eine Weile still, wälzten das Rätsel im Kopf um und um; und dann, ganz plötzlich, war mir klar, wie wir das herausfinden konnten, und ich war überrascht, dass wir nicht gleich daran gedacht hatten, es war so einfach. Ich sprang auf und sagte: »Wie dumm wir doch sind! Lass uns davon essen; wir werden sterben, und dann werden wir auch wissen, was das ist, und wir müssen uns darüber den Kopf nicht mehr zerbrechen.[17]

Dass sie dies in die Tat umsetzen, wird in Twains Neuerzählung hinausgezögert, denn zufällig taucht eine interessante Kreatur auf, eine, die sie zuvor noch nie gesehen haben und der sie flugs einen Namen geben: »Pterodactylus«. An ihrem dunklen Schicksal freilich ändert das nichts.

Der Dinosaurier lässt, wie das »Dodo« in *Evas Tagebuch*, die ganze Geschichte platzen, diesmal aber unternimmt Twain nichts, seinen Sarkasmus zu mildern. Denn es steckt, wie er klarmacht, etwas unentschuldbar Grausames in der biblischen Erzählung. In einem anderen der unveröffentlichten Stücke aus *Evas Tagebuch*, das aus der Zeit nach der Vertreibung aus dem Garten Eden berichtet, wird diese Anklage explizit:

> Wir konnten doch nicht wissen, dass es falsch war, dem Gebot nicht zu folgen, denn die Worte waren uns fremd und wir verstanden sie nicht. Wir kannten kein richtig und falsch – wie auch hätten wir das wissen sollen? … Wir wussten nicht mehr als mein jüngstes Kind mit seinen vier Jahren – oh, nicht mal so viel, denke ich. Würde ich zu ihm sagen: »Wenn du dieses Brot anrührst, dann werde ich unvorstellbares Unglück über dich bringen, sogar bis zur Auflösung deiner Körperelemente«? Und würde es das Brot nehmen und mich, nichts Böses denkend, anlächeln, so als verstehe es meine fremden Worte nicht – würde ich diese Unschuld wirklich ausnutzen und es mit der Mutterhand niederstrecken, der es vertraut hat?[18]

Diese Fragen hatte, in fast gleichen Formulierungen, zweihundert Jahre zuvor Pierre Bayle gestellt. Die Zweifel, der Ärger, die sie zum Ausdruck bringen, haben tiefere Wurzeln, sie reichen vollends zweitausend Jahre zurück, bis zu den ersten überlieferten Spuren der Erzählung von Adam und Eva in den Kodizes von Nag Hammadi. Jahrhunderte nach Augustinus' doktrinärem Triumph haben die moralischen Paradoxien der Genesiserzählung den Wunsch offenbar zunächst noch verstärkt, ihre buchstäbliche Wahrheit zu bestätigen und den in ihr verborgenen Sinn zu ergründen. Doch zur Zeit Mark Twains hatte sich das Blatt endgültig gewendet: gegen den Buchstabenglauben, gegen den Literalsinn. Die Institutionen, die einst mobilisiert wurden, um Fragen und Zweifel zu unterdrücken, waren entscheidend geschwächt. Die öffentliche Bibliothek in Worcester, Massachusetts, war nicht mehr die Inquisition. Hätte Twain seine radikaleren Stücke noch zu Lebzeiten veröffentlicht, hätte er vielleicht einige seiner Leser verprellt, aber gewiss nicht sein Leben oder auch nur seinen Lebensunterhalt verloren.

Dieser entscheidende Wandel lässt sich zurückverfolgen zu dem, was Bayle und Voltaire, was das gesamte Projekt der Aufklärung bewirkt hatten, das jene beiden so mutig vorantrieben. Der Wandel aber lässt sich auch zurückverfolgen bis zu den naturwissenschaftlichen Entdeckungen, für die die Kreatur steht, die in Twains Imagination gerade rechtzeitig auftaucht, um den Sündenfall hinauszuzögern: vom Pterodactylus. Dinosaurier wirkten mit an der Zerstörung des Gartens Eden.

KAPITEL VIERZEHN

DARWINS ZWEIFEL

Der Darwinismus ist nicht unvereinbar mit dem Glauben an Gott,[1] wohl aber mit dem an Adam und Eva: Nichts in *The Descent of Man*, erschienen 1871, lässt auch nur die geringste Möglichkeit offen, dass unsere Art von zwei exemplarischen, frischgebackenen Menschen abstammt, die in einem paradiesischen Garten lebten. Seine Evolutionstheorie hatte Darwin bereits 1859 in *The Origin of Species* veröffentlicht (deutsch erstmals 1860: *Über die Entstehung der Arten im Thier- und Pflanzen-Reich durch natürliche Züchtung, oder Erhaltung der vervollkommneten Rassen im Kampfe um's Daseyn*). Dieses Buch, nicht für ein Fachpublikum geschrieben, entfaltete eine enorme Wirkung, doch Darwin hat die Menschen bewusst noch nicht in die große Vielfalt von Arten eingereiht, die das Buch behandelt. So war es zeitgenössischen Lesern möglich, sich die wissenschaftlichen Argumente anzueignen, mit denen Darwin die natürliche Auslese so überzeugend dargestellt hat, zugleich aber an der Vorstellung festzuhalten, dass die Menschen auf irgendeine Weise ausgenommen seien von den biologischen Prozessen, die den Kampf ums Dasein bei allen anderen Kreaturen regeln.

Nach 1871 dann konnte es keinen Zweifel mehr geben, dass Darwin selbst die Schlüsse teilte, die seine Anhänger längst gezogen hatten aus der enormen Menge von Belegen, die er geduldig gesammelt hatte, wie aus der brillant umfassenden Theorie, die dieses Datenmaterial zu einem sinnvollen Ganzen zusammenfügte – die Menschen bildeten keine Ausnahme mehr.

Nicht verloren war das Paradies: Es hatte schlicht nie existiert. Die Menschen hatten ihren Ursprung nicht in einem Reich des Friedens. Sie waren niemals gesegnet mit vollkommener Gesundheit und mit Überfluss, nie mit einem Leben ohne Kampf, Leid und Tod. Zweifellos gab es fette Zeiten, wenn nämlich genügend Nahrung vorhanden war, doch solche Zeiten hatten keinen Bestand, und unsere weitest entfernten Vorfahren mussten sich die Beute mit anderen Lebewesen teilen, deren Bedürfnisse nicht weniger dringlich waren als ihre eigenen. Selten, dass keine Gefahren drohten, und wenn es den frühen Menschen gelang, die größten Beutegreifer in Schach zu halten, so mussten sie immer noch mit Wanderameisen und mit Darmparasiten rechnen, mit Zahnschmerzen, Knochenbrüchen und mit Krebs. Passten die Umstände, konnte das Leben der Menschen lieblich sein und süß, doch nichts in der ganzen großen Landschaft, die Darwin untersucht hatte, ließ erkennen, dass es je die magische Zeit, den magischen Ort gegeben hätte, zu der und an dem alle unsere Bedürfnisse glücklich befriedigt worden wären.

Als Art waren die Menschen weder einzigartig noch ein für alle Mal geschaffen. Nur in unseren Träumen und Phantasien ließ sich vorstellen, wir seien als voll ausgebildete Erwachsene auf die Welt gekommen, mit der Fähigkeit, zu sprechen, für uns selbst zu sorgen, uns fortzupflanzen. Tatsächlich entwickelte sich die besondere Primatenart, zu der wir geworden sind, in einem riesigen Zeitraum aus Hominini, den ausgestorbenen Arten Menschenähnlicher, die bereits viele unserer Eigenschaften aufwiesen: die aufrechte Haltung, das Gehen auf zwei Beinen, Hände, die sich in Form und Funktion von den Füßen unterscheiden, kleine Eckzähne oben und unten, ein Kinn. Wie genau und wann sich diese Hominini ihrerseits entwickelt haben, ist eine noch immer weitgehend ungelöste Frage.[2]

Anatomisch moderne Menschen haben Eigenschaften, die uns zu einer besonderen Spezies machen – Sprache vor allem, moralisches Bewusstsein und die Fähigkeit zu vernünftigem Denken. Gleichwohl beharrte Darwin darauf, dass sich selbst diese Eigenschaften nur graduell, nicht ihrem Wesen nach von denen anderer Tiere unterschieden, mit denen unsere Spezies verwandt ist. Wir existieren in einer Stammeslinie nicht nur mit den Hominiden – den Primaten, zu denen Schimpansen, Gorillas und Orang-Utans gehören, denen wir ganz offensichtlich sehr nahestehen –, sondern auch mit anderen Arten. Um diese Linie auszumachen, brauchten wir, wie Darwin dachte, nicht notwendig Spezialwissen über das Verhalten exotischer Tiere; erkennen lasse sich das auch durch die aufmerksame Beobachtung von Vögeln oder Hunden.

Darwin zügelte seinen wissenschaftlichen Wagemut, indem er sorgsam darauf achtete, was seinen Zeitgenossen zuzumuten war; von daher ist es denn auch nicht verwunderlich, wenn er die Implikationen seiner Entdeckungen nicht vollständig offenbarte. Er hatte zuhause, in Gestalt seiner frommen Ehefrau, eine redegewandte und nachdrückliche Zeugin dafür, wie verstörend seine Theorien waren. Jahrelang, so schreibt er in der Einleitung zu *The Descent of Man*, habe er Notizen zur Abstammung des Menschen gesammelt, »ohne einen mir etwa vorschwebenden Plan, über den Gegenstand einmal zu schreiben, vielmehr mit dem Entschluss, dies nicht zu tun, da ich fürchtete, dass ich dadurch nur die Vorurteile gegen meine Ansichten verstärken würde«.[3] Die Leser von *The Origin of Species* hätten ihre eigenen Schlüsse ziehen können, er selbst habe nicht vorgehabt, sie für den Druck zu formulieren.

Selbst als er seine Zurückhaltung aufgab und seine Arbeit zugänglich machte, vermied es Darwin sorgsam, die biblische Erzählung zu erwähnen – kein Wort liest man bei ihm von Schöpfung, Paradies und Sündenfall –, deren Anspruch auf buchstäbliche Wahrheit er, wie er wusste, eindeutig zunichtemachte. Die Namen Adam und Eva tauchen an keiner Stelle seines Werks auf. Dabei beschäftigte sich seine Theorie der Evolution mit den gleichen Fragen, die auch die Genesiserzählung angetrieben hatten: Woher kommen die Menschen? Warum müssen wir so große Mühe daransetzen, zu überleben und uns fortzupflanzen? Welche bestimmende Rolle spielt das Begehren – das Begehren von bestimmten Individuen und Eigenschaften, das zur Wahl bestimmter Partner führt –, das Darwin »sexuelle Selektion« nannte, für die langfristige Entwicklung der Arten? Warum leiden wir und müssen wir sterben? Vor allem aber suchten Darwin und seine Anhänger das menschliche Erbe bestimmter Triebe, Zwänge und Begierden zu erklären. Auch wenn solche Triebe ganz offensichtlich gefährlich sind, uns zu Handlungen treiben können, die gewalttätig, pathologisch oder selbstzerstörend sind, lassen sie sich offenbar nur schwer überwinden. Es ist, als hätten unsere Vorfahren uns durch irgendeinen verborgenen Mechanismus eine Reihe von Erfahrungen, Anpassungen und Entscheidungen mitgegeben, die in längst vergangenen Zeiten die ihren waren und die in uns weiter wirksam sind, selbst wenn sich unsere Lebensumstände so grundlegend verändert haben.

Als Erben dieser problematischen Hinterlassenschaft können wir uns zumindest einiger der schädlichsten Impulse bewusst werden und uns von ihnen lösen. Doch das gelingt keineswegs immer; mit einiger Sicherheit werden wir im Lauf eines Lebens solchen Antrieben auch nachgeben, wahrscheinlich bei vielen Gelegenheiten. Und dabei geben wir in den meisten Fällen nicht einem *erlernten* Verhalten nach, sondern dem, was wir mit der Geburt ererbt haben, noch bevor unsere jeweilige Persönlichkeit unter den jeweiligen kulturellen Umständen geformt wurde, noch bevor wir die Fähigkeit nachzudenken erworben haben. Diese Persönlichkeit und die soziokulturellen Umstände interagieren mit unserem Erbe, unser Verstand kann gegen die meisten zerstörerischen Zwänge ankämpfen, einfach auslöschen aber lassen sie sich niemals. Wir tragen Verantwortung für unser Tun – wir sind keine Automaten –, gleichzeitig jedoch ist unsere Freiheit empfindlich eingeschränkt und gefährdet.

Dieses ganze Erbe haben die Interpreten der Genesiserzählung, insbesondere seit Augustinus, als Strafe verstanden, als Folge der Ursünde der ersten Menschen und unseres Verlusts des Paradieses. Für Darwin aber gab es keinen Garten Eden. Was wir – nach Darwin – von unseren uralten Vorfahren empfangen haben, sind keine Strafen, sondern lebendige Spuren erfolgreicher Anpassungen unserer Art an die sie umgebende Welt, Spuren von Prozessen, die sich vor Zehntausenden von Jahren vollzogen haben. Daher haben unsere Arbeitsteilung nach Geschlechtern, unser Verlangen nach Zucker und tierischem Fett, unsere Kontrolle des Feuers, unsere Fähigkeit, extrem gewalttätig zu sein, ihren Platz neben unseren feineren sozialen Fähigkeiten, dem Werkzeug-Machen, unserer Ausdrucksfähigkeit in Sprache und Imagination; und all das zusammen trug bei zum Überleben in einer abweisenden gefährlichen Umwelt.

Für die Bibel ist die nie endende, erschöpfende Arbeit, die Menschen verrichten müssen, um genügend zu essen zu finden – vom Graben nach Wurzeln und Knollen bis zur landwirtschaftlichen Revolution, die uns in die Lage versetzt hat, unsere Nahrungsmittel zu kultivieren, zu pflanzen und zu ernten –, die Quittung für Ungehorsam und Übertretung; Darwin sieht darin notwendige Leistungen und Errungenschaften. Wenn die Schmerzen, die Menschenfrauen bei der Geburt erleiden, für die Autoren der Genesiserzählung zu jenem Fluch gehören, der Eva wegen ihrer Sünde traf, so erkennen Evolutionsbiologen darin einen erfolgreichen Ausgleich; genauer: den Preis, den wir dafür zahlen, dass die für einen aufrecht gehenden Zweibeiner maximale Größe des Beckens zusammengeht mit der minimalen Größe des Schädels eines Neugeborenen, die es unserer Art erlaubt, ein außergewöhnlich großes Gehirn zu haben. Die Fähigkeit, aufrecht auf zwei Beinen zu stehen, versetzte unsere Gattung in die Lage, über das Savannengras hinwegzuschauen, auf der Suche nach Nahrung große Distanzen zurückzulegen und unsere Arme frei zu haben für den Gebrauch von Wurfgeschossen. Dass wir ein großes Gehirn haben, ermöglichte es uns, ein ganzes Spektrum von Fähigkeiten zu entwickeln, die wesentlich waren dafür, dass wir trotz unserer relativ geringen Körperkraft, ohne scharfe Zähne, eine dicke Haut und so weiter überlebt haben und prosperieren konnten. Darwin sieht in diesen Merkmalen des Menschen nicht Strafen für eine Übertretung, sondern das wesentliche, lebensbewahrende Geschenk zufälliger Mutationen und Fähigkeiten, die in unvorstellbar langen Zeiträumen erworben wurden.

Die Zahl der Generationen, die dieser evolutionäre Prozess erforderte, korrespondiert nicht mit der relativ geringen Zahl von »Zeugungen«, die in der Bibel verzeichnet sind; eher schon mit einer Zeitskala, die sich in einer heidnischen Theorie vom Ursprung der Menschen findet, in einer Theorie, die Darwin wohl kannte, die er in *The Descent of Man* aber nicht erwähnt hat. Diese Theorie, die seinen Großvater Erasmus Darwin stark beeinflusst hat, geht davon aus, dass die Menschen nicht plötzlich in einem passend eingerichteten Garten entstanden sind, sondern im rohen Kampf ums Überleben.

Die Genesiserzählung imaginiert die frühe Existenz der dominierenden Gattung als ebenso geordnet wie einfach. Selbst die verbotene Frucht war, in gewisser Weise, beruhigend, sprach sie doch dafür, dass die Welt Gesetze und einen Gesetzgeber hatte. Darwins ungeheure Datenmengen und seine diese Daten sinnvoll zusammenfassende Theorie dagegen bestätigten die heidnische Intuition, dass unsere frühesten Vorfahren keine göttliche Führung hatten, keine Versicherung, dass ihre Gattung überleben würde, keine gottgegebenen Gesetze, keinen eingeborenen Sinn für Ordnung, Moral und Gerechtigkeit. Gesellschaftliches Leben, wie wir es kennen, ein Leben, das durch ein dichtes Netz von Regeln, Vereinbarungen und wechselseitigem Verstehen reguliert wird, war den frühen Menschen nicht gegeben, sondern ist eine schrittweise Errungenschaft.

In dem bereits erwähnten Gedicht *Von der Natur der Dinge* (*De rerum natura*) schreibt Lukrez voller Bewunderung über die Wege, auf denen sich die frühesten Menschen an die raue und abweisende natürliche Welt anpassten und wie sie, indem sie dies taten, ihre eigene Natur veränderten.[4] Als Gattung, schreibt Lukrez, hätten wir nicht lange überlebt, hätten wir nicht gelernt, unsere rohesten Instinkte zu verändern, schützende Techniken zu entwickeln und gesellschaftlich-soziale Bindungen herauszubilden. Das Anfertigen und Tragen von Kleidung aus Fellen, das Leben in selbstgebauten Hütten, die Beherrschung des Feuers haben, so Lukrez, unsere Vorfahren körperlich geschwächt; »allmählich weicher« seien sie geworden, »denn das Feuer brachte es mit sich, dass ihre zitternden Leiber unter freiem Himmel Kälte weniger gut ertrugen« (V, 1015ff.). Zur gleichen Zeit, so Lukrez, »begannen die Nachbarn, Freundschaftsbünde zu schließen, wollten weder anderen schaden noch selbst Gewalt erleiden« (V, 1019f.). Und auf dieser Entwicklungsstufe, mit der Herausbildung sozialer Strukturen entwickelten wir, so Lukrez' Vorstellung, eines der entscheidenden Charakteristika unserer Gattung, nämlich die Fähigkeit zu sprechen.

Das habe nichts zu tun gehabt mit der Macht eines Einzelnen, Wörter zu erfinden und der Welt eine Sprache aufzuzwingen. So, als hätte er eine Version des hebräischen Schöpfungsmythos gelesen, zumindest davon gehört, schreibt Lukrez:

> Barer Unsinn zu glauben, damals hätte einer den Dingen Namen gegeben und von ihm hätten die anderen Menschen ihre ersten Worte gelernt. Warum denn sollte gerade dieser eine fähig gewesen sein, die Dinge mit Namen zu kennzeichnen?
> (V, 1041ff.)

Eindrucksvoll, wie Lukrez unsere Fähigkeit zu sprechen in eine Entwicklungslinie rückt mit der Fähigkeit, Dinge oder Situationen mit verschiedenen Lauten zu belegen, die wir an unzähligen Tieren um uns her beobachten können. Das Schnauben eines jungen Hengstes, der »getrieben vom

Sporn des geflügelten Amor unter Stuten herumtobt«, sei ein ganz anderer Laut als sein klägliches Wiehern aus Furcht. Vögel gebe es, die »ihre rauen Gesänge ändern mit dem Wetter, so die uralten Schwärme der Krähen«. Auch Wachhunde gebe es, die einerseits »weithin alles mit geiferndem Getöse füllen«, andererseits aber

> beginnen sie mit ihrer Zunge zart ihre Welpen zu lecken und diese mit ihren Pfoten herumzuwerfen … da hätscheln sie brummend die Brut mit ganz anderer Stimme als wenn sie ein ander Mal, im Haus allein gelassen, heulen oder sich vor Schlägen jaulend verkriechen.
> (V, 1067–1072)

Lukrez' Beobachtungen aus der natürlichen Welt nehmen in erstaunlicher Weise vorweg, was Darwin in zahlreichen und vielfältigen Details zusammentrug, um seine umfassende Theorie der natürlichen Selektion zu untermauern: zufällige Mutationen, ein unablässiger Kampf ums Überleben, das Aussterben unzähliger Arten, das gemeinsame Leben der Tiere, die langsame Zunahme kognitiver Fähigkeiten, eine Geschichte ohne Ziel und Zweck, die sich über einen unvorstellbaren Zeitraum hinzieht. Dank der unermüdlichen Forschungen Darwins und seiner Anhänger erscheinen Lukrez' Vorstellungen nicht mehr als archaische philosophische Spekulation; sie bekamen nach und nach den Status wissenschaftlicher Wahrheiten. Und mit ihnen verloren sich Adam und Eva, die einst so realen, fast körperlich greifbaren Figuren, in luftigen Tagträumen.

Ausgerechnet Kreide hat in dieser Geschichte eine so entscheidende Rolle gespielt. Denn was Darwins Theorie vom Ursprung der menschlichen Gattung letztlich völlig plausibel erscheinen ließ – nach Jahrhunderten, in denen Lukrez wegen seiner erstaunlich ähnlichen Vorstellungen verspottet wurde –, waren Fortschritte der geologischen Forschung, die ein neues Verständnis schufen für das immense Alter der Erde und damit auch für einen Zeitablauf, in dem es durchaus Raum gab für unzählige evolutionäre Experimente. Englischen Geologen wie Charles Lyell dienten die weißen Kreidefelsen von Dover als Paradebeispiel:[5] Sie konnten zeigen, dass diese Felsen durch Sedimentierung entstanden waren, durch Ablagerungsprozesse also, die einige zehn Millionen Jahre brauchten. Eine sorgfältige Untersuchung der Gestalt dieser Landschaft, von Kreide, Flint und Mergel, aus denen sie sich zusammensetzt, sodann der Fossilien, die sich in diesem Gestein finden ließen, führte zu einer unausweichlichen und darum ziemlich beunruhigenden Schlussfolgerung: Die Kreidefelsen sind Folge geologischer Ereignisse – Sedimentierungen, Verwerfungen, Auffaltungen, Brüche –, von denen die meisten in einer Epoche stattfanden, die Lyell das Eozän nannte: in der Zeit zwischen 56 und 33,9 Millionen vor heute.

Es lasse sich, so formulierte es Lyell in den 1830er Jahren, in der langen, sehr langen Geschichte der Erde kein Hinweis eines Fortschreitens, kein Anzeichen für einen Vorsehungsplan ausmachen, keine Spur davon, dass eine universelle Flut alles Leben auf der Erde zerstörte, mit Ausnahme derjenigen Arten, die Zuflucht in einer Arche gefunden hatten. Und die Prozesse, die in weit entfernten Zeiten am Werk waren, seien die gleichen wie die aktuell wirksamen. Stets sei der Gesamtumfang geologischer Veränderungen der gleiche gewesen.

Lyell war ein frommer Christ, und er bemühte sich sehr, trotz alledem, was er nun zu begreifen begann, an seinem Glauben festzuhalten. Und das war alles andere als einfach. Es gab schlicht keinen Grund mehr, weiterhin gläubig auf der buchstäblichen Wahrheit der sechs Schöpfungstage und des Gartens Eden zu beharren. Schon angesichts der wissenschaftlichen Entdeckungen, die die Welt vom 16. Jahrhundert an beunruhigten, war es schwer genug gewesen, an der biblischen Erzählung festzuhalten. Kopernikus hatte die Erde aus dem Zentrum des Universums gerückt; das Fernrohr offenbarte die Existenz einer unvorstellbaren Menge von Universen; die medizinische Anatomie legte die inneren Funktionsweisen des Körpers offen, das Mikroskop die verborgenen Winkel der Materie. Es erforderte enorme Anstrengungen, jede dieser Entdeckungen mit den überlieferten Glaubenssätzen zu versöhnen.

Die Geologie war ein Alptraum für die Gläubigen. Fossilien, Schalen von Meeresschnecken oder Muscheln, die weit vom Meer entfernt gefunden wurden, Knochen, die keinem bekannten Tier zugeordnet werden konnten, waren schon lange Rätsel gewesen,[6] aber man hatte sie mit dem Argument wegerklärt, das seien Späße, Spielereien der Natur; man behauptete auch, solche Relikte seien mit Noahs Flut auf Berggipfel oder in Wüsten geraten; entsprechende Bibelstellen wurden zitiert, in denen von Riesen die Rede ist, die in der Frühzeit über die Erde gezogen seien; ja, man spekulierte sogar über die riesenhafte Größe der ersten Menschen. Denis Henrion etwa, ein französischer Mathematiker, geboren gegen Ende des 16. Jahrhunderts, nutzte fossile Knochen, um Adams Größe zu bestimmen: Er schätzte sie auf 123 Fuß und 9 Zoll, die Evas auf 118 Fuß und 9 Zoll; beide also waren demnach weit über dreißig Meter groß.[7] Doch die langen Zeiträume, die sich mit den geologischen Forschungen des 18. und 19. Jahrhunderts öffneten, ließen derartige Erklärungen absurd erscheinen.

1857 veröffentlichte der renommierte englische Naturforscher – und Erfinder, unter anderem des ersten Meerwasseraquariums – Philip Gosse ein Buch mit dem Titel *Omphalos*, dem griechischen Wort für Nabel. Gosse, fundamentalistischer Laienprediger und Bibellehrer, hatte sich tief verunsichern lassen von Lyells *Principles of Geology*, dem Buch, angesichts dessen das biblische Zeitschema nurmehr kindisch wirken konnte. Doch blieb es weiterhin möglich, jene Zeitangaben symbolisch zu interpretieren, zum Beispiel durch die Behauptung, die »Tage« in der Genesiserzählung stünden für wesentlich längere Zeithorizonte. Gosse aber sah, welche Gefahren ein solcher Weg in die allegorische Deutung barg. Er hielt – wie Fundamentalisten dies bis heute tun – am Literalsinn der Bibel fest, den Augustinus als Erster vertreten hatte.

Der Untertitel von Gosses Buch lautete *An Attempt to Untie the Geological Knot*, ein Versuch also sollte es sein, den »geologischen Knoten« zu lösen; Gosse wollte die Datierung der Geologen nicht bestreiten, zugleich aber an seinem Glauben festhalten. Seine Lösung war einfach und, zumindest fand er das, genial. In alle Lebewesen, argumentierte er, seien Zeichen ihrer Entwicklung und Geschichte eingebaut. Das gelte für die Jahresringe der Bäume, für die Ablagerungen von Kalziumkarbonat, die die Schale einer Seeschnecke bilden, für die einander überlagernden Schuppen eines Fischs – das alles seien Zeichen, die selbst in den jüngsten, gerade hervorgebrachten Exemplaren dieser Lebewesen zu finden seien, und sie ließen sich gewiss auch im Menschen feststellen.

Damit wandte sich Gosse der »gerade geschaffenen Gestalt unseres ersten Vorfahren« zu, »dem Urvater der menschlichen Rasse«.[8] Um diesen nun richtig sichtbar zu machen, ihn zugleich aber abzusetzen von allen

Tieren, die vergehen, zitierte er, als sei dieser Augenzeuge gewesen, John Milton:

> Zwei edlere Gestalten, aufrecht, schlank,
> Mit angeborner Würde, schienen ihm
> Gebieter hier in nackter Majestät.
> (IV, 287–290)

Dann ließ Gosse seinen Blick langsam an diesem ersten Menschen entlanggleiten und erstellte, indem er jede Einzelheit, die er sah, liebevoll beschrieb, was er einen physiologischen Bericht nannte.

Offensichtlich sei der Mann ein gelungenes Exemplar, dessen Züge – »die vollkommene Zahnstellung, der Bart, die tiefe Stimme, der vorspringende Kehlkopf und so fort« – alle auf einen zwischen 25 und 30 Jahre alten Mann hindeuteten. Eigentlich müssten wir aus den unfehlbaren Worten der Bibel schließen, dass Gott Adam in genau diesem Alter geschaffen hat und nicht als Kind. Und dann finden wir bei Gosse eine seltsame Bemerkung: »Was bedeutet diese merkwürdige Vertiefung in der Mitte des Unterleibs und was der runzlige Knopf in dieser Höhlung?« Gosse, überglücklich, beantwortet die Frage sofort selbst: »Es ist der NABEL.«

Adam *muss* einen Nabel gehabt haben, andernfalls hätte er nicht richtig, geschweige denn vollkommen ausgesehen. Alle großen Maler – van Eyck, Michelangelo, Raffael und ihresgleichen – haben Adam mit Nabel gemalt. Der allerdings ist das Zeichen einer Vergangenheit, die Adam gar nicht hatte – die Verbindung zu einer Mutter. Das heißt, Gott schuf Adam mit einer perfekt geformten, wissenschaftlich überzeugenden Spur einer Vergangenheit, die niemals existierte. Und im Ton eines Anwalts, der den Fall damit für abgeschlossen hält, erklärt Gosse, nicht anders seien auch die Fossilien zu verstehen, diese enormen Sedimente und Ablagerungen, die Zeichen vergangener Katastrophen, diese quälend langsamen, eiszeitlichen Veränderungen, wie die Geologen sie studierten. Auf ihre Art seien die geologischen Befunde vollkommen korrekt, nur die Geologen kapierten nicht, dass Gott diese Spuren am ersten Tag der Schöpfung selbst gelegt habe.

Armer Gosse. Spott und Häme wurden über sein Buch ausgekippt, sein Leben lang ging ihm das nach. Aber seine Zeitgenossen waren nicht bereit zu glauben, dass Gott, wie es der viktorianische Autor Charles Kingsley formuliert hat, »eine so gewaltige und überflüssige Lüge für alle Menschen auf die Felsen geschrieben hat«. Der Nabel wurde also nicht, wie Gosse gehofft hatte, zum Lebensretter für die sterbenden Adam und Eva.

Nur zwei Jahre nach dem Debakel um *Omphalos* veröffentlichte Charles Darwin mit großem Erfolg *Origin of Species*. Darwin war 50, das Buch hatte also lange Zeit gehabt zu reifen; begonnen hatte dieser Reifungsprozess spätestens, als Darwin, damals 26, zurückkehrte von einer nahezu fünfjährigen, äußerst folgenreichen Weltumseglung mit der HMS *Beagle*, an der er als Naturforscher teilgenommen hatte. Das Kommando hatte Kapitän Robert FitzRoy gehabt. Darwin hatte einige seiner Lieblingsbücher mitgenommen auf die lange Seereise, darunter auch Miltons *Paradise Lost*. Das Buch aber, das den weitreichendsten Einfluss auf ihn haben sollte, Lyells *Principles of Geology*, hatte ihm FitzRoy geschenkt, bevor sie in See stachen. Zunächst auf den Kapverdischen Inseln, dann an der Küste und im Landesinnern von Südamerika entdeckte Darwin wiederholt Dinge, die viele von Lyells Haupttheorien bestätigten, und voller Begeisterung begann er nun, stützende Beweise zu sammeln: Fossilien und Gesteinsproben.

Nicht nur das immense Alter der Erde beschäftigte Darwin und damit der Umstand, dass geologische Veränderungsprozesse sich unvorstellbar langsam vollziehen konnten, sondern auch die Erkenntnis, dass lebende Arten nicht immun waren gegen einen ähnlich langwierigen Veränderungsprozess. Es war schwierig, diese Transformationen zu verfolgen; schwer fassbar waren die Beweise, fragmentarisch und rätselhaft. Dazu Darwin:

> Ich für meinen Teil betrachte (um Lyells Metapher zu folgen) die natürlichen geologischen Urkunden als eine Geschichte der Erde, unvollständig geführt und in wechselnden Dialekten geschrieben – wovon aber nur der letzte, bloß auf einige Teile der Erdoberfläche sich beziehende Band bis auf uns gekommen ist. Doch auch von diesem Bande ist nur hie und da ein kurzes Kapitel erhalten, und von jeder Seite sind nur da und dort einige Zeilen übrig.[9]

Immerhin aber haben sich so viele dieser Aufzeichnungen erhalten, dass es unmöglich ist zu glauben, dass Gott »am Anfang« alle Arten ein für alle Mal geschaffen habe.

Die Krise spitzte sich zu, noch bevor Darwin einen Fuß auf die Galapagosinseln gesetzt hatte und auf die Beweise stieß, die zur »Theorie der natürlichen Zuchtwahl« führten. Die *Beagle* brachte drei Geiseln zurück nach Feuerland, die über ein Jahr zuvor bei einer vorherigen Expedition aufgegriffen und nach England verschleppt worden waren. Diese Männer – die Crew nannte sie Jemmy Button, Fuegia Basket und York Minster – waren getauft worden, nominell also Christen. Auf englische Art gekleidet, wurden sie während der Monate auf See zu vertrauten Reisebegleitern – Jemmy Button, klein, dick und fröhlich, war der bei allen beliebteste. Der junge Naturforscher wird sie wiederholt betrachtet haben, wenn er, um seine Augen zu erholen, den Blick von *Paradise Lost* und *The Principles of Geology* hob. Er unterhielt sich auch mit ihnen, erfuhr so einiges von ihrer Aufnahme in England, wo sie wie Berühmtheiten behandelt wurden und sogar von König William IV. und Königin Adelaide empfangen worden waren. Sie waren der lebende Beweis für die Formbarkeit selbst der primitivsten Menschen.

Darum vielleicht war der Schock groß, als der junge Darwin die Yaghan oder Yámaha, die feuerländischen Ureinwohner, zu sehen bekam, zu denen die Verschleppten, ausstaffiert mit Handschuhen und poliertem Schuhwerk, zurückkehrten. Jahre später erinnerte er sich mit einem Schauder an das, was dieser Anblick in ihm ausgelöst hatte:

> Das Erstaunen, welches ich empfand, als ich zuerst eine Truppe Feuerländer an einer wilden, zerklüfteten Küste sah, werde ich niemals vergessen; denn der Gedanke schoss mir sofort durch den Sinn: So waren unsere Vorfahren. Diese Menschen waren absolut nackt und mit Farbe bedeckt, ihr langes Haar war verfilzt, ihr Mund vor Aufregung feucht und ihr Ausdruck wild, verwundert und misstrauisch. Sie kannten kaum irgendwelche Kunstfertigkeiten und lebten wie wilde Tiere von dem, was sie fangen konnten. Sie hatten keine Regierung und waren gegen jeden, der nicht von ihrem kleinen Stamme war, ohne Erbarmen.[10]

»So waren unsere Vorfahren.« Nach drei Jahren in englischer Gefangenschaft wirkte Jemmy Button zunächst unsicher und orientierungslos, er schien sich seiner Stammesgenossen zu schämen. Doch während die Wochen vergingen, die Engländer erkundeten, kartographierten und Proben sammelten, wurde Jemmy offensichtlich wieder aufgenommen in die Welt, aus der er herausgerissen worden war. Bevor die *Beagle* wieder in See stach, traf Darwin Jemmy ein letztes Mal und war erstaunt über das, was er sah:

> Wir hatten ihn rundlich fett, sauber und gut angezogen verlassen, [nun ist er] ein dünner, ausgezehrter Wilder, mit langem wirrem Haar, nackt bis auf ein Stück Stoff um seine Hüften.

Als Kapitän FitzRoy dieses Trauerspiel sah, bat er Jemmy an Bord der *Beagle* und bot ihm die Möglichkeit einer Rückkehr nach England an. Jemmy lehnte ab. Am Abend sahen Darwin und andere, was sie für den Grund dieser Absage hielten, die sie sich anders nicht erklären konnten: »seine junge und hübsche Frau«.

Viele Jahre lang gestattete sich Darwin nicht, alle Schlussfolgerungen aus diesem Erlebnis öffentlich zu äußern. Erst vier Jahrzehnte nach seiner Begegnung mit den Feuerländern wurde *The Descent of Man* veröffentlicht. Doch von Anfang an ließen ihn diese Erlebnisse nicht wieder los, sie bestärkten ihn in seinem Entschluss, den Implikationen seiner Evolutionstheorie bis zu ihrem logischen Schlusspunkt nachzugehen. Dieser, die Behauptung nämlich, dass wir Menschen von affenähnlichen Vorfahren abstammen, wurde weithin als schmähliche Beleidigung des Menschen und seiner Würde empfunden. Jahrtausendelang hatten sich die Menschen erzählt, sie seien die Erben eines vollkommenen Mannes und einer vollkommenen Frau, die Gott geschaffen hatte und die einst harmonisch im irdischen Paradies lebten. Zwar hatte der Sündenfall die Sündhaftigkeit und den Tod in die Welt gebracht, aber wir Menschen konnten immerhin davon träumen, unsere verlorene Vollkommenheit wiederzuerlangen, konnten zudem stolz sein auf unsere glorreiche Herkunft. Was Darwin mit eigenen Augen in Patagonien erlebte, nahm ihm den Grund, an diesem Stolz auf unseren Ursprung festzuhalten, auch die tatsächliche Abstammungslinie sah er mit weniger Beschämung. Er schrieb:

> Wer einen Wilden in seinem Heimatslande gesehen hat, wird sich nicht sehr schämen, wenn er zu der Anerkennung gezwungen wird, dass das Blut noch niedrigerer Wesen in seinen Adern fließt.[11]

Darwins Kritiker nannten ihn den »Affenmann«, beschimpften ihn, weil er unsere Vorfahren besudelt habe. Darwin blieb bei seinem Standpunkt:

> Was mich betrifft, so möchte ich ebenso gern von jenem heroischen kleinen Affen abstammen, welcher seinem gefürchteten Feinde trotzte, um das Leben seines Wächters zu retten, oder von jenem alten Pavian, welcher, von den Hügeln herabsteigend, im Triumph seinen jungen Kameraden aus einer Menge erstaunter Hunde herausführte –, als von einem Wilden, welcher ein Entzücken an den Martern seiner Feinde fühlt, blutige Opfer darbringt, Kindesmord ohne Gewissensbisse begeht, seine Frauen wie Sklaven behandelt, keine Züchtigkeit kennt und von dem größten Aberglauben beherrscht wird.[12]

Das Vermächtnis dieser Reaktion – ein unerschrockenes Festhalten an der Abstammung der Menschheit von Primaten, das eng verflochten ist mit einem tiefsitzenden viktorianischen Glauben an eine kulturelle Hierarchie unter menschlichen Populationen – treibt Evolutionsbiologen seit jenen Tagen um.

Der Niedergang von Adam und Eva signalisierte – zumindest in der Gemeinschaft so ziemlich aller Naturwissenschaftler – einen Wandel hin zu einer anderen Vorstellung von den Ursprüngen des Menschen. Und das stellte ein ganzes Gedankengebäude in Frage, das gegründet war auf dem kollektiven Projekt, den Figuren der Genesiserzählung die Lebendigkeit realer Menschen zu verleihen. Darin, dass sich der Glaube an die buchstäbliche Existenz von Adam und Eva so hartnäckig hielt, steckt mehr als ein atavistisches Sich-Klammern an eine zerstobene Fiktion. In der Erzählung von Adam und Eva hatte ein sehr langes und komplexes kreatives Unterfangen seinen Niederschlag gefunden. Über einige tausend Jahre haben Menschen, die diese Erzählung anregend, zwingend oder moralisch lehrreich fanden, alles herausgekitzelt, was in dieser Erzählung steckt. Dabei geführt und unterstützt wurden sie von den spezifischen Anstrengungen großer kreativer Künstler und Denker, die sich tief in diese imaginären Figuren versenkt haben. Der Bericht von Lucy und anderen hominiden Vorfahren ist beileibe nicht alt, zudem unklar und im Grunde recht simpel. Und ausgerechnet dieser Bericht soll, jedenfalls im Licht bester Wissenschaft, wahr sein, was die Sache keineswegs besser und das Nachdenken darüber kaum befriedigender macht. Im Gegenteil, dieser Bericht, mit seinen Schwierigkeiten, seinen Unsicherheiten, seiner Sperrigkeit gegen narrative Kohärenz, ist eine der großen offenen Fragen unseres Zeitalters.

Von Anfang blieb spürbar, dass etwas fehlt, und dies hat wiederholt zu Versuchen geführt, dem Darwinismus einen befriedigenden Plot dieser oder jener Art zu verschaffen. Einige Anhänger stellten sich die natürliche Selektion als Triumphgeschichte vor, als Herausbildung immer höherer Formen des Lebens, die, wie sollte es anders sein, in der Entstehung unserer Spezies kulminierte. So war die vorausbestimmte Herrschaft, die der Genesiserzählung zufolge von Gott gesichert war, nun durch die Evolution garantiert. Andere nutzten Herbert Spencers berühmte Charakterisierung der natürlichen Selektion als »survival of the fittest«, als das Überleben der am besten Angepassten oder ebender »Besten«, dazu, die Konkurrenz auf dem freien Markt zu legitimieren. Wieder andere, an ihrer Spitze Darwins Vetter Francis Galton, sahen in der so verstandenen Evolutionstheorie die Rechtfertigung der Eugenik, des Versuchs, die menschliche Rasse durch Ausschluss »unerwünschten Lebens« zu verbessern. Dieses finstere Vorhaben, das sich auf den deutschen Biologen Ernst Haeckel und seine Ansichten zu Rasse und Evolution stützte, fand ihren grässlichsten Ausdruck in der nationalsozialistischen Rassenpolitik.

Diese und verwandte Variationen Darwin'scher Themen sind, so viel ist heute klar, Verfälschungen der Theorie Darwins, fatale Verzerrungen der gewichtigen wissenschaftlichen Belege, die im Anschluss an seine Erkenntnisse zu generischen Prozessen akkumuliert wurden. Es gibt in der Evolution keinen Fortschritt, keinen Marsch in die Vollkommenheit. Der Begriff evolutionärer »Fitness«, aus dem die Formulierung »survival of the fittest« abgeleitet wurde, hat nicht notwendig mit Konkurrenz zu tun, schon gar nicht mit einem bestimmten Wirtschaftssystem oder mit Kriegsführung. Die Genetik hat aufgeräumt mit der Vorstellung von »Rasse« als einem evolutionären Prinzip; sie hat es nicht gestützt, sondern ihm den Boden entzogen.

Der Versuch, in der Evolution ein Narrativ zu finden, und sei es um den Preis, die handfesten Beweise zu verzerren, ist nicht zuletzt eine Folge davon, dass Darwins umfassender Vision ihrerseits ein Plot, eine ästhetische Form fehlt. In seinen späten Jahren stellte er sich der Frage, was ihm eigentlich widerfahren war. In der kurzen Autobiographie, die er für seine Kinder schrieb, heißt es:

> Bis zum Alter von dreißig Jahren und noch darüber hinaus bereitete mir Poesie der verschiedensten Art, etwa die Werke von Milton, Gray, Byron, Wordsworth, Coleridge und Shelley, großes Vergnügen, und schon als Schüler erfreute ich mich in hohem Maße an Shakespeare, besonders an seinen historischen Stücken.[13]

Die Autoren, die Darwin seit der Kindheit vertraut waren, haben ihn auch auf die Weltumseglung mit der *Beagle* begleitet. Vor allem Milton war Darwin ganz nah, als er sich von Jemmy Button und Fuegia Basket verabschiedete, als er in den Kalksteinklippen Südamerikas nach Fossilien grub, als er die Schnäbel der Galapagos-Finken vermaß.

Aber selbst wenn seine Imagination geprägt wurde durch *Paradise Lost* und Shakespeares *Heinrich IV.* – und in diesem Zusammenhang auch durch die Gemälde, die Musik, die er liebte –, warf die alles revolutionierende Theorie, die er langsam zu formulieren begann, während die *Beagle* auf ihrem Weg durch den Pazifik war, auch in seinem mentalen Universum alles um:

> Jetzt kann ich es schon seit vielen Jahren nicht mehr ertragen, eine Zeile Poesie zu lesen: Ich habe vor kurzem wieder versucht, Shakespeare zu lesen; ich fand ihn aber so unerträglich langweilig, dass mir übel wurde.

Stolz war Darwin nicht auf diesen Überdruss, er empfahl auch seinen Kindern diesen Weg nicht, schrieb vielmehr:

> Der Verlust dieser Geschmacksempfindungen ist ein Verlust an Glück und dürfte möglicherweise nachteilig für den Intellekt, wahrscheinlicher noch für den moralischen Charakter sein, da er den emotionalen Teil unserer Natur schwächt.

Und er war ehrlich genug, dies einzugestehen, bemühte sich darum zu verstehen, wie es so weit hatte kommen können, begriff, dass es etwas mit seinem besonderen Unterfangen als Naturwissenschaftler zu tun hatte, mit der Arbeit, die ihn über Jahrzehnte absorbiert hatte, als er unermüdlich Beweise sammelte und über deren Bedeutung nachdachte:

> Mein Geist scheint zu einer Art Maschine geworden zu sein, die allgemeine Gesetze aus großen Sammlungen von Tatsachen herausmahlt, doch warum das die Atrophie desjenigen Teils meines Gehirns verursacht haben könnte, von dem die höheren Geschmacksempfindungen abhängen, kann ich nicht verstehen.

Ich kann nicht sagen, was genau Darwin derart ratlos machte, aber sein Problem führt uns zurück zur Erzählung von Adam und Eva und zu dem, was sie am Leben erhält. Für viele Menschen heute, mich eingeschlossen, ist deren Geschichte ein Mythos. Seine lange und verschlungene Entwicklung von einer archaischen Spekulation zum Glaubenssatz, vom Dogma zur buchstäblichen Wahrheit, von der buchstäblichen Wahrheit zum Realen, vom Realen zum Sterblichen, vom Sterblichen zum Unwahren führte schließlich zur Fiktion. Die ersten Menschen im Garten Eden mit den magischen Bäumen und der sprechenden Schlange sind zurückgekehrt in die Sphäre der Imagination, aus der heraus sie sich entwickelten.

Diese Rückkehr aber macht sie nicht bedeutungslos, zerstört auch nicht, was an ihnen fasziniert. Adam und Eva bleiben wirkmächtig, sie bieten eine unverzichtbare Möglichkeit, nachzudenken über Unschuld, über die Versuchung und über moralische Entscheidungen; darüber, was es heißt, festzuhalten an einem geliebten Partner; nachzudenken auch über Arbeit, Geschlechtsverkehr und Tod. Mit außerordentlicher Lebendigkeit zeigen die Figuren und ihre Erzählung, wie und warum sich Menschen zu einer Entscheidung verleiten lassen, deren katastrophale Konsequenzen für alle Zeiten spürbar bleiben werden. Zugleich aber halten sie den Traum offen, irgendwann einmal irgendwie zurückkehren zu können in eine Glückseligkeit, die verloren ging. Sie besitzen eine ganz eigene, intensive, imaginierte Realität – das Leben der Literatur.

EPILOG

IN DEN WÄLDERN VON EDEN

Es war ein unangenehm feucht-heißer Februarmorgen. Wir waren zu dritt unterwegs, die Evolutionsbiologin Melissa Emery Thompson, der Forschungsassistent John Sunday und ich, und seit fast einer Stunde auf der Suche nach den Schimpansen, die irgendwo hier lebten, in diesem Teil des riesigen Kibale National Park in Uganda. Mitarbeiter des Kibale Chimpanzee Project, der wissenschaftlichen Forschungsstation, deren Gast ich damals war, hatten sie vergangene Nacht ganz in der Nähe ihre Nester bauen sehen, wir würden sie bestimmt finden, wie John versicherte. Die hiesigen Schimpansen, nach dem nächsten Dorf die Kanyawara-Gruppe genannt, würden nicht vor uns fliehen, wie dies Schimpansen in freier Wildbahn normalerweise taten. Ein Wissenschaftlerteam unter der Leitung des Evolutionsbiologen Richard Wrangham hatte die Schimpansen hier fast dreißig Jahre lang intensiv beobachtet. In den ersten Wochen, so hatte er mir erzählt, habe er nicht einen von ihnen zu Gesicht bekommen; es habe Monate gedauert, bis er ihnen versuchsweise Namen geben konnte; und weitere vier Jahre seien vergangen, bis sie sich, wenn die Forscher in der Nähe waren, ungezwungen auf dem Boden bewegten. Mit der Zeit gewöhnten sich diese Affen langsam an die Präsenz von Menschen.

Ich schaute empor, wollte Nester sehen, konnte aber nicht einmal Anzeichen davon entdecken. So dicht, wie die Bäume waren, so enorm hoch, war es schwer, dort oben überhaupt etwas zu erkennen, und der Schweiß, der mir in die Augen rann, machte die Sache nicht besser. Jedenfalls haben Schimpansen keine festen Aufenthaltsorte. Um in der Nähe neuer Futterquellen zu sein, um der heimlichen Annäherung von Raubtieren zu entgehen, auch um Abstand zu halten zu konkurrierenden Schimpansengruppen, mit denen sie permanent im Krieg liegen, aus vielen Gründen also bauen sie ihre Nester jede Nacht woanders. Das macht es zur täglich neuen Herausforderung, sie aufzuspüren.

Wir gingen immer tiefer hinein in den Wald, schoben uns an Lianen, an Dornengestrüpp, den lang herunterbaumelnden Luftwurzeln der Würgefeige vorbei – jener seltsamen Epiphyten, die sich von oben herabfallen lassen, dann den Gastbaum umschließen, ihn schließlich absterben lassen und zur Stütze des eigenen wuchernden Wachstums machen. Vorsichtig stiegen wir über eine Marschkolonne von Wanderameisen. Ein kleiner Frosch – er hatte die exakt gleiche Farbe wie das Blatt, auf dem er gehockt hatte – sprang plötzlich davon. Baumrinde, die im Dämmerlicht zu schimmern schien, war, wie sich bei näherem Hinsehen zeigte, von aberhundert Raupen besetzt. Unglaublich schöne Schmetterlinge flatterten durch die Luft, so als habe jemand mit vollen Händen alte französische Banknoten vom Himmel fallen lassen. Nur von den Schimpansen keine Spur.

Langsam tat mir der Rücken weh, mein Mut sank, da, plötzlich, blieb John stehen. Er hatte etwas gehört, schaute nach oben, deutete. Ob ich das sähe, fragte er. Zunächst aber sah ich »gar nichts« und hätte mit Hamlets Mutter, als sie den Geist nicht sehen konnte, hinzufügen können: »Und damit seh' ich alles, was dort ist.« Erst nach und nach zeichneten sich, hoch oben in den Bäumen, zwei schwarze Silhouetten ab, dann waren, auf einem Nachbarbaum, zwei weitere auszumachen: Affen, große Tiere, die es sich, wie mir schien, auf viel zu dünnen Ästen bequem gemacht hatten. Sie aber wirkten ungeheuer zufrieden mit ihrem Hochsitz; für einen Augenblick musste ich an Trapezkünstler im Zirkus denken, die immun sind gegen gewöhnliche Ängste. Eines der Tiere sprang gelegentlich von einem Ast zum anderen, und ich erhaschte den Blick auf ein rosafarbenes Hinterteil.

Noch immer starrte ich nach oben, konnte aber kaum erkennen, welche Früchte sie da methodisch von den Bäumen pflückten. Die Schimpansen hatten es nicht eilig. Einer bewegte sich ein wenig, und ich sah, dass, was ich zunächst für ein Haarbüschel auf seinem Rücken gehalten hatte, tatsächlich ein Baby war, das sich ins Fell klammerte. Mehr geschah nicht. Es gab keine Geschichte, kein Ereignis, kein Abenteuer, es sei denn, man wollte das langsame Kauen von Früchten für ein Abenteuer halten.

So, dachte ich, so muss das Paradies gewesen sein: keine ständige Adresse, keine zehrende Arbeit, kein Pflanzen und Kultivieren, in dieser luftigen Höhe auch keine Raubtiere und keine Furcht. Ich hatte einen Blick erhascht auf ein Stück von einem uralten Traum: »Du darfst essen von allen Bäumen im Garten.« (Gen 1,16)

Diesem Traum war ich auf der Spur, darum war ich nach Uganda gekommen; genauer: Ich war auf der Suche danach, ob sich nicht irgendwelche Spuren des biblischen Geschehens dort finden ließen, wo heute, nach Darwin, der Ursprung unserer Gattung verortet wird. Natürlich stammen wir nicht direkt von den Schimpansen ab. Unsere Abstammungslinien haben sich vor einigen Millionen Jahren abgespalten von dem, was Evolutionsbiologen den *Last Common Ancestor* (LCA) nennen, unseren letzten gemeinsamen Vorfahren; darum sind Schimpansen nicht unsere Vorläufer, sondern nahe Vettern. Sie sind aber, wie viele Wissenschaftler glauben, diesem letzten gemeinsamen Vorfahren viel näher als wir, sowohl ihrer physischen Gestalt nach wie in den Formen ihrer sozialen Existenz.[1] Das hat zum einen damit zu tun, dass sie weiterhin in der gleichen waldigen Umwelt leben wie unsere weit entfernten Vorläufer – wobei diese Umwelt heute allerdings jeden Tag drastisch schrumpft, durch massives Abholzen und durch den von Menschen ausgeübten Bevölkerungsdruck.

Wir Hominiden dagegen haben den Wald verlassen, um Nahrung in den Savannen zu suchen. In einem so erstaunlichen wie riskanten evolutionären Schritt haben wir die magische Fähigkeit aufgegeben, in schwindelnden Höhen zu leben. Im Lauf von Millionen Jahren war es zu vielen Experimenten gekommen, zu alternativen Menschenarten, die aufstiegen und wieder ausstarben. Im Schneckentempo der natürlichen Selektion verloren wir die ungeheure Muskelkraft, gaben den Knöchelgang auf, die Eckzähne bildeten sich zurück. Stattdessen entwickelten wir die Fähigkeit, aufrecht auf unseren zwei Füßen zu gehen und zu rennen, wir trieben die Größe unseres Gehirns bis an die Grenze, die durch das weibliche Becken gesetzt ist. Im Verlauf langer Zeitspannen lernten wir das Feuer beherrschen, verbesserten unsere Fähigkeiten, Dinge mit anderen zu tun, und wir erfanden, schier unglaublich, die Sprache. Dieses erstaunliche Ensemble von Veränderungen war unser Sieg; aber es war auch der Fall aus dem geruhsamen Leben in den Baumwipfeln, das ich an jenem Tag beobachten konnte. Unten am Boden, umgeben von furchterregenden Raubtieren, entwickelten wir uns vermöge unserer überlegenen Intelligenz zur dominanten Spezies, verwandelten uns vom Beutetier zum größten aller Raubtiere.

Großenteils unseretwegen sind die Schimpansen heute eine bedrohte Art. Noch rund 150 000 von ihnen leben derzeit in freier Wildbahn, und sofern nicht drastische Maßnahmen ergriffen werden, wird ihre Zahl weiter schrumpfen, bis sie schließlich nur noch in Zoologischen Gärten oder in den grausigen Versuchsräumen medizinischer Forschungseinrichtungen überleben. Zurzeit allerdings ist es an wenigen Orten noch möglich zu beobachten, wie sie ein Leben leben, das uns ahnen lässt, wie wir existiert haben, bevor wir zu den intelligenten Hominiden wurden, die wir sind – zu *Homo sapiens*.

Die Wissenschaftler im Kibale Chimpanzee Project nennen jedes der Tiere mit Namen, erkennen sie auch fast auf der Stelle, so wie wir Onkel Alfred und Tante Bettie erkennen. Sie halten ihre Persönlichkeiten fest, protokollieren ihre Gesundheit, zeichnen ihre Schicksale auf. »Der da ist Eslom«, sagt Melissa und deutet hinauf zu den schemenhaften Gestalten über unseren Köpfen, »die mit dem rosa Hinterteil ist Bubbles, sie schleppt ihr Kind Basuta mit sich herum.« Inzwischen begannen die Affen, sich aus den Wipfeln herabzuschwingen. In der streng hierarchischen Schimpansengesellschaft war derzeit Eslom, Anfang 20, das Alphamännchen, der unangefochtene Anführer der Gruppe von rund 50 männlichen und weiblichen Erwachsenen und ihrem Nachwuchs.

Eslom, so erklärte mir der Forschungsassistent, das sei eine große Erfolgsgeschichte. Seine Mutter war eine Außenseiterin, zugewandert aus einer benachbarten Schimpansengemeinschaft im Norden. Schimpansen sind zumeist patrilokal; im Allgemeinen gehen die Weibchen das Risiko ein, in eine neue Gruppe zu migrieren, so wie es Esloms Mutter tat. (Ohne ein solches Arrangement hätten die kleinen Gruppen bald unter den genetischen Folgen exzessiver Inzucht zu leiden.) Ihr Wagnis glückte: Sie überlebte die Schläge und Misshandlungen, mit denen eine Schimpansengemeinschaft häufig Neuankömmlinge traktiert; in der Regel sind es die Weibchen, die handgreiflich werden. Vielleicht war sie bei ihrer Ankunft zeugungsfähig, ein Zustand, der bei dieser Art deutlich sichtbar ist an der rosafarbenen Hautschwellung rund um Genitalien und Gesäß. Diese Schwellung könnte, so spekulieren die Forscher, als eine Art Pass fungiert haben, der der verlockenden Fremden einen gewissen Schutz durch ein oder mehrere Männchen verschafft hat.

In den folgenden Jahren hat sie drei Kinder geboren, eines davon war Eslom. Danach starb sie, wie auch zwei ihrer Nachkommen. Als einzigen Überlebenden hinterließ sie Eslom, eine junge Waise ohne mütterlichen Schutz und von ganz niedrigem Rang. Eslom aber erwies sich als in allen Dingen, auf die es unter Schimpansen ankommt, sehr geschickt. Schnell und aufgeweckt, zeigte er sich bald als einer der besten Jäger in der Gruppe, wenn es darum ging, Uganda-Stummelaffen, die von Schimpansen als Leckerbissen geschätzt werden, zu erwischen und zu töten. Eslom begriff auch rasch die Feinheiten des komplexen Gruppengefüges, wusste, mit wem er sich verbünden musste und wann es Zeit war, die Allianzen zu wechseln. Und indem er wuchs und heranreifte, wurde er zum Meister der Gesten, die Schaugebärden genannt werden: Dazu richtet er den Oberkörper auf, schwingt diesen vor und zurück, zieht die Schultern hoch, sträubt das Haar, so dass er kräftiger und einschüchternd wirkt. Dazu riss er noch mit seinen kräftigen Armen Äste ab und warf mit Steinen. Und wie der Blitz konnte er sich auf einen Rivalen stürzen, konnte diesen zwingen, Platz zu machen, wenn der keine Schläge riskieren wollte. Mit dieser Taktik, wieder und wieder angewandt, schaffte er es, die Rangleiter nach oben zu klettern.

Dann starb das regierende Alphamännchen, ein Machtvakuum entstand. Über einen langen Zeitraum hinweg sahen sich die höherrangigen Männchen eines nach dem anderen gezwungen, Esloms Machtstellung anzuerkennen. Als einziger Rivale, der ihn herausfordern konnte, blieb zuletzt Lanjo übrig. Die Forscher wissen aus Urin- und Kotproben, die sie sammeln, dass Eslom und Lanjo den gleichen Vater hatten, Johnny. Der war gestorben, doch Schimpansenmännchen haben ohnehin keine Möglichkeit herauszufinden, wer ihr Vater ist. So hatten auch die beiden Rivalen keine Vorstellung davon, dass sie von der Vaterseite her Halbbrüder waren, und wenn sie es gewusst hätten, hätte es nichts geändert.

Unterstützt von seiner Mutter, seinen Geschwistern mütterlicherseits und anderen Verbündeten schien Lanjo der aussichtsreichere Kandidat für die Vorherrschaft. Doch als es Eslom gelang, seine langen Eckzähne in Lanjos Hals zu schlagen, so dass dieser schreiend einen Baum hinaufjagte, war der Kampf um die Vorherrschaft entschieden und vorüber. Alle Schimpansen der Gruppe, männliche wie weibliche, vollzogen Rituale der Unterwerfung – ein rhythmisches Keuchen, bekannt als *pant-grunt* –, Gesten, die Eslom natürlich, umgekehrt, keinem anderen gegenüber zeigte. Alle, die solche Unterwerfungsrituale versäumten, riskierten Klapse oder ernste Schläge seitens des Alphamännchens oder seines einstigen Rivalen, der nun Betamännchen war.

Inzwischen waren die Schimpansen auf dem Boden gelandet, doch was ich nun beobachten konnte, war kein Ausstellen von Macht, vielmehr sah ich, wie sie es sich gegenseitig behaglich machten; sah ein Bild kollektiver paradiesischer Gelassenheit: So als hätten die ersten Menschen bereits für Nachwuchs gesorgt und sich vermehrt, bevor sie aus dem Paradies vertrieben wurden. Die Schimpansen, etwa acht oder zehn Männchen und Weibchen mit ihren Kindern, lungerten herum und begannen mit dem Grooming; hingebungsvoll fuhren sie ihren Partnern mit den Fingern durchs Fell, nach Insekten, Schmutz und Wunden suchend, schauten einander auch in die Ohren – ein sanftes Kratzen und Kraulen. Die Schimpansen von Kibale und anderswo haben, was die Wissenschaftler sehr fasziniert, eine besondere Technik des Groomens entwickelt: Einer von ihnen reckt seinen langen Arm in die Luft, ein anderer ahmt diese Geste nach, sie verschränken ihre Hände, reiben die Handgelenke aneinander, und mit der anderen Hand beginnen sie mit Fellpflege und Kraulen. Diese Technik ist dort, wo sie von Generation zu Generation weitergegeben wurde, so ausgeprägt, dass manche Wissenschaftler darin einen Beweis dafür sehen, dass Schimpansen durchaus besitzen, was wir Kultur nennen.[2]

Diese Gruppe kultivierter Schimpansen blieb lange Zeit bei ihrem Tun; lange genug, dass ich mir alle von ihnen einprägen und beim Namen nennen konnte. Outamba, Ende 30, war die kinderreichste der Mütter; sechs hatte sie geboren, hatte schon einen Enkelsohn, und sie war wieder schwanger. Einige ihrer Kinder waren um sie herum und pflegten abwechselnd ihr Fell. Stella, die 18 Monate alte Tochter eines anderen Weibchens aus der Gruppe, verhielt sich eindeutig hyperaktiv. Keine Minute konnte sie stillhalten, um sich auszuruhen oder sich kraulen zu lassen, ständig kletterte sie auf ihrer Mutter oder einem anderen Tier herum, glitt an deren Seite herunter, als seien sie Rutschen, warf Blätter in die Luft, brach kleine Äste ab und fuchtelte leichtsinnig damit herum. Ich war ganz sicher, dass sie einen Klaps bekommen würde, doch die Erwachsenen waren ihrem närrischen Treiben gegenüber erstaunlich tolerant. Der erwachsene Bud pflegte Wunden, die er sich bei einem Zusammenstoß mit einer feindlichen Gruppe geholt hatte. Er hatte Glück gehabt, irgendwie war er entkommen; andernfalls hätten sie ihm vielleicht die Testikel abgerissen oder ihn totgeschlagen. Big Brown, ein riesiges Männchen, um einiges größer als Eslom, saß ruhig abseits und kaute auf dem Mark eines Schösslings herum. Für einen frei lebenden Schimpansen war er alt, weit in den Fünfzigern, war aber in der Hierarchie abgestiegen und musste nahezu allen erwachsenen Männchen Respekt zeigen. Vor Jahren war er das Alphatier gewesen, doch seine Herrschaft, charakterisiert durch sein häufiges Schlagen der Weibchen, war irgendwann zu Ende gewesen. Auch Eslom schlug gelegentlich Weibchen – alle männlichen Schimpansen tun das –, doch wann immer er einen kleinen Affen erlegt hatte, teilte er das Fleisch zuerst mit ihnen, ein Verhalten, mit dem er sich geduldig Loyalität verschafft hat.

Eslom verhielt sich weniger entspannt als die anderen Gruppenmitglieder. Ihn nämlich beschäftigte Bubbles, deren Hinterteil, das bereits in den Wipfeln deutlich zu sehen war, sich hier am Boden als enorm geschwollen erwies. Bubbles, Mitte 50, war ein gutes Stück älter als der 22-jährige Eslom, aber sie war hitzig. Weibliche Schimpansen haben während der längsten Zeit ihres Lebens ihre Regel, und männliche Schimpansen sind besonders erregt, wenn ältere Weibchen ihre Empfängnisbereitschaft zeigen. Das Alphatier wollte sie allein für sich und betrieb Mate-Guarding: Es bewachte das Objekt seiner Begierde. Sobald ein anderes Männchen in Bubbles Nähe kam, sträubten sich Esloms Haare, und der Möchtegern-Freier sah zu, dass er das Weite suchte. Bei der Kopulation von Schimpansen – sie dauert im Durchschnitt nicht mehr als sechs Sekunden – geht es weniger um Lust als um Reproduktion: Im Prinzip strebt das Alphatier danach, den gesamten Nachwuchs der Gruppe zu zeugen.

Bubbles wiederum hätte nichts dagegen gehabt, sich mit vielen ihrer Freier zu vereinen; es mag im Interesse des Alphatiers liegen, die Weibchen für sich zu monopolisieren, diese aber suchen im Allgemeinen Geschlechtsverkehr mit möglichst vielen älteren Männchen zu haben. (Weibchen, erzählte mir Melissa, scheuen keine Mühen, sich gerade mit den Männchen zu paaren, die sich ihnen gegenüber am aggressivsten verhalten haben.) Promiskuität ist, so spekulieren die Forscher, eine Überlebensstrategie, weniger für die Weibchen als vielmehr für den Nachwuchs. Denn Schimpansenmütter stillen ihre Kinder über Jahre und sind erst wieder empfängnisbereit, nachdem sie abgestillt haben, darum können Schimpansenmännchen, um die sexuelle Verfügbarkeit der Mütter rascher wiederherzustellen, gelegentlich auch einen Kindsmord begehen. Wenn das Weibchen, so die Überlegung der Forscher, sich mit vielen Männchen gepaart hat, so wird jedes denken, das Neugeborene sei sein Nachwuchs, und darum weniger zu Gewalt neigen.

Heute, jedenfalls solange ich sie beobachtete, verjagte Eslom alle möglichen Konkurrenten. Er war entschlossen, an seiner Wunschpartnerin festzuhalten und sich mit ihr zu paaren. »Diese da«, signalisierte der Alphamann mit der ganzen Kraft seines muskulösen Körpers, »diese da.« Bubbles blickte umher und fügte sich. Sie wandte sich um und präsentierte Eslom ihr geschwollenes Hinterteil, auf dass er es inspizierte und bewunderte. Und der schaute, schnüffelte, war zufrieden.

Diese Szene zu beobachten, und das nicht als ausgewiesener Naturwissenschaftler, sondern als ein Autor, der nicht loskommt vom Urpaar der biblischen Erzählung, verursachte mir ein seltsames Schamgefühl, ich fühlte mich wie ein Voyeur. Auch diese Scham gehört allerdings zur Erzählung: »Da wurden ihnen beiden die Augen aufgetan, und sie wurden gewahr, dass sie nackt waren, und flochten Feigenblätter zusammen und machten sich Schurze.« (Gen 3,7) Die Schimpansen interessieren sich nicht sonderlich für Blätter, sie kauen allenfalls darauf herum. Sie wissen nicht, dass sie nackt sind, empfinden auch überhaupt keine Scham. Selbst wenn sie in den schattigen Tiefen abgelegener Wälder leben, so ist ihr Leben für Blicke bemerkenswert offen. Die Forscher, die ihnen unermüdlich folgen, die jede ihrer Bewegungen beobachten, ihren Urin und ihren Kot untersuchen, können jeden von ihnen mit einem Grad von Nähe und Intimität beschreiben, der bei weitem übertrifft, was ich selbst für meine nächsten Freunde, meine Kinder oder meine Eltern aufbringen könnte.

Zwar gibt es Anzeichen dafür, dass sie einander betrügen können, doch im Allgemeinen halten Schimpansen nichts zurück. Sie kratzen sich, furzen, scheißen und tun auch alles andere in voller Sichtbarkeit. Wenn sie gekitzelt werden, grinsen sie; sind sie wütend, zeigen sie ihre Reißzähne und brüllen; sind sie erregt oder erschrocken, springen sie auf und ab und kreischen.[3] Ist das Weibchen empfängnisbereit, zeigt sie es für alle sichtbar. Ist ein Männchen erregt, spreizt es die Beine und präsentiert seine Erektion. Sie paaren sich ungeniert, alle schauen zu, häufig klettert der Nachwuchs während des Akts auf ihnen herum. Genau das heißt, ohne Scham zu sein, genauer: in einer Welt zu leben, in der es überhaupt keine Scham gibt.

In einer solchen Welt, so jedenfalls die Genesiserzählung, lebten die ersten Menschen, bevor sie von der Frucht gegessen hatten. Natürlich beschreibt die Genesiserzählung dieses Leben nicht in allen Details, schon gar nicht in Begriffen, die an das Leben unserer Schimpansen-Cousins erinnern würden. »Und sie waren beide nackt, der Mensch und seine Frau, und sie schämten sich nicht« (Gen 2,24) – mehr sagt der Text nicht. Die meisten christlichen Kommentatoren gingen davon aus, dass ihre Paarung nicht lange gedauert – vielleicht nicht länger als die sechs Sekunden der Affen – und dass sie ausschließlich der Reproduktion gedient hat. Augustinus fügte dem hinzu, sie hätte gewiss ganz ungeniert stattgefunden, in Gegenwart anderer, den Nachwuchs eingeschlossen. Trotz ihrer Manie, alle Leerstellen in der biblischen Erzählung zu füllen, haben sich die Theologen niemals vorgestellt, wie es wohl gewesen sein könnte, ein Leben zu leben, das zwar wie unseres ist, aber ohne den Anflug jeglicher Schamgefühle.

Bevor sie das göttliche Verbot übertraten, gab es eine weitere, entscheidende Besonderheit im Leben der ersten Menschen: Sie hatten noch nicht vom Baum der Erkenntnis gegessen, wussten also nichts von Gut und Böse. Nicht den Gegensatz zwischen einem Leben, das von einem Moralgesetz geregelt wird, und einem wilden, gesetzlosen Leben zeichnet die Bibel nach, nein, der Kontrast im Buch Genesis besteht zwischen einem Leben, das *mit* dem Wissen um Gut und Böse geführt wird – vermutlich mit einem Bewusstsein der symbolischen Kategorien selbst und des Unterschieds zwischen beiden – und einem Leben *ohne* ein solches Wissen. Für ihre Leser setzt die Bibel eindeutig voraus, dass sie ein Verständnis dessen besitzen, was gut und was böse ist, denn wir alle sind Erben der Menschen, die von jenem Baum aßen. Doch wie sich das anfühlte, wie Adam und Eva zu sein, bevor sie vom Baum aßen – will sagen, was es bedeutet hat, ein Mensch ohne Wissen von Gut und Böse zu sein –, das ist viel weniger klar. Natürlich könnten wir sagen, das ließe sich an jedem Tier ablesen: Eine Katze oder ein Hummer würden genügen. Doch Adam und Eva im Garten Eden waren nicht irgendwelche Tiere, sie waren unsere Vorfahren. Insofern sie vollkommen unschuldig waren, was wir nicht sind, können sie nicht genau so gewesen sein wie wir, ähnlich waren sie uns allerdings schon.

Wie so ziemlich jeder zwischen Antike und Gegenwart konstatiert hat, sind auch Affen nicht das Gleiche wie wir, uns dennoch sehr ähnlich.[4] Diese Ähnlichkeit ist verwirrend. Eines aber besitzen sie nicht: das Wissen um Gut und Böse. Das bedeutet nicht, dass sie in einem Naturzustand leben, wie ihn der Philosoph Thomas Hobbes im 17. Jahrhundert beschrieben hat, nämlich als »einsam, armselig, ekelhaft, tierisch und kurz« (*Leviathan*, Kap. XIII). Das nämlich lässt sich vom Leben der Schimpansen nicht sagen, es ist weder einsam noch kurz, und ob es »armselig« oder nicht ist, liegt im Auge des Betrachters. Schimpansen sind differenzierte soziale Wesen; sie lösen Probleme; nutzen Werkzeuge; haben bestimmte und unterschiedliche Charaktere; an anderen Arten gemessen, erreichen sie oft ein hohes reifes Alter. Und ihre ersten Urahnen haben, soweit wir wissen, niemals von einem schicksalhaften Baum gegessen. Sie können einander Zeichen geben, zum Beispiel, wenn Gefahr im Verzug ist, verfügen aber nicht über symbolische Konzepte wie Gut und Böse. Schimpansen sind weder moralisch noch unmoralisch, sie sind amoralisch.[5]

In den 1980er Jahren hat ein Primatologe ein berühmtes Buch geschrieben, in dem das Verhalten von Schimpansen – ihre wechselnden Allianzen, ihr Betrügen, Bestechen und Bestrafen – in die Nähe machiavellistischer Politik gerückt wird.[6] Machiavelli allerdings ging davon aus, dass den handelnden Politikern völlig klar war, was gut und was böse ist; und diejenigen, die sich mit ihrer Politik durchsetzten, wussten eben, wann es notwendig war, entgegen ihrem moralischen Kodex zu handeln. »Fromm, treu, menschlich, gottesfürchtig und ehrlich zu scheinen ist nützlich. Aber man muss sein Gemüt so gebildet haben, dass man, wenn nötig, auch das Gegenteil vermag.« (*Der Fürst*, Kap. 18) Schimpansen können sich offenbar politisch verhalten, ohne dass sie dazu ein Konzept oder Verständnis von Treue oder Betrug, von Herrschaft oder Unterwerfung brauchen.

Jahrhundertelang haben sich Theologen – allesamt Männer, versteht sich – über Gottes Verfluchung Evas den Kopf zerbrochen: »Und dein Verlangen soll nach deinem Manne sein, aber er soll dein Herr sein.« (Gen 3,18) War nun der Ehemann, so fragten sie sich, auch im Paradies, vor dem Sündenfall, Herr über seine Frau? Ja, so beruhigten sich die meisten von ihnen selbst, immer hat der Mann über die Frau geherrscht, denn das ist die natürliche Ordnung der Dinge. Doch bevor sie vom Baum der Erkenntnis gegessen hatte, habe die Frau nicht verstanden, dass er Herr sei über sie; nach ihrer Übertretung jedoch sehr wohl, und sie habe das bitter übel genommen. Die Geschlechterbeziehungen unter Schimpansen sind also etwas Ähnliches wie der Traum der Theologen vom Leben vor dem Sündenfall. Die Weibchen werden dominiert, aber es fehlt ihnen das Bewusstsein dafür.

Schimpansinnen kreischen, wenn sie geschlagen werden, doch Hinweise darauf, dass sie davon träumen, dies könnte oder sollte irgendwie anders sein, gibt es keine. Junge Schimpansen rotten sich zusammen, um Artgenossen aus benachbarten Gruppen zu töten, sie haben aber keinen Begriff von Mord.[7] Wenn eines ihrer Kinder stirbt, kann es sein, dass die Mutter es eine Weile herumträgt, als trauere sie, aber Schimpansen haben keine abstrakte Vorstellung vom Tod, so wie sie einander liebkosen und pflegen, ohne Worte für Liebe und Mutterschaft zu haben. Das heißt nicht, dass alle ihre Aktionen rein instinktiv erfolgen. Die Jungen sind hoch aufmerksam, beobachten die Erwachsenen und lernen so, sich zu verhalten. Forscher haben beobachtet, dass junge Schimpansen Stöcke abbrechen und damit das Schlagen erwachsener Weibchen ausprobieren; junge Schimpansinnen dagegen tragen solche Stöcke herum, als seien es Babys. Keine dieser Verhaltensweisen ist begrifflich strukturiert oder bewusst, denn Schimpansen haben keine Sprache, in der sie Ideen formulieren könnten; gleichwohl wäre es absurd, sie als Automaten zu betrachten.

Wir sollten ihnen für immer dankbar sein. Denn sie ermöglichen uns zu sehen, wie es gewesen wäre, ohne Bewusstsein von Gut und Böse zu leben, so wie sie ohne Scham leben und ohne Bewusstsein davon, dass sie irgendwann sterben müssen. Sie leben noch im Paradies.

Natürlich würden nur wenige Menschen, die bei Verstand sind, denken, das Leben, das Schimpansen im Urwald führen, könnte ein Leben sein, wie es sich Menschen als paradiesisch wünschen würden. Das aber hat damit zu tun, dass wir unsere Idee vom Paradies aus Vorstellungen zusammenbauen, die wir aus unserem Wissen um Gut und Böse ableiten. Wir sind sündig; Schimpansen nicht.

Zu einem anderen Schluss kamen mittelalterliche Denker, die über die auffällige Ähnlichkeit von Affen und Menschen nachdachten: Sie glaubten, auch die Affenartigen hätten einen Sündenfall erlebt, wenn auch auf einer niedrigeren Stufe des Seins als wir. Im Paradies waren Adam und Eva unvergleichlich schön und von enormer Größe. Nun aber, infolge der vererbten Sünde, haben wir viel von dieser Schönheit verloren, ebenso die Größe der ersten Menschen. Dieser Verlust habe sich fortschreitend vollzogen. Die frühesten Patriarchen und Matriarchen hätten einiges von der Pracht der ersten Menschen behalten, inzwischen aber sei sie fast vollständig vergangen. »Verglichen mit Sarah sind die schönsten Frauen wie Affen, die mit Menschen verglichen werden«, so die traurige Feststellung eines alten Kommentators, der hinzufügte, auch Sarah ähnle einem Affen, vergleiche man sie mit Eva.[8] Affen, ist dem zu entnehmen, sind der Goldstandard menschlicher Hässlichkeit.

Wie eine Legende erzählt, hat Gott Eva besucht, irgendwann nach der Vertreibung aus dem Paradies, und sie gefragt, wie viele Kinder sie habe. Die Wahrheit ist: Sie hatte sehr viele, doch weil sie fürchtete, die Zahl ihrer Nachkommen könnte womöglich ein Zeichen dafür sein, dass sie zu viel Vergnügen am Sex habe, log sie und zeigte dem Herrn nur ein paar ihrer Kinder. Gott aber lässt sich nicht täuschen, und um sie zu strafen, habe er die Kinder, die sie vor ihm verborgen hatte, in Affen verwandelt. Entsprechend galten Affen im Mittelalter als Symbole nicht nur für Hässlichkeit, sondern auch für fleischliche Begierden; in übertriebener Form zeigten sie das Laster, das zu unserem Sündenfall beigetragen hat. Wenn Adam und Eva auf mittelalterlichen Gemälden neben dem Baum der Erkenntnis dargestellt wurden, lauert irgendwo in der Nähe häufig ein Affe.[9]

Erst im 19. Jahrhundert ändert sich das Bild nachhaltig. Der Wendepunkt war wohl die – später viel zitierte – öffentliche Debatte, auf die sich Darwins Freund und Bewunderer Thomas Henry Huxley mit Bischof Samuel Wilberforce einließ – 1860 in Oxford. Der Bischof krönte seine sardonische Ablehnung der Evolutionstheorie, indem er sich an seinen Gegner wandte und die berühmte Frage stellte, was Huxley denn nun behaupten wolle: Sei er über seinen Großvater oder über seine Großmutter der Nachfahre eines Affen? Huxley erhob sich langsam und sagte, er würde sich nicht schämen, einen Affen zum Vorfahren zu haben, wohl aber dass er es mit einem Mann zu tun habe, der seine großen Gaben dazu nutze, die Wahrheit zu vernebeln. Huxleys Stimme drang nicht durch den großen Saal, aber jeder begriff, was er sagen wollte: »Ich stamme lieber von einem Affen ab als von einem Bischof.« Eine Zuhörerin im Saal soll in Ohnmacht gefallen sein.[10]

Darwins Position war es schließlich, die sich im wissenschaftlichen Diskurs über den Ursprung des Menschen durchsetzte. Niemand glaubt heute noch, die Affen seien eine degenerierte Version des Menschen, dazu verwandelt als Strafe für Lust oder Müßiggang. Die fossilen Relikte, die inzwischen über viele Jahrzehnte hinweg gesammelt wurden, und neue, die in spektakulären Funden weiterhin auftauchen, liefern überzeugende Beweise dafür, dass unsere entfernten Verwandten affenähnliche Kreaturen waren, die es irgendwie geschafft hatten, aufrecht zu gehen. Wie irgendwer von ihnen überleben, geschweige denn gedeihen konnte, weiß man bis heute nicht genau. Sie waren aber, das haben Forscher über jeden vernünftigen Zweifel hinaus gezeigt, sicher nicht die glücklichen Produkte einer ein für alle Mal erfolgreichen Schöpfung, waren auch nicht von Anfang an dazu bestimmt, sich zum Herrn über das Universum aufzuschwingen. Die Entstehung des Menschen war ein über unvorstellbar lange Zeiten unabgeschlossenes, immer weitergetriebenes Projekt. Eine Schlüsselperiode evolutionärer Gärung sieht ein Biologe in der Spanne zwischen zweieinhalb und zwei Millionen Jahren vor heute.[11] Er versucht damit, den entscheidenden Zeitraum einzugrenzen, und in gewisser Weise gelingt ihm das auch. Doch immer noch spricht er von 500 000 Jahren. Die aufgezeichnete Menschengeschichte reicht gerade einmal 5000 Jahre zurück.

Im Verlauf dieser immensen Zeitspanne entwickelte sich unsere Gattung von kleingewachsenen Zweibeinern mit kleinen Gehirnen, die sich von Früchten ernährten, nach Knollen gruben und gelegentlich eine Eidechse fingen, zu dem, was wir heute sind: in Friedrich Nietzsches Formulierung Tiere, die Versprechungen machen können. In einer provozierenden Streitschrift, die 1887 erschien, behauptete der Philosoph, Schmerz sei der entscheidende Mechanismus im Prozess der Transformation amoralischer affenähnlicher Kreaturen in Menschenwesen mit Moral gewesen – das wiederholte, erbarmungslose Zufügen von Schmerz. Bestrafung sei das Mittel gewesen, durch das die gesunden, überschäumenden, gewalttätigen Energien der dominierenden Männer – der »blonden Bestien«, wie Nietzsche sie nannte – gezähmt wurden. Im Zuge dessen sei alles, was jene für gut hielten, die einst über die Welt herrschten – rücksichtslose Befriedigung der Lust, arrogante Anmaßung, unbekümmerte Verbindung von Raub und Freigebigkeit, der unbändige Wille, zum Alphamann zu werden –, zu etwas Bösem umgewertet worden. Die Masse der Frauen und der männlichen Schwächlinge, die einst von der blonden Bestie lustvoll beherrscht wurden, hätten es geschafft, ihre Werte – Selbstaufopferung, Disziplin und fromme Furcht – als die guten durchzusetzen. Diese Transformation – Nietzsche nannte das die »Umwertung der Werte« – sei genau besehen ein Sklavenaufstand gewesen. Anführer konnte, so glaubte Nietzsche, nur eine äußerst gerissene Priesterkaste voller Ressentiments gewesen sein. Er identifizierte sie auch: Es seien die Juden gewesen – »jenes priesterliche Volk des Ressentiments«. Ihre alles krönende Erfindung, der Triumph krankhaften Leidens über amoralische Gesundheit, sei Jesus gewesen, der neue Adam.[12]

Diese finstere philosophische Parabel verweist auf Fragen, deren Antwort noch immer im Bereich wilder Spekulation liegt: Wenn, wie wir wissen, Schimpansen (*Pan troglodytes*) und moderne Menschen (*Homo sapiens*) 96 Prozent ihrer Gene gemeinsam haben, wie ist es dann tatsächlich zu jener phantastisch komplexen Zusammenstellung von Eigenschaften gekommen, die Menschen charakterisieren – lange Beine, Hände mit kurzen Fingern, Füße, die nicht greifen können, verlängerte Kindheit, ein großes Gehirn, kooperative soziale Lebensweise, die Fähigkeit zu symbolischem Denken und vieles mehr? Wie haben wir Sprache erworben, wie religiöse Vorstellungen, Glauben, woher kamen unsere Geschichten vom Anfang der Welt? Woher unser Moralbewusstsein? Und was teilen wir noch immer mit den Schimpansen, als Vermächtnis des letzten gemeinsamen Vorfahren?

Das wissenschaftliche Interesse hat sich in den letzten Jahren den Bonobos zugewandt, die nur noch in einer einzigen Gegend Zentralafrikas in freier Wildbahn leben. An irgendeinem Punkt in einer, gemessen an evolutionären Zeitspannen, gar nicht weit entfernten Vergangenheit wurde eine Gruppe von Schimpansen südlich des Kongo isoliert und bildete dort ihre eigene Welt. Die Bonobos bewahrten viele Verhaltensweisen des Gemeinen Schimpansen, mit der Zeit aber begann sich ihr soziales Leben zu verändern. Forscher haben beobachtet, dass sich die Männchen weiterhin konkurrent zueinander verhalten, dass sie ihre Aggression seltener gegen die Weibchen richten, die ihrerseits deutlich verbesserten Rang und Status genießen. Indem sie tiefere Bindungen untereinander aufbauen und auch zusammenarbeiten, sind die Weibchen in der Lage, die meisten Männer zu dominieren. Große Bedeutung hat die sexuelle Aktivität. Die Weibchen zeigen sich hitzig, auch wenn sie nicht empfängnisbereit sind, die Paarung ist also nicht mehr ausschließlich auf Reproduktion ausgerichtet. Bonobos praktizieren die Fellatio; häufig kommt es zu Geschlechtsverkehr zwischen Männchen oder zwischen Weibchen; und, vielleicht am bemerkenswertesten, die Begegnungen mit benachbarten Gruppen führen nicht zu Gewalt, sondern zu gruppenübergreifendem Geschlechtsverkehr. Somit erwiesen sich Verhaltensweisen, die für das Sein von Schimpansen konstitutiv sind, als radikal veränderbar, wenn nämlich Isolation und eine entsprechende Umwelt zusammenwirken und genügend Zeit zur Verfügung steht.

Irgendetwas dieser Art könnte der Grund dafür sein, dass unsere Art auf irritierende Weise Eigenschaften verbindet, die bei Schimpansen und bei Bonobos zu finden sind, und in dieses Gemisch noch völlig neue Eigenschaften geflochten hat.[13] Einerseits haben wir uns eine ausgeprägte Neigung zu intensivem Wettbewerb um Rang, Gruppenjagden, fremdenfeindlicher Gewalt und einem starken männlichen Impuls, Frauen zu dominieren, bewahrt, andererseits haben wir aber auch eine durchgängig nicht reproduktive Sexualität, die Fähigkeit zu Freundschaft und Kooperation entwickelt, dazu noch zumindest das Potential, gesellschaftliche Gleichheit herzustellen und andere Gruppen friedfertig aufzunehmen. Hinzugefügt haben wir all dem die unergründlichen Komplexitäten des

Werkzeugmachens, des Kunstschaffens, der Sprache und des vernünftigen Denkens. Mit unserem Verständnis dessen, wie all das zustande kam, stehen wir noch ziemlich am Anfang, und man geht wohl nicht fehl in der Annahme, dass es auf diesem Feld beständige Fortschritte und spektakuläre Überraschungen geben wird.

Was dem wissenschaftlichen Verständnis gegenwärtig noch immer fehlt – was es vielleicht niemals erreicht oder auch gar nicht erreichen will –, ist der Fokus auf die moralische Entscheidung, die im Zentrum der Erzählung von Adam und Eva steht. Die ersten Menschen des biblischen Berichts waren frei, das göttliche Verbot entweder zu befolgen oder zu verletzen:

> Und die Frau sah, dass von dem Baum gut zu essen wäre und dass er eine Lust für die Augen wäre und verlockend, weil er klug machte. Und sie nahm von seiner Frucht und aß und gab ihrem Mann, der bei ihr war, auch davon, und er aß. (Gen 3,6)

Diese Übertretung – eine bewusste Handlung und kein unpersönlicher, mechanischer Prozess zufälliger genetischer Mutationen und natürlicher Selektion – hat über die Gestalt unseres Lebens entschieden. Die Erzählung von Adam und Eva hält fest, dass unser Schicksal, zumindest am Beginn der Zeiten, in unsere eigene Verantwortung fiel. Millionen von Menschen auf der Welt, darunter auch viele, die die Grundannahmen der modernen Naturwissenschaft begreifen, hängen noch immer an der seltsamen Befriedigung, die diese uralte Geschichte verschafft. Auch ich.

Als ich in der wissenschaftlichen Forschungsstation in Westuganda ankam, wurde mir nicht erlaubt, sofort loszugehen und Schimpansen zu beobachten. Sie sind anfällig für menschliche Krankheiten, darum gab es eine Quarantänezeit, um sicherzugehen, dass ich keine Infektion hatte. In dieser freien Zeit besuchte ich am Sonntagmorgen den anglikanischen Gottesdienst im nahen Fort Portal. Uganda ist ein überwiegend christliches Land, grob geteilt zwischen Katholiken und Anglikanern, mit einer kleinen, aber wachsenden Zahl von Pfingstkirchlern. In meiner Bewerbung um einen Aufenthalt beim Kibale Chimpanzee Project hatte ich ursprünglich geschrieben, es liege mir viel daran, die moderne wissenschaftliche Urspungsgeschichte kennenzulernen, die die alte biblische ersetzt habe. Doch Freunde warnten mich: Würde ich meine Bewerbung auf diese Weise formulieren, dann würde sie ziemlich sicher abgelehnt. Denn ugandische Behörden betrachten die Schimpansenforschung nicht als Alternative zu ihrem religiösen Glauben.

In der Kirche – die zufällig St. Stephen's hieß – predigte Reverend Happy Sam Araali, und seine Predigt an diesem Tag handelte von der Schöpfungsgeschichte. (Er muss wohl einen Tipp bekommen haben, dass ich den Gottesdienst besuchen würde.) Wir können Brunnen graben, sagte er, Gott allein aber kann Seen und Meere schaffen. Das sei ein Zeichen dafür, wie mächtig Gott ist, es sollte uns mit Ehrfurcht erfüllen, denn er könne Dinge tun, die viel größer und viel schwieriger seien als alles, was wir zustande bringen. Wie die Erschaffung des Menschen. Wir könnten Figuren auf eine Wand zeichnen, ihnen auch eine gewisse Lebendigkeit verleihen, nur Gott aber, erklärte der Reverend seiner Gemeinde, habe die ersten Menschen schaffen und ihnen Leben schenken können, indem er ihnen den Lebensatem durch die Nase einhauchte.

Auf der Rückfahrt zur Forschungsstation fragte ich den Forschungsassistenten, der mich begleitet hatte, ob er glaube, dass die Erzählung von Adam und Eva buchstäblich wahr sei. Ja, er glaube daran, er sei ein guter Christ. Was aber halte er dann von der Vorstellung, dass wir nahe verwandt seien mit den Schimpansen? Er lachte – »ein schwieriges Problem«, sagte er –, dann schwiegen wir. Auch als wir später im Wald waren und die paradiesische Szene des wechselseitigen Groomens und Eslom beobachteten, der seine Partnerin bewachte, kamen wir auf dieses Thema nicht wieder zurück.

Die Art, in der der Alphamann an Bubbles klebte, bereitete eine Szene vor, die ich am nächsten Morgen beobachtete und die die Geneseerzählung noch intensiver in mir heraufbeschwor als die Szenen vom Vortag. Wir saßen im Lager beim Frühstück, als Melissa in der Nähe des Eingangs zum Lager einen Schatten bemerkte. Zunächst dachte sie, es sei ein Elefant, merkte aber ziemlich schnell, dass sich dort ein Schimpanse bewegte, und mit der Fähigkeit, die sie mit allen Wissenschaftlern und

Assistenten dort teilte, hatte sie ihn auch sofort erkannt: Es war Lanjo, der Betamann. Wir eilten hin, weil wir sehen wollten, warum er so ungewöhnlich nahe an die Menschensiedlung herangekommen war.

Lanjo hockte auf einem kleinen Fleck aus Gras und Blättern und wirkte zunehmend ungeduldig. Immer wieder schlug er hörbar mit dem Fuß oder der Hand auf den Boden. (Schlagartig wurde mir klar, woher wir den anders kaum zu erklärenden Impuls haben, bei Enttäuschungen mit dem Fuß aufzustampfen.) Dann – inzwischen hatte er die Blätter zerwühlt, einen Stock über den Boden gezogen, einen tiefen Laut von sich gegeben und heftig an einer Liane gezerrt – tauchte der Grund seiner Ungeduld auf: Aus einem dichten Busch trat ein ziemlich banges Weibchen hervor, die 19-jährige Leona, die ihr Kind Lily am Körper trug und immer wieder über ihre Schulter zurückschaute. Der Forschungsassistent erklärte, was wohl geschehen war: Lanjo musste die Chance genutzt haben, dass Eslom durch das Bewachen seiner Partnerin abgelenkt war, und Leona fortgelockt haben, die ebenfalls, wenn auch weniger deutlich als Bubbles, zeigte, dass sie empfängnisbereit war. Sie hatten sich davongestohlen, sich, wie die Wissenschaftler sagen, auf einen »consort« begeben, auf eine Art Flitterwochen abseits der Gruppe, weg von den eifersüchtigen Blicken des dominanten Männchens. Sie hätten sich Schläge eingefangen, wären sie erwischt worden, darum wohl Leonas Ängstlichkeit und Lanjos listige Idee, sich in die Nähe der Menschensiedlung zu begeben, wo es die Gruppe selten hinzieht.

Endlich alleine, teilten Lanjo und Leona diesen Augenblick Schimpansenzärtlichkeit: Sanft berührten sie ihre Hinterteile. Mit Lily auf dem Rücken beugte sich Leona vor und erlaubte Lanjo, ihre Vulva mit seinem Finger zu untersuchen, den er dann an seine Nase hielt und beschnüffelte. Doch die beiden waren nicht nur für die Sechs-Sekunden-Paarung zusammengekommen. Sie hatten den Willen des obersten Gebieters missachtet, hatten Strafe riskiert, waren zum Paar geworden. Sie schauten auf der Lichtung umher und musterten auch uns kurz. Dann, um ihre Zeit zu zweit fortzusetzen, schlugen sie sich gemeinsam ins buschige Dickicht, und wir, die wir sie weiter belauschen wollten, hatten Mühe, ihnen zu folgen. Die Welt lag vor ihnen.

ANHANG

A. GESAMMELTE INTERPRETATIONEN

Über die Jahrhunderte hinweg gab es unzählige Interpretationen der Erzählung von Adam und Eva. Viele der einflussreichsten tauchen in diesem Buch auf. Unmöglich jedoch lassen sich Reichtum, Vielfalt, Raffinesse und gelegentlich auch Wildheit, die sich in diesem noch immer wachsenden Archiv angesammelt haben, in ihrer ganzen Fülle vermitteln. Hier nun der Versuch, wenigstens einige fragmentarische Stücke aus diesem Archiv in moderner Sprache heraufzubeschwören. Die Sprache ist zum guten Teil meine eigene, jedes dieser Stücke ist aus einer oder mehreren der in Klammern genannten Quellen zusammengefügt.

Als Eva das Verbot übertrat und von der Frucht aß, war Adam nicht bei ihr. Manche sagen, er sei zufrieden eingenickt, nachdem die beiden miteinander geschlafen hatten. Andere meinen, er habe einen Gang durch den Garten gemacht, um ihn zu inspizieren. Dann das erste Zeichen dafür, dass irgendetwas nicht stimmte: Eva hatte ihre Geschlechtsteile und ihre Pobacken mit Feigenblättern verhüllt. Zuerst konnte Adam nicht recht verstehen, was sie getan hatte, er dachte, die Blätter seien zufällig an ihr hängengeblieben. Dann sah er genauer hin und bemerkte die kleinen Löcher, die sie gemacht, und Pflanzenfasern, die sie durch diese Löcher gezogen hatte. Er beeilte sich, es ihr gleichzutun.

[Abba Halfon b. Koriah, Genesis Rabba, 4. und 5. Jahrhundert u. Z., 19,3; Buch der Jubiläen, um 150–100 v. u. Z, 3,22.]

Die ersten Menschen waren vollkommen schön und sehr weise, doch fehlte ihnen einer der fünf Sinne, der, von dem die gefallene Menschheit am meisten abhängt: das Augenlicht. Adam und Eva waren, in ihrem ursprünglichen Zustand, völlig blind. Sie mussten auch gar nichts sehen, lebten sie doch in einer Welt, die geschaffen war, alle ihre Bedürfnisse zu erfüllen. Wenn sie etwas trinken wollten, befand es sich stets in ihrer Reichweite. Und als Gott die Tiere vor Adam brachte, dass dieser ihnen Namen gebe, streckte Adam einfach die Hand aus, fühlte jedes von ihnen und wusste so, welchen Namen er ihm geben musste. Vielleicht hilft ihre glückliche Blindheit – glücklich, versteht sich, weil sie gar nicht wussten, dass sie nicht sehen konnten –, ihre Verfehlung zu erklären, denn es muss ihnen schwergefallen sein, die verbotene Frucht von allen anderen zu unterscheiden, zumal es der Feind darauf abgesehen hatte, sie zu betrügen. Ihr Zustand hilft auch zu erklären, warum sie überhaupt keine Scham kannten, denn erst nach dem Sündenfall hat Gott die Hülle entfernt, die ihre Augen blind gemacht hatte. Sobald sie sehen konnten, und das war eine Folge ihres Ungehorsams, beeilten sie sich, sich zu bedecken: »Und die Augen wurden den beiden geöffnet, und sie sahen, dass sie nackt waren, und sie nähten Feigenblätter zusammen und machten sich Lendenschurze.«

[Clemens von Alexandrien, um 150–215]

Die gerade geschaffenen Menschen waren körperlich reif – Gott gab ihnen die Gestalt und die Eigenschaften von Zwanzigjährigen –, und sie waren in vielerlei Hinsicht erstaunlich vollendet. Zugleich aber waren sie auch Neugeborene, die sich erst langsam an die Welt gewöhnen mussten. Aus diesem Grund hat Gott ihnen denn auch verboten, vom Baum der Erkenntnis des Guten und des Bösen zu essen. Die Frucht dieses Baums war nicht von sich aus giftig. Im Gegenteil, sie war, für einen ausgewachsenen Menschen, die beste aller möglichen Nahrung, und Gott hatte natürlich vor, Adam und Eva zu gegebener Zeit zu erlauben, davon zu essen. Doch wie mit allen Dingen, die wir essen, sind manche für Kindermägen geeignet, andere nicht. Das Paradies war insofern ungewöhnlich, als dort nur eine einzige Frucht wuchs, die entschieden ungeeignet war, und Gott sagte den neugeborenen Menschen, dass sie die Früchte aller anderen Bäume essen könnten. Doch Adam und Eva, von der Schlange zu einem Akt kopfloser Ungeduld getrieben, versuchten, die Frucht des verbotenen Baums zu kosten, bevor sie dafür reif genug waren. Das war, als wollte ein Kleinkind ein Stück Rindfleisch hinunterwürgen, und insofern ist es nicht überraschend, dass die Folgen für sie fatal waren.

[Theophilus von Antiochien, um 180 u. Z.]

Eva hielt einen Ast, an dem sich eine reife rote Frucht befand, die vom verbotenen Baum stammte. Sie sagte zu Adam: »Nimm und iss.« Er hatte einige Schwierigkeiten, sie zu verstehen, so als käme ihre Stimme von weit her oder als seien die Stimme und die Sprache, in der sie redete, nicht ganz die ihren. Verwirrt fühlte er sich und ratlos, ja, regelrecht schläfrig. Natürlich erinnerte er sich, dass Gott ihm gesagt hatte, nicht von der Frucht dieses besonderen Baums zu essen, wusste allerdings nicht mehr genau, warum nicht. Er wusste nur noch, dass er damals, weil ihm das Wort »sterben« fremd war, nicht wirklich verstanden hatte, wovon Gott sprach. Was ein Gebot war, konnte er freilich begreifen – denn das Gebot, fruchtbar zu sein und sich zu vermehren, kam seiner Lust auf Eva entgegen –, das Gebot aber, etwas nicht zu tun, schien ihm sinnlos. Träge griff er zu, nahm die Frucht und aß.

[Die drei kappadokischen Väter, 4. Jahrhundert u. Z.]

Während Eva anderswo mit der Schlange sprach, hatte Adam versunken ins strahlende Licht des Himmels geschaut. Die Betrachtung der Herrlichkeit Gottes – grenzenlos, unfassbar, völlig überwältigend –, nichts anderes füllte seine Tage und Nächte. Alles war aufgenommen in seine verzückte Betrachtung, die Stunden seines Schlafs, die Augenblicke der ruhigen sexuellen Vereinigung mit seiner Frau, sein schieres Atmen, ein und aus, ein und aus. Gott war überall und alles. Als Eva ihm die verbotene Frucht anbot, die Frucht, die nicht zu essen Gott ihn ermahnt hatte, griff Adam sofort zu und aß. Warum? »Ich bin so erschöpft«, sagte er zu sich selbst, »ich möchte zurück, wieder zu dem Lehm werden, aus dem ich geschaffen bin. Ich möchte sterben.«

[Gregor von Nyssa, um 332–395]

Nachdem er unter den aus Lehm geschaffenen Tieren keinen passenden Gefährten für den Menschen hatte finden können, beschloss Gott der Herr, einen solchen aus Knochen zu schaffen. Er dachte, dem Menschen könnte dieser Vorgang gefallen, darum ließ er ihn zuschauen, als er geschickt dessen Seite öffnete, einen passenden Knochen entnahm, mit dem er beginnen konnte, und die Wunde wieder schloss. Dann begab er sich an die Arbeit, modellierte die neue Gestalt nicht aus Lehm, wie er dies beim ersten Menschen getan hatte, sondern baute ihn, so wie ein Architekt das getan haben würde: ein großes Netz aus Venen, Arterien und Nerven; eine fabelhaft komplexe Anordnung innerer Organe, die fähig waren, mit der Umgebung in Austausch zu treten, Nahrung in Energie zu verwandeln, die Verdauung des Geschöpfs zu regulieren, den Abfall auszuscheiden; ein Gehirn, dessen gewundenes Material mit verblüffendem Tempo Berechnungen anstellen konnte; zum Sprechen und Singen geeignete Zunge, Kehlkopf und Stimmbänder; schließlich ein reizendes Äußeres, dem des ersten Menschen recht ähnlich, aber doch verschieden genug, dass es Interesse weckte und zur sexuellen Reproduktion taugte. Gott betrachtete, was er geschaffen hatte, und sah, dass es sehr gut war. Dann aber fiel ihm ein Ausdruck des Abscheus im Gesicht des Menschen auf, für den er all das getan hatte. Adam fand das Innere des neuen Geschöpfs, das Durcheinander von Blut und weichem Gewebe und pulsierenden Organen nur abstoßend. Die Vorstellung, mit diesem Geschöpf leben zu müssen, ja sich gar mit ihm zu vereinigen, war unerträglich. Gott musste zerstören, was er gemacht hatte, und von Neuem beginnen.

[R. Jose, Genesis Rabba, 4. und 5. Jahrhundert u. Z., 17,7]

Nachdem sie von der verbotenen Frucht gegessen hatten, erkannten Adam und Eva, dass sie nun sterben müssten, die Tiere aber, über die sie herrschen sollten, würden, so wie die Dinge nun lagen, für immer leben. Sie wussten, dass ihnen wenig Zeit blieb, und so eilten sie überallhin, die verbotene Frucht in den Händen, und fütterten alle Tiere damit, auf dass auch sie sterblich würden. Hätten sie erklären können, warum sie sich so abhetzten, um alle lebenden Geschöpfe zu verdammen? Vielleicht hatten sie Gottes früheres Gebot noch im Sinn und fürchteten, dadurch, dass sie nicht länger über die Tiere herrschen würden, ein weiteres göttliches Gebot zu verletzen. Vielleicht wollten sie auch nicht, dass irgendwer, und sei es bloß ein Tier, sich dessen erfreuen würde, das zu verlieren sie verurteilt waren. Jedenfalls fanden sie alle zahmen und wilden Tiere und die Vögel – eine erstaunliche Leistung. Nur einen Vogel fanden sie nicht. Dieser Vogel, der Phönix, lebt noch immer.

[R. Simlai (?), Genesis Rabba, 4. und 5. Jahrhundert u. Z., 19,5]

Und der Mensch sagte: »Die Frau, die du mir beigesellt hast, sie gab mir vom Baum, und ich aß.« Und Gott der Herr sagte zur Frau: »Was hast du nur getan?« Und die Frau sagte: »Die Schlange betrog mich, und ich aß.« Und Gott der Herr rief die Schlange vor sich, und die Schlange trat ängstlich näher. Und Gott der Herr nahm ein scharfes Messer und schnitt der Schlange Beine und Füße ab. Seit damals kriechen darum Schlangen auf dem Bauch.

[Georgios Synkellos, im 8. Jahrhundert]

Die direkte Folge seines Ungehorsams war, dass Adam zum ersten Mal das Gefühl der Schwermut eingeflößt ward. In dem Augenblick, in dem er von der Frucht aß, schwand alle Heiterkeit in ihm, und Melancholie ließ sein Blut dick werden, so wie der Lichtstrahl verschwindet, wenn eine Kerze ausgeblasen wird und nur der Docht bleibt, glimmend und rauchend und stinkend. Und eine weitere bemerkenswerte Folge gab es: Zuvor war Adam des Gesangs der Engel mächtig, und seine Stimme war höchst wohlklingend. Nach seiner Sünde jedoch kroch ein hässlicher Wind in sein Inneres, der bis heute in jedem Mann steckt. Dieser Wind in seinem Inneren verwandelte seine herrliche Stimme in die Laute von Gejohle und Gegröle. Wenn ihn ein Lachen schüttelt, treten ihm Tränen in die Augen, so wie in der Glut fleischlicher Lust der Schaum des Samens ausgestoßen wird.

[Hildegard von Bingen, 1098–1179]

Vor dem Sündenfall hatte Eva keine Monatsblutung. Erst nach dem Sündenfall kam es dazu, dass alle Frauen zu Tieren wurden, deren Menstruationsflüssigkeiten zu den Monstrositäten dieser Welt gezählt werden müssen. Denn Samen, sobald sie mit ihnen in Kontakt kommen, werden nicht keimen, Bäume ihre Früchte verlieren, Eisen wird rosten und Bronze schwarz anlaufen.

[Alexander Neckam, 1157–1217]

Adam sah ganz genau, dass seine Frau betrogen worden war und dass die Schlange sie in eine Falle gelockt hatte, aus der sie nun nicht mehr entkommen konnte. Sie wird sterben müssen, dachte er, und Gott wird anbieten, mir eine neue Gefährtin zu schaffen, sei es aus einer weiteren meiner Rippen, sei es aus einem anderen Stoff. Aber ich will keine neue Gefährtin. Ich will diese und nur diese. Es gibt nur einen Weg, auf dem ich bei ihr bleiben kann: indem ich nämlich mein Schicksal an ihres binde. Wir werden leben – und wenn die Zeit kommt, werden wir vergehen – zusammen.

[Duns Scotus, 1266–1308]

Und Gott segnete ihn, und Gott sagte zu ihm: »Sei fruchtbar, vermehre dich und fülle die Erde und mache sie dir untertan.« Und der Mensch sagte zu Gott: »Wie kann ich fruchtbar sein und mich vermehren? Ich bin ein einzelnes Wesen, geschaffen nach deinem Bilde. Alle anderen Geschöpfe, die Fische im Meer und die Vögel in den Lüften und das Vieh und die wilden Tiere und was sonst auf Erden kriecht, sie alle sind paarweis, nach Mann und Frau unterschieden, und jedes ist für sich. Ich sehe, wie sie sich paaren und wie sie fruchtbar sind durch diesen Akt. Aber ich bin einer, sowohl Mann wie Frau. Wie kann ich dein Gebot erfüllen?« Und Gott nahm ein Messer und spaltete den Menschen, wie man einen Apfel spaltet, machte zwei, wo zuvor nur einer war. Und Gott breitete Fleisch über die Wunden, die er geschaffen hatte, und ließ als Zeichen für das, was er getan hatte, auf dem Bauch von beiden das Mal, das Nabel genannt wird. Und Gott sagte: »Nun wirst du fähig sein, dich zu vermehren und die Erde zu bevölkern.« Nach Schnitt und Trennung fanden die beiden Teile des Menschen, die beide nach einander verlangten, zusammen, sie fielen sich in die Arme, umschlangen einander in wechselseitiger Umarmung. Der Mann und die Frau waren fruchtbar und vermehrten sich und bevölkerten die Erde. Doch immer fühlten sie die Wunde ihrer uranfänglichen Trennung, und selbst in ihren wechselseitigen Umarmungen spürten sie die Unmöglichkeit, diese Wunde völlig zu heilen.

[Jehuda ben Isaak Abravanel, um 1464–1530]

Gott war überall und alles. Umso verwirrender darum, dass Adam, als Eva ihm die verbotene Frucht anbot, sofort davon nahm und aß. Warum? Adam selbst hätte das kaum in Worte fassen können; dazu gedrängt, hätte er vielleicht gesagt: Eine Ewigkeit in diesem Zustand ist unerträglich. Ich hasse die Verehrung des Einen, der mich geschaffen hat. Ich hasse die überwältigende Schuld der Dankbarkeit. Ich hasse Gott.

[Martin Luther, 1483–1546]

Gott wusste nicht nur, dass Adam und Eva sein Gebot übertreten würden; er trieb sie auch aktiv und bewusst dazu an. Und wenn Adam gezögert hätte, bevor er von der fatalen Frucht aß, wenn er es gewagt hätte, den

Impuls in Frage zu stellen, den Gott höchstselbst ihm eingepflanzt hatte, hätte Gott ihn mit diesen Worten zurechtgewiesen: »Oh Mensch, wer bist du, dass du deinem Gott Widerworte gibst? Soll das geschaffene Ding zu dem, der es geschaffen hat, sagen: Warum hast du mich geschaffen? Hat nicht der Töpfer Macht über den Lehm und kann aus einem Klumpen ein Gefäß der Ehre machen, aus dem anderen eines der Unehre?«

[Johannes Calvin, 1509–1564]

Der erste Mensch wurde aus Lehm geschaffen, doch es war dies kein gewöhnlicher Lehm. Sein Körper war reiner und durchsichtiger als der feinste Kristall. War von innen erleuchtet durch Ströme von Licht, das seine inneren Gefäße illuminierte; Gefäße, die Flüssigkeiten aller Arten und Farben enthielten. Diese irisierende Kreatur war von Statur größer als die Menschen heute. Sein dunkles Haar war kurz und gelockt; ein dunkler Schnurrbart schmückte seine Oberlippe. Einen Penis hatte er nicht. Wo seine Genitalien hätten sitzen sollen, da war etwas von der Gestalt eines Gesichts, dem köstliche Düfte entströmten. In seinem Bauch gab es ein Gefäß, das kleine Eier ausbrütete, ein anderes enthielt eine Flüssigkeit mit der Fähigkeit, diese Eier zu befruchten. Wenn dieser Mensch in der Liebe zu Gott entbrannte, dann überwältigte ihn die Sehnsucht, dass es andere Geschöpfe geben möge, die diese grenzenlose Liebe teilten, so dass jene Flüssigkeit überkochte und sich über eines der Eier ergoss, aus dem daraufhin zu gegebener Zeit ein weiterer vollkommener Mensch schlüpfte. So jedenfalls sollte es geschehen, als Gott dem Menschen auftrug, fruchtbar zu sein und sich zu mehren. Auf diese Weise jedoch geschah es nur einmal: Der Mensch, der ausgebrütet wurde, war der Messias, der sich in einen Fötus verwandelte und so die Zeit erwartete, bis er in den Leib Mariens einziehen würde. Alle anderen Menschen wurden, nachdem Adam und Eva aus dem Paradies vertrieben worden waren, auf andere Art geboren. Aus dem heiligen Bezirk getrieben, wurden ihre Leiber derber, sie wurden wie unsere. Sie verloren ihre kristallgleiche Durchsichtigkeit, das innere Licht wurde schwächer, bis es erlosch; ihre inneren Gefäße wurden zu den Organen, deren Anblick uns heute nur abstößt. Und an der

Stelle jener schönen Gesichter, die einst nur wunderbare Düfte verströmten, saßen nun die hässlichen Genitalien, die alle Menschen voller Scham verhüllen.

[Antoinette Bourignon, 1616–1680]

Huynh Sanh Thong, ein MacArthur Fellow, hat behauptet, letztlich seien die Schlangen verantwortlich dafür, dass die Menschen die Sprache entwickelten: Die Mütter nämlich mussten ihre Kinder vor den Schlangen warnen. Schlangen gaben den auf zwei Beinen gehenden Hominini, den Primaten, die bereits über ein – allerdings noch nicht menschliches – System der Verständigung verfügten, den evolutionären Anstoß, der darauf zielte, sich mit der Zeit über das gesellschaftlich Gute zu verständigen – ein entscheidender Schritt hin zur Entwicklung der Sprache und von all dem, was folgte, der uns schließlich zu denen machte, die wir heute sind.

[Lynne A. Isbell, 2009]

B. EINIGE SCHÖPFUNGSGESCHICHTEN

So gut wie jede menschliche Kultur, die bislang untersucht wurde, kennt eine oder mehrere Schöpfungsgeschichten. Hier folgt eine kleine Auswahl solcher Erzählungen.

Ägypten

Als ich ins Leben getreten war, trat auch das Sein (selbst) ins Sein, und alles, was Leben in sich trägt, trat ins Sein, nachdem ich ins Sein getreten war.

Ich plante das in meinem Herzen, und es kam eine Vielzahl von Formen lebender Wesen ins Sein, die Formen von Kindern und die Formen ihrer Kinder. Ich war der, der mit seiner Faust kopulierte, ich masturbierte mit meiner Hand. Dann spie ich mit meinem Mund.

Sie brachten mein Auge mit zu mir. Nachdem ich meine Glieder miteinander verbunden hatte, weinte ich über sie. So kamen Menschen ins Leben, aus den Tränen, die aus meinen Augen drangen.

[nach Pritchard, *Ancient Near Eastern Texts*]

Griechenland

In jenen Tagen war Gott selbst ihr Hirte und stand ihnen vor, so wie der Mensch, der im Vergleich ein göttliches Wesen ist, anderes Lebendiges, geringer als er selbst, hütet. Unter Gottes Hut gab es keine Form der Regierung, auch nicht einzelnen Besitz an Frauen und Kindern, denn alle Menschen kamen wieder aus der Erde und hatten keine Erinnerung an das Vergangene. Und auch wenn sie nichts dergleichen hatten, so gab ihnen die Erde reichlich Früchte, die an Bäumen und Gesträuch von selbst wuchsen, und nicht gepflanzt wurden von des Menschen Hand. Und sie lebten nackt, meist unter freiem Himmel, denn die Temperatur ihrer Jahreszeiten war mild, und sie hatten keine Betten, sondern lagen auf den weichen Polstern aus Gras, das überall üppig aus der Erde wuchs.

[nach Platon, *Politikos*, 271, 2E]

Griechenland

In den alten Tagen teilten die Götter die Erde einvernehmlich untereinander auf und bevölkerten die ihnen genehmen Gegenden. Und als sie diese bevölkert hatten, hüteten sie uns, ihre Pfleglinge und Besitztümer, wie Hirten ihre Herden hüten, aber nicht, dass sie uns mit körperlicher Gewalt lenkten wie die Hirten ihre Herden mit Schlägen, sondern wie Steuerleute vom Heck eines Schiffes aus führten sie uns – eine ungezwungene Weise, Tiere zu lenken –, und sie bemächtigten sich unserer Seelen durch das Ruder der Überredung, ihrem eigenen Vergnügen entsprechend.

[nach Platon, *Kritias*, 1. Buch]

Rom

Ein Wesen von größerem Verstand, würdiger und fähig, über alle anderen zu gebieten, ein solches Wesen fehlte noch auf Erden. Da wurde der Mensch geboren. Entweder schuf der Baumeister der Welt, der Schöpfer des Universums, um eine bessere Welt zu bekommen, den Menschen aus göttlichem Samen – oder aber Prometheus, Sohn des Iapetos, machte den Menschen, mischte die gerade geschaffene Erde mit frischem Regenwasser (denn die Erde war seit kurzem erst vom Himmel geschieden, und sie enthielt noch die Keime des Himmels – Relikte ihres gemeinsamen Ursprungs); und als er den Menschen schuf, da erinnerte dieser in seiner Gestalt an die Herren aller Dinge, die Götter. Während alle anderen Tiere gebeugt, den Kopf nach unten, zur Erde gerichtet gehen, gab er dem Menschen ein Gesicht, das nach oben sich reckt; aufrecht ließ er den Menschen stehen, den Blick in die Sterne gerichtet. So wurde die Erde gewandelt, die bis dahin so rau gewesen und unbestimmt: Zuvor Unbekanntes trug sie nun – des Menschen Gestalt.

[nach Ovid, *Metamorphosen*, 1. Buch]

Rom

Nun nimmt Iason Schlangenzähne aus dem bronzenen Helm und sät sie in die gepflügte Erde. Waren sie zuvor von starkem Gift getränkt, so mildert nun die Erde dieses Gift. Und wie sie wachsen, da wandeln sie ihre Gestalt. So wie der Fötus langsam im Schoß der Mutter menschliche Gestalt annimmt und Harmonie all seiner Teile gewinnt; so wie er das Licht, das alle Menschen teilen, erst dann erblickt, wenn er völlig ausgebildet, so auch hier: Vollkommen entspringt die Mannesgestalt, in der schwangeren Erde gereift, dem Boden. Und, erstaunlicher noch, jeder Mann ist gerüstet, und bei der Geburt schon schlägt er das Schwert auf den Schild.

[nach Ovid, *Metamorphosen*, 7. Buch]

Rom

Zuletzt schließlich, von ihrer Drachen Flügel getragen, erreicht Medea Korinths heiligen Frühling. Als damals die Welt geschaffen wurde – so erzählen uns die alten Legenden –, wuchsen dort die Leiber Sterblicher empor aus Pilzen, die der Regen genährt.

[nach Ovid, *Metamorphosen*, 7. Buch]

Nordamerika (aus den Great Plains)

Eines Tages beschloss der Alte Mann, dass er eine Frau und ein Kind machen wollte, und so formte er sie beide – Frau und Kind, ihren Sohn – aus Lehm. Nachdem er den Lehm zu menschlicher Gestalt geformt hatte, sagte er zu dem Lehm: »Ihr sollt Menschen sein«, dann bedeckte er den Lehm und ging davon. Am nächsten Morgen ging er wieder zum nämlichen Platz und tat die Abdeckung beiseite und sah, dass sich die Formen des Lehms ein wenig verändert hatten. Am zweiten Morgen war noch mehr Veränderung, und am dritten Morgen wiederum mehr. Am vierten Morgen, den er zum nämlichen Platz ging, hob er die Bedeckung auf, schaute auf die Bildnisse und befahl ihnen, aufzustehen und zu gehen; und sie taten dies. Sie gingen mit ihrem Schöpfer zum Fluss, und er sagte ihnen, sein Name sei Na'pi, Alter Mann.

Wie sie so am Fluss standen, sagte die Frau zu ihm: »Wie ist das? Werden wir immer leben und es wird kein Ende damit sein?« Er sagte: »Ich habe darüber noch nie nachgedacht. Wir werden das entscheiden müssen. Ich werde diesen Büffelsplitter nehmen und in den Fluss werfen. Wenn er schwimmt, werden die Menschen, wenn sie sterben, nach vier Tagen wieder lebendig werden; nur vier Tage lang werden sie tot sein. Sinkt er jedoch, dann wird es zu Ende sein mit ihnen.« Er warf den Splitter in den Fluss, und er schwamm. Die Frau wandte sich um und hob einen Stein auf und sagte: »Nein, ich werde diesen Stein in den Fluss werfen; wenn er schwimmt, werden wir immer leben, wenn er sinkt, müssen die Menschen sterben, so dass sie wohl immer umeinander trauern werden.« Die Frau warf den Stein ins Wasser, und er versank. »Damit«, sagte der Alte Mann, »hast du gewählt. Es wird ein Ende geben mit ihnen.«

[nach George Bird Grinnell, *Blackfoot Lodge Tales*]

Melanesien

Der eine, der zuerst da war, zog zwei männliche Figuren aus dem Boden, kratzte seine Haut auf und besprengte die Bildnisse mit seinem Blut. Er pflückte zwei große Blätter und bedeckte die Figuren, aus denen, nach einer Weile, zwei Männer wurden. Ihre Namen waren To Kabinana und To Karvuvu.

To Kabinana ging alleine davon, kletterte auf einen Kokosbaum, der hellgelbe Nüsse trug, pflückte zwei, die noch unreif waren, und warf sie auf die Erde. Sie zerbrachen und wurden zu zwei stattlichen Frauen. To Karvuvu bewunderte die Frauen und fragte seinen Bruder, wie er an sie gekommen sei. »Klettere auf einen Kokosbaum«, sagte To Kabinana, »pflücke zwei unreife Nüsse und wirf sie auf die Erde.« To Karvuvu warf die Nüsse mit der Spitze nach unten, und die Frauen, die aus ihnen wurden, hatten platte, hässliche Nasen.

[nach P. J. Meier, Mythen und Erzählungen der Küstenbewohner der Gazelle-Halbinsel (Neu-Pommern), in: Joseph Campbell, *Der Held in tausend Gestalten*]

Sibirien

Als der Demiurg Pajana die ersten Menschenwesen bildete, bemerkte er, dass es ihm unmöglich war, einen lebensspendenden Geist für sie hervorzubringen. So musste er hinauf in den Himmel gehen und sich bei Kudai, dem höchsten der Götter, Seelen beschaffen. Während dieser Zeit ließ er einen nackten Hund als Wächter bei den Figuren zurück, die er geschaffen hatte. Doch während er abwesend war, tauchte dort Erlik auf, der Teufel. Und er sagte zu dem Hund: »Du hast keine Haare. Ich will dir goldene Haare geben, wenn du mir diese seelenlosen Menschen überlässt.« Dem Hund gefiel dieser Vorschlag, und er überließ dem Versucher die Menschen, die er zu bewachen hatte. Erlik befleckte sie mit seinem Speichel, ergriff aber in dem Moment die Flucht, in dem er Gott herankommen sah, der den Menschen Leben geben wollte. Gott sah, was geschehen war, stülpte die menschlichen Körper daher um, das Innere nach außen kehrend. Darum haben wir Speichel und Unreines in unseren Eingeweiden.

[nach W. Radloff, Proben der Volksliteratur der türkischen Stämme Süd-Siberiens, in: Joseph Campbell, *Der Held in tausend Gestalten*]

Zimbabwe

Maori (ein Gott) schuf den ersten Menschen und nannte ihn Mwuetsi (Mond). Er setzte ihn auf den Grund eines Dsivoa (See) und gab ihm ein Ngona-Horn, gefüllt mit Ngona-Öl. Mwuetsi lebte im Dsivoa.

Mwuetsi sagte zu Maori: »Ich möchte auf die Erde gehen.« Maori sagte: »Du wirst das bereuen.« Mwuetsi sagte: »Wie auch immer, ich möchte auf die Erde gehen.« Maori sagte: »Dann gehe auf die Erde.« Mwuetsi verließ den Dsivoa und ging auf die Erde.

Die Erde war kalt und leer. Es gab dort kein Gras, keine Büsche, keine Bäume. Mwuetsi weinte und sagte zu Maori: »Wie soll ich hier leben?« Maori sagte: »Ich habe dich gewarnt. Du hast dich auf einen Weg begeben, an dessen Ende du sterben wirst. Aber ich will dir trotzdem ein Wesen deiner Art geben.« Maori gab Mwuetsi eine junge Frau, die Massassi genannt wurde, Morgenstern. Maori sagte: »Massassi wird für zwei Jahre deine Frau sein.« Maori gab Massassi einen Feuermacher.

[nach Leo Frobenius und Douglas C. Fox, *African Genesis*]

Togo

Unumbotte (Gott) schuf ein menschliches Wesen. Der Mensch war Unele (Mann). Dann, als Nächstes, machte Unumbotte Opel (Antilope). Dann machte Unumbotte Ukow (die Schlange), genannt Schlange. Als diese drei geschaffen wurden, gab es keine anderen Bäume als Bubauw (Ölpalme). Zu dieser Zeit war die Erde noch nicht gestampft und zerbröselt (weich gemacht) worden. Unumbotte sagte zu dem Baum: »Du musst den Boden stampfen, wo du sitzt.« Unumbotte gab ihnen Samen aller Art und sagte ihnen: »Pflanzt diese.« Unumbotte ging fort.

Und Unumbotte kam zurück. Er sah, dass die Menschen den Boden noch nicht zerstampft, die Samen allerdings gepflanzt hatten. Einer der Samen hatte gekeimt und war gewachsen. Es war ein Baum, der hoch gewachsen war und Frucht trug. Die Früchte waren rot. Nun kam Unumbotte alle sieben Tage zurück und pflückte eine der roten Früchte.

Eines Tages sagte Schlange: »Auch wir würden gerne von diesen Früchten essen. Warum müssen wir hungrig bleiben?« Antilope sagte: »Aber wir kennen diese Frucht nicht.« Dann nahmen der Mann und seine Frau (die zuerst nicht dagewesen war) einige der Früchte und aßen davon. Da kam Unumbotte vom Himmel herunter. Er fragte: »Wer aß die Frucht?« Mann und Frau antworteten: »Wir aßen sie.« Unumbotte fragte: »Wer hat euch gesagt, dass ihr davon essen sollt?« Mann und Frau antworteten: »Schlange sagte es uns.« Unumbotte fragte: »Warum habt ihr auf Schlange gehört?« Mann und Frau sagten: »Wir hatten Hunger.«

Unumbotte fragte Antilope: »Bist auch du hungrig?« Antilope sagte: »Ja, auch ich bin hungrig.« Von da an lebte Antilope im Busch und fraß Gras.

Dann gab Unumbotte den Menschen Idi (Sorghum), Yams und Hirse. Von da an bebauten die Menschen das Land. Schlange aber bekam von Unumbotte eine Arznei (Njojo), auf dass sie die Menschen biss.

[nach E. J. Michael Witzel, *The Origins of the World's Mythologies*]

Feuerland

Kenós war allein auf der Welt. Temaúkel, »Irgendwo Da Oben«, hatte ihn eingesetzt, damit er alles hier unten in Ordnung hielt. Er war der Sohn des Südens und der Himmel. Er wanderte über die Welt, kam hierher zurück und schaute sich um, ging dann an einen sumpfigen Ort, grub einen Klumpen Schlamm aus und mischte ihn mit verfilzten Wurzeln und Grasbüscheln, formte ein männliches Organ und platzierte es am Boden. Er grub einen weiteren Klumpen aus, presste das Wasser heraus, formte ein weibliches Organ, das er neben das erste platzierte, dann ging er seiner Wege. Während der Nacht vereinigten sich die beiden Klumpen. Daraus wuchs so etwas wie eine Person: der erste Vorfahr. Die beiden Organe trennten sich und während der folgenden Nacht vereinten sie sich aufs Neue. Wieder erhob sich einer, der schnell wuchs. Nacht um Nacht geschah dies, und jede Nacht entstand ein neuer Vorfahr. So vergrößerte sich ihre Zahl immer weiter.

[nach Joseph Campbell, *Historical Atlas of World Mythology*]

DANK

Zum Vergnügen, diesem Thema nachzugehen, gehörte auch der Anstoß, den es mir gab, mich herauszuwagen aus dem Orbit der Disziplin, in dem ich normalerweise meine Kreise ziehe. Im Verlauf des Forschens und Schreibens habe ich gegenüber einem weiten Kreis von Personen und Institutionen Dankesschulden aufgehäuft. Was Letztere angeht, so ist mein größter – und fortwährender – Förderer die Harvard University, an der ich lehre. Ich habe profitiert von wundervollen Kollegen und Studenten vieler Disziplinen, von den unvergleichlichen Ressourcen der Bibliotheken dieser Universität und von der nimmermüden Hilfsbereitschaft ihrer Mitarbeiter; des Weiteren von den bemerkenswerten Schätzen der Kunstmuseen Harvards, den reichhaltigen Sammlungen des Semitic Museum, des Harvard Museum of Natural History und des Peabody Museum of Archaeology and Ethnology. Man sagt, Gewöhnung dämpfe zumeist die Fähigkeit zu staunen, hier war es anders: Über die Jahre wuchs mein Erstaunen über die pure Existenz großer Universitäten noch, denn ich bin Nutznießer der intellektuellen Großzügigkeit gewesen, diesem eindrucksvollen, oft aber unerwähnt bleibenden Merkmal wissenschaftlicher Communities.

In besonderem Maße spürbar wurde diese Großzügigkeit bei zwei außergewöhnlichen Forschungseinrichtungen, denen ich auch entsprechend großen Dank schulde. Deren erste ist das Wissenschaftskolleg zu Berlin, an dem sich im Lauf vieler Jahre dauerhafte Freundschaften entwickelt haben und mit dem ich ein Vorbild dafür gewonnen habe, wie in intensiven, kontinuierlichen Gesprächen Geistes- und Naturwissenschaften zusammengebracht werden können. Die zweite ist die American Academy in Rom mit ihrer phantastischen Insistenz darauf, dass Kunstschaffen und Wissenschaft den gleichen Forschungsraum bewohnen. Mit seinen unerschöpflichen Ressourcen zu Antike, Mittelalter und Renaissance ist Rom die ideale Umgebung, um über Adam und Eva zu arbeiten – wie viele glückliche Stunden habe ich in den unzähligen Kirchen der Stadt verbracht, in den Katakomben, Museen, Galerien und Bibliotheken dort. Besonderen Dank schulde ich den Mitarbeitern der Bibliotheken der American Academy und des Vatikan, insbesondere Sebastian Hierl, dem Leiter der Bibliothek der Academy; Umberto Utro, dem Kurator der vatikanischen Sammlungen der christlichen Altertümer; Angela Di Curzio von den Katakomben des heiligen Marcellinus und Petrus.

Während sich dieses Projekt entfaltete, hatte ich an diversen Orten die Chance, einzelne Stücke daraus zu präsentieren und auf diese Weise von Fragen und Kommentaren der Zuhörer zu profitieren. Diese Chance erfuhr ich durch die Humanitas Lectures an der University of Oxford; die Mosse-Lectures an der Humboldt Universität zu Berlin; die Cardin Lecture an der Loyola University, Baltimore; eine Konferenz zu Ehren von Thomas Laqueur an der University of California, Berkeley; das Wissenschaftskolleg und die Staatsbibliothek in Berlin; die Northern Arizona University; die Jahresversammlung der Renaissance Society of America. Alle Arrangements rund um diese Veranstaltungen hat meine Assistentin Aubrey Everett besorgt, der ich dafür ebenso zu danken habe wie für die vielfältige Unterstützung, die sie mir, stets fröhlich, kompetent und einfallsreich, auch sonst zukommen ließ.

Es sind eine Vielzahl von Welten, in denen Adam und Eva im Lauf der Jahrhunderte ihren Platz gefunden haben, nicht zuletzt das machte die Freuden aus, die mit diesem Projekt verbunden sind, zugleich aber resultierten daraus auch zuweilen entmutigende Probleme. So wie mir schmerzlich bewusst ist, wie vieles in der langen Geschichte der Erzählung von Adam und Eva ich nicht verstanden habe, so freudig weiß ich die Hilfe zu schätzen, die es mir ermöglichte, einige dieser Probleme dann doch zu verstehen; die Hilfe, die meine Untersuchungen auch davor bewahrte, in unverbundene Einzelheiten zu zerfallen.

Meine Agentin Jill Kneerim war für mich da, sie hat mich, wie immer von Beginn bis zum Abschluss des Projekts, an ihrer untrüglichen Berufs- und Lebenserfahrung teilhaben lassen. Dies ist das dritte Buch, an dem ich mit Alane Mason, meiner beeindruckenden Lektorin bei Norton, zusammengearbeitet habe. Jedes Mal – und vielleicht niemals so deutlich wie bei der Arbeit an diesem Buch – hat sie mich mit ihren besonderen Begabungen erstaunt. Zu diesen gehören Geduld, eine unerhörte (manchmal auch bestürzende) intellektuelle Genauigkeit, eine unermüdliche Aufmerksamkeit für Details und die Fähigkeit, Anstöße zu geben zu erneutem Nachdenken, Umstrukturieren, Neuschreiben. Das sind seltene Eigenschaften, und ich kann nur hoffen, dass ich diesen, so wie ich in meinem Schreiben davon profitiert habe, auch in meiner Lehre nachkommen kann.

Ich danke Shawon Kinew für ihre unschätzbare Unterstützung bei der Einholung der Bildrechte für dieses Buch. Unter den vielen, deren freundliche Unterstützung ich fand, möchte ich eigens nennen Salar Abdolmohamadian, Lilly Ajarova und die Mitarbeiter des Ngamba Chimpanzee Sanctuary, Suzanne Akbari, Danny Baror, Shaul Bassi, Uta Benner, Homi Bhabha, Kathrina Biegger, Robert Blechman, Mary Anne Boelcskevy, Will Bordell, Daniel Boyarin, Horst Bredekamp, Georgiana Brinkley, Terence Capellini, David Carrasco, Maria Luisa Catoni, Christopher Celenza, Grazie Christie, Shaye Cohen, Rebecca Cook, Rocco Coronato, Lorraine Daston, Zachary Davis, Jeremy DeSilva, Maria Devlin, François Dupuigrenet Desroussilles, Ruth Ezra, Noah Feldman, Steven Frank, Raghavendra Gadagkar, Luca Giuliani, Anthony Grafton, Margareth Hagen, Jay Harris, Galit Hasan-Rokem, Stephen Hequembourg, Walter Herbert, David Heyd, Elliott Horowitz, Bernhard Jussen, Henry Ansgar Kelly, Karen King, Adam Kirsch, Jeffrey Knapp, Jennifer Knust, Meg Koerner, Ivana Kvetanova, Bernhard Lang, Thomas Laqueur, Jill Lepore, Anthony Long, Avi Lifschitz, Zarin Machanda, Peter Machinist, Hussain Majeed, Louis Menand, Eric Nelson, Morton Ng, Emily Otali und ihre Mitarbeiter in Kanyawara, Shekufeh Owlia, Elaine Pagels, Catalin Partenie, David Pilbeam, Lisbet Rausing, Meredith Ray, Robert Richards, Ingrid Rowland, Michal Ronnen Safdie, Moshe Safdie, Paul Schmid-Hempel, David Schorr, Charles Stang, Stephen Stearns, Alan Stone, Gordon Teskey, Michael Tomasello, Normandy Vincent, Elizabeth Weckhurst, Adam Wilkins, Nora Wilkinson, Edward O. Wilson und Richard Wrangham. Ihnen allen schulde ich Dank, den ich, wie es sich gehört, verbinde mit der Versicherung, dass ich alleine verantwortlich bin für Fehler, Auslassungen und Unzulänglichkeiten, die ohne Zweifel zu finden und festzuhalten sind.

Diese Freistellung von Schuld ist auch auf all diejenigen auszudehnen, deren Präsenz auf diesen Seiten noch deutlicher und durchgängiger ist. Tiefen Dank dafür schulde ich Robert Pinsky, Adam Phillips und Rabbi Edward Schecter: Sie haben mir über Jahre geduldig zugehört, und das mit klugen Ratschlägen und in unerschütterlicher Freundschaft. Mit schier unbegrenzter intellektueller Großzügigkeit hat mir Meredith Reiches geholfen, mich in der schwierigen, oft verwirrenden Landschaft der Evolutionsbiologie zurechtzufinden; eingeführt hat sie mich zudem in die komplexen Berechnungen des Energieumsatzes, die ihre Feldarbeit zu Frauen in Gambia bestimmen. Mit dieser Arbeit erkundet sie eine Welt, die weit entfernt ist von den Träumen vom Garten Eden, und doch wirft sie ein Licht auf diese Träume. Gemeinsam mit Joseph Koerner, einem Kunsthistoriker einmaliger Brillanz, habe ich in den letzten Jahren in Harvard Seminare für Graduates und Undergraduates zu Adam und Eva abgehalten. An ganz unterschiedlichen Punkten dieses Buchs benenne ich meine umfangreichen Schulden bei ihm, aber, und ich weiß das sehr gut, sie übersteigen diese Reverenzen bei weitem. Es ist die verführerische Gefahr von Team-Teaching und Freundschaft gleichermaßen, dass die Grenzen zwischen den eigenen Gedanken und denen des anderen leicht verwischen.

Meinen drei Söhnen Josh, Aaron und Harry schulde ich Dank für die Geduld, mit der sie sich in unzählige Gespräche über Primaten verwickeln ließen, für ihre Nachdenklichkeit, ihren Humor, ihre Einsichtsfähigkeit, für ihre stetige Liebe. Die Erfahrung der Liebe steht, wie Milton so genau wusste, im Zentrum der Erzählung von Adam und Eva. Umso richtiger also, dass der zutiefst empfundene Dank meiner Frau Ramie Targoff gilt, das gilt für das Schreiben dieses Buchs ebenso wie mit Blick auf so vieles andere. Sie hat mich nahe an die Pforten des Gartens Eden gebracht – näher werde ich diesen in meinem Leben kaum kommen.

ANMERKUNGEN

1. WORAUF ES ANKOMMT

1 Schon früh erkannten die Rabbinen, dass die Erzählung der Schöpfung und des ersten Ungehorsams, wie sie in der Genesis steht, zu potentiell gefährlichen Spekulationen führen könnte. In der Mischna – der ersten bedeutenden Redaktion des mündlich tradierten jüdischen Gesetzes – findet sich die Vorschrift, die »Werke der Schöpfung« nicht vor zwei Personen, die »Werke des Feuerwagens« (nach Ez 1) nicht einmal vor einer Person zu lehren (vgl. Mischna Chagigah 2:1). Es sei denn, die beteiligten Personen könnten, als »Weise«, verständig mit dem Wissen von solch gefährlichen Themen umgehen. Diese Vorschrift übernimmt auch der Talmud. Darüber, ab welchem Alter jemand als weise betrachtet werden könne, bestand erhebliche Uneinigkeit, man sprach von 20 oder von 25, sogar von 40 Jahren.

2 Muhammad ibn 'Abd Allah al-Kisa'i, *The Tales of the Prophets* (um 1200 u. Z.), in: Kristen E. Kvam et al. (Hg.), *Eve and Adam*, S. 192. Vgl. auch Marion Holmes Katz, Muhammad in Ritual, in: *The Cambridge Companion to Muhammad*, hg. v. Jonathan E. Brockopp, S. 139–157; Asma Barlas, Women's Readings of the Qur'an, in: ebd., S. 255–272.

3 Im Museum of Comparative Zoology in Harvard hat mir der große Biologe E. O. Wilson vor kurzem eine Vitrine geöffnet und einige der vielen Ameisen-Holotypen gezeigt, die er gesammelt hat, jedes Exemplar eine besondere Art, auf eine Nadel gespießt und mit nahezu mikroskopischer Schrift etikettiert.

4 Leser, die sich einen ersten Eindruck vom weiten Feld der Kommentare verschaffen wollen, sollten am besten beginnen mit James L. Kugel, *Traditions of the Bible*; Louis Ginzberg, *Legends of the Jews*; Hayim Nahman Bialik und Yehoshua Hana Ravnitzky (Hg.), *The Book of Legends: Sefer Ha-Aggadah*; Hermann Gunkel, *Schöpfung und Chaos …*; Claus Westermann, *Genesis. A Commentary*, 3 Bde.

5 Zit. nach Philip C. Almond, *Adam and Eve in Seventeenth-Century Thought*, S. 49.

6 Bernard A. Wood, Welcome to the Family, in: *Scientific American*, September 2014, S. 46.

7 Aus wenn wir nicht von dieser Spezies abstammen, so nimmt man doch an, dass wir für eine »kurze« Spanne von 5000 Jahren – so lange also, wie die uns aus schriftlichen Quellen bekannte Menschengeschichte in etwa zurückreicht – die Erde mit ihnen teilten und uns gelegentlich auch mit ihnen vermischten.

8 *Midrasch Rabba*, 8:1, zit. nach der Übers. v. H. Freedman (3. Aufl., London 1983). Zur enormen Größe des ersten Menschen vgl. R. Tanhuma im Namen von R. Banayah, R. Berekiah im Namen von R. Leazar, R. Joshua b. R. Nehemiah und R. Judah b. R. Simon im Namen von R. Leazar (8:1); zu Adams Schwanz vgl. Judah B. Rabbi (14:10). Weitere Spekulationen in: Louis Ginzberg, *Legends of the Jews*, S. 47–100 (»Adam«); Hayim Nahman Bialik und Yehoshua Hana Ravnitzky, *The Book of Legends: Sefer Ha-Aggadah*, S. 12ff.

2. AN DEN WASSERN ZU BABEL

1 Selbst im Buch der Jubiläen (das Einteilungen der Zeit zwischen der Erschaffung der Welt und der Übergabe der Gesetzestafeln auf dem Berg Sinai vornimmt; A. d. Ü.) herrscht eine bezeichnende Konfusion, weil einmal der »Engel des Angesichts« den Text niederschreibt (Jub 1,27), an einer anderen Stelle Moses nach Diktat schreibt (Jub 2,1). Vgl. E. Kautzsch, Apokryphen und Pseudoepigraphen des Alten Testaments, 2. Bd., S. 62–63.

2 Zu diesem Text bemerkt sein englischer Übersetzer Robert Alter: Abraham wird hier zu einem individuellen Charakter und eröffnet die Erzählungen der Erzväter oder Patriarchen (Gen 12–50).

3 Zit. und übers. nach: *The Jewish Study Bible*, S. 1435: »By the rivers of Babylon / there we sat, /sat and wept, / as we thought of Zion.« – Die Psalmen sind äußerst schwierig zu datieren, die Herausgeber der jüdischen Studienbibel entnehmen dem Wort »there« (שָׁם) in Psalm 137,1, dass die Hebräer, als dieser entstand, nicht mehr in Babylon waren, sondern vermutlich bereits zurück in dem Land, aus dem sie ins Exil getrieben wurden.

4 Aller Wahrscheinlichkeit nach befanden sich die Hängenden Gärten tatsächlich in Ninive und nicht in Babylon (wo Archäologen bislang keine entsprechenden Spuren fanden). Offenbar haben griechische Quellen die beiden Städte und die jeweiligen Reiche durcheinandergebracht. Vgl. Stephanie Dalley, Nineveh, Babylon and the Hanging Gardens, in: *Iraq* 56 (1994), S. 45–58.

5 Die Schreibweise Jahweh bildet das hebräische Tetragramm JHWH nach; in der (revidierten) Lutherbibel steht dafür HERR: Seit dem Mittelalter sollte in der Christenwelt Gott aus Ehrfurcht nicht mit seinem Eigennamen Jahweh (»Ich bin, der ich bin«: Ex 3,13–15) angerufen werden (A. d. Ü.).

6 »Als oben der Himmel noch nicht existierte
und unten die Erde noch nicht entstanden war –
gab es Apsu, den ersten, ihren Erzeuger,

und Schöpferin Tiamat, die sie alle gebar;
Sie hatten ihre Wasser miteinander vermischt,
ehe sich Weideland verband und Röhricht zu finden war,
als noch keiner der Götter geformt
oder entstanden war, die Schicksale nicht bestimmt waren,
da wurden die Götter in ihnen geschaffen …«
Enuma Elisch, Tafel 1, 1; zit. nach: Karl Hecker, u. a. (Hg.), *Texte aus der Umwelt des Alten Testaments*, Bd. 3, Lfg. 4: *Weisheitstexte, Mythen und Epen.*
Vgl. Stephanie Dalley (Übers.), *Myths from Mesopotamia: Creation, The Flood, Gilgamesh, and Others*, S. 233. Weitere Übersetzungen und Kommentare zu mesopotamischen Ursprungsmythen in: James B. Pritchard, (Hg.), *Ancient Near Eastern Texts Relating to the Old Testament*; Thorkild Jacobsen, (Hg.), *The Harps That Once … Sumerian Poetry in Translation*; Benjamin R. Foster, (Hg.), *From Distant Days: Myths, Tales, and Poetry of Ancient Mesopotamia.*

7 Die Babylonier, darauf verweist Thorkild Jacobsen, waren sich dessen bewusst, dass sie ihre Stadt, ihre Zivilisation aufgebaut hatten auf den Fundamenten ihrer Feinde, der Sumerer; dieses Bewusstsein spiegle sich in der Erzählung vom Mord an Apsu. Jacobsen, *The Treasures of Darkness*, S. 186 Sollte diese Interpretation zutreffen, dann hieße das wohl, dass die Hebräer in ihrem eigenen Schöpfungsmythos nicht bereit waren, eine derartige mit ihrer Gründung verbundene Schuld anzuerkennen.

8 Dazu Jacobsen: »Das Phänomen der Winde und Stürme reklamierte Marduk für sich. Unten häufte er einen Berg auf über Tiamats Kopf, stach die Augen aus und schuf so die Quellen von Euphrat und Tigris. (Das Akkadische hat nur ein Wort – *inu* – für Auge und Quelle, die man vermutlich als das Gleiche betrachtete.) Ein ähnlicher Berg wurde aufgehäuft über Tiamats Brüsten, auch sie stach er an, um die östlichen Flüsse zu schaffen, die in den Tigris münden. Tiamats Schwanz bog er nach oben in den Himmel, um die Milchstraße zu schaffen. Ihre Genitalien nutzte er, um den Himmel zu stützen.« (*Treasures of Darkness*, S. 179).

9 Wie Pritchard erläutert, ist »wilder Mann« vermutlich eine Ableitung des ethnischen Namens Lullu. »Dass die Lullu in akkadischen Quellen verbunden werden mit der entfernten und düsteren Vergangenheit, lässt sich aus Evidenzen erschließen … wie auch aus dem Faktum, dass das Flutschiff auf dem Berg Nisir landet, im Land der Lullu.« Pritchard, *Ancient Near Eastern Texts*, S. 68, Anm. 86.

10 Die Babylonier schrieben dem Gott ihrer Stadt absoluten Vorrang zu und gaben ihm auch die entscheidende Rolle bei der Erschaffung der Menschen; dennoch kannte man in Mesopotamien noch andere Berichte über den Ursprung aller Dinge. In einem davon wurden die Menschen nicht von einem Gott, sondern von einer Göttin geschaffen, der weisen Ninhursag. Sie ist »der Mutterleib, / derjenige, der die Menschheit schafft« (Pritchard, *Ancient Near Eastern Texts*, S. 99). Und in einer Beschwörungsformel, die eingesetzt wurde, um den Geburtsvorgang

zu erleichtern, wird dargestellt, wie sie Nachkommen schafft, um den Göttern zu dienen: »Lass ihn geformt sein aus Lehm, belebt mit Blut!« (Ebd., S. 99) Ganz eindeutig gab es eine ausgearbeitete Mythologie um diese Muttergottheit – ein Erzählungskomplex, in dem auch ein Ort absoluter Schönheit vorkommt, Dilmun genannt, und eine wilde Folge sexueller Vereinigungen –, doch der Kult um Marduk absorbierte, was immer er konnte, und fegte das Übrige beiseite.

11 Vgl. die hilfreiche Einführung in: *Atra-Hasis. The Babylon Story of the Flood* (Oxford 1969), S. 1–30. Zit. u. übers. nach: Dalley, *Myths from Mesopotamia.*

12 Die Rachephantasie dient als symbolische Abwehr der befürchteten Assimilation an die Kultur des Siegers, ob als Unterhalter, als Diener oder als Lieferanten. Die Feinde in dieser Phantasie sind schlicht die »Söhne von Edom«, Nachfahren also von Jakobs Rivalen und Bruder Esau. Als solche werden sie zurückversetzt in die alte mythische Geschichte, die den Juden das Gefühl ihrer Identität verleiht.

13 Vgl. Marc Van de Mieroop, *A History of the Ancient Near East ca. 3000–324 BC*, S. 284.

14 Was die Besucher tatsächlich sehen, ist die vergrößerte, grandiose Gestalt, die der Tempel Jahrhunderte später, auf Befehl von Herodes dem Großen, erhielt. Im Jahr 70 u. Z., gut 50 Jahre nach dem ersten Wiederaufbau, wurden diese Quader gelockert und vom Tempelberg herabgestoßen, von römischen Soldaten, nachdem diese die Stadt in einem neuerlichen Desaster in die Knie gezwungen hatten.

15 Ezechiel erklärte, Gott habe ihn an das Nordtor des Tempels geführt, »dort saßen Frauen, die den Tammus beweinten« (Ez 8,14–15). Jeremia, der die Zerstörung Jerusalems durch die Babylonier voraussah, verkündete leidenschaftlich, die drohende Katastrophe sei die Folge nicht militärischen und diplomatischen Versagens, sondern der Untreue des Volkes Gottes. Ob denn niemand sehe, was vorgehe in den Städten Judas und den Gassen Jerusalems? »Die Kinder lesen Holz, die Väter zünden das Feuer an, und die Frauen kneten den Teig, dass sie der Himmelskönigin Kuchen backen.« (Jer 7,18) Aus unserer Distanz sind Abscheu und Wut schwer zu verstehen, die hervorgerufen werden von Zeremonien, die so einladend familiär und häuslich sind. Wer war die »Himmelskönigin«, der Kuchen zu schenken einen solchen Affront darstellte? Jeremia gibt ihr keinen Namen, aber die so geehrte Gottheit war offensichtlich die mit dem Planeten Venus assoziierte Göttin, die die Babylonier Ischtar oder Inana nannten, die Kanaaniter Astarte, die Hebräer Aschera. Archäologen haben in den Königreichen Israel und Juda antike Aschera-Heiligtümer gefunden. Hebräer könnten sie als die Gefährtin Jahwehs betrachtet haben.

Offenbar ist der Kult um die häusliche Partnerin Gottes von hebräischen Priestern und Propheten nach dem Fall Babylons und der Heimkehr nach Jerusalem unterdrückt worden. Die führenden Autoritäten bestanden darauf, dass Jahweh allein lebe, in geschlechtsloser Pracht. Es gibt jedoch Hinweise darauf, dass die Göttin sich nicht geräuschlos verabschiedet hat. Jeremia hat die Antwort festgehalten, die er erhielt, als er die Männer und Frauen Jerusalems schalt wegen ihrer Idolatrie: »Da antworteten dem Jeremia alle Männer, die sehr wohl wussten, dass ihre Frauen anderen Göttern opferten, und alle Frauen, die dabeistanden, eine große Menge … und sprachen. Das Wort, das du uns im Namen des HERRN sagst – wir wollen dir nicht gehorchen.« (Jer 44,15–16) Die Menge weigerte sich, die Anklage als direktes Wort Gottes zu begreifen. Warum sollten sie aufhören zu tun, was ihnen so lange geholfen hatte? Jeremia schreibt auch auf, was ihm die Frauen antworteten auf seinen Vorwurf, ihre Opfer geschähen hinter dem Rücken ihrer Männer: »Und wenn wir Frauen der Himmelskönigin opfern und Trankopfer darbringen, das tun wir ja nicht ohne den Willen unserer Männer, wenn wir Opferkuchen backen, die sie abbilden und ihr Trankopfer darbringen.« (Jer 44,19)

16 William Rainey Harper, The Jews in Babylon, in: *The Biblical World*, S. 104–111. Zu sagen, dieser ganze Topos sei hochkomplex und umstritten, wäre eine veritable Untertreibung. Einen raschen Überblick, konzentriert auf den Augenblick, in dem die Erzählung von Adam und Eva vermutlich aufgeschrieben wurde, bietet Jean-Louis Ska, Genesis 2–3. Some Fundamental Questions, in: Konrad Schmid und Christoph Riedweg, *Beyond Eden …*, S. 1–27.

17 Vgl. Moshe Halbertal, *People of the Book. Canon, Meaning, and Authority*.

18 Die Erkenntnis, dass es überhaupt verschiedene Überlieferungsstränge gibt, geht mindestens bis ins frühe 18. Jahrhundert zurück, bis zum deutschen protestantischen Pastor Bernhard Witter (1683–1715) und zur Veröffentlichung seiner entsprechenden These, die sich auf den Unterschied zwischen den Gottesnamen *Elohim* und *YHWH* bezog. Angesichts der enormen Hindernisse, die nicht nur der Möglichkeit entgegenstanden, unterschiedliche Überlieferungsstränge überhaupt zu erkennen, ganz zu schweigen von einer öffentlichen Akzeptanz solcher Überlegungen, brauchte es beträchtlichen Mut, dieser Frage nachzugehen. Nicht nur Witter brachte diesen Mut auf, entscheidend waren auch der holländische Philosoph Baruch Spinoza (1632–1677) und der französische Priester Richard Simon (1638–1712). So gehörten zu den Begründern dieser Debatte ein Protestant, ein Jude und ein Katholik. Zu diesen mutigen Stimmen gehört aber auch Jean Astruc und seine 1753 anonym veröffentlichte Schrift *Conjectures sur les mémoires originaux dont il paroit que Moyse s'est servi pour composer le livre de la Génèse. Avec des remarques qui appuient ou qui éclaircissent ces conjectures*. Einen allgemeinverständlichen Überblick zu diesem komplexen Thema bietet Richard Elliott Friedman, *Wer schrieb die Bibel?*

3. TONTAFELN

1 Wie dies gelang, beschreibt David Damrosch detailliert in der fesselnden Studie *The Buried Book. The Loss and Rediscovery of the Great Epic of Gilgamesch*. Ich bin Damrosch und seinem Bericht zu Dank verpflichtet; die Inschrift zitiere ich nach

de Mieroop, *A History of the Ancient Near East*, S. 291. – Für eine deutsche Darstellung vgl. Rainer Vollkommer, *Sternstunden der Archäologie* (München: Beck 2000), S. 204 (A. d. Ü.).

2 Der hebräische Gott der Anfangsworte trägt noch einen Namen im Plural, Elohim, und er beginnt nicht aus dem Nichts. Apsu und Tiammat freilich, so viel ist klar, waren nirgends zu finden, doch etwas anderes ist da, *tohu vavohu* – ein heilloses Durcheinander formloser Materie – und *tehom* – die Tiefe, ein Abgrund: »Am Anfang schuf Gott Himmel und Erde. Und die Erde war wüst und leer [*tohu vavohu*], und Finsternis lag auf der Tiefe [*tehom*], und der Geist Gottes schwebte über dem Wasser. Und Gott sprach: Es werde Licht.« (Gen 1,1–3), nach der revidierten Lutherübersetzung; in der Übersetzung von Robert Alter, *The Five Books of Moses*: »When God began to create heaven and earth, and the earth then was welter and waste and darkness over the deep and God's breath hovering over the waters, God said, ›Let there be light.‹« Zu einer Darstellung der fernen Echos vgl. Howard N. Wallace, *The Eden Narrative*; W. G. Lambert, Old Testament Mythology in Its Ancient Near Easter Context (1988), in: ders., *Ancient Mesopotamian Religion and Mythology. Selected Essays*, S. 215–228.

3 Vgl. Damrosch, *The Buried Book*, S. 11–12. In seinen Bemühungen, die Fragmente zusammenzusetzen, unterlaufen Smith verschiedene bedeutsame Fehler – es ist ein Wunder, dass er beim Zusammensetzen, Transkribieren und Entziffern überhaupt so viel herausfand. Wissenschaftliche Forschungen im folgenden Jahrhundert, dazu eine Folge weiterer Entdeckungen, bestätigten im Großen und Ganzen, was Smith bereits in den ersten Sekunden erkannt hatte. Die Tontafeln und Fragmente wurden erst in den 1960er Jahren vollständig entziffert und in die richtige Reihenfolge gebracht.

4 *Atrahasis*, 1. Tafel, 181–187:
Da sitzt Beletili, der Mutterleib.
Der Mutterleib möge den *lullú* erschaffen.
Den Tragkorb der Götter soll schleppen der Mensch!
Sie möge den *lullú*-Menschen erschaffen.
Er soll das Joch tragen, die von der Herrschaft auferlegte Arbeit!
Er soll das Joch tragen, die von Enlil auferlegte Arbeit!
Den Tragkorb der Götter soll schleppen der Mensch! –
Alle Atrahasis-Zitate nach: Stefan M. Maul, *Die Sintflut und ihre Bedeutung im Alten Orient*, im Internet: http://archiv.ub.uni-heidelberg.de/propylaeumdok/1037/1/Maul_Ringen_2007.pdf.pdf (A. d. Ü.).

5 Die parallelen Teile des *Atrahasis*-Epos sind nur fragmentarisch erhalten, darum das Zitat aus dem *Gilgamesch*-Epos. Die deutsche Übersetzung folgt der von Stefan M. Maul, *Das Gilgamesch-Epos* und übernimmt auch die dort vorgenommene Verszählung (Tafel, Vers). An manchen Stellen übernehme ich, wie die engl. Übersetzung von Forster, die Greenblatt zu Grunde legt, Passagen aus älteren Ver-

sionen des Epos. Sie werden in der Übersetzung von Albert Schott deutlicher benannt, der die Internetausgabe von »lyric online« folgt: vgl. https://www.lyrik.ch/lyrik/spur1/gilgame/gilgam01.htm. Dort finden sich auch Erläuterungen zu Namen, Text und Überlieferung. Unsichere Stellen im *Gilgamesch*-Text stehen kursiv; Ergänzungen der Übersetzer sind mit (...), meine Zitatkürzungen mit ... markiert (A. d. Ü.).

6 Assyriologen vermuten, dass in den verlorenen Teilen des *Atrahasis*-Epos die Götter auch übereinkommen, der menschlichen Lebenszeit ein Ende zu setzen. Vgl. G. Lambert, The Theology of Death (1980), in: ders., *Ancient Mesopotamian Religion and Mythology*. Vgl. auch Andrew George, *The Epic of Gilgamesh*, S. XLIV–XLV.

7 Nicht, dass die Genesiserzählung indifferent wäre gegenüber moralischen Werten: Noah wurde gerettet, weil er »ein frommer Mann« war, »ohne Tadel zu seinen Zeiten; er wandelte mit Gott« (Gen 6,9–10). Und der gleiche Gott, der abgestoßen war und bekümmert über die Gewalt in der Welt, die er doch geschaffen hatte – »da reute es den HERRN« (Gen 6,6) –, entschied sich, unterschiedslos alles auszulöschen, »vom Menschen bis hin zum Vieh und bis zum Gewürm«. Die Passage Gen 6,5-8 stammt, wie die meisten Bibelforscher annehmen, vom Jahwisten, während von Vers 9 an bis zum Ende des Kapitels alles der Quelle P entstammt. Augenscheinlich treten hier unterschiedliche theologische Konzeptionen hervor. Im Priestertext wird lapidar konstatiert: »Die Welt ist verderbt«, dennoch kein Wort davon, dass Elohim irgendetwas reuen könnte, selbst wenn es kurz zuvor, beim Jahwisten, heißt, Jahweh bereue seine Schöpfung. – Diese Hinweise verdanke ich Professor Jay Harris, Harvard University.

8 Dazu besonders erhellend sind zwei Bücher von Elaine Pagels: *Versuchung durch Erkenntnis. Die gnostischen Evangelien*, und *Adam, Eva und die Schlange*.

9 Greenblatt nennt als seine Hauptquelle: *Gilgamesh. A New Translation, Analogues, Criticism* und kommentiert: Die Textgeschichte des Epos ist komplex, es gibt verschiedene Versionen aus verschiedenen Zeiten und von verschiedenen Orten, keine ist vollständig. Die besten Hinweise zur Unterscheidung dieser Versionen liefert Andrew George, *The Babylonian Gilgamesh Epic. Introduction, Critical Edition, and Cuneiform*, vgl. auch ders., *The Epic of Gilgamesh. A New Translation*. Eine moderne Übertragung in Versen, im wissenschaftlichen Sinn nicht akkurat, dafür schön und anregend, ist: David Ferry, *Gilgamesh*. Für mein Buch wichtig waren auch die Übersetzungen von Stephen Mitchell, von James B. Pritchard, *Ancient Near Eastern Texts* sowie Stephanie Dalley, *Myths from Mesopotamia*.

10 Diese »Erfindung« ist eine Umwälzung, die unser Leben bis heute bestimmt. Möglich wurde sie durch eine Reihe bemerkenswerter technischer Neuerungen, allen voran die Erfindung des ersten Schriftsystems. Die Keilschrift-Tafeln verzeichneten die komplexen Rechnungen, die Regulationen von Maßen und Gewichten, getätigte Geschäfte, Verträge, Gesetze, die das urbane Leben ermögli-

chen und bis heute prägen. Aber sie halten auch fest, dass die neue Lebensweise symbolische Bedeutung hatte. Uruk ist ein Abbild des Kosmos, und sein Gründungsheld war mehr Gott als Mensch. Vgl. dazu Nicola Crüsemann et al. (Hg.), *Uruk. 5000 Jahre Megacity.*

11 Vgl. dazu Pritchard, *Ancient Near Eastern Texts*, S. 74; sowie Dalley, *Myths from Mesopotamia*, S. 52–53.

12 Bernard F. Batto, *Slaying the Dragon*, zitiert auf S. 55 aus dem sumerischen Mythos »Schaf und Weizen«:
»Shakan [der Gott der Herden] war noch nicht herausgekommen ans trockene Land
Die Menschen in jener fernen Zeit
Wussten noch nicht, sich in Tuch zu kleiden
Gras aßen sie mit dem Mund
Tranken Wasser aus dem Wasserloch.«
Ähnlich heißt es in einem anderen sumerischen Text, in: *Ur Excavation Texts* 6.61.1.7'–10', ebenfalls zit. bei Batto:
»Die Menschen in jener fernen Zeit
Als Shakan (noch) nicht herausgekommen war ans trockene Land
Wussten noch nicht, wie sich in Tuche zu kleiden
Nackt liefen die Menschen umher.«

13 Zit nach der Übersetzung von Schott, X, 82–90, www.lyrik.ch/lyrik/spur1/gilgame/gilgam10.htm

14 Ist *Gilgamesch* die Erzählung einer schwulen Beziehung? Schwer zu sagen. Es gibt keine ausdrückliche Verurteilung einer sexuellen Beziehung zwischen Gilgamesch und Enkidu, doch wird sie auch nicht als solche dargestellt. Was es stattdessen gibt, hat Gilgameschs weise Mutter, die Göttin, gesagt: eine tiefe Bindung zwischen Männern, zu der es gehört, dass sie Gefahren teilen und dabei einander absolut treu sind. Gilgamesch und Enkidu sind die Liebe des je anderen Lebens.

15 Wir wissen nicht, wen die Redaktoren des Buchs Genesis ausgewählt haben, diese neue Geschichte zu konstruieren. Aber sie haben eine großartige Wahl getroffen. Wenn es plausibel scheint, dass der Autor des ersten Kapitels eine ganze Anzahl früherer Berichte zu Rate zog, dass er sie nutzte, um seine eigene Geschichte aufzubauen, dann ist es umso plausibler, dass der Autor des zweiten und der des dritten Kapitels geschickt genug waren, diverse Erzählstränge zu verweben. Heute, inzwischen seit einigen Jahrhunderten, wurden und werden die Verse sorgfältig, geradezu besessen durchkämmt, nur weil man unbedingt herausfinden will, wie viele Erzählstränge es wohl gegeben hat. Die genaue Zahl bleibt ungewiss, doch die Person, die diese große Aufgabe übernahm – diejenige, die die Bibelforschung »J« nennt, den Jahwisten –, hat ganz sicher eine Vielzahl unterschiedlicher Legenden und Texte althebräisch oraler Tradition zusammengefügt.

16 Das nahmen, zumindest vor dem Beginn der modernen kritischen Bibelfor-

schung, so gut wie alle Genesiskommentatoren an; sie übertrugen die Eigenschaften des in Kapitel 1 geschaffenen Menschen in den Bericht vom Lehmmenschen in Kapitel 2.

17 Ein Wortspiel mit dem hebräischen Wort *balal*, das »verwirren« bedeutet. Die Babel-Geschichte, das notiert Robert Alter zu seiner Übersetzung *Five Books of Moses*, »ist ein außerordentliches Beispiel für Stilbewusstsein und die Neigung des biblischen Narrativs, gleichklingende Worte zu nutzen und mit einem bewusst begrenzten Vokabular zu arbeiten« (S. 59, Anm. 11:3).

18 Zu einer ausführlichen Exegese des Gartens und zu umsichtigen Vergleichen mit anderen Gärten in den nahöstlichen Religionen vgl. T. Stordalen, *Echoes of Eden*.

19 Im ersten Kapitel der Genesis entstammt die Welt einer wässrig-wüsten Weite, aus der die Erde hervorgeht, als Gott anordnet: »Es sammle sich das Wasser unter dem Himmel an einem Ort, dass man das Trockene sehe.« (Gen 1,9) Das Problem in Kapitel 2 liegt, wie es aussieht, nicht im Überfluss an Wasser, im Gegenteil, offenbar herrscht Trockenheit, zudem auch ist niemand da, der das Land bebauen könnte: »Es war zu der Zeit, da Gott, der HERR Erde und Himmel machte. Und alle Sträucher auf dem Felde waren noch nicht auf der Erden, und all das Kraut war noch nicht gewachsen. Denn Gott hatte es noch nicht regnen lassen, und kein Mensch war da, der das Land bebaute.« (Gen 2,4–5)

20 Zu den Reizen der Fiktion gehört, dass sie die Regeln der Natur verletzen und eine Phantasie wirklich werden lassen kann: dass hier also die uranfängliche Geburt nicht aus dem Körper einer Frau erfolgt, sondern aus dem eines Mannes; dieser Phantasie nach wurde das Liebesobjekt also dem eigenen Körper entnommen. Das Herstellen dieses Objekts erfolgt sowohl traumhaft – es geschieht, während der Mann schläft – wie chirurgisch: Seine Seite wird geöffnet, eine Rippe entnommen, die Haut wieder verschlossen. Dann begrüßt der Mann die Frau als ein Stück seiner selbst, das ihm zurückgegeben wird und das sich mit ihm voller Gefühl vereint. Diese Vereinigung wird in ekstatisch-metaphorischen Begriffen beschrieben – »Bein von meinem Bein, Fleisch von meinem Fleisch«. Auch wenn uns die Vorstellung nicht nahegelegt wird, dass die Frau tatsächlich physisch in den Körper des Mannes zurückkehrt und erneut ein einziges Wesen entsteht, so bezieht die Metapher ihre Kraft aus dieser körperlichen Phantasie, die der Szene unterlegt wird.

21 »Jauchzende Bewillkommnung« ist die glückliche Formulierung von Johann Gottfried Herder (1744–1803). Zit. nach Claus Westermann, *Genesis Kapitel 1–3*, S. 314. Vgl. auch Kurt Flasch, *Adam und Eva*, Erster Teil, Anm. 5.

22 Das Spiel mit *ishah* and *ish* (wobei diese Worte etymologisch nicht verwandt sind) bestätigt ein weiteres Mal die Erfahrung »ein Fleisch«, ist zugleich aber auch ein Akt von Beherrschung und Unterordnung, will sagen: Der Mann gibt der Frau einen Namen, so wie er auch den anderen Kreaturen Namen gegeben hat. Und in Umkehrung der biologischen Wirklichkeit wurde er nicht von der Frau

genommen, sondern die Frau von ihm. Auch das *Gilgamesch*-Epos spricht von Dominanz und Subordination, sie allerdings werden durch körperlichen Wettstreit etabliert, nicht durch Namensgebung, und in der Beziehung der Freunde ist kein »Bein von meinem Bein« bestimmend.

23 Zu den Implikationen, welche die Entstehung neuer Familien durch »gelockerte Abstammungsbeziehungen« für den Westen hatte, vgl. Michael Mitterauer, *Warum Europa*, S. 70–108.

4. ADAMS UND EVAS LEBEN

1 Die Umstände waren absonderlich genug, und es sollte noch verrückter kommen. Ein halbes Jahr zuvor war Mohammed Alis Vater, ein Nachtwächter, ermordet worden, und als sie vom Verbleib des Mörders erfuhren, übten der älteste Sohn und seine Brüder Rache. Sie erwischten den Übeltäter im Schlaf, schlugen ihm mit ihren geschliffenen Hacken die Glieder ab, rissen dann das Herz heraus und aßen es. Die Behörden, alarmiert durch die Morde, wollten die Blutfehde beenden, also begannen sie, die Leute im Dorf zu befragen. Mohammed Ali und seine Brüder wurden kurz in Haft genommen, dann wieder freigelassen. Auch wenn viele im Dorf gewusst haben werden, was geschehen war, hielten alle dicht.
Weil die Polizisten noch im Dorf herumschnüffelten und die Häuser nach Beweisen durchsuchten, fürchtete Mohammed Ali um die alten Bücher; sie sollten ihm ja etwas einbringen, durften also nicht gefunden und konfisziert werden. So vertraute er eines davon einem christlichen Priester an. Dessen Schwager erkannte, dass der Fund in der Tat etwas wert sein könnte, und bot an, den Kontakt zu Leuten herzustellen, die möglicherweise Interesse daran hatten.
Zu weiteren Einzelheiten vgl. John Dart, *The Laughing Savior*; Jean Doresse, *The Discovery of the Nag Hammadi Texts*; Elaine Pagels, *The Gnostic Gospels*; James M. Robinson, *The Nag Hammadi Story.*

2 Das eine Papyrusbuch, das den ägyptischen Behörden entging, schaffte es bis in die Vereinigten Staaten, wo es, vermittelt durch einen holländischen Gelehrten, an das psychoanalytische C. G. Jung Institut in der Schweiz verkauft wurde. Langsam begann die wissenschaftliche Erfassung des Kodex, ebenso langsam wurde die Bedeutung des Ganzen erkannt.

3 Die *Nag-Hammadi-Schriften* werden hier (mit Seitenzahlen) zitiert nach der dt. Ausgabe und Übersetzung von Gerd Lüdemann und Martina Janßen. – In einem der bemerkenswertesten dieser Texte, in *Das Apokryphon des Johannes*, ist der »erste Mensch« eine Frau mit Namen Barbelo: »Sie wurde der Mutterschoß des Alls, denn sie ist die, die vor ihnen allen ist, der Mutter-Vater, der erste Mensch, der heilige Geist, der dreifach-männliche, der dreifach-kraftvolle, der dreifachbenannte Mannweibliche und der ewige Äon bei den Unsichtbaren und das erste Herauskommen.« Zit. nach Lüdemann und Janßen, *Bibel der Häretiker*, S. 56.

4 Der Text erschien in Griechisch, Lateinisch, Armenisch, Georgisch und Slawisch; die von Gary A. Anderson und Michael E. Stone herausgegebene *Synopsis of the Books of Adam and Eve* ermöglicht, die Versionen miteinander zu vergleichen. Vgl. auch Michael E. Stone, *A History of the Literature of Adam and Eve*; Gary A. Anderson et al. (Hg.), *Literature on Adam and Eve: Collected Essays*. Die Erzählung vom Leben Adams und Evas nach der Vertreibung hat während des gesamten Mittelalters und darüber hinaus eine immens lange und reiche Wirkungsgeschichte; vgl. dazu Brian Murdoch, *Adam's Grace: Fall and Redemption in Medieval Literature*; ders., *The Medieval Popular Bible*. Zu einer Transkription der altfranzösischen Ausgabe samt englischer Übersetzung vgl. Esther C. Quinn et al. (Hg.), *The Penitence of Adam*. – Für die deutschen Zitate vgl. Paul Rießler (Hg.), *Leben Adams und Evas*. Auch https://de.wikipedia.org/wiki/Leben_Adams_und_Evas bietet eine Synopse zu den diversen Fassungen und weitere Informationen; Rießlers Übersetzung findet man unter: https://de.wikisource.org/wiki/Leben_Adams_und_Evas.

5 *Midrasch Rabbah*, 8:8, nach H. Freedmans Übersetzung.

6 Ebd., 8:4.

7 Vgl. Neil Forsyth, *The Old Enemy. Satan and the Combat Myth*; Elaine Pagels, *Satans Ursprung*; und: Jeffrey Burton Russell, *The Devil: Perceptions of Evil from Antiquity to Primitive Christianity*.

8 Zitiert wird nach der Übersetzung von Paul Rießler, Die Apokalypse des Sedrach, in: *Altjüdisches Schrifttum außerhalb der Bibel*. – Eine englische Übersetzung findet sich in der Christian Classics Ethereal Library (http://www.newadvent.org/fathers/1006.htm). Der Text ist nominell christlich, spiegelt aber Fragen, die damals (er entstammt dem 5. Jahrhundert) auch von Juden gestellt wurden. Vgl. auch Apocalypsis Sedrach, hg. v. Otto Wahl, in: *Pseudepigrapha Veteris Testamenti Graece*, 4 Bde., Leiden 1977.

9 Vgl. Adolf von Harnack, Marcion. *Das Evangelium vom fremden Gott*.

10 Viele Gelehrte sind der Frage nachgegangen, warum Paulus die so essentielle Verbindung zwischen Jesus und der Geschichte von Adam und Eva hergestellt hat. Offensichtlich hat das mit Paulus' Herkunft aus einer jüdischen Welt zu tun – damit, dass Paulus, mit Daniel Boyarins Formulierung, ein »radikaler Jude« war (Boyarin, *A Radical Jew: Paul and the Politics of Identity*). Doch in seiner Darstellung des Bösen und seines Ursprungs bezieht sich das traditionelle jüdische Denken, wie wir gesehen haben, nicht unbedingt auf die Erzählung von Adam und Eva. Es wandte sich vielmehr der Erzählung der so genannten »Gottessöhne« in Kapitel 6 der Genesis zu, eine Art himmlischer Hofstaat, die auf die Erde herabkamen und sich Frauen nahmen unter den »Töchtern der Menschen«. Dieser Vereinigung entsprangen die Riesen, denen das Böse zugeschrieben wurde. Das Problem allerdings ist, dass die Sintflut alle dieser Mischwesen auslöschte, womit das Problem für die nachsintflutliche Welt bestehen blieb. Beginnend im

2. Jahrhundert v. u. Z., mit dem Jubiläenbuch, wandte sich das jüdische Denken häufiger Adam und seiner Übertretung zu und begriff diese als Ursprung des Bösen. Vgl. John R. Levison, *Portraits of Adam and Early Judaism: From Sirach to 2 Baruch*. Zu diesen komplexen theologischen Fragen vgl. W. D. Davis, *Paul and Rabbinic Judaism: Some Rabbinic Elements in Pauline Theology*, bes. S. 31–57.

11 Paulus unterstrich diese Verbindung noch: »Denn wie in Adam alle sterben, so werden in Christus alle lebendig gemacht werden.« (1Kor 22) Noch einmal, im Römerbrief, verbindet Paulus das von Jesus aus freien Stücken gebrachte Opfer mit dem Geschehen zu Beginn der Zeiten: »Wie nun durch die Sünde des einen die Verdammnis über alle Menschen gekommen ist, so ist auch durch die Gerechtigkeit des Einen für alle Menschen die Rechtfertigung gekommen, die zum Leben führt. Denn wie durch den Ungehorsam des einen Menschen die Vielen zu Sündern geworden sind, so werden auch durch den Gehorsam des Einen die Vielen zu Gerechten.« (Röm 5,18–19)
Davies (in: *Paul and Rabbinic Judaism*, S. 44) behauptet, dass Paulus die Lehre von Christus als dem Zweiten Adam eingeführt habe. Andere, darunter C. F. Burney (*The Aramaic Origin of the Fourth Gospel*), sind der Meinung, dies stecke, zumindest implizit, bereits in den synoptischen Evangelien. In jedem Fall aber hat Paulus den Ball ins Rollen gebracht: Nach ihm fühlten sich die meisten der frühen Kirchenväter verpflichtet, sich mit den ersten Kapiteln des Buchs Genesis zu befassen.

12 Victorinus, *On the Creation of the World*, S. 341. In der griechisch-orthodoxen Liturgie, die Basilius dem Großen, Erzbischof von Caesarea (Basilius Anaphora) zugeschrieben wird, wird, wie in vielen anderen feierlich-rituellen Verkündungen in der gesamten christlichen Welt auch, der allumfassende Heilsplan formuliert und unentwegt wiederholt: »Nachdem durch einen Menschen die Sünde in die Welt eingegangen ist, und durch die Sünde der Tod, gefiel es Deinem eingeborenen Sohn …, der dem Gesetz untertan war, die Sünde in seinem Fleisch zu richten, auf dass die, die in Adam sterben, in Ihm, Deinem Christus, lebendig gemacht werden.«

13 Kyrill von Jerusalem, dort im 4. Jahrhundert Bischof, erinnert die Kirchgänger mit seiner Predigt an das Urteil, das Adam erhielt: »Verflucht sei der Acker um deinetwillen! Mit Mühsal sollst du dich nähren dein Leben lang. Dornen und Disteln soll er dir tragen«. Dies sei, so fährt er fort, der Grund, warum »Jesus die Dornen nahm, dass er damit dieses Urteil aufheben möge; aus diesem Grund auch wurde er beigesetzt in der Erde, damit die Erde, die verflucht worden ist, die Gnade erfahren möge statt eines Fluchs.« Vgl. Edwin Hamilton Gifford (Hg.), *The Catechetical Lectures of S. Cyril, Archbishop of Jerusalem*, S. 87. Die Dornen, die nach Adams Fall aus der Erde kamen, waren besonders scharf, doch ihre wahre Bedeutung – ihr Ziel, wenn man so will – wird erst offenbar und zugleich annulliert in und durch die Dornenkrone. Zur typologischen (auch »figural« genannten)

Interpretation vgl. vor allem Erich Auerbach, Figura, in: *Scenes from the Drama of European Literature* (New York 1959), S. 11–56, und: ders., Typological Symbolism in Medieval Literature, in: *Yale French Studies* 9 (1952), S. 3–10. – Figura dt. in: Auerbach, *Gesammelte Aufsätze …*, S. 55–92.

14 Julian Apostata, *Gegen die Galiläer.*

15 Philo von Alexandria, *Über die Weltschöpfung*, S. 47. Vgl. *On the Creation of the Cosmos According to Moses*, übers. v. David T. Runia, S. 84–89. Selbst wenn Philo möglicherweise kein Hebräisch lesen konnte – in seinen vielen Werken zitiert er stets aus der lateinischen Septuaginta –, zeigt er eine außergewöhnliche Verehrung für Moses, den er für den Autor der Tora hielt. Moses, schreibt Philo, habe die Gesetze, die zu beachten waren, nicht einfach proklamiert, auch nicht, wie die heidnischen Priester, versucht, die Masse des Volks mit Fiktionen, Erfindungen und Mythen zu umnebeln. Stattdessen beginne er die Heilige Schrift mit der Erschaffung der Welt und sage damit, dass der Kosmos in Harmonie mit dem Gesetz und das Gesetz im Einklang mit dem Kosmos steht.

16 »Zur Ordnung aber gehört die Zahl« und die Sechs ist »die erste vollkommene Zahl, da sie in ihren Teilen gleich und aus ihnen zusammengesetzt ist, nämlich aus der Drei als der Hälfte, der Zwei als dem 3. Teil und der Eins als dem 6. Teil; zugleich ist sie, sozusagen, sowohl männlich als auch weiblich und durch die Kraft der Vermischung beider Prinzipien zusammengesetzt; männlich nämlich ist in der Natur das Ungerade, das Gerade dagegen weiblich, von den ungeraden Zahlen ist nun die erste die 3, von den geraden die 2, und das Produkt beider ist die 6. Denn es musste die Welt als das vollkommenste der gewordenen Dinge nach einer vollkommenen Zahl, der Sechs, geschaffen werden.« Philo, *Über die Weltschöpfung*, S. 31.

17 »Vielmehr deutet er [Gott], wie es scheint, mit diesem Garten auf den führenden Teil der Seele (die Vernunft) hin, der ja gleichsam wie von Pflanzen von unzähligen Vorstellungen erfüllt ist; mit dem ›Baume des Lebens‹ deutet er auf die größte aller Tugenden hin, die Gottesfurcht, durch die die Seele unsterblich wird, und mit dem ›Baume der Erkenntnis des Guten und des Bösen‹ auf die mittelste Tugend, die Einsicht, welche die von Natur gegensätzlichen Dinge unterscheidet.« Philo, *Über die Weltschöpfung*, S. 82.

18 Ihren Höhepunkt erreichte diese exegetische Technik mit dem großen sephardischen Philosophen Maimonides (1135–1204). Dieser, auch heute noch eine Zentralfigur des orthodoxen Judentums, interpretierte die Verse der Genesis mit ungewöhnlicher Belesenheit und Genauigkeit, zeigte dabei aber keine Neigung, sie als planen Bericht tatsächlicher Ereignisse zu lesen. Im Gegenteil, indem er sich auf die griechische Philosophie ebenso bezieht wie auf Aussprüche jüdischer Weiser, betrachtet er Adam und Eva nicht, als seien sie Figuren eines Romans, sondern als Allegorie eines einzelnen Menschen, in dem Form und Substanz, Intellekt und Leidenschaft vereinigt sind.

Um diese Idee zu erläutern, zitiert Maimonides einen jener Kommentare aus dem Midrasch, die einem gebildeten Leser als Inbegriff verschrobener Erzählerphantasie erscheinen mochten. Auf der Schlange nämlich sei einer geritten, so hatte ein alter Weiser gesagt, »sie war nämlich so groß wie ein Kamel. Der Reiter aber war es, der Chawwa [Eva] überredete. Dieser Reiter aber war Sammael. Dies jedoch ist der Name, mit dem sie schlechthin Satan bezeichnen.« (II, 213) Diese und andere Passagen hält Maimonides für »schlechterdings undenkbar«, wenn man sie wörtlich auffasst, als Allegorie verstanden aber ließen sie »die erstaunliche Weisheit dieses Bildes und seine Übereinstimmung mit dem Sein erkennen«. Sammael sei der Name Satans, und es sei völlig einleuchtend, dass sich Satan nicht an den Intellekt, sondern an Begierde und Imagination wende, an den Teil des Menschen also, der allegorisch »Chawwa« genannt werde. Moses Maimonides, *Der Führer der Unschlüssigen*, 2. Buch, S. 213–215. Zu Maimonides' Methoden und Absichten vgl. Moshe Halbertal, *Maimonides*. Die allegorische Interpretation von Adam und Eva war keine Strategie religiösen Dissenses oder religiöser Skepsis. Im Gegenteil, sie generierte ein weites Spektrum tief frommen Denkens. Sie hat den hochgebildeten und hoch rationalen Maimonides ebenso beeinflusst wie die esoterischen Extravaganzen mystischer Kabbalisten. Nach dem *Zohar*, dem Grundbuch des jüdischen Mystizismus aus dem 13. Jahrhundert, auch nach der Lurianischen Kabbala des 16. Jahrhunderts wurde Adam im ersten Kapitel des Buchs Genesis geschaffen nach dem Bild des Adam *Kadmon*, des uranfänglichen oder himmlischen Adam, von dessen Haupt Strahlen des Lichts ausgingen. Dieser rein geistige, höhere Adam – in einigen Überlieferungssträngen dieser Tradition wird er verbunden mit dem Messias – sei zu unterscheiden von einem niederen Adam, von Adam *Ha-rishon*, dem wir in der biblischen Erzählung begegnen und der alle zukünftigen Seelen in sich trägt. Dass die Vorstellung der beiden Adam noch immer lebendig ist, ebenso lebendig wie die vor 2000 Jahren von Philo begründete allegorische Methode, zeigt sich in Joseph Ber Soloveitchiks Essay *The Lonely Man of Faith*, erschienen Mitte der 1960er Jahre. Soloveitchik sieht im Adam aus dem ersten Kapitel der Genesis die Allegorie eines »majestätischen Menschen«, der mit seinem Wissen und seiner Technik das Universum beherrscht, während der Adam aus dem zweiten Kapitel der »Bundesmensch« ist, der aus seiner existentiellen Einsamkeit erlöst wurde durch Kameradschaft und seine Befolgung der offenbarten Gesetze Gottes.

19 Das Celsus-Zitat nach Origenes. »Die Juden in irgendeinem Winkel Palästinas zusammengekauert, vollständig ungebildete Leute, ohne die geringste Kenntnis davon, dass von Hesiod und unzähligen anderen gottbegeisterten Männern diese Dinge schon längst in ihren Gedichten erzählt worden sind, haben ganz unglaubliche und abgeschmackte Märchen zusammengestellt, nämlich von einem Menschen, den Gott mit seinen Händen gebildet und dem er Atem eingeblasen habe (vgl. Gen 2,7), und von einem Weibe, aus der Seite (des Mannes genommen

(Gen 2,21f.), von Geboten Gottes (vgl. Gen 2,16f.), und von einer Schlange, die diesen entgegengearbeitet (vgl. Gen 3,1f.) und von einem Siege der Schlange über die Gebote Gottes (vgl. Gen 3,6); so erzählen sie ein Märchen wie für alte Weiber und stellen in ganz frevelhafter Weise Gott so dar, dass er sofort von Anfang an ohnmächtig und nicht einmal imstande wäre, einen einzigen Menschen, den er selbst gebildet, zum Gehorsam zu bringen.« Origenes, *Contra Celsum*, 4,36.

20 So wie das moderne jüdische Denken über Adam und Eva Philos Vermächtnis erkennen lässt, so sind auch unter modernen Christen viele Erben der allegorischen Methode auszumachen, die Origenes im 3. Jh. aus der Taufe hob. Der größte Philosoph der europäischen Aufklärung, Immanuel Kant, hatte keine Nachsicht mit theologischem Obskurantismus oder buchstabentreuer Exegese. Von allen Arten, sich den Ursprung des Moralisch-Bösen und dessen Ausbreitung »unter allen Gliedern unserer Gattung« zu erklären, sei es, wie Kant schreibt, die »unschicklichste, es sich als durch *Anerbung* von den ersten Eltern auf uns gekommen vorzustellen«. Wir können unsere Sündhaftigkeit nicht geerbt haben, denn: »Eine jede böse Handlung muß, wenn man den Vernunftursprung derselben sucht, so betrachtet werden, als ob der Mensch unmittelbar aus dem Stande der Unschuld in sie geraten wäre.« Wenn wir also bei jeder menschlichen Handlung vom freien Willen ausgehen und nach einem »Vernunftgrund« fragen müssten, dann gebe es keinen Weg, den »Zeitgrund« zu klären, die Frage, wie das Böse in uns gekommen sein soll. Angesichts dieses Dilemmas greift Kant, und zwar auf eine Weise, die Origenes gewiss gefallen hätte, zurück auf die Erzählung vom Garten und der Schlange. Denn »die Unbegreiflichkeit, zusamt der näheren Bestimmung der Bösartigkeit unserer Gattung drückt die Schrift in der Geschichtserzählung dadurch aus, dass sie das Böse, zwar im Weltanfange, doch nicht im Menschen, sondern in einem *Geiste* von ursprünglich erhabener Bestimmung [der Schlange, dem abgefallenen Engel] voranschickt.« Immanuel Kant, *Religion innerhalb der Grenzen der bloßen Vernunft*, 1. Stück, IV, in: *Werke* Bd. 8, S. 690, 691. Die Irrationalität der biblischen Erzählung ist eine großartige Allegorie für ein philosophisches Problem, das Vernunft nicht auflösen kann. Eine ganze Reihe bedeutender Philosophen des 19. und 20. Jahrhunderts, Protestanten wie Katholiken, folgen nach – Friedrich Schleiermacher, Søren Kierkegaard, Reinhold Niebuhr, Hans Urs von Balthasar. Doch diese modernen Beispiele christlicher Allegorisierung sind – anders als im Fall des modernen Judentums – keine Fortsetzung einer ungebrochenen Linie des Denkens. Vielmehr bilden sie einen Wiederanfang nach einer langen Phase der Dunkelheit.

5. IN DEN THERMEN

1 Man findet dieses Programm mehr oder weniger komplett im Rudas Thermalbad in Budapest, im Al Pasha, dem türkischen Bad in Amman, im Süleymaniye

Hamamı in Istanbul, aber auch in den Russian & Turkish Baths an der First Avenue in New York.

2 Zit. nach Augustinus, *Bekenntnisse*, übers. v. Kurt Flasch und Burkhard Mojsisch; das Zitat: II. Buch, 3. Kap., 6, in Kurzform: II, 3,6. Greenblatts Referenztext ist: *Confessions*, übers. v. R. S. Pine-Coffin. – Der lateinische Text – »me ille pater in balneis vidit pubescentem et inquieta indutum adulescentia« – lässt auch die Möglichkeit offen, dass es nur das Schamhaar war, das der Vater bemerkte, keine Erektion, doch *inquieta adulescentia* deutet auf mehr. Die Erektion – und vor allem das Erlebnis ihrer Unwillkürlichkeit – wird, und das möchte ich zeigen, entscheidend für Augustinus' Interpretation der Erzählung von Adam und Eva, darüber hinaus für sein Verständnis der *conditio humana* nach dem Sündenfall. Lateinische Zitate nach: Augustinus, *Confessiones*, Loeb Classical Library, 2 Bde.

3 Der Bruder Navigius hat in den *Bekenntnissen* den allerkürzesten Auftritt: in Ostia, am Bett der sterbenden Mutter. Schöner wäre es, sagt dort der Bruder, wenn sie nicht in der Fremde sterben würde, sondern in der Heimat, dort auch beerdigt werden könnte. Und die Mutter hatte Augustinus angeschaut und gesagt: »Sieh doch, was er sagt!« Navigius wird für sein weltliches Denken gescholten, und gleich darauf ruft sie aus: »Begrabt diesen Körper irgendwo!« (IX, 11,27) Für biographische Daten habe ich mich vor allem orientiert an: Peter Brown *Augustinus von Hippo*, sowie an Robin Lane Fox, *Augustinus.*

4 Er habe sich, ein »unglückliches Schaf«, aus Gottes Schutz entfernt, habe diesen verschmäht, sei daraufhin von »hässlichem Ausschlag entstellt« worden: »Von daher stammte meine Leidenschaft für den Schmerz, nicht etwa für einen tiefergehenden – nur ungern hätte ich selbst ertragen, was ich als Zuschauer erlebte –, sondern lediglich für einen vernommenen und erdichteten Schmerz, der mich gleichsam an der Oberfläche berührte.« (III, 2,4)

5 Epikur hatte dargelegt, dass das Universum, wie wir es kennen, aus der zufälligen und spontanen Kollision von Atomen entstanden ist, dass die Götter sich nicht kümmerten um das, was die Menschen taten, und taub waren für deren Bitten.

6 Augustinus zur Bibel: »Insofern schien mir ihre Autorität umso verehrenswerter und dem allerheiligsten Glauben angemessener, als ihre Lektüre für alle leicht zugänglich war und doch die Würde ihres Geheimnisses einem tieferen Verständnis vorbehalten blieb, da sie sich allen in ganz klarer Sprache [*verba*] und völlig anspruchslosem Stil [*genus loquendi*] präsentierte und doch die Aufmerksamkeit derer auf die Probe stellte, die nicht leichten Sinnes sind.« (VI, 6,8)

7 Das Kind Adeodatus wurde zusammen mit seinem Vater und Alypius, dem Freund des Vaters, getauft. Augustinus wunderte sich über die Frömmigkeit und Intelligenz seines Sohnes, beides, schreibt er, seien Geschenke Gottes, »denn ich hatte an diesem Sohn keinen Anteil außer der Sünde« (IX, 6,14). Adeodatus starb noch nicht zwanzigjährig.

8 Die Schlussworte sind ein Zitat aus Mt 25,21.

9 Rebecca West, *St. Augustine*, S. 91.

6. URFREIHEIT, URSÜNDE

1 Ambrosius, *Über den Tod seines Bruders Satyrus*, II, 6; zit. nach *Bibliothek der Kirchenväter*.

2 *De trinitate*, XIII, 12; vgl. auch ebd., Kap. 9.-11. Augustinus hat um 400 mit der Arbeit an *De trinitate* begonnen, drei Jahre nach Abschluss der *Confessiones*.

3 *Contra Iulianum*: »Was bleibt also übrig, als dass die Ursache dieser Übel entweder die Ungerechtigkeit oder Ohnmacht Gottes ist oder aber die Strafe für die erste und alte Sünde. Da aber Gott weder ungerecht noch ohnmächtig ist, bleibt übrig, was du [sc. Julian] nicht zugeben willst, doch zuzugeben gezwungen wirst, dass (es nämlich) das schwere Joch auf den Adamssöhnen vom Tag des ersten Hervorgehens aus den Schoß der Mutter aller nicht gegeben hätte, wenn die Strafe des Ursprungsvergehens nicht vorausgegangen wäre.« (*Gegen Julian*, IV, 83)

4 »Kann denn ein gerechter Beurteiler es billigen, dass man mich schlug, weil ich als Junge Ball spielte und weil dieses Spielen mich abhielt, schneller das Wissen zu erwerben, mit dem ich als Erwachsener viel gemeinere Spiele treiben sollte?« (*Bekenntnisse*, I, 9,15).

5 »Alles Gute und Böse, wodurch wir entweder lobenswürdig oder tadelnswert sind, entsteht nicht mit uns, sondern wird von uns getan, wir werden nämlich mit der Fähigkeit zu beidem, nicht aber damit angefüllt geboren.« So Pelagius, von Augustinus zitiert in *De peccato originale* 13. – »Noch vor dem Akt nach seinem eigenen Willen ist nur das im Menschen, was Gott geschaffen hat.« Augustinus, zit. nach Benjamin B. Warfield, Introductory Essay on Augustin and the Pelagian Controversy, in: *St. Augustine. Anti-Pelagian Writings*, S. 15. »So wie wir ohne Tugend geschaffen sind, so auch ohne Laster.«

6 Zit. nach John M. Rist, *Augustine. Ancient Thought Baptized*. Auch die pelagianische Position stand von Anfang an unter Beschuss, galt als hoffnungslos schwach – wie etwa sollten »Nachahmung« und »Gewohnheit« die Universalität menschlicher Sündhaftigkeit erklären? – und ist bis heute ein Objekt der Verachtung oder zumindest der Herablassung. Vgl. z.B. Bonnie Kent, Augustine's Ethics, in: *The Cambridge Companion to Augustine*, S. 223: Die Schriften des Pelagius und seiner Nachfolger, heißt es dort abschätzig, »halten es für absurd zu behaupten, Adams Sünde habe irgendjemanden außer ihn selbst geschädigt, es sei denn in dem trivialen Sinn, dass Adam ein schlechtes Beispiel gegeben habe«. Inwiefern aber kann dies »Beispiel«, richtig verstanden, etwas Triviales sein? Für Pelagius jedenfalls bezeichnet »Beispiel« das ganze ungeheure Gewicht der menschlichen Kultur.

7 Pelagiuszitate nach: Gustav Friedrich Wiggers, *Versuch einer pragmatischen Dar-*

stellung des Augustinismus und Pelagianismus nach ihrer ideengeschichtlichen Entwicklung, Hamburg 1833.

8 Das zumindest ist die frühpelagianische Lehre, spätere Pelagianer waren bereit zu konzedieren, dass der Tod mit Adam kam.

9 James Wetzel, Predestination, Pelagianism, and Foreknowledge, in: *The Cambridge Companion to Augustine*: »Es war Caelestius, ein Schüler des Pelagius und römischer Adliger, der als erster den Zorn der nordafrikanischen Bischöfe herausforderte. Während seiner Zeit in Karthago äußerte er sich zur Praxis der Kindertaufe; seiner Meinung nach könne man sie befürworten (was er auch tat), auch ohne sich dabei auf die Erbsünde zu beziehen, die jede menschliche Geburt mit einem Makel versehe. Die Afrikaner sahen damit ein schwer errungenes Dogma in Frage gestellt, und sie denunzierten ihn bei der Synode. Für kurze Zeit konnte Pelagius einem Schuldspruch entgehen, als ihn nämlich die Synode von Diospolis, der ein Rat palästinensischer Bischöfe vorstand, im Dezember 415 vom Vorwurf der Häresie freigesprochen hatte. In den folgenden Jahren jedoch sammelten die Nordafrikaner, nun unter Augustinus' Führung, ihre Kräfte und erreichten bei Papst Zosimus, dass dieser die Häresie des Pelagius verurteilte.«

10 Julians Argument: »In den kleinen Kindern gibt es kein Vergehen, weil es das ohne Willen, der in ihnen keinesfalls vorhanden ist, nicht geben kann.« So zitiert Augustinus und entgegnet: »Das sagt man zu Recht hinsichtlich der persönlichen Sünde eines jeden, nicht hinsichtlich der ursprunghaften Ansteckung durch die erste Sünde. Wenn es die aber nicht gibt, sind die kleinen Kinder in der Tat keinem Übel verfallen und würden unter der so großen Macht des gerechten Gottes weder an Leib noch an der Seele irgendein Übel erleiden.« (*Gegen Julian*, III, 11,1)

11 »Alles aber, was an Gutem von einem Menschen getan wird, und nicht deswegen getan wird, um dessentwillen es nach der Vorschrift der wahren Weisheit getan werden muss, ist schon durch den falschen Zweck Sünde, auch wenn es von der äußeren Handlung her gut erscheint.« (*Gegen Julian*, IV, 21,3) Augustinus zitiert zum Beweis aus dem Hebräerbrief (Hebr 11,6) – »Aber ohne Glaube ist's unmöglich, Gott zu gefallen« (IV, 23,2). Wütend entgegnete Julian, diese Worte würden auf diese Weise zu einem Zweck genutzt, zu dem sie nie gedacht waren.

12 »Du unterscheidest, definierst und erörterst fast wie ein Arzt Wesen, Erscheinungsform, Maß und Unmaß der Begierlichkeit und behauptest, *ihr Wesen bestehe in der Lebensglut, ihre Erscheinungsform in der geschlechtlichen Regung, ihr Maß im ehelichen Tun, ihr Unmaß in der Ausschweifung durch Hurerei*. Und wenn ich dich nach dieser deiner ganzen ziemlich genauen und umfangreichen Darlegung kurz und offen frage, warum diese Lebensglut im tiefsten Grunde des Menschen Kampf bewirkt, so dass das Fleisch gegen den Geist aufbegehrt und der Geist gegen das Fleisch aufbegehren muss, und warum mit tödlicher Wunde geschlagen

wird, wer sich mit dieser Lebensglut vertragen will, dann wird, glaube ich, sogar die schwarze Tinte deines Buches sich aus Scham zinnoberrot färben.« (*Gegen Julian*, III, 26,1) In diesem Kampf gegen den Pelagianismus hatte Augustin einen Vorteil: Auch wenn Julian verheiratet gewesen war, erklärte er nun, dass er keusch lebe, wie der asketische Pelagius selbst. Warum aber sollte man, konnte Augustinus nun ironisch fragen, die Keuschheit wählen, wenn nichts falsch war am Geschlechtsverkehr?

13 Begierlichkeit, schreibt er, lässt nicht ab, »bald mit abgeschwächten, bald mit heftigeren Regungen gegen [die Ehe] aufzustacheln, und gegen jene, die ihr Übel bei der Kindererzeugung in guter Art gebrauchen« (*Gegen Julian*, III, 30,2).

14 Diese Erregung ist lustvoll, ja, der Geschlechtsverkehr, wie wir ihn kennen – wie ihn Augustinus aus seinem langen Leben mit seiner Geliebten und vom Verkehr mit anderen Frauen kannte –, »ist eine Lust, die so heftig ist, wie es keine größere unter den körperlichen Lüsten gibt«. Diese Intensität aber ist zugleich gefährliche Verführung. Besser wäre es, wir könnten Kinder zeugen ohne dieses süße Gift: »Welcher Freund der Weisheit und der heiligen Freuden … würde nicht lieber, wenn er könnte, ohne diese Begierde Kinder erzeugen?« (*Gottesstaat*, XIV, 16–17) Oder auch: »Welcher Liebhaber des geistlich Guten, wenn er auch nur eines Nachwuchses wegen verheiratet ist, wollte somit nicht lieber, falls er es vermöchte, entweder ohne sie [die Lust] oder ihre übergroße Gewalt Kinder zeugen?« (*Gegen Julian*, IV, 71,5)

15 Nach Norbert P. Williams verwendet Augustinus diesen Ausdruck zum ersten Mal in seiner Abhandlung *Ad Simplicianum*: vgl. *The Ideas of the Fall and of Original Sin, a Historical and Critical Study*. Bei meiner Durchsicht und Zusammenstellung der überwältigend umfangreichen Literatur zur Ur- oder Erbsünde war mir Williams' hochgeschätztes Buch hilfreich, ebenso wie die noch älteren Bücher *The Christian Doctrine of Man* von H. Wheeler Robinson und *The Sources of the Doctrines of the Fall and Original Sin* von Frederik Robert Tennant.

16 Natürlich bringt es der enorme Umfang des genannten Schrifttums mit sich, dass man ohne weiteres Ausnahmen finden kann. Und selbst wenn fromme Juden und Muslime sich den Gedanken der Erbsünde niemals vollständig, zum Konzept ausgearbeitet, zu eigen machten, so befassen sie sich doch recht oft mit dem Makel, den Adam und Eva mit ihrem Ungehorsam über sich und ihre Nachkommen gebracht haben. »Der Unrat, den wir ausstoßen, ist eine Folge dessen, was wir geerbt haben wegen des Baumes« – das erläutert ein muslimischer Reisender des 17. Jahrhunderts in Frankreich seinem christlichen Gesprächspartner. »Das brachte die Unreinheit des Körpers, weswegen der Mann sich die unreinen Partien seines Körpers waschen muss. Er wäscht sich die Hände, weil unser Urvater Adam, Friede sei mit ihm, seine Hand ausstreckte nach der Frucht, die Gott verboten hatte; er wäscht seinen Mund, weil der davon aß; seine Nase, weil er die Frucht gerochen hat; sein Gesicht, weil er es der Frucht zugewandt hat.« Ahmad

bin Qasim, Kitab Nasir al-Din ala al-Qawm al-Kafirin (The Book of the Protector of Religion against the Unbelievers), in: Nabil Matar, *In the Land of the Christians*, S. 26–27.

17 In *De trinitate* heißt es: »Nicht trat hier in Tätigkeit die Begierlichkeit des Fleisches, durch welche alle übrigen erzeugt und empfangen werden, die sich die Ursünde zuziehen; sie fehlte vielmehr ganz und gar; die heilige Jungfräulichkeit ist durch den Glauben, nicht durch den Beischlaf befruchtet worden, damit jener Eine, der aus der Nachkommenschaft des ersten Menschen geboren wurde, bloß in der Reihe des Geschlechts, nicht auch in jener der Sünde stehe.« (*Über die Dreieinigkeit* 13:18)

18 Zu den Worten, die Augustinus für seine Methode der Bibelauslegung benutzt, gehören nicht nur *allegoria*, sondern auch *figura, aenigma, imago, similitudo, mysterium, sacramentum, signum* und *velum* [Schleier]. Vgl. Augustinus, *On Genesis: A Refutation of the Manachees*, S. 30.

19 Zu »seelisch« vgl. ebd., S. 78. In der gleichen Schrift heißt es, Eva sei nicht räumlich verstanden im Paradies gewesen, sondern mit Blick auf ihr »glückseliges Paradiesgefühl« (2.41.20, S. 85). Vgl. John M. Rist, *Augustine: Ancient Thought Baptized*, S. 98.

20 Hervorhebung von mir. – Augustinus bestreitet nicht, dass es in den Worten der Schrift auch eine wörtliche Wahrheit geben könnte, doch auf diese komme es nicht in erster Linie an: »Selbst wenn die wirkliche, sichtbare Frau, historisch gesprochen, aus dem Leib des ersten Menschen durch Gott den Herrn gemacht wurde, geschah es gewiss nicht ohne Grund, dass sie auf diese Weise gemacht wurde – es muss geschehen sein, um eine verborgene Wahrheit anzudeuten.« Gott habe den »Platz der Rippe aufgefüllt mit Fleisch, um durch diese Worte die liebevolle Zuneigung anzudeuten, mit der wir unsere Seelen lieben sollen«. (*On Genesis*, 2.12.1, S. 83) In manchen Fällen kann die wörtliche Bedeutung auch auf die spirituelle folgen. Darum entsprang die Segnung »Seid fruchtbar und mehret euch« einem spirituellen Sinn und wurde dann in eine »Segnung des Fleisches nach dem Sündenfall« gewendet (*On Genesis*, 1.19.30, S. 58). Zu Adams Mühen als Antizipation des Handausstreckens Christi am Kreuz vgl. *On Genesis*, 2.22.34, S. 94.

21 Schon um 393, nur fünf Jahre nach seiner Schrift gegen die Maniehäer, wagte sich Augustinus an einen Text, der nicht vollendet wurde: an eine stärker dem Wortlaut folgende Auslegung, in der er versuchte, die Anfangskapitel des Buchs Genesis als Darstellung historischer Charaktere und Ereignisse aufzufassen. Doch auch jetzt gab er die allegorische Lesart nicht vollends auf. Eine deutliche Spur hinterließ sie in den letzten Büchern der *Bekenntnisse*. Warum gebot Gott den Menschen in Genesis 1,28: »Seid fruchtbar und mehret euch und füllet die Erde«? Weder an die Fische und Vögel noch an die Bäume ergeht eine solche Weisung, wahrscheinlich weil Gott davon ausging, dass sich diese ohnehin vermehren wür-

den, ohne eigens dazu aufgefordert zu werden. Darum, schließt Augustinus, müsse das Gebot an die Menschen eine besondere Bedeutung enthalten. »Welches Geheimnis birgt es in sich?«, fragt er Gott und antwortet sich selbst: »Ich weiß nicht, was mich daran hindern sollte, die Aussagen in deinem Text bildlich aufzufassen.« (*Bekenntnisse*, XIII, 24,36) Erfasst man jenes Gebot nicht »körperlich« oder dem Wortlaut nach, dann hat die Vermehrung, an die Gott dachte, nichts zu tun mit sexueller Fortpflanzung. Denn »die begrifflich [sc. allegorisch] erfassten Dinge sind die Entstehungsprozesse unter den Menschen, und zwar wegen der Fruchtbarkeit unserer Vernunftmethode (*ratio*)« (XIII, 24,37).

22 Er hatte enormes Vertrauen in seine Fähigkeit, mit Gottes Hilfe vollenden zu können, was immer er sich in den Kopf gesetzt hatte. Man höre den Ton, den er in dieser Passage des *Gottesstaats* anschlägt: »Nachdem nun die überaus schwierigen Fragen über die Entstehung unserer Welt und über den Anfang des Menschengeschlechts erörtert worden sind, ist es ein Gebot der Ordnung, auf unser bereits begonnenes Gespräch über den Fall des ersten Menschen, vielmehr der ersten Menschen, über den Ursprung und die Fortpflanzung des Todes unter den Menschen zurückzukommen.« (*Der Gottesstaat*, XIII, 1)

23 »Auf kaum ein anderes seiner Werke verwandte Augustinus solche Ausdauer, solche Sorgfalt und Umsicht«, nach: Augustinus, The Literal Meaning of Genesis, in: *On Genesis,* S. 164. Zur Ablehnung des »Rätselns« siehe das voranstehende Zitat, im Original: *Secundum proprietatem rerum gestarum, non secundum aenigmata futurarum.* Zum Drängen der Freunde vgl. Brief 38 (Ep. CLIX) an seinen Priesterbruder Evodius aus dem Jahr 415, in dem er von der »gespannten Erwartung« unter seinen Freunden schreibt, die das Buch zu sehen hoffen, zit. nach: *St. Augustine Selected Letters*, S. 277.

24 Aus den *Retractationen*, zit. im Vorwort zu *Über den Wortlaut der Genesis*, S. XXII. Stößt Augustinus auf Probleme wie das der Stimmbänder Gottes, nimmt er Zuflucht bei einem Prinzip, das zu wiederholen er sich gezwungen sieht: »Wenn freilich mit den Worten, die Gott oder einer Person in prophetischem Dienst zugeschrieben werden, etwas gesagt wird, das man einfach nicht wörtlich verstehen kann, weil es abwegig wäre, dann gibt es keinen Zweifel, dass es um irgendeiner Bedeutung willen figürlich aufgefasst werden soll.« (Ebd, XI; 1,2; vgl. parallel 8.1, 1-4)

25 Werde gefragt, wie Adam wissen konnte, was »Tod« bedeute, dann, so Augustinus, müsse man sich daran erinnern, wie viele Dinge man intuitiv verstehe, ohne sie direkt erfahren zu haben (vgl. *Über den Wortlaut der Genesis,* 8.16.34).

26 Wir können sicher sein, schreibt Augustinus, dass die Äpfel an jenem fatalen Baum von der gleichen Art waren wie die Äpfel, die Adam und Eva von anderen Bäumen als harmlos kannten. Wir wissen natürlich, dass wirkliche Schlangen nicht sprechen können, doch die wirkliche Schlange im wirklichen Garten Eden musste ja auch gar nicht sprechen: »So könnte man auch diese Schlange eine Lüg-

nerin nennen, weil sich ihrer der Teufel, um zu lügen, bedient, so wie der Schreiber hierzu die Feder benutzt.« (XI, 29,36) Nicht alle diese Einzelheiten, die es erforderlich machten, eine wörtliche Lesart zu konstruieren, werden in der Heiligen Schrift aufgeführt, das Ausgelassene jedoch können wir durch Vermutungen ergänzen. Und weil es nichts fruchten würde zu denken, der Teufel habe die unabhängige Kraft, um entweder Gottes Macht oder den freien Willen der Menschen zu gefährden, sollten wir annehmen, dass seine Worte keinerlei Wirkung auf Eva gehabt hätten, hätte sie nicht ihrerseits »in ihrem Innern jene Liebe zur Eigenmacht und eine gewisse stolze Selbstüberhebung gewesen …« (XI, 30,39).

27 Auch Adam, schreibt Augustinus, irrte, wenn er mit Gottes Vergebung rechnete. Nicht von der Schlange wurde er getäuscht, nicht von seiner Frau, sondern er »täuschte sich immerhin darin, wie seine Entschuldigung beurteilt werden musste« (*Vom Gottesstaat* XIV, 11). Vermutlich erwartete er nicht, dass seine lässliche Sünde mit dem Tod bestraft würde.

28 Augustinus, A Letter Addressed to the Count Valerius, on Augustin's Forwarding to Him What He Calls his First Book ›On Marriage and Concupiscence‹, in: *Extract from Augustin's ›Refractions‹*, Buch II, Kap. 53, zu folgendem Traktat: ›De Nuptiis et Concupiscenta‹, in: *St. Augustin. Anti-Pelagian Writings*, S. 258.

29 »Sollte daher nicht die Freiheit des menschlichen Willens erröten, der durch die Verachtung des göttlichen Befehls auch die Herrschaft über die eigenen Glieder verloren hatte?« (Augustinus, *Ehe und Begierlichkeit*, I, 6,7) Zur aufsteigenden Scham vgl. Kyle Harper, *From Shame to Sin*, zum psychischen und somatischen Erleben der Scham vgl. Michael Lewis, *Scham. Annäherung an ein Tabu.*

30 Bei einigen Gelegenheiten erkannte er, dass das sexuelle Erleben der Frau anders sein könnte als das des Mannes. Für diesen, das wusste er, ist der Ausstoß des Samens tief befriedigend, ob aber »die Samen beider Geschlechter sich im Mutterschoß mit Lust vermischen«, das müssten die Frauen feststellen, »zusehen, was sie im verborgenen Inneren fühlen; uns ziemt es nicht, leichtfertig bis zu diesen Bereichen vorzudringen« (II, 23,26).

31 Auch in *Der Gottesstaat* beschreibt Augustinus die wunderliche Unzuverlässigkeit der Erregung recht genau: »So wie sich zuweilen eine ungestüme Regung einstellt, ohne dass nach ihr verlangt wird, ebenso lässt sie einen Begehrenden im Stich, mag der Geist auch vor Begierde brennen, bleibt sie im Leibe kalt und versagt so nicht nur, wo es gilt, dem Zeugungswillen zu dienen, sondern versagt sich auch der lüsternen Begehrlichkeit; und während sie sich dem zügelnden Geist meist als ganze widersetzt, zerteilt sie sich zuweilen auch im Zwiespalt mit sich selbst, setzt zuerst den Geist in Bewegung und lässt auf einmal nach, wenn es gilt, den Leib in Erregung zu bringen.« (*Der Gottesstaat*, XIV, 16)

32 Augustinus fährt fort: »Doch wen lässt jene Lust … selbst wenn man sich ihr in guter Absicht nähert, d. h. der Kindererzeugung wegen, bei ihrer Verrichtung dennoch an irgendetwas denken, ich sage nicht einmal an Weisheit, sondern an

beliebiges anderes.« (II, 71,3) Zu den theologischen Problemen, mit denen Augustinus hier ringt, siehe Peter Brown, *Keuschheit der Engel. Sexuelle Entsagung, Askese und Körperlichkeit.*

33 Sexuelle Vermehrung war nicht das einzig Unterscheidende. Die Pelagianer behaupteten, der Tod gehöre ebenfalls zum Menschsein und wäre darum auch zu Adam und Eva gekommen. Dem widersprach Augustinus vehement: Die ersten Menschen hätten, vermöge des Baums des Lebens, unsterblich sein können. Hätte er nicht gesündigt, wäre Adam nicht gealtert: Er wäre versorgt, geschützt gewesen »vor Verfall durch die Früchte der verschiedenen Bäume und durch den Baum des Lebens auch sicher vor dem Tod« (Augustinus, A Treatise on the Merits and Forgiveness of Sins, and on the Baptism of Infants, in: *St. Augustin: Anti-Pelagian Writings*, S. 16). Hätte er nicht gesündigt, er wäre nicht altersschwach geworden und auch nicht gestorben. Auch wenn er dessen nicht völlig sicher war, so bezweifelte Augustinus doch, dass die Nachkommen von Adam und Eva, wären sie im Paradies geblieben, unter der gleichen fatalen Hilflosigkeit hätten leiden müssen, der Kleinkinder auch heute ausgesetzt sind. In der antiken Welt wie auch heute sahen Naturwissenschaftler in der verlängerten Kleinkindzeit ein Kennzeichen unserer Art. Augustinus hielt das für einen Teil der Strafe. Es ging dabei ja nicht um Größe: Schließlich sorgen die Grenzen des Mutterleibs dafür, dass Neugeborene sehr klein sind. Hätten aber die ersten Menschen nicht gesündigt, dann hätten deren Nachkommen wohl sogleich physische und mentale Fähigkeiten entwickelt. Schließlich, so beobachtet er, könnten viele unvernünftige Kreaturen schon als Neugeborene »umherrennen, ihre Mütter erkennen, und wenn sie trinken wollen, auf äußere Hilfe oder Sorge verzichten; sie finden die Brüste der Mütter mit Leichtigkeit alleine« (Ebd., S. 43). Menschenwesen dagegen »verfügen nach der Geburt weder über zum Laufen fähige Füße noch über Hände, die zumindest zum Kratzen taugen. Wenn ihre Lippen von der Mutter nicht an die Brust gelegt werden, wissen sie nicht, wo diese zu finden ist; und selbst wenn sie der Brustwarze ganz nahe sind, sind sie, trotz ihres Begehrens nach Nahrung, eher in der Lage zu schreien als zu saugen« (Ebd., S. 43). Was sollte diese miserable Lage menschlicher Nachkommen anderes sein als Strafe, Konsequenz des Sündenfalls?

34 In Buch XIV von *Der Gottesstaat* findet sich eine detaillierte Beschreibung des Geschlechtsverkehrs im Paradies.

35 Natürlich gab es beim Mann kein physisches Äquivalent zum Hymen, doch so wie Augustinus davon ausging, dass es bei der Frau ein Äquivalent zur Erregung der Erektion geben müsse, so stellte er sich auch vor, dass der Mann eine körperliche Unversehrtheit haben müsse, die im Geschlechtsverkehr, wie wir ihn kennen, verletzt wird.

36 Wäre diese Paarung, öffentlich vollzogen vor jedem, der zuschauen wollte, angenehm gewesen? Da war sich Augustinus nicht ganz sicher. Der »lobenswerte« Akt

wäre, da allerdings war er sich sicher, im Paradies ohne »fleischliche Begierlichkeit« vollzogen worden: »Denn warum wird dieses Werk der Verheirateten abgesondert und sogar vor den Augen der Kinder verborgen, außer weil sie in der lobenswerten Vereinigung nicht ohne die beschämende Lust sein können? Über diese erröteten auch die, welche als Erste die Schamteile bedeckt haben (Genesis 3.7), die zuvor nicht beschämend waren, sondern als Werke Gottes lobens- und rühmenswert. Dann also bedeckten sie diese, als sie erröteten, als sie nach ihrem Ungehorsam die ungehorsamen Glieder spürten.« (*Ehe und Begierlichkeit*, II, 5,15)

7. EVAS VERDERBEN

1 Der Koran spricht nicht davon, dass Eva früher als Adam von der Frucht aß, auch nicht davon, dass Adam die Schuld auf Eva schob. Eva – auf Arabisch Hawwa' – wird im Koran überhaupt nicht mit Namen genannt, sie ist Adams »Ehefrau« und trägt gemeinsam mit ihrem Mann die Schuld am Ungehorsam, der zu beider Vertreibung aus dem Paradies führte. Vgl. E. Kvam et al., *Eve & Adam. Jewish, Christian, and Muslim Readings on Genesis and Gender*, bes. S. 179–202, 413–419, 464–476; Karel Steenbrink, *Created Anew. Muslim Interpretations of the Myth of Adam and Eve*; die Einträge zu Hawwa' und Adam in: *Concise Encyclopedia of Islam*. In den Legenden, die nach dem Koran entstanden sind, spiegeln sich viele der rabbinischen und christlichen Traditionen. – Was die jüdische Tradition angeht, so konzentrierten sich die wenigen Juden, die sich überhaupt für die Schuldfrage in der Genesiserzählung interessierten, weniger auf Eva denn auf Adam. So etwa heißt es 4 Esr 7,118: »Ach, Adam, was hast du getan! Als du sündigtest, kam dein Fall nicht nur auf dich, sondern auch auf uns, deine Nachkommen!« Das *Vierte Buch Esra*, auch *Apokalypse von Esdra* genannt, war ein jüdischer Text, der um 100 u. Z. entstand und darauf angelegt war, den Lesern zu helfen, mit der Katastrophe zurechtzukommen, die sich nach der Zerstörung des Tempels im Jahr 70 in der jüdischen Geschichte entfaltete. – Zit. nach: *Das Vierte Buch Esra*, übers. v. Hermann Gunkel, hg. v. Emil Kautzsch, Tübingen 1900; online: https://de.wikisource.org/wiki/Das_vierte_Buch_Esra.

2 *Werke und Tage*, V. 67 und 78 (übers. v. Walter Marg); die engl. Übersetzung von *Works and Days und »Theognis* von Dorothea Wender (Middlesex, UK 1973). (Wörtlich übertragen steht im Griechischen: »lügnerische und schmeichelnde Worte sowie verschlagene Gesinnung«, A. d. Ü.) Das Nachleben dieses Mythos wird ausführlich dargestellt von Dora und Erwin Panofsky in *Die Büchse der Pandora. Bedeutungswandel eines mythischen Symbols*: »Merkwürdigerweise sind die Kirchenväter für die Überlieferung – und Umwandlung – des Mythos der Pandora wichtiger als die weltlichen Schriftsteller: in dem Bemühen, die Lehre von der Erbsünde durch eine antike Parallele zu bestätigen, dabei aber die christliche Wahrheit heidnischer Lüge entgegenzusetzen, glichen sie jene [Pandora] der

Eva an, ein Schritt, dessen ganze Auswirkung erst im sechzehnten und siebzehnten Jahrhundert spürbar werden sollte.« (S. 25) Vgl. auch, jüngeren Datums, Stephen Scully, *Hesiod's »Theogony«. From Near Eastern Creation Myths to »Paradise Lost«.*

3 Tertullian, *De cultu feminarum, Über den weiblichen Putz*, 1. Buch, Absatz 1 (1:1). – Die hier spürbare Wut über die Putzsucht der Frauen ist überhaupt zeittypisch. Vgl. beispielsweise Tertullians Zeitgenossen Clemens von Alexandrien: »Denn wie die Schlange Eva betrog, so verleitet der goldene Schmuck auch die anderen Frauen zu frevelhaftem Wahn, wobei er sich der Schlangengestalt als Lockmittel bedient, indem sie Meerale und Nattern nachbilden lassen, als ob dies etwas sehr Schönes wäre.« Clemens von Alexandria, *Paidagogos*, 2:12, 123.

4 An Marcella, zit. nach: *St. Augustine. Selected Letters*, S. 163. Zur Heirat als dem verbotenen Baum, S. 65.

5 Brief an Eustochium, Nr. 31:19, zit. nach: *Bibliothek der Kirchenväter*; online: http://www.unifr.ch/bkv/kapitel3079.htm. – Möglicherweise um zu betonen, wie hart eine Ehe für Frauen sein kann, änderte Hieronymus seine Übersetzung von Genesis 3,16 auf bezeichnende Weise: Wo im Hebräischen steht: »Und auf den Mann soll sich dein Begehren richten [Heb. *teshukah*], und er soll herrschen über dich« [nach: Alter, *Five Books of Moses*], übersetzt Hieronymus: »sub viri potestate eris et ipse dominabitur tui« – »Unter der Gewalt des Mannes sollst du sein und er dich beherrschen.« Sprachlich gibt es keinen Grund für Hieronymus' Übersetzung des hebräischen Texts; in modernen katholischen Ausgaben wurde sie denn auch korrigiert.

6 Hieronymus zitiert diese Stelle in seiner Schrift gegen Jovinian. Diese Verse wurden buchstäblich genommen, was heute heftig diskutiert wird. Hieronymus hat denn auch einige Schwierigkeiten mit dem übernächsten Vers: »Sie aber wird gerettet werden dadurch, dass sie Kinder zur Welt bringt, wenn sie bleiben mit Besonnenheit im Glauben und in der Liebe und in der Heiligung.«

7 Guido de Baysio und Raymond de Peñaforte; beide werden zitiert in: Gary Macy, *The Hidden History of Women's Ordination*, S. 123.

8 Geoffrey Chaucer, *The Canterbury Tales / Die Canterbury Erzählungen*, aus dem »Prolog zur Erzählung der Frau von Bath«, V. 627–828 (S. 263–273).

9 Zu Eva und Maria vgl. Miri Rubin, *Mother of God. A History of the Virgin Mary*, bes. S. 202–203, 311–312. Eine reiche Sammlung von Bildern, die Eva und Maria verbinden, bietet, samt Erläuterungen, Ernst Guldan, *Eva und Maria. Eine Antithese als Bildmotiv.*

10 Illustration zu Dante Alighieri, *Paradiso*, Yates Thompson MS 36, um 1445 (London, British Museum); die Darstellung wird Giovanni di Paolo zugeschrieben.

11 Breslau. Stadtbibliothek Cod. M 1006 (3v); in: *Guldan*, Tafel 156.

12 Caravaggio schuf das Bild für den Altar der Erzbruderschaft der päpstlichen Pferdepfleger. Erfunden hat er das Motiv nicht, es findet sich auch auf einem

früheren Gemälde des Lombarden Giovanni Ambrogio Figino. Doch Caravaggio verlieh ihm aufwühlende Intensität und Befremdlichkeit; möglicherweise deswegen verkauften die Pferdepfleger es, nachdem sie es nur kurz ausgestellt hatten, an Kardinal Scipio Borghese.

13 Thomas von Aquin, *Summa Theologica,* 1a.q.92 a. 1 ad 1. Vgl. Harm Goris, Is Woman Just a Mutilated Male? Adam and Eve in the Theology of Thomas Aquinas, in: Bob Becking und Susan Hennecke (Hg.), *Out of Paradise. Eve and Adam and their Interpreters.*

14 Petrus Damiani, zit. nach Gary Macy, *The Hidden History of Women's Ordination,* S. 113.

15 Paucapalea, zit. nach Macy, *The Hidden History of Women's Ordination*, S. 114. Das war die wohlüberlegte Meinung dieses Kirchenrechtlers aus dem 12. Jahrhundert, der eine *Summa* vom Werk seines verehrten Lehrers Gratian verfasste. Mit diesem Bericht sollte das Argument gestützt werden, dass es Frauen verboten sein sollte, während ihrer Menstruation oder nach einer Geburt eine Kirche zu betreten. Andere Kirchenmänner widersprachen vehement.

16 Heinrich Kramer und Jacob Sprenger, *Malleus maleficarum. Der Hexenhammer*, verfasst von beiden Inquisitoren Jacob Sprenger und Heinrich Institoris (alias Kramer).

17 Zit. nach *Dialogue on the Equal of Unequal Sin of Adam and Eve* (Verona 1451), in: Isotta Nogarola, *Complete Writings…*, S. 151–152.

18 Christine de Pizan, *Das Buch von der Stadt der Frauen*, Erstes Buch.

19 Zit. nach: Arcangela Tarabotti, *Paternal Tyranny*, S. 51.

20 Mary Wollstonecraft, *Eine Verteidigung der Rechte der Frau*, S. 63.

8. INKARNATIONEN

1 Eine materialreiche Darstellung des Übergangs von einer zur anderen Bestattungsform gibt Thomas Laqueur, *The Work of the Dead. A Cultural History of Mortal Remains.*

2 Nicht weniger als vier solcher Darstellungen von Adam und Eva habe ich an diesem Ort entdeckt. Und ich danke meiner ausgezeichneten Führerin, der Kunsthistorikerin Dr. Angela di Curzio, sowie Dr. Raffaella Giuliani, Ispettore della Pontificia Commissione di Archeologia Sacra, die mir die Erlaubnis verschafft haben, auch solche Bereiche der Katakomben zu besichtigen, die normalerweise nicht für Publikum geöffnet sind.

3 Elizabeth Struthers Malbon, *The Iconography of the Sarcophagus of Junius Bassus.* Auf erhaltenen christlichen Sarkophagen wurden etwa 34 Darstellungen von Adam und Eva gezählt.

4 Vgl. William Tronzo, *The Hildesheim Doors*; Adam S. Cohen und Anne Derbes, *Bernward and Eve at Hildesheim.*

5 Eine Sammlung bildlicher Darstellungen findet sich in: Sigrid Esche, *Adam und Eva. Sündenfall und Erlösung.* Natürlich kann es angesichts dieser langen, ikonographisch komplexen Zeitspanne Ausnahmen von dieser eher groben Generalisierung geben. Die berühmte Wiener Genesis aus dem 6. Jahrhundert beispielsweise zeigt Adam und Eva nackt und aufrecht stehend, doch bedecken Äste ihre Geschlechtsteile, und die Figuren werden sofort anschließend im Moment der Vertreibung gezeigt, nun schamgebeugt. Vgl. John Williams (Hg.), *Imaging the Early Medieval Bible.* Zu den neuen Wegen, Nacktheit darzustellen, hier am Beispiel von Gislebertus' Eva, vgl. Alastair Minnis, *From Eden to Eternity. Creations of Paradise in the Later Middle Ages.*

6 Diese Beobachtung und vieles mehr in meiner Darstellung verdanke ich meinen Gesprächen mit Joseph Koerner.

7 Von wegen züchtig: Die Bedeckung hatte natürlich einen tieferen Grund, schließlich steht in der Bibel, dass die ersten Menschen nach ihrem Sündenfall Feigenblätter zusammennähten, eine Folge des ihnen neuen Gefühls der Scham, und Gott selbst gab ihnen Felle, bevor er sie aus dem Paradies trieb. Von einem strikt textimmanenten Standpunkt aus, waren die in Feigenblätter gehüllten Figuren des Freskos also noch zu dürftig gekleidet. Vgl. James Clifton, Gender and Shame in Masaccio's *Expulsion from the Garden of Eden.*

8 Erwin Panofsky, *Das Leben und die Kunst Albrecht Dürers*, S. 113.

9 Aus: Der ästhetische Exkurs, in: *Albrecht Dürers schriftlicher Nachlass…*, S. 268.

10 Ebd., S. 265 (Greenblatt zitiert nach William Martin Conway, *Literary Remains of Albrecht Dürer*, S. 244).

11 Joseph Koerner, *The Moment of Self-Portraiture in German Renaissance Art*, S. 239 u. Anm. 43.

12 Auch wenn Dürer weiter ging als irgendwer sonst, war, was dem zugrunde lag, eigentlich ein Gemeinplatz: So erinnert Girolamo Savonarola, der italienische Prediger aus dem 15. Jahrhundert, an das toskanische Sprichwort: »Jeder Maler malt sich selbst.« Vgl. Koerner, *The Moment of Self-Portraiture* S. 484, Anm. 2.

13 Als er zu formulieren versuchte, was es denn war, das er und jeder, der mit vergleichbar großen Talenten gesegnet war, tun solle, dachte er an eine Situation, die derjenigen von Adam und Eva im Paradies doch merkwürdig ähnlich war: die Entscheidung zwischen Gut und Böse. Zit. nach »Der große ästhetische Exkurs«, aus der *Proportionenlehre*, Druckfassung von 1528, in: Albrecht Dürer, *Schriften und Briefe*, S. 229. (Greenblatt folgt den *Literary Remains of Albrecht Dürer*, S. 245: »let us not take unto ourselves thoughts fit for cattle.«)

14 Londoner Handschriften zu dem allgemeinen Werk über Malerei, in: *Albrecht Dürers schriftlicher Nachlass…*, S. 291.

15 Ästhetischer Exkurs, in: *Albrecht Dürers schriftlicher Nachlass…*, S. 292.

16 Ebd., S. 278.

17 Diese Möglichkeit (zusammen mit vielen anderen auffälligen Details) hat Koerner

beobachtet: »Die von hinten beleuchteten Falten von Dürers linker Flanke und Hüfte, wie sie gegen die Unterseite seines Arms spielen, sind verwandt mit diesem Bereich von Adams Körper.« Koerner, *The Moment of Self-Portraiture*, S. 239.

18 *Albrecht Dürers schriftlicher Nachlass …*, S. 276.

19 Ebd., S. 270.

20 Ebd., S. 252.

21 Ebd.

22 Vgl. Koerner, *The Moment of Self-Portraiture*, S. 195. Die Proportionen werden ausführlich abgeleitet in Albrecht Dürer, *Vier Bücher von menschlicher Proportion* (1528), hg. v. Berthold Hinz. Vgl. auch Christian Schoen, *Albrecht Dürer: Adam und Eva. Die Gemälde, ihre Geschichte und Rezeption bei Lucas Cranach d. Ä. und Hans Baldung Grien*; Anne-Marie Bonnet, *»Akt« bei Dürer*.

9. KEUSCHHEIT UND IHRE MISSLICHKEITEN

1 Miltons weniger begabter jüngerer Bruder Christopher war, wie einer der frühen Biographen des Dichters schrieb, von seinem Vater »ausersehen« für das Studium der Rechte. In *The Reason of Church Government* schreibt Milton: »Den Absichten meiner Eltern und Freunde nach war ich von Kindheit an vorgesehen [für den Kirchendienst], auch in meinen eigenen Entschlüssen, bis ich zur Reife der Jahre kam und sah, welche Tyrannei in die Kirche eingezogen war, so dass der, der die Weihen empfangen würde, sich als Sklave verpflichtete. … Ich dachte, es sei besser, ein schuldloses Schweigen vorzuziehen vor dem heiligen Amt des Sprechens, das erkauft wird und begonnen mit Leibeigenschaft und Verleugnung.« Milton, The Reason of Church Government, in: *Complete Prose Works*, Bd. 1, S. 108.

2 So heißt es in dem lateinischen Gedicht an den Freund Charles Diodati: »Häufig kannst du hier Gruppen junger Mädchen vorbeiziehen sehen: Sterne, die verführerische Flammen ausstoßen. Oh, wie oft staunte ich über die Wunder einer anbetungswürdigen Figur, die die alten Zeiten Jupiters wiederbringen könnte!« (Elegia Prima ad Carolum Diodatum, in: *Complete Poetry and Essential Prose*, S. 174) Alle Zitate Milton'scher Dichtung nach dieser Ausgabe [so auch deren Übersetzung; eine dt. Ausgabe der Dichtungen liegt nicht vor, A. d. Ü.]. – Zur Relegation vgl. Barbara Kiefer Lewalski, *The Life of John Milton*, S. 21–22. Als er ans Christ's College zurückkehrte, versuchte Milton, damals höchst unüblich, einen neuen Tutor zu finden.

3 Zitiert von Milton in: An Apology for Smectymnuus (1642), in: *Milton on Himself. Milton's Utterances Upon Himself and His Works*, S. 73.

4 Ein paar wenige Begegnungen mit seiner spitzen Zunge haben die Verhältnisse wohl umgekehrt. Er wurde gefeiert für seine satirischen Orationen (alle in Latein, versteht sich), von den Kommilitonen sogar auserwählt, die jährliche Abschlussrede zu halten. Die »Lady of Christ's« nutzte die Gelegenheit, die »neu gefun-

dene Freundlichkeit« seiner Kommilitonen anzusprechen (Milton, The Reason of Church Government, in: *Complete Prose Works*, Bd. 1, S. 267) – ein »überraschender Wandel von Feindseligkeit und Ablehnung«, mit der er eigentlich gerechnet habe. »Warum erscheine ich ihnen so wenig als Mann?«, fragte er, als er über den Spitznamen nachsann, den man ihm verpasst hatte: »Das kommt, vermute ich, daher, dass ich mich nie dazu gebracht habe, große Humpen um die Wette hinunterzukippen, oder weil meine Hände niemals Hornhaut hatten vom Lenken des Pflugs, oder weil ich mit sieben nie aushalf auf einem Bauernhof oder mich der Länge nach in die Mittagssonne legte; zuletzt vielleicht auch, weil ich meine Männlichkeit nie in der Weise demonstrierte wie diese Bordellkunden.« (Ebd., S. 284)

Es ist charakteristisch für Milton, dass er diesen und ähnliche literarische Ergüsse aus der Studienzeit sorgfältig aufbewahrte. Über 40 Jahre später veröffentlichte er sie, und wie es aussieht, war er noch immer zufrieden mit seinen Repliken: »Ich wünschte, sie könnten das Esel-Spielen ebenso leicht aufgeben wie ich die Frauen.« (Ebd., S. 284)

5 »Wisse, dass ich nicht anders kann, als Menschen wie dich zu lieben«, schrieb er an Diodati, »auch wenn ich nicht weiß, was Gott mir sonst noch beschieden haben mag, so ist das zumindest wahr: Er hat mir, wenn überhaupt irgendwem, eine heftige Liebe zum Schönen eingegeben.« (*Complete Poetry and Essential Prose*, S. 774)

6 Er schreibt: »Durch Arbeit und konzentriertes Studium (was ich als meinen Teil dieses Lebens betrachte), verbunden mit der starken natürlichen Neigung, könnte ich den Nachgeborenen vielleicht etwas hinterlassen, das so geschrieben ist, dass sie nicht bereit sind, mich sterben zu lassen.« (Milton, The Reason of Church Government, in: *Complete Prose Works*, Bd. 1, S. 11)

7 Der Dichter ist im Text nicht direkt anwesend, wie etwa in »Lycidas«, wo er sich, als lyrisches Ich, darüber grämt, ob nicht auch er, wie sein ertrunkener Freund, vor seiner Blüte dahinscheiden wird (*Complete Poetry and Essential Prose*, S. 100–110).

8 So funktioniert das beispielweise, auch in Shakespeares späten Stücken, wo ein großes Interesse besteht, die Jungfräulichkeit der jungen Heldinnen zu bewahren – von Innogen, Marina, Perdita und Miranda –, und man sich wenig Sorgen macht um die Jungfräulichkeit der jungen Männer, die um sie buhlen (und sie schließlich heiraten).

9 Milton, An Apology for Smectymnuus (1642), in: *Milton on Himself: Milton's Utterances upon Himself and His Works*, S. 81; vgl. auch: Edward Le Comte, *Milton and Sex*, S. 18.

10 Selbst als junger Leser, schreibt Milton, habe er sich dazu angehalten, unbeirrt zu unterscheiden zwischen dem poetischen Geschick, das sich in den von ihm meistgeliebten Werken zeige, und den Werten, die in diesen Werken zum Ausdruck

kämen. Wenn es da irgendetwas gab, das die Keuschheit zu gefährden drohte, wusste er, wie er sich zu verhalten hatte: »Ihre Kunst lobte ich weiterhin, die Männer jedoch verachtete ich.« (*Milton on Himself*, S. 78) Die Liebesdichter aber, die er am meisten bewunderte, Dante und Petrarca, hatten sich niemals einer Verfehlung schuldig gemacht. Das Problem freilich war, dass beide Frauen, die sie dichterisch verehrten, Beatrice und Laura, bereits gestorben waren, als die Liebesgedichte entstanden. Das Verlangen nach Lebenden (und im wirklichen Leben) war eine ganz andere Sache.

11 Milton, Areopagitica, in: *Werke*, S. 919. Galilei stand seit seiner Verurteilung im Jahr 1633 unter Arrest.

12 Vgl. dazu Helen Derbyshire, The Early Lives of Milton, S. 56–57, zit. in: Lewalski, *The Life of John Milton*, S. 91.

13 Natürlich ist es möglich, dass Miltons sexuelle Interessen anderswo lagen. Eine unmissverständlich erotische Intensität ist spürbar in den Bekundungen seiner Liebe zu Charles Diodati, dem jungen Mann, dessen Schönheit ihn, nach eigenem Bekunden, anzog. In Florenz schloss er sofort Freundschaft mit einem begabten, 19-jährigen Wissenschaftler, dessen Name – Carlo Dati – auffällig an den seines englischen Freundes erinnert. Zudem erstreckte sich die Atmosphäre der Erregung und Verfügbarkeit in Italien auf homosexuelle Beziehungen ebenso wie auf heterosexuelle. Doch Miltons Befürchtung, »liederlich lüsterne Sündentaten« könnten schädlich sein für sein geistiges und schöpferisches Leben, wird schwerlich geschwunden sein, wenn er in der Gesellschaft von Männern war.

14 Zit. nach: Lewalski, *The Life of John Milton*, S. 99. »Er diskutierte sowohl freimütig über Religion wie er sich bei jeder Gelegenheit sehr bitter über den römischen Papst ausließ.« Heinsius hatte zwei uneheliche Kinder mit der Tochter eines lutheranischen Geistlichen.

15 Milton, Defensio Secund, in: *Complete Prose Workys*, Bd. 1, S. 609.

16 Nominell waren sie, diese kirchlichen Granden und glühenden Vertreter der Königs, Protestanten, theologisch aber und in ihrer Arroganz sah Milton so gut wie keinen Unterschied zwischen ihnen und den korrupten Prälaten der römisch-katholischen Kirche, die er in Italien erlebt hatte.

17 Dieser Begriff, verächtlich gemeint, hatte, wie ihn Milton verstand, einen wahren Kern, denn diese Menschen hatten in der Tat vor, England zurückzuführen zur Reinheit des biblischen Christentums und zu einer ihres heiligen Ursprungs würdigen Kirche.

18 Das Parlament verweigerte dem König die Zustimmung zur Finanzierung eines Kriegs gegen die schottischen Presbyter, die den Bischöfen die Gefolgschaft versagten und die anglikanische Liturgie ablehnten. Karl versuchte, ohne das Parlament zu regieren, doch sein Hauptberater, der Earl of Strafford, wurde wegen Hochverrats angeklagt und hingerichtet (1641). Auf seinem Gottesgnadentum beharrend und Kompromissen grundsätzlich abgeneigt, verfolgte der König seine

Pläne weiter; den disziplinierten Schotten aber gelang es trotz ihrer zahlenmäßigen Unterlegenheit, die schlecht ausgebildeten und ausgerüsteten Truppen des Königs zu besiegen.

19 Milton, *Animadversions upon the Remonstrants Defence, Against Smectymnuus*, in: *Complete Prose Works*, Bd. 1, S. 655.

20 Milton, An Apology for Smectymnuus, in: *Complete Prose Works*, Bd. 1, S. 900.

21 »Eine gewisse Feinheit der Natur«, heißt es in einem für ihn typischen Stück syntaktisch komplexer, geschmeidiger Prosa, »ein ehrlicher Stolz, Selbstvertrauen entweder in das, was ich bin oder war oder was ich womöglich werden würde (getrost mag der Neid das Stolz nennen), und schließlich jene Sittsamkeit, wovon mir nicht auf der Titelseite, so doch hier gestattet sein mag, geziemend Kunde zu geben; all diese, indem sie ihre natürliche Unterstützung vereinigen, hielten mich über jenen niedrigen Abkömmlingen des Geistes, unter die sich begeben und mischen muss, wer käuflicher und ungesetzlicher Unzucht zustimmt.« Milton, Apology for Smectymnuus, in: *Complete Prose Works*, Bd. 1, S. 890.

22 Wie es zu dieser überstürzten Hochzeit kam, ist unklar. Die Hauptquelle dazu ist Edward Phillips, Miltons Neffe und einer der Jugendlichen, die er in seinem Haus unterrichtete. Phillips war damals zwölf; über 50 Jahre später erinnerte er sich an die erstaunliche Wendung der Dinge: »Um Pfingsten war es, vielleicht ein wenig später, dass er eine Reise aufs Land machte; gewiss niemand um ihn kannte den Zweck der Reise, oder dass sie mehr war als eine Reise zur Erholung. Nach einem Monat Abwesenheit kam er, der als Junggeselle losfuhr, als verheirateter Mann zurück.« Edward Phillips, The Life of Milton, in: *Complete Poems and Major Prose*, S. 1031. Vielleicht war Milton nicht weniger überrascht.

23 Apology for Smectymnuus, in: *Complete Prose Works*, Bd. 1, S. 695. Er hatte lange nachgedacht über die Szene in der Offenbarung des Johannes: »Und ich hörte eine Stimme vom Himmel wie die Stimme großer Wasser und wie die Stimme eines lauten Donners, und die Stimme, die ich hörte, war wie von Harfenspielern, die auf ihren Harfen spielen. Und sie sangen ein neues Lied vor dem Thron.« (Offb 14,2–3) Milton, der dieses Lied der Erlösten singen wollte, las, dass nur diejenigen es singen konnten, »die sich mit Frauen nicht befleckt haben, denn sie sind jungfräulich« (Offb 14,4). Auch ein verheirateter Mann sollte demnach ausgeschlossen sein aus diesem Chor? Nein, erklärte Milton, das sei ein Schluss, den ein rechtgläubiger Christ ganz bestimmt nicht ziehen dürfe.

24 Die Ehe, so geht aus der anglikanischen Heiratszeremonie hervor, sei »ein ehrenwerter Stand, eingesetzt von Gott zur Zeit der Unschuld des Menschen«, in: *The Book of Common Prayer*, S. 434.

25 John Aubrey, *Brief Lives*, S. 20.

26 Die Powells, so schrieb Miltons Neffe, »fingen an zu bedauern, dass sie die älteste Tochter der Familie an eine Person verheiratet hatten, die in ihren Anschauungen so völlig anders war als sie selbst, und sie dachten, dies könne ein Makel sein auf

ihrem Wappenschild, würde dieser Hof wieder aufblühen«. Edward Phillips, The Life of Milton, in: *Complete Poems and Major Prose*, S. 1031.

27 Die Station heißt Chiswick Park, sie liegt dem damaligen Schlachtfeld näher als die Station Turnham Green.

28 Milton, von seiner Frau nach ein paar Wochen verlassen, von ihrer Familie brüskiert, beschloss, seine Situation wieder zu normalisieren. Er erhöhte die Zahl der Schüler, deren Ausbildung er übernommen hatte, er entwickelte und erprobte ein neues Curriculum, von dem er hoffte, dass es als Grundlage dafür dienen konnte, Englands Bildungssystem zu reformieren. Sein Ziel war, typisch für ihn, keineswegs bescheiden, und, nicht weniger typisch, in der Erläuterung seines Curriculums geht Milton den gesamten Weg zurück bis zu Adam und Eva. Denn, so heißt es da, der eigentliche Zweck eines Bildungssystems sei »wiedergutzumachen, was unsere ersten Eltern zerstört haben«. Of Education, in: *Complete Prose Works*, Bd. 2, S. 366.

29 Milton selbst schreibt zu seinem tollkühnen Vorhaben: »Ich habe mich endlich entschlossen, mich in diese wilde und verlogene Welt hineinzubegeben. Denn Gott, so scheint es, will mich prüfen, ob ich allein eine gerechte Sache gegen eine Welt voller Missachtung wage, und er fand, ich tue es.« Judgement of Martin Bucer, Concerning Divorce, in: *The Divorce Tracts*, S. 203.

30 Als Grund wurde angeführt, dass Katharinas frühere Ehe zu seinem verstorbenen Bruder nach kanonischem Recht von Anfang an nichtig war und damit auch die Verbindung mit Heinrich.

31 Die Verweigerung des Ehevollzugs oder dessen Unmöglichkeit konnte den Grund liefern, die Ehe zu annullieren, aber weil Milton diese Klage niemals vortrug, war dies wohl auch nicht der Fall. Wenn ein Gatte unfähig ist, die Ehe zu vollziehen, oder wenn die Ehefrau sich kategorisch weigert, mit ihrem Mann zu schlafen, ist allerdings denkbar, dass der Mann das nicht an die große Glocke hängen möchte. Doch so, wie Milton in seinen Scheidungstraktaten die Verdrießlichkeit des Geschlechtsverkehrs in einer unglücklichen Ehe beschreibt – »sich schinden in der Mühle einer unerfreulichen und sklavischen Kopulation« (Doctrine and Discipline of Divorce, in: The Divorce Tracts, S. 118) –, ist anzunehmen, dass es tatsächlich dazu gekommen ist, weswegen er sich entsprechend fühlte.

32 Nach einer Abwesenheit von sieben Jahren konnte der verlassene Gatte oder die verlassene Gattin eine Petition einreichen, den fehlenden Partner bzw. die Partnerin für tot zu erklären. Das allerdings war nicht ohne Risiko: Es soll ein Mann zurückgekehrt sein und seinen Platz wieder eingefordert haben, obwohl die Frau wieder geheiratet hatte.

33 Milton hatte sich mit der Frage der Scheidung bereits beschäftigt; sie steckte implizit im allgemeinen Interesse der Puritaner an der Kameradschaftsehe. Doch eine ernsthafte, zusammenhängende Begründung hatte er noch nicht entwickelt.

34 Doctrine and Discipline of Divorce, in: *The Divorce Tracts*, S. 95. »Auf ganz ungesunde Art«, so Milton, »wird mit der Sitte eine Fassade angeblicher Gelehrsamkeit aufgeblasen«, die nur dazu diene, gläubige Männer und Frauen einzuschüchtern. Niemand, der bei Verstand sei, sollte sich widerspruchslos der »Tyrannei dummer und bösartiger Mönche« ergeben. Deren Erfindung nämlich sei dieses ganze repressive System; die Mönche nämlich, »die sich unbedacht zu einem ehelosen Leben verpflichtet haben, das sie dann nicht ertragen konnten, erfanden neue Fesseln für die Ehe, dass die Welt immer zügelloser wurde und in dieser allgemeinen Zügellosigkeit auch sie mit größerem Entgegenkommen sündigen könnten« (Judgement of Martin Bucer, Concerning Divorce, in: *The Divorce Tracts*, S. 201). Will sagen: Unfähig, das Joch des Zölibats zu tragen, setzten die unbefriedigten Kleriker darauf, dass sie größere Chancen auf sexuelle Abenteuer hätten, wenn die allgemein verheiratete Bevölkerung unglücklich gemacht würde.

35 Durchaus vernünftig fragten die Pharisäer Jesus weiter, was er vom mosaischen Gesetz halte (Dtn 24,1 und anderswo), das die Scheidung erlaube. Die Antwort des Erlösers war eindeutig und entschieden: »Ich aber sage euch, wer sich von seiner Frau scheidet, es sei denn wegen Unzucht, und heiratet eine andere, der bricht die Ehe.« (Mt 19,8–9)

36 Milton: »Nach der Lehre unseres Erlösers ist die Nächstenliebe Ziel und Erfüllung eines jeden Gebots.« Tetrachordon, in: *The Divorce Tracts*, S. 291.

37 Ebd., S. 254.

38 Milton heiratete – so wie wohl fast jeder heiratet – in der Hoffnung und Erwartung, das zu finden, was er »eine vertraute und sprechende Hilfe, einen bereitwilligen und belebenden Partner« nannte. Das, so dachte er, war für Adam vor dem Sündenfall der Zweck der Heirat, und das ist er umso mehr für uns, die wir alle nach dem Sündenfall geboren sind, denn wir, die wir in der unendlich viel raueren, viel schmerzlicheren Welt leben, brauchen alle Hilfe und Vertrautheit, die wir bekommen können. Die falsche Person zu heiraten ist ein Desaster. »Wer durch Zufall auf eine schweigsame und geistlose Gefährtin stößt«, schreibt Milton im Rückblick auf das, was ihm widerfuhr, »bleibt einsamer als zuvor.« Doctrine and Discipline of Divorce, in: *The Divorce Tracts*, S. 113–114. Vgl. *Tetrachordon*, ebd., S. 256–257: »Eine Ehe, die einen unentwegt abgeneigten und unsympathischen Geist bringt, gibt uns einem schlechteren Zustand preis als die einsamste Verlassenheit.«

39 Zwei Briefe Diodatis an Milton, beide griechisch verfasst, haben sich erhalten; beide handeln vom Gespräch. »So sehr sehne ich mich nach deiner Gesellschaft«, schreibt Diodati in einem der Briefe, »dass ich in meiner Sehnsucht … von schönem Wetter träume und von Ruhe und von einem goldenen Morgen, auf dass wir die Fülle unserer philosophischen und gelehrten Gespräche genießen können.« Und im zweiten der Briefe heißt es: »Ich habe keine Beschwerden mit meinem gegenwärtigen Leben, mit einer Ausnahme: dass mir nämlich eine edle Seele fehlt,

eine mit Geschick zum Gespräch.« In: *The Complete Poetry and Essential Prose*, S. 767.

40 Doctrine and Discipline of Divorce, in: *The Divorce Tracts*, S.118.

41 Ebd., S. 77. Zum Hass, den Milton statt der Gespräche in der Ehe erlebte, vgl. ebd., S. 49 und S. 115.

42 Einige der heftigsten Angriffe kamen aus Kreisen, in denen Milton Verbündete zu finden gehofft hatte, von den Predigern der Presbyterianer und den Independents, die ihrerseits eingefleischte Gegner der Bischöfe waren. Herbert Palmer, einer dieser Prediger, warnte in einer Predigt die Mitglieder des Parlaments, dass »ein niederträchtiges Buch unterwegs ist und unzensiert blieb, obwohl es doch verdient hat, verbrannt zu werden« (*The Divorce Tracts*, S. 52, 78). Vgl. Gordon Campbell und Thomas N. Corns, *John Milton*, S. 165–67. So viel zu Miltons Phantasie (vgl. *Doctrine and Discipline of Divorce*, S. 42), er werde als einer der öffentlichen Wohltäter der Menschheit gefeiert werden.

43 An Answer to a Book, Intituled, The Doctrine and Discipline of Divorce, in: *The Divorce Tracts*, S. 430.

44 Milton hätte sich Zeit nehmen sollen, so seine Kritiker, hätte sich im Voraus mit der Frau vertraut machen müssen, die er heiraten wollte. Wenn er nun unglücklich sei mit den Fähigkeiten, die sie zum Gespräch mitbringe, könne er ausgehen und eine zur Konversation passendere Person auftun, auch eine andere Frau, »vorausgesetzt, er lässt sich nicht auf ihren Körper ein« (*The Divorce Tracts*, S. 434). Seine Ehe aber könne er nicht auflösen, sich auch keine andere Frau nehmen, denn die gesellschaftlichen Konsequenzen eines solchen Tuns, das sei klar, wären katastrophal: »Wer sieht denn nicht, dass tausend lüsterne und triebhafte Männer sich jede Woche von ihren Frauen trennten und eine andere heirateten. Zudem: Wer sollte sich um die Kinder dieser geschiedenen Ehen kümmern, die ja manchmal auch verlassen würden, wenn sie noch im Bauch ihrer Mütter seien.« Man müsse an die Frauen und Kinder denken, die sonst angewiesen wären auf Almosen der Gemeinden. Zit. nach: Gordon Campbell und Thomas N. Corns, *John Milton*, S. 166.

45 Tetrachordon, in: *The Divorce Tracts*, S. 255.

46 Alle diese Beschimpfungen in: *Colesterion.*

47 »Ich tat nichts anderes, als das Zeitalter aus seinen Holzpantinen zu zwingen«, heißt es in einem unveröffentlichten Sonett. Und es war nicht nur »das Zeitalter«, das hier in seinen Holzschuhen feststeckte, wie man Tiere am Umherstreunen hindert; auch Milton konnte seine Freiheit nicht wiedererlangen. Die Eulen und Kuckucks, die Esel, Affen und Hunde hatten ihn in die Enge getrieben.

48 Brief an Leonard Philaris, vom 28. September 1654, zit. in: Lewalski, *The Life of John Milton*, S. 181.

49 Vgl. The Reason of Church Government, in: *Complete Prose Works*, Bd. 1, S. 784: »Sie bringen eine fühllose und frostige Dummheit der Seele, eine untätige Blind-

heit der Seele über die Menschen mit ihrer bleiernen Lehre oder überhaupt keiner Lehre, … und wenn sie das tun, um das Schisma fernzuhalten, dann halten sie [die kirchlichen Zensoren] das Schisma tatsächlich fern. … Da könnte mit ebenso guten Gründen der Todeskrampf zu einem Menschen sagen, ›Geschieht nur, um dich von deinen Stichen und Schmerzen zu befreien.‹« Und Milton schließt: »Die Zensur der Kirche [sollte] von jeglicher Jurisdiktion entblößt und entkleidet werden.«

50 *Areopagitica*, in: *Werke*, S. 873f.

51 Ebd., S. 903.

52 Das war nicht nur eine Sache seines öffentlichen Ansehens: Auch die Hoffnungen auf persönliches Glück wollte Milton auf keinen Fall begraben. Er plante, in ein neues, größeres Haus zu ziehen – wo er auch seinen Vater unterbringen wollte, der inzwischen Anfang 80 war –, er wollte mehr Schüler annehmen. Wie sein Neffe berichtet, begann er auch Abende in Gesellschaft von Lady Margaret Lee zu verbringen, einer verheirateten Frau von »großem Witz und Scharfsinn«; ein Sonett zu ihren Ehren hat sich erhalten. Das soll nicht heißen, er habe eine ehebrecherische Beziehung unterhalten; angesichts seiner hohen Moralität wäre das doch höchst unwahrscheinlich. Vielmehr sieht es so aus, als wollte er sich selbst beweisen, dass er mit der richtigen Frau sehr wohl die »Annehmlichkeiten des Gesprächs« erleben konnte, von denen seine Gegner behaupteten, sie seien nur in Gesellschaft eines Mannes zu finden. Außerdem, so der Neffe, habe Milton zu dieser Zeit tatsächlich einer »sehr attraktiven und klugen Dame« die Ehe vorgeschlagen, sie allerdings habe seinen Vorschlag abgelehnt. Natürlich war sie abgeneigt: Milton wird sich (und auch ihr möglicherweise) gesagt haben, dass er sich frei fühle, sich einfach für geschieden zu erklären, der Rest der Welt allerdings hätte seine Wiederverheiratung als Bigamie betrachtet.

53 Die Wut, die sich über viele Monate von Angriff und Gegenangriff aufgebaut hatte, kochte über. Royalistische Soldaten, die den Siegern in die Hände fielen, wurden niedergemacht. Die gefangengenommenen Ehefrauen und Mätressen erkauften sich ihre Freiheit mit Geld und Schmuck – das Lösegeld wurde auf 100 000 Pfund taxiert –, über hundert arme Prostituierte und Zofen aus dem Lager des König dagegen wurden erschlagen. Vgl. C. V. Wedgwood, *The King's War*, S. 427–428.

54 Sein damals 15-jähriger Neffe liefert einen Bericht, der allerdings, wie er selbst einräumt, nur auf Vermutungen beruht: »Vermutlich wird er zunächst Aversion und Ablehnung demonstriert haben; doch dann brachten ihn teils sein großmütiges Wesen, das eher zur Versöhnlichkeit neigte als dazu, an Ärger und Vergeltung festzuhalten, teils starke Fürbitten von Freunden beider Seiten bald zu einem Akt des Vergessens und zu einer Friedensliga für die Zukunft.« (Edward Phillips, The Life of Milton, in: *Complete Poems and Major Prose*, S. 1032).

55 Miltons früher anonymer Biograph berichtet, dass Mary später ihre Mutter be-

schuldigt hat, sie habe sie zu ihrer »Dreistigkeit« angestachelt. William Riley Parker, *Milton*, Bd. 2, S. 864.

56 »Till death us depart« ist die Formel, die im *Book of Common Prayer* von 1559 verwendet wird. Im *Book of Common Prayer* von 1662 wurde sie zu »Till death us do part«. Vgl. *The Book of Common Prayer: The Texts of 1549, 1559, and 1662.*

57 Parker, *Milton*, Bd. 2, S. 1009. Es war eine Konvention, Datum und Stunde einer Geburt genau festzuhalten – vermutlich ein Relikt, an dem auch die Zeitgenossen festhielten, die an Astrologie nicht mehr glaubten. Man wollte die Daten festhalten, die notwendig waren, um ein genaues Horoskop zu erstellen. Doch könnten es nicht auch ganz normale menschliche Beziehungen gewesen sein, die einen Ehemann dazu brachten, Tag und Stunde festzuhalten, an dem seine Frau gestorben war? Einer der kundigsten modernen Biographen Miltons, auch sein größter Bewunderer, wollte gerne glauben, dass dieser in dem Augenblick, in dem Mary vor ihm auf die Knie fiel, begriff, dass er sie noch liebte. Parker, *Milton*, Bd. 1, S. 299. Mir erscheint das höchst unwahrscheinlich, doch sind schon merkwürdigere Dinge geschehen. Vielleicht war Miltons Vagheit in diesem Fall kein Zeichen der Entfremdung. Vielleicht erschien Genauigkeit schlicht nicht bedeutsam, weder für die Verstorbene, deren irdische Geschichte vorüber war, noch für die Überlebenden, die nun irgendwie weitermachen mussten. Kurz nach Marys Tod starb auch der 15 Monate alte Sohn John; in seinem Bibeleintrag blieb Milton auch diesmal vage: »Und mein Sohn, etwa sechs Wochen nach seiner Mutter.« (Parker, *Milton*, Bd. 2, S. 1014)

10. PARADIES UND REVOLTE

1 »… die Knechtschaft ist eingeführt worden durch die ungerechte und sündige Unterdrückung der Menschen, gegen den Willen Gottes, der, hätte es ihm gefallen, Knechte zu erschaffen, am Anfang der Welt ganz sicher benannt hätte, wer Knecht sein sollte und wer ein Herr.« Diese Ball zugeschriebenen Worte wurden aufgeschrieben von seinem aristokratischen Gegner Thomas Walsingham. Vgl. Albert Friedman, *»When Adam Delved …«: Contexts, of an Historic Proverb.* Vgl. auch Steven Justice, *Writing and Rebellion: England in 1381.* Als sie weiträumiger zirkulierte, war Balls Erinnerung an die wahre Natur des Menschen nicht immer und unbedingt als Fanal zur Revolte gemeint; sie konnte auch als Mahnung zur Demut fungieren. Owst zitiert den Dominikaner Bromyard: »Alle sind Nachkommen der gleichen ersten Eltern, alle kommen aus dem gleichen Lehm. Denn hätte Gott die Edelleute aus Gold geschaffen, die Gemeinen aus Lehm, dann hätten Erstere Grund zum Stolz. … Wahre Herrlichkeit hängt nicht ab vom Ursprung oder vom Anfang, von dem alles seinen Ausgang nahm, sondern von ihrem eigenen Zustand.« Zit. nach: G. R. Owst, *Literature and Pulpit in Medieval England*, S. 292.

2 Robert Everard, *The Creation and Fall of Adam Reviewed* (1649). Ich danke Dr. Stephen Hequembourg für diesen und auch für den folgenden Hinweis auf George Fox.

3 *The Journal of George Fox* (1649).

4 Thomas Traherne, Innocence, in: ders., *Centuries, Poems, and Thanksgiving*, Bd. 2, S. 18. Vgl. ebd. auch Bd. 1, S. 110: »Adam hatte im Paradies keine süßeren und wunderlicheren Wahrnehmungen der Welt als ich als kleines Kind.«

5 Zit. nach: Das Lehnsbesitztum der Könige und Obrigkeiten, übers. v. Wilhelm Bernardi, in: *Werke*, S. 955–1037, hier S. 965 und 967 (das folgende Zitat).

6 Of prelatical Episcopacy, in: *Complete Prose Works*, Bd. 1.

7 »Der Apfel, den der erste Mann isst, ist nicht eine einzelne Frucht, ein Apfel genannt, oder irgendeine andere solche Frucht; er ist vielmehr Objekt der Schöpfung.« Gerrard Winstanley, New Law of Righteousness, in: *Works*.

8 Winstanley, *Fire in the Bush,* in: *Works*, S. 220. Zu den vielfältigen Vorstellungen von Adam in dieser Zeit vgl. Julia Ipgrave, *Adam in Seventeenth Century Political Writing in England and New England*, und Joanna Picciotto, *Labors of Innocence in Early Modern England.*

9 Winstanley, New Law of Righteousness, in: *Works*, S. 184. Diese »kommunistische« Interpretation des Gartens Eden, die zurückreicht bis zu John Balls Radikalismus, wurde im England des 17. Jahrhunderts heftig diskutiert; die konservative Gegenposition sah in Adam den ersten Patriarchen, Regenten, Grundbesitzer: so etwa Robert Filmer in: *Patriarcha*: »Diese Herrschaft, die Adam durch die Schöpfung über die ganze Welt innehatte und über die, kraft ihrer Abstammung, die Patriarchen verfügen, war so groß und weit wie das absoluteste Dominion, das bestanden hat seit der Schöpfung.« (S. 58).

10 Vgl. Winstanley, *Gleichheit im Reiche der Freiheit.*

11 Milton, The Reason of Church Government, in: *Complete Poems and Major Prose*, S. 662.

12 Objekt des größten Hasses war Oliver Cromwell, er hatte das Todesurteil unterzeichnet und war die Hauptstütze des anschließenden Commonwealth gewesen. Unglücklicherweise jedoch setzte sein Tod im Jahr 1658 den Rachegelüsten der Royalisten gewisse Grenzen. Dennoch taten sie, was sie konnten. Sie exhumierten seinen Leichnam aus dem Grab in Westminster Abbey, wo dieser über zwei Jahre gemodert hatte, zogen ihn, das Gesicht nach unten, auf einem Schlitten durch die Straßen Londons, zusammen mit den Leichen von John Bradshaw, der dem Gericht vorgesessen hatte, das gegen den König verhandelt hatte, und von Henry Ireton, Cromwells Schwiegersohn und General der Parliamentary Army. Am Jahrestag der Exekution des Königs wurden die drei Toten auf das Schafott gezerrt und am Hals gehenkt. In der Dämmerung wurden die Überreste – nun bereits zweifach getötet – enthauptet, die Körper landeten dann in einer anonymen Grube. Die Köpfe wiederum wurden nach

Westminster Hall gebracht, wo sie, auf Spieße gesteckt, als grausige Warnung jahrelang verblieben.

13 Zu diesen Freunden zählte vor allem Miltons ehemaliger Assistent, der Dichter Andrew Marvell, der als Abgeordneter von Hull im Parlament saß. Auch der Dichter und Stückeschreiber William Davenant behauptete, am Schutz Miltons mitgewirkt zu haben. Jahre zuvor, als der Royalist Davenant des Hochverrats angeklagt war und im Tower saß, hatte Milton, damals in mächtiger Stellung, interveniert und geholfen, Davenants Leben zu retten.

14 Nach dem Bericht von Jonathan Richardson, in: William Riley Parker, *Milton*, Bd. 1, S. 577.

11. SIE WERDEN WIRKLICH

1 Zu den vielen Darstellungen dieser Hintergrundgeschichte gehören Neil Forsyth, *The Old Enemy. Satan and the Combat Myth*, und, jüngeren Datums, Dallas G. Denery II, *The Devil Wins. A History of Lying from the Garden of Eden to the Enlightenment*. Auf Deutsch liegt vor: Kurt Flasch, *Der Teufel und seine Engel. Die neue Biographie*, München: Beck 2015 (A. d. Ü.).

2 On Shakespeare 1630 / Auf Shakespeare 1630, in: *Werke*, S. 834f.

3 In der Sammlung *The Fabliaux. A New Verse Translation* ist der zitierte Schwank als Nr. 1 enthalten, im Internet als Google Book nachzulesen. Die deutsche Sammlung von Alber Gier enthält diesen Schwank nicht, wohl aber anschauliche Beispiele (A. d. Ü.).

4 Alle Zitate aus Miltons Poem nach: *Werke*; Referenzen in der Form Buch, Verszahl. Eckige Klammern in den Zitaten bezeichnen Stellen, an denen ich diese Vorlage revidiert habe, um die Übersetzung näher ans Original zu bringen und damit die Ansatzpunkte, die Greenblatt für seine Lesart findet, im Deutschen sichtbar zu machen. – Zudem habe ich an manchen Stellen, an denen Greenblatt Geschehen oder Situationen nur knapp andeutet, etwas ausführlicher zitiert, um Miltons Sprache, Bilder und Erzählweise deutschen Lesern, denen sie weniger bekannt sein dürften als englischen, etwas plastischer werden zu lassen (A. d. Ü.).

5 »Was bleibt« (redounds) bezieht sich auf Nahrung, die nicht assimiliert werden kann, aber dennoch das Verdauungssystem passieren und ausgeschieden werden muss. Was Gerüche angeht, verweilt Milton lange bei den süßen Düften des Gartens, von anderem ist nicht die Rede. Schon bei Luther hieß es: »Non fuit foetor in excrementis«, schrieb er, die Ausscheidungen stanken nicht im Paradies. Je natürlicher das Leben im Paradies, »um so mehr Wunder waren nötig« (zit. nach Kurt Flasch, *Eva und Adam. Wandlungen eines Mythos*, S. 76, Anm. 60). Luther, der auch von »meiner geliebten Genesis« sprach, arbeitete sein ganzes Leben lang an seinen Kommentaren und Auslegungen dieses Texts. Vgl. Theo M. M. A. C. Bell, Humanity Is a Microcosm. Adam und Eva in Luther's Lectu-

res on Genesis (1535–45), in: Becking (Hg.), *Out of Paradise: Eve and Adam and Their Interpreters.*

6 Und darum sei kein Wunder:

»Dass schlackenvollstes Erz
Der Alchimist bei rußigem Kohlenfeuer
In echtes Gold, wie's aus dem Schacht kommt, [wandelt]
Oder zu [wandeln] doch für möglich hält.« (V, 439–442)

7 *Jebamoth* 63a. Als Teil der im ersten und zweiten Jahrhundert zusammengestellten Gesetzessammlung Mischna ist *Jebamoth* ein Traktat zum Familienrecht, ausgehend von Dtn 23,5 und 7–9).

8 In der englischen Übersetzung von Gen 2,23, die Robert Alter in *The Five Books of Moses* vorgelegt hat, wird die Betonung des »This one« deutlicher:

»This one at last, bone of my bones
and flesh of my flesh,
This one shall be called Woman,
for from man was this one taken.«

9 Alexander Ross, *An Exposition on the Fourteen First Chapters of Genesis*, S. 26.

10 Milton erzählt die Spiegelszene so:

»Als ich mich bückte, um hinabzusehen,
Erschien im Wasserspiegel ein Gebild,
Gebückt, mich anzuschaun. Ich wich zurück,
Es wich zurück. Doch lächelnd kehrt ich wieder,
Und lächelnd tauscht es mit mir Blick um Blick
Voll Sympathie und Liebe.« (IV, 460–465)

11 Zumindest ein Zeichen – allerdings ein doppeldeutiges – gibt es dafür, dass Milton sich durch seine Verbitterung gefressen hatte und eine erneuerte, tiefere emotionale Bindung erreicht. Das vielleicht bewegendste Gedicht, das er je schrieb, ist ein Sonnet über einen Traum, in dem ihm seine verstorbene Frau erschien – »his late espousèd saint« –, aus dem Grab zu ihm zurückgekehrt; Milton, Sonnet XXIII, in: *Complete Poems and Major Prose*, S. 170:

And such, as yet once more I trust to have
Full sight of her in Heaven without restraint,
Came vested all in white, pure as her mind:
Her face was veiled, yet to my fancied sight,
Love, sweetness, goodness in her person shined
So clear, as in no face with more delight.
But O as to embrace me she inclined,
I waked, she fled, and day brought back my night.

Und wie sie einstmals mein erstandener Blick
Gänzlich zu sehen hofft im Himmelssaal,

So kam sie, ganz in Weiß, rein wie ihr Sinn,
Verhüllt die Züge, doch der Traumsicht zeigte
So viel Lieb und Güte – niemals schien
Ein Antlitz heller. Dann, als sie sich neigte,
Um mich zu küssen, ach! bin ich erwacht,
Sie schwand, und Tag schlug wieder mich in Nacht.

Übers. v. Hans Feist; in: Christiane Freudenstein (Hg.), *Die schönsten Sonette von Petrarca bis Gernhardt*, Frankfurt am Main 2009 – Man hat lange angenommen, dass die hier Besungene seine »late espousèd saint«, Katherine war, die zweite Frau des Dichters. Doch Mitte des 20. Jahrhunderts hat William Riley Parker, der große Milton-Biograph, gezeigt, dass die Frauenfigur dieses Sonetts Mary gewesen sein muss: Milton sei bereits blind gewesen, als er Katherine geheiratet habe, darum habe er nicht hoffen können, dass er sie im Himmel wirklich sehen würde. Es sei Marys Gesicht gewesen, das er einst mit solchem Entzücken betrachtet hatte. Dieses Argument ist ein recht dünner Strohhalm, um daraus einen zuverlässigen Bericht von erneuerter Liebe zu konstruieren.

12 Die letzten Verse im Original:

They looking back, all th' Eastern side beheld
Of Paradise, so late thir happie seat,
Wav'd over by that flaming Brand, the Gate
With dreadful Faces throng'd and fierie Armes:
Som natural tears they drop'd, but wip'd them soon;
The World was all before them, where to choose
Thir place of rest, and Providence thir guide:
They hand in hand with wandring steps and slow,
Through Eden took thir solitarie way.

12. MENSCHEN VOR ADAM

1 In der Vorrede zu seinem Buch *A Theological System* (London 1655) erprobt La Peyrère die »natürliche Vermutung«, dass die Welt nicht mit Adam begonnen hat. Dieser Verdacht nährt sich aus den älteren Erzählungen anderer Völker. Auch ihm selbst sei der Gedanke bereits als Kind gekommen, »als ich die Geschichte der Genesis hörte oder las, wo Kain loszieht, wo er seinen Bruder erschlägt, als sie auf dem Feld waren; wo er sich fortschleicht, wie ein Dieb, sollte ihn doch niemand erwischen: Wo er flieht, wo er Strafe fürchtet für den Tod seines Bruders: Zuletzt, wo er heiratet, ein Weib nimmt, weit weg von seinen Vorfahren, und eine Stadt errichtet«.

2 Zu diesem Kreis gehörten Geistesgrößen wie Blaise Pascal, Marin Mersenne, Pierre Gassendi, Hugo Grotius und Thomas Hobbes.

3 Eintrag vom 12. Oktober 1492, zit nach: Christoph Kolumbus, *Bordbuch*, S. 51.

4 Vgl. Horst Woldemar Janson, *Apes and Ape Lore in the Middle Ages and the Renaissance.*

5 Vgl. Stephen Greenblatt, *Marvelous Possessions. The Wonder of the New World*, S. 78–79.

6 Jean Delumeau, *History of Paradise: The Garden of Eden in Myth and Tradition*, S. 156–157

7 »Nicht die Elysischen Felder nach den Heiden, doch das irdische Paradies nach den Katholiken hat hier gelegen« (*no los Campos Elíseos, como los gentiles, sino, como católico, el paraiso terrenal*), schrieb Las Casas in: *Historia de las Indias* II: 50. Zit. nach: Santa Arias, *Bartolomé de las Casas's Sacred Place of History*, S. 127.

8 Las Casas, *Kurzgefasster Bericht*, S. 9.

9 »Ich habe häufig mit angehört, dass weltliche Spanier, sogar die mehrere Jahre sich dort aufgehalten hatten, und die Gutmütigkeit dieses Volkes nicht in Abrede stellen konnten, zu sagen pflegten: diese Leute wären die glücklichsten auf der Welt, wofern sie nur die wahre Erkenntnis Gottes besäßen.« Las Casas, *Kurzgefasster Bericht*, S. 10.

10 Ebd, S. 11f.

11 Vgl. Woodrow Borah und Sherburne F. Cook, *Essays in Population History: Mexico and the Caribbean.*

12 Las Casas, *Kurzgefasster Bericht*, S. 112.

13 »Ich meine, es ist barbarischer, sich an den Todesqualen eines lebendigen Menschen zu weiden, als ihn tot zu fressen, barbarischer, einen noch alles fühlenden Körper auf der Folterbank auseinanderzureißen, ihn stückchenweise zu rösten, ihn von Hunden und Schweinen zerreißen und zerbeißen zu lassen (wie wir es nicht nur gelesen haben, sondern in frischer Erinnerung noch vor uns sehen: keineswegs zwischen alten Feinden, sondern zwischen Nachbarn und Mitbürgern, und, was noch schlimmer ist, unter dem Vorwand von Frömmigkeit und Glaubenstreue), als ihn zu braten und sich einzuverleiben, nachdem er sein Leben ausgehaucht hat.« Montaigne, Über die Menschenfresser, in: *Essais*, S. 113. Die französischen Religionskriege, auf deren Schrecken sich Montaigne bezieht, erschütterten in ihm und in vielen seiner Zeitgenossen jeden tröstenden Glauben an die Lehren der religiösen Orthodoxie. Bezeichnend, dass am Schluss des Essais eine sardonische Bemerkung zur Nacktheit der Eingeborenen steht: »All das klingt gar nicht so schlecht. Aber, was hilft's – sie tragen ja nicht einmal Kniehosen.« (S. 115)

14 Matthew Hale, zit. nach: Almond, *Adam and Eve in Seventeenth-Century Thought*, S. 49. Siehe, ganz ähnlich, La Peyrère, *Two Essays Sent in a Letter*…: »Die westindischen Länder und die riesigen *Regionen*, die kürzlich gegen Süden entdeckt wurden, wimmeln von einer solchen Vielfalt von Einwohnern, und neuen Tieren, unbekannt oder niemals gesehen in *Asien*, *Afrika* oder *Europa*, dass ihr *Ursprung* wohl doch nicht ganz so klar scheint, wie einige *Schreiber* kürzlich behaup-

teten …. und ihre Unterschiedlichkeit vom Rest der Erde in Verhaltensweisen, Sprachen, Gewohnheiten, Religionen, Ernährung, Künsten und Sitten, wie auch bei ihren Vierfüßlern, Vögeln, Schlangen und Insekten, lassen ihre Abstammung sehr dunkel erscheinen, und machen ihren Ursprung ungewiss, besonders nach dem gewöhnlichen Weg und entsprechend den abgeschmackten Meinungen über die Besiedlung der Erde von einem kleinen Fleck aus.« Kein Wunder, dass diese Schrift auch 1695 noch anonym erscheinen musste.

15 Hale, a. a. O., S. 38.

16 La Peyrère schrieb: »Die Bibel deutet an, dass die Überlebenden alle die Nationen der Erde in fünf Generationen hervorgebracht haben. Aber hätten sie wirklich die Einwohner Chinas, Amerikas, des Südlands und Grönlands, unter anderen, erzeugen können? Hätte das der Grund sein können auch nur für die Bevölkerung Europas?« Zit. nach: Richard Henry Popkin, *Isaac La Peyrère*, S. 51.

17 Lukrez, *Über die Natur der Dinge*, 5. Buch, Vers 962f.

18 Zit. nach: *Der heidnische Weltweise oder Reden des Maximus Tyrius*, Berlin 1771: Die sieben und zwanzigste Rede.

19 Platon, *Der Staatsmann*, 272 2A (übers. v. Friedrich Schleiermacher).

20 Herodot, *Historien*, II, 142.

21 Zu Berossus vgl. *The Babyloniaca of Berossus*.

22 Die Baines-Notizen: Richard Baines, »Baines Note«, in BL Harley MS.6848ff. 185–86 (http://www.rey.myzen.co.uk/baines1.htm).

23 Giordano Bruno, *Die Vertreibung der triumphierenden Bestie* (1584), S. 250.

24 Grotius, zit. nach: Popkin, *Isaac La Peyrère*, S. 6.

25 Der englische Text wurde zusammengebunden mit La Peyrères Schrift *A Theological System* (London 1655[?]).

26 »Ich weiß nicht, welcher Autor herausfand, dass der Pentateuch Moses' eigene Abschrift sei. Es wird so berichtet, aber nicht von allen geglaubt. Diese Gründe lassen mich glauben, dass diese Fünf Bücher nicht die Originale sind, sondern von einem anderen abgeschrieben wurden, denn es steht ja darin, dass Moses gestorben ist. Wie aber konnte Moses nach seinem Tod noch schreiben? Man sagt, dass Josua Moses' Tod dem Deuteronomium hinzugefügt habe. Wer aber fügte den Tod Josuas in das Buch, das so heißt?« Zit. nach Popkin, *Isaac La Peyrère*, S. 204f. La Peyrère war nicht der Einzige, der die Probleme bemerkte, welche die Behauptung einer direkten Überlieferung durch Moses aufwirft. Das Problem der Autorenschaft im Hinblick auf Moses' Tod war schon lange bemerkt worden, im 17. Jahrhundert hatte der französische Protestant und Gelehrte Louis Cappel »achtzehnhundert Varianten gezählt in den verschiedenen Versionen der hebräischen Schrift, wie sie auf unsere Zeit gekommen ist« (S. 50).

27 »Da liegt ein großer Irrtum in der mehrfachen Lektüre der Schrift, wenn das mehr [und] mehr allgemein begriffen wird, was als Besonderes zu verstehen ist: als die [Geschichte] von Adam, den Moses erst zum Vater der Juden machte und den

wir hyperbolisch den ersten Vater aller Menschen nennen.« Zit. nach: Popkin, *Isaac La Peyrère*, S. 119.

28 »Bear up, and keep your selves for better things.«

29 La Peyère bemühte sich, die komplexe Theologie herauszuarbeiten, die dieses Argument enthält: Adams Sünde, so schrieb er, wurde rückwirkend den ersten Menschen auferlegt, »die lange vor Adam geschaffen wurden«. Zit. nach: Popkin, *Isaac La Peyrère*, S. 46f. Warum das? Nicht zu ihrer Vernichtung, sondern zu ihrer Rettung. Denn nur dann, wenn sie gesündigt haben, können sie in Entsprechung (*similitude*), wie er formuliert, der Übertretung Adams teilhaben am Sieg und an der Rettung durch Christus. »Sie wären untergegangen, wären sie nicht untergegangen.« (S. 47) Niemand, behauptete La Peyrère, haben sündigen können, so wie sie gesündigt haben, denn es sei ja nicht mehr möglich gewesen, vom Baum der Erkenntnis des Guten und des Bösen zu essen. Alle nachfolgenden Sünden seien das gewesen wegen »der Ähnlichkeit der Übertretung Adams« (S. 37).

30 Bereits ein Jahrhundert zuvor war Jacob Palaeologus, ein griechischer Dominikanermönch, in Rom geköpft worden, weil er behauptet hatte, dass womöglich nicht alle Menschen von Adam und Eva abstammten und alle drei Religionen, Judentum, Christentum und Islam, einen legitimen Weg zum Heil offenbarten.

31 Das will Father Richard Simon von La Peyrère selbst gehört haben: vgl. Popkin, *Isaac La Peyrère*, S. 14 und 181, Anm. 61.

32 Tatsächlich besteht das Problem nicht darin, dass es für die Zeit, die zwischen Adam und Eva und der Gegenwart vergangen ist, zu viele Menschen gab, sondern dass es zu wenige waren. Vgl. D. Klyve, *Darwin, Malthus, Süssmilch, and Euler. The Ultimate Origin of the Motivation for the Theory of Natural Selection.*

13. DAS INTERESSE ERLAHMT

1 Origenes, zit. nach: *Almond, Adam and Eve in Seventeenth-Century Thought*, S. 66.

2 Epiphanius, zit. nach: Nicholas Gibbons, *Questions and Disputations Concerning the Holy Scripture.*

3 Pierre Bayle (1647–1706); die erste deutsche Übersetzung: Johann Christoph Gottsched, *Herrn Peter Baylens Historisches und Critisches Wörterbuch*, Leipzig: Breitkopf 1741–1744 ((A. d. Ü.).

4 All das lässt sich, wie auch das Folgende, in der Gottsched'schen Übersetzung nachlesen – bei Google Books im Internet: *Adam, Stammvater aller Menschen*, S. 33–42; *Eva*, S. 79–90. (A. d. Ü.)

5 Vgl. im *Wörterbuch* z. B. S. 360; im *Dictionary* IV, S. 2487.

6 Bayle imaginiert den Herrscher, der hastig plappernd erklärt: »Ich habe ihm nicht gesagt, er solle den Dolch benutzen. Im Gegenteil, ich habe ihm ausdrücklich gesagt, ihn *nicht* zu nutzen.« Die Verteidigung ist wertlos. Denn der Herrscher

wusste ganz genau, dass ein Mann, der in eine solche Situation gerät, genau das tun würde, was er getan hat, und unsägliches Leid verursacht. Das zu verhindern, hätte in der Macht des Herrschers gelegen, doch unentschuldbar hatte er sich entschieden, das nicht zu tun. (Nicht im Gottsched'schen *Wörterbuch*, A. d. Ü.)

7 *Wörterbuch*, S. 406. – Mit Blick auf die Gerechtigkeit der Strafen, die Gott Adam und Eva auferlegt hat, schreibt Bayle, »dass es besser ist, einen Mörder vom Morden abzuhalten als ihn erst nach einigem Morden rädern zu lassen« (ebd.). Und sollte die christliche Antwort darin kulminieren, dass Gott seine große Güte habe zeigen wollen, dass er zuletzt die ganze Menschheit erlösen würde, dann werde so das Dilemma nur größer. Vergleiche man seinen Gott auf diese Weise nicht »mit einem Hausvater, der seinen Hausgenossen erst die Beine zerschlagen lässt, damit nachher die ganze Stadt sehen soll, wie geschickt er die Beine wieder einzurenken weiß« (S. 405). Was für ein Gott das wohl sei?

8 *Wörterbuch*, S. 432 – »La meilleure réponse qu'on puisse faire naturellement à la question, *Pourquoi Dieu a-t-il permis que l'homme péchât?* est de dire: *J'en sais rien«*. An dieser Stelle, in einer weiteren Anmerkung (im *Wörterbuch* ist des der zitierte Einschub) erläutert er auch, wie er das Wort »natürlich« verstanden wissen will: nämlich ohne die Offenbarung zu konsultieren, die »ausgenommen« bleiben soll. Ob hier noch Ironie im Spiel ist, lässt sich unmöglich entscheiden.

9 Voltaire, *Dictionnaire philosophique*, Genf 1764. Auf Deutsch liegt nur eine Auswahl vor; Greenblatt zitiert nach Peter Gays Übersetzung. Eine vollständige englische Ausgabe findet sich auch im Internet unter: https://ebooks.adelaide.edu.au/v/voltaire/dictionary/complete.html – Darin: »Adam« = Chapter 10 (A. d. Ü.).

10 Ezra Taft Benson, *The Teachings of Ezra Taft Benson*, S. 587f.

11 Ralph Waldo Emerson, Eintrag vom 18. Oktober 1839, in: *The Journals and Miscellaneous Notebooks*, Bd. 7, S. 270.

12 Thoreau, *Walden*, S. 180.

13 Eigene Übersetzung, angelehnt an die von Wilhelm Schölermann, online verfügbar unter: http://www.zeno.org/Literatur/M/Whitman,+Walt/Lyrik (A. d. Ü.).

14 Twain, *Die Arglosen im Ausland*, 53. Kap.

15 Mark Twain, *Die Tagebücher von Adam und Eva*, S. 7f.

16 Ebd., S. 15.

17 Übers. nach: *The Bible According to Mark Twain. Writings on Heaven, Eden, and the Flood.*

18 Ebd.

14. DARWINS ZWEIFEL

1 Der Darwinismus hat radikal nichttheologische Darstellungen der Entstehung des Lebens angeregt, etwa *The Origins of Life. From the Birth of Life to the Origin of Language* von John Maynard Smith und Eös Szathmáry. Doch ist es solchen

Berichten nicht gelungen, den Glauben zu demontieren; vgl. dazu etwa Alvin Plantinga, *Where the Conflict Really Lies. Science, Religion, and Naturalism*, und: *Theology After Darwin*, hg. v. Michael S. Northcott und R. J. Berry.

2 Merlin Donald, *Origins of the Modern Mind: Three Stages in the Evolution of Culture and Cognition*: »Wir sind nicht mehr als fünf Millionen Jahre entfernt von einem Vorfahren, den wir mit den Schimpansen gemeinsam haben. Die älteste Art der Gattung *Homo* wird auf weniger denn zwei Millionen Jahre vor heute datiert; die ältesten Relikte anatomisch moderner Menschen sind nur 50 000 bis 100 000 Jahre alt.« (S. 22)

3 Darwin, *Die Abstammung des Menschen*, übers. v. J. V. Carus, S. 1. Zu den Auswirkungen von Darwins Denken auf die Schöpfungsgeschichte s. John C. Greene, *The Death of Adam: Evolution and Its Impact on Western Thought* (Ames 1959).

4 Lukrez, *Über die Natur der Dinge*, V, 928ff.

5 »Um den Leser vertraut zu machen mit dem physischen Aufbau des Valley of the Weald«, beschrieb Charles Lyell in den 1830er Jahren, die sanften Hügel Südostenglands, »schlagen wir ihm vor, vom Londoner Becken aus nach Süden zu reisen. Hat er die tertiären Schichten hinter sich gelassen, wird er zunächst zu einer sanft geneigten Ebene aufsteigen, zusammengesetzt aus dem oberen, feuersteinhaltigen Teil der Kreide, bevor er sich dann am obersten Punkt eines Steilhangs wiederfindet. … Dem Geologen kann nicht entgehen, wie ähnlich dieser Anblick einer Meeresklippe ist, und wenn er sich umwendet und in die entgegengesetzte Richtung schaut, oder ostwärts, zum Beachy Head hinüber, wird er die Verlängerung eben dieser Höhenlinie sehen. Auch wer nicht gewohnt ist, über Veränderungen nachzudenken, die die Erdoberfläche früher durchlaufen hat, könnte sich doch die breite und ebene Fläche als flache Sande vorstellen, die von der zurückgehenden Flut freigegeben wurden, und die verschiedenen vorspringenden Kreidemassen als Landzungen, die entlang einer Küste verschiedene Buchten voneinander trennen.« Lyell, *Principles of Geology …*, Bd. 3, S. 289–290.

6 Vgl. Paolo Rossi, *The Dark Abyss of Time. The History of Earth and the History of Nations from Hooke to Vico.*

7 Zit. in Andrew Dickson White, *A History of the Warfare of Science with Theology in Christianity*, S. 182

8 Philip H. Gosse, *Omphalos*, S. 274.

9 Darwin, *Entstehung der Arten*, übers. v. J. V. Carus, S. 377f.

10 Darwin, *Die Abstammung des Menschen*, übers. v. J. V. Carus, S. 380.

11 Ebd., S. 394.

12 Ebd.

13 Charles Darwin, Meine verschiedenen Publikationen, aus: *Erinnerungen an die Entwicklung meines Geistes und meines Charakters (Autobiographie)*, in: *Charles Darwin – ein Leben*, S. 108f. Dort auch die folgenden Zitate.

EPILOG: IN DEN WÄLDERN VON EDEN

1 Neben anderen Argumenten für die Nähe der Schimpansen zum LCA sind die auffälligen morphologischen Ähnlichkeiten zu den Gorillas zu nennen, die bestehen, weil beide sich nach der Abspaltung vom Stamm der Hominiden nicht mehr stark verändert haben.

2 Bestritten hat diese Behauptung Russell H. Tuttle in: *Apes and Human Evolution*, vgl. S. 576.

3 Schimpansen sind äußerst xenophob, sobald sie in der Nähe fremde Schimpansen sehen, klammern sie sich aneinander, sie zeigen alle Anzeichen von Stress, ihr Haar sträubt sich, sie übergeben sich, bekommen Anfälle von Diarrhoe. Ich habe das nicht selbst erlebt, aber es wird in vielen wissenschaftlichen Darstellungen beschrieben, so auch in: Toshisada Nishida, *Chimpanzees of the Lakeshore*, S. 246.

4 Ältere Ansichten werden bestimmt gewesen sein von Beobachtungen von Affen und Pavianen, aber es wird wohl auch flüchtige Eindrücke von höheren Primaten gegeben haben. Samuel Purchas, im 17. Jahrhundert ein großer Sammler von Reiseerzählungen, veröffentlichte Andrew Battells Bericht seiner Gefangenschaft in Afrika im Jahr 1607. Darin beschreibt er ein »Monster«, das die Eingeborenen »Pongo« genannt hätten: »Dieser Pongo ist in seinen Proportionen wie ein Mensch, seiner Statur nach aber eher ein Riese als ein Mensch: Denn er ist sehr groß, hat das Gesicht eines Menschen, tiefliegende Augen und lange Haaren auf seinen Brauen.« (The Strange Adventures of Andrew Battell of Leigh in Essex, Sent by the Portugals Prisoner to Angola, in: Samuel Purchas, *Hakluytus Posthumus, or Purchas His Pilgrimes*, Bd. 6, S. 398. Vgl. Dale Peterson und Jane Goodall, *Von Schimpansen und Menschen* … Erst in der Neuzeit wurden Schimpansen und Gorillas als Arten unterschieden und wissenschaftlich beschrieben.

5 Vgl. Tuttle, *Apes and Human Evolution*. Allerdings bleibt viel Spielraum für unterschiedliche Interpretationen: Einige Forscher behaupten, Schimpansen hätten durchaus so etwas wie ein Gespür für Gut und Böse; andere wiederum sagen, den Menschen gehe dieses Gespür ab, selbst wenn sie noch so sehr vorgeben, sie hätten es.

6 Frans de Waal, *Chimpanzee Politics: Power and Sex Among Apes*.

7 Richard Wrangham und Dale Peterson, *Bruder Affe. Menschenaffen und die Ursprünge menschlicher Gewalt*.

8 Louis Ginzberg, *Legends of the Jews*, Bd. 1, S. 167.

9 Vgl. H. W. Janson, *Apes and Ape Lore in the Middle Ages and the Renaissance*.

10 Unwahrscheinlich, dass dies die exakten Worte Huxleys waren, und die Frau könnte auch wegen der Hitze oder des Gedränges im Saal das Bewusstsein verloren haben. Vgl. J. R. Lucas, Wilberforce und Huxley: *A Legendary Encounter* zu möglichen Übertreibungen in der späteren Legende. Selbst wenn die aktuelle Wortwahl eine andere war, so markiert diese Erzählung in jedem Fall einen symbolischen Wendepunkt.

11 Ian Tattersall, *Masters of the Planet. The Search for Our Human Origins*, S. 85.
12 Friedrich Nietzsche, *Die Genealogie der Moral*, passim, besonders §7, §10, §16.
13 Vgl. Richard Wrangham und David Pilbeam, African Apes as Time Machines, in: *All Apes Great and Small.*

BIBLIOGRAPHIE

Aarsleff, Hans, The Rise and Decline of Adam and his Ursprache in Seventeenth-Century Thought, in: Allison P. Coudert (Hg.), *The Language of Adam / Die Sprache Adams*, Wiesbaden 1999, S. 277–295.

Adams, Thomas, *Heaven and Earth Reconcil'd. A Sermon Preached at Saint Paules Church in Bedford, October 3, 1612*, London 1613.

Ainsworth, Maryan W. (Hg.), *Man, Myth, and Sensual Pleasures. Jan Gossart's Renaissance. The Complete Works*, New York 2010.

Alexander, Richard D., How Did Humans Evolve? Reflections on the Uniquely Unique Species, in: *Museum of Zoology, University of Michigan, Special Publication*, Nr. 1 (1990).

Allen, Don Cameron, *The Legend of Noah. Renaissance Rationalism in Art, Science, and Letters*, Urbana, IL 1949.

Allestree, Richard, *The Government of the Tongue*, Oxford 1675.

Almond, Philip C., *Adam and Eve in Seventeenth-Century Thought*, Cambridge 2008.

Alter, Robert, *The Art of Biblical Narrative*, rev. Aufl., New York 2011.

— (Übers.), *The Book of Psalms. A Translation with Commentary*, New York 2007.

— (Übers.), *Five Books of Moses*, New York 2004.

Ambrosius von Mailand, *Über den Tod des Bruders Satyrus*, 2. Buch: Über den Glauben der Auferstehung, in: *Bibliothek der Kirchenväter*, Bd. 54; online verfügbar unter: http://www.unifr.ch/bkv/kapitel3379.htm.

Ancient Near Eastern Texts Relating to the Old Testament, 3. Aufl., Princeton, NJ 1958.

Anderson, Gary A., T*he Genesis of Perfection. Adam and Eve in Jewish and Christian Imagination*, Louisville, KY 2001.

Anderson, Gary A., und Michael E. Stone (Hg.), *A Synopsis of the Books of Adam and Eve*, 2. Aufl., Atlanta: GA 1999.

Andrewes, Lancelot, A Lecture on Genesis 2:18, in: *Apospasmata Sacra, or A Collection of Posthumous and Orphan Lectures*, London 1657.

Arendt, Hannah, *Der Liebesbegriff bei Augustin*, Berlin 2003.

Arias, Santa, Bartolomé De Las Casas's Sacred Place of History, in: Santa Arias und Mariselle Melé (Hg.), *Mapping Colonial Spanish America. Places and Commonplaces of Identity, Culture, and Experience*, Lewisburg, PA 2002.

Aristainetos, *Erotische Briefe*, übers. v. Albin Lesky, Zürich 1951.

Athrahasis, in: *Texte aus dem Umfeld des Alten Testaments*, begründet v. Otto Kaiser, Bd. 3, Lfg. 1, hg. v. Willem H. Ph. Römer und Wolfgang von Soden.

Aubrey, John, *Brief Lives*, London 2000.

Auerbach, Erich, *Time, History, and Literature. Selected Essays of Erich Auerbach*, hg. v. James I. Porter und Jane O. Newman, Princeton, NJ 2014.

—, Figura, in: ders., *Gesammelte Aufsätze zur romanischen Philologie*, Bern und München 1967, S. 55–92.

Augustinus, Aurelius

Briefe:

—, *Ausgewählte Briefe*, in: *Bibliothek der Kirchenväter*, online verfügbar unter: http://www.unifr.ch/bkv/kapitel2763.htm.

—, *St. Augustine Selected Letters*, übers. v. James Houston Baxter, New York 1930.

De civitate Dei (413–427)

—, *Vom Gottesstaat,* hg. u. übers. v. Carl Johann Perl Paul Simon, 2. Bde., Paderborn 1979; online verfügbar unter: digi20.digitale Sammlungen.de.

—, *The City of God and Christian Doctrine*, hg. v. Philip Schaff, Grand Rapids, MI 1956.

—, *Concerning the City of God Against the Pagans*, übers. v. Henry Bettenson, New York 1984.

Confessiones (397)

—, *Bekenntnisse*, übers. u. hg v. Kurt Flasch und Burkhard Mojsisch, Stuttgart 2014.

—, — [ältere Übersetzung] in: *Bibliothek der Kirchenväter*, online verfügbar unter: http://www.unifr.ch/bkv/kapitel63.htm.

—, *Confessiones*, (lat./engl.), übers. v. William Watts (1631), 2 Bde., Loeb Classical Library, Cambridge, MA und London 1912.

—, *Confessions*, übers. v. R. S. Pine-Coffin, Baltimore 1961 (Penguin Classics).

Contra Iulianum libri VI (412/22)

—, *Gegen Julian VI Bücher*, übers. v. Rochus Habitzky, hg. v. Thomas Gerhard Ring, Würzburg 2005.

De gratia Christi, et de peccato originali (418)

— *Gegen Pelagius und Celestius über die Gnade Christi*, übers. v. P. Alfons Abert, Münnerstadt o. J.

De haeresibus (428/29)

—, übers. v. Liguori G. Mueller, Washington, DC 1956.

De nuptiis et concupiscenta (418/19; 419/20)

—, Ehe und Begierlichkeit, übers. v. Anton Fingerle, in: *Sankt Augustinus Der Lehrer der Gnade*, Gesamtausgabe seiner antipelagianischen Schriften, Bd. 3 Würzburg 1977.

—, On Marriage and Concupiscence, in: *St. Augustin. Anti-Pelagian Writings*, hg. v. Philip Schaff. Grand Rapids, MI 1955.

—, Letter Addressed to the Count Valerius, on Augustin's Forwarding to Him What He Calls His First Book ›On Marriage and Concupiscence‹, in: ›*Extract from Augustin's Refractions*‹ 2. Buch, Kap. 53, on the Following Treatise, *De Nuptiis Et Concupiscenta*, in: *St. Augustin. Anti-Pelagian Writings.*
De doctrina christiana (396; 426)
—, Vier Bücher über die christliche Lehre, in: *Bibliothek der Kirchenväter*; online verfügbar unter: http://www.unifr.ch/bkv/kapitel5463.htm.
De Genesi contra Manichaeos (389),
—, hg. v. D. Weber, Wien 1998.
—, On Genesis: A Refutation of the Manachees; Unfinished Literal Commentary on Genesis; The Literal Meaning of Genesis, übers. v. Edmund Hill, Hyde Park, NY 2002.
De Genesi ad litteram (401–414)
—, *Über den Wortlaut der Genesis*, übers. v. Carl Johann Perl, 2 Bde., Paderborn 1959 u. 1964.
De trinitate (399–419)
—, *Fünfzehn Bücher über die Dreieinigkeit*, in: *Bibliothek der Kirchenväter*, 2. Reihe, Bd. 13–14; online verfügbar unter: http://www.unifr.ch/bkv/kapitel2667.htm.
—, St. Augustine on Original Sin, in: *St. Caesarius of Arles Sermons*, Bd. 2 (81–86), übers. v. Sister Mary Magdalene Mueller, O. S. F. Washington, DC 1981.
Zu den Psalmen
—, *St. Augustine on the Psalms*, hg. v. Dame Scholastica Hegbin und Dame Felicitas Corrigan, Bde. I u. II., London 1960, 1961.
—, *Über die Psalmen*, Auswahl, hg. u. übers. v. Hans Urs von Balthasar, Einsiedeln 2016.
De peccatorum meritis et remissione et de baptism parvulorum ad Marcellinum (411, 412)
—, A Treatise on the Merits and Forgiveness of Sins, and on the Baptism of Infants, in: *St. Augustin. Anti-Pelagian Writings*, hg. v. Philip Schaff, Bd. 5.
Austin, William, *Haec homo. Wherein the Excellency of the Creation of Woman is Described, by Way of an Essay*, London 1637.
Avril, Henry (Hg.), *Biblia Pauperum, a Facsimile and Edition*, Ithaca, NY 1987.

Babington, Gervase, *Certaine Plain, Brief, and Comfortable Notes upon Every Chapter of Genesis*, London 1596.
Bacon, Francis, *Novum Organum Scientiarum*, London 1620.
—, *Das neue Organon*, hg. v. Manfred Buhr, Berlin 1982
Bailey, Derrick, *Mann und Frau im christlichen Denken*, übers. v. G. H. Müller, Stuttgart 1963.
Bal, Mieke, Sexuality, Sin, and Sorrow. The Emergence of Female Character (A Reading of Genesis 1–3), in: Susan Rubin Suleiman (Hg.), *The Female Body in Western Culture. Contemporary Perspectives*, Cambridge, MA 1986.

Barr, James, *The Garden of Eden and the Hope of Immortality. The Read-Tuckwell Lectures for 1990*, London 1992.

Batto, Bernard F., *Slaying the Dragon. Mythmaking in the Biblical Tradition*, Louisville, KY 1992.

Baudet, Henri, *Paradise on Earth. Some Thoughts on European Images of Non-European Man*, übers. v. Elizabeth Wentholt, New Haven, CT 1965.

Bayle, Pierre, *An Historical and Critical Dictionary. By Monsieur Bayle*. Translated into English, with Many Additions and Corrections, Made by the Author Himself, That Are Not in the French Editions … A–B. London 1710.

—, *Historisches und kritisches Wörterbuch*, 2 Teile, hg. von Günter Gawlick und Lothar Kreimendahl, Hamburg 2003 u. 2006 – Auswahl; der Artikel »Eva« in Bd. 2.

—, *Historisch-kritisches Wörterbuch im Auszuge neu geordnet und übersetzt*. Erster Theil für Theologen, Leipzig und Lübeck 1813. Digitalisiert bei Google Books.

—, *Historisches und critisches Wörterbuch*, nach der neuesten Auflage von 1740 ins Deutsche übersetzt; auch mit einer Vorrede und verschiedenen Anmerkungen sonderlich bei anstößigen Stellen versehen von Johann Christoph Gottscheden, Leipzig 1741. Digitalisiert bei Google Books.

Bayless, Martha, *Sin and Filth in Medieval Culture*, New York und London 2012.

BeDuḥn, Jason, *Augustine's Manichaean Dilemma. Volume 2, Making a »Catholic« Self, 388–401 C. E.*, Philadelphia 2013.

Becking, Bob, und Susanne Henneke (Hg.), *Out of Paradise: Eve and Adam and Their Interpreters*, Sheffield, UK 2011.

Beer, Gillian, *Darwin's Plots. Evolutionary Narratives in Darwin, George Eliot, and Nineteenth-Century Fiction* (1983), 3. Aufl., Cambridge 2009.

Behe, Michael J., *Darwin's Black Box. Biochemische Einwände gegen die Evolutionstheorie*, übers. v. Joachim Köhler, Gräfelfing 2007.

—, *The Edge of Evolution*, New York 2007.

Bellah, Robert N., *Religion in Human Evolution. From the Paleolithic to the Axial Age*, Cambridge, MA 2011.

Benner, Steven A., *Life, the Universe, and the Scientific Method*, Gainesville, FL 1999.

Benson, Ezra Taft, *The Teachings of Ezra Taft Benson*, Salt Lake City 1988.

Bentley-Taylor, David, *Augustine. Wayward Genius*, London 1980.

Berlinski, David, *The Deniable Darwin and Other Essays*, Seattle 2009.

Berry, R. J., und Michael S. Northcott (Hg.), *Theology after Darwin*, Milton Keynes, UK 2009.

Bettenson, Henry, und Chris Maunder (Hg.), *Documents of the Christian Church*, 4. Aufl., Oxford 2011.

Biale, David, *Traditionen der Säkularisierung. Jüdisches Denken von den Anfängen bis in die Moderne*, Göttingen 2015.

Bialik, Hayim Nahman, und Yehoshua Hana Ravnitzky (Hg.), *The Book of Legends. Sefer Ha-Aggadah*, übers. v. William G. Braude, New York 1992.

Bibel, Biblische Schriften, Texte
— *Die Bibel. Nach Martin Luthers Übersetzung, revidiert 2017*, hg. v. der Evangelischen Kirche in Deutschland, Stuttgart 2016. – Liegt dieser Übersetzung zugrunde. Greenblatt hat mit den folgenden Übersetzungen gearbeitet:
— *King James Version. The English Bible: The Old Testament*, hg. v. Herbert Marks; und: *The New Testament and The Apocrypha*, hg. v. Gerald Hammond und Austin Busch, New York 2012.
— *The Jewish Study Bible*, hg. v. Adele Berlin und Marc Zvi Brettler, New York 2004.
— *Genesis*, übers. v. Stephen Mitchell, New York 1996.
— *The Five Books of Moses: Genesis, Exodus, Leviticus, Numbers, Deuteronomy*, übers. v. Everett Fox, New York 1995.
— Adar, Zvi, *The Book of Genesis. An Introduction to the Biblical World*, übers. v. Philip Cohen, Jerusalem 1990.
— Cassuto, Umberto, *A Commentary on the Book of Genesis. Part 1. From Adam and Noah*, übers. v. Israel Abrahams, Jerusalem 1978.
— Schroeder, Joy A. (Hg.), *The Book of Genesis*, Grand Rapids, MI 2015.
— Westermann, Claus, *Genesis*, 3 Bde., Darmstadt 1985–87.

Bing, Peter, *Aristaenetus. Erotic Letters* (1900), hg. v. Regina Höschele, Atlanta, GA 2014.

Blamires, Alcuin, *The Case for Women in Medieval Culture*, Oxford 1997.

Bloom, Harold, und David Rosenberg, *The Book of J.*, übers. v. David Rosenberg, New York 1990.

Blount, Charles, *The Oracles of Reason*, London 1693.

Blunt, John Henry (Hg.), *Dictionary of Sects, Heresies, Ecclesiastical Parties, and Schools of Religious Thought*, London 1886.

Boas, George, *Primitivism and Related Ideas in the Middle Ages*, Baltimore 1948.

Boehm, Christopher, *Hierarchy in the Forest. The Evolution of Egalitarian Behavior*, Cambridge, MA 1999.

—, *Moral Origins. The Evolution of Virtue, Altruism, and Shame*, New York 2012.

Böhme, Jacob, Mysterium Magnum, in: *Schriften Jacob Böhmes*, hg. v. Hans Kayser, Leipzig 1923.

Bonnet, Anne-Marie, *»Akt« bei Dürer*, Köln 2001.

The Book of Common Prayer. The Texts of 1549, 1555, and 1662, hg. v. Brian Cummings, New York 2001.

Bostocke, Robert, *The Difference Betwene the Auncient Physicke … and the Latter Phisicke*, London 1585.

Bottero, Jean, *Everyday Life in Ancient Mesopotamia*, übers. v. Antonio Nevill, Edinburgh 2001.

—, *Mesopotamia. Writing, Reasoning, and the Gods*, übers. v. Marc Van de Mieroop und Zainab Bahrani, Chicago 1992.

—, *Religion in Ancient Mesopotamia*, übers. v. Teresa Lavender Fagan, Chicago 2001.

Boyarin, Daniel, *A Radical Jew. Paul and the Politics of Identity*, Berkeley, CA 1994.

Brenner, Athalya, The Intercourse of Knowledge. On Gendering Desire and Sexuality in the Hebrew Bible, in: R. Alan Culpepper und Rolf Rendtorff (Hg.), *Bible Interpretation*, Leiden 1997.

Breymann, Arnold, *Adam und Eva in der Kunst des Christlichen Alterthums*, Wolfenbüttel 1893.

Brockopp, Jonathan E. (Hg.), *The Cambridge Companion to Muhammad*, New York 2010.

Brodie, Thomas L., *Genesis as Dialogue. A Literary, Historical & Theological Commentary*, Oxford 2001.

Brown, Peter, *Augustinus von Hippo. Eine Biographie*, übers. v. Johannes Bernard und Walter Kumpmann, München 2000.

—, *Keuschheit der Engel. Sexuelle Entsagung, Askese und Körperlichkeit am Anfang des Christentums*, übers. von Martin Pfeiffer, München 1991.

—, *The Ransom of the Soul. Afterlife and Wealth in Early Western Christianity*, Cambridge, MA 2015.

—, *Der Schatz im Himmel. Der Aufstieg des Christentums und der Untergang des römischen Weltreichs*, übers. v. Michael Bayer und Karin Schuler, Stuttgart 2017.

Browne, E. J., *Charles Darwin. The Power of Place*, Princeton, NJ 2002.

Browne, Thomas, *Pseudodoxia Epdimica: or Enquires into Many Received Tenants and Commonly Presumed Truths*, London 1646.

—, *Religio Medici*, London 1643.

Bruno, Giordano, *Die Vertreibung der triumphierenden Bestie*, übers. v. Paul Seliger, Berlin und Leipzig o. J., Reprint o. J.

Buc, Phillippe, *Heiliger Krieg. Gewalt im Namen des Christentums*, übers. v. Michael Haupt, Darmstadt 2015.

Burghardt, Gordon M., *The Genesis of Animal Play. Testing the Limits*, Cambridge, MA 2005.

Burnet, Thomas, *The Sacred Theory of the Earth: Containing an Account of the Original of the Earth, and of All the General Changes Which It Hath Already Undergone, or Is to Undergo…*, London 1726.

Burney, C. F., *The Aramaic Origin of the Fourth Gospel*, Oxford 1922.

Cahill, Lisa Sowle, *Sex, Gender, and Christian Ethics*, Cambridge 1996.

Calvin, Johannes, *Institutes and Commentary on Genesis*, übers. v. Thomas Tymme, London 1578.

—, *Auslegung der Heiligen Schrift. Genesis*, Neukirchen/Vluyn 1956.

—, *Institutio Christianae Religionis – Unterricht in der christlichen Religion* (1559), rev. v. Matthias Freudenberg, 2. Aufl., Neukirchen/Vluyn 2008.

Cameron, Alan, *The Last Pagans of Rome*, Oxford 2011.

Campbell, Gordon, und Thomas N. Corns, *John Milton. Life, Work, and Thought*, Oxford 2008.

Campbell, Joseph, *Der Held in tausend Gestalten*, übers. v. Karl Koehne, Berlin 2016.

—, *The Way of the Animal Powers. Part 2: Mythologies of the Great Hunt*, hg. v. Robert Walter = Bd. 1 von: *Historical Atlas of World Mythology*, New York 1988.

Carver, Marmaduke, *A Discourse on the Terrestrial Paradise, Aiming at a More Probable Discovery of the True Situation of That Happy Place of our First Parents Habitation*, London 1666. Online verfügbar unter: http://onlinebooks.library.upenn.edu/webbin/book/lookupname?key=Carver%2C%20Marmaduke.

Cecil, Thomas, und Joseph Fletcher, T*he Historie of the Perfect-Cursed-Blessed Man. Setting Forth Mans Excellency by His Generation, Miserie [by his] Degeneration, Felicitie [by his] Regeneration*, By I. F. Master of Arts, Preacher of Gods Word, and Rector of Wilbie in Suff, London 1629.

Chadwick, Henry, *Augustine of Hippo*, New York 2009.

Charles, R. H. (Hg.), *The Apocrypha and Pseudepigrapha of the Old Testament in English*, 2 Bde., Oxford 1913.

Charleton, Walter, *The Darkness of Atheism Dispelled by the Light of Nature*, London 1652.

Clarkson, Lawrence, *The Lost Sheep Found: or, The Prodigal Returned to his Fathers House, After Many a Sad and Weary Journey Through Many Religious Countreys*, London 1660.

Chaucer, Geoffrey, *Die Canterbury Erzählungen*, mittelengl. u. deutsch, übers. u. erl. v. Heinz Bergner, Waltraud Böttcher, Günter Hagel u. Hilmar Sperber, ausgew. u. hg. von Heinz Bergner, Stuttgart 1982.

Clarkson, Lawrence, *A Single Eye All Light, No Darkness; or Light and Darkness One*, London 1650.

Clemens von Alexandrien, *Paidagogus*, übers. v. Otto Stählin, in: *Bibliothek der Kirchenväter*, 2. Reihe, Band 7; online verfügbar unter: http://www.unifr.ch/bkv/kapitel2259.htm.

Clifton, James, Gender and Shame in Masaccio's *Expulsion from the Garden of Eden*, in: *Art History* (1999), S. 637–655.

Cohen, Adam S., und Anne Derbes, Bernward and Eve at Hildesheim, in: *Gesta* 40 (2001), S. 19–38.

Cohen, Jeremy, *›Be Fertile and Increase, Fill the Earth and Master It‹. The Ancient and Medieval Career of a Biblical Text*, Ithaca, NY 1989.

Coles, William, *Adam in Eden, or, Natures Paradise. The History of Plants, Fruits, Herbs and Flowers…*, London 1657.

Concise Encyclopedia of Islam, hg. v. H. A. R. Gibb und J. H. Kramers, Boston 2001.

Coogan, Michael D., und Mark S. Smith, *Stories from Ancient Canaan*, 2. Aufl., Louisville, KY 2012.

Cook, Sherburne F., und Woodrow Wilson Borah, *Essays in Population History. Mexico and the Caribbean*, Berkeley, CA 1971.

Crell, Samuel, *Cogitationum novarum de primo et secundo Adamo, sive de ratione salutis per illum amissae per hunc recuperatae compendium*, Amsterdam 1700.

Crooke, Helkiah, Ambroise Paré, et al., *Mikrokosmographia: A Description of the Body of Man. Together vvith the Controuersies Thereto Belonging…*, London 1631.

Crüsemann, Nicola, et al. (Hg.), *Uruk. 5000 Jahre Megacity*, Petersberg 2013.

Cummings, Brian (Hg.), siehe: *The Book of Common Prayer.*

Cyrill von Jerusalem, The Catechetical Lectures of S. Cyril, Archbishop of Jerusalem, in: *Cyril of Jerusalem, Gregory Nazianzen*, hg. v. Edwin Gifford, Grand Rapids, MI 1955.

Dalley, Stephanie (Übers.), *Myths from Mesopotamia. Creation, the Flood, Gilgamesh, and Others*, New York 1989.

Damasio, Antonio, *Descartes' Irrtum. Fühlen, Denken und das menschliche Gehirn*, übers. v. Hainer Kober, München 2004.

—, *Selbst ist der Mensch. Körper, Geist und die Entstehung des menschlichen Bewusstseins*, übers. v. Sebastian Vogel, München 2013.

Damrosch, David, *The Buried Book. The Loss and Rediscovery of the Great Epic of Gilgamesh*, New York 2006.

—, *The Narrative Covenant. Transformations of Genre in the Growth of Biblical Literature*, Ithaca, NY 1987.

Danielson, Denis, *Milton's Good God. A Study in Literary Theodicy*, Cambridge 1982.

—, Through the Lens of Typology. What Adam Should Have Done, in: *Milton Quarterly* 23 (1989), S. 121–127.

Darwin, Charles, *From So Simple a Beginning. The Four Great Books of Charles Darwin*, hg. v. Edward O. Wilson, New York 2006.

—, *Die Fahrt der Beagle. Darwins illustrierte Reise um die Welt*, übers. v. Eike Schönfeld, Darmstadt 2016.

—, *Die Entstehung der Arten*, kommentierte und illustrierte Ausgabe, Weinheim 2012.

—, *Die Entstehung der Arten im Thier und Pflanzenreich durch natürliche Zuchtwahl*, übers. v. H. G. Bronn und J. Victor Carus, 3. Aufl., Stuttgart 1867; online verfügbar unter: http://darwin-online.org.uk.

—, *Die Abstammung des Menschen und die geschlechtliche Zuchtwahl*, 3. Aufl., übers. v. J. Victor Carus, Stuttgart: 1875; online verfügbar unter: siehe http://darwin-online.org.uk.

—, *Der Ausdruck der Gemütsbewegungen bei dem Menschen und den Tieren*, kritische Edition, übers. v. Julius Victor Carus und Ulrich Enderwitz, Frankfurt/M. 2000.

—, *Charles Darwin. Ein Leben. Autobiographie, Briefe, Dokumente*, hg. u. übers. v. Siegfried Schmitz, München 1982.

Davenant, William, *Gondibert. An Heroick Poem*, London 1651.

Davies, W. D., *Paul and Rabbinic Judaism. Some Rabbinic Elements in Pauline Theology*, 2. Aufl., London 1955.

Dawkins, Richard, *Der blinde Uhrmacher*, übers. v. Karin de Sousa, München 1996.

—, *The Magic of Reality. How We Know What's Really True*, New York 2011.

—, *Das egoistische Gen*, übers. v. Karin de Sousa, Berlin 2014.

De Foigny, Gabriel, *A New Discovery of Terra Incognita Australis, or, The Southern World, by James Sadeur, a French-man, Who Being Cast There by a Shipwrack, Lived 35 Years in That Country…*, London 1693.

Delumeau, Jean, *History of Paradise. The Garden of Eden in Myth and Tradition*, übers. v. Matthew O'Connell, Urbana, IL 2000.

Denery, Dallas G., *The Devil Wins. A History of Lying from the Garden of Eden to the Enlightenment*, Princeton, NJ 2015.

Derbyshire, Helen, *The Early Lives of Milton*, London 1932.

Descartes, René, *Diskurs. Abhandlung über die Methode, richtig zu denken und Wahrheit in den Wissenschaften zu suchen* (5. Abschnitt), und: *Meditationen. Untersuchungen über die Grundlagen der Philosophie*

— beides in: *Meditationen und Discours*, mit Einführung und begleitenden Texten, hg. v. Edition Philosophie Magazin, Frankfurt/M. 2016.

Desmond, Adrian J., *Huxley. The Devil's Disciple*, London 1994.

—, *Huxley. Evolution's High Priest*, London 1997.

Donald, Merlin, *Origins of the Modern Mind. Three Stages in the Evolution of Culture and Cognition*, Cambridge, MA 1991.

Donaldson, James, und Alexander Roberts (Hg.), *Ante-Nicene Christian Library: Translations of the Writings of the Fathers Down to A. D. 325*, Edinburgh 1867.

Doresse, Jean, *The Discovery of the Nag Hammadi Texts. A Firsthand Account of the Expedition That Shook the Foundations of Christianity*, Rochester, VT 2005.

Doria, Gino, *Storia di una Capitale. Napoli dalle Origini al 1860*, 5. Aufl., Mailand und Neapel 1968.

Doron, Pinḥas, *The Mystery of Creation According to Rashi: A New Translation and Interpretation of Rashi on Genesis I-IV*, New York 1982.

Dryden, John, *John Dryden (1631–1700). His Politics, His Plays, and His Poets*, hg. v. Claude Rawson und Aaron Santesso, Newark, DE 2003.

—, *The State of Innocence, and Fall of Man*, London 1674.

—, *Der Stand der Unschuld und Fall des Menschen*, Frankfurt und Leipzig 1754; online verfügbar unter: http://bvbm1.bib-bvb.de/.

DuBartas, Guillaume de Saluste, *The Divine Weeks and Works*, hg. v. Susan Snyder, 2 Bde., Oxford 1979.

Duncan, Joseph, *Milton's Earthly Paradise. A Historical Study of Eden*, Minneapolis, MN 1972.

Dürer, Albrecht, *Schriften und Briefe*, hg. v. Ernst Ullmann, Leipzig 1978.

—, *Albrecht Dürers schriftlicher Nachlass. Familienchronik / Gedenkbuch / Tagebuch der niederländischen Reise / Briefe / Reime / Auswahl aus den theoretischen Schriften*, hg. v. Ernst Heidrich, Berlin 1910; online verfügbar unter: https://archive.org/details/albrechtdurerssc02dure.

—, *Literary Remains of Albrecht Dürer*, hg. u. übers. v. Sir William Martin Conway et al., Cambridge 1899.

Ebreo, Leone, *Dialoghi d'amore*, Bd. 1, Lissabon 1983.

—, *Dialogues of Love*, übers. v. Cosmos Damian Bacich und Rossella Pescatori, Toronto 2009.

Eco, Umberto, *Die Suche nach der vollkommenen Sprache*, übers. v. Burkhart Kroeber, München 2002.

Edwards, Karen, *Milton and the Natural World. Science and Poetry in Paradise Lost*, Cambridge 1999.

Edwards, Mark. Willed Causes and Causal Willing in Augustine, in: Anna Marmodoro und Brian D. Prince (Hg.), *Causation and Creation in Late Antiquity*, Cambridge 2015, S. 237–252.

Edwards, Thomas. *Gangraena*, London 1646.

Ehrman, Bart D., *Lost Christianities. The Battles for Scripture and the Faiths We Never Knew*, New York 2003.

Eibl-Eibesfeldt, Irenäus, *Die Biologie des menschlichen Verhaltens. Grundriss der Humanethologie*, München 1995.

Eisenberg, Evan, *The Ecology of Eden*, New York 1998.

Ellingson, Terry Jay, *The Myth of the Noble Savage*, Berkeley, CA 2001.

Elm, Susanna, et al. (Hg.), *Faithful Narratives. Historians, Religion, and the Challenge of Objectivity*, Ithaca, NY 2014.

Emerson, Ralph Waldo, *The Journals and Miscellaneous Notebooks of Ralph Waldo Emerson*, Bd. 7, Cambridge, MA 1969.

—, *Die Tagebücher*, hg. und ausgew. v. Bliss Perry, übers. v. Franz Riederer, Stuttgart 1954.

Empson, William, *Milton's God*, Norfolk, CT 1961.

Enuma Elisch

—, in: *Texte aus der Umwelt des Alten Testaments*, begründet von Otto Kaiser; Bd. 3, Lfg. 4: *Weisheitstexte, Mythen und Epen*, hg. v. Karl Hecker u. a., Gütersloh 1994.

—, *Myths from Mesopotamia. Creation, The Flood, Gilgamesh, and Others*, übers. v. Stephanie Dalley, New York 1989.

Eppacher, Franz, *La Collegiata Di San Candido: Arte, Simbologia, Fede*, übers. v. Carlo Milesi, San Candido 2011.

Esche, Sigrid, *Adam und Eva. Sündenfall und Erlösung*, Düsseldorf 1957.

Evans, J. Martin, *Paradise Lost and the Genesis Tradition*, Oxford 1968.

Evelyn, John, *Acetaria*, London 1699.

Everard, John, *The Gospel-Treasury Opened: or, the Holyest of All Unvailing: Discovering Yet More the Riches of Grace and Glory, to the Vessels of Mercy … In Several Sermons Preached at Kensington and Elsewhere*, London 1659.

Everard, Robert, *The Creation and Fall of Adam Reviewed*, London 1649.

Les Fabliaux

—, *The Fabliaux. A New Verse Translation*, zweisprachig, hg. u. übers. v. Nathaniel Dubin, New York 2013.

—, *Fabliaux. Französische Schwankerzählungen des Hochmittelalters*, altfrz. und dt., hg. u. übers. v. Albert Gier, Stuttgart 1985 (enthält nicht den zitierten Schwank).
Fallon, Stephen, The Metaphysics of Milton's Divorce Tracts, in: James Grantham Turner und David Loewenstein (Hg.), *Politics, Poetics, and Hermeneutics in Milton's Prose*, Cambridge 1990.
Feldherr, Andrew, *Playing Gods. Ovid's Metamorphoses and the Politics of Fiction*, Princeton, NJ 2010.
Fermor, Sharon, *Piero Di Cosimo. Fiction, Invention, and Fantasìa*, London und Seattle 1993.
Fetzer, Margret, *John Donne's Performances. Sermons, Poems, Letters, and Devotions*, Manchester 2010.
Filmer, Robert, *Patriarcha. or, the Natural Power of Kings*, London 1680.
—, *»Patriarcha« and Other Political Works*, hg. v. Peter Laslett, New York 1984.
—, *Patriarcha and Other Writings*, hg. v. Johann P. Sommerville, Cambridge 1991.
Fish, Stanley, *Surprised by Sin. The Reader in Paradise Lost*, London 1967.
—, *How Milton Works*, Cambridge, MA 2001.
Flasch, Kurt, *Eva und Adam. Wandlungen eines Mythos*, München 2004.
Flood, John, *Representations of Eve in Antiquity and the English Middle Ages*, New York 2011.
Fluick, Cäcilia, Gisela Helmecke und Elisabeth R. O'Connell (Hg.), *Ein Gott. Abrahams Erben am Nil. Juden, Christen und Muslime in Ägypten. Von der Antike bis zum Mittelalter*, Petersberg 2015.
Fodor, Jerry, und Massimo Piattelli-Palmarini, *What Darwin Got Wrong*, New York 2010.
Forsyth, Neil, *The Old Enemy. Satan and the Combat Myth*, Princeton, NJ 1987.
Foster, Benjamin R. (Hg.), *Before the Muses. An Anthology of Akkadian Literature*, 2 Bde., Bethesda, MD 1993.
— (Hg.), *From Distant Days. Myths, Tales, and Poetry of Ancient Mesopotamia*, Bethesda, MD 1995.
Fox, George, *The Journal of George Fox*, London 1649.
Fox, Robin Lane, *Augustinus. Bekenntnisse und Bekehrungen im Leben eines antiken Menschen*, übers. v. Karin Schuler und Heike Schlatterer, Stuttgart 2017.
Franck, Sebastian, *The Forbidden Fruit, or, a Treatise of the Tree of Knowledge of Good or Evill*, übers. v. John Everard, London 1642.
—, *Von dem Baum des Wissens Gutes und Böse…*, Frankfurt/M. 1619.
Frankfort, Henri, et al., *The Intellectual Adventure of Ancient Man*, Chicago 1946.
Franxman, Thomas W., *Genesis and the »Jewish Antiquities« of Flavius Josephus*, Rom 1979.
Freedman, H. (Übers.), *Midrash Rabbah*, 2 Bde., London 1983.
Friedman, Albert, «When Adam Delved…«: Contexts, of an Historic Proverb, in: Larry D. Benson (Hg.), *The Learned and the Lewd. Studies in Chaucer and Medieval Literature*, Cambridge, MA 1974, S. 213–230.

Friedman, Matti, *The Aleppo Codex. In Pursuit of One of the World's Most Coveted, Sacred, and Mysterious Books*, Chapel Hill, NC 2013.

Friedman, Richard Elliott, *Wer schrieb die Bibel?*, Bergisch Gladbach 1992.

Frobenius, Leo, und Douglas C. Fox, *African Genesis: Folk Tales and Myths of Africa.*, Mineola, NY 1999.

Furstenberg, Yair, The Rabbinic Ban on *Ma'aseh Bereshit*: Sources, Contexts and Concerns, in: Lance Jenott und Saris Kattan Gribetz (Hg.), *Jewish and Christian Cosmogony*, Tübingen 2013, S. 39–63.

Galdikas, Biruté M. F., et al., *All Apes Great and Small, Bd. 1. African Apes*, New York 2001.

Gell, Alfred, *Art and Agency. An Anthropological Theory*, Oxford und New York 1998.

Ghiglieri, Michael Patrick, *The Chimpanzees of Kibale Forest. A Field Study of Ecology and Social Structure*, New York 1984.

Gibbons, Nicholas, *Questions and Disputations Concerning the Holy Scripture*, London 1602.

Gibson, J. C. L., *Canaanite Myths and Legends*, New York 1977.

Gifford, Edwin Hamilton (Hg.), The Catechetical Lectures of S. Cyril, Archbishop of Jerusalem, in: *Cyril of Jerusalem, Gregory Nazianzen*, Grand Rapids, MI 1955.

Gildenhard, Ingo, und Andrew Zissos (Hg.), *Transformative Change in Western Thought. A History of Metamorphosis from Homer to Hollywood*, Cambridge 2013.

Gilgamesch-Epos

— *Das Gilgamesch-Epos*, neu übers. und kommentiert von Stefan M. Maul, 6. Aufl., München 2014.

—, in: *Texte aus der Umwelt des Alten Testaments*, begründet von Otto Kaiser, Bd. 3, Lfg. 4: *Weisheitstexte, Mythen und Epen*, hg. v. Karl Hecker u. a., Gütersloh 1994.

— *Gilgamesch-Epos*, übers. v. Albert Schott; online verfügbar unter: https://www.lyrik.ch/lyrik/spur1/gilgame/gilgam1.htm.

— *The Babylonian Gilgamesh Epic: Introduction, Critical Edition, and Cuneiform Texts*, hg. v. A. R. George, Oxford 2003.

— *Gilgamesh. A New Rendering in English Verse*, übers. v. David Ferry, New York 1992.

— *Gilgamesh. The Babylonian Epic Poem and Other Texts in Akkadian and Sumerian*, übers. v. Andrew George, London 1999.

— *Gilgamesh. A New Translation, Analogues, Criticism*, übers. v. Benjamin R. Foster, New York 2001.

— *Gilgamesh. A New English Version*, übers. v. Stephen Mitchell, New York 2004.

Ginzberg, Louis, *Legends of the Jews*, übers. v. William G. Braude, 2 Bde., Philadelphia 2003; online verfügbar unter: https://archive.org/details/legendsofjews01ginz/ oder: http://www.sacred-texts.com/jud/loj/.

Giuliani, Raffaella, *The Catacombs of SS. Marcellino and Pietro*, übers. v. Raffaella Bucolo, hg. v. Pontifica Commissione di Archaeologia Sacra, Vatikan 2015.

Givens, Terryl L., *When Souls Had Wings. Pre-Mortal Existence in Western Thought*, New York 2010.

Glanvill, Joseph, *Lux Orientalis: or, the Opinion of the Eastern Sages, Concerning the Praeexistence of Souls*, London 1662.

—, *The Vanity of Dogmatizing. The Three Versions*, hg. v. Stephen Medcalf, Brighton 1970.

—, und Henry More, *Saducismus Triumphatus, or, Full and Plain Evidence Concerning Witches and Apparitions …*, übers. v. Anthony Horneck, London 1681.

Gmirkin, Russell, *Berossus and Genesis, Manetho and Exodus. Hellenistic Histories and the Date of the Pentateuch*, New York 2006.

Godden, Malcolm und Michael Lapidge (Hg.), *The Cambridge Companion to Old English Literature*, Cambridge 2013.

Gollancz, Israel (Hg.), *The Caedmon Manuscript of Anglo-Saxon Biblical Poetry: Junius XI in the Bodleian Library*, Oxford 1927.

Goodman, Godfrey, *The Fall of Man, or, the Corruption of Nature …*, London 1616.

Goodwin, Brian, *Der Leopard, der seine Flecken verliert. Evolution und Komplexität*, übers. v. Thorsten Schmidt, München 1997.

Gordon, Cyrus H., *Ugaritic Literature. A Comprehensive Translation of the Poetic and Prose Texts*, Rom 1949.

Gordon, Cyrus Herzl, und Gary Rendsburg, *The Bible and the Ancient near East*, 4. Aufl., New York 1997.

Goris, Harm, Is Woman Just a Mutilated Male? Adam and Eve in the Theology of Thomas Aquinas, in: Susan Hennecke und Bob Becking (Hg.), *Out of Paradise. Eve and Adam and Their Interpreters*, Sheffield, UK 2011.

Gosse, Philip Henry, *Omphalos. An Attempt to Untie the Geological Knot*, London 1857 (Reprint 1998).

Gott, Samuel, *The Divine History of the Genesis of the World Explicated & Illustrated*, London 1670.

Gould, Stephen J., und Richard C. Lewontin, The Spandrels of San Marco and the Panglossian Paradigm: A Critique of the Adaptationist Programme, in: *Proceedings of the Royal Society of London* 205 (1979), S. 581–598.

Grabar, André, *Christian Iconography, a Study of Its Origins*, Princeton, NJ 1968.

Graves, Robert, *Wife to Mr. Milton. The Story of Marie Powell*, New York 1944.

Green, Anthony, und Jeremy Black, *Gods, Demons, and Symbols of Ancient Mesopotamia*, London 1992.

Greenblatt, Stephen, *Marvelous Possessions. The Wonder of the New World*, Chicago 1991.

—, *Die Wende. Wie die Renaissance begann*, übers. v. Klaus Binder, München 2012.

Greene, John C., *The Death of Adam. Evolution and Its Impact on Western Thought*, Ames, IA 1959.

Grinnell, George Bird, *Blackfoot Lodge Tales. The Story of a Prairie People* (1892), Williamstown, MA 1972.

Grossman, Marshall, Experience, Negation, and the Genders of Time: Milton and the Question of Woman, in: *The Story of All Things. Writing the Self in English Narrative Poetry*, Durham, NC 1998.

Grotius, Hugo, *Adamus Exul*, Hagae Comitum 1601; online verfügbar unter: https://archive.org/details/adamusexulgrotioogrotgoog.

Guillory, John, From the Superfluous to the Supernumerary. Reading Gender into Paradise Lost, in: E. D. Harvey und Katharine E. Maus (Hg.), *Soliciting Interpretation. Literary Theory and Seventeenth-Century English Poetry*, Chicago 1990.

Guldan, Ernst, *Eva und Maria. Eine Antithese als Bildmotiv*, Graz und Köln 1966.

Gunkel, Hermann, *Schöpfung und Chaos in Urzeit und Endzeit. Eine religionsgeschichtliche Untersuchung über Genesis 1 und Apokalypse des Johannes 12*, Göttingen 1921.

Hahn, Cynthia, Purification, Sacred Action, and the Vision of God. Viewing Medieval Narratives, in: *Word & Image* 5 (1989), S. 71–84.

Hailperin, Herman, *Rashi and the Christian Scholars,* Pittsburgh, PA 1963.

Hakewill, George, *An Apologie or Declaration of the Power and Providence of God in the Government of the World*, London 1635.

Halbertal, Moshe, *Maimonides. Life and Thought*, hg. v. Joel A. Linsider, Princeton, NJ 2014.

—, *People of the Book. Canon, Meaning, and Authority*, Cambridge, MA 1997.

Hale, Sir Matthew, *The Primitive Origination of Mankind, Considered and Examined According to the Light of Nature*, London 1677.

Halkett, John G., *Milton and the Idea of Matrimony. A Study of the Divorce Tracts and Paradise Lost*, New Haven, CT 1970.

Haller, John S., The Species Problem. Nineteenth Century Concepts of Racial Inferiority in the Origin of Man Controversy, in: *American Anthropologist* 72 (1970), S. 1319–1329.

Harari, Yuval N., *Eine kurze Geschichte der Menschheit,* übers. v. Jürgen Neubauer, München 2013.

Hare, Henry, *The Situation of Paradise Found Out. Being a History of a Late Pilgrimage into the Holy Land*, London 1683.

Harnack, Adolf von, *Marcion. Das Evangelium vom fremden Gott. Eine Monographie zur Geschichte der Grundlegung der katholischen Kirche* (1924), Darmstadt 1960.

Harper, Kyle, *From Shame to Sin. The Christian Transformation of Sexual Morality in Late Antiquity*, Cambridge, MA 2013.

—, *Slavery in the Late Roman World, AD 275–425*, Cambridge 2011.

Harper, William Rainey, *The Biblical World*, Chicago 1899.

Harris, Oliver J. T., und Robb John (Hg.), *The Body in History. Europe from the Palaeolithic to the Future*, Cambridge 2013.

Harris, William V., und Brooke Holmes (Hg.), *Aelius Aristides Between Greece, Rome, and the Gods*, Leiden und Boston 2008.

Harrison, Robert Pogue, *Ewige Jugend. Eine Kulturgeschichte des Alterns*, übers. v. Horst Brühmann, München 2015.

Hegel, Georg Wilhelm Friedrich, *Phänomenologie des Geistes*, Hamburg 1952.

Heger, Paul, *Women in the Bible, Qumran, and Early Rabbinic Literature. Their Status and Roles*, Leiden und Boston 2014.

Heidel, Alexander, *The Babylonian Genesis. The Story of the Creation*, 2. Aufl., Chicago 1951.

—, *The Gilgamesh Epic and Old Testament Parallels*, Chicago 1946.

Hendel, Ronald S. (Hg.), *Reading Genesis. Ten Methods*, Cambridge 2010.

Hesiod, Werke und Tage, in: *Hesiod. Vergil. Ovid*, übers. v. Albert von Schirnding, Zürich und Düsseldorf 2002, S. 7–50.

—, *Theogonie*, übers. v. Albert von Schirnding, München 2002.

Heyd, David, Divine Creation and Human Procreation. Reflections on Genesis in the Light of *Genesis*, in: Nick Fotion und Jan C. Heller (Hg.), *Contingent Future Persons. On the Ethics of Deciding Who Will Live, or Not, in the Future*, Dordrecht 1997, S. 57–70.

Hieronymus, *Hebraicae Questionibus in libro Geneseos – Saint Jerome's Hebrew Questions on Genesis*, übers. v. C. T. Robert Hayward, Oxford 1995.

—, *Ausgewählte Briefe*, in: *Bibliothek der Kirchenväter*, 2. Reihe, Bd. 16 u. 18; online verfügbar unter: http://www.unifr.ch/bkv/kapitel3079.htm.

Hiltner, Ken (Hg.), *Renaissance Ecology. Imagining Eden in Milton's England*, Pittsburgh, PA 2008.

Hobbes, Thomas, *Leviathan. Wesen, Form und Gewalt des kirchlichen und bürgerlichen Staats*, übers. v. Dorothee Tidow, Reinbek 1964.

—, *De homine* (1658) und *De cive* (1642): *Man and Citizen*, übers. v. C. T. Wood, T. S. K. Scott-Craig und Bernard Gert, Indianapolis 1991, Kap. 10, S. 38f.

—, *Grundzüge der Philosophie*, 2. und 3. Teil; online verfügbar unter: http://www.zeno.org/Philosophie/M/Hobbes.

Hollingworth, Miles, *Saint Augustine of Hippo. An Intellectual Biography*, New York 2013.

Hooke, Robert, *Micrographia, or, Some physiological descriptions of minute bodies made by magnifying glasses …*, London 1665.

Horst, Pieter Willem van der, *Studies in Ancient Judaism and Early Christianity*, Bd. 87, Leiden und Boston 2014.

Hrdy, Sarah Blaffer, *Mütter und andere. Wie die Evolution uns zu sozialen Wesen gemacht hat*, übers. v. Thorsten Schmidt, Berlin 2010.

Huet, Pierre Daniel, *A Treatise of the Situation of the Terrestrial Paradise*, übers. v. Thomas Gale, London 1694.

Hutchinson, Lucy, *Order and Disorder, or, The World Made and Undone …*, London 1679.

Huxley, Thomas Henry, *Evidence as to Man's Place in Nature*, London 1863.

—, *Science and the Hebrew Tradition*, London 1993.

Hypereides, *Hypereides erhaltene Reden*, hg. u. übers. v. Wilhelm Siegmund Teuffel, Stuttgart 1865.

Ipgrave, Julia, *Adam in Seventeenth Century Political Writing in England and New England*, London 2016.

Isbell, Lynne A., *The Fruit, the Tree, and the Serpent. Why We See So Well*, Cambridge, MA 2009.

Jacobsen, Thorkild (Hg.), *The Harps That Once… Sumerian Poetry in Translation*, New Haven, CT 1987.

Jacobsen, Thorkild, *The Treasures of Darkness. A History of Mesopotamian Religion*, New Haven, CT 1976.

Janson, H. W., *Apes and Ape Lore in the Middle Ages and the Renaissance*, London 1952.

Julian Apostata (Flavius Claudius Iulianus), Gegen die Galiläer, in: Karl Johannes Neumann (Hg.), *Kaiser Julians Bücher gegen die Christen*, Leipzig 1880.

Jospe, Raphael, Biblical Exegesis as a Philosophic Literary Genre: Abraham Ibn Exa and Moses Mendelssohn, in: Raphael Jospe und Emil L. Fackenheim (Hg.), *Jewish Philosophy and the Academy*, Madison, NJ 1986.

Judovits, Mordechai, *Sages of the Talmud. The Lives, Sayings, and Stories of 400 Rabbinic Masters*, Jerusalem 2009.

Justice, Steven, *Writing and Rebellion. England in 1381*, Berkeley, CA 1994.

Jütte, Daniel, *The Strait Gate. Thresholds and Power in Western History*, New Haven, CT 2015.

Kahn, Paul W., *Out of Eden. Adam and Eve and the Problem of Evil*, Princeton, NJ 2007.

Kahn, Victoria, Embodiment, in: dies., *Wayward Contracts. The Crisis of Political Obligation in England, 1640–1674*, Princeton, NJ 2004, S. 196–222.

Kant, Immanuel, Die Religion innerhalb der Grenzen der bloßen Vernunft (1793), in: ders., *Werke*, Bd. VIII, Frankfurt/M. 1997.

Kapelrud, Arvid Schou, The Mythological Features in Gen 1 and the Author's Intentions, in: *Vetus Testamentum* 24 (1974), S. 178–186.

Kass, Leon R., *The Beginning of Wisdom. Reading Genesis*, New York 2003.

Kattan Gribetz, Sarit, und Lance Jennott (Hg.), *Jewish and Christian Cosmogony in Late Antiquity*, Tübingen 2013.

Kauffman, Stuart A., *Reinventing the Sacred. A New View of Science, Reason, and Religion*, New York 2008.

Kauffmann, C. M., *Biblical Imagery in Medieval England, 700–1550*, London 2003.

Kee, Howard Clark, et al., *The Cambridge Companion to the Bible*, Cambridge 1997.

Kent, Bonnie, Augustine's Ethics, in: *The Cambridge Companion to Augustine*, hg. v. Norman Kretzmann und Eleonore Stump, Cambridge 2001.

Kerényi, Karl, *Prometheus. Das griechische Mythologem von der menschlichen Existenz*, Zürich 1946.

Kerrigan, William, *The Sacred Complex: On the Psychogenesis of Paradise Lost*, Cambridge, MA 1983.

Kierkegaard, Søren, *Eighteen Upbuilding Discourses*, hg. v. Howard V. Hong und Edna H. Hong, Princeton, NJ 1990.

—, *Erbauliche Reden. 1843/44*, übers. v. Emanuel Hirsch, Simmerath 2004 (Reprint der Ausgabe Köln 1956).

Kim, Seyoon, *The Origin of Paul's Gospel*, 2. Aufl., Tübingen 1984.

King, Karen L., *The Secret Revelation of John*, Cambridge, MA 2006.

Kirchner, Josef, *Die Darstellung des ersten Menschenpaares in der Bildenden Kunst von der ältesten Zeit bis auf unsere Tage*, Stuttgart 1903.

Kirkconnell, Watson, *The Celestial Cycle. The Theme of Paradise Lost in World Literature, with Translations of the Major Analogues*, Toronto 1952.

Kitcher, Philip, *Mit Darwin leben. Evolution, Intelligent Design und die Zukunft des Glaubens*, übers. v. Michael Bischoff, Frankfurt/M. 2009.

Klyve, Dominic, Darwin, Malthus, Süssmilch, and Euler. The Ultimate Origin of the Motivation for the Theory of Natural Selection, in: *Journal of the History of Biology* 47 (2014), S. 189–212.

Knohl, Israel, *The Sanctuary of Silence. The Priestly Torah and the Holiness School*, Philadelphia 1995.

Koerner, Joseph Leo, *Bosch & Bruegel. From Enemy Painting to Everyday Life*, Princeton, NJ 2016.

—, *The Moment of Self-Portraiture in German Renaissance Art*, Chicago 1997.

Kolumbus, Christopher, *Bordbuch. Aufzeichnungen seiner ersten Entdeckungsfahrt nach Amerika 1492–1493*, übers. v. Anton Zahorsky, München 2006.

—, *Der erste Brief aus der Neuen Welt*, hg., übers. u. komm. v. Robert Wallisch, Stuttgart 2000.

Konowitz, Ellen, The Program of the Carrand Diptych, in: *Art Bulletin* 66 (1984), S. 484–488.

Kramer, Heinrich (Institoris, Henricus), *Malleus maleficarum. Der Hexenhammer, verfasst von beiden Inquisitoren Jakob Sprenger und Heinrich Institoris (alias Kramer)*, übers. von J. W. R. Schmidt, Berlin 1923; online verfügbar unter: https://de.wikisource.org/wiki/Der_Hexenhammer_(1923).

Kramer, Samuel Noah, *The Sumerians. Their History, Culture, and Character*, Chicago 1963.

Kreitzer, Larry, *Prometheus and Adam. Enduring Symbols of the Human Situation*, New York 1994.

Kristeva, Julia, *The Severed Head. Capital Visions*, übers. v. Jody Gladding, New York 2012.

—, *Dieses unglaubliche Bedürfnis zu glauben*, übers. v. Eva zum Winkel, Gießen 2014.

Kugel, James L., *Traditions of the Bible. A Guide to the Bible as It Was at the Start of the Common Era*, 2. Aufl., Cambridge, MA 1998.

Kuper, Adam, *The Reinvention of Primitive Society. Transformations of a Myth*, New York 1988.

Kvam, Kristen E., Linda S. Schearing und Valerie H. Ziegler (Hg.), *Eve & Adam. Jewish, Christian, and Muslim Readings on Genesis and Gender*, Bloomington, IN 1999.

La Peyrère, Isaac de, *Du Rappel Des Juifs* (1643), übers. v. Mathilde Anqueth-Aulette, hg. v. Fausto Parente, Paris 2012.

—, *Men Before Adam, or, A Discourse upon the Twelfth, Thirteenth, and Fourteenth Verses of the Fifth Chapter of the Epistle of the Apostle Paul to the Romans, by Which Are Prov'd that the First Men Were Created Before Adam*, London 1656 (lat. Original: *Praeadamitae*, Amsterdam 1655).

—, *A Theological System*, London 1655 (lat. Original: *Systema Theologicum*, Amsterdam 1655).

—, *Two Essays Sent in a Letter from Oxford to a Nobleman in London: The First Concerning Some Errors About the Creation, General Flood, and the Peopling of The World: In Two Parts: The Second Concerning the Rise, Progress, and Destruction of Fables and Romances, with the State of Learning*, London 1695.

Lambert, W. G., *Ancient Mesopotamian Religion and Mythology. Selected Essays*, hg. v. A. R George und Takayoshi Oshima, Tübingen 2016.

Landau, Misia, *Narratives of Human Evolution*, New Haven, CT 1991.

Lanyer, Aemelia, *Salve Deus Rex Judaeorum*, London 1611.

Laqueur, Thomas, *The Work of the Dead. A Cultural History of Mortal Remains*, Princeton, NJ 2015.

Laroche, Lucienne, *Monuments of Civilization. The Middle East*, New York 1974.

Las Casas, Bartolomé de, *Kurzgefasster Bericht von der Verwüstung der Westindischen Länder*, übers. v. Dietrich Wilhelm Andreae (Berlin 1790), Neuausgabe hg. v. Hans Magnus Enzensberger, Frankfurt/M. 1966.

—, *Werkauswahl*, Bd. 2, hg. v. Mariano Delgado, Paderborn 1995 enthält u. a. *Kurzer Bericht…*, und: *Geschichte Westindiens*).

Le Comte, Edward, *Milton and Sex*, New York 1978.

Leibniz, Gottfried Wilhelm, *Discourse de métaphysique* (1704)

—, *Metaphysische Abhandlung*, übers. u. hg. v. Herbert Herring, Hamburg 1985.

—, *Die Theodizee von der Güte Gottes, der Freiheit des Menschen und dem Ursprung des Übels*, übers. u. hg. v. Herbert Herring, Frankfurt/M. 1996.

Leonard, John, *Naming in Paradise. Milton and the Language of Adam and Eve*, Oxford 1990.

Lerner, Anne Lapidus, *Eternally Eve. Images of Eve in the Hebrew Bible, Midrash, and Modern Jewish Poetry*, Waltham, MA und Hanover, NH 2007.

Levao, Ronald, »Among Equals What Society«: *Paradise Lost* and the Forms of Intimacy, in: *Modern Language Quarterly* 61.1 (2000), S. 77–107; Nachdruck in: Susan Wolfson und Marshal Brown (Hg.), *Reading for Form*, Seattle 2006.

Levison, John R., *Portraits of Adam in Early Judaism. From Sirach to 2 Baruch*, Sheffield, UK 1988.

—, *Texts in Transition. The Greek Life of Adam and Eve*, Atlanta, GA 2000. Dt.: siehe Merk, Otto.

Lewalski, Barbara Kiefer, *The Life of John Milton. A Critical Biography*, Oxford 2000.

Lewis, Michael, *Scham. Annäherung an ein Tabu*, Hamburg 1993.

Lewis, R. W. B., *The American Adam. Innocence, Tragedy, and Tradition in the Nineteenth Century*, Chicago 1955.

Lewis, Roy, *The Evolution Man, or, How I Ate My Father*, New York 1960.

Liere, Frans van, *An Introduction to the Medieval Bible*, Cambridge 2014.

Lin, Yii-Jan, *The Erotic Life of Manuscripts. New Testament Textual Criticism and the Biological Sciences*, Oxford und New York 2016.

Lombardus, Petrus, *The Sentences*, hg. v. Giulio Silano, Toronto 2007.

Loredano, Giovanni Francesco, *The Life of Adam*, übers. v. J. S., London 1659.

—, *The Life of Adam* (1640), hg. v. Roy C. Flannagan und John Arthos, Gainesville, FL 1967.

Lovejoy, Arthur O., und George Boas, *Primitivism and Related Ideas in Antiquity*, Baltimore 1935.

Lowie, Robert Harry, *Primitive Society*, New York 1920.

Lucas, J. R., Wilberforce and Huxley: A Legendary Encounter, in: *Historical Journal* 22 (1979), S. 313–330.

Lukrez, *Von der Natur der Dinge*, übers. v. Klaus Binder, Berlin 2014.

—, *On the Nature of Things*, übers. v. Martin Ferguson, Indianapolis 2001.

Luther, Martin, *Commentary on Genesis*, übers. v. J. Theodore Mueller, 2 Bde., Grand Rapids, MI 1958.

—, *Genesisvorlesung*, in: *D. Martin Luthers Werke, Kritische Gesamtausgabe* (Sonderedition), Stuttgart 2000–07, Abt. *Schriften*, Bd. 42–44.

Lyell, Charles, *Principles of Geology, Being an Attempt to Explain the Former Changes of the Earth's Surface, by Reference to Causes Now in Operation*, 3 Bde., London 1832.

Macy, Gary, *The Hidden History of Women's Ordination. Female Clergy in the Medieval West*, Oxford 2007.

Maimonides, Moses (Mose ben Maimon), *The Guide of the Perplexed*, hg. v. M. Friedländer, London 1885.

—, *The Guide of the Perplexed*, hg. v. Shlomo Pines und Leo Strauss, Chicago 1963.

—, *Führer der Unschlüssigen*, übers. und komm. v. Adolf Weiß, Hamburg 1995.

Malan, Solomon Caesar (Hg.), *The Book of Adam and Eve. Also Called the Conflict of Adam and Eve with Satan, a Book of the Early Eastern Church*, London und Edinburgh 1882.

Malbon, Elizabeth Struthers, *The Iconography of the Sarcophagus of Junius Bassus*, Princeton, NJ 1990.

Malebranche, Nicolas, *Father Malebranche. His Treatise Concerning the Search After Truth* …, übers. v. Thomas Taylor, London 1700.

—, *Von der Erforschung der Wahrheit*, hg. u. übers. v. Alfred Klemmt, Hamburg 1968.

Malleus Maleficarum

—, *The Hammer of Witches. A Complete Translation of the Malleus Maleficarum*, hg. u. übers. v. Christopher S. Mackay, Cambridge 2009.

—, Heinrich Kramer (Institoris), *Der Hexenhammer. Malleus Maleficarum*, übers. v. Günter Jerouschek u. Wolfgang Behringer, 3. Aufl., München 2003.

Manson, Neil A. (Hg.), *God and Design. The Teleological Argument and Modern Science*, New York 2003.

Marsden, Richard, et al. (Hg.), *The New Cambridge History of the Bible*, Cambridge 2012.

Martz, Louis, *The Paradise Within. Studies in Vaughan, Traherne, and Milton*, New Haven, CT 1964.

Marvell, Andrew, The Garden, in: ders., *Miscellaneous Poems*, London 1681.

Matar, Nabil (Hg. u. Übers.), *In the Land of the Christians. Arabic Travel Writing in the Seventeenth Century*, New York und London 2003.

Matt, Daniel C. (Übers.), *The Zohar, Pritzker Edition*, Bd. 1, Stanford, CA 2004.

McAuliffe, Jane Dammen (Hg.), *The Cambridge Companion to the Qurʾān*, Cambridge 2006.

McCalman, Iain, *Darwin's Armada. Four Voyages and the Battle for the Theory of Evolution*, New York 2009.

McColley, Diane, *A Gust for Paradise. Milton's Eden and the Visual Arts*, Urbana, IL 1993.

McGrew, William, *The Cultured Chimpanzee. Reflections on Cultural Primatology*, Cambridge 2004.

Meeks, Wayne A., und John T. Fitzgerald (Hg.), *The Writings of St. Paul. Annotated Texts, Reception and Criticism*, 2. Aufl., New York 2007.

Merchant, Carolyn, *Reinventing Eden. The Fate of Nature in Western Culture*, New York 2003.

Merk, Otto (Hg.), *Das Leben Adams und Evas*, übers. v. Paul Rießler (Augsburg 1928), Gütersloh 1998; online verfügbar unter: https://de.wikisource.org/wiki/Leben_Adams_und_Evas.

Mesler, Bill, und H. James Cleaves, *A Brief History of Creation. Science and the Search for the Origin of Life*, New York 2016.

Mettinger, T. N. D., *The Eden Narrative. A Literary and Religio-Historical Study of Genesis 2–3*, Winona Lake, IN 2007.

Meyer, Stephen C., *Signature in the Cell*, New York 2009.

Meyers, Carol, *Discovering Eve. Ancient Israelite Women in Context*, New York 1988.

Mieroop, Marc Van de, *A History of the Ancient Near East. Ca. 3000–324 B. C.*, Malden, MA 2007.

Miles, Jack, *Gott. Eine Biographie*, übers. v. Martin Pfeiffer, München 2005.

Millard, A. R., und W. G. Lambert (Hg.), *Atra-Hasis. The Babylonian Story of the Flood*, Oxford 1969.

Miller, Kenneth Raymond, *Finding Darwin's God*, New York 2009.

Milles, Thomas, *The Treasurie of Ancient and Modern Times*, London 1613.

Milton, John,

—, *Complete Prose Works = The Complete Prose Works of John Milton*, 8 Bde., hg. v. Don M. Wolfe, New Haven, CT 1953–1982.

—, *Complete Poetry and Prose = The Complete Poetry and Essential Prose of John Milton*, hg. v. William Kerrigan, John Rumrich und Stephen M. Fallon, New York 2007.

—, *Complete Poems and Major Prose*, hg. v. Merritt Y. Hughes, New York 1957.

—, *Werke = Das Verlorene Paradies. Werke. Englisch-Deutsch*, übers. v. Bernhard Schuhmann, Alexander Schmidt, Immanuel Schmidt, Hermann Ulrich u. a., Frankfurt/M. 2008 (enthält auch: Das Lehnsbesitztum der Könige und Obrigkeiten, Aeropagitica, Simson, Gedichte), Frankfurt/M. 2008.

—, *Studienausgabe. J. M. und der Ursprung des neuzeitlichen Liberalismus*, hg. v. Elfriede Walesca Tielsch, Hildesheim 1980 (enthält: Aeropagitica; Verteidigung des Volkes von England; Der gerade und leichte Weg zur Konstitution; Von wahrer Religion, Ketzerei, Schisma, Toleranz; ein Werkverz. und Lebensdaten).

—, *Zur Verteidigung der Freiheit. Sozialphilosophische Traktate*, hg. v. Hermann Kenner, übers. v. Udo Szudra, Leipzig 1987 (enhält: Aeropagitica; Der Anspruch von Königen und Obrigkeiten; Über die staatliche Gewalt in Kirchenangelegenheiten; Der gerade und leichte Weg zu einer freien Republik).

—, Animadversions upon the Remonstrants Defence, against Smectymnuus, in: *Complete Prose Works*, Bd. 1.

—, An Apology for Smectymnuus, in: *Complete Prose Works*, Bd. 1.

—, Areopagitica. Rede für die Freiheit der Presse, in: *Werke*. [Auch in: *Zur Verteidigung der Freiheit*.]

—, *Comus. Ein Maskenspiel* (1634), übers. und erläutert v. Immanuel Schmidt, Berlin 1860; online verfügbar unter: https://ia800201.us.archive.org/6/items/miltonscomusueboomiltgoog/miltonscomusueboomiltgoog.pdf.

—, Defensio Secund, in: *Complete Prose Works*, Bd. 1.

—, *The Divorce Tracts of John Milton. Texts and Contexts*, hg. v. Sara J. van den Berg und W. Scott Howard, Pittsburgh 2010.

—, *Milton on Himself. Milton's Utterances upon Himself and His Works*, hg. v. J. S. Diekhoff, New York 1939.

—, *Paradise Lost*, London 1668.

—, *Paradise Lost*, hg. v. William Zunder, New York 1999.

—, *Das verlorene Paradies*, übers. v. Bernhard Schuhmann, in: *Werke*, S. 19–608.
—, Of Education (1644), in: *Complete Prose Works*, Bd. 2.
—, *Von der Erziehung. Brief an Samuel Hartlib*, übers. v. Käte Meinecke, Hamburg 1946.
—, Of Prelactical Episcopacy, in: *Complete Prose Works*, Bd. 1.
—, *The Poems of John Milton*, hg. v. John Carey und Alastair Fowler, Harlow 1968.
—, The Reason of Church Government, in: *Complete Prose Works*, Bd. 1.
Minear, Erin, *Reverberating Song in Shakespeare and Milton. Language, Memory, and Musical Representation*, Burlington, VT 2011.
Minnis, Alastair, *From Eden to Eternity. Creations of Paradise in the Later Middle Ages*, in: *The Middle Ages*, hg. v. Ruth Mazo Karras, Philadelphia 2016.
Mitterauer, Michael, *Warum Europa? Mittelalterliche Grundlagen eines Sonderwegs*, München 2004.
Montaigne, Michel de, *Essais*, übers. v. Hans Stilett, Frankfurt/M. 1998.
Moore, James, und Adrian Desmond, *Darwin's Sacred Cause. Race, Slavery, and the Quest for Human Origins*, London 2009.
Moore, Marianne, *Marriage*, New York 1923.
More, Henry, *Conjectura Cabalistica. or, A Conjectural Essay of Interpreting the Minde of Moses …*, London 1653.
Morey, James H., *Book and Verse. A Guide to Middle English Biblical Literature*, Urbana, IL 2000.
Moser, Stephanie, *Ancestral Images. The Iconography of Human Origins*, Ithaca, NY 1998.
Murdoch, Brian, *Adam's Grace. Fall and Redemption in Medieval Literature*, Cambridge, UK 2000.
—, *The Medieval Popular Bible. Expansions of Genesis in the Middle Ages*, Cambridge, UK 2003.

Nadler, Steven, *Spinoza. A Life*, Cambridge 1999.
Nagel, Alexander, *Medieval Modern. Art out of Time*, New York 2012.
Nagel, Thomas, *Geist und Kosmos. Warum die materialistische neodarwinistische Konzeption der Natur so gut wie sicher falsch ist*, übers. v. Karin Wördemann, Berlin 2016.
Nag-Hammadi-Schriften
—, *Bibel der Häretiker. Die gnostischen Schriften aus Nag Hammadi,* hg. u. übers. v. Gerd Lüdemann und Martina Janßen, Stuttgart 1997.
—, Dart, John, *The Laughing Savior. The Discovery and Significance of the Nag Hammadi Gnostic Library*, New York 1976.
—, Robinson, James M. (Hg.), *The Nag Hammadi Library in English*, übers. v. Mitgliedern des Coptic Gnostic Library Project, New York 1977.
—, *The Nag Hammadi Story*, Leiden 2014.
Nashe, Thomas, *Christ's Tears Over Jerusalem*, London 1593.

Nemet-Nejat, Karen Rhea, *Daily Life in Ancient Mesopotamia*, Westport, CT 1998.

Nietzsche, Friedrich, Zur Genealogie der Moral (1887), in: *Werke in drei Bänden*, hg. v. Karl Schlechta, München 1977, Bd. 2, S. 761–900.

Nishida, Toshisada, *Chimpanzees of the Lakeshore. Natural History and Culture at Mahale*, Cambridge 2012.

Nogarola, Isotta, *Complete Writings. Letterbook, Dialogue on Adam and Eve, Orations*, übers. v. Diana Robin und Margaret L. King, hg. v. Margaret L. King und Albert Rabil, Jr., Chicago 2004.

Northcott, Michael S., und R. J. Berry (Hg.), *Theology After Darwin*, Milton Keynes, UK 2009.

Nott, Josiah, *Two Lectures on the Connection Between the Biblical and the Physical History of Man*, New York 1849.

Numbers, Ronald, *The Creationists. From Scientific Creationism to Intelligent Design*, New York 1992.

Nyquist, Mary. The Genesis of Gendered Subjectivity in the Divorce Tracts and Paradise Lost, in: Christopher Kendrick (Hg.), *Critical Essays on John Milton*, New York 1995, S. 165–193; zuerst in: Mary Nyquist und Margaret Ferguson (Hg.), *Re-Membering Milton. Essays on the Texts and Traditions*, London 1987.

Olender, Maurice, *The Languages of Paradise. Race, Religion, and Philology in the Nineteenth Century*, übers. v. Arthur Goldhammer, Cambridge, MA 1992.

Olmsted, Wendy, *The Imperfect Friend. Emotion and Rhetoric in Sidney, Milton, and Their Contexts*, Toronto 2008; hier: Kap. 8, S. 175–208.

Oppenheim, A. Leo, *Ancient Mesopotamia. Portrait of a Dead Civilization*, Chicago 1964.

Origenes, *Contra Celsum – Gegen Celsus*, übers. v. Paul Koetschau, in: *Bibliothek der Kirchenväter*, 1. Reihe, Bd. 52/53, München 1926; online verfügbar unter: www.unifr.ch/bkv/kapitel136.htm.

Ostovich, Helen, Elizabeth Sauer und Melissa Smith (Hg.), *Reading Early Modern Women. An Anthology of Texts in Manuscript and Print, 1550–1700*, New York 2004.

Overton, Richard, *Man's Mortality*, Amsterdam 1644.

Owst, G. R., *Literature and Pulpit in Medieval England*, Oxford 1961.

Pächt, Otto, und J. J. G. Alexander (Hg.), *Illuminated Manuscripts in the Bodleian Library, Oxford*, Oxford 1966.

Pagels, Elaine, *Adam, Eva und die Schlange. Die Geschichte der Sünde*, übers. v. Kurt Neff, Reinbek 1994

—, *Versuchung durch Erkenntnis. Die gnostischen Evangelien*, übers. v. Angelika Schweikert, Frankfurt/M. 1965.

—, *Satans Ursprung*, übers. v. Jens Hagestedt, Berlin 1996.

Palaeologus, Jacobus, *Disputatio Scholastica*, hg. v. Juliusz Domański und Lech Szczucki, Utrecht 1994.

Panofsky, Dora, und Erwin Panofsky, *Die Büchse der Pandora. Bedeutungswandel eines mythischen Symbols*, übers. v. Peter D. Krumme, Frankfurt/M. und New York 1992.

Panofsky, Erwin, *Das Leben und die Kunst Albrecht Dürers*, übers. v. Lise Lotte Müller, Frankfurt/M. 1995.

Paolo, Giovanni di, *Yates Thompson Ms 36*. 1445. The British Museum.

Parker, William Riley, *Milton. A Biography*, 2 Bde., Oxford 1996.

Patrides, C. A., *Milton and the Christian Tradition*, Oxford 1966.

Patterson, Annabel, No Meer Amatorious Novel?, in: David Loewenstein und James Grantham Turner (Hg.), *Politics, Poetics, and Hermeneutics in Milton's Prose*, Cambridge 1990, S. 85–102.

Pennington, Isaac, *Light or Darknesse, Displaying or Hiding It Self, as It Pleaseth, and from or to Whom It Pleaseth. Arraigning, Judging, Condemning, Both the Shame and Glory of the Creature, in All Its Severall Breakings Forth from, and Appearances in, the Creature…*, London 1650.

Peterson, Dale, und Jane Goodall, *Von Schimpansen und Menschen. Wir lieben und wir töten sie*, übers. v. Kurt Neff, Reinbek 1994.

Pettus, Sir John, *Volatiles from the History of Adam and Eve. Containing Many Unquestioned Truths and Allowable Notions of Several Natures*, London 1674.

Peyton, Thomas, *The Glasse of Time, in the First Age*, London 1620.

Phillips, Adam, *Darwins Würmer und Freuds Tod. Über den Sinn des Vergänglichen*, übers. v. Florian Langegger, Göttingen 2007.

Phillips, John, *Eva. Von der Göttin zur Dämonin*, übers. v. Eva Gärtner, Stuttgart 1987.

Philo von Alexandria, *De opificio mundi – On the Creation*, hg. v. F. H. Colson, Bd. 1. Cambridge, MA 1958.

—, *On the Creation of the Cosmos According to Moses*, hg. v. David T. Runia, Leiden und Boston 2001.

—, *Über die Weltschöpfung*, in: *Die Werke Philos von Alexandria in deutscher Übersetzung*, Bd. 1, hg. v. Leopold Cohn, Isaak Heinemann, et al., Berlin 1909–1938, S. 23–90.

Picciotto, Joanna, *Labors of Innocence in Early Modern England*, Cambridge, MA 2010.

Pizan, Christine de, *Das Buch von der Stadt der Frauen*, übers. u. komm. v. Margarete Zimmermann, München 1990.

Plantinga, Alvin, *Where the Conflict Really Lies. Science, Religion, Naturalism*, New York 2011.

Platt, Rutherford Hayes (Hg.), *The Lost Books of the Bible, and the Forgotten Books of Eden*, Cleveland, OH 1950.

Poliquin, Rachel, *The Breathless Zoo. Taxidermy and the Cultures of Longing*, Philadelphia 2012.

Pollmann, Karla (Hg.), *The Oxford Guide to the Historical Reception of Augustine*, Bd. 2 und 3, Oxford 2013.

Pongratz-Leisten, Beate, und Peter Machinist (Hg.), *Reconsidering the Concept of Revolutionary Monotheism*, Winona Lake, IN 2011.

Poole, Kristen, *Radical Religion from Shakespeare to Milton. Figures of Nonconformity in Early Modern England*, Cambridge 2000.

—, *Milton and the Idea of the Fall*, Cambridge 2005.

Popkin, Richard H., *Isaac La Peyrère [1596–1676]. His Life, Work, and Influence*, Leiden 1987.

Pordage Samuel, *Mundorum Explicatio. or, The Explanation of an Hieroglyphical Figure. Wherein Are Couched the Mysteries of the External, Internal, and Eternal Worlds ...*, London 1661.

—, *Pordage's Mundorum Explicatio*, hg. v. Harriet Spanierman Blumenthal, New York 1991.

Power, Henry, *Experimental Philosophy, in Three Books Containing New Experiments Microscopical, Mercurial, Magnetical ...*, London 1664.

Price, David, *Albrecht Dürer's Renaissance. Humanism, Reformation, and the Art of Faith*, Ann Arbor, MI 2003.

Pritchard, James B. (Hg.), *Ancient Near Eastern Texts Relating to the Old Testament*, 3. Aufl., Princeton, NJ 1970.

Purchas, Samuel, *Hakluytus Posthumus, or Purchas His Pilgrimes* (1625), Glasgow 1905.

Quenby, John, und John MacDonald Smith (Hg.), *Intelligent Faith. A Celebration of 150 Years of Darwinian Evolution*, Winchester, UK 2009.

Quinn, Esther Casier, Micheline Dufau, und Bibliothèque Nationale de France (Hg.), *The Penitence of Adam. A Study of the Andrius Ms.*, University, MS 1980.

Rabisha, William, *Adam Unveiled, and Seen with Open Face. or, Israel's Right Way from Egypt to Canaan Lately Discovered*, London 1649.

Raleigh, Walter, *History of the World*, London 1614.

Ray, Meredith K., *Daughters of Alchemy. Women and Scientific Culture in Early Modern Italy*, Cambridge, MA 2015.

Reeve, John, und Lodowick Muggleton, *A Transcendent Spiritual Treatise upon Several Heavenly Doctrines ...*, London 1652.

Richardson, Sarah S., *Sex Itself. The Search for Male and Female in the Human Genome*, Chicago 2013.

Richter, Virginia. The Best Story of the World: Theology, Geology, and Philip Henry Gosse's *Omphalos*, in: Rens Bod, Jaap Maat und Thijs Weststeijn (Hg.), *The Making of the Humanities*, Bd. 3: *The Modern Humanities*, Amsterdam 2010, S. 65–77.

Ricoeur, Paul, *Symbolik des Bösen*, übers. v. Maria Otto, Freiburg, München 1988.

Rießler, Paul, (Hg), Leben Adams und Evas, in: *Altjüdisches Schrifttum außerhalb der Bibel*, Augsburg 1928, S. 668–681 und 1311–1312.

—, Apokalypse des Sedrach, in: *Altjüdisches Schrifttum außerhalb der Bibel*, Augsburg 1928, S. 138–155.

Rist, John M., *Augustine. Ancient Thought Baptized*, Cambridge 1994.

Robb, John, und Timothy R. Paketat (Hg.), *Big Histories, Human Lives. Tackling Problems of Scale in Archaeology*, Santa Fe 2013.

Robbins, Frank Egleston, *The Hexaemeral Literature. A Study of the Greek and Latin Commentaries on Genesis*, Chicago 1912.

Robinson, H. Wheeler, *The Christian doctrine of Man*, Edinburgh 1911.

Rogers, John, Transported Touch: The Fruit of Marriage in *Paradise Lost*, in: C. G. Martin (Hg.), *Milton and Gender*, Cambridge 2004, S. 115–132.

Rosenblatt, Jason P., *Torah and Law in Paradise Lost*, Princeton, NJ 1994.

Ross, Alexander, *An Exposition on the Fourteen First Chapters of Genesis, by Way of Question and Answer*, London 1626.

Rossi, Paolo, *The Dark Abyss of Time. The History of Earth and the History of Nations from Hooke to Vico*, übers. v. Lydia G. Cochrane, Chicago 1984.

Rubin, Miri, *Mother of God. A History of the Virgin Mary*, New Haven, CT 2009.

Rudwick, Martin J. S., *Bursting the Limits of Time. The Reconstruction of Geohistory in the Age of Revolution*, Chicago 2005.

Salkeld, J., *A Treatise of Paradise. And the Principall Contents Thereof. Especially of the Greatnesse, Situation, Beautie, and Other Properties of That Place…*, London 1617.

Sapolsky, Robert M., *Mein Leben als Pavian. Erinnerungen eines Primaten*, übers. v. Ulrich Enderwitz, München 2001.

Saramago, José, *Kain. Roman*, übers. v. Karin von Schweder-Schreiner, Reinbek 2011.

Saurat, Denis, *Milton. Man and Thinker*, New York 1925.

Scafi, Alessandro, *Mapping Paradise. A History of Heaven on Earth*, Chicago 2006.

Schiebinger, Londa, *Am Busen der Natur. Erkenntnis und Geschlecht in den Anfängen der Naturwissenschaft*, übers. v. Margit Berger und Monika Noll, Stuttgart 1995.

Schoen, Christian, *Albrecht Dürer. Adam und Eva. Die Gemälde, ihre Geschichte und Rezeption bei Lucas Cranach d. Ä. und Hans Baldung Grien*, Berlin 2001.

Schoenfeldt, Michael, »Commotion Strange«: Passion in *Paradise Lost*, in: Gail Kern Paster, Katherine Rowe und Mary Floyd-Wilson (Hg.), *Reading the Early Modern Passions. Essays in the Cultural History of Emotion*, Philadelphia 2004.

Scholem, Gershom (Hg.), *Die Geheimnisse der Schöpfung. Ein Kapitel aus dem kabbalistischen Buche Sohar*, Frankfurt/M. 1971.

Schwartz, Jeffrey, und Ian Tattersall, *Extinct Humans*, New York 2000.

Schwartz, Stuart B., *All Can Be Saved. Religious Tolerance and Salvation in the Iberian Atlantic World*, New Haven, CT 2008.

Schwarzbach, Bertram Eugene, *Voltaire's Old Testament Criticism*, Genf 1971.

Scroggs, Robin, *The Last Adam. A Study in Pauline Anthropology*, Oxford 1966.

Scully, Stephen, *Hesiod's »Theogony«. From Near Eastern Creation Myths to »Paradise Lost«*, Oxford 2015.

Senault, J. F., *Man Become Guilty. or, The Corruption of Nature by Sinne, According to St. Augustines Sense*, übers. v. Henry Carey, Earl of Monmouth, London 1650.
Sennert, Daniel, *Hypomnemata Physica*, Frankfurt/M. 1636.
Shakespeare, William, *The Norton Shakespeare*, hg. v. Stephen Greenblatt et al., 3. Aufl., New York 2016.
Shapiro, Robert, *Schöpfung und Zufall*, übers. v. Wolfgang Rhiel, München 1987.
Shelton, Kathleen, Roman Aristocrats, Christian Commission: The Carrand Diptych, in: *Jahrbuch für Antike und Christentum* 29 (1986), S. 166–180.
Silvestris, Bernardus, *Cosmographia*, übers. v. Winthrop Wetherbee, New York 1973.
—, *Über die allumfassende Einheit der Welt. Makrokosmos und Mikrokosmos*, übers. v. Wilhelm Rath, Stuttgart 1989.
Ska, Jean-Louis, A Plea on Behalf of the Biblical Redactors, in: *Studia Theologica – Nordic Journal of Theology* 59 (2005), S. 4–18.
—, Genesis 2–3. Some Fundamental Questions, in: Konrad Schmid und Christoph Riedweg (Hg.), *Beyond Eden. The Biblical Story of Paradise (Genesis 2–3) and Its Reception History*, Tübingen 2008.
Skinner, John, *A Critical and Exegetical Commentary on Genesis*, New York 1910.
Slotkin, James Sydney, *Readings in Early Anthropology*, Chicago 1965.
Smith, Bruce R., *The Acoustic World of Early Modern England. Attending to the O-Factor*, Chicago 1999.
Smith, George, *Assyrian Discoveries; an Account of Explorations and Discoveries on the Site of Nineveh, During 1873 and 1874*, London 1875.
—, The Chaldean Account of the Deluge, in: *Transactions of the Society of Biblical Archaeology* 2 (1873).
Smith, John Maynard, und Eös Szathmáry, *The Origins of Life. From the Birth of Life to the Origin of Language*, Oxford 1999.
Sober, Elliott, Darwin's Discussions of God, in: ders., *Did Darwin Write the Origin Backwards?*, Amherst, NY 2011, S. 121–218.
Sober, Elliott, *Evidence and Evolution. The Logic of the Science*, Cambridge 2008.
Soloveitchik, Joseph Dov, *The Lonely Man of Faith*, Northvale, NJ 1997.
South, Robert, A Sermon Preached at the Cathedral Church of St. Paul, Novemb. 9, 1662, in: *Sermons Preached upon Several Occasions by Robert South …*, Oxford 1679.
Stanton, Elizabeth Cady, *The Woman's Bible. A Classic Feminist Perspective*, Mineola, NY 2002.
Stearns, S. C., *The Evolution of Life Histories*, Oxford und New York 1992.
Karel Steenbrink, Created Anew. Muslim Interpretations of the Myth of Adam and Eve, in: Bob Becking und Susan Hennecke (Hg.), *Out of Paradise. Eve and Adam and their Interpreters*, Sheffield, UK 2011
Steinberg, Justin, *Dante and the Limits of the Law*, Chicago 2013.
Stordalen, Terje, *Echoes of Eden. Genesis 2–3 and Symbolism of the Eden Garden in Biblical Hebrew Literature*, Leuven 2000.

Stott, Rebecca, *Darwin's Ghosts. The Secret History of Evolution*, New York 2012.

Sullivan, Karen, *The Inner Lives of Medieval Inquisitors*, Chicago 2011.

Sulloway, Frank, *Freud. Biologe der Seele. Jenseits der psychoanalytischen Legende*, Köln-Lövenich 1982.

Szathmáry, Eörs, und John Maynard Smith, *The Origins of Life. From the Birth of Life to the Origin of Language*, Oxford 1999.

Traherne, Thomas, *Centuries, Poems, and Thanksgiving*, hg. v. H. M. Margoliouth, 2 Bde., Oxford 1958.

Tany, Thomas, *Theauraujohn his Theousori apokolipikal. or, God's Light Declared in Mysteries*, London 1651.

Tarabotti, Arcangela, *Paternal Tyranny* (1654), übers. v. Letizia Panizza, hg. v. Margaret L. King und Albert Rabil, Jr., Chicago 2004.

Tattersall, Ian, *Becoming Human. Evolution and Human Uniqueness*, New York 1998.

—, *Masters of the Planet. The Search for Our Human Origins*, New York 2012.

Taylor, Jeremy, *Deus Justificatus. Two Discourses of Original Sin Contained in Two Letters to Persons of Honour, Wherein the Question Is Rightly Stated…*, London 1656.

—, *Unum Necessarium, or The Doctrine and Practice of Repentance. Describing the Necessities and Measures of a Strict, a Holy, and a Christian Life…*, London 1655.

Tennant, Frederick Robert, *The Sources of the Doctrins of the Fall and Original Sin*, Cambridge 1903.

Tertullian, *De Cultu Feminarum – Über den weiblichen Putz*, übers. v. K. A. Heinrich Keller, in: *Bibliothek der Kirchenväter*, online verfügbar unter: www.unifr.ch/bkv/kapitel83.htm.

Thompson, Bard (Hg.), *Liturgies of the Western Church*, Philadelphia 1980.

Thompson, Michael, *Leben und Handeln. Grundstrukturen der Praxis und des praktischen Denkens*, übers. v. Matthias Haase, Berlin 2011.

Thoreau, Henry D., *Walden oder Leben in den Wäldern*, übers. v. Wilhelm Nobbe, Jena und Leipzig 1905.

Tosi, Laura, und Shaul Bassi (Hg.), *Visions of Venice in Shakespeare*, Farnham, UK und Burlington, VT 2011.

Traherne, Thomas, *Centuries of Meditations*, London 1906.

—, Innocence, in: ders., *The Poetical Works*, hg. v. Bertram Dobell, London 1906.

Trible, Phyllis, *Gott und Sexualität im Alten Testament*, übers. v. Marianne Rebekus, Gütersloh 1993.

Tronzo, William, The Hildesheim Doors, in: *Zeitschrift für Kunstgeschichte* 46 (1983), S. 347–366.

Turner, James G., *One Flesh. Paradisal Marriage and Sexual Relations in the Age of Milton*, Oxford 1987.

Turner, James, *Philology. The Forgotten Origins of the Modern Humanities*, Princeton, NJ 2014.

Turner, Laurence A., Announcements of Plot in Genesis, in: *Journal for the Study of the Old Testament*, Supplement Series 96, Sheffield 1990.

Tuttle, Russell H., *Apes and Human Evolution*, Cambridge, MA 2014.

Twain, Mark, *The Bible According to Mark Twain. Writings on Heaven, Eden, and the Flood*, hg. v. Howard G. Baetzhold und Joseph B. McCullough, Athens, GA 1995.

—, *Die Tagebücher von Adam und Eva*, hg., übers. und mit einem Nachwort versehen v. Andreas Nohl, München 2008.

—, *Die Arglosen im Ausland*, übers. v. Ana Maria Brock, Berlin und Weimar 1980.

Ulrich, Eugene, The Old Testament Text and Its Transmission, in: Joachim Schaper und James Carleton Paget (Hg.), *From the Beginnings to 600*, Bd. 1, Cambridge 2013.

Upton, Bridget Gilfillan, Feminist Theology as Biblical Hermeneutics, in: Susan Frank Parsons (Hg.), *Cambridge Companion to Feminist Theology*, Cambridge 2002.

Van Helmont, Franciscus Mercurius, *Some Premeditate and Considerate Thoughts, on the Early Chapters of the Book of Genesis*, London 1701.

Van Helmont, J. B., *Oriatrike or, Physick Refined*, übers. v. J. C., London 1662.

Van Reybrouck, David, *From Primitives to Primates. A History of Ethnographic and Primatological Analogies in the Study of Prehistory*, Leiden 2012.

Van Seters, John, *The Edited Bible. The Curious History of the »Editor« in Biblical Criticism*, Winona Lake, IN 2006.

Velleman, David J., The Genesis of Shame, in: *Philosophy and Public Affairs* 30 (2001), S. 27–52.

Vermès, Géza (Hg.), *The Complete Dead Sea Scrolls in English*, New York 2004.

Veyne, Paul, *Did the Greeks Believe in Their Myths?*, übers. v. Paula Wissing, Chicago 1988.

—, *Als unsere Welt christlich wurde. Aufstieg einer Sekte zur Weltmacht*, übers. v. Matthias Grässlin, München 2011.

Victorinus, Gaius Marius, On the Creation of the World, in: *The Ante-Nicene Fathers*, Bd. 7: *Fathers of the Third and Fourth Centuries*, hg. v . A. Cleveland Coxe, Grand Rapids, MI 1951.

—, *Christlicher Platonismus. Die theologischen Schriften des Marius Victorinus*, hg. v. Pierre Hadot, Zürich 1967.

Vollkommer, Rainer, *Sternstunden der Archäologie*, München 2006.

Voltaire, *Philosophical Dictionary*, hg. v. Peter Gay, New York 1962.

—, *Philosophisches Wörterbuch*, hg. v. Karlheinz Stierle, übers. v. Erich Salewski, Frankfurt/M. 1985 (Auswahl, ohne »Adam«).

Voss, Julia, *Darwins Jim Knopf*, Frankfurt/M. 2009.

Waal, Frans de, *Das Prinzip Empathie. Was wir von der Natur für eine bessere Gesellschaft lernen können*, übers. v. Hainer Kober, München 2013.
—, *Der Affe und der Sushimeister. Das kulturelle Leben der Tiere*, übers. v. Udo Rennert, München 2002.
—, *Chimpanzee Politics. Power and Sex Among Apes*, Baltimore 1982.
—, *Der gute Affe. Der Ursprung von Recht und Unrecht bei Menschen und anderen Tieren*, übers. v. Inge Leipold, München 1997.
Wallace, Howard N., *The Eden Narrative*, hg. v. Frank Moore Cross, Atlanta, GA 1985.
Wallace, William, *The Logic of Hegel*, Oxford 1892.
Warburg, Aby Moritz, *Die Erneuerung der heidnischen Antike. Kulturwissenschaftliche Beiträge zur Geschichte der europäischen Renaissance* (1932), Hamburg 2011.
Warfield, Benjamin B., Introductory Essay on Augustin and the Pelagian Controversy, in: *St. Augustin. Anti-Pelagian Writings*, hg. v. Philip Schaff, Bd. 5, Grand Rapids, MI 1955.
Waters, Clara Erskine Clement, *Naples. The City of Parthenope and Its Environs*, Boston 1894.
Webster, Charles, *The Great Instauration. Science, Medicine, and Reform 1626–1660*, London 1975.
Webster, John, *Academiarum Examen: or, the Examination of Academies*, London 1654.
Wedgwood, C. V., *The King's War. 1641–1647*, London 1958.
Weiner, Joshua, *From the Book of Giants*, Chicago 2006.
Wellhausen, Julius, *Prolegomena zur Geschichte Israels*, Berlin 2001 (Nachdruck der 6. Aufl. von 1927).
West, Rebecca, *St. Augustine*, London 1933.
Westermann, Claus, *Genesis Kapitel 1–3*, 4. Aufl., Neukirchen-Vluyn 1999.
Wetzel, James, Predestination, Pelagianism, and Foreknowledge, in: *The Cambridge Companion to Augustine*, hg. v. Norman Kretzman und Eleonore Stump, Cambridge 2001.
White, Andrew Dickson, *A History of the Warfare of Science with Theology in Christianity*, 2 Bde., New York 1896.
Whitehead, Alfred North, *Wissenschaft und die moderne Welt*, übers. v. Hans Günter Holl, Frankfurt/M. 1988.
Whitley, C. F., The Pattern of Creation in Genesis, Chapter 1, in: *Journal of Eastern Studies* 17 (1958), S. 34.
Whitmarsh, Tim, *Ancient Greek Literature*, Cambridge, MA 2004.
—, *Battling the Gods. Atheism in the Ancient World*, New York 2015.
Willet, Andrew, *Hexapla, That Is, A Six-Fold Commentarie vpon the Most Diuine Epistle of the Holy Apostle S. Pavl to the Romanes …*, London 1620.
Williams, Arnold, *The Common Expositor. An Account of the Commentaries on Genesis, 1527–1633*, Chapel Hill, NC 1948.

Williams, Bernard, The Makropulos Case: Reflections on the Tedium of Immortality, in: ders., *Problems of the Self*, Cambridge 1973.

Williams, George H., *The Radical Reformation*, Philadelphia 1962.

Williams, John (Hg.), *Imaging the Early Medieval Bible*, University Park, PA 1999.

Williams, Norbert Powell, *The Ideas of the Fall and of Original Sin*, London 1927.

Wilson, Edward O., *Die soziale Eroberung der Erde. Eine biologische Geschichte des Menschen*, übers. v. Elsbeth Ranke, München 2016.

Winstanley, Gerrard, *Fire in the Bush*, London 1650.

—, *The New Law of Righteousness Budding forth*, in: *Restoring the Whole Creation from the Bondage of the Curse. or, A Glimpse of the New Heaven, and New Earth, Where in Dwels Righteousness…*, London 1649.

—, *Works of G. W.*, hg. v. George H. Sabine, Ithaka, NY 1941.

—, *The Complete Works of Gerrard Winstanley*, 2 Bde., hg. v. Thomas N. Corns et al., Oxford 2009.

—, *Gleichheit im Reiche der Freiheit. Sozialphilosophische Pamphlete und Traktate*, hg. v. Hermann Klenner, übers. v. Klaus Udo Szudra, Frankfurt/M. 1988.

Witzel, E. J. Michael, *The Origins of the World's Mythologies*, Oxford 2012.

Wojciehowski, Hannah Chapelle, *Group Identity in the Renaissance World*, Cambridge 2011.

Wrangham, Richard W., *Feuer fangen. Wie uns das Kochen zum Menschen machte. Eine neue Theorie der menschlichen Evolution*, übers. v. Udo Rennert, München 2009.

—, und Dale Peterson, *Bruder Affe. Menschenaffen und die Ursprünge menschlicher Gewalt*, übers. v. Götz Ferdinand Kreibl, München 2001.

—, und David Pilbeam, African Apes as Time Machines, in: *All Apes Great and Small*, Bd. 1: *African Apes*, New York 2001.

Yerushalmi, Yosef Hayim, *Freuds Moses. Endliches und unendliches Judentum*, übers. v. Wolfgang Heuß, Frankfurt/M. 1999.

The York Cycle of Mystery Plays. A Complete Version, hg. v. J. S. Purvis, London 1957.

Zevit, Ziony, *What Really Happened in the Garden of Eden*, New Haven, CT 2013.

Zornberg, Avivah Gottlieb, *The Murmuring Dee. Reflections on the Biblical Unconscious*, New York 2009.

Zuberbühler, Klaus, Experimental Field Studies with Non-Human Primates, in: *Current Opinion in Neurobiology* 28 (2014), S. 150–156.

Zuk, Marlene, *Paleofantasy, What Evolution really tells us about sex, diet, and how we live*, New York 2013.

REGISTER

ABBILDUNGSNACHWEISE

Frontispiz: Hans Baldung Grien, *Der Sündenfall der Menschen (Lapsus Humani Generis)*, 1511, Clair-obscur-Holzschnitt von zwei Stöcken in Schwarz und Braungrau, Kupferstichkabinett, Staatliche Kunstsammlungen, Dresden. Foto: Herbert Boswank/Staatliche Kunstsammlungen Dresden/bpk

BILDTEIL

1. *Adam und Eva*, 3. Jahrhundert, Fresko, Katakombe, Santi Pietro und Marcellino, Rom. Foto: André Held/akg-images/picture alliance

2. *Sarkophag von Junius Bassus* (Ausschnitt), um 359, Marmor, Museo Storico del Tesoro della Basilica di San Pietro, Vatikan. Foto: Lanmas/Alamy/mauritius images

3. *Adam im Garten Eden*, 5. Jahrhundert, Elfenbein, Museo Nazionale del Bargello, Florenz. Foto: DeAgostini/Getty Images

4. Bernwardstür, um 1015, Bronze, mit freundlicher Genehmigung des Dom-Museums Hildesheim.

5. *Die Erschaffung Evas*, Detail der Bernwardstür, Foto: Frank Tomio, mit freundlicher Genehmigung des Dom-Museums Hildesheim.

6. *Die Verurteilung Adams und Evas durch Gott*, Detail der Bernwardstür, Foto: Frank Tomio, mit freundlicher Genehmigung des Dom-Museums Hildesheim.

7. St. Albans Psalter, HS St. God. 1, S. 18, 12. Jahrhundert, Eigentum der Basilika St. Godehard, Hildesheim. © Dombibliothek Hildesheim.

8. Gislebertus, *Versuchung Evas*, um 1130, Stein, Kathedrale Saint-Lazare, Autun. Foto: Scala/bpk

9. *Kruzifix*, um 1200, Holz, Stiftskirche zu den Heiligen Candidus und Korbinian, Innichen. Foto mit freundlicher Genehmigung der Pfarrei zum Hl. Erzengel Michael, Innichen.

10. *Erschaffung Evas aus der Rippe Adam*, Detail aus Petrus Comestor, Historia scholastica, 15. Jahrhundert, Biblioteca Apostolica Vatican, Vat. Lat. 5697 fol. 16r. © 2018 Biblioteca Apostolica Vaticana. Alle Rechte vorbehalten.

11. *Mors per Evam, vita per Mariam*, um 1420, Universitätsbibliothek Breslau, Manuskript M. 1006, fol. 3v.

12. Giovanni di Paolo, *Das Mysterium der Erlösung*. aus: Dante, *Paradiso Canto VII*, um 1450, The British Library Board, Yates Thompson 36, f. 141. Foto: British Library/akg-images

13. Masaccio, *Die Vertreibung aus dem Paradies* (nach einer um 1980 aufgenommenen Photographie), 1424-1428, Fresko, Cappella Brancacci, Santa Maria del Carmine, Florenz. Foto: Alinari Archives, Florenz

14. Masaccio, *Die Vertreibung aus dem Paradies* 1424-1428, Fresko, Cappella Brancacci, Santa Maria del Carmine, Florenz. Foto: Raffaello Bencini/Alinari Archives, Florenz

15. (Links) Jan und Hubert van Eyck, *Adam* und *Die Opfer von Kain und Abel*, linker Flügel des Genter Altars, Innenseite, Kathedrale St. Bavo, Gent, 1432. Foto: Maeyaert/Iberfoto/Alinari Archives, Florenz

(Rechts) Jan und Hubert van Eyck, *Eva und Die Ermordung Abels durch Kain*, rechter Flügel des Genter Altars, Innenseite, Kathedrale St. Bavo, Gent. Foto: Maeyaert/Iberfoto/Alinari Archives, Florenz

16. Albrecht Dürer, *Adam und Eva*, 1504, Stich, Graphische Sammlung (Leihgabe der Museen der Stadt Nürnberg), Germanisches Nationalmuseum, Nürnberg. Foto: akg-images/picture alliance

17. Albrecht Dürer, Skizzenblatt mit Studien von Hand und Arm Adams sowie von Felsen und Buschwerk, für den Stich *Adam und Eva*, 1504, Feder, braune und schwarze Tinte, British Museum, London, SL, 5218.181. Foto: The Trustees of the British Museum/bpk

18. Albrecht Dürer, *Aktstudie (Selbstbildnis)*, 1505, Feder und Pinsel, schwarze Tinte mit Bleiweiß, auf grün grundiertem Papier, Klassik Stiftung Weimar, Schlossmuseum Weimar. Foto: akg-images/picture alliance

19. Hans Baldung Grien, *Eva, die Schlange und der Tod*, um 1510-1515, Öl auf Holz, Privatsammlung. Foto: Agnew's, London/Bridgeman Images

20. Hieronymus Bosch, *Der Garten der Lüste* (Ausschnitt), 1504, Öl auf Eichenholz, Museo Nacional del Prado, Madrid, P02823. Foto: Leemage/Corbis/Getty Images

21. Michelangelo, *Die Erschaffung Adams*, Teil des Deckenfreskos in der Sixtinischen Kapelle, Rom, 1508-1512, Vatikanische Museen, Rom. Foto: VCG Wilson/Corbis/Getty Images

22. Jan Gossart, *Adam und Eva*, um 1520, Feder und Tinte, Pinsel und Tinte, Gouache, auf blau-grau grundiertem Papier, Devonshire Collection, Chatsworth House. Foto: Devonshire Collection, Chatsworth. Reproduziert mit freundlicher Genehmigung der Chatsworth Settlement Trustees/Bridgeman Images

23. Lucas Cranach der Ältere, *Adam und Eva*, 1526, Öl auf Holz, The Samuel Courtauld Trust, The Courtauld Gallery, London. Foto: Fine Art Images/Heritage Images/Getty Images

24. Tizian, *Adam und Eva*, um 1550, Öl auf Leinwand, Museo Nacional del Prado, Madrid, P00429. Foto: VCG Wilson/Corbis/Getty Images

25. Caravaggio, *Madonna dei Palafrenieri* (Ausschnitt), 1605/06, Öl auf Leinwand, Galleria Borghese, Rom. Foto: Alinari Archives, Florenz/Getty Images

26. Rembrandt van Rijn, *Adam und Eva*, 1638, Radierung, Eremitage St Petersburg. Foto: Heritage Images/picture alliance

27. Ercole Lelli, *Adam und Eva*, als anatomische Wachsfiguren, 18. Jahrhundert. Foto des Museo di Palazzo Poggi, Sistema Museale di Ateneo – Alma Mater Studiorum Università di Bologna.

28. Max Beckmann, *Adam und Eva*, 1917, Öl auf Leinwand, Nationalgalerie, Staatliche Museen zu Berlin. Foto: Jörg P. Anders/Nationalgalerie, SMB/bpk © 2018 VG Bild-Kunst, Bonn

29. *»Lucy« (australopithecus afarensis) und ihr Gefährte*, Rekonstruktion von John Holmes, unter der Leitung von Ian Tattersall. Foto: J. Beckett and C. Chesek/American Museum of Natural History.